U0930083

成都高新区年鉴

CHENGDU HI-TECH DEVELOPMENT ZONE YEARBOOK

2013

成都高新技术产业开发区管理委员会　主办
成都高新区地方志编纂委员会办公室　编纂

新 华 出 版 社

图书在版编目（CIP）数据

成都高新区年鉴.2013／成都市高新区地方志编纂委员会办公室编.
—北京：新华出版社，2013.12
ISBN 978-7-5166-0746-6
Ⅰ.①成… Ⅱ.①成… Ⅲ.①高技术产业区-成都市-2013-年鉴 Ⅳ.①Z527.11
中国版本图书馆CIP数据核字（2013）第283106号

成都高新区年鉴（2013）

成都高新区地方志编纂委员会办公室 编

出 版 人： 张百新　　**责任编辑：** 朱思明
封面设计： 远 近

出版发行： 新华出版社
地　　址： 北京石景山区京原路8号　　**邮　　编：** 100040
网　　址： http://www.xinhuapub.com　　http://www.press.xinhuanet.com
经　　销： 新华书店
购书热线： 010-63077122　　**中国新闻书店购书热线：** 010-63072012

设计制作： 四川远近文化有限公司
印　　刷： 成都市新都华兴印务有限公司

成品尺寸： 210mm×285mm　　**印　　张：** 28
字　　数： 660千字　　**版　　次：** 2013年12月第一版
印　　次： 2013年12月第一次印刷

书　　号： ISBN 978-7-5166-0746-6
定　　价： 178.00元

图书如有印装问题，请与出版社联系调换。

《成都高新区年鉴（2013）》编审委员会

顾　问　刘　超　中共成都市委常委、中共成都高新区工委书记

主　任　韩春林　成都市市长助理、中共成都高新区工委副书记、成都高新区管委会主任

副主任　冯亚曦　中共成都高新区工委副书记、成都高新区管委会副主任

委　员　宋志斌　中共成都高新区工委委员、政法委书记、成都高新区管委会副主任

杜必强　中共成都高新区工委委员、成都高新区管委会副主任

傅学坤　中共成都高新区工委委员、成都高新区管委会副主任

袁宗勇　中共成都高新区工委委员、成都高新区管委会副主任

杨　东　中共成都高新区工委委员、成都高新区管委会副主任

邱旭东　中共成都高新区工委委员、成都高新区管委会副主任

龚　放　中共成都高新区工委委员、成都市公安局高新区分局局长

林明全　中共成都高新区工委委员、成都市武侯区人民武装部部长

林　海　中共成都高新区工委委员、中共成都高新区工委组织部部长、成都高新区人事劳动和社会保障局局长

汤继强　成都高新区发展策划局局长、地方志办公室主任

《成都高新区年鉴（2013）》编辑部

主　　编　汤继强

副 主 编　彭继咸

编　　辑　熊志刚　王　辉　张　燕

《成都高新区年鉴（2013）》供稿单位及编写人员

成都高新区党工委、管委会办公室
卢哲平　宋大勇　朱　静

中共成都高新区纪工委、成都高新区监察局（审计局）
刘晓东　翁思军　赵若雯　刘春萍

中共成都高新区工委组织部、成都高新区人事劳动和社会保障局
杨　俊　石　可　杜玉亭

成都高新区人大工作联络处
陈学云　席盘林　周　娅　王　希

成都高新区政协工作联络处
杜国林　金　宏　刘希佳

成都高新区法院
吴　晋　龚桂莲　林　旭

成都高新区检察院
雷建昌　赖善明　江　君　鞠友志

成都高新区党群工作局
张义薇　何朝阳　冉启平　刘　雪　安　伟

成都高新区发展策划局
彭继成　罗健雄　李雨绩

成都高新区经贸发展局
李　伟　黄　明　吴　军　郑钰楹

成都高新区科技局
林　涛　熊　平　熊　鹰　李　婷　程　玮

成都高新区投资服务局
权进民　张　毅　贺　佳

成都高新区规划建设局
郑小明　王丽萍　张　瑞

成都市国土局高新分局
洪艳亨　吴小青　陈　林

成都高新区财政局
王晋成　方敬玉　钟相玲

成都高新区社会事业局
吕　毅　唐　亮　冯晓静　温　蕾　陈明慧
岳仙梅　霍　潺　鞠　颖

成都高新区城市管理和环境保护局
王普德　刘　建　杨　帆

成都高新综合保税区管理局
邱旭东　郑昌远　周新伟

成都高新区重大项目服务局
尹　刚　王　萍　刘智桁

成都高新区国税局
何波涛　林　彬　周红丽　张海鸥
陈一可

成都高新区地税局
董　江　汪　鹰　何国庆　李　茜

成都市高新工商局
李永才　王怀庆　郑　黎　陈　勇
舒晓姝　李　睿　侯文捷　庄荣华
郝　凌　陈　新　田泉宁

成都市高新质量技术监督局
张建忠　丰学炎　罗压美　刘友文
陈文科　章模义　杜小琴　张　坚

成都市公安局高新区分局
周　炯　罗　锦　叶长青　焦　旸

中国人民解放军成都市武侯区人武部
林明全　陶玉勇　林静湄

成都高新区肖家河街道办事处
冉光俊　高德文　杭　洲　马莉莎

成都高新区芳草街街道办事处
张剑飞　江德忠　周　敏　胡小竹

成都高新区石羊街道办事处
王正东　杜尚科　林英军

成都高新区桂溪街道办事处
张学文　张景山　张渝康

成都高新区合作街道办事处
张　蓉　廖　勇　谢定春　宋　彬

成都高新区中和街道办事处
张勇军　黄德萍　章树其　成　竹
蒋红兵　谢福良　王明月　杨宏生

成都高新区技术创新服务中心
翁　涛　钱　静　王　宇

成都高新投资集团有限公司
马　红　彭　隽　周金勇

成都高新区软件及服务外包产业推进办公室
尹朝银　勒文端　赵治鹏

成都高新区生物医药产业推进办公室
黄　伟　黄鹏宇　谈　心　沈　俞

成都高新技术产业开发区南部园区规划图

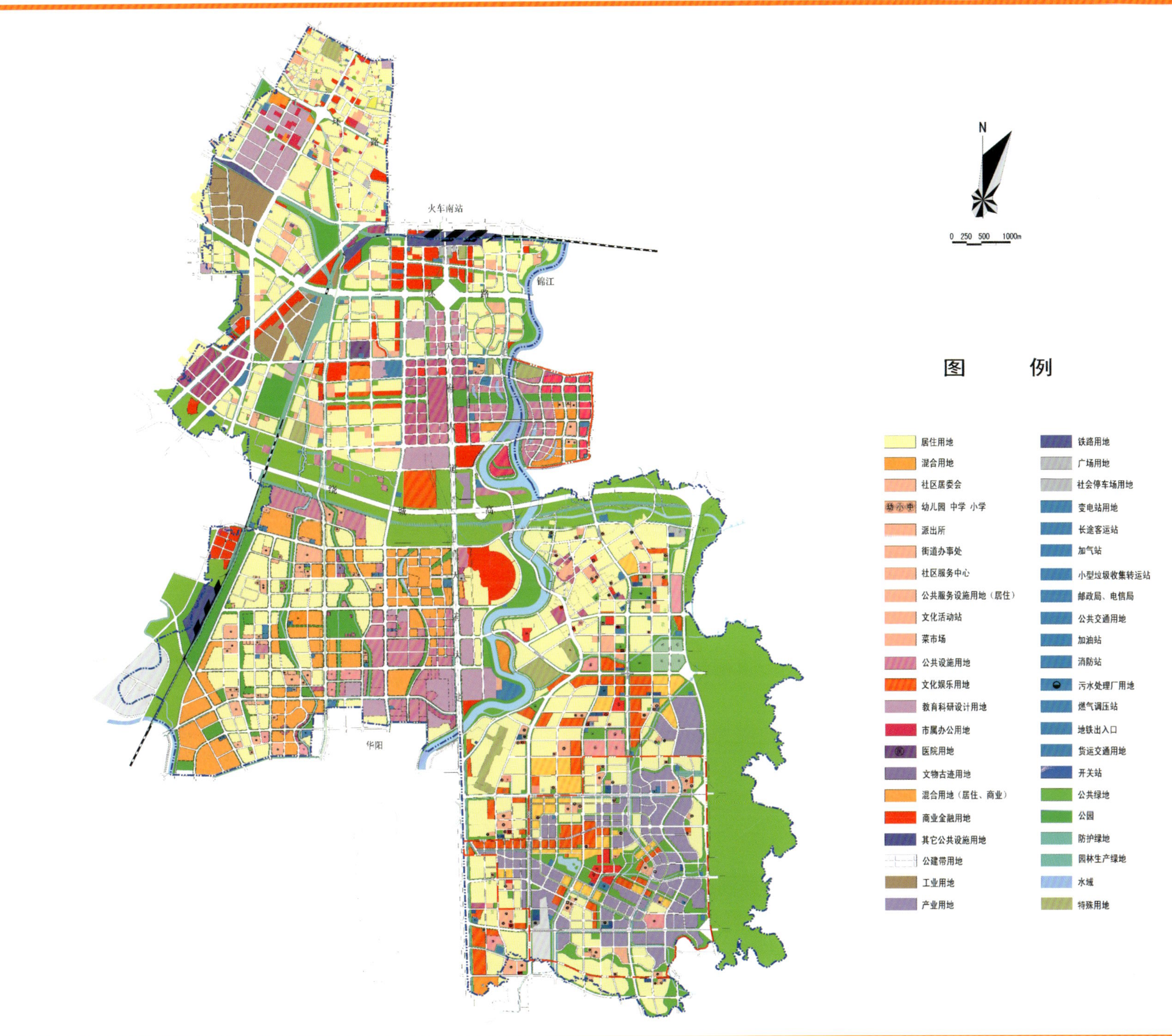

成都高新技术产业开发区西部园区规划图

2012年10月24日，成都市委常委、成都高新区党工委书记敬刚（右）到肖家河兴蓉社区调研

2012年8月3日，成都市市长助理、成都高新区党工委副书记、成都高新区管委会主任韩春林（右）到中和双龙社区调研

2012年5月25日，成都高新区党工委副书记、成都高新区管委会副主任冯亚曦（右）在“高新区志愿服务”公益广告捐赠签约仪式上为捐赠人颁发荣誉证书

2012年5月3日，成都高新区党工委委员、成都高新区管委会副主任宋志斌（前排右二）深入一线检查城乡环境综合治理工作

2012年8月20日，成都高新区党工委委员、成都高新区管委会副主任杜必强（前排右二）带队到顺江社区开展帮扶工作

2012年7月18日，成都高新区党工委委员、中共成都高新区纪工委书记李岷雪（右二）到芳草街街道办事处进行调研

2012年5月24日，成都高新区党工委委员、成都高新区管委会副主任傅学坤（右一）为百度云应用开发区授牌

2012年3月15日，成都高新区党工委委员、成都高新区管委会副主任唐华（前排右三）参加高新区保护消费者权益主题活动

2012年1月20日，成都高新区党工委委员、成都高新区管委会副主任袁宗勇（前排右一）代表高新区与普华永道签约

2012年1月5日，成都高新区党工委委员、成都高新区管委会副主任杨东（前排左二）到肖家河街道调研

2012年11月15日，成都高新区党工委委员、成都高新区管委会副主任邱旭东（右二）率队走访成都国腾电子技术股份有限公司和四川亚联高科股份有限公司，了解高新区企业改制上市情况

2012年4月6日，成都高新区党工委委员、政法委书记、成都市公安局高新区分局局长张绍文（左一）在成都高新区西部园区调研工作

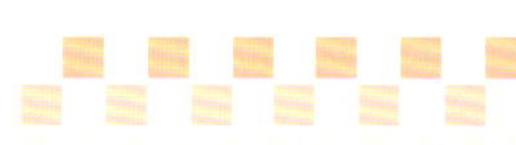

2012年7月22日，成都高新区党工委委员、成都市武侯区人民武装部部长林明全（左二）慰问合作街道清江社区对口帮扶困难家庭

2012年2月27日，成都高新区党工委委员、中共成都高新区工委组织部部长、成都高新区人事劳动和社会保障局局长林海（左三）到肖家河街道调研就业工作

2012年3月2日，世界级新药创制平台落户成都高新区

2012年2月6日，展讯通信与成都高新区签约

2012年1月9日，英特尔中国西部地区分拨中心落户成都高新区

2012年2月2日，成都银行大厦在成都市南部新区金融总部商务区22号地块举行奠基仪式

2012年3月15日，西门子新闻发布会在成都高新区举行

2012年3月16日，第五届天府创业论坛在成都高新区举行

2012年3月20日，莫仕公司与成都高新区签署莫仕成都扩建项目协议

2012年3月27日，日立电梯西部制造基地项目在成都高新区开建

2012年 2月22日，“2012中国云计算产业发展论坛”在成都世纪城娇子国际会议中心召开

2012年4月10日，成都高新区与百纳公司签约

2012年4月13日，第三届中国（西部）高新技术产业与金融资本对接推进会在成都高新区举行

2012年4月15日，第六届四川互联网大会在成都高新区召开

2012年5月16日，成都高新区发布《成都市高新工商行政管理局关于服务天府新区高新片区建设工作的意见(试行)》

2012年4月24日，恒瑞医药成都生产基地与成都高新区签约

2012年5月30日，GE中国创新中心（成都）在成都高新区举行开幕仪式

2012年6月2日，成都风之翼动画制作有限公司《妞妞淘》第八册上市，多款移动应用陆续上线

2012年6月6日，“产业领航”移动互联网应用创新成果应用天使投资主题沙龙在成都高新区举行

2012年6月25日，百纳信息科技公司与成都高新区管委会签署投资合作协议，拟在成都高新区设立百纳科技全球总部

2012年6月12日，《成都高新区创业天使投资基金管理办法》新闻发布会现场

2012年5月8日，新川创新科技园开工奠基仪式在成都高新区举行

2012年7月12日，2012（首届）中国创新创业大赛成都路演推介会在成都高新区举行

2012年7月20日，天使投资基金与生物医药企业专场对接会在成都高新区举行

2012年6月26日，成都高新区移动互联网产业新闻发布会现场

2012年7月11日，成都市地震预警系统项目建设正式启动，成都高新减灾研究所为其提供核心技术支撑

2012年2月23日，携程信息技术大楼开工典礼在成都高新区举行

英特尔产品（成都）有限公司

国家（成都）中药安全性评价中心

联想（西部）产业基地工作车间

天府软件园内知名企业

TCL王牌电器（成都）有限公司

阿里巴巴(中国)网络技术有限公司成都分公司

地奥集团

摩托罗拉成都研发中心

达迩科技（成都）有限公司

IBM 成都分公司

四川成都华为科技有限公司

中国工商银行后台服务中心

富士康成都工厂

京东方光电科技有限公司

四川虹视公司

德州仪器半导体制造（成都）有限公司

成都维顺柔性电路板有限公司

成都康宁光缆有限公司

沱牌药业公司

莫仕连接器（成都）有限公司

马士基信息处理（成都）有限公司

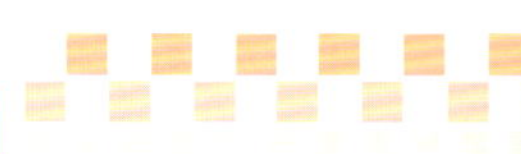

成都迈普产业集团有限公司

康弘赛金（成都）药业有限公司

友尼森成都基地

联想产品展示厅

南格尔二期厂房

普川生物医用材料公司

成都中光电科技有限公司

九洲迪飞生产车间

赛门铁克公司

四川中光防雷科技股份有限公司

创智联邦

奥克斯广场

美国芯源系统（成都）有限公司

迪康药业公司

四川制药制剂有限公司

天府生命科技园

2012年7月11日，成都高新区召开规范经营性无证无照行为联席会议暨高新区个体小额经营备案管理试点工作动员培训会

2012年4月18日，“德勤-成都高新区2012高成长20强”评选活动现场

2012年1月16日，成都高新区召开新春团拜会

2012年5月13日，由华西都市报等媒体发起的“炫动社区最in生活”在成都高新区举行启动仪式

2012年5月14日，在成都高新区“政务服务大冲关”活动中，工作人员热情为市民服务

2012年7月10日，成都高新区举行公共场所便民利民志愿服务点志愿者培训会

2012年7月27日，成都高新区桂溪街道举办道德讲堂百姓故事会

2012年4月28日，“21世纪东方表现主义油画展”在成都高新区免费开展

2012年7月7日，“托尼·克拉格：雕塑与绘画展”在成都高新区举行

2012年4月21日，成都高新区举行2012“青春·文明·梦想”主题系列活动启动仪式

2012年4月1日，成都高新区国税宣传月正式启动

2012年4月6日，成都高新区举办2011年度志愿服务表彰会

2012年5月8日，成都高新区防灾演练彩排现场

2012年7月11日，成都高新区举办政协委员“关爱奖学金”捐款仪式

成都高新区铁像寺水街

2012年1月19日，成都高新区举行2012年民俗闹春活动

2012年2月6日，成都高新区石羊街道举行首届文化艺术节开幕式暨2012“闹元宵，迎新春”民俗文艺表演

2012年3月5日，成都高新区文明交通劝导志愿服务者在街头开展文明劝导活动

2012年6月6日，成都高新区志愿者在地铁站内开展活动

2012年6月21日，成都高新区2012年防汛抢险演练在应龙湾水库举行

2012年4月11日，成都高新区举行“太极蓉城，活力高新”太极系列健身活动

2012年4月28日，华西医院上锦院区在成都高新区举行开业典礼

2012年3月31日，2012毕加索中国大展公众开放日在成都高新区启动

成都高新区内的优质学校

2012 · 高新数据

年末总人口	35. 03 万人（数据按户籍统计）
常住人口	55. 81 万人
地区生产总值	706. 46 亿元
第二产业增加值	528. 47 亿元
工业增加值	490. 22 亿元
第三产业增加值	177. 44 亿元
工业总产值	2230 亿元
引进合同外资	6. 85 亿美元
实际利用外资	16. 15 亿美元
地方公共财政预算收入	84.71 亿元
地方公共财政预算支出	90. 21 亿元
工业企业数	259 家
高新技术企业数	563 家
专利授权数	3025 件
电子信息产业增加值	300. 87 亿元
生物医药产业增加值	14. 86 亿元
精密机械产业增加值	13. 66 亿元
全社会固定资产投资总额	568. 5 亿元
房地产开发投资额	108. 15 亿元
商品房屋销售额	189. 84 亿元
城镇居民人均可支配收入	27333 元
城镇居民人均消费支出	14908. 33 元

编辑说明

一、《成都高新区年鉴》(2013)是成都高新技术产业开发区(简称成都高新区)管理委员会主办的地方综合年鉴，旨在系统记述2012年度全区自然、政治、经济、文化、社会等情况，为党政机关、企(事)业单位、研究部门、各界人士和中外投资者了解、认识成都高新区提供资料。

二、《成都高新区年鉴》(2013)以马克思列宁主义、毛泽东思想、邓小平理论和“三个代表”重要思想为指导，以科学发展观为统领，运用辩证唯物主义和历史唯物主义观点，实事求是地记录成都高新区2012年度内经济、社会发展情况，注重特色，突出企业，注重实用，为党政存绩，为人民记功，为促进成都高新区经济建设和社会发展服务。

三、《成都高新区年鉴》(2013)的记载时限为2012年1月1日至2012年12月31日，某些条目因内容所需而适当超越时限。

四、《成都高新区年鉴》(2013)采取分类编辑法，设类目、分类目、条目，为三层次框架结构。全书卷首设特载、专文、大事记、综述，卷中设党务·政务、人民团体、资源与环保、城市管理、城市建设、主导产业、新兴产业、其他产业与企业、招商引资、财税·审计、综合服务、进出口管理、知识产权、科学、教育、文化·体育、医疗·卫生、社会生活、政法·军事、街道、人物等21个类目，卷尾设统计资料、文件存目、附录、索引。全书以不同字体、字号为各类标题来表现不同层次，条目标题加【 】表示。

五、全书前面彩页内容有：地图、成都高新区二十周年专栏、领导关怀、要事荟萃、企业掠影、社会生活、数字高新；后面彩页内容有：服务部门、街道、直属单位的成绩及工作情况的照片。

六、《成都高新区年鉴》(2013）根据成都高新区产业发展情况，将三大主导产业细分为六大产业集群，以产业集群作为类目，六个集群产业作为分类目，企业简介作为条目。

七、《成都高新区年鉴》(2013）资料由成都高新区党工委、管委会各部门、街道办事处、企（事）业单位提供，并经其领导审核，如有数字与统计数字不一致，则以统计数字为准。

八、《成都高新区年鉴》(2013）具有多重检索功能，前有目录，每页有眉题，后有索引，索引中标题相同的条目均在括号内说明其区别，全书还配有光碟以方便查阅。

九、《成都高新区年鉴》(2013)的组稿、编辑和总纂工作都是集体协作完成的，并得到各级领导的重视和各单位的大力支持。编辑部对所有关心、支持和直接参与年鉴编纂工作的人员表示诚挚的感谢。

十、《成都高新区年鉴》(2013）虽经多次审校，但也难免有遗误．敬请各位读者批评指正。

目 录

特 载

专 文

大事记

综 述

党务·政务

人民团体

资源与环保

城市管理

城市建设

主导产业

新兴产业

其他产业与企业

招商引资

财税·审计

综合服务

进出口管理

知识产权

科　学

教 育

文化·体育

医疗·卫生

社会生活

政法·军事

街 道

人　物

统计资料

文件存目

附　录

索　引

特　载

成都高新区党工委管委会工作会议报告

成都市市长助理 成都高新区管委会主任 韩春林

（2013 年 2 月 4 日）

2012 年工作回顾

一年来，高新区经济社会实现平稳较快发展，各项事业取得了新的成绩和进步。

一、主要经济指标快速增长

全年完成产业增加值 878.9 亿元，增长 23.2%；规模以上工业增加值 520.2 亿元，增长 32.1%；固定资产投资 568.5 亿元，增长 16.1%；外贸出口 174.4 亿美元，增长 50.28%；到位外资 16.15 亿美元，增长 34.8%。全年完成工业总产值 2230 亿元，成为全省第一个过 2000 亿元的工业园区。成都高新综合保税区实现进出口总额 260 亿美元，增长 41.1%，居全国综合保税区第三位、中西部第一位。在经济快速发展的同时，质量和效益不断提升。三大主导产业增加值占规模以上工业增加值的比重达到 84.1%，上升 3.5 个百分点。全年完成财政总收入 251.16 亿元，增长 15.9%；地方公共财政预算收入 84.71 亿元，增长 38%。完成各类税收及附加收入 169.15 亿元，占财政总收入的比重达到 67.47%。其中，高新地税局完成各项税收及附加 100.54 亿元，增长 38.26%，成为全省地税系统第一个过百亿元的基层征收单位。

二、招商引资保持良好势头

新引进了博世集团、德国联邦铁路、德国安联保险、施耐德公司 4 家世界 500 强企业，引进了总投资分别达到 5 亿元、6.6 亿元和 8 亿元的恒瑞创新药物生产基地、百裕集团生产基地暨总部基地、迈克生物医疗电子产品生产基地等一批重大项目。通用电气设立并启动运营了其全球首个创新中心；全球最大会计事务所普华永道设立了中国服务中心；中国最大 IC 设计企业展讯设立研发中心及西部总部；华为公司注册 1 亿元启动建设软件工厂二期项目。此外，全球外包 50 强企业美国博朗软件、大展及移动互联网领军企业百纳信息、国民技术 IC 研发中心、央视三维传媒、分众传媒等一批软件及服务外包项目也相继落户。全年新引进重大项目 44 个，总投资 391 亿元。

三、重大项目建设扎实推进

74 个省、市重点项目完成投资 181.05 亿元，超额完成全年投资计划。富士康 803 项目提产扩能，全年生产平板电脑 4049 万台，增长 101%，出口总额 137.5 亿美元，占到全省出口总额的 30%，员工总数达到 14.2 万人。联想西部产业基地生产电脑 102 万台，实现产值超过 25 亿元。德州仪器、京东方销售收入分别增长 38.6%、54.3%。华为软件研发基地、达迩封装测试一期竣工；西门子、飞利浦等一批在建项目加快建设；戴尔、莫仕连接器二期等 20 个产业化项目开工建设。

四、天府新区高新片区建设整体提速

按照“三位一体、四态合一”的要求，新城建设速度和建设品质同步提升。金融总部园区已聚集银行、保险、创投、交易所等区域性总部110余家，注册资本约170亿元；金融后台中心已入驻金融企业13家，工商银行、兴业银行后台中心竣工投入使用，其余11个项目正在建设中。中石油设计西南分公司等24个项目竣工投运；腾讯科技等25个重大产业项目全部开工；中航安盟财产保险公司等一批现代服务业项目成功入驻。天府软件园等专业园区加快推进，新川创新科技园建设进入新的阶段，一批重大项目达成入驻意向。剑南大道、红星路南延线、锦城湖、锦江江滩公园等基础设施抓紧施工，大源商务商业区地下空间基本完工。完成了新城1.75万亩土地利用总体规划调整任务，交付建设用地6370余亩。以天府新区高新片区为重点，高新区全年新开工建筑面积1284万平方米，竣工建筑面积1193万平方米，保持在建面积3373万平方米，相当于五城区在建面积总和。

五、自主创新和企业培育服务不断深化

深入推进区域创新体系建设。天河生物医药科技研发与产业化中心、高新国际低碳环保产业孵化器加快推进，总面积3.2万平方米的移动互联创业大厦以及总面积5.5万平方米的盈创动力科技金融大厦投入使用，新增民营孵化面积13万平方米，新认定公共技术平台22家；成功获批四川省首批省级“人才优先发展试验区”，新增国家“千人计划”1人、四川省“百人计划”17人、四川省顶尖团队2个，总数分别占全市的65%、78%、67%；成功承办第七届欧洽会和第十届软洽会。深入推进国家级高新技术标准化示范区建设，专利申请量首次突破一万件，成为国家知识产权示范园区。全年新增科技型初创企业432家，其中高层次人才创业企业90家；新增高新技术企业51家，总数达到515家，占全市的52%；新增中国驰名商标2件、省著名商标6件。聚焦移动互联网产业，集中资源，全力突破。截止2012年底，已聚集企业360余家。强化政策支持和要素保障，在2011年162户培育企业基础上，全年锁定新入围重点培育企业117家。设立了国内首支政府全额出资的8000万元天使投资基金，帮助300多家（次）中小企业获得担保贷款14亿元。区内股权投资机构达到109家，注册资本规模达225亿元。红旗连锁在中小板成功发行上市，上市企业总数达到24家。积极发展楼宇经济，强化综合治税，财政精细化管理水平和绩效不断提升。高投集团法人治理更加规范，各业务板块发展迅速。

六、着力保障和改善民生，社会事业持续进步，文化建设全面推进

总面积约350万平方米农迁房全面开工。建立“双困”人员就业托底援助长效机制。在全市率先实施劳动争议“四调一裁”处理机制，成功调解劳动争议864起，依法追回劳动者合法待遇7000余万元。全面落实社保政策，13609名被征地农民实现应保尽保，1223名60岁以上无养老保障的老年人全部纳入城乡居民养老保险体系。在全省率先实现省级社区卫生示范中心全覆盖，继桂溪之后，芳草、中和社区卫生服务中心荣获“全国示范社区卫生服务中心”称号。新办西芯小学、七中初中附属小学及6所公益性幼儿园，引进英国哈罗公学，中、高考取得历史最好成绩，在全市教育现代化监测中教育社会满意度、义务教育质量均衡度、科创教育成绩均位列全市第一名。完善社会救助体系，全新打造14个街道（社区）级助老助残服务中心（站），实现救助全覆盖。充分发挥工青妇组织和各类社会组织、志愿者组织的作用，积极开展“青春·文明·梦想”等系列主题活动，深化公共文化服务体系建设，开展百姓故事会、全民太极拳、法制大讲堂等活动，在全市综合文明指数测评中继续位居第一。水环境综合治理、城乡园林绿化环境综合治理、市政设施管理列中心城区第一位，城乡

环境综合测评连续5年、22次保持中心城区第一名。严厉打击刑事犯罪活动，加强安全生产监管和市场监管，强化监督维护司法公正，审判质量和效率居全市前列，兵役工作圆满完成，“大调解”和信访维稳工作扎实推进，社会保持和谐稳定。

七、加强干部队伍建设和党的建设，不断提升服务水平

深入学习贯彻党的十八大和省、市党代会精神。开展以“保持党的先进性纯洁性”为主题的干部作风教育实践活动和党员干部“挂包帮”、“双报到”活动。建立干部下基层长效机制，扎实开展基层组织建设年活动，15个区级先进党组织升级为全国、省、市先进。开通运行网上政务服务呼叫中心，率先开展“局长进大厅”活动，率先建立规范文件解读机制。严格落实党风廉政建设责任制，扎实推进惩防体系建设，强化审计监督，在全市行政效能和发展软环境测评中继续保持领先地位。

一年来，人大、政协联络工作立足自身职能，主动作为。统战、侨台、外事、机关服务等各项工作也取得新的成效。

各街道在服务产业和民生的实践中也形成了许多新亮点。肖家河街道在社区院落管理、基层党建、社区文化等方面进行了积极探索；芳草街街道以规范化标准化建设为抓手，做好流动人口管理服务工作；石羊街道妥善解决拆迁遗留问题；桂溪街道连续5年开展“文明和谐家庭”、“文明和谐院落”评选，成为群众参与度很高的品牌活动；合作街道创建四方联动机制，解决民工工资纠纷；中和街道在拆迁安置方面做了大量艰苦细致的工作。

回顾一年的工作，我们也清醒地认识到当前面临的困难和挑战：经济增幅出现回落，固定资产投资特别是工业投资下滑，载体不足等矛盾日益突出，民生和社会事业还有大量工作要做，等等。这些都需要我们在今后的工作中切实加以解决。

2013年工作安排

2013年是全面贯彻落实党的十八大精神的开局之年，省市对新一轮发展提出了新的更高要求和希望。在省市击鼓奋进推动新一轮发展的大局当中，高新区责任重大、使命光荣，我们一定要坚定信心、奋发有为，努力成为全市经济发展的排头兵。

为此，2013年工作的总体要求是：认真贯彻落实党的十八大和省、市党代会以及市委经济工作会议精神，深入实施“五大兴市战略”，强化投资拉动、重大项目带动、自主创新驱动，全力以赴加快产业发展和新城建设，以各项工作的新作为、新气象、新成绩，努力在全市新一轮发展中走在最前列，为成都打造具有全球比较优势、全国速度优势、西部高端优势的西部经济核心增长极作出新的贡献。

党工委管委会确定2013年的工作目标是：实现产业增加值1000亿元，增长18%以上；规模以上工业增加值600亿元，增长21%以上；固定资产投资600亿元以上；地方公共财政收入力争完成100亿元，增长18.7%。要经过各方面的共同努力，力争超额完成这一目标任务。

实现上述目标，要抓好以下重点工作。

一、突出产业发展新作为，加快打造国际化的高端产业基地

继续以先进制造业为重点，以建设国际化的电子信息产业基地为方向，以重大项目为带动，积聚和释放产业发展新动能，做大规模、提升水平。

要把招商引资作为工作的重中之重。围绕主导产业，下更大决心，集中更多资源，勇于竞争，主动出击，着力引进一批大项目、好项目，整体提升集成电路、光电显示、软件及服务外包、电子终端产品制造和生物医药等主导产业集群。特别要全面提升开放水平，抓住成都举

办《财富》全球论坛和华商大会的重大机遇，认真梳理和积极对接参会企业，集中引进签约一批先进制造业和现代服务业高端项目，力争引进微软运营中心、安进生产研发基地、罗氏医药生产研发项目等一批世界500强及知名企业，形成加快发展的带动力和影响力。

要抓好重大项目的推进落实。加大项目协调和促建力度，切实抓好64个重点制造业和服务业项目。2013年，要全力保障西门子、戴尔（成都）全球运营基地等12个项目顺利建成投产；推动富士康成都光电显示产业基地、日立电梯、飞利浦、中电科等47个项目加快建设；确保保利国际广场等5个项目开工建设；争取一批重点企业扩大产能，推动产业发展取得新的进步。

要着力推进移动互联网产业发展。强化载体和融资支持，从移动智能终端、软件平台、应用开发及服务等全产业链突破，培育和引进一批国际知名企业和新兴潜力企业，力争全年新引进移动互联网相关企业100家以上，努力把高新区打造成为国内一流、有国际影响力的移动互联网产业聚集地。

二、突出新城建设新作为，全面加快天府新区高新片区建设

以全球化的视野和只争朝夕的精神，推进新城国际化现代化进程，加快建设进度，促进城市形态、业态、文态、生态的有机融合，力争早日为成都贡献一座国际化现代化的宜人新城。

要统筹做好新城建设与现代服务业发展。高端服务业的实力决定了我们这座新城的实力和竞争力。要按照“现代商务中心、高端产业新城”的发展定位，依托站南组团和大源组团已形成的大规模高端楼宇载体，强化楼宇经济引导，快速聚集一批金融、总部、商贸、研发、软件等现代服务业项目，尽快形成现代服务业发展繁荣区，加快打造以金融、总部为代表的成都中央商务区，夯实“产业立城”的基础。

要高标准推进新城建设。继续加大投入力度，全力推进新川创新科技园的招商、建设和运营，力争园区内主干道年内竣工，引入2家具有重大影响力的跨国企业；加快移动互联网产业园、金融总部园区、大源商务商业区、金融后台园区等一批专业园区建设，形成一批高端产业载体。围绕《财富》全球论坛，全力推进一批重大基础设施和标志性项目建设，剑南大道、红星路南延线、中和“三横三纵”道路等年内尽早完工，确保锦城湖、锦江江滩公园等项目如期完工，打造好天府大道等重要线路、重要节点的景观改造、夜景照明、环境整治，充分展现成都现代化国际化形象。加快完善新

2012年2月23日，天亿显示科技（成都）有限公司第6代新型液晶显示器件项目启动仪式

城生活和商务配套，引进建设高品质的国际学校、国际医院、国际社区，配套具有国际品质、现代时尚的商务、生活环境。

三、突出自主创新和企业培育服务新作为，不断增强区域发展内生动力

深化以“大人才观、大孵化器观、大平台观、大服务观”为核心的大孵化体系建设，面向全球聚集高端创新资源和要素。深入实施人才优先发展战略，加快省级“人才优先发展试验区”建设，吸引和引进一批高层次人才和团队进区创新创业；升级完善公共技术平台资源，支持社会资金建设移动互联网、云计算、物联网等公共技术平台；加快推进以中欧科技合作为特色的国际合作服务体系建设；推动成都高新国际低碳环保产业孵化器、成都天河生物医药科技研发与产业化中心建设，建成并投运天府生命科技园生物医药专业孵化单元。2013年，力争新引进科技型创业企业450家，孵化培育销售收入首次突破1000万元企业60家以上、3000万企业10家以上。

完善培育政策，优化服务体系，聚集资源、聚焦重点，强化金融、人才和动能保障等专业化、个性化服务，支持本土高新技术企业和科技型中小企业尽快做大做强。2013年，要力争新增过千亿元企业1家、过百亿元企业1家、规上工业企业20家、上市企业2家。

四、突出民生社会事业和文化建设新作为，努力满足群众对美好生活的向往

完善机制，加大投入，更大规模、更高标准推进社会事业和文化建设。全力推进350万平方米农迁房及公建配套建设，确保主体全面完工。按照“抓两端、稳中间、促创业”的思路，深入实施就业优先战略，研究出台新一轮更加积极的就业政策，推动实现更高质量的就业，努力构建和谐劳动关系，积极推进“全民社保工程”。聚集培育更多优质教育、卫生资源，继续推进公益性幼儿园规划建设，加快构建高端医疗服务平台，完善困难群众帮扶救助机制，推动社会事业不断发展。全面加强文化建设，广泛开展百姓故事会等群众性文化活动，实施文化惠民工程，深化公共文化服务体系建设。落实“大城市、细管理”的要求，开展八大城乡环境群众性活动，深入推进城乡环境综合治理。实施“美丽社区”行动计划，支持志愿服务和公益性社会组织发展，建设街道市民服务中心，深化文明城市建设。加强和创新社会管理，注重运用法治思维和法治方式积极调处化解矛盾，强化安全生产监管和社会治安防控，切实维护社会和谐稳定。

五、突出干部队伍建设新作为，努力打造一支学习型、服务型、创新型干部队伍

扎实抓好十八大精神的学习贯彻，加强干部队伍理想信念教育，认真落实党风廉政建设责任制，推进惩防体系建设。严格遵守改进工作作风、密切联系群众的“八项规定”，深入群众，深入基层，大力弘扬实干当先的创业精神，倡导勇于担当、敢于负责的工作作风，提升干部队伍的专业素养、敬业精神，激发干事创业激情，着力培育一支“懂工业、懂城市、懂开放、懂金融、懂管理”的干部队伍。按照“规范有序、专业高效、公正廉洁、和谐诚信”的要求，深化规范化服务型政府建设，开展岗位能力建设，推进政务服务信息化建设，探索开展企业身份数字证书认证，建立“企业服务数据库”、“居民服务数据库”和“移动政务平台”，全面提升服务软实力，打造遵循国际惯例的政务服务环境，努力使高新区成为国际资本、产业、人才落户的首选之地。

同志们，高新区新一轮的发展，任务更加艰巨，前景无限美好。我们要继续保持奋发有为的精神状态，开拓创新，真抓实干，努力开创高新区科学发展的新局面！

专 文

关于加快成都高新区生物医药产业发展的思考

成都高新区生物医药产业推进办公室

生物医药产业是秉承传统又充满机遇的新兴产业，生命科学和生物技术的迅猛发展，一些有关人类前途命运的关键领域正在实现重大突破，未来将为人类带来新的产业革命。为此，包括中国在内的世界上众多国家，愈来愈重视生物医药产业发展，由此掀起了一轮抢抓机遇、加快推进的发展高潮。顺势而为，乘势而上，高新区如何在已有的基础上取得更大突破，我们进行了认真研究思考。

一、产业发展特点

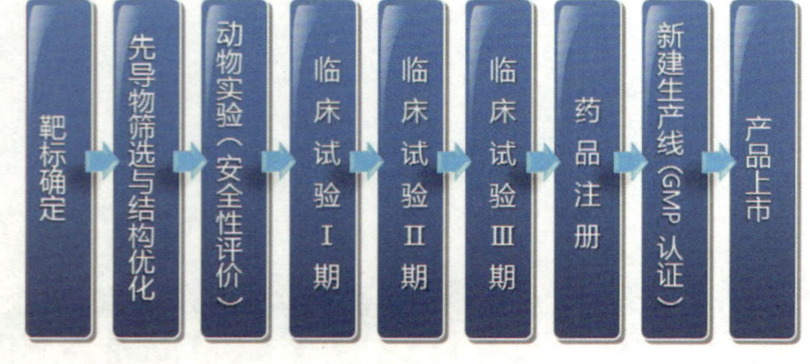

生物医药产业是唯一具有鲜明的以公众利益为取向的社会福利性和以产业利益为取向的经济效益性双重属性的产业，由此受到社会伦理和行政法规的高度制约，故有投资大、周期长、风险高、监管严和回报丰厚的产业特点。

二、产业发展趋势

生物医药产业经过一定的聚集阶段正蓄势待发，尤其是生物技术的日新月异将点燃整个产业出现爆炸式增长。2011年，全球药物及医疗器械产业规模接近15000亿美元，增长4%，未来几年将持续保持4—7%的增长速度。

国外产业转移趋势日趋明显，国家政策强势推动，国内许多城市加快发展步伐，呈现出百舸争流、千帆齐发的跨越与赶超态势。2011年，国内生物产业规模达到15025亿人民币，同比增长29.33%，未来在技术革命拉动、市场消费带动、产业转移推动三大要素的作用下，将持续以超过25%的速度增长。中国市场有望在2020年成为仅次于美国的全球第二大药品市场。

三、领域发展研判

（一）生物技术药物

随着化学药物靶点确定难度的不断增大，生物技术药物表现出巨大的发展潜能，正在逐步成为生物医药产业的核心力量，并被投资者认为是成长性最高的产业之一。

成都高新区该领域现有9家企业，主要集中于血液制品和疫苗方面，整体水平较低，基础薄弱。

（二）化学药物化学药物

当前仍然占据整个药品市场份额的70%左右。随着产业进入相对成熟期，并受到生物技术药物迅猛发展和环境制约的双重挑战，其市场地位将被削弱。

成都高新区该领域现有32家企业，以低端仿制为主，规模小，技术实力弱。

（三）中药

中药具有较好的传统基础，在国内占有较大

的市场份额，技术标准化这一难题阻碍了中药产品走出国门，其市场受到较大制约。

成都高新区该领域现有 26 家企业，技术水平和国际化进程有一定优势，但龙头企业规模较小，对产业的带动性不足。

（四）医疗器械

随着电子信息技术与医疗诊断技术的日益融合，同时检测技术在分子水平的广泛应用，都将推动全球尤其是基础较为薄弱的国内医疗器械产业呈现高速增长。

成都高新区该领域现有 30 家企业，呈初步聚集态势，多数企业产品处于中低端水平。

（五）技术服务领域

全球制药行业竞争加剧、成本控制的压力将推动研发等外包服务业务持续增长。

成都高新区该领域现有 46 家企业，呈快速发展趋势，但缺乏领军人物和团队，产业对地区贡献小。

（六）医疗健康领域

发达国家的医疗健康产业日趋成熟，国内此产业仍属于新兴产业，未来具有一定的发展前景。

成都高新区该领域现有 10 家企业，属于刚刚起步，依托华西医院未来将有一定发展。

四、园区发展分析

（一）专业园区成为推动产业发展的主要手段

生物医药产业特点决定了其产业链较长，各个不同环节需要整合。因此，通过建立产业园区，促进大学、研究机构、企业、政府间合作和创新要素聚集，成为世界各国发展生物医药产业的主要做法。

国外代表园区包括：美国斯坦福研究园、北卡罗来纳州“研究三角园”、英国的剑桥基因知识园、德国柏林－勃兰登堡生物技术区、韩国的大德科技园、新加坡的启奥生物医药研究园、台湾新竹生物医药园等。

（下图，国际先进园区的共同特征）

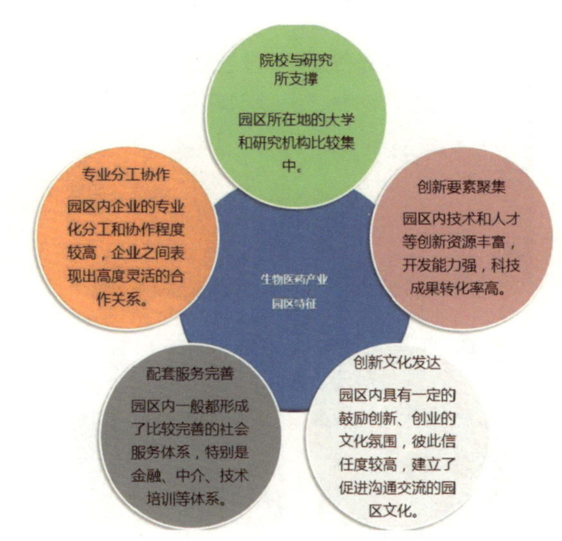

（二）国内主要生物医药园区发展特点分析

国内现有“药谷”、“药都”、“生物医药基地”等 60 多个，各自呈现不同的特点，标志着我国生物医药产业正逐步迈向繁荣。

（下图，各主要生物医药园区特点分析）

张江药谷发展分析

发展定位
以科技创新为着力点

主要做法
通过打造和完善公共服务平台、吸引国际制药巨头的研发单位来聚集创新资源，营造世界一流的创新环境。

优势
园区起步较早；国家重点布局；创新体系完善。

不足
区域成本相对较高；缺乏产业化环节支撑，导致产业体量不足。

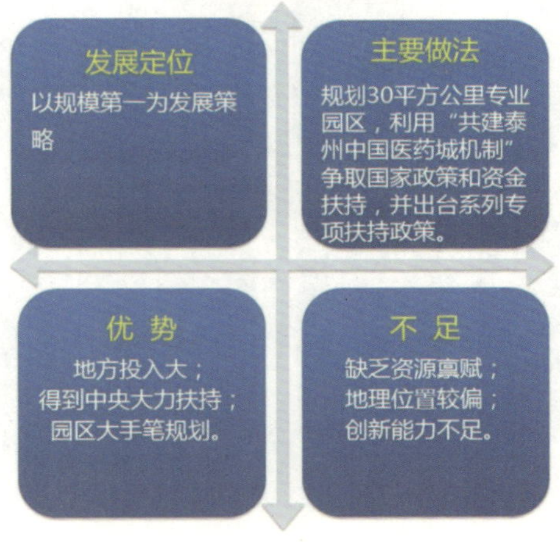

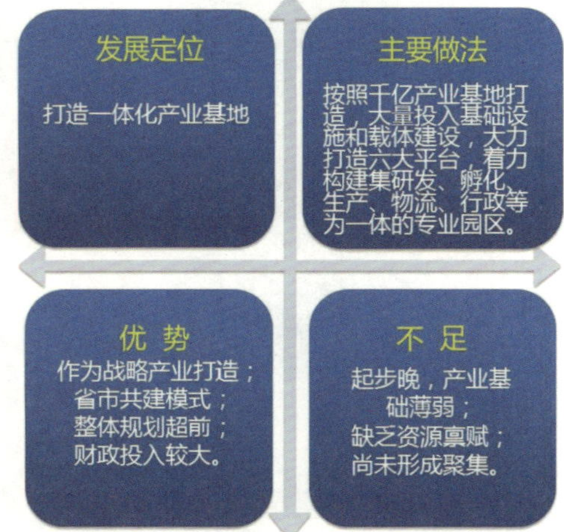

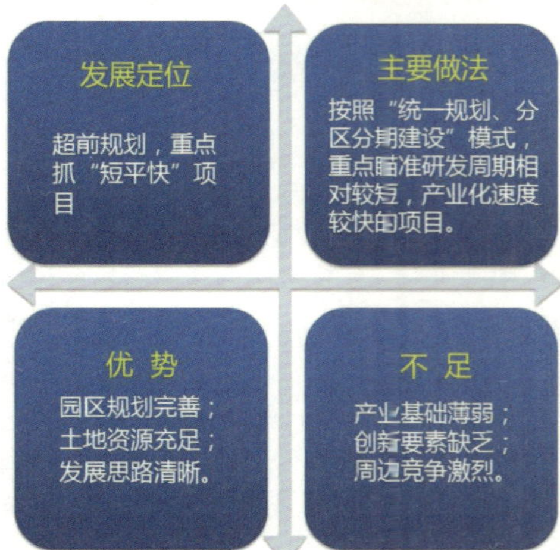

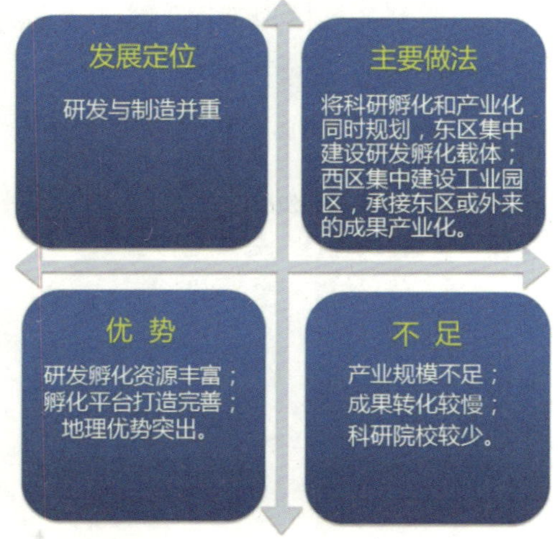

五、“五点思考”——寻求高新区生物医药产业突破口

综上，经过多年发展，高新区生物医药产业具有一定规模和基础，但总体仍处于产业发展的初级阶段，规模较小，产业知名度不高，未来打好基础、整合资源、形成突破将成为工作重点。

（一）思考一：产业领域寻求突破

在对产业领域和技术进步深入分析的基础上，实施“聚焦领域，集中资源，立足当前，着眼长远”的发展战略。重点瞄准：生物技术药物中的抗体类药物、化学药物中的高端仿制药、医疗器械中的诊断试剂和诊断及治疗器械、技术服务领域中的研发外包和检测服务等领域，以“错位化、集群式”发展，快速形成产业突破。

（二）思考二：招商领域寻求突破

1、将“招企业”与“招品种”结合。2015年前后，全球将有770亿美元的专利药物到期，国际制药巨头纷纷面临利润下滑、研发受阻、规模收缩的困境。在失去垄断利润后，原本被忽略的制造环节成本也将成为价格竞争的重要砝码，加之中国市场的快速增长，使越来越多的国际制药企业将可能把生产基地向国内转移。因此，针对国外制药巨头的到期药物品种招商，将成为新的招商方向。

2、将“招制造”与“招服务”结合。生物技术服务业是生物医药产业的重要组成部分，其快速发展将对产业结构优化升级、产业竞争力提升和产业链丰富与完善起到积极作用。紧紧抓住当前生物医药产业链研发环节加速向国内转移的机遇，适时采取“避重就轻”策略，以较小的代价引进和培育以药物筛选、临床前研究、药物安全性评价、临床试验及设计等医药外包产业，同时结合西南地区人口资源、华西医院检测资源，快速引进和培育检测服务产业正当其时。

3、将“企业培育”与“招商储备”结合。当前，国际制药巨头进入中国，并购是其主要方式。2011 年，共有 7 家国际知名制药企业在我国生物医药制造领域进行投资，有 6 家即采取了并购或合资的形式。

充分利用高新区本土企业在市场判断、技术分析、渠道建设、融资能力等方面的优势，加强企业培养和品种研制，快速实现新产品产业化，既壮大产业规模，也为引进国际制药巨头做好资源储备。

（三）思考三：载体规划寻求突破

生物医药产业是对创新环境依存度较高的产业，一个按照生物医药研发和产业化的标准打造，并将创新和技术服务等平台有机植入其中，以产业链融资服务体系予以支撑，同时让生活配套与之兼容，从而形成创新—研发—产业化快速发展通道的“梯级产业载体”，对推动产业发展具有重要意义。

2011 年进入我国生物医药制造领域的国际制药企业并购或合资情况表

收购（合资）原因				收购价格	目标市场
外方	收购原因	中方	被购原因		
诺华	已进入中国市场的疫苗业务产品单一，希望扩大在华市场。	浙江天元生物	资金短缺，且上市未成功	1.25 亿美元（ 85% 的股权）	疫苗
葛兰素史克	将分装和销售业务扩展到生产环节。	深圳葛兰素史克海王生物制品	/	2400 万英镑（收购剩余的 51% 的股权）	疫苗
阿斯利康	看中中国仿制药市场的巨大潜力，完善在中国的抗感染注射产品线。	广州倍康制药	民营企业，产品为头孢类粉针剂	未公开	仿制药
默沙东	首次投资以肿瘤药物前期研发为主要业务的海归企业。	百济神州（北京）	临床开发需要大量资金	1.25 亿美元	疫苗
辉瑞	利用对方低成本生产优势	浙江海正药业	是国内主要的原料药和仿制药生产企业，欲借助辉瑞的品牌和销售渠道	2.95 亿美元	仿制药
帝斯曼	看中对方较好的生产设施和销售网络	中化集团（北京）	希望借助对方生物酶技术工艺，减少抗生素生产过程中的污染，使产品具有成本优势	中化以 2.1 亿欧元收购帝斯曼 50% 的股权	抗感染药

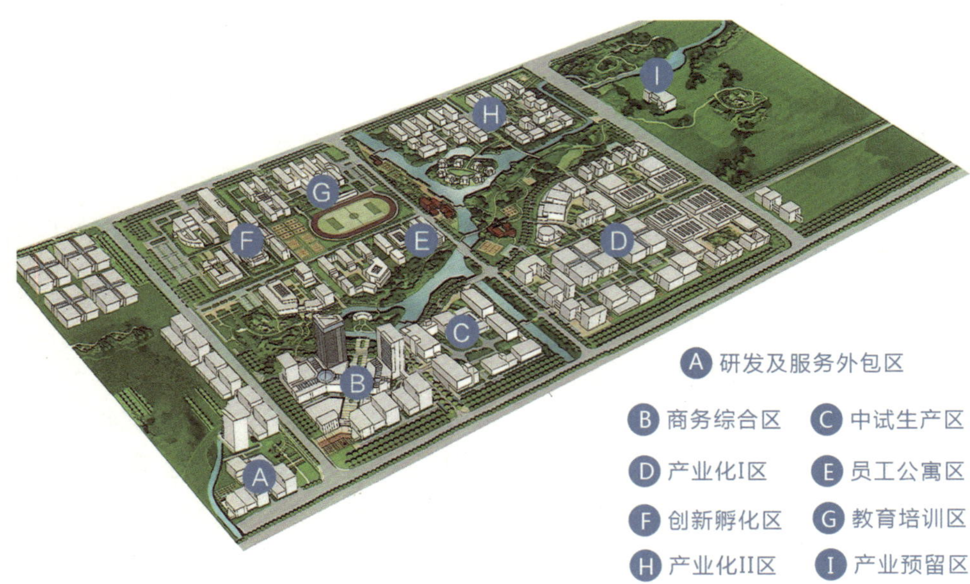

生物医药梯级产业载体示意图

功能分区，业态独立。按照企业发展的不同阶段需求，实施功能分区，规划孵化服务、创新研发、中试生产、产业化制造、创新支撑体系和生活配套功能板块；同时根据生物技术药物、化学药物、中药、医疗器械、生物技术服务等业态各自特点，采取“相对独立规划、各自集中发展”的措施，避免不同业态因对载体要求差异较大而彼此之间产生相互不利影响。

（四）思考四：资本利用寻求突破

1、重大新药创制，借助国家战略。生物医药新药创制的特点决定了其投入巨大，周期漫长，地方政府难以承担，应积极纳入国家战略层面。对此，高新区可采取“择机跟进，阶段伴随，持续支持”的方式，加以跟踪和引导，赢得未来发展机遇。

2、建立风险补偿，实现产业链融资全覆盖。欧美生物医药产业成功的一个重要原因就是创新企业能够得到灵活的政策资金和多渠道的风险投资，实现了从新药基础研究到产业化各个阶段政府和风投资金的前后承接。例如，马萨诸塞州通过政府全部研发经费的27%，引导了全州风险资本的18%进入生物医药领域。

我国目前生物医药产业链融资体系尚未健全，新药研发早期可能获得创新基金、天使投资、科技专项等小额政策资金，而进入临床尤其是Ⅰ、Ⅱ期试验期间，企业自有资金较难支撑、银行贷款困难、风险投资畏难不愿介入，形成产业融资“断层”。如果能尝试建立风险补偿机制，即通过设立风险止损点，政府给予适度补偿的方式，引导社会资金进入上述产业链阶段，将可大量聚集创新药物研发项目和团队，同时以政府资金为杠杆，避免政府直接投资风险。

（五）思考五：政策体系寻求突破

建立生物医药产业专项政策，突出发展重点。

一是关注重大新药创制，实施跟踪投资，尝试建立风险补偿机制。

二是加强本土企业扶持，鼓励本土企业跟踪新药专利到期情况，实施“抢仿”、“快仿”、“首仿”，甚至采取“拿来主义”，直接收购二、三期临床以后即将取得生产许可的新药。

三是加大重点项目引进，抓住产业转移契机，针对重点项目、领军人才、高层次创业团队加大招商引资力度。

四是注重中介机构培育，加大对具有产业促进作用的检测、认证、金融、培训、交易等生产性服务机构的培育力度。

五是推进专业园区建设，加快专业园区的规划建设速度，提升园区创新能力和园区运营能力培育，引导园区加强功能性和平台建设。

成都高新区大孵化战略实践与思考

成都高新区技术创新服务中心

实施大孵化战略、构建大孵化体系，是成都高新区一项重要举措。经过多年的探索和实践，成都高新区成功构建了以“1233”为主要内容、“四大观”为内涵的大孵化体系。

一、以“招才引智、孵化培育”为中心

“招才引智、孵化培育”始终是大孵化战略的中心2任务，两者相辅相成，缺一不可。

（一）大力实施招才引智工程

成都高新区通过营造优良的创新创业环境，吸引各类人才和技术成果到高新区落户转化，人才加速聚集态势明显。截至2012年上半年，成都高新区已聚集各类人才超过20万人，其中硕士及以上1.4万人；引进760余名高层次人才，创办企业510家；有13人入选中组部“千人计划”，39人入选四川省“百人计划”，“千百人计划”异地创业企业10家。仅2012年上半年，新引进各类科技创业企业222家，预计全年将超过400家；新引进高层次人才86人，创办企业50家，全年预计高层次人才创业企业达90家，创业博士超过150人。高端人才的加速聚集，对高新技术产业发展起了极大的推动和引领作用，实现了“引进一个人才、创办一家企业；聚集一批人才、兴旺一个产业”的“裂变”效应。

（二）强化孵化培育

成都高新区营造最适合企业成长的环境，通过政策支持、服务覆盖，推动创业企业快速成长，一批小巨人企业集中涌现。预计2012年销售收入首次超千万元的企业将超过80家；超3000万元的企业将超过10家。截至2012年上半年，孵化企业超过3000家，累计毕业企业600家，培育上市企业24家，孵化企业贡献的税收在成都高新区工业企业上缴税收中超过半壁江山。孵化企业成为高新区最具创新活力和发展前景的产业生力军。

二、政策和服务是实施大孵化战略的两大保障

（一）建立完善政策体系

成都高新区先后出台《大孵化专项资金管理办法》、《成都高新区鼓励高层次人才进区创新创业实施办法》、《成都高新区加快移动互联网产业发展的若干政策》等政策文件，从创业启动扶持、办公用房补贴、投融资服务，到高级人才奖励、住房安家补贴、子女配偶安置，形成一套完整政策体系。成都高新区每年用于创新孵化的资金超过5亿元，其中设立“高层次人才专项资金”，5年内，每年投入不少于1亿元的资金，用于高层次人才的引进、培育和奖励。2013年起成都高新区每年还将投入超过10亿元发展移动互联网产业，打造新的支柱产业和经济增长极。

（二）坚持不懈地营造人才创新创业的服务环

境构建更加完善的科技中介服务体系，聚集和整合各类创新创业资源共同为科技型中小企业服务。打造高层次人才“一站式”服务窗口，建立重点人才定期走访机制，开通人才服务“绿色通道”。举办“天府创业论坛”、“天府创业故事汇”、“天府创业大赛”，营造“鼓励创新、宽容失败”的创新创业文化。注重解决人才的“后

顾之忧”，引进、建设和完善一批国际医院、学校、社区，打造具有国际品质的生活服务环境。

三、孵化器、公共技术平台和科技金融是大孵化战略的三个支撑

（一）以政府投资为引导，构建多元化孵化器格局

成都高新区构建了以政府办孵化器为示范，社会力量办孵化器为主体，虚拟孵化器为补充的孵化器网络体系。目前，成都高新区已形成7家国家级科技孵化器为骨干的26家孵化器群体，孵化面积120万平米，孵化器数量和面积快速增长，在全国高新区中仅次于中关村。

（二）构建完善的科技金融服务体系

成都高新区通过搭建盈创动力等科技金融服务平台，积极构建以政府投入为引导、企业投入为主体，天使基金、风险投资、政府产业投资、债权融资、股权融资、上市融资、融资顾问、上市辅导等多种方式结合的“梯形融资模式”，满足科技企业不同成长阶段所对应的不同层次、不同功能的融资需求。成都高新区投资8000万创立天使投资基金，发起设立了15亿元的银科创投引导基金；与200余家投融资机构建立战略合作关系，吸引60余家专业机构入驻，管理资金规模超过390亿元。2011年，成都高新区被科技部批准为首批促进科技和金融结合试点地区之一。2012年，成都高新区各类科技型企业获得债权融资超过50亿元，股权融资超过20亿元。

（三）加强公共技术平台体系建设，强化对战略新兴产业的支撑作用

成都高新区逐步形成电子信息、生物医药等公共技术平台体系，公共技术平台超过50家，其中通过认定公共技术平台33家，资产规模超过12亿元，政府投资公共技术平台资产近2亿元。高新区生物医药分析测试平台2011年10月建成并投入运营以来，在机制创新、硬件建设、服务品质等方面取得显著成效，累计提供上万次测试、咨询等技术服务，成为中国西部小分子药物定性、定量分析最先进的实验室之一。

四、形成企业初创期、成长期和发展壮大期分阶段培育服务体系

高新区建立了由初创期（含种子期）、成长期、发展壮大期分阶段梯型服务体系。创新中心为初创期企业提供启动资金、房租补贴等政策支持和公司设立、培训、投融资、市场开拓、管理咨询等服务；科技局、软推办、医推办等科技创新部门为成长期企业提供各类创新计划支持等；经贸发展局则为成长壮大期企业提供政策兑现、项目争取等特色服务和重点服务，帮助企业解决发展壮大中遇到的共性问题和跨越式发展中遇到的重点、难点问题。

五、“四大观”内涵

（一）树立大人才观

一切愿意到高新区创新创业的人，不论是大学生、博士还是海归人才，一视同仁，均给予支持和鼓励。

（二）树立大孵化器观

所有的孵化器不分类型、不分投资主体和形态，只要为高新区创业企业提供孵化载体和服务的，均纳入成都高新区孵化器网络体系，享受高新区孵化政策支持和服务。

（三）树立大平台观

从孵化企业成长需求来看，提供成长各阶段的公共技术平台服务；从投资主体来看，政府引导、市场主体的格局已经形成。高新区公共技术平台政策对新建平台给予补助、对平台使用给予补贴，已实现全覆盖。

（四）树立大服务观

高新区已经初步建成全过程、全方位、全地域的服务体系，成为高新区进一步加快发展、实现产业倍增的独特优势和强大竞争力。成都高新区实施大孵化战略以来，孵化规模、服务能力大幅提升，创新创业资源快速聚集，涌现出一大批小巨人企业，大孵化已经成为成都高新区推动创新驱动发展、实现产业倍增的重要支撑和保障。

大事记

1 月

5 日

●成都市市长助理、成都高新区管委会主任韩春林走访慰问富通集团、特普科技、新荷花、富士康等 4 家企业。成都高新区管委会领导袁宗勇、王琳一同视察。

9 日

●英特尔与成都高新区签署投资合作协议，计划在蓉设立中国西部地区分拨中心。四川省委常委、成都市委书记黄新初会见英特尔全球副总裁兼封装测试总经理罗宾·马丁、英特尔中国董事总经理戈峻一行并出席签约仪式。

●成都市委常委、成都高新区党工委书记敬刚会见澳新银行（中国）首席执行官李权一行，双方就澳新银行成都运营中心发展情况及未来在成都设立分行事宜进行交流。成都高新区管委会副主任唐华陪同。

12 日

●成都市市长助理、成都高新区管委会主任韩春林会见烽火通信公司客人，就公司收购大唐电信股份后的发展交换意见。成都高新区管委会副主任唐华、袁宗勇陪同。

13 日

●四川省委常委、成都市委书记黄新初，市长葛红林，市委副书记、市政协主席唐川平到成都高新区检查为民办实事民生工程目标完成情况，实地察看桂溪街道综合文化活动中心，听取有关情况汇报。

16 日

●成都市委常委、成都高新区党工委书记敬刚会见印度博拉软件公司中国业务总监索纳尔·赛斯一行，双方就设立研发中心事宜进行沟通。成都高新区管委会副主任袁宗勇陪同。

18 日

●成都市委常委、成都高新区党工委书记敬刚走访睿智化学、创宜生物、阿艾通信、任我行软件等企业，看望慰问企业员工。成都高新区管委会领导杜必强、唐华、杨东、林海陪同。

19 日

●四川省省长蒋巨峰到富士康成都项目南厂区塑艺工厂，为富士康员工送去新春祝福，向企业员工代表和家庭困难员工赠送慰问品共 400 份，并考察富士康全球首家“自动化机器人工厂”。

●成都市委常委、成都高新区党工委书记敬刚，成都市市长助理、成都高新区管委会主任韩春林会见中国东方电气集团有限公司总经理斯泽夫一行，双方就有关东方电气在高新区发展事宜进行交流。成都高新区管委会领导唐华、杨东、林海陪同。

20 日

●成都市市长助理、成都高新区管委会主任韩春林会见普华永道会计师事务所中国大陆及香港高级合伙人叶冠荣一行，双方签署投资合作协议。成都高新区管委会副主任袁宗勇陪同。

29 日

●成都市委常委、成都高新区党工委书记敬刚会见达州市委书记焦伟侠一行，双方就城市综合体建设、企业服务等工作进行交流。成都高新区管委会副主任杜必强陪同。

●成都市市长助理、成都高新区管委会主任韩春林会见瑞士恩德斯豪斯公司中国区总经理郁光建一行，双方就未来在高新区投资工业仪表制造工厂或设立总部的战略规划进行探讨。成都高新区管委会副主任袁宗勇陪同。

2 月

2 日

●成都银行大厦项目奠基仪式在金融总部商务区举行。

6 日

●展讯通信公司与成都高新区签署投资合作

协议，计划在成都高新区设立“展讯通信研发中心、技术支持服务中心及展讯中国西部地区总部”。

16日

●成都市市长葛红林会见英特尔公司全球高级副总裁兼法律总顾问段明德一行，双方就英特尔成都公司相关事宜进行交流。成都市委常委、高新区党工委书记敬刚，副市长白刚，市长助理、成都高新区管委会主任韩春林陪同。

20日

●四川省副省长刘捷带队前往深圳促进富士康项目。成都市市长助理、高新区管委会主任韩春林，成都高新区管委会领导王琳陪同。

●成都市委常委、成都高新区党工委书记敬刚会见微软亚洲互联网工程研究院院长王永东一行。成都高新区管委会副主任袁宗勇陪同。

23日

●天亿显示科技（成都）公司第六代新型液晶显示器件项目在成都高新区正式启动。

3月

1日

●成都市市长助理、成都高新区管委会主任韩春林会见飞利浦优质生活全球执行副总裁、负责供应链的首席运营官 Lee Bennett 一行，双方就飞利浦在西部设立小家电生产及供应链基地事宜进行交流。成都高新区管委会副主任袁宗勇陪同。

2日

●成都市委常委、成都高新区党工委书记敬刚会见尚华医药研发服务集团董事长惠欣一行，双方就集团在高新区设立药物生产化基地等事宜进行交流。成都高新区管委会副主任傅学坤陪同。

●李进博士与成都高新区签署合作协议，将在成都高新区创建具有国际先进水平的先导化合物筛选平台。成都高新区管委会领导韩春林、傅学坤出席签约仪式。

5日

●成都高新区召开党工委中心组（扩大）学习会，研究高新区在成都市建设开放型区域中心和国际化城市中的使命、责任和措施。

7日

●成都高新区召开2011年企业表彰会。成都高新区管委会领导，各部门、各街道主要负责人以及受表彰企业负责人共400余人参加会议。

8日

●成都市委常委、成都高新区党工委书记敬刚会见摩根大通高级董事总经理、亚洲区证券市场主席 Mark.Justh 一行，双方就旨在建立和加强摩根大通与成都高新区的合作伙伴关系进行交流。成都高新区管委会副主任袁宗勇陪同。

15日

●西门子工业自动化产品成都生产及研发基地项目在成都高新区开工建设。

20日

●莫仕公司与成都高新区签署莫仕成都扩建项目协议。签约仪式前，成都市委常委、成都高新区党工委书记敬刚会见莫仕全球商用产品事业部总裁 Joe Nelligan 一行。成都高新区管委会领导韩春林、袁宗勇陪同会见并出席签约仪式。

27日

●日立电梯（成都）有限公司项目在成都高新区正式动工建设。成都高新区管委会领导敬刚、韩春林、杜必强、袁宗勇，以及日立电梯（中国）有限公司总裁潘胜燊出席奠基仪式。

28日

●成都市市长葛红林会见美国国际经济发展公司 CEO Kip Thompson 一行。成都高新区管委会领导韩春林、袁宗勇陪同。

29日—30日

●成都市市长助理、成都高新区管委会主任韩春林赴北京拜访 CA、微软、施耐德公司。成都高新区管委会副主任袁宗勇陪同。

4月

4日

●成都市委常委、成都高新区党工委书记敬刚会见中国药促会执行会长宋瑞霖一行，双方就成都高新区生物医药产业发展情况进行交流。成都高新区管委会领导韩春林、袁宗勇陪同。

6日

●成都市委常委、成都高新区党工委书记敬刚会见华为公司常务副总裁纪平女士一行，双方就华为成都二期项目相关事宜进行交流，成都高新区管委会副主任袁宗勇陪同。

10日

●百纳公司与成都高新区签订研发中心项目投资合作协议。成都高新区管委会领导韩春林、傅学坤、袁宗勇及百纳公司CEO杨永智出席签字仪式。

12日

●腾讯成都研发中心在天府新区高新片区开工。市长葛红林会见腾讯主要创始人、首席行政官陈一丹一行并出席奠基仪式。

13日

●“第三届中国（西部）高新技术产业与金融资本对接推进会”在成都开幕。成都高新区获批成为全国首批科技与金融结合试点地区。

19日—22日

●成都市市长葛红林率队拜访夏普公司，并与鸿海集团董事长郭台铭一行就落实801项目进行会谈。成都市委常委、成都高新区党工委书记敬刚陪同。

4月23日—5月5日

●成都市市长助理、成都高新区管委会主任韩春林赴欧洲促进施耐德、飞利浦、西门子、恩普、徕卡、美敦力等项目。

●江苏恒瑞医药公司与成都高新区签署投资合作协议，拟在高新区建设恒瑞医药生产基地。成都高新区管委会领导敬刚、袁宗勇以及江苏恒瑞医药股份有限公司董事长孙飘扬出席签字仪式。

●四川省委常委、成都市委书记黄新初会见微软在线服务业务（OSD）总裁陆奇一行。成都高新区管委会领导敬刚、袁宗勇陪同。

25日

●成都市委常委、成都高新区党工委书记敬刚会见芯原微电子公司董事长兼总裁戴伟民一行，双方就公司在成都设立芯片设计中心等事宜进行交流。成都高新区管委会副主任袁宗勇陪同。

26日

●成都市委常委、成都高新区党工委书记敬刚会见美国高通公司研发总监霍敬贤及美国瞬联软件北京公司总经理杨宇中一行，双方就美国高通公司在成都设立研发中心项目事宜进行交流。成都高新区管委会副主任袁宗勇陪同。

5月

8日

●新川创新科技园开工仪式在成都高新区举行。

9日

●成都高新区在石室天府中学举行2012年防灾救灾大演练。

10日

●成都市委常委、成都高新区党工委书记敬刚赴北京参加中央政策研究室、科技部联合举办的“新时期高新区发展座谈会”。

11日

●成都市委常委、成都高新区党工委书记敬刚会见阿里巴巴副总裁童文红一行，双方就其西部基地延期动工事宜进行交流。

23日

●四川省省长蒋巨峰会见戴尔全球运营副总裁肖恩·考克利、戴尔全球运营及技术部门财务副总裁帕特里克·波利亚一行，双方就戴尔成都项目相关事宜进行交流。省、市及高新区领导陪同会见。随后，市委常委、副市长白刚与肖恩·考克利和帕特里克·波利亚一行进行会谈。成都高新区管委会副主任袁宗勇陪同。

24日

●四川省副省长甘霖以及全省产业转移和招商引资工作会议全体参会代表参观联想西部产业基地。成都高新区管委会领导韩春林、袁宗勇陪同。

30日—31日

●成都市委常委、成都高新区党工委书记敬刚带队赴北京参加801项目评审会。成都高新区管委会领导王琳陪同。

30日

●通用电气公司（GE）中国创新中心（成都）开幕仪式在成都高新区举行。

31日

●成都市市长助理、成都高新区管委会主任韩春林会见联想集团高级副总裁乔松一行，双方就联想项目进展进行交流。成都高新区管委会副主任袁宗勇陪同。

6月

8日

●四川省委常委吴靖平、省人大副主任郭永祥率"'两化'互动、城乡统筹工作"考察团到高新区考察。四川省委常委、成都市委书记黄新初，市委常委、副市长孙平，市委常委、成都高新区党工委书记敬刚，市委常委、秘书长黄建发，市委副秘书长付毅、许兴国等陪同。

12日

●成都市委常委、成都高新区党工委书记敬刚会见工信部电子信息司副司长刁石京一行，双方就高新区产业发展、规划及有关项目推进情况等进行交流。成都高新区管委会副主任唐华陪同。

13日

●成都市市长助理、成都高新区管委会主任韩春林到政务服务大厅检查"局长进大厅"活动开展情况。

19日

●成都市市长葛红林会见美国昆泰公司全球董事会主席丹尼斯·吉林斯一行。成都高新区管委会领导韩春林，袁宗勇陪同。

●成都市委常委、成都高新区党工委书记敬刚到高新青年公寓调研重大产业项目员工社区管理工作。成都高新区管委会领导宋志斌、王琳陪同。

25日

●百纳信息科技公司与成都高新区签署投资合作协议，拟在高新区设立百纳科技全球总部。成都高新区管委会领导韩春林、傅学坤、袁宗勇以及百纳信息科技公司CEO杨永智出席签约仪式。

27日

●"成都造"戴尔笔记本电脑实现批量出货。成都市市长葛红林，市委常委、成都高新区党工委书记敬刚，成都高新区管委会副主任袁宗勇以及戴尔全球副总裁、亚太区总裁、大中华区董事长闵毅达，戴尔全球副总裁、大中华区总裁杨超，戴尔全球副总裁郭蓓嘉、容永康等出席首发仪式。

27日

●成都市市长助理、成都高新区管委会主任韩春林赴大连参加全国第五届海外高层次人才创新创业基地发展论坛。成都高新区管委会副主任傅学坤陪同。

7月

3日

●全国政协委员、四川省政协主席陶武先

率驻川全国政协委员视察中国电信西部信息中心。四川省省委常委、成都市市委书记黄新初，市政协主席唐川平，市委常委、副市长孙平，市长助理、成都高新区管委会主任韩春林陪同。

11日

●成都高新区管委会领导敬刚、韩春林到政务服务中心检查“局长进大厅”活动开展情况。

●成都市委常委、成都高新区党工委书记敬刚到定点联系的桂溪街道双源、双祥、和平社区，走街巷、进院落，听民情、查民意。

12日

●河南省委常委、郑州市委书记吴天君一行到高新区考察园区规划建设工作。成都市委常委、成都高新区管委会党工委书记敬刚，副市长苟正礼陪同。

13日

●成都市委常委、成都高新区党工委书记敬刚会见上海芯原微电子公司董事长兼总裁戴伟民一行，双方就公司在成都设立IC设计中心等事宜进行交流。成都高新区管委会副主任袁宗勇陪同。

16日

●广西壮族自治区党委副书记、主席马飚一行到高新区考察。四川省省委书记刘奇葆，省长蒋巨峰，省委常委、成都市委书记黄新初，市长葛红林，省政府秘书长于伟，省委副秘书长陈建辉、陈永刚，省政府副秘书长陈保明，市委常委、成都高新区党工委书记敬刚，市委常委、秘书长黄建发，市委常委白刚，市长助理、市政府秘书长毛志雄，市政府副秘书长付毅，市委副秘书长许兴国、董里陪同。

19日

●四川省省长蒋巨峰率出席四川省深入实施“两化”互动、统筹城乡发展战略工作会议的代表，到成都高新区参观天府软件园、富士康成都光电显示产业基地。成都市市长葛红林，成都市委常委、成都高新区党工委书记敬刚，市委常委刘超，成都高新区管委会副主任唐华陪同。

24日

●成都市市委副书记邓修明率队到成都高新区检查开展干部作风教育实践活动开展情况。成都高新区管委会领导敬刚、韩春林、李岷雪陪同。

26日

●成都市市长助理、成都高新区管委会主任韩春林会见施耐德电气（中国）西南区战略合作总监张云英一行，双方就智慧城市建设进行交流。

27日

●成都高新区和都江堰举行软件与信息服务业合作发展签约仪式暨天府软件园都江堰园区揭牌仪式。成都市委常委、成都高新区党工委书记敬刚，成都市市长助理、成都高新区管委会主任韩春林，成都市市长助理、都江堰市委书记刘俊林，成都高新区管委会副主任袁宗勇出席仪式。

8月

1日

●成都市市长助理、成都高新区管委会主任韩春林调研高新区移动互联网产业。成都高新区管委会副主任傅学坤陪同。

2日

●四川省省长蒋巨峰率队调研大源商务核心区地下空间综合利用项目和天府新区高新片区规划实施情况。四川省委常委、成都市委书记黄新初，市长葛红林，市委常委、成都高新区党工委书记敬刚，市委常委、秘书长黄建发，副市长刘仆，市长助理、市政府秘书长毛志雄，市长助理、成都高新区管委会主任韩春林，市委副秘书长许兴国，成都高新区管委会副主任杜必强陪同。

6日

●兰州高新区考察团到成都高新区考察园区

规划建设、招商引资等工作。成都高新区管委会领导敬刚、杜必强陪同。

10 日

●自贡高新区考察团到高新区考察“两化”互动、统筹城乡、产业发展、金融体系构建等工作。成都高新区管委会领导敬刚、唐华陪同。

15 日

●成都高新区与都江堰市召开对接座谈会，研究深化软件与信息服务业合作发展工作。成都市委常委、成都高新区党工委书记敬刚，成都市市长助理、成都高新区管委会主任韩春林，成都市市长助理、都江堰市委书记刘俊林，都江堰市市长徐富艺，成都高新区管委会副主任傅学坤、袁宗勇等出席座谈会。

16 日

●澳新银行营运服务（成都）有限公司在天府软件园举行开业庆典。成都市市长葛红林，成都高新区管委会领导敬刚、韩春林、傅学坤及澳新集团首席营运官顾锐贤出席庆典。

20 日

●飞利浦专业照明（成都）示范园项目在西部园区奠基。成都高新区管委会领导敬刚、韩春林、杜必强、袁宗勇以及飞利浦照明事业部大中华区总裁梁汉锋等出席奠基仪式。

22 日

●江苏省昆山市市委书记管爱国，市委副书记、市长路军率昆山市党政代表团到高新区考察。成都高新区管委会领导敬刚、袁宗勇陪同。

●四川省招商局局长张谷一行赴成都高新区调研，成都市委常委、成都高新区党工委书记敬刚汇报了新川创新科技园项目推进情况。成都高新区管委会副主任袁宗勇陪同。

24 日

●四川省委常委、成都市市委书记黄新初到成都高新区调研新川创新科技园项目建设推进情况。成都市委常委、成都高新区党工委书记敬刚，市委常委刘超，市委常委、秘书长黄建发，市委常委白刚，副市长刘仆，市长助理、市政府秘书长毛志雄，成都高新区管委会副主任杜必强、袁宗勇陪同。

●福建省委副书记陈文清、福建省政府副省长王蒙徽率福建省党政代表团到高新区考察。四川省委常委、成都市委书记黄新初，四川省副省长黄彦蓉、陈文华，成都市委常委包惠，市委常委、成都高新区党工委书记敬刚，市委常委、秘书长黄建发，市委副秘书长许兴国陪同。

29 日

●成都市委常委、成都高新区党工委书记敬刚会见龙湖集团董事长吴亚军一行，双方就有关项目规划建设等工作进行交流。成都高新区管委会副主任杜必强陪同。

9 月

3 日

●新川创新科技园情况介绍会在成都高新区召开。新加坡总理李显龙及夫人、新加坡淡马锡控股（私人）有限公司总裁何晶、新加坡外交及律政部长尚穆根、新加坡人力部代部长兼国家发展部高级政务部长陈川仁、新加坡贸易与工业部兼国家发展部高级政务部长李奕贤、新加坡驻华大使罗家良等新加坡代表团成员；四川省委书记刘奇葆，四川省省长蒋巨峰，中国驻新加坡大使魏苇及夫人盛维虹，以及四川省委常委、成都市委书记黄新初，省委常委、秘书长陈光志，副省长魏宏、甘霖，省政府副秘书长薛康，市委常委、副市长孙平，市委常委、成都高新区党工委书记敬刚，市委常委、秘书长黄建发，市长助理、市政府秘书长毛志雄，市长助理、成都高新区管委会主任韩春林等省市领导出席介绍会并参观新川创新科技园建设现场。成都高新区管委会副主任杜必强、袁宗勇参加活动。

●浙江省副省长毛光烈率浙江省考察团考察

成都高新区。四川省副省长刘捷，省政府副秘书长蔡竞，成都市副市长苟正礼，成都高新区管委会领导韩春林、傅学坤陪同。

5日

●成都市市长葛红林市长率队赴北京分别与飞利浦大中华区CEO孔祥辉、联想集团副总裁乔松以及趣游（北京）科技有限公司董事长玉红进行会谈。成都市市长助理、成都高新区管委会主任韩春林陪同。

●成都市委常委、成都高新区党工委书记敬刚出席“央视全球财经论坛”的“IT产业论坛”分论坛。

8日

●中共中央政治局常委李长春到高新区视察。四川省委书记刘奇葆，省长蒋巨峰，省委常委、成都市委书记黄新初，省委常委、秘书长陈光志，省委常委吴靖平，市委常委包惠，市委常委、成都高新区党工委书记敬刚，市委常委、秘书长黄建发，市长助理、成都高新区管委会主任韩春林陪同。

13日

●成都市市长助理、成都高新区管委会主任韩春林会见荷兰马斯特里赫特市参事约翰·阿茨一行，双方就就生物医药领域交流合作进行交流。成都高新区管委会副主任傅学坤陪同。

●成都市市长助理、成都高新区管委会主任韩春林会见戴尔中国董事总经理张耀华一行，双方就戴尔成都工厂建设事宜进行交流。成都高新区管委会副主任袁宗勇陪同。

18日

●成都市市长助理、成都高新区管委会主任韩春林会见EMC全球副总裁李映一行，公司汇报运营中心成立一周年成果。成都高新区管委会副主任傅学坤陪同。

21日

●成都市市长助理、成都高新区管委会主任韩春林会见北极星集团首席执行官吴伯文先生，双方就公司投资建设的新型靶向抗肿瘤药物生产基地项目备选地块事宜进行交流。成都高新区管委会副主任傅学坤陪同。

27日

●成都高新区管委会领导敬刚、韩春林出席天府新区新川创新科技园投资说明会。新加坡国际企业发展局中国司华西区副司长张婉芯及50余家中外企业代表参加会议。

10月

11日

●成都市市长助理、成都高新区管委会主任韩春林会见文思信息首席运营官张虹一行，双方就激励政策事宜进行交流。成都高新区管委会副主任傅学坤陪同。

●成都市委常委、成都高新区党工委书记敬刚会见北极星集团首席执行官吴伯文先生和项目投资人一行，双方就公司投资建设的新型靶向抗肿瘤药物生产基地项目进行交流。成都高新区管委会领导韩春林、袁宗勇陪同。

14日

●中共中央政治局常委、中央政法委书记周永康一行，到成都高新区视察成都富通光通信技术有限公司。四川省委书记刘奇葆，省长蒋巨峰，省委常委、成都市委书记黄新初，省委常委、省委秘书长陈光志，省委常委刘玉顺，市委副书记、政法委书记李昆学，市委常委、成都高新区党工委书记敬刚，市委常委、市委秘书长黄建发，市长助理、成都高新区管委会主任韩春林陪同。

17日

●成都高新区与中国电信成都分公司签署移动互联网产业战略合作协议并座谈。成都高新区管委会领导韩春林、傅学坤以及中国电信四川公司总经理杨国光、副总经理冯杰、中国电信成都分公司总经理喻云华出席签约仪式和座谈会。

18 日

●成都市委常委、成都高新区党工委书记敬刚调研高新区南部园区市政配套及金融后台等建设项目推进情况。成都高新区管委会副主任宋志斌、杜必强陪同。

22 日

●四川省委常委、成都市委书记黄新初率队赴上海到罗氏制药上海有限公司走访。成都市委常委、成都高新区党工委书记敬刚，市委常委刘超陪同。

24 日

●四川省委常委、成都市委书记黄新初调研民营中小企业情况。成都市委常委、成都高新区党工委书记敬刚，市委常委刘超，市委常委、市委秘书长黄建发，副市长苟正礼，市长助理、成都高新区管委会主任韩春林陪同。

29 日

●四川省委书记刘奇葆调研成都市城乡环境综合治理工作。省委常委、成都市委书记黄新初，省委常委、省委秘书长陈光志，副省长黄彦蓉，省委副秘书长陈永刚，市委副书记邓修明，市委常委、成都高新区党工委书记敬刚，市委常委、市委秘书长黄建发，副市长刘仆，市政协副主席黄平，市委副秘书长许兴国，市政府副秘书长段成柱，成都高新区管委会副主任宋志斌陪同。

●四川省长蒋巨峰调研天府新区省级文化中心项目建设情况。四川省人大副主任郭永祥，省政府秘书长于伟，省政府副秘书长陈保明，市委副书记邓修明，市委常委、副市长孙平，市委常委白刚，副市长赵苗，成都高新区管委会领导韩春林、杜必强陪同。

31 日

●成都市市长助理、成都高新区管委会主任韩春林会见韩国某精密电子公司事业开发部部长刘忠和一行，双方就拟投资项目进行交流。成都高新区管委会副主任袁宗勇陪同。

11月

2 日

●百裕科技制药公司与高新区签署投资合作协议。成都高新区管委会领导韩春林、袁宗勇以及百裕公司董事长孙毅等出席签字仪式。

7 日

●成都市委副书记邓修明到高新区调研城乡环境综合治理工作。成都高新区管委会领导韩春林、杨东陪同。

13 日

●成都市副市长赵苗到高新区调研现代服务业发展情况。成都市委常委、成都高新区党工委书记敬刚，成都市市长助理、成都高新区管委会主任韩春林，市政府副秘书长师江、成都高新区管委会副主任邱旭东陪同。

20 日

●成都市市长助理、成都高新区管委会主任韩春林会见怡和（中国）有限公司主席许立庆先生一行，双方就怡和集团在成都高新区的发展情况以及集团参加明年财富论坛相关事宜进行交流。成都高新区管委会副主任邱旭东陪同。

21 日

●成都市委常委、成都高新区党工委书记敬刚到投资服务局调研招商引资工作。成都高新区管委会副主任袁宗勇陪同。

23 日

●四川省委书记王东明到成都高新区调研。省委常委、成都市委书记黄新初，省委常委、省委秘书长陈光志，副省长刘捷，市长葛红林，省委副秘书长曾卿，市委副书记邓修明，市委副书记、政法委书记李昆学，市委常委、成都高新区党工委书记敬刚，市委常委、秘书长黄建发，市委常委陈建辉，副市长赵苗、苟正礼，市长助理、市政府秘书长毛志雄，市长助理、成都高新区管委会主任韩春林陪同。

27 日

●成都市副市长苟正礼到高新区调研电子信息产业。成都市市长助理、成都高新区管委会主任韩春林，市政府副秘书长向世勇，成都高新区管委会副主任邱旭东陪同。

28 日

●成都市委常委、成都高新区党工委书记敬刚会见新加坡文化、社区及青年部代部长兼通讯及新闻部高级政务部长，新加坡—四川贸易与投资委员会新方主席黄循财一行，双方就有关项目事宜进行交流。成都高新区管委会副主任袁宗勇陪同。

●成都市市长助理、成都高新区管委会主任韩春林分别会见中电科航空电子有限公司总经理曾利、中国电信成都分公司总经理喻云华一行，双方就有关项目事宜进行交流。成都高新区管委会副主任傅学坤、邱旭东分别陪同。

12 月

4 日

●成都市市长助理、成都高新区管委会主任韩春林会见微软公司大中华区副总裁兼公共事业部总经理曾良一行，双方就微软（中国）有限公司选址设立内部销售管理与运营中心项目相关事宜进行交流。成都高新区管委会副主任袁宗勇陪同。

5 日

●成都市委常委、成都高新区党工委书记敬刚会见华西医院院长石应康一行，双方就整合华西资源、助推高新区生物医药产业发展等事宜进行交流。成都高新区管委会副主任傅学坤陪同。

11 日

●成都高新区与郫县签署合作发展备忘录，将在规划衔接、产业互补、产城一体、招商引资、干部交流、城市配套建设及信息和资源共享等方面开展全方位的合作发展。成都市委常委、成都高新区党工委书记敬刚，成都市市长助理、成都高新区管委会主任韩春林，郫县县委书记陈海元，郫县县委副书记、县长刘霞，成都高新区管委会领导杜必强、袁宗勇、邱旭东、王琳，以及郫县有关负责人等出席签约仪式。

●肇庆市政府副市长、肇庆高新区委书记关鹏一行到成都高新区考察。成都高新区管委会领导敬刚、傅学坤陪同。

13 日

●成都市人大主任王东洲率检查组到高新区检查党风廉政建设工作。成都高新区领导班子全体成员，各部门、各街道党政主要负责同志参加，成都市委副秘书长许兴国等陪同。

●成都市市长助理、成都高新区管委会主任韩春林会见义乌经济技术开发区党委书记、管委会主任张庆奇一行。双方有关机构设置、招商引资、产业发展、政策研究制定等方面情况进行交流。成都高新区管委会副主任袁宗勇陪同。

14 日

●厦门火炬高新区党工委书记黄如欣一行到高新区考察。成都高新区管委会领导敬刚、邱旭东陪同。

16 日

●成都市市长助理、成都高新区管委会主任韩春林赴北京、上海参加“成都市投资说明会暨项目签约仪式”。

18 日

●成都市委常委、成都高新区党工委书记敬刚会见金山软件 CEO 张宏江及佳辰投资公司主席蔡奎一行，双方就金山公司与佳辰投资公司合作事宜等情况进行交流。成都高新区管委会副主任袁宗勇陪同。

综　述

TIANFU SOFTWARE PARK 天府软件园
IBM
国家软件产业基地(成都)
National Software Industry Base (Chengdu)

基本情况

【位置面积】 成都高新技术产业开发区（以下简称成都高新区）坐落于成都平原，由南部园区和西部园区组成，总面积为130平方公里。南部园区位于成都市中心城区南部，地处东经104° 00′ 45″ ~ 104° 01′ 43″，北纬30° 31′ 40″ ~ 30° 36′ 8″，东临锦江，南接双流县华阳镇，西连武侯区，北接成都市市区一环路，面积87平方公里，是正在建设中的“天府新城”，重点发展以金融、总部、现代商贸、会展、软件及服务外包等现代服务业为主体的“现代商务中心、高端产业新城”。西部园区位于成都市中心城区西北部，地处东经103° 52′ 59″ ~ 103° 58′ 57″，北纬30° 43′ 17″ ~ 30° 48′ 28″，面积43平方公里，重点建设以电子信息、生物医药和精密机械制造产业为主体，功能配套完善的综合产业园区。

【地形地貌】 成都高新区地质单元为成都坳陷，上部覆盖第四纪松散堆积物，主要有沙卵砾石、含泥砾石和黏土等，天然承载力为0.2 ~ 0.5兆帕，底部基岩为白垩系灌口组地层，自然承载力为0.5 ~ 2.4兆帕，地层未发现断裂构造，属1类建筑场地。南部园区地势平坦，海拔450 ~ 500米，西北高，东南低，平均坡度为2.2‰。西部园区平均海拔530米，西北高，东南低，平均坡度为3‰。

【气候特点】 成都高新区气候属四川盆地亚热带湿润季风气候，终年温暖湿润，雨量充沛，四季宜人。南部园区年平均气温16.4℃，年极端最高气温37.3℃，年极端最低气温 -5.9℃，全年无霜期300天左右，年平均降雨量1148.8毫米，年平均日照数1238.6小时，全年日照率28%，多年平均气压956.3帕，年平均相对湿度82%，年平均风速为1.2米/秒。西部园区平均相对湿度82%，年平均气温16.4℃，年平均降雨量969.2毫米，年极端最高气温35.8℃，年极端最低气温 -5.0℃，年无霜期277天，年日照时数1307.2小时，全年日照率27%，年平均风速1.2米/秒。

【水系】 成都高新区内河道共计22条，总长200公里，流域面积135平方公里，系泯江水系，马河、摸底河、清水河、沱江河流经西部园区；龙爪堰、栏杆堰、高攀河、朱家沟、洗瓦堰、聚宝沱流经南部园区。

【组织机构与人口】 成都高新区实行省市共建、以市为主的管理体制，省市成立了共建成都高新区领导小组，加强对成都高新区建设发展的领导。成都高新区党工委、成都高新区管委会，分别为成都市委、市政府的派出机构，承担与行政区完全一样的党务、经济、行政和社会事务等职能。截至2012年，成都高新区共设机构32个。其中工作机构15个、派出机构6个、驻区派出机构2个、垂直管理部门7个、企事业单位2个。

成都高新区工作机构有：成都高新区党工委、管委会办公室、成都高新区纪工委、监察局（审计局）、成都高新区党工委组织部、成都高新区人事劳动和社会保障局、成都高新区党群工作局、成都高新区发展策划局、成都高新区经贸发展局、成都高新区科技局、成都高新区投资服务局、成都高新区规划建设局、成都市国土局高新分局、成都高新区财政局、成都高新区社会事业局、成都高新区城市管理和环境保护局、成都高新区综合保税区管理局、成都高新区重大项目服务局。

成都高新区派出机构有：成都高新区肖家河街道党工委、办事处，成都高新区芳草街街道党工委、办事处，成都高新区石羊街道党工委、办事处，成都高新区桂溪街道党工委、办事处，成都高新区合作街道党工委、办事处，成都高新区中和街道党工委、办事处，

驻区派出机构有：成都高新区人大工作联络处、成都高新区政协工作联络处。

垂直管理部门有：成都高新区法院、成都高新区检察院、成都高新区国税局、成都高新区地税局、成都市高新工商局、成都市质监局高新分局、成都市公安局高新区分局。

成都高新区企事业单位有：成都高新区创新中心、成都高新投资集团有限责任公司。

2012 年成都高新区辖街道办事处 6 个、社区 42 个、社区居委会 43 个，筹备社区 8 个；年末总人口为 780847 人（含流动人口），比 2011 年末总人口 560266 人增加 220581 人，人口增长率 39.3%。常住人口自然增加 3366 人，自然增长率为 0.96%。男性常住人口为 185631 人，女性常住人口为 183234 人，男女性别比为 1 ： 0.99。全年迁入常住人口 20098 人，迁入率为 5.43%；迁出常住人口 9476 人，迁出率为 2.56%；全区机械增长常住人口为 10622 人，机械增长率为 2.952%。（数据按户籍统计）

【历史沿革】 成都高新区坐落于“天府之国”的成都市中心城区，于 1988 年 3 月筹建，1991 年 3 月被国务院批准为首批国家级高新技术产业开发区，2000 年 12 月批准为中国亚太经济合作组织（APEC）科技工业园区，2001 年成为中国西部第一个通过 ISO14001 中国认证和英国皇家 UKAS 国际认证的区域。在国家科技部举行的历次综合评比中，均被评为全国先进高新区。2006 年，被确定为全国首批“创建世界一流高科技园区”试点园区。

区域经济和社会发展

【概况】 2012 年，成都高新区完成产业增加值 878.9 亿元，增长 23.2%；规模以上工业增加值 520.2 亿元，增长 32.1%；实现工业总产值 2230 亿元，成为全省第一个过 2000 亿元的工业园区；固定资产投资 568.5 亿元，增长 16.1%；财政总收入 251.16 亿元，增长 15.9%；地方公共财政预算收入 84.71 亿元，增长 38%；到位外资 16.15 亿美元，增长 34.8%；区内重新认定的高新技术企业达到 515 家，占成都市的 52%；聚集世界 500 强企业及国际知名企业 120 余家。

【招商引资及重大项目建设】 成都高新区新引进博世集团、德国联邦铁路、德国安联保险、施耐德公司 4 家世界 500 强企业，引进了总投资分别达到 5 亿元、6.6 亿元和 8 亿元的恒瑞创新药物生产基地、百裕集团生产基地暨总部基地、迈克生物医疗电子产品生产基地等一批重大项目。通用电气设立并启动运营了其全球首个创新中心；全球最大会计事务所普华永道设立了中国服务中心；中国最大 IC 设计企业展讯设立研发中心及西部总部；华为公司注册 1 亿元启动建设软件工厂二期项目。此外，全球外包 50 强企业美国博朗软件、大展及移动互联网领军企业百纳信息、国民技术 IC 研发中心、央视三维传媒、分众传媒等一批软件及服务外包项目也相继落户。全年新引进重大项目 44 个，总投资 391 亿元。

成都高新区重大项目建设扎实推进。74 个省、市重点项目完成投资 181.05 亿元，超额完成全年投资计划。富士康 803 项目提产扩能，全年生产平板电脑 4049 万台，增长 101%，出

口总额137.5亿美元，占到全省出口总额的30%，员工总数达到14.2万人。联想西部产业基地生产电脑102万台，实现产值超过25亿元。德州仪器、京东方销售收入分别增长38.6%、54.3%。华为软件研发基地、达迩封装测试一期竣工；西门子、飞利浦等一批在建项目加快建设；戴尔、莫仕连接器二期等20个产业化项目开工建设。

【主导产业】 电子信息、生物医药和精密机械制造是成都高新区的三大主导产业。先后引进了英特尔、德州仪器、戴尔、联想、富士康、通用电气、西门子、飞利浦等一批全球高科技产业的重大项目，三大主导产业集约集群发展态势明显，在全部工业增加值中的比重提升到84.1%。其中，电子信息产业已形成集成电路、光电显示、软件及服务外包、电子终端制造四大产业集群；生物医药产业已形成现代中药、化学药、生物制剂等领域特色；精密机械制造产业以航空维修及零部件制造和精密模具为代表，形成配套和支撑。

集成电路产业 在英特尔、德州仪器等世界知名企业的引领下，呈现出“双核驱动”的发展态势，总投资超过25亿美元。截至2012年，已拥有2条8英寸生产线，英特尔、中芯国际、友尼森、美国芯源等6座封测厂，以及飞思卡尔、联发科等近100家IC设计企业，形成了由IC设计、晶圆制造、封装测试及配套项目组成的、较为完整的集成电路产业链，产业规模和水平居全国前列、中西部第一。英特尔成都公司的芯片组和微处理器产量已提升至其全球产量的60%和55%，全球每两台电脑所用CPU中就有一台“成都造”。

光电显示产业 京东方、深天马2条4.5代TFT—LCD生产线已成功量产，聚集了代表下一代发展方向的虹视OLED项目，以及模组代工、LED封装、液晶玻璃基板等上下游配套项目。启动建设了总投资220亿元的第6代新型平板液晶显示器项目，项目顺利建成后，将成为全球第二条、国内第一条低温多晶硅6代线。

软件及服务外包产业 拥有国家软件产业基地、国家软件出口基地等12个国家级基地授牌，已聚集软件企业850余家，从业人员逾10万人，全球软件20强有13家落户，全球五大通信商摩托罗拉、诺基亚、爱立信、西门子、阿尔卡特，以及国内两大通讯龙头企业华为、中兴的研发中心均已落户。培育了卫士通、迈普等一批本土软件企业，引进了IBM、SAP、赛门铁克、法国育碧、台湾昱泉、印度威普罗等一批国内外知名企业，是中国最大的信息安全产品研发生产基地、第三大游戏产品研发运营中心和中西部新一代通信技术企业聚集度最高、产业活力最强的区域。截至2012年底，已建成投入使用的软件产业载体超过100万平米，软件及服务外包产业销售收入超过600亿元。以成都高新区为主要聚集区，成都成功创建成为全国第三个、中西部首个“中国软件名城”。

电子终端制造业 随着富士康、联想、戴尔等项目的落户，成都高新区整个IT产业链进一步延伸，产业规模和水平得到极大提高，产业影响力大大增强。2012年，富士康成都工厂生产平板电脑4049.9万台，出口总额137.6亿美元，占四川省出口总额的30%；联想（西部）产业基地的生产工厂正式投产，生产电脑102万台，实现产值超过25亿元。

生物医药产业 形成了现代中药、生物制剂、化学合成药、数字化医疗设备等特色产业领域，培育出地奥、蓉生等一批本土高科技企业，聚集了美国赛金与成都康弘合资项目以及奥泰医疗系统、海圻生物科技等重点生物医药项目，打造了以天河孵化器、天府生命科技园等为骨干、总面积达40万平方米的产业载体。截至2012年底，区内聚集生物医药企业264家，从业人员2万余人，共有195个药品和医疗器械方面的研发和产业。作为西部唯一的生物医药产业园区，成都高新区2012年被国内专业机构评为“中国生物医药最佳园区”。

精密机械制造产业 立足与电子信息产业配套，建成国内一流的模具工业园，培育出海特航空、依米康等上市企业，聚集铁姆肯、西格码、中航空天、弗兰德科技、赫比等精密机械项目，形成了精密模具、专用设备制造、航空维修及制造等特色产业领域。

未来，成都高新区将紧紧抓住成渝经济区建设、天府新区建设和国际产业转移的重大机遇，继续以先进制造业为重点，以世界级电子信息产业基地为方向，重点围绕集成电路、光电显示、软件及服务外包、电子产品终端制造等领域，聚集引进相关产业链中的核心企业和高端项目，尽快做大规模、提升水平，将IT产业打造成为具有国内领先优势的产业集群。特别是集中资源、集中力量，大力发展移动互联网等IT产业新的领域、新的方向，努力在IT产业的一些领域形成具有国际影响的核心竞争力。

长期以来，成都高新区高度重视推进自主创新，构建了涵盖载体、平台、资金、技术、人才等各个方面，较为完整的科技服务体系。建成了总面积达120万平方米的孵化器群体，形成了一批电子信息、生物医药领域的公共技术服务平台。构建了天使投资、风险投资、债权融资、股权融资等“梯形融资”服务体系，打造了“盈创动力”一站式投融资服务平台，被科技部确定为国内领先的科技金融应用示范基地。着力打造西部人才特区，吸引全球创新资源，成功获批四川省首批省级“人才优先发展试验区”，截至2012年底，成都高新区人才总量达22.8万人；累计引进的高层次创新创业人才695人，创办企业510家，聚集国家“千人计划”14人，四川省“百人计划”56人，“成

2012年4月12日，腾讯成都研发中心大楼奠基在成都高新区举行，拟打造西部最大互联网人才基地

都人才计划”74人，成都高新区“125计划”106人，省级顶尖团队4个，市级顶尖团队4个，常年保持在孵企业2000余家。

成都高新区致力于打造与国际接轨的服务环境，推进规范化服务型政府建设，建立全新的干部和行政管理体制，形成了小政府、大社会的特色机构，构建了以“331”（即三级政务服务、三段式企业服务、一站式呼叫服务）为主要内容的政务服务体系，受到了区内外企业、投资者和社会各界的广泛赞誉，是中国最好的投资、创业、工作和生活区域之一。2013年，成都高新区进一步制定实施《成都高新区管委会关于加强行政效能建设全面提升服务水平打造现代化国际化政务服务环境的实施意见》，推进体制机制创新，再造政务服务流程，着力打造与国际惯例接轨、国内领先的政务服务环境，构建未来区域竞争新优势。

成都高新区作为四川省、成都市推动产业发展的首要载体和实施对外开放的主要窗口，肩负着不可替代的重大责任。下一步，成都高新区将开始“三次创业”新征程，坚持把加快产业发展作为第一要务，进一步增强大局意识和责任意识，全力以赴推进产业发展，继续保持较快发展速度，努力走在全省、全市新一轮发展的最前列。未来几年，成都高新区将按照成都奋力打造西部经济核心增长极的发展定位，抓住国家深入实施西部大开发、成渝经济区以及天府新区建设的重大发展机遇，带头落实好成都市委“五大兴市战略”，坚持按照“世界一流高科技园区”的标准，努力把高新区建设成为“最能体现成都核心竞争力、最能代表成都国际化现代化水平、最能彰显成都时代特色的高端产业基地和现代化新城”。

【社会事业】 成都高新区着力保障和改善民生，社会事业持续进步，文化建设全面推进。总面积约350万平方米农迁房全面开工。建立“双困”人员就业托底援助长效机制。在全市率先实施劳动争议“四调一裁”处理机制，成功调解劳动争议864起，依法追回劳动者合法待遇7000余万元。全面落实社保政策，13609名被征地农民实现应保尽保，1223名60岁以上无养老保障的老年人全部纳入城乡居民养老保险体系。在全省率先实现省级社区卫生示范中心全覆盖，继桂溪之后，芳草、中和社区卫生服务中心荣获“全国示范社区卫生服务中心”称号。新办西芯小学、七中初中附属小学及6所公益性幼儿园，引进英国哈罗公学，中、高考取得历史最好成绩，在全市教育现代化监测中教育社会满意度、义务教育质量均衡度、科创教育成绩均位列全市第一名。完善社会救助体系，全新打造14个街道（社区）级助老助残服务中心（站），实现救助全覆盖。充分发挥工青妇组织和各类社会组织、志愿者组织的作用，积极开展“青春·文明·梦想”等系列主题活动，深化公共文化服务体系建设，开展百姓故事会、全民太极拳、法制大讲堂等活动，在全市综合文明指数测评中继续位居第一。水环境综合治理、城乡园林绿化环境综合治理、市政设施管理列中心城区第一位，城乡环境综合测评连续5年、22次保持中心城区第一名。严厉打击刑事犯罪活动，加强安全生产监管和市场监管，强化监督维护司法公正，审判质量和效率居全市前列，兵役工作圆满完成，“大调解”和信访维稳工作扎实推进，社会保持和谐稳定。

（年鉴编辑部）

党务·政务

组织建设与党的建设

【概况】 2012年，成都高新区共有基层党（工）委35个、党总支48个、党支部777个，党员16311人。机关党委2个、党总支5个、党支部63个、党员1652人。街道党工委6个，街道机关党总支2个、党支部15个，党员513人；社区党总支29个、党支部246个，党员8155人；中小学及幼儿园党委3个，党总支3个，党支部24个，党员1206人；社区卫生服务中心党支部7个，党员119人。非公企业4161家，党员4517人，党委24个、党总支8个（含联合党总支2个）、党支部415个（含联合党支部43个），覆盖3019家非公企业，党组织覆盖率为73%。社会组织38家，党员149人，党总支1个，社会组织党支部7个，覆盖25家社会组织，覆盖率为65.8%。

【领导班子建设】 成都高新区党工委组织部进一步加强干部队伍和领导班子建设，强化对领导班子和领导干部的日常考察和考核。充分利用干部日常考察、重大项目考察、干部选拔任用和季度考核、年度考核等工作机会，加强对领导班子的考察，及时发现领导班子存在的问题，及时进行相应调整，切实增强领导班子的凝聚力和战斗力。

【干部队伍建设】 一是深化干部日常考察方式。开展第三批领导干部两期任职回访工作，对23名新提拔交流干部在新岗位的履职情况进行跟踪回访；开展城乡环境综合治理重大事项考察，对相关部门和街道相关干部工作实绩、群众评价进行专项考察，并将考察结果反馈干部本人。二是建立干部下基层长效机制。拟定《干部下基层专项考核方案》，考核突出工作实绩、突出群众满意度；成立成都高新区干部下基层督查组，正面随机抽查2次，形成督查报告；将街道班子成员下基层情况以30%的权重纳入年度考察，强化干部下基层导向。三是开展管委会副处级以上领导干部和街道主要领导干部轮训工作。强化各单位培训主体责任，实现副处级以上领导干部全年培训学时达到110学时以上；同时选派3名部门主要负责人到北京大学、清华大学、上海浦东干部学院培训。四是开展2012年处级干部集中报告个人有关事项工作，促进干部廉洁工作。五是选派15名优秀年轻干部进行为期2年援藏工作。落实援藏干部政策保障措施，组织开展身体体检、行前培训、行前动员、人才登记等相关工作，建立工作联系制度，关心关怀援藏干部。

【三分类三升级】 成都高新区提升基层党组织整体水平。严格标准分类定级。各基层党组织对照分类标准，坚持实事求是、不回避问题的原则，采取群众初评、党员评议、组织自评、党员群众会议审议、上级党组织评定等程序，评定分类级次。635个基层党组织中（年初数），分类定级93个先进党组织、508个一般党组织、34个后进党组织，分别占总数的15%、80%、5%。整改提高过程中，通过委派8名党组织书记、指定51名街道班子成员和社区党组织书记定点联系、撤换9个党组织书记、签定587份目标责任书等措施，确保晋位升级。35个先进党组织、75个一般党组织完成晋位升级目标，34个后进党组织全部完成转化。

【承诺践诺大行动】 成都高新区深入推进创先争优活动。开展承诺践诺大行动，组织各基层党组织党员广泛签订《公开承诺书》并公示，激发党组织和党员活力。推行机关党组织和党员到社区"双报到"制度，机关党员必须在社区认领1个以上岗位，并参加志愿服务。成都高新区70个机关党支部、1478名党员到47个社区参加“双报到”活动，加强机关党员与群众的直接联系，发挥党员先锋模范作用；成立163支党员志愿服务队，开展党员志愿者服务活动856次，形成志愿服务常态化、规范化；表彰先进。成都高新区党工委对肖家河正街社区党总支等75个先进基层党组织、王大钢等121名优秀共产党员进行表彰。

【基层党组织优化工程】 成都高新区针对农迁社区党组织快速向城市社区党组织转型且体量较大的实际，按照“支部建在连队”的思路和“小组建在楼栋、支部建在院落、总支建在社区”的原则，成都高新区推进社区党组织细化工作。47个社区下属党支部细化成231个，党小组细化到509个。平均每个党支部覆盖院落由原来的3.5个变为1个，每个党小组平均覆盖楼栋由原来4.1个精细到2.6个。同时，不断完善社区党组织、居民议事会、居民委员会、协会组织，覆盖所有社区，形成社区党组织牵头，各类协会组织和社会组织全面参与的纵横交错的“3+N”基层组织体系。党组织基层细胞的有效细分，强化城市化进程中征地拆迁居民集中安置后的基层基础。

【非公党建梯度孵化工程】 成都高新区紧紧抓住非公企业“规模大、产业集群分布、中小企业云集”的特点，通过分类别、有梯度地层层孵化，提高了非公企业党建水平，加强党组织在非公企业中的组织覆盖和工作覆盖。成立66人组成党建顾问团队伍和119人组成党建指导员队伍，提供非公企业建党经费补贴22万元，召开21次非公党建联席会，订阅11520本党刊等措施助推梯度孵化；“点对点”第一梯度孵化39家重大产业项目企业党组织，其中非公党建双孵化“硅宝模式”受到中组部充分肯定；“联点成片”第二梯度抱团组建8个产业园区党组织，按照“集中、集群、集约”原则完成建党工作，覆盖1475家非公企业；“联点成面”第三梯度单独组建315家中小企业党组织、3个非公企业联合党总支、52个非公企业党支部，党组织覆盖1688家非公企业。

【干部下基层惠民工程】 成都高新区结合社区建设的实际，大力实施干部下基层惠民工程。一是建立全覆盖的群众工作网格化责任体系；二是建立“962000”民生问题呼叫中心等民生问题平台；三是较真逗硬实施干部下基层系列硬性规定；四是将干部下基层工作与年度考核挂钩。截至年底，街道领导班子实地走访居民1574户次，街道其他干部和社区两委成员联系走访16142户次，解决群众诉求182条，深入社区结对困难家庭579户，提供资金支持115.28万元。

【基层党建基础保障体系构建】 成都高新区保障活动场地，47个社区平均活动场地在200平米以上。配备工作人员，各街道配备专职党务工作者25人、社区党总支工作人员133人、党支部工作人员535人。保障经费，将党建经费纳入街道财政预算，全年各街道投入基层党建经费1033万元。开展基层党组织书记大轮训，分批次开展48次党支部书记培训，培训960人次。配套形成支部工作点对点帮扶机制，94人共开展点对点工作指导230次。建立党员日常教育管理平台，建设6个“蓉城先锋·高新家园”二级党员网络教育平台。

【城市社区居民自治机制】 成都高新区全面开展完善城市社区居民自治机制建设，深化新型村级治理机制规范化建设。建立健全城市社区居民自治机制建设，建立健全社区居民（代表）会议、居民议事会、社区居委会、社区监委会、社区社会组织和院落居民自治小组（院落管委会、院落议事会）等自治组织。规范社区、院落等自治组织的工作职责、工作规则、议事规则和民主管理制度。肖家河“三驾马车”基层治理模式，得到市委组织部的肯定。全面推行居民自治专项经费财政“定额补贴”，每百户3000元，规范自治经费使用和管理。建立健全社区党组织书记业绩考核奖励、基本养老保险等制度。

继续加大投入，切实建好、用好社区活动中心，按照不低于400平方米/处的标准，全面推进城市社区工作和服务用房标准化建设。加大选聘优秀大学生到社区工作的力度，提高社区工作人员待遇，逐步实现不低于当地上年度社会平均工资水平。按照社区内居民每人每年不低于10元标准，保障社区工作经费。

构建城乡新型基层治理机制。村（社区）议事会每季度召开会议1次以上，议事会成员参会率85%以上，议决事项完成率90%以上，群众满意率90%以上。涉农社区村级组织自治职能与经济职能分离覆盖率达30%以上。

【区域化党建工程】 成都高新区探索区域化党建工程，建立社区区域化党建新格局。针对辖区园区、社区、企业和学校融合日渐加深和经济社会区域化发展的趋势，成都高新区在区域化党建硬件平台初具规模的基础上，以区域化党建为重点，探索创新区域化党建工作。一是探索建立社区“大党委制”。在肖家河街道成立4个社区区域党总支，作为探索社区“大党委制”的过渡，把具有一定影响力和代表性的驻区单位党组织负责人选聘为社区区域党总支兼职委员，支委成员有29名为驻区单位人员，占总支委成员49%。二是探索开展“园区＋社区”双区化管理。富士康（成都）科技工业园党委的党员在上班时由其管理，下班后由公寓党员服务中心对接，构建“富士康园区管理和员工公寓社区服务”的“园区＋社区”的双区化管理模式。三是创新活动形式。充分发挥阳光家园功能，将阳光家园提供给无条件单独建立党员活动室的企业党组织开展活动101次，开展了“两新”党组织与社区党组织结对共建活动，创新设立“幸福驿站”帮扶基金，社区内5家企业及社区居民进行捐资，充分发挥驻区企业党组织参与社区事业、关爱社区党员群众的作用。区域化党建工作地不断深入，逐步实现驻区单位组织联建、活动联搞、资源共享。

【干部培训】 成都高新区按照要求完成市委组织部下达的各类主体班次、市管干部创新思维月讲坛培训。按照要求，组织高新区所有处级以上干部参加主体班次培训，实现所有处级以上领导干部全部到党校轮训一周；顺利完成市管干部全年11次的创新思维月讲坛培训，同时扩大培训主体，将全体干部纳入创新思维月讲坛培训范围，确保参训学员按时参加培训。同时，围绕产业发展、群众工作等内容，与新加坡专业培训机构合作，组织20名处级干部到新加坡进行为期2周的“天府新区建设”专题培训，拓展干部国际视野。组织40名年度考核优秀的正编和聘用干部，赴上海浦东党校开展集中培训。

【老干部工作】 成都高新区老干部工作稳中求进。一是离休干部。全区共有管理和服务的离休干部7名，其中：由成都市下放区级管理的6名，均为企业离休人员；原双流县中和街道区划调整期间转交高新区1名。因离休干部年龄偏大（年龄最小的已年满80），绝大部分行动不便，日常管理服务以电话慰问、重要节假日（春节、重阳、中秋等）上门慰问相结合的方式开展。二是退休干部。因成都高新区产业新区的特殊性，退休干部数量在2005年以后逐步增加。参照成都市其他区市县老干局管理办法，高新区将退休后享受成都市副局以上待遇的老领导纳入日常管理服务范围，其余老干部均由原单位进行管理服务。截至年底，高新区党工委组织部共管理服务退休干部20人。其中，享受成都市副市级待遇1人（原市长助理、高新区党工委书记张学果）；享受成都市正局级待遇9人。党工委组织部注重以活动为载体，以重大节日上门慰问为重点，体现出对退休干部的关心关爱，于2012年1月10日、3月27日、6月20日、10月11日面向高新区老干部举办4次大型专题活动，参观高新视窗、成都规划馆、成都高新大源地下空间、高新法院庭审视频系统。别开生面、形式多样的活动保证每次老干部活动的质量，同时让老干部们了解到省市、高新区发展最新状况。在2012年11月底和12月初的两委办、发策局组织的2次党的十八大有关精神宣讲活动中，主动邀请老干部们参与会议并参加讨论。同时，积极引导部分身体条件允许、有积极性的老干部发挥余热，参与市政府督学、关工委工作、义务宣讲员等多项涉及高新区民生、社会事务工作。

（杜玉亭）

宣　传

【概况】 2012年，成都高新区宣传工作围绕把高新区打造成为“最能体现成都核心竞争力、最能代表成都现代化国际化水平、最能彰显成都时代特色的高端产业基地和现代化新城”的奋斗目标，大力推进新闻宣传、基层宣传、理论与党员教育、文化建设、网站建设、舆论引导、新媒体建设等各项工作，强势提升区域影响力和凝聚力，为高新区又好又快发展营造积极有利的社会舆论环境。

【宣传理论学习与研究】 成都高新区认真开展党工委中心组学习，组织召开市委十一届九次会全、党风廉政建设、推进成都现代化国际化进程、成都市第十二次党代会、省第十次党代会和成都市传达贯彻会、移动互联网专题、党的十八大等专题中心组学习。加强对部门、街道中心组（支部）学习的指导和督促，深入开展“加快国际化进程思想再解放大讨论”活动和以保持党的先进性纯洁性为主题的干部作风教育实践活动。加强调查研究和理论创新，征集各类调研文章和心得体会50余篇，编印《记录成都高新（2010–2012）》《太阳神鸟的新飞翔》《成都高新创业故事汇》等成果。党工委中心组成员调研时间全年平均超过70天，每位党工委中心组成员均结合分管工作认真撰写理论文章，累计提交调研报告14篇。

【思想政治宣传】 成都高新区高度重视思想政治工作，积极开展基本思想政治工作调查研究，大力开展各类思想政治教育活动，持续提升干部群众思想素质。认真开展干部作风教育实践活动，共组织专题讲座6期，召开工作推进会8次，编发《工作简报》38期、《学习资料》23期，各媒体对教育实践活动及工作成效的报道达800多条。《她让党旗更鲜艳》《以一名共产党员的姿态进入藏区》等优秀共产党员先进典型事迹被成都日报、成都电视台等媒体广泛报道。持续组织开展“道德讲堂”，依托道德示范讲堂和“百姓故事会”活动载体，通过“身边人讲身边事，身边人讲自己事，身边事教身边人”的形式，累计开展活动达400余场，吸引辖区近40万人次参加。开展“三下乡”活动，进一步提升社区公共服务和社会管理水平，提升社区居民的幸福感。把文艺节目不断送到社区、院落，共开展41场“社区欢乐行”文化惠民演出活动，并联合成都电视台现场录制20场“社区欢乐行”活动视频，记录“幸福成都”；专门组建一支“小小志愿者”科普服务队伍，组织70多名小志愿者分别到九洲电子科普展厅和金科生命科学康复中心进行参观学习，邀请专家进社区开展科普养生健康讲座；组织各街道卫生监督人员在中和社区卫生服务中心就医疗安全卫生监督工作进行集中培训，利用“法治大讲堂”

载体，认真开展法律进基层卫生系统知识讲座，推动文化、科技、卫生事业全面发展。

【对外宣传及区域营销】 成都高新区立足区内产业发展、科技创新、新城建设、社会民生四大主线，按照“围绕产业做宣传、面向世界做营销”的思路，坚持实施整合营销传播，加大对外宣传力度，为高新区又好又快发展赢得广泛的社会舆论支持。全年共策划和组织190余次外宣活动，发布新闻通稿310篇，刊播新闻报道2.5万多条。其中，中央级新闻单位发稿超过2000条次，境外媒体刊发报道突破3000条。全力争取四川省电子信息产业宣传、成都市《财富》论坛宣传机会，积极争夺国内高端舆论和境外媒体话语权，全年累计接待境外媒体采访团40余个、中央媒体采访团20余个，通过美通社对外发布6轮新闻稿。

着力实施区域品牌营销。强势组织刚性传播，通过中央媒体、主要市场媒体及专业媒体，与省市宣传部门紧密联动，大力建构“中国IT第四极”、“移动互联网创业之城”、“财富第四城”、“开发者之城”等区域品牌，成功传播“IT西进”、“千亿级云计算产业集群”、“百亿商圈”、“黄金十年”、“亿元俱乐部”、“孔雀西南飞”等概念，成功实施省市区三级联动开展IT产业和“大开放的四川”大营销，积极应对中西部重点城市招商引资媒体战，不断策划事件营销与一线城市争夺人才等创新资源话语权。精心策划柔性传播，打造“成都IT男”城市新名片，基于“IT男标配”、婚恋、“太囧”、“苦逼”等网友关注角度，连续推出7轮“成都IT男”人格化品牌营销，在全国形成数亿次网络点击率，刊发相关新闻报道1000多篇，百度网页数400多万个，形成全国品牌影响力，强势提升外界对成都IT产业的关注度和对成都城市形象的亲近感。“成都IT男”以高人气入选2013天府“先锋榜样”，“成都IT男”策划获成都市网络营销奖。在凤凰卫视中文台、资讯台投放“成都天府软件园——全球软件企业合作伙伴”广告，累计投放900余次。

帮助企业开展战略营销。发挥宣传服务企业作用，累计为企业提供战略营销服务100余次，帮助一大批企业成功登陆高端媒体、市场媒体和专业媒体，并连续打造20余期“天府创业故事”，强势提升企业的市场影响力、品牌竞争力和人才吸引力。英特尔、戴尔、联想、德州仪器、富士康、马士基、叠拓科技、EMC、地奥、美幻科技、尼毕鲁、国腾电子、希盟泰克、恒图科技等一大批高新区企业动态在高端媒体刊播，在提升企业影响力的同时，提升成都及高新区的美誉度。

打造成都高新区新媒体平台。在“成都高新”的新浪和腾讯微博两大政务微博平台上，新增“移动互联”、“成都IT男”、“高新涂鸦墙”等活跃版块，并新开通“微说高新”新浪、腾讯“百姓故事会”主题微博，与“成都发布”、“微成都”及重点企业微博建立立体互动机制。进一步强加微博内容学习，提升微博专业策划、创意、写作能力，加强图文与视频的立体互补，强化传播效力，全年累计发布信息6220条，累计粉丝数43万个，平台热度及影响力显著提升。结合移动互联网传播需要，开发“高新视窗”苹果应用程序，动态发布区域时政、财政及科技资讯。

【宣传管理】 成都高新区党工委管委会进一步加强高新区宣传管理，整合资源，理顺机制，确保效果。工委办公室与发展策划局联合下发《中共成都高新区工委办公室关于开展加快国际化进程思想再解放大讨论活动的通知》，对辖区内各街道党工委中心组及各部门支部的学习情况进行督促和指导。认真落实《成都高新区新闻发布制度建设实施办法》的各项规定，明确新闻发布与舆情引导工作的责任主体、工作原则、工作内容、工作方法、管理方式，较好地推动高新区整体的新闻发布和舆论引导工作。

建立网络舆论引导工作考核机制，下发《中共成都高新区工委办公室关于进一步加强网络舆论引导工作的通知》《关于做好党的十八大网上信息内容管理工作的通知》等文件，进一步提升舆论引导专业能力，加大舆论引导日常管理、指导、培训力度。

【网络宣传及管理】 成都高新区重视互联网信息发布工作，进一步完善高新区公众信息网信息发布、办事服务、公众参与、互动性能等功能，全年累计发布新闻311条，动态信息1053条。通知112条，公告180条，媒体关注368条，政务信息3407条，上传电子期刊17期，高新视频301个，上传信息总量累计达5662条。2012年12月，科技部火炬中心公布的全国105家国家级高新区门户网站综合影响力评估排名中，成都高新区网站总排名第三，获“2012年度中国政府网站领先奖”和“招商引资”单项奖。在百度、谷歌等主要搜索引擎中检索“高新区”关键词，成都高新区网站常年保持排名第一。成立高新区互联网信息管理办公室明确职责，理顺和健全互联网管理体制。加强网站安全和信息安全管理，通过信息系统安全等级保护二级。加强网站域名保护，牵头开展政务网站内容清理，网络文化建设和管理工作得到加强。

【舆论引导与监督】 成都高新区认真做好舆论引导与监督工作，提升正面宣传效果，加强对敏感事项的舆情研判和处置。在省、市相关部门的指导和支持下，较好地应对成都富士康、中和片区等敏感舆情。督促落实新闻发言人制度，加强舆论引导队伍建设，认真开展网络舆论引导专题培训。2012年，共上报《高新区舆情监控简报》102期，向各单位转报各类网络舆情600余条次，最大限度地减少和降低负面舆论影响，维护区域的和谐稳定局面。探索采用立体传播手段，化解网络负面舆情风险，建立区域正面形象。针对中和片区舆情，2012年8月召开“新中和、新市民、新未来”主题新闻发布会，回应网友关切，发布建设动态，阐释发展前景，获得市民和网友对中和片区建设的理解支持。

【公民思想道德建设】 成都高新区认真落实《成都市基层宣传工作实施方案》要求，整合基层宣传资源，激发基层宣传活力，督促基层宣传开展，增强基层宣传实效，取得良好效果。突出特色，打造品牌，在每个街道、社区每月均开展一场以上“百姓故事会”活动，全年累计开展活动400余场。通过“百姓故事会”进社区、院落、园区、企业、学校、广场、网络等方式，活动参与人数累计达40多万人次。4人入选成都电视台举办的“我是故事王PK赛”30强，3人入选20强，1人入选10强；20个精品故事入选“成都市最佳故事库”，2个故事人物入选中央文明委“月度中国好人”榜，2个故事人物列入候选人。许多故事中的先进典型成为社区里的“明星”、居民心中的“英雄”，一些优秀故事在院落里交口相传。与此同时，结合高新区作为产业新区、创业新区的实际，与《每日经济新闻》《经济日报》《成都商报》等有重大影响力的媒体合作，创作成都高新“创业故事”，连续推出20多期企业创业故事，被媒体转发200余条次，并结集为《成都高新区创业故事汇》《太阳神鸟的新故事》专集，有力地服务于区域产业发展。高新区“百姓故事会”活动开展的广度、深度、高度不断提升，成为高新区覆盖面最广、参与人数最多、社会反响最好的基层思想文化宣传活动，群众参与率与支持率均超过预期水平。

成都高新区唱响“主旋律”，大力开展党的十八大、省第十次党代会、市第十二次党代会基层宣传和社会宣传，利用户外单立柱广告牌、道旗、LED显示屏、多媒体广告、张贴宣传画、宣传标语、小区广播等，及时发布或滚动播放党代会相关主题、内容。利用高新区门户网站和各街道政府网站设立广告和专题，并通过高新区4个官方微博发布相关信息，在辖区营造热烈的迎接党代会氛围。为提高老百姓对市委、市政府重大决策部署公众知晓度，专门设计制作漫画版《2012年基层宣传手册》，手册以宣传市委、市政府重大决策为主，兼顾天府新区、民生、生态、文态等相关内容，累计入户发放14.3万份，覆盖区内55万常住人口，受到居民的普遍喜爱和欢迎。

坚持基层宣传与文化活动相结合，提高宣传覆盖面。开展成都“文化四季风”、“我们的节日”、“社区欢乐行”、“文化惠民”演出41场，“文化直通车进校园”20场，公益讲座培训43场，电影进社区活动1367场。同时，充分发挥协会作用，深入街道、社区组织开展各类文化活动376场（次）。组织开展高新区文化志愿者培训，新发展高新区文化志愿者共590名，开展太极拳教练培训等专题培训共计460人次。依托高新区文化指导服务中心、协会、街道文化活动中心开展舞蹈、书画、讲座、太极拳等免费培训1493场、约36000人次，在辖区形成和谐有序、人心思进、健康向上、文明互助的良好氛围。

（吴　军　周　冉）

政策调研

【概况】 2012年，成都高新区围绕发展做研究，服务中心抓重点，不断增强宏观经济、政策的研判能力，深入掌握工作实情和发展预期，认真做好调查研究、重大文稿起草等工作。

【重大文稿起草】 成都高新区发展研究部门全年累计完成党工委管委会工作报告、向市委市政府的重要工作汇报及讲话、发言、汇报、交流材料等重要文稿起草100篇以上。

【发展策划调研】 成都高新区组织实施一批具有重大影响的调研课题。完成《关于高新区发展的思考和建议》等3个重大课题调研，提出的相关建议得到采纳，并推动工作的深入开展。同时，积极调动部门和街道参与性，联合投入对各项工作的调研，依托内部刊物《调研与思考》，刊发产业发展、新城建设以及社会管理等超过10篇调研文章。

（何　嵘）

依法行政

【概况】 2012年，在成都市委市政府的领导下，在市政府法制办的指导下，成都高新区认真贯彻落实《全面推进依法行政实施纲要》和《成都市2012年度依法行政工作安排》，扎扎实实开展工作，在规范性文件监督管理、行政权力规范运行、行政执法监督、化解行政争议等方面均取得较好的成效。

【全面清理规范性文件】 成都高新区认真开展对《成都市行政规范性文件管理规定》贯彻落实情况的监督检查，下发《成都高新区法制办公室关于清理行政规范性文件的通知》，在历年规范性文件清理的基础之上，对2000年1月1日至2012年6月30日之间以成都高新区管委会及成都高新区管委会办公室名义制定、历次清理后对外公布继续有效的167件规范性文件进行了再次梳理。宣布《成都高新区管委会关于印发〈成都高新技术产业开发区“二次创业”产业发展规划（2003-2010年）〉的通知》等20件文件失效，《成都高新区管委会办公室关于批转执行〈成都高新区城市维护资金管理改革试点方案〉的通知》等16件文件废止。清理结果以《成都高新区管委会关于公布规范性文件清理结果的通知》对外进行公布。

【规范性文件解读机制】 成都高新区率先建立健全规范性文件解读机制，制定下发《成都高新区关于建立规范性文件解读机制的通知》，将管委会、管委会办公室、部门及街道制发的有效并公开发布的规范性文件纳入解读范围（其中管委会及管委会办公室72件，部门及街道53件），要求专人解释、及时处理、首问负责，同时要求各单位建立规范性文件解释工作台帐，定期或不定期回访咨询对象，高新区效能办采取第三方测评、问卷调查等多种形式督促检查和考核各单位规范性文件解释工作开展情况。

【审查规范性文件草案】 成都高新区法制办严格按照《成都市行政规范性文件管理规定》的要求，对规范性文件草案的制定主体、权限、程序、内容、形式是否合法进行全面审查。1月到11月共审查《成都高新区关于加快推进助老助残服务工作的意见》《成都高新区天使投资风险补助专项资金实施细则》《成都高新区加快移动互联网产业发展的若干政策》等部门代管委会起草的规范性文件草案11件，备案规范性文件9件。

【行政权力精简】 成都高新区制定下发《成都高新区法制办公室关于做好行政权力清理规范工作的通知》，并专门召开行政权力清理规范工作会议，对清理主体、清理依据、审核主体、行政权力分类、行政权力运行流程、清理工作步骤、精简目标等进行全面安排、布置。最终清理结果为：成都高新区管委会15个涉及行政权力的部门中，原有行政权力3873项，经过本次清理，高新区管委会保留行政权力3679项，其中，行政许可90项，行政处罚3294项，行政征收24项，行政强制145项，行政确认17项，行政裁决0项，行政给付8项，其他行政权力101项。与原有行政权力事项相比，共精简194项，精简率为5.01%。

【清理规范前置审批项目】 成都高新区积极开展企业登记、项目报建并联审批的前置审批事项清理、规范、精简工作。由效能办统一牵头，相关业务部门负责，对重点领域的前置审批事项进行清理，采取多种办法规范和精简。在项目报建并联中，将原来的一些前置审批，改为可同时进行、交叉推进，节约审批时间，并采取企业承诺的办法，变前置为后置或者后补。如将环境影响评价审查、职业病危害评价审查等改由企业出具承诺书，承诺在规定时间内完成并补齐。经过清理，企业登记前置审批事项由118项减少为116项。

【精简行政审批操作事项】 成都高新区按照《成都市人民政府法制办公室关于做好精简行政审批事项工作的通知》要求，成都高新区对行政审批电子监察系统中的操作事项进行全面清理，对因相关法律法规调整或职能调整而变动的事项进行规范，共精简30项行政审批操作事项。其中，人事劳动和社会保障局取消13项，质量技术监督局取消1项、合并后减少6项，公安取消2项，社会事业局取消8项，保留操作事项小项500项，精简率达到6%。

【规范行政权力】 成都高新区按照统一格式、统一规范、统一管理的要求，对行政许可、行政处罚、行政征收、行政强制、行政给付、行政裁决、行政等行政权力类型进行分类管理，编制办事流程图，形成各部门行政权力清单。清理精简后保留的行政权力事项及流程已经通过成都高新区网上政务大厅中的权力公开及行政处罚平台向社会公布。

【行政权力动态调整】 成都高新区建立健全行政权力动态管理机制，当行政权力依据发生变化或机构职能调整时，各部门在法律、法规、规章公布或者机构职能调整确定后20日内按规定格式和要求向高新区法制办申报审核，法制办10日内完成审核意见后报高新区行政权力公开透明运行工作协调小组审查。行政权力清单变动主要产生于人事劳动和社会保障局、城市管理和环境保护局、工商局、质量技术监督局、公安分局等。审查通过后各部门均及时在权力公开运行网上调整更新。

【行政权力网上运行】 成都高新区进一步完善审批业务网上办理机制，建立健全网上审批的标准和规范，积极推进行政审批网上申报和预审。2012年网上申报和预审事项为425项，占全部办理事项的80%以上，工作流程显著简化，行政审批效率明显提高。

【行政执法案卷评查】 为确保执法行为的合法有效和行政权力的规范运用，在各单位自查的基础之上，高新区法制办组织开展执法部门案卷的交叉评查。按照《成都市行政执法案卷评查标准》，重点对案卷内容的完整性、证据的准确性、处罚的合法性、量罚的合理性、程序的正当性、案卷的整洁性、文书的规范性等进行审查。各部门共323份案卷参加评查，其中，城市管理和环境保护局一般程序案件289件，简易程序案件30件，主要为施工监理不到位案、违章施工案、扬尘污染（未密闭运输）案等案件；社会事业局一般程序案件2件，主要为卫生执法案件；人事劳动和社会保障局一般程序案件2件，主要为劳动监察执法案件。高新区法制办抽查69份执法案卷，并对抽查结果进行通报。各执法部门的案卷基本达到实体合法、程序正当、证据充分的要求，仅在文书规范方面还存在个别问题，整体水平有明显提高。

【行政执法监督管理】 成都高新区严格落实行政执法人员培训考试制度和持证上岗制度。2012年有58名新上岗执法人员参加市政府法制办组织的新上岗法律知识培训考试，考试合格率为100%，持证上岗率为100%。各行政执法部门通过参加法制部门及上级对口部门的培训、自行组织学习、请专家授课、专题研讨、在线学习等多种方式，全面加强对行政执法人员的法律知识培训，重点对《行政处罚法》《行政许可法》《行政强制法》以及各部门涉及的专业法律法规进行学习，每年培训时间均在7天以上，有效促进执法人员法律意识的健全和执法水平的提高。通过第三方测评的方式，开展高新区机关单位行风评议，对各部门的行政许可和行政处罚行为进行监督和评价，促进执法人员业务素质和执法水平进一步提高。

【行政复议】 成都高新区积极推进行政复议规范化建设。改进行政复议案件审理方式，综合运用书面审查、实地调查、听证、和解、调解等手段办案，提高案件办理质量，努力做到“案结事了”。2012年1—11月，全区共受理行政复议申请2起，被申请人均为工商局，最终维持被申请人具体行政行为1起，申请人主动撤销复议申请1起，案件均得到妥善处理。

【行政调解】 作为大调解的重要组成部分，成都高新区管委会高度重视行政调解工作，建立党工委、管委会分管领导负责、法制办牵头、各职能部门为主体的行政调解工作体制，按照国务院常务会议提出的“要依法化解矛盾纠纷。加强行政调解，创新行政复议体制，积极引导人民群众通过法定渠道反映诉求、解决纠纷”精神，各部门、各街道积极探索各种有效的方式方法，充分发挥行政调解在化解矛盾、解决纠纷方面的独特优势，主动、及时化解矛盾纠纷，从源头上解决行政争议。2012年，全区共调解各类民事争议2466件，行政争议50件，民事争议调解成功2057件，调解率为83.4%，行政争议调解成功46件，调解成功率为92%。

（覃红梅）

文明建设

【概况】 2012年，成都高新区扎实开展深化全国文明城市建设工作。以测促建，全力做好全国城市文明程度指数测评、成都综合文明指数测评工作。区文明委定期召开文明城市建设工作调度会，对工作进行整体部署、细致安排。各部门、街道积极行动，深入抓好市容市貌、院落建设、社区建设、农贸市场各专项整治工作，切实提升辖区整体文明水平。坚持问题管理机制，促进辖区整体面貌、管理秩序常态化。成立辖区深化文明城市督察组，依托专项督查、日常督查等多种方式，全面推动辖区市容环境、社区建设、市场秩序管理等多方面工作的整改完善，督察组实施每日报告制、每周汇总制、专项督查制、快速反应制，督察组成为辖区文明城市建设问题管理的有力推手。加大宣传、深入发动。结合文明城市建设及高新区建设发展成就等内容，制作30万份宣传折页、宣传品，组织志愿者开展入户宣传活动，切实提升社区群众个人文明素质。2012年，成都高新区在成都综合文明指数测评中取得中心城区第一，同时为成都市通过全国城市文明程度指数测评做出贡献。

【精神文明建设】 成都高新区进一步加大辖区精神文明建设工作力度。一是广泛组织开展群众性精神文明主题活动。全年组织开展“我们的节日”、“迎接十八大讲文明树新风”、“我推荐、我评议身边好人”、“道德模范基层宣讲”、“百姓故事会·道德讲堂”、“文明交通行动”、“天府新区市民素质提升工程”、“五小门店创建”、“学雷锋志愿服务”、“网络文明传播志愿服务”10大主题活动，有效提高辖区整体文明程度，提升辖区群众个人文明素质。二是继续推进惠民利民的文明院落建设重点工程。以群众满意为工作的出发点，依据群众需求，投入资金约2137万元，对50个老旧院落实施文明院落建设改造。在各院落建设改造过程中，高新区着重推进院落居民自治建设，在所有院落建立起自治组织构架、工作机制、保障机制和考核评价机制，搭建起居民自我管理服务平台，有效提升院落居民的参与度，营造文明和谐的邻里氛围，走出文明院落建设的新路子。三是积极推进未成年人思想道德建设工作，组织开展“童心向党”、“优秀童谣传唱”、“网上祭英烈”等贴近未成年人学习生活的主题活动；高

2012年12月6日，讲述人梁老师正在讲述身边好人余万琼的感人事迹

芳草街道玉林西路15号院落实施文明院落改造工程

标准、高质量打造高新区未成年人心理辅导中心；联合党群工作局在各街道新建社区标准化志愿服务站 4 所；牵头组织开展为未成年人办实事好事项目 5 项。辖区未成年人思想道德建设工作取得实效。

（罗　舒）

文化创意产业

【概况】 2012 年，成都高新区着力打造动漫、网游等数字游戏动漫产业，加大重大文化项目促建力度，大力推进文化产业集聚发展。成功引进新浪、中视科华、卡尔维、智慕时代等 15 家行业 100 强企业，积极促进海豚浏览器总部、趣游轻游戏基地、新浪无线研发中心、TCL 通讯研发中心、佳明 GPS 研发中心和 2K 游戏研发中心等重点项目落地，着力培育移动互联网产业发展，成都高新区文化产业保持健康、有序、快速发展势头。

【文化创意产业规划】 7 月，成都高新区发展策划局、经贸发展局、科技局、规划建设局、社会事业局等部门，围绕文化产业发展规划的制定工作开展广泛而深入的前期调研。9—10 月，由高新区经贸发展局联合成都市经济发展研究院，编纂《成都高新区文化产业发展规划（2012-2017）》。

【文化创意产业政策】 成都高新区重视发展文化创意产业，结合高新区动漫游戏和数字娱乐产业发展方向，先后制定出台《成都高新区管委会关于加快推进移动互联网产业发展的意见》《成都高新区加快移动互联网产业发展的若干政策》《成都高新区加快文化产业发展的若干政策》《成都高新区创业天使投资基金管理办法》《成都高新区天使投资风险补助专项资金实施细则》等 5 个促进文化创意产业的政策和措施。

针对成都软件及服务外包产业特点，依托成都软件人才培训联盟，高新区逐步构建从人力资源信息发布——企业人力资源需求调查——人才招募（招聘、推荐、猎取）——人才培育（高校嵌入式培训、企业实训）——人才培训（企业内训、专项培训、重大项目培训、优质培训资源联合培训）——人才引进的招、培、育、引相结合的人才工作体系。围绕数字新媒体产业领域，一是通过“成都 · 天府软件人才行动”等招聘活动帮助游戏动漫企业招聘专业人才。二是支持本地企业、高校和人才联盟合作开展培训，如完美时空与联盟合作的高校毕业生就业转化培训，实现批量化基础性人才培养。三是支持领军企业、高端培训机构和人才联盟合作开展培训，如着手启动的育碧、DIGIPEN 和联盟合作的面向社会招生开展的中高端人才培训。天府软件园创业场本年举行了投融资培训、HTLM5 培训、产品开发培训、产品运营推广培训等创业培训 6 次。

【文化创意产业发展情况】 截至年底，成都高新区聚集盛大、腾讯、金山、育碧、趣游、诺亚舟、梦工厂、锦天、智乐、哆可梦、西山居、迅游、尼必鲁、天意天映等国内外数字游戏动漫企业近 200 家，从业人员 1 万余人。业务主要涉及网络游戏、网页游戏、手机游戏、动画动漫、数媒客户服务等领域。2012 年，纳入统计的 73 家成都高新区数字游戏动漫企业累计实现主营收入 46.66 亿元，较上年同比增长 24.1%。

成都高新区游戏动漫产业呈现蓬勃发展的态势。完美世界今年扩租 3000 平米，总面积达到 8300 平米；腾讯员工 2700 人，面积 22000 平米，未来将成为腾讯下属集业务研发、运营、服务等多种功能为一体的业务中心和具有战略地位的西部枢纽地；移动互联网游戏开发企业尼毕鲁，凭借“帝国三部曲”在苹果商店的优异成绩，成功从创业场孵化毕业，进驻A区，扩租近1500平米。

重大文化项目建设全面推进。其中，国际会展中心、凤凰城艺术中心、天府高新视窗规划展览馆、成都市规划展览馆、成都当代美术馆、非马美术馆、铁像寺“水街”街区（部分）、天府国际社区、大源公园（东侧）均已建成。主要的在建项目有：成都大魔方，定位为大型商业综合体、住宅、演艺中心，该项目位于高新区站南组团，占地约200亩，总建筑面积约105万平方米；新世纪环球中心，集海洋乐园、五星级酒店、写字楼、商业于一体，计划于2012年全部竣工。

成都高新数字游戏动漫品牌逐步树立，全年举办应用汇沙龙、动点中国行、华为智汇云、2012移动开发者大会等大型沙龙活动10次，十余场活动参与人数共计1700人。在三星2012全球智能应用挑战赛中，成都维动科技的两款手游产品——《地球防御者》与《七星传说2》分获“游戏类”应用二、三等奖，品果科技的Camera360获“应用类”三等奖。高新区先后荣获“赛迪新一代信息技术创新示范园区”和“易观2012移动互联网区域生态环境之星”等专业奖项。

（吴　军　周　冉）

档案管理

【概况】 2012年，成都高新区档案管理工作在法制化和信息化的轨道上不断强化，档案工作规范化管理水平全面提升。

【档案法制化建设】 2012年，成都高新区切实履行《档案法》和《档案法实施办法》赋予的档案行政管理职能，认真按照《成都高新区档案管理工作的实施办法》规范性文件和档案业务标准，不断完善高新区档案管理实施细则。加强档案执法队伍建设，切实增强法制观念，提高依法办事能力和执法水平，切实提高对各类档案资源的依法监管能力。开展档案法制宣传和普法教育，将档案法制宣传教育列入普法教育范畴，提高高新区的档案法律意识。

【档案信息化建设】 成都高新区积极推进档案信息化建设，充分利用档案中心的优势，加强档案信息资源深度开发与利用，积极开展政府公开信息和档案信息查询服务，提升档案中心的公共服务功能。加快档案信息化基础设施建设，加强电子文件归档和电子档案的规范化管理，推动档案数字化和数据库建设。加强电子文件归档管理，积极推进档案数字化进程。研究适合高新区电子档案接收、保管、利用的技术方法，制定电子文件（档案）管理办法。加大档案资源建设力度，根据历史和现实的需要合理调整档案收集范围。依法做好档案的移交、接收、征集工作，加大对重大活动和重要会议档案的收集。不断完善档案信息基础设施建设，努力推动档案信息化建设与高新区信息化建设协调发展。借助外力，大力开展档案专业知识培训工作，促进档案管理水平不断提高。

【基层档案管理】 成都高新区对区级机关、事业单位、区内企业等基层档案工作加强监督、指导，不断提高档案工作规范化管理的整体水平。根据《关于下达高新区档案工作专项目标的通知》，统筹推进高新区各机关档案规范化管理三年内分批次达省三级以上标准，通过目标管理、业务培训、外包等方式，各部门档案工作取得明显实效。成都高新区推进高新区经济发展、科技、投资、规划、国土、社会事务、政法、街道办事处、学校等专业档案的档案达标、升级工作，积极发挥两委办对全区部门档案的建设、管理、服务的指导作用和监督作用；未达标单位按照目标要求，有计划、分步骤地扎实推进。通过目标管理、业务培训、外包等方式，有效督促、管理高新区各部门档案管理工作推进程度，档案管理达标单位占机关单位的65%以上。获得成都市档案局2012年度机关档案工作规范化管理先进单位、企业档案工作规范化管理先进单位通报表扬。高新区深化规范化服务性建设，提升行政效能；借助外力，大力开展档案专业知识培训工作，促进档案管理水平不断提高。积极研究、推动高新区档案馆建设。

（两委办）

纪检监察

【概况】 2012年，成都高新区纪检监察工作坚持“标本兼治、综合治理、惩防并举、注重预防”的方针，坚持以科学发展观为指导，以促进产业发展为中心，以加强惩防体系建设为重点，以推进体制机制改革创新为动力，科学谋划、统筹推进，取得阶段性成绩。以创新的思路谋发展、以创新的举措求突破、以创新的方法抓落实，完成党风廉政建设和反腐败斗争的各项任务，为高新区保持经济平稳较快发展提供纪律保证。

【党风廉政建设】 成都高新区党工委管委会和纪工委始终坚持把贯彻执行党风廉政建设责任制摆在突出位置，以建立健全党风廉政建设责任制相关配套制度为基础，以抓好责任分解、责任考核、责任追究为重点，以深化落实“突出责任”的领导体制为保障，不断完善党风廉政建设责任体系和工作机制。突出“五抓”，一是抓组织领导。责任制工作领导小组定期召开协调会议5次，明确反腐败工作的任务、重点和具体措施。二是抓责任分解。印发《成都高新区2012年党风廉政建设和反腐败工作安排》和《成都高新区2012年党风廉政建设和反腐败任务分工》，将11大项85小项党风廉政建设和反腐败工作主要任务，分别落实到14个牵头部门、32个责任单位，从而形成“横向到边、纵向到底”的责任网络。三是抓责任考核。严格按照党风廉政建设和反腐败的责任考核目标不定期进行考核。四是抓责任追究。充分发挥纪检监察办案合力，力求“一案双果”。五是抓督查落实。2012年，分别和各街道、各部门、各直属单位和高投集团签订党风廉政建设责任书32份。真正形成一级对一级负责、一级促一级抓落实的责任网络体系。

【领导干部廉洁自律】 成都高新区党工委管委会严格执行领导干部收入申报、礼品礼金登记、个人重大事项报告和出国（境）考察制度，认真执行领导干部不准收受现金、有价证券和支付凭证的有关规定，高新区领导干部登记上交礼金礼品共计42.86万元。全年共有163个街道、部门、直属单位和高投集团领导班子成员进行年度述职述廉，开展副处以上领导干部2012年度党风廉政建设答题活动，全年2次对副处以上干部进行专题廉政培训。对近两年新提拔副处以上干部进行廉政测试。2012年，开展基层党政“一把手”向纪工委委员会述廉活动，改变过去“一把手”在本级单位述廉的惯例，依次完成“个人自查—廉政走访—述廉测评—督促整改—结果运用”五道程序，为破解对“一把手”这一监督难题进行积极探索。共有12名街道“一把手”，部门、国有企业主要负责人分别作述廉，查找和梳理履职守廉方面的突出问题11个，制定整改落实措施13条，纪工委委员会对述廉对象提出意见建议6条。严格执行领导干部报告个人有关事项制度，229名副处以上干部（不含市管干部）进行个人有关事项报告。对1名领导干部进行离任审计。建立由机关内部、社会群众、新闻媒体构成的监督网络，形成对权力的全方位监督。

成都高新区无班子成员及党员干部利用职权收受现金、有价证券和支付凭证；无违反财经纪律建立帐外帐，设立“小金库”；无党员干部参与赌博和“六合彩”等非法彩票活动；无领导干部利用职权为配偶、子女个人经商办企业谋取利益。领导干部能够严格落实厉行节约制止奢侈浪费的各项规定，无贪图享受乱花公款的现象。

【廉政宣传教育】 成都高新区把廉政教育作为反腐倡廉的重要基础和治本之策，纳入宣传教育工作总体规划，常抓不懈。印发《2012年高新区反腐倡廉宣传教育工作要点》；以“树高效务实新风，促高新廉洁发展”为主题，深化廉政文化“八进”工作；刻录下发350盘《主要领导干部廉洁奉公警示录》《抵制诱惑警示录》《慎交友警示录》等警示片；为副处以上领导干部发放了《党员领导廉洁从政手册》《反腐倡廉10个热点问题》《从政提醒—党员干部必修的25课》《官德的力量》等书籍1850余册；坚持副处级以上领导干部填写《廉政日志》；编辑下发《学习资料》18期，《高新纪检》4期；开办政务网站“廉政教育”专栏4期；组织街道、社区，学校、财会人员、高投集团经营管理层等重要岗位人员党风廉政建设专题培训4期，构建全方位的廉政教育平台。

重视并加大高新区党风廉政建设和反腐败工作经验、成果和动态的宣传，《高新区制定党风廉政和惩防体系建设检查考核办法》等30余条信息被市纪委《纪检监察信息》采用。加强反腐倡廉网络舆情监控和应急处置，处置一批舆情信息。

【执法监察】 成都高新区围绕中心、服务大局开展执法监察工作。一是开展对“五大兴市战略”涉及高新区建设项目、城乡环境综合整治、环保防汛、安全生产、天府新区土地规划、征地拆迁、中和片区农迁房建设、国家节能减排政策执行情况、工程建设领域突出问题专项治理、建筑市场挂靠转包等违规问题专项整治、征地拆迁信访突出问题专项督查、党政机关举办庆典、论坛、研讨会活动专项清理和高考考务、教师和事业单位人员招聘等工作的监督检查。二是夯实执法监察基础工作。落实政府投资项目网上公示、规范政府采购代理机构抽选制度，加强对各类人员招聘监督、安全责任事故处理、基层行政执法调研、招投标信访投诉等工作。项目建设中动态联动监管的工作经验在全市执法监察工作会议上进行了交流推广。三是突出重点，加大对群众反映强烈的教育领域不正之风的查纠力度。开展教育收费及学校食堂财务专项检查，发现和纠正违规问题14个，严肃查处原石羊小学校长周某某违规收费办学、私设小金库以及贪污等严重违规违纪违法的典型案件，依法移送司法机关。

围绕建设“民生政府”的要求，通过监督民生和社会事业投入，积极推进教育、卫生、就业、社保等社会民生事业的发展，加快完善公共文化服务体系，积极推进一批重大文化项目建设，深入推进城乡环境综合治理和新一轮文明城市创建工作，提升居民“和谐高新”的幸福体验。

【惩防体系建设】 成都高新区把预防腐败工作融入产业发展各项政策措施的制定和落实之中，把机制制度建设贯穿于反腐倡廉建设的全过程，源头预防能力不断提高。按照《高新区建立健全惩治和预防腐败体系2008—2012年实施意见》的部署要求，制定《深入推进构建惩治和预防腐败体系基本框架实施意见》《加快推进廉政风险防控机制建设的意见》等多项配套制度和办法，形成以140个制度、规定为基础的《高新区惩防体系制度汇编》，编撰《高新区惩防体系工作导则》《高新区惩防体系调研文集》，下发《关于建立廉政风险防控工作联系点的通知》。发挥党风廉政建设和反腐败工作联席会议机制作用，围绕监督制约和规范权力运行，突出领导班子和领导干部，强化廉政风险防控机制建设。继续深入推进党务公开工作，强化舆情监控、民生类信息报送的协调机制。

【行政效能建设】 成都高新区把维护好、实现好、发展好最广大人民群众的根本利益作为反腐倡廉工作的出发点、着眼点和落脚点，认真解决群众反映的最直接、最现实、最紧迫的利益问题。一是不断拓展行政效能电子监察的深度和广度。坚持每月通报制度，充分发挥行政监察的导向作用，提升全区政务服务的规范化、高效化和便捷化；开展城乡环境综合治理电子监察，促进高新区城市环境的不断改善。二是强力推进干部作风建设。以全市保持党的先进性纯洁性为主题的干部作风教育实践活动和纪检监察机关开展“三项建设”活动为契机，狠抓干部职工的思想作风、工作作风、生活作风建设。通过学习教育、明察暗访、自我批评、开门纳谏、评议整改等举措，端正机关和党员干部作风，提高广大干部职工的思想素质、服务水平和履职能力。三是继续加强投诉受理。认真解决群众合理诉求，严肃查办损害发展软环境的不作为、乱作为、慢作为等各类问题。全年受理各类投诉73件，办结率100%；纠正违规问题7个，投诉人满意率达到100%。四是严格实施行政效能问责。坚持查处与教育相结合的原则，全年对在工作中出现问题的2个单位和13名个人实施了问责处理，其中对副处级以上领导干部问责8人。通过严格实施问责，收到教育警示一片的效果，确保党工委管委会政令畅通，执行力增强。五是不断创新行政效能社会评议。继续保持高新区在全市行政效能和发展软环境建设的领先地位，在坚持开展机关行政效能第三方社会评议的基础上，首次试点针对重点部门重要职能的履职情况进行深度评议，推动行政效能建设不断迈上新台阶。

【信访查案】 成都高新区把查办案件作为惩治腐败的重要手段和保证。全年共受理纪检监察业务范围内的各类信访举报24件（不含重复件），初核案件线索7起，立案6起，结案6起，给予党纪处分8人，通过对损害群众利益的领导干部“亮剑”问责，从制度机制上防范“权力违规”。在坚持惩治的同时，更加注重保护干部干事创业的积极性和创造性。全年为信访举报的6名干部澄清了事实，切实保护他们的合法权益，解除后顾之忧。

充分发挥反腐败协调小组的牵头职能，进加强各执纪执法部门的案件线索共享和办案协作，纪工委向检察机关移送案件线索1起，检察机关向纪工委移送案件及线索3起；积极开展基层办案指导，加强基层反腐败工作力度，全年街道立案2起，实现街道办案的“零”突破。积极协助省、市及外地纪委办案7起。注重发挥查办案件的治本功能，全年发出纪检建议书4份，开展警示谈话2次、诫勉谈话4次。

【干部作风建设】 成都高新区以全市深入开展保持党的先进性纯洁性为主题的干部作风教育实践活动为契机，并将教育活动与反腐倡廉紧密结合起来，深入学习、改革创新、解决问题、完善制度、建立长效机制贯穿于实践活动的全过程，进一步完善成都高新区领先发展的长效保障机制，形成一系列操作性强的工作制度和管理办法。制定实施《关于加强行政效能建设全面提升服务水平打造现代化国际化政务服务环境的实施意见》《关于切实加强机关和干部队伍作风建设的指导意见》《机关作风建设监督检查管理办法》《街道民生工作例会制度》《重点建设项目工作推进例会制》《行政效能和窗口行业行风建设社会评议暂行办法》等长效机制，推动干部作风建设。在全市率先推出“局长进大厅”活动，获成都市作风建设领导小组肯定并在全市推广。2012年，全区共计查找出工作作风问题995个，解决问题835个，解决率为84%，制定出997条整改措施，建章立制83项。干部作风教育实践活动期间，成都高新区认真负责地对市作风教育实践活动领导小组转信访督办件15件、本级信访督办件2件、软环境投诉3件、社会评议意见12条、反映问题8条进行了限时督办，办结率达100%。作风教育实践活动期间共组织专题讲座6期，召开工作推进会8次，编发《工作简报》38期，《学习资料》23期，各媒体对教育实践活动及工作成效的报道达800多条。下发督查通报6期。并创新性地引入第三方评估机构，组织开展社会评价的“第三方问卷调查”。努力打造专业高效、务实敬业、规范透明、与国际惯例接轨的政务服务新“标杆”，树心系群众、服务人民，真抓实干，务求实效，艰苦奋斗、廉洁从政的作风。

【纪检监察队伍建设】 成都高新区纪工委始终坚持“政治坚强、业务精通、团结协调、纪律严明”的队伍建设要求，在纪检干部队伍中开展“创一流业绩、树高新形象”主题教育活动，引导纪检干部强化学习提升能力、研究工作破解难题、改进作风强化服务、加强调研推动创新，切实推进纪检监察机关思想政治建设、纪律作风建设、素质能力建设不断迈上新的台阶。加强学习型机关建设，定期举行纪检监察系统理论中心组学习活动，采取跟班学习、聘请专家授课、选派干部参加上级组织的各种学习等方式进行业务培训，全年纪检监察审计专题培训达300多人（次），不断增强党员干部的政治素质、业务水平和执纪能力。

（刘晓东　翁思军　刘春萍）

人　大

【概况】 2012年，成都高新区人大工作联络处在市人大常委会和高新区党工委的坚强领导下，从工作实际出发，深入学习贯彻党的十七大及十七届六中全会精神，认真学习贯彻党的十八大精神以及市委的决策部署，以邓小平理论、“三个代表”重要思想、科学发展观为指导，以推进民主法治建设为根本任务，坚持党的领导、人民当家作主和依法治国的有机统一，拓宽视野，更新观念，与时俱进，依法履职，为促进高新区大力实施“五大兴市”战略，确保领先发展、科学发展、又好又快发展，成为奋力打造西部核心增长极的排头兵，做出新的贡献。

【监督协调工作】 7月26日和9月17日，成都高新区人大工作联络处两次组织市、区两级代表分别视察水环境综合治理工程、大气污染防治项目、拆迁安置、“三横两纵”路桥建设和“停车难”等方面工作。通过实地了解情况和听取工作汇报，代表们对高新区在改善民生和促进发展上所取得的成绩给予充分肯定和高度评

2012年7月26日，成都高新区人大工作联络处组织人大代表视察铁像寺水街

2012 年 2 月 27 日，成都高新区桂溪辖区第一联合选区投票选举人大代表

价。同时，对发现的问题，提出建设性意见和建议。针对又好又快推进民生工程项目，代表们提出进一步注重规划，完善民生工程的配套设施；进一步加强项目建设监管，确保工程质量和进度，特别是农迁房建设，要严把质量关；进一步重视民生工程的社会效益，使之最大限度地惠及普通百姓；进一步加强区域内下穿隧道抽排水功能，大力提高城市防洪能力和标准，切实保障人民群众生命财产安全等建议。针对“停车难”，建议将此问题提上政府议事日程，纳入目标考核，在财政支出和项目建设上予以倾斜；借鉴和吸收外地先进经验，充分利用公园、学校、立交桥等公共设施，修建地下停车场和地上停车塔楼；堵疏结合，通过经济杠杆，发挥各方作用，对街面和院落停车进行精细管理，做到堵要堵得住，疏要疏得开。对于这些建议，有关部门诚恳接受、积极采纳，以点带面改进了工作、推动发展。

成都高新区人大工作联络处作为市人大常委会办事工作机构，把协助市人大及其常委会、各专门委员会、工作委员会及办公厅各部门做好涉及高新区的相关工作，作为重要工作内容。3 月 8 日，积极协助市人大接待自贡市人大常委会党组副书记、副主任王建威一行视察高新区；3 月 20 日，陪同市人大常委会副主任敖锡贵接待省人大常委会副主任彭渝一行调研高新区高新产业分布、发展情况；5 月 9 日，陪同市人大常委会副主任李小新赴高新区法院检查律师法贯彻实施情况；5 月 15 日，协助市人大民外委接待省人大外侨委、省政府侨办联合组成的调研组赴高新区调研；7 月 3 日，陪同市人大领导赴新疆学习调研；9 月 27 日，协助市人大城环委主任委员张学爱、法制委主任委员曹海波一行，就《成都市环城生态区保护条例（征求意见稿）》组织召开座谈会征求意见，与会各部门提出的 10 多条各类意见大多得到采纳，为完善法规发挥了积极作用。市人大相关领导对此充分肯定。

【换届选举工作】 县级人大代表换届选举，是全区人民政治生活中的一件大事。此次换届时间紧、任务重、要求高。成都高新区人大工作联络处迎难而上，克服人少事多的处情，按照《选举法》的规定和市人大的统一部署，在党工委的坚强领导下，积极主动做好区人大代表换届选举工作。按照武侯区选举委员会、双流县和郫县选举委员会的统一组织，在高新区选举领导小组和选举指导办公室的精心组织、周密安排下，严格依法办事，充分发扬民主，在前期深入调查摸底、掌握一手资料的前提下，经过组织动员、宣传教育、选区划分、选民登记、候选人推荐、酝酿、协商和确定正式候选人、候选人与选民见面、投票选举等法定程序，分别在 2012 年 2 月 27 日和 2012 年 2 月 28 日两个“选举日”，一次性足额选举产生 57 名正式代表，代表结构进一步优化，代表素质进一步提升，圆满完成选举任务。

【市和区人代会】 成都高新区人大工作联络处在 2 月 8 日至 12 日期间，组织区内市人大代表出席市第十五届人代会第五次会议；在 2 月 28 日至 3 月 3 日，组织区代表出席武侯区第六届人代会第一次会议以及组织召开高新区代表小组会议。确保代表到会率，确保代表审议质量和所提出的议案、建议质量，充分展示了高新区两级人大代表的精神风貌。

【建议批评意见办理】 成都高新区范围内的人大代表在市十五届人代会第五次会议期间提出建议、批评和意见2件；在武侯区第六届人代会第一次会议期间，提出建议、批评和意见共22件，其中涉及高新区的21件，涉及武侯区的1件。联络处及时对代表的书面建议和高新代表团会议上代表可操作强的审议发言进行梳理，形成文件报党工委。高新区党工委领导作出重要批示，要求委领导认真研究办理。目督办立即下发文件，明确委领导牵头和部门具体办理代表建议。在法定期限内，联络处与各相关承办单位加强联系，通过电话、会议等多种形式督促尽快将办理代表建议情况答复代表。各相关承办单位认真对待，主要领导亲自抓，分管领导具体抓，承办人员认真抓，效果很好。代表在人代会上提出的批评、建议和意见交办、督办率达100%，做到了件件有回音，事事有落实。例如，高新区检察院及时与代表取得联系，征求代表意见；出台主动与当事人及其家属取得联系，保证其在诉讼过程中享有的权利，并积极听取其意见，事后又主动对当事人进行定期与不定期的回访等相关措施，具体落实有关贯彻宽严相济原则的建议，取得良好效果。

【人大代表学习培训】 为使高新区新一届区县代表尽快进入角色，成都高新区人大工作联络处以专题培训、以会代训、以活动促培训等形式有效开展代表培训工作。3月16日，召开加快国际化进程思想再解放学习讨论会，以拓宽代表知识面，适应新形势新任务。4月11日，邀请成都市人大制度研究会理事、集团法律顾问、省委党校客座教授赵新民为高新区范围内的市、区两级人大代表作代表法专题培训，使代表了解自身权利、义务和责任，了解人大制度和人大知识。6月13日，组织代表参加武侯区以代表法履职培训为内容的培训会。9月6日，组织新代表赴新疆学习调研，学习当地人大先进措施和方法，进一步开阔视野，期间与新代表座谈听取代表对人大的意见，代表反响非常好。12月14日，邀请省委十八大宣讲团成员、享受国务院特殊津贴专家、四川省有突出贡献的优秀专家、省委党校党史党建教研室主任彭穗宁教授到高新区进行十八大专题讲座。编印《孜孜以求的人生信念》，以成都市的全国、省、市三级代表卓有成效的履职事迹现身说法，为代表履职提供服务和参考。

【人大代表活动】 3月19日，成都高新区人大工作联络处组织市、区两级人大代表观摩评议网络直播酒驾以危险方法危害公共安全案的公诉庭审。4月25日，组织人大代表视察法院工作。4月26日，组织部分代表旁听法院关于侵犯作品信息网络传播纠纷权庭审。组织视察法检两院工作，使代表深入了解审判、检察工作，促进公平正义。为加强闭会期间代表小组活动，

2012年3月16日，成都高新区人大工作联络处组织市、区两级人大代表参加加快国际化进程思想再解放学习讨论会，高新区发展策划局局长汤继强（左）应邀作国际化进程学术报告

5月29日，组织召开加强代表小组专题会议，通过专门出台文件、召开专题会议、深入街道指导，促进全区6个代表小组的组建和正常开展活动，激发人大代表履职尽责的积极性和主动性。继续在市人大代表中开展“我为成都发展献一策”活动。为搞好这一工作，6月13日，联络处组织市人大代表围绕“关注一号工程，助推头雁高飞”召开“献一策”专题座谈会，代表们积极建言，提出7条有份量的建议意见。会后，黄元芬代表还单独提出2条建议，联络处及时报市人大处理。7月18日，组织三名人大代表参加高新区干部作风教育实践活动自查自纠阶段工作安排征求意见座谈会。11月7日，组织人大代表参加党外人士工作情况通报座谈会。12月14日，组织人大代表参加高新区投资软环境测评。

【来信来访工作】 信访工作是党和政府密切联系群众的窗口，也是人大了解社情民意、拓宽监督渠道的重要途径。2012年，成都高新区人大工作联络处认真扎实做好来信来访工作，全年接待和处理信访70余件（人）次，为促进社会和谐稳定作出了积极贡献。

【“促进充分就业、招商引资和挂包帮”工作】

在高质量地做好人大工作的同时，成都高新区人大工作联络处从自身优势出发，圆满完成党工委交办的招商引资、促进充分就业、挂包帮等工作任务。通过主动走访、多方联系，力所能及地挖掘就业机会。专题调研促进充分就业工作，向失地农民、上访群众提供用工信息，力所能及地帮助困难群众就业。结合接待外地人大代表及人大工作者契机，积极宣传推介高新区招商引资的新政策、新措施和高新区的良好发展态势及发展前景，完成向投资服务局报送10条招商信息的招商引资目标任务。加强扶贫济困工作，通过与对口社区密切联系，指导工作，共谋发展，定期走访慰问帮扶对象，扶贫与扶志相结合，为群众办实事办好事，全年与3户贫困户结对，现金帮扶3800元。

【队伍建设】 成都高新区人大工作联络处按照政治坚定、业务精通、务实高效、作风过硬、团结协作、勤政廉洁的要求，不断加强自身建设。特别是按照市委和高新区党工委的统一部署，积极、认真、全员参加以保持共产党员先进性和纯洁性为主题的作风建设活动，圆满完成动员学习、自查自纠、总结提高三个阶段的工作，思想等各方面建设上了一个新台阶。一是思想建设得到加强，定期学习邓小平理论、“三个代表”重要思想、科学发展观和党的十七大和十七届六中全会精神，掀起学习党的十八大精神的新高潮，不断提高全处同志思想政治素质、政策水平和理论水平，进一步增强又好又快发展

2012年5月29日，成都高新区人大工作联络处组织召开加强代表小组专题会议

2012 年 6 月 13 日，成都高新区人大工作联络处组织市人大代表围绕“关注一号工程，助推头雁高飞”召开“献一策”座谈会

2012 年 7 月 30 日，成都高新区人大党支部慰问帮扶对象

的责任感和使命感。二是作风建设得到提高。以制度建设为引领，以法治精神为感召，以良好细节养成为砥砺，着力形成为民、务实、清廉的工作作风。三是业务建设得到强化，树立为代表、为人代会、为代表团服务的意识，加强法律法规和人大知识的学习，办文、办会、办事的能力进一步增强，尤其是办文取得佳绩，全年在省级以上刊物发表工作文章 10 篇，其中国家级刊物 3 篇；将联络处同志发表的文章结集印发，参加市人大机关认识自身工作征文获奖，产生较好影响。四是与全国兄弟高新区和区市县人大工作机构的联系得到加强。接待辽宁本溪、无锡等地高新区人大的同仁，到郫县、都江堰、青白江等区市县人大进行学习，通过座谈交流，互通情况，学到经验，增长才干，提高素质，推动工作。

（成都高新区人大工作联络处）

政　协

【概况】 2012 年，成都高新区政协工作联络处紧紧围绕市委十二次党代会确立的奋斗目标以及高新区全力以赴推进产业发展和新城建设的目标，以服务委员发挥主体作用为着力点，不断探索拓展工作渠道，通过专题学习、视察、走访、对口联系等各项活动，推进全年的各项工作。

【政协委员出席政协全会】 2 月 8–11 日，成都高新区内市政协委员出席成都市政协第十三届五次会议，成都高新区政协工作联络处积极做好会议相关服务工作。2013 年 1 月 24–25 日，组织成都市武侯区政协高新委员小组 23 名政协委员出席成都市武侯区政协六届二次会议。成都高新区党工委副书记、管委会副主任冯亚曦应邀出席开幕大会。小组讨论中，政协委员们充分肯定 2012 年成都高新区经济社会建设所取得的成绩，围绕 2013 年成都高新区主要工作任务及天府新城建设发表自己的意见建议。

【政协委员换届】 换届前，成都高新区政协工作联络处主动多次走访联系武侯、郫县、双流政协及统战部负责人，就委员名额、委员履职、委员管理等工作达成一致意见；主动向成都高新区党工委汇报现有委员架构情况、委员履职情况，提出推荐建议。2012 年年初，在时间紧、任务重的情况下，成都高新区政协工作联络处与高新区组织人事、统战部门通力合作，在成都高新区党工委领导下按照推荐、协商程序，分别向成都市武侯区政协、郫县政协、双流县政协提交 23 名、10 名、6 名政协委员建议名单。

经成都市武侯区政协六届一次会议、成都市郫县政协九届一次会议、成都市双流县政协十届一次会议审议并通过，产生23名成都市武侯区政协高新小组委员、10名成都市郫县政协高新合作小组委员和6名成都市双流县政协高新中和小组委员。换届后的39名政协委员中，大专以上学历占95%，其中研究生7人，博士生4人。

【政协委员管理】 针对新委员架构特点，成都高新区政协工作联络处采取多种方式，加强政协委员的管理。一是主动做好联系政协委员工作，组织政协委员出席成都市武侯区、郫县、双流县政协换届后的本届一次全会，认真撰写提案，反映社情民意。二是组织政协委员签订了《政协委员履职承诺书》，每位政协委员对认真履职作出承诺。三是及时走访新任政协委员，分别于3月和4月走访成都市郫县政协高新合作小组委员和成都市双流县政协高新中和小组委员，与政协委员们进行座谈交流，向新委员介绍成都高新区政协工作联络处概况及成都高新区委员架构、履职情况以及政协委员的权利义务。四是协商产生成都市郫县政协高新合作委员小组和成都市双流县政协高新中和委员小组的活动召集人，负责小组活动的组织召集。

【政协委员提案】 在2月召开的成都市武侯区政协六届一次会议上，23名成都高新小组政协委员共提交提案26件，人均提案1.3件，经成都市武侯区政协提案委审查立案并送交成都高新区有关部门办理的成都市武侯区政协六届一次会议政协委员提案共21件。截至6月30日，提案全部办理回复完毕，满意率达100%。

【政协委员学习】 成都高新区政协工作联络处为区内政协委员订阅全年《四川政协报》，编印《政协委员学习参考资料》5期。组织召开政协委员学习会，传达学习全国两会精神，帮助委员把握方向。3月16日，组织召开政协委员加快国际化进程思想再解放学习讨论会，邀请成都高新区发展策划局局长汤继强作了《大历史观下的国际化解读》专题发言，以启发政协委员们进一步解放思想，活跃思维，围绕成都建设国际化大都市作深度思考，为成都建设国际化大都市建言献策做贡献；针对新委员在提交提案和社情民意中反映出的一些问题，5月底，召开政协委员培训会，有针对性的邀请成都市政协提案委主任高济南、研究室副主任刘嘉汉分别作《关于提案撰写的若干问题》和《积极反映社情民意努力彰显履职实效》专题讲座，对政协委员们如何撰写高质量的提案和社情民意信息给予指导。9月上旬，组织部分政协委员赴新疆学习考察，取经外地政协在开展政协工

2012年3月28日，高新区政协工作联络处走访新任郫县政协高新合作小组委员

2012年5月30日，成都高新区政协工作联络处组织召开政协委员培训会

作中的新经验、新做法。12 月 10 日，举办政协委员学习贯彻党的十八大精神专题讲座，邀请四川省委党校党建研究室主任彭穗宁教授给委员们做学习宣传贯彻党的十八大精神专题辅导。

2012 年 6 月 12 日，成都高新区政协工作联络处组织政协委员视察天府新区高新片区建设情况

【联系政协委员】 成都高新区政协工作联络处坚持走访联系委员制度，并积极探索服务委员的新渠道。一是沟通衔接相关部门，努力帮助委员解决创业中或企业发展中遇到的困难和问题，力所能及的帮助企业排忧解难。二是加强与民主党派的联系，邀请民主党派支部负责人参加政协联络处组织的活动；单独走访、约谈民主党派负责人或骨干，进行思想和工作沟通。三是主动作为，加强政协委员与成都高新区职能部门的联系沟通，牵头联系提案人与承办单位以座谈方式进行提案办理沟通，于 3 月 27 日，邀请提出《关于加快天府生命科技园交通生活等基础及配套设施建设，让天府生命科技园区真正实现优化环境服务发展的建议》提案的市政协委员荣远大、李国栋等人，会同成都高新区规划建设局的相关责任人召开座谈会，就委员提案中所提的问题和建议进行面对面交流沟通，使提案人了解成都高新区就提案提出的意见所做的工作以及工作的进展情况，表示对高新区工作的满意。通过走访委员，政协工作联络处积极收集社情民意，并及时整理成文字报送相关部门。2012 年，成都高新区政协工作联络处向成都市政协办公厅和成都高新区整理报送《简报》14 期，《委员意见建议》6 期；向成都市政协整理报送信息 30 条；向《四川政协报》投稿 7 篇宣传政协委员参政议政活动。

【政协委员活动】 成都高新区政协工作联络处组织多种形式的委员活动，丰富委员履职的内容和形式。于 4 月、8 月组织召开政协委员情况通报会 2 次，通报高新区 2011 年经济社会发展情况以及 2012 年工作思路、通报高新区 2012 年上半年经济社会发展情况及下半年工作安排；通报高新区政协工作联络处 2012 工作情况；于 9 月组织政协委员中秋联谊会。政协工作联络处还加强同相关部门的联系，积极配合相关部门的工作。2012 年，高新区政协工作联络处与高新区财政局协商达成政协委员参与政府重点项目采购招投标监督的共识，并制定《人大代表、政协委员参加高新区政府采购监督活动的管理办法（暂行）》。全年有 2 名政协委员参与高新区物业管理招标竞标会，对项目招投标的全程进行监督。还向高新区城市管理和环境保护局推荐环保监督员 1 名。积极配合高新区纪工委推荐政协委员参与高新区行政效能社会评议、行政效能软环境测评等活动。

【调研视察】 成都高新区政协工作联络处牢牢把握发展这个主题，围绕中心，服务大局，积极开展视察调研。围绕精神文明和法治区建设工作，于 4 月组织政协委员视察高新区法院，听取法院工作情况汇报，对法院工作提出意见建议。于 6 月，组织政协委员视察天府新区高新片区大源商务副中心地下空间和天府软件园的建设情况。7 月，组织政协委员视

2012年3月31日，成都市政协副主席戴晓雁率“推进天府新区起步区重大项目建设”课题调研组莅临成都高新区调研

2012年7月11日，成都高新区政协委员“关爱奖学金”捐款仪式现场

察高新区城乡环境综合治理工作。11月，组织政协委员视察高新区中和片区“三横三纵”建设情况。

【学习交流活动】 成都高新区政协工作联络处加强同各级政协的交流合作，认真对待来自纵、横向政协单位的调研、视察活动，做好与相关部门的衔接，做好接待安排，保证来访方满意。3月，接待成都市政协副主席戴晓雁率“推进天府新区起步区重大项目建设”课题调研组莅临成都高新区调研。4月，接待成都市政协副主席张宁生率“市政协委员视察我市台资企业富士康员工文化建设视察团”来区视察；同月，接待成都市政协副主席戴晓雁率“实施立城优城兴市战略专题视察团”来区视察。5月，接待成都市政协副主席何绍华率“城乡环境综合治理视察团”来区视察；接待杭州高新区（滨江）政协工委主任沈孔良一行来区考察“高新区如何开展政协工作”。6月，接待四川省政协副主席陈杰一行来区考察“公共文化服务体系建设情况”；接待成都市政协副主席张宁生率市政协“进一步加强我市对外文化交流工作的建议”课题调研组来区视察；接待深圳南山区政协副主席路玉萍一行来区考察“传统产业、支柱产业、新兴产业对税收的贡献及未来产业发展思路”。7月，接待四川省政协主席陶武先率全国驻川政协委员视察团来区视察天府新区建设情况。10月，接待四川省政协副主席陈杰率“进一步促进海外人才来川创业”调研组来区开展调研。

【“五个一”活动】 成都高新区政协联络处结合政协“五个一”活动中提出的“办一件实事”的要求，帮助委员搭建办实事平台，与高新区关心下一代工作委员会、高新区红十字会联合举办“关爱奖学金”捐款活动，倡议高新区内广大政协委员奉献爱心，扶贫济困，共同关注青少年的健康成长。通过捐款活动组织政协委员为贫困学童捐款42.3万元，另有3名委员分别以每年给予助学金的方式资助1名学生完成小学到大学学业，2名学生完成小学到高中学业。

【招商引资服务】 成都高新区政协工作联络处发挥政协联系广泛的优势，积极宣传高新区投资软硬环境，围绕高新区发展高端产业和集聚高端服务业，着力为高新区招商引资牵线搭桥。引进新嘉置地（成都）发展有限公司落户高新区，拟投资金额约20亿人民币，目前已拍地成功。引进四川省联庆投资有限公司和四川聚鑫源投资有限公司在高新区注册。

（成都高新区政协工作联络处）

人 事

【概况】 2012年，成都高新区人事部门以党工委管委会中心工作为指导，积极做好机构编制管理工作。进一步加强干部队伍建设，深化干部考核，强化干部激励，狠抓干部培训，着力提升干部队伍水平。加强事业单位管理，推动教育卫生事业发展。扎实做好军转干部管理工作，维护社会稳定。

【机构编制】 一是调整高新区机构编制委员会组成人员。根据党工委管委会领导的分工调整，高新区调整编委会成员。调整后，成都市委常委、成都高新区党工委书记敬刚同志任编委会主任，高新区编办设在人事劳动和社会保障局。二是理顺街道机构职能、完成新街道筹备工作。启动街道办事处“三定”工作，进一步理顺街道办事处机构职能；完成西部园区新街道办事处筹备组设立及内设机构设置等工作。三是研究处理高新区设立国有企业监事会相关事项。为完善高新区国有企业管理体制机制，设立高新区国有企业监事会。四是加强高新区学校事业单位管理。批准设立公办小学2所，开展中小学办学规模和教职工编制使用情况调研，核定2012年中小学编制。

【干部管理】 一是加强干部考核，强化干部激励。拟定《关于下达成都高新区2012年度领导班子和干部队伍建设目标及考核办法的通知》，将干部管理纳入目标考核体系，从“干部队伍建设、干部日常管理、干部考核、干部培训”四个方面考核各单位干部管理工作开展情况；强化年度考核结果的使用，加大优秀人员奖励力度。督促干部平时考核，督查各单位季度考核领导点评与集体谈话会，以“图片墙”形式张榜公布季度考核优秀人员，汇总报告或通报各单位平时考核情况，反映干部工作状态。二是引进正编干部，储备优秀人才。2012年人事部门开展多种渠道面向全国引进优秀正编干部。通过遴选及赴清华大学、北京大学等全国重点高校选拔招聘，共录用正式工作人员21名。三是狠抓干部培训，提升人员素质。打造新加坡、上海浦东两个培训基地，组织20名副处以上干部赴新加坡参加为期2周的专题培训，组织40名年度考核优秀正编和聘用干部，赴上海浦东党校开展集中培训，并大力开展网上专题培训。四是关心干部待遇，做好保障工作。按照相关文件规定兑现落实高新区15名援藏干部的相关待遇，解决援藏干部的后顾之忧。五是完善聘用人员管理，严格制度规范。对聘用人员实施分类管理，严格进人用人标准，实施招聘审批，规范招聘流程，及时补充人员。

【事业单位管理】 一是完成教师编制核定及教师招聘工作。高新区对教师编制进行核定，通过教师公招及赴北师大、华东师大等6所部属师范院校开展招聘，共招聘成熟教师140名，应届师范生133名。二是开展社区卫生服务中心医技人员招聘工作。通过招聘，共为6个社区卫生服务中心招聘医技人员79名。三是开展教育系统事业单位岗位设置工作。在人事部门推动下，高新区全面展开教育系统事业单位岗位设置工作，核定岗位数3045个。四是圆满完成卫生系统、其他事业单位绩效工资改革。根据国家、省、市关于绩效工资有关规定，对高新区卫生系统、其他事业单位的人员和收入情况进行了摸底，协调相关部门共同确定事业单位绩效工资实施方案，并付诸实施。

【军转干部管理】 一是积极落实政策，开展军转解困工作。按照相关规定审核企业军转干部

2012 年 12 月 13 日，成都高新区优秀研究生招聘现场的无领导小组讨论

退休、失业补助金，保障军转干部解困补助按时落实到位；多渠道解决“五难”人员困难，协同相关部门和街道制定帮扶措施。二是优化工作机制，稳控措施得当。制定军转工作“三级预案”，节假日和有关重大时期启动“零报告”反应机制；建立定期走访制度，开展节假日对军转干部走访慰问工作；建立高新区企业军转重点人员“五包”责任表，相关责任落实到人；制定相应的上访工作预案。

（杜玉亭）

政务服务

【概况】 成都高新区政务服务中心秉承“以服务对象的需求为导向，以服务对象的满意为标准”的理念，构建以“331”为主要内容的政务服务体系，加快电子政务信息化建设，完善政务呼叫服务平台，创新工作方式和人员管理模式，开展“局长进大厅”、“政务服务大冲关”活动，加速推进基层政务机构建设，努力实现让政务服务的软实力成为带动产业发展和经济增长的硬性竞争力，政务环境显著提升。2012 年，省委常委、市委书记黄新初到高新区调研后，要求在全市推广高新区政务服务经验。3 月，全市组织召开学习推广高新区政务服务经验现场会。7 月，市委副书记、市纪委书记邓修明对高新区优良的政务服务环境给予肯定，要求在全市推广和建立“局长进大厅”长效工作机制。

【政务服务中心管理】 成都高新区政务服务中心按照“打造一个国际化、现代化政务服务环境”的要求，扎实抓好政务服务中心建设。一是以干部作风教育整顿为重点，强化中心日常管理。加强与部门的联动管理，奖优罚劣，全年共发出通报表扬 2 份，反馈部门限期整改通知 1 份，情况反馈表 1 份，警示谈话 3 人，辞退 1 人。二是着力深化政务服务机构标准化建设，增设自助服务设施 10 余部，增加背景广播系统、排队叫号系统和休息等候区等，实现服务事项标准化、服务制度标准化、服务设施标准化、服务内容标准化。三是建立服务质量评估例会机制。组织部门管理人员，共同就窗口问题和难题进行研究、通报和限期整改。四是开展现场服务效能调查，2012 年不定期发放服务对象满意度测评问卷 1664 份，服务对象满意率 96% 以上，收到群众书面肯定、表扬 60 多次，锦旗 10 余面。2012 年，政务服务中心共受理行政审批和服务事项

7195121件，承诺提速率为89.52%，办理提速率为98.78%，当场办结率为99.44%。

【审批制度深化改革】 成都高新区政务服务中心持续开展行政审批事项精简和流程优化工作，不断深化并联审批机制，努力提升行政效能。一是全面清理和规范行政审批及服务事项，对审批流程进行梳理和优化，制作流程图，进一步压缩办理时限，对申报材料进行清理，精简非必要提交的申报材料，通过建立内部信息核实共享机制，杜绝服务对象重复提交申报材料的情况，减少企业和群众负担。二是深化并联审批机制，创新行政审批服务手段。精简并联审批前置审批事项，在项目报建并联中，将原来的一些前置审批，改为可同时进行、交叉推进，节约审批时间，并采取企业承诺的办法，变前置为后置或者后补；开展企业项目报建人员培训，为各环节报建资料准备提前进行专业指导，企业可根据自身报建进度情况选择参加，大大提高审批效率。在企业设立并联中，通过进一步规范和清理前置审批，推出“预收件（非受理）制度”、《一次性告知单》、“审核合一”三项措施提高审批效率。

【文化建设】 成都高新区政务服务中心全面推进政务服务文化建设，打造温馨政务服务文化。通过开展篮球、烘焙等兴趣小组活动并组织联谊比赛，积极倡导“快乐工作，快乐生活”理念。2012年共开展篮球活动40余次，组织比赛2场；开展烘焙活动10余次，进一步丰富窗口工作人员业余文化生活。同时创新形象展示，营造温馨、亲和的政务服务工作氛围，包括邀请摄影公司为优秀窗口人员进行专题摄影，展示窗口人员风采，设计制作生动可亲的表彰栏；制作各类兴趣小组活动照片在政务服务中心及机关张贴栏进行宣传、展示，树立鲜明统一的外在形象，努力营造文明规范、团结和谐的温馨政务服务文化氛围。

【局长进大厅活动】 成都高新区政务服务中心创新性地在政务服务中心开展“局长进大厅”活动，在街道和社区基层服务机构开展“主要领导进大厅”活动。使部门、街道领导深入了解窗口工作，促进窗口单位进一步优化流程，改进工作，提升效率。同时，促进窗口单位加大工作人员关心和培养，提升工作积极性。2012年，部门、街道领导150余人次深入窗口开展服务，接待企业和群众600多人次，提出流程优化和工作改进措施80余项。局长（主要领导）进大厅活动得到领导、服务对象及窗口人员的一致认可，高新区党工委管委会主要领导对活动给予高度肯定，提出认真开展活动，切实为企业和群众服好务的工作要求。

【政务服务大冲关活动】 成都高新区政务服务中心创新考核模式，完善奖惩激励机制，开展以“根植高新精神，再创服务新高”为主题的“政务服务大冲关”活动，进一步激发窗口人员工作积极性、主动性。活动以个人为单位开展，将考核融入冲关比赛中，通过竞赛评选出季度、年度冲关优秀人员。2012年共评选出季度冲关优秀人员63名，为进一步鼓励先进，树立楷模，政务服务中心在年度优秀人员评选基础上开展“政务服务大冲关年度总决选”活动，采取优秀人员现场陈述和个人展示等方式，邀请各级领导及企业、群众、监督员、媒体现场打分，评选出年度冲关冠军1名、亚军2名、季军3名。

【“962000”政务服务呼叫中心】 成都高新区政务服务中心进一步完善和强化“962000—政务服务呼叫中心”，推出网上政务服务呼叫中心，强化问题解答能力，为企业和群众提供无缝化服务。一是按照首问负责、限时办结的原则，对呼叫中心工作流程进行优化，进一步完善工作标准和制度，提升来电处理能力，促进呼叫中心办理事项满意率的提升。二是发挥呼叫中心流程优、效率高的优势，由呼叫中心办理来自成都市文明热线“96110”转交高新区的市民投诉来电，规范几个平台来电的处理标准，切实解决来电人的诉求。2012年，呼叫中心共受理业务8856件（企业问题4437件，民生问题4419件），其中“96110”转办问题1209件，首问答复率95%以上，办结率99%。

开通网上政务服务呼叫中心，与实体呼叫中心协同运作。一是整合各网络平台数据库，建立西南地区首个政府信息知识库，并及时准确更新知识库内容。知识库既可供内部使用，也可对外供公众查询使用。截止2012年底，知识库中企业常见问题资料库已更新至2513条，民生常见问题资料库已更新至890条。二是提供在线即时咨询，实现一对一即时沟通，服务对象可与工作人员进行在线交流。2012年，网上呼叫中心共受理2620次即时咨询，其中企业1638次，民生982人次。

【市民服务中心建设】 成都高新区进一步强化和提升高新区民生服务能力，拓展服务范围，积极探索建立街道级市民服务中心，满足市民日常办事、文化活动、公共交流、教育培训等方面的需求，为市民提供全面务实、规范专业的政府服务，不断提高群众满意度。提出高新区市民服务中心建设实施意见，对建设目的、建设原则、建设标准及运行方式提出统一要求。2012年，芳草街道市民服务中心率先运行使用，该中心整合了社会事务服务中心、综合文化活动中心、社区卫生服务中心，新建了健身中心、展览馆、运动场馆、棋牌室、书画工作室、电子阅览室、排练厅、残疾人康复中心、中医科治未病工作室、健康小屋以及社会组织活动基地、公益资讯区、孵化工坊、云公益工坊等18余项活动平台。平均每月向辖区群众服务4000人次，群众满意率99.87%。

【社区综合服务站建设】 成都高新区出台《关于进一步强化社区综合服务站标准化建设的通知》，通过规范社区服务范围、工作模式，大力推行预约服务、延时服务、上门服务、跟踪服务、代办服务。逐步纳入涉及居民的审批服务事项，推广“前置审核进院落”模式，做好事项标准化工作。辖区内43个社区，均采取“居站结合”、“网格化分片包干”的方式，以社区综合服务站的模式直接面向院落群众提供政务服务前置审核服务和便民利民服务，社区综合服务站覆盖率达100%。

（高　欢）

外事管理

【概况】 2012年，成都高新区外事工作不断探索创新，突出抓好招商引资，加强友好交往和投资合作，在对外开放、经济建设和社会发展中发挥积极作用，为全市对外开放做出贡献。同时，成都高新区外事工作严格外事纪律，规范外事管理，按照国家、省和市各级下达的有关外事规章制度，严格执行外事纪律和规范的审批程序，严把出境关，确保2012年外事出访人员全部按时归国，无一人滞留境外。

【外事服务】 成都高新区外事管理坚持服务原则，在符合外事纪律条件下，坚持急件优先、特事特办，为区内企事业单位排忧解难。为机关、企事业单位项目考察、招商引资和短期培训办理32批、83人次因公出国出访和项目促进活动。了解国外企业需求，确保投资项目及后续项目的顺利进行，拜访一批世界知名企业，邀请他们到成都考察投资，更好地为国外企业在高新区投资提供服务。

【外事接待】 成都高新区外事接待工作紧紧围绕招商引资等重点方面的工作，积极配合相关部门，做好重大招商引资项目接待外事工作，通过完善机制，强化接待外事工作措施。完成新加坡市区重建局代表团、以色列代表团、加拿大滑铁卢代表团、智利前总统及奥索尔诺市代表团、英国驻重庆总领事馆考察团、越南对外干部考察团、巴基斯坦驻成都总领事馆考察团、越南高平省考察团、印度尼西亚地方理事会代表团、纳米比亚全国委员会代表团、印度尼西亚北苏门答腊省考察团、越共中央检查委员会考察团、印度驻广州总领事馆考察团、香港咨询科技界四川考察团、新加坡驻华大使代表团、荷兰驻华使馆经济和商务参赞考察团、法国蒙彼利埃市副市长、荷兰马斯特里赫特市代表团、美国菲尼克斯市商务代表团、印度计划委员会代表团、澳大利亚前驻华大使考察团等外事接待任务。完成成都高新区领导出席市级外事接待活动 35 次。

（两委办）

应急管理

【概况】 2012 年，成都高新区应急办严守职责和使命，落实上级的各项工作部署，完善“应急值守、信息报告、综合协调”三项工作内容，确保不发生因突发事件处置不当而受到市级以上通报批评的情况，领导到场率达 100%；在规定时限内向市委、市政府报告突发事件信息达 100%；落实领导带班、24 小时专人值班等工作制度，值班抽查率达 100%。

【应急预案管理】 成都高新区应急办把应急预案作为处置突发事件的重要基础工作。在“总体预案为牵头，专项预案为支撑”的应急预案体系的基础上，组织对应急预案体系建设情况进行调研，督促指导各街道各部门结合实际，对各类突发事件应急预案进行修订完善，加强预案对应急工作的指导性和可操作性，形成定期修订应急预案的常态工作机制。

【“双机”值守模式】 成都高新区应急办为保证应急指挥通畅，将应急值守电话细化为“双机”工作方式，即将原单一值班电话扩展至“双机”值守，一部电话专门接收各街道各部门向应急办报送信息，另一部电话将接报的基本情况第一时间报告相关领导，按照领导指示及时启动应急预案，通知协调有关领导、部门、街道迅速赶赴现场处理。“双机”模式进一步保证了政令畅通和应急值守各环节的有效运转。

【应急重点】 成都高新区辖区内的富士康等重大产业项目以及成都市委、市政府办公区和新会展中心等重点场所，是高新区应急处突工作的重中之重，应急办制定有针对性的专项应急预案，加强基础性、预警性信息的收集报送。在富士康员工公寓通过社工站建立员工诉求反馈机制，实行“7×24 小时”工作制，推行上午、下午、晚间三个时段深入员工寝室进行入户巡访的“三巡访”制度，及时掌握员工思想动态，及早发现各类突发事件的苗头隐患；在重大突发事件的处置过程中做好跟踪续报，及时全面反映事态发展，为领导决策提供依据，确保企业正常生产生活秩序和社会面稳定。

【突发事件信息报告管理办法】 成都高新区制定下发《成都高新区突发事件信息报告管理办法》。《管理办法》突出各街道各部门信息报告中的责任，对突发事件信息报告工作的主体、内容、时限、方式、渠道、核实研判等内容进行规范；将信息报告工作中易犯的错误进行分类，严格责任追究。例如，未按规定渠道报送的将被视为漏报予以追究；未按规定时间内（半小时内以口头形式、1 小时内以书面形式报告）报告的被视为迟报予以追究。各街道在《管理办法》的基础上结合实际进一步细化，制定相应的信息报送制度，部分街道建立 QQ 群、短信群发方式。

【突发事件信息报送】 成都高新区明确职责、

管理、工作、培训、考核奖惩、装备保障等机制，构建"统一指挥、反应灵敏、协调有序、运转高效"的基层信息报送网络格局；一旦发生重大突发事件，直接联系现场处置领导和指派人员赶赴现场建立临时直报通道；分类管理突发事件信息，梳理各类突发事件信息的情况，研究制作模板，提高信息编写的质量和时效。

成都高新区突出强调所有突发事件上报信息，必须同时上报市政府应急办、市委总值班室和市委办公厅信息处。此外，高新区应急办还建立了突发事件《每日摘要》制度，详细记录信息的来源、进展、流向等，防止信息报送工作中的瞒报、误报、漏报、迟报现象。

成都高新区建立对接报的信息通过公安机关、属地街道办事处和相关职能部门三条线进行交叉核实、对上报信息实行层级审核、及时追踪跟进后续进展情况做好续报等工作机制，努力确保上报信息的准确性和全面性。截至年底，高新区应急办向成都市委总值班室、市政府应急办书面报告各类突发事件信息 21 次，在规定时限内报告率达到 100%。

为提高信息报送的及时性，积极拓展信息渠道，加强基层突发事件信息员队伍建设，成都高新区将基层信息员队伍从街道（社区）、部门工作人员、综治巡逻队员发展到党员骨干、居民小组长、楼栋长、院落门卫、城管队员、环卫工人、流动人口协管员、辖区单位（工地）负责人等，截至年底，成都高新区各街道建立的基层信息员队伍达 2000 余人。

【突发事件应对和处置】 成都高新区规定突发事件发生后，相关领导在 30 分钟内必须赶到现场，或者授权委托有关负责同志先到，本人再及时赶到。成都高新区应急办在处置过程中加强与现场连线确认，保证事件的协调处置力度和效果。2012 年，全区共接报突发事件信息 292 起，其中重大突发事件 15 起，均按照应急工作预案，由相关领导带领部门、街道及时赶赴现场妥善处置，未出现因处置不当受到上级部门通报批评的情况。

【值班制度】 成都高新区落实领导带班、24 小时专人值班等工作制度，值班抽查率达 100%。应急办落实值班工作各项制度和要求，加强规范化建设，突出节假日值班和"十八大"等重要时期的应急值守工作，不断完善工作机制，提升值班工作效能。

成都高新区应急办配备 4 名专职值班工作人员，实行 24 小时值班和委领导、两委办领导带班制，带班领导电话保持 24 小时畅通，严格落实领导带班、24 小时专人值班工作制度；建立交接班制度、突发事件处理程序、保密制度等并上墙公示。按照《成都市委、市政府值班室建设标准规范》的要求，高新区应急办配备了电脑、打印机、传真、录音电话、800M 电台等办公设备，与市政府应急办、市委总值班室随时保持通畅的联络。同时，高新区应急办与各街道、各部门建立"电话"和"OA 网"两种联络渠道，将电话渠道细化为"双机"工作方式。全年，在上级部门每天点到和不定期的抽查中，值班在岗率均达到 100%。

高新区应急办在节假日期间严格执行分管负责同志 24 小时轮流在岗值班，保证及时处理紧急事务；进一步配强值班力量，安排责任心强、综合素质高的正编干部和熟悉值班业务、熟练操作各种值班设施设备的专职值班人员同时在岗值班；对辖区值班工作做出部署，发文要求各街道各部门严格落实市委市政府的工作要求，切实加强节假日期间的应急值守。2012 年节假日期间随机抽查各单位值班情况 25 次，均未发现带班领导和值班人员离岗、脱岗现象，在岗率达 100%。根据成都市"10·31"应急值班工作会议精神，高新区应急办精心部署"十八大"期间应急值班和紧急信息报送工作，切实加强组织领导，统筹安排，挑选高素质人员 24 小时轮流值班；落实党工委管委会实职领导带班，带班期间不离开辖区，全天保持通讯畅通，确保突发事件发生时能第一时间赶赴现场协调处置；严格督促检查各街道、各部门和各直属单位“十八大”期间的应急值守工作，并将执行情况纳入全年应急管理工作目标考核。同时密切关注彭州石化、富士康等重大项目，市委市政府等重点部位以及信访突出问题、重大社会治安问题等舆情，及时收集预警性信息，掌握工作主动权，确保高新区在“十八大”期间未发生一起有影响的治安案件、涉稳事件和安全事故。

成都高新区应急办建立高新区公开应急值班电话每日重要舆情统计制度，提高对隐患的感知能力；建立值班周报制度，将每周的突发事件、应急值班电话中的敏感舆情以及市长公开电话、市长信箱、高新区领导信箱的办理情况向党工委管委会领导报告，供领导决策参考；建立市长公开电话、市长信箱、高新区领导信箱每月通报制度，严格按照办理时限、回复情况、承办单位领导审核把关等要求，对各单位的工作情况进行每月通报。全年，成都高新区共编辑值班周报50期，每月通报11期。

【应急培训】 9月19日，成都高新区应急办会同人事劳动和社会保障局举办由各街道、各部门和各直属单位参加的2012年高新区应急管理工作培训，并纳入干部培训考核内容。培训活动邀请成都市政府办公厅副主任、市应急办主任常晓阳授课，作题为《应急管理实践与思考》的专题讲座，通过理论知识的讲解和具体案例的剖析，增强参训人员对应急工作的认识，提升应急处突的能力。6月，四川省政府下发《四川省突发事件应对办法》，成都高新区组织应急办全体工作人员学习讨论，并要求各街道各部门认真组织学习，抓好贯彻落实。此外，各街道通过多种形式开展应急培训、宣教活动，在高新区营造高度重视应急管理工作的氛围。

【应急演练】 5月9日，成都高新区在辖区石室天府中学成功举行校园防灾救灾大演练。演练以模拟地震引发的校园火灾次生灾害为背景，全校师生安全受到严重威胁，学校先期组织开展安全疏散；高新区应急联动指挥中心紧急调动公安、消防、卫生、综治、防震减灾工程应急抢险以及电力、燃气、自来水等应急救援力量赶赴现场，实施抢险救援。大演练分为疏散转移、应急救援、快速集结、自救表演等4个科目，参演单位有公安、消防、综治、医疗救护、卫生防疫、防震减灾、水电气工程抢险等200余人组成的综合应急抢险救援队伍，以及石室天府中学的600余名师生和现场观摩的高新区大、中、小学校、幼儿园、企事业单位及机关干部等200余名代表。通过演练，铭记灾难、怀念同胞、继续弘扬伟大的抗震救灾精神，同时，综合检验高新区防灾减灾、应急抢险救援整体联动工作水平，提升应对和处置各类灾害事件的指挥决策和统筹协调能力，增强全社会防灾减灾意识，普及推广全民防灾减灾知识和避灾自救技能，提高高新区综合减灾能力。整个大演练活动组织有力、指挥有序，各参与单位协调配合，反应快速，显示了过硬的综合作战能力，达到检验预案、完善机制、提升防灾救灾能力的目的。

6月21日，成都高新区在中和应龙湾水库举行2012年防汛抢险演练，高新区260人防汛抢险队一次性开展水上救人、险堤加固、洼地排涝、疏散救援4个科目的实战演练。通过防汛抢险演练，检验新型应急装备的实战能力，展示高新区应急队伍的抢险能力和应急处置能力，为安全度汛奠定基础。

（两委办）

地方志

【概况】 2012年，成都高新区地方志办公室围绕中心，服务大局，按照年初目标，圆满完成各项工作任务。

【年鉴编纂】 成都高新区地方志办公室编纂出版《成都高新区年鉴(2012年)》，全书总计76万字，图片200余幅，表格75份。在四川省第十五次地方志优秀成果评比中，《成都高新区年鉴（2011）》获得年鉴类一等奖。成都高新区地方志办公室向《中国高新区年鉴（2011）》《四川年鉴（2011））》《成都年鉴（2011）》《成都概览》等报送区情资料3万多字，图片50多幅。

【志书编纂】 成都高新区地方志办公室完成了《成都高新技术产业开发区志（1990 ~ 2005年）》复审稿的修订，并分送部分编委、老领导和专家审阅；完成《四川县域经济》《成都市军工志》文字、图片资料报送。其中，《四川当代县域经济 成都卷》高新区篇的稿件计59000字，图片54幅；摸底调查高新区内军工及军品企业14家，编写《成都市志 军工志》高新区部分资料长编12万字，图片100余幅，初稿5万字。

【地方志队伍建设】 成都高新区地方志办公室组织开展年鉴、志书培训两次，志鉴工作座谈会两次。指导石羊街道完成《石羊街道志（1911–2011）》的终审出版工作，完成肖家河街道志书初稿评议审查工作。

（高彦婷）

来信来访

【概况】 2012年，成都高新区信访工作围绕领导干部接访下访、积案化解、非访治理三项工作重点，以群众工作统揽信访工作。在党的十八大期间，成都高新区实现“零进京”，得到上级部门的通报表扬与肯定，被四川省委省政府评为年度创先争优先进单位。

【领导干部接访】 成都高新区贯彻“领导接访”制度化，严格落实领导接待“四单一记录”。每月第二周的星期三为全区固定的委领导信访接待日，接访领导均按照信访办制定的接访安排表，到高新区信访中心接待来访群众，各部门、街道也安排专人到信访中心陪同接待。2012年，全区各级领导干部接访126批363人次，案件成功化解93件，化解率达73.8%，已化解案件息诉息访率100%。

【信访积案化解】 成都高新区将积案化解作为重要的工作任务，党工委管委会主要领导亲自过问信访积案化解工作，对信访积案进行专题研究，分析案情，查找工作突破点，逐案落实各级领导包案，下达工作责任目标 并对上级交办的积案实行委领导包案制度，对每件积案建立月进度推进表，每月对照计划表检查进度，确保积案化解工作顺利推进。2012年，成都市信访局交办积案1件，信访人余胜益反映其女余欣未得到征地补偿安置问题，按上级要求交由管委会副主任杜必强主任包案。杜必强包案后，立即召集相关部门召开案情商讨会议，会上明确国土分局为化解班子，并由国土分局和石羊街道提出方案，结合实际全力化解。国土分局会同公安分局对余欣户口迁入情况再次调查，并就余欣安置问题多次与石羊街道及花荫村委会等部门进行研究讨论，多方论证，通过对信访人宣传政策和心理疏导，未再发生上访的情况。

【矛盾纠纷排查】 成都高新区坚持“社区周排、街道半月排、区月排和重要时段每日排”的矛盾纠纷排查制度，定期上报排查情况，做好舆情预警信息研判，制定化解处置方案，做好源头防范。高新区各部门、街道每月对本部门、本辖区矛盾隐患进行排查，对排查出的信访问题根据可能上访的人数、社会影响和可控程度等，针对问题及时制定预案，落实责任，做到事事有人管，时时有人控。主动负责，严格实行领导包案，限时化解，形成《矛盾纠纷排查化解情况统计表》，纳入各级领导包案。全年全区排查矛盾纠纷266件，通过各级各部门的共同努力，成功化解243件，化解率达91.3%。

【信访办理】 成都高新区在积极抓好领导干部接访下访、信访积案化解、非访治理三项重点工作的同时，狠抓“网上信访（两公开、人民网留言、市长信箱、市长公开电话、高新区书记、主任信箱）、来信办理、来访接待、社会稳定风险评估、复查复核”等日常信访工作不松懈，全面推进日常信访工作规范运行。人民网留言办理工作得到成都市信访局肯定，被市信访局内部通报表扬，同时被《华西都市报》登载。全年，成都高新区共受理人民群众来信来访1826件次，其中来信123件，来访1703人次，初信初访息诉息访率达到95.3%。办理市长信箱、市长公开电话、高新区书记（主任）信箱共计3305件，其中，办理市长信箱和市长公开电话2240件；办理高新区书记主任信箱1065件；办理人民网网民留言73件，按期回复率达100%；办理“两公开”信访事项1326件，属于公开范围的信访事项网上公开率和回复率达100%，群众满意率达96.6%。全年开展社会稳定风险评估7件，从源头上减少和预防矛盾纠纷的发生，维护社会和谐稳定。

（两委办）

保密工作

【概况】 2012年，成都高新区保密工作注重机构和队伍建设，不断强化保密技术管理，提高保密技术监管和防范水平。深入推进保密宣传力度，增强国家安全观念，加强保密督查力度，提升保密监管能力，完善机制、强化监督检查。

【保密责任落实】 成都高新区健全保密机构并定期开展工作。各部门主要负责同志作为部门保密工作第一负责人，主要担负部门全面领导的责任，履行保守党和国家秘密的重要职责，并按照保密管理规定，配备一名适应保密工作需要的专（兼）职保密人员，建立健全高新区保密组织机构网络体系。坚持落实保密工作责任制，高新区保密委员会严格例会制度，明确管理事权，定期听取各部门的汇报，提出加强保密工作的意见和措施。保密局多次组织召开成都高新区保密工作办公室主任专题联系会议，学习、传达成都市保密局保密工作有关重要文件和会议精神，并就高新区当前保密工作提出新要求，对下一年保密工作作出新的部署和详尽安排。同时，及时督促保密工作顺利进行，加强对各部门保密工作的指导、监督和检查，实行保密工作首问责任制，把保密责任落实到每个单位。

【保密技术管理】 成都高新区不断提高保密技术监管和防范水平，按照《成都市保密科学技术“十二五”发展规划》要求，邀请成都市保密局对相关部门进行专项指导，并主要针对高新区在保密管理、应用等方面存在的问题提出涉密计算机的安全保密防护要求，确保检查设备和防护装备等保密技术基础建设的推进。建立保密综合管理平台，并将有关保密信息全部录入计算机，加强全区的保密管理，完善与市保密局的数据对接。积极开展涉密计算机（单机）信息保护工作，加强对电子政务内网、外网建设和应用中的安全保密技术，制定各项管理规定，规范计算机及网络的管理。各部门涉密计算机、连接党政网的计算机均未直接或间接与国际互联网连接，并严禁在涉密场所连接互联网的计算机上配备、安装和使用摄像头等视频输入设备；非涉密计算机不得存储、传输、处理国家秘密信息。抓好保密要害部门、部位保密技术强制配备工作。各部门涉密部位均配置了保密专用设备，并由专人负责管理，均能做到专网工作，设置开机密码，实现物理隔离。涉密计算机、涉密载体（含移动存储介质）有明显标识，并按要求管理，未出现移动涉密介质在涉密计算机（网络）与非涉密计算机（网络）之间交叉使用的现象发生。在成都市保密局的支持下，完成移动存储介质单向导入设备配置；与高新区科技局配合，不断增强高新区保密技术检查能力，配备网络保密技术专用检查工具。成功推动高新区保密管理“四大平台”建设由市局统建、统管，极大提升了高新区保密管理整体水平，增强了保密工作管理能力。

【保密宣传】 成都高新区深入推进保密宣传力度，增强国家安全观念。成都高新区通过网络在线形式向成都高新区干部积极宣传新《保密法》，各部门开展阶段性、多层次、多形式的《保密法》学习宣传活动。各部门组织开展保密知识竞赛；在公告栏张贴保密宣传资料，在电子大屏幕上投放《保密法》宣传口号，扩大保密宣传范围；参加全国切密泄密案例警示教育展。重点对领导干部和涉密人员经常性保密提醒，增强保密宣传教育的针对性和实效性，抓好重点涉密人员上岗、在岗、离岗保密教育，完成2013年《保密工作》杂志的征订工作。做好定密、解密及密级变更工作，规范工作流程，指定专人负责密级文件的登记、归档等日常管理工作，定期对密级文件进行统计、监管，进一步推进定密工作的开展。参加市保密局组织的定密责任人培训，推进保密工作精细化管理，确保各项工作的保密安全。做好高新区两委办和公安分局定密、解密及密级变更试点工作。加强对政府信息公开保密审查工作的指导、监督与管理。制定《高新区政府信息公开保密审查制度》《高新区政府信息公开保密审查流程图》《成都高新区新闻发布制度建设实施办法》《关于加强和规范成都高新区对外信息发布的通知》等政府信息公开保密审查制度，明确有关保密审查的职责分工、审查程序、发布程序和责任追究办法，健全政府信息发布保密审查机制。

【保密督查】 成都高新区重点开展高新区密码电报、政府信息公开保密审查、网络保密专项管理清查、涉密载体非法交易和定点复印制单位清理检查、卫生系统保密专项理清检查工作。跟踪受检部门的整改落实情况，要求纪工委、策划、规划、国土、财政、社事、工商、国税、地税等单位涉及监察、宣传、规划、征地、财政、卫生、税收等敏感问题的文件、资料按照保密管理规定，视同保密文件管理，确保保密防护措施到位，坚持查管结合、查改结合。完善涉密单位、涉密人员、涉密计算机、涉密载体和信息设备的清理核查工作，做到保密工作心中有数。做好保密日常管理工作，重点加强管委会机关、要害部门部位、重大涉密会议、涉外活动、敏感经济数据及国家统一考试保密管理检查。与组织人事部门共同完善涉密在岗、离岗和因私出国（境）人员管理制度；会同科技局对高新区党政内网的管理做相应要求，制定高新区党政内网管理制度，配备专用管理工具，强化保密管理，以杜绝安全隐患的发生。加强对印刷复印、涉密计算机定点维修和涉密载体统一清理、清退、归档、销毁环节的保密监督管理。取缔和打击涉密文件资料非法交易活动，不断规范管理。

【保密监督】 成都高新区加强督促检查，坚决遏制涉密计算机和移动存储介质失泄密事件发生，有针对性、定期对高新区涉密信息保护容易产生泄密隐患的重点领域、薄弱环节与关键部位的计算机、网络、涉密载体和办公自动化设备进行保护性检查，增强防护，彻底消除安全隐患；不定期地抽查各部门的保密工作，定期公布检查情况，完善保密制度。

（两委办）

人民团体

工　会

【概况】 2012年，成都市总工会高新区办事处（以下简称“高新区工会办事处”）在成都市总工会、高新区党工委管委会的领导下，继续坚持“服务产业、关注民生、促进和谐”的指导思想，积极探索工会工作的创新机制和服务职工的创新举措，全面推进重大产业项目服务、工会组织建设、和谐劳动关系建立、维权帮扶等重点工作，取得积极的工作成效。

【工会组织建设】 成都高新区工会办事处结合新一轮“广普查、深组建、全覆盖”集中行动，依托劳动、就业、社保等资源，广泛深入企业宣传基层工会组织建设工作，全面推进包括外资世界500强等重点企业在内的非公企业工会组织建设工作。

3月和12月，举办工会组织联席会、基层工会主席工资集体协商培训会及工会工作座谈会2次，汇聚资源，搭建企业交流平台。戴尔、联想、泰格微波、岸宝、索尔思等170余家企业240余工会主席、工会筹备组负责人参加。结合企业需求和工作实际，分别于3月、5月和11月开展专题工作培训3次。联合经贸发展局、科技局、创新中心举办的“执行规律”主题讲座吸引高新区近300名企业家以及企业中高层管理人员参加；联合人事劳动和社会保障局及综合保税区管理局举办综合保税区企业工会、劳资关系与工资集体协商专题讲座，英特尔、德州仪器、宇芯等世界500强和国际知名企业的工会主席和人力资源负责人近30人参加培训；高新区基层工会学习宣传党的十八大精神报告会暨企业工会工作座谈会共有富通集团、国茂科技、善女子教育中心等85家企事业单位100名工会主席、工会干部参加。

通过积极宣传和走访，全年新建工会组织255个。其中，外资和港澳台企业10家，国有企业2家；新增工会会员9571人。开展非公企业信息核查及数据库录入工作，完成2012年基层工会年报调查工作。

【工会组织活动】 成都高新区按照成都市总工会要求，围绕5项重点工作深入开展“双亮双促”活动，建设“活力型”工会。划拨专项经费12万余元，制作840套工会挂牌、主席座牌发放到企业；开办工会干部能力提升班，组织46名基层工会主席赴上海财大脱产培训一周，举办工会工作专题讲座17场，培训工会干部1000余人次。

组织举办职工财务知识、厨艺、消防等技能竞赛9场，参赛企业330余家，参赛职工近1000人；鼓励企业工会组织动员职工，开展劳动技能竞赛，推动企业技术革新。

组织开展“青春·文明·梦

2012年10月12日成都高新区党群工作局向辖区企业作政策宣讲并作群团工作交流

想”主题系列活动之职工技能竞赛、羽毛球赛、乒乓球赛。职工羽毛球赛共有IBM、沃尔玛、铁姆肯、富通、天府软件园等85支队伍666名职工参赛；“财税杯”财务知识技能大赛吸引来自戴尔、莫仕、德州仪器、四川天翼网络等80家企业的工会主席与财会人员近180人参加，为提升职工素质，营造高新区良好的工作生活环境发挥积极作用；联合经贸发展局、质量技术监督局举办“质量杯”职工乒乓球赛，来自高新区各企业、机关、学校、社会团体的88支代表队近600名选手报名参赛。

2012年12月20日成都高新区党群工作局向企业宣讲十八大精神，与企业工会主席座谈

【重大产业项目服务】 成都高新区工会办事处联合高新区团工委、高新区妇联，全力做好服务重大产业项目工作。引入公益组织参与服务重大产业项目服务。在团市委支持下，成立青年中心并常态运行。在产业职工集中居住的高新青年公寓，设立工会、共青团组织，按照“群团主导、社会运作、公益服务、自我管理”的思路，委托公益机构“上海浦东非营利组织发展中心”（简称NPI）驻点运营6个总面积逾8000平方米的工青妇服务中心和社区文体活动室，每天上午10点到晚上10点免费开放，全年不休，累计开办各类文体活动及培训讲座850余场（次）；每周二、四晚上开展“心灵之约”、“法制大讲堂”、“清凉一夏·百姓故事会”专题讲座，全年开办102场，参与员工14161人次。2012年共服务员工65万余人次，对员工身心健康发展起到积极的引导作用。引入成都高新善女子教育中心、乐康关爱生命发展中心、青春同路单身青年俱乐部等NGO组织，指导职工青年成立音乐社、书画社、街舞团、纸艺等社团和兴趣小组52个；编印工青妇服务中心《信息快报》20期。在广大职工群体中开展“不负青春好年华”短信创作大赛，共收到短信11600条。

发动专业社工、志愿者组成“温暖小组”，实施“温暖进屋”行动，走进员工宿舍，组织开展“温暖半小时”互动活动，将工会服务延伸到员工宿舍。全年共走访宿舍1000余间，访谈员工4500余人，形成《青年公寓入住员工基本情况及工青妇服务需求调查分析报告》。6月，总结服务重大产业项目的调研论文《依托社会组织 创新服务方式 充分发挥工会组织作用参与社会管理助推产业发展》获得全国高新区工会工作会论文一等奖。省委常委、省总工会主席李登菊等领导先后到工青妇服务中心视察，对高新区工会办事处服务重大产业化项目的工作给予充分肯定。

【劳动关系协调】 依托劳动关系三方机制，积极推进工资集体协商、职代会、厂务公开等制度建设，建立工会服务站25个，高新区6个街道完成“和谐劳动关系街道”创建工作。在各街道健全劳动争议调解组织，调动丰尚商务港等58个区域性劳动争议调解组织发挥积极作用，受理各类劳动争议纠纷224件，调解结案224件，调解率达100%；在岸宝纸业、索尔思光电、京东方等近150家企业设立劳动争议调解委员会，在大世界家乐福等企业设立20个“劳动关系协调工作站”，成功协调280余起涉劳争议。

【新市民教育】 高新区工会办事处在高新区各街道及高新青年公寓建立新市民培训教学点8个，聘请专业教师，深入基层、走进企业，采取集中讲授、影片展示、互动交流、跟踪回访等形式，进一步规范培训流程，提升培训成效。在教学内容设置上，将成都市新市民学校统一编印的《新市民读本》内容与新市民群体急需的和谐社会、禁毒、防范邪教、反传销等方面的知识有机结合，大力普及城市常识、文明礼仪、劳动法规等知识。全年共开设新市民培训班 40 期，培训外来务工人员 6508 名。

成都高新区全面推进“职工书屋”建设，开展送书进企业、进工地活动。新建职工书屋 11 个，其中，在芳草街、桂溪、中和街道建社区职工书屋 3 个，在宇芯、索尔思等企业建职工书屋 6 个，建立餐饮娱乐工会联合会职工书屋和工地职工书屋各 1 个。全年累计为各职工书屋配备图书 3 万余册，方便职工借阅和学习。全年各点位累计借阅量超过 1 万人次。

【维权帮扶】 成都高新区开展“四送三助”活动，“冬送温暖”慰问困难职工近 1500 名，覆盖企业 300 余家，发放慰问品、慰问券价值 50 万余元。春送健康活动面向 126 家企业提供免费体检名额 3000 个，投入资金 57 万元。夏送清凉活动为交警、建筑工人、清洁工人等奋战在高温酷暑中的一线员工发放香皂、牙膏等清凉用品 2 万份，价值 20 万元。秋送关怀向 39 名考取大专院校的困难职工子女发放金秋助学金 7.8 万元。按照市总工会统一部署，9 月为 2896 名建档困难职工（含困难农民工）和环保工人提供健康体检服务，10 月起，陆续为 2000 名接触职业危害职工提供健康体检。2012 年，党群工作局共为 70 个单位 8603 名干部职工办理职工医疗互助保险，补助保费 292048 元，有近 10 名职工享受到理赔补助。向 10 名困难职工发放大病补助金 4.45 万元。全年慰问市级以上劳模 39 人次，组织体检并发放红旗卡价值 1 万元。

集中力量开展“面对面、心贴心、实打实服务职工在基层”走访调研活动。高新区和街道两级工会累计走访英特尔、宇芯、高龙、西格码、索尔思等企业 209 家次，慰问困难职工 905 人，发放慰问卡 700 张，价值 14 万元。召开企业一线员工、管理人员、女职工等各类型职工座谈会 48 次，访谈员工 724 人，收回调查问卷 247 份，征集意见、建议 61 条，帮助职工解决实际问题 43 件。中华全国总工会副主席、书记处书记段敦厚到访高新区，对高新区的工会工作给予高度肯定。

（党群工作局）

共青团

【概况】 2012 年，共青团成都高新区工作委员会（以下简称“高新区团工委”）继续坚持以“服务产业，关注民生，促进和谐”为指导思想，围绕助力产业发展、服务新城建设、提升文明和谐程度等中心工作，探寻高新区共青团工作的新路径和新方法，通过提升“青春·文明·梦想”等活动的区域品牌影响力，进一步畅通政府与企业、企业与企业的沟通渠道。深入推进高新区志愿服务体系建设工作，进一步健全志愿服务机制，丰富志愿服务项目，为辖区群众提供优质服务。

【团组织建设】 成都高新区继续创新团建方式，推进共青团基层组织建设工作。重点推进非公企业团组织建设。全年在成都青府环保科技有限公司、成都悠游数字科技有限公司等 55 家企业建立团组织。进一步扩大对高新区青年，特别是企业青年的有效覆盖。

【共青团活动】 成都高新区继续开展“青春·文明·梦想”主题系列活动，以服务高新区区域文化建设和企业发展。在广泛征求辖区青年意见的基础上，不断完善活动构成，进一步丰富活动文化内涵。组织开展传统项目3项：组织“快乐相伴，运动高新”第五届趣味运动会，6个街道123支队伍共1500余人参加，34支队伍500多名队员晋级决赛。与关工委联合举办魅力高新体验游暨“关爱日”活动，300余名青少年分两批参观、交流和拓展，丰富学习文化生活，感受高新区发展成就。举办第五届单身青年联谊会，打造具有高新特色的“非诚勿扰”交友平台，为高新区IT青年提供联谊渠道，各企业500多名职工积极参与，四川人民广播电台FM92.5面向全省全程直播，40家媒体参与报道。研究开发并举办3个新项目：“沟通无限，慧聚高新2012成都高新区双语文化主题演讲会”吸引来自英特尔、IBM、四川大学锦城学院以及高新区党工委管委会等单位的众多选手参加，12名选手晋级决赛。“爱在高新，志愿同行”爱心义集活动共有英特尔、澳门航空、台湾社会福利基金会等80家企业和社会组织240名志愿者参加活动，软件园2000余名中外企业职工参与，筹得善款4179.30元。“2012成都高新区‘都城·雅颂居杯’爱心健康跑”活动吸引880名园区职工、社区居民和运动爱好者参与跑步运动，成都高新区党工委管委会、成都市总工会、共青团成都市委、成都市妇联等单位领导30人参加启跑仪式并领跑。活动终点同步举行“爱在高新，志愿同行”主题义集活动，来自国内外的多家企业提供丰富的义卖商品，筹集善款7360元。

【少先队活动】 成都高新区积极推进学校社团建设和发展工作。5月，联合社会事业局举办成都

2012年成都高新区“十佳少年”名单

姓名	学校	性别	班级	姓名	学校	性别	班级
彭江洲	新光小学	男	2012级6班	曾子芮	玉林附小	女	5年级3班
黄枭冉	实验小学	男	6年级5班	周　砺	成都七中	女	2013级4班
刘　萍	和平学校	女	2012级7班	张　珂	石羊小学	女	5年级4班
刘钰飞	芳草小学	男	5年级3班	李昊泓	银都小学	男	6年级10班
霍靖涛	芳草小学	男	6年级4班	杨佳琳	美视国际	女	5年级1班

2012年成都高新区“十佳团队”名单

团队名称	学校	指导老师	争创口号
2012级6中队	中和小学	刘　丰　龚雪晴	和美之班 和乐成长
乐泡泡中队	大源学校	许献文	爱于心　乐于行
七色花中队	芳草小学	梅志强	七色童年，快乐成长
四.二小巧手中队	石羊小学	陈　静	团结、灵动、创新
破晓支部	和平学校	杨　石	让每个孩子成为成功者
六.二中队	银都小学	周　琴	银小六二，只争第一，不做第二
二（1）班书香中队	美视国际	张　建	我们不一样，我们都很棒
初2014级4中队	中和中学	李　苗	志存高远、天道酬勤
高2013级6班团支部	实验中学	丁　静	恰同学少年风华正茂，看高新学子挥斥方遒
阳光中队	庆安小学	冉美玲	阳光快乐 智慧成长
高2014级5班团支部	玉林中学	冯　涛	“创优秀集体，做最好的自己”

高新区“双十佳”评选表彰暨第三届学生社团节。对十佳少年和十佳团支部（中队）进行表彰，来自高新区25个学校的德育主任、团委书记、大队辅导员、社团负责人和部分学生代表共计400余人参加。在社团节开幕式上，石室天府中学舞蹈队、高新实验中学太极拳社团、芳草小学七色花社团等9个代表社团进行精彩的节目演出。

在中和中学试点实施青年教师成长计划，将全校70余名青年教师纳入培训体系。组织30余位老师分赴北京、上海、南京等课改前沿区参加各类培训，开阔视野、提升理念；组织“专业化听评课”活动，有10多位老师做课，吸引100多人次参与；组织读书征文活动，提升青年教师的人文素养，取得积极成效。

【志愿者工作】 成都高新区团工委围绕志愿者协会建设和志愿服务项目管理等工作，不断加强志愿服务工作体系建设，注重项目设计和内容实施与群众实际需求的结合，不断提升服务成效。

完善高新区志愿者协会架构，公开招募协会秘书长和助理各一名，并在民政部门完成注册工作，努力按照枢纽型社会组织的标准进行建设。2012年新发展四川省公安边防总队、四川华微技术公司等50家会员单位。指导成立玉成志愿服务与研究中心，常态开展义教助学志愿服务，暑期开设公益助学班，为80名贫困青少年减免学费；举办公益讲坛16期，为辖区贫困青少年提供学习指导、开阔视野。加强对高新善女子教育中心、青春同路单身青年俱乐部的指导和支持，依托各社会组织为群众提供专业、高效的服务。协助中国青少年发展基金会在合作街道顺江社区成立“希望社区”，服务社区青少年及家庭教育，基金会2年提供运营资金80万元。结合全国城市文明程度指数测评工作，全面推动辖区志愿者线下申报和网上注册工作。依托志愿服务活动深入开展志愿服务宣传，网络注册志愿者49191人，招募企业和社区志愿者2000人，共计注册志愿者51191人。全年注册志愿者达高新区常住人口（361941人）的14.1%。

推荐志愿服务工作富有成效的英特尔产品（成都）有限公司、嘉里置业（成都）有限公司获评成都高新区党工委委员会表彰的“最具社会责任感”企业。制定宣传规划，编印《志愿服务信息快报》（高新区志愿服务月报）22期，集中反映高新区志愿服务重点、亮点工作；拍摄志愿服务公益宣传片，争取智元汇公司150万元的宣传赞助，在地铁一、二号线沿线100余个多媒体平台每天滚动播放300余次。文明程度指数测评期间，在紫荆电影院、富森·美家居广场及各街道、社区113个视频终端同步展播。全年共建成志愿服务站5个。在软件园四期建立志愿服务工作站，匹配工作经费并安排专人入驻；经过积极准备，在肖家河街道兴蓉社区、芳草街道新能社区、桂溪街道三瓦窑社区、中和街道姐儿堰社区共建成4个社区志愿服务工作站，按照“五个一”和“六有”标准，配齐人员和硬件设备并常态运行。探索社会化管理路径，加快社会公益组织自培步伐。

（安　伟）

妇　联

【概况】 2012年，成都高新区妇联工作处（以下简称“高新区妇联”）在成都高新区党工委管委会的领导下，在四川省、成都市妇联的指导和关心下，紧密结合成都高新区工作实际，搭建平台，整合各方资源，积极服务高新区产业发展，全力推动高新区妇女儿童事业快速发展。在团结和教育广大妇女、维护妇女儿童合法权益，促进妇女儿童事业与经济社会协调发展方面取得新成绩。

【妇幼权益保护】 成都高新区妇联立足工作职能，全力做好妇幼权益保护工作。结合“六五普法”和高新区每月一次的志愿者“爱心服务日”活动，组织志愿者力量面向区内广大女性、青少年群体开展法制宣传教育活动，增强女性和青少年群体的自我保护意识。

7月，党群工作局在桂溪街道办事处举办《成都市妇女权益保障条例》宣讲活动，各街道、社区妇女专干及社区居民近120人参加。成都大学法学副教授邓陕峡结合具体案例，对《条例》的制定背景、主要特点、具体内容进行细致解读。高新区检察院的3名法律志愿者为群众作现场咨询，活动收到良好效果，参会干部群众给予积极好评。

积极发挥“成都高新区法律援助中心工青妇法律援助工作站”的作用，为区内深受家庭纠纷困扰的女性提供法律援助，全年累计接待来访女性12人，并通过积极沟通协调，及时妥善解决她们遇到的困难。

围绕重大节日，高新区妇联积极开展贫困青少年和困难家庭慰问关怀工作。“六一”儿童节、中秋及国庆等节日组织各街道累计慰问困难群体208人次，投入经费6.24万元；通过党建带妇建的形式，组织机关各支部深入社区开展贫困青少年“1+1”结对帮扶活动，全年共帮扶贫困青少年89名，提供帮扶资金近8万元。

为表彰高新区内勤奋努力、坚强生活、勇于承担责任的优秀母亲，激励辖区广大妇女进一步增强“自尊、自信、自立、自强”的意识，母亲节期间，高新区妇联从社区推荐申报的众多候选人中选取12名“坚强母亲”予以表彰，同时建立帮扶助困的长效机制，鼓励高新区企业、个人予以帮扶和支持，包括成都市女企业家协会高新分会各成员单位在内的众多企业家、单位伸出援手，帮助“坚强母亲”挑起生活的重担。

2012年度成都高新区“坚强母亲”一览表

序号	姓名	所属街道
1	唐世清	肖家河街道兴蓉社区
2	丁鹏尧	肖家河街道兴蓉社区
3	闵　建	芳草街街道元通社区
4	赖长珍	芳草街街道紫荆社区
5	钟守满	石羊街道新南社区
6	曹秀蓉	石羊街道新街社区
7	刘文华	桂溪街道双源社区
8	阳春梅	桂溪街道双祥社区
9	郑华琼	合作街道顺江社区
10	杨春祥	合作街道清江社区
11	王永芝	中和街道东寺社区
12	但成珍	中和街道应龙社区

【示范教育】 为进一步加强社区、家庭教育活动，助力成都高新区文明和谐程度提升，高新区妇联开展2012年度高新区“文明家庭”创建活动。在近一年的创建过程中，高新区妇联组织各街道群团组织，深入社区、家庭进行集中宣传，号召社区家庭争做模范标杆，共同努力营造文明和谐的社区环境和家庭氛围，经审核，授予其中1200户家庭成都高新区“文明家庭”称号，并发放纪念品。

按照成都市妇联工作安排，开展省、市、区“巾帼建功”评选表彰工作。推荐高新地税办税服务厅为省级巾帼文明岗单位，推荐党群工作局、中和街道社会事务服务中心、高新区人事劳动和社会保障局社会保险事业管理处、高新区城市管理和环境保护局数字化城市管理中心、石羊街道庆安社区、成都边防检查站7号出境验证台、高新区公安办证中心等7个单位为市级巾帼文明岗单位；评选高新区法院研究室等10家单位为高新区巾帼文明岗；推选2名同志为成都市“巾帼建功”先进个人。

组织开展成都市“三八红旗手”及“三八红旗集体”推选工作，高新区肖家河兴蓉社区居委会书记王亚西、四川省公安边防总队成都边防检查站副营检察员周萌获成都市“三八红旗

2012年度成都高新区巾帼文明岗一览表

序号	单位	级别
1	高新地税办税服务厅	省级
2	成都高新区党群工作局	市级
3	中和街道社会事务服务中心	市级
4	高新区人事劳动和社会保障局社会保险事业管理处	市级
5	高新区城市管理和环境保护局数字化城市管理中心	市级
6	石羊街道庆安社区	市级
7	成都边防检查站7号出境验证台	市级
8	高新区公安办证中心	市级
9	高新区两委办政务服务处	区级
10	高新区法院研究室	区级
11	高新区检察院政治部	区级
12	高新区规划建设局综合处综合协调岗	区级
13	高新区财政局综合处	区级
14	芳草街街道办事处党政办	区级
15	中和街道机关综合科	区级
16	银杏物业南苑服务中心	区级
17	华润凤凰城物业客户服务中心	区级
18	天府国际社区	区级

手”称号，高新区石羊街道庆安社区、中和街道办事处社会事务服务中心获成都市“三八红旗集体”称号。

引入成都高新善女子教育中心等社会组织，在各街道阳光家园开展题为“家庭关系中的智慧”“重孝道学感恩”等父母大课堂巡讲30场，内容涉及家庭教育、亲子交流和互动等多个方面，深受家长好评。

【妇女组织活动】 高新区妇联以丰富多彩的妇女、家庭活动为载体，创新开展工作，积极服务高新区产业发展，促进社区、家庭和谐。

3月，围绕“三八”妇女节开展以“三月女人天，亮丽妇女节”为主题的系列女性活动。举办“关爱女性健康，共建和谐家庭”专题讲座，邀请四川省名中医李蓉辉、四川省委老干局专职保健医生张益芬两位老师讲授“中医保健——养生、妇科疾病日常调理”，两位老师分别就妇科疾病的日常调理及女性饮食保健方面的知识与大家进行交流，来自各街道、机关各部门、各直属单位的近200名女职工聆听专题讲座。组织各街道妇联开展“下基层、访妇情，办实事”活动，通过走访解辖区女性生活状态，并提供力所能及的帮助。以“妇女文明大参与”为主题，组织辖区妇女积极参与“传承太极和谐高新”家庭太极推广、“魅力女性舞动蓉城”家庭才艺展示、“社区故事会百姓大家讲”、“文明家庭·警语名句”征集，“还天空一片蔚蓝，还大地一袭碧绿，文明生活，从我做起”巾帼志愿服务等系列活动，强化思想引领，鼓励辖区女性积极投身文化强市、建设美好高新的工作中。

为充分发挥妇联组织参与服务产业发展的积极作用，高新区妇联充分发挥成都市女企业家协会高新区分会的积极作用，3次召开协会联谊会，以协会为平台，构建高新区女企业家沟通交流的有效渠道，帮助相关企业互通有无，共同发展。

按照成都市妇联统一部署，积极推进妇女小额贴息贷款工作。利用已有资源和平台，多方宣传，为辖区有创业需求的女性提供小额担保贷款服务，全年累计发放贷款1401万元，超额完成工作任务，发放额位居成都市第一。

（安　伟）

资源与环保

国土资源管理与利用

【概况】 2012年，成都高新区国土资源管理工作重点是保障重大工程、重点项目、民生项目的用地需求，积极推进土地报征及供地工作。调动多方力量做好拆迁工作。加强土地执法监察力度，严格保护国土资源。规范地籍管理工作，开展“国土分户发证年”活动，加快土地接边及集体土地确权工作，保障土地使用者的合法权益；推进报征勘测定界工作，增加土地储备，进一步做好地籍数据库工作。

【土地供应】 成都高新区全年供应土地52宗，183.37公顷，土地价款704917.1万元。其中，协议出让14宗，35.74公顷，土地价款41420.95万元；工业用地招拍挂出让9宗，78.64公顷，土地价款15572.39万元；经营性用地招拍挂出让17宗，53.66公顷，土地价款648103.76万元；划拨供地12宗，15.33公顷。

2012年成都高新区供地一览表

序号	区位	用地单位	宗地位置	土地用途	供地方式	宗地面积（公顷）	供地文号
1	南区	成都市润莱置业有限公司	高新区大源商务商业核心区F4地块	商业兼容50%住宅	挂牌	1.52	-
2		四川禾怡实业有限公司	高新区大源组团	商业	挂牌	0.85	-
3		成都华高置业有限公司	高新区盛锦二街南侧、盛华北路东侧	商业兼容50%住宅	挂牌	2.37	510100-2012-C-003（高新南）
4		成都大有置业有限公司	高新区大源组团	商业兼容20%住宅	挂牌	1.58	510100-2012-C-004（高新南）
5		成都国腾电子技术股份有限公司	高新区大源组团	商业	挂牌	1.67	510100-2012-C-005（高新南）
6		成都华鼎房地产开发有限公司	中和组团新华社区	商业兼容50%住宅	挂牌	9.45	510100-2012-C-008（高新南）
7		成都西源投资有限公司	高新区西部园区	商业、住宅	拍卖	4.34	510100-2012-B-014（高新西）
8		四川新双立汽车销售服务有限责任公司	机场路	商业	挂牌	0.66	510100-2012-C-015（高新南）
9		成都国微科技有限公司	高新区大源组团	科研设计用地	协议出让	2	合同编号：5101高新（2011）出让合同第43号
10		联发芯软件设计（成都）有限公司	高新区大源组团	科研设计用地	协议出让	2.3	合同编号：5101高新（2011）出让合同第45号

续表

序号	区位	用地单位	宗地位置	土地用途	供地方式	宗地面积（公顷）	供地文号
11	南区	成都互信互通信息技术有限公司	高新区大源组团天府三街	科研设计用地	协议出让	1	合同编号：5101高新（2011）出让合同第46号
12		中国太平洋保险（集团）股份有限公司	高新区大源组团	科研设计用地	协议出让	3.49	合同编号：5101高新（2011）出让合同第47号
13		中国建设银行股份有限公司四川省分行	高新区大源组团民乐村4.5.10组、双土村2组、花荫村12组	科研设计用地	协议出让	6.81	合同编号：5101高新（20112）出让合同第01号
14		成都电业局	桂溪街办民乐村8组、勤俭村2组	双河110千伏变电站	无偿划拨	0.43	成府土【2012】185号
15		高投建设开发有限公司	庆安社区	庆安社区公用房	无偿划拨	0.29	成府土【2012】428号
16		高投建设开发有限公司	大源片区	大源四期农迁房	无偿划拨	6.22	成府土【2012】427号
17		成都市铁像寺	石羊街道灯塔村	铁像寺	有偿划拨	0.63	成府土【2012】432号
18		四川大昌汽车销售服务有限公司	庆云村5组	工业用地	挂牌出让	0.9	5101高新（2012）出让合同第08号
19		成都高投建设开发有限公司	南部园区新南片区	新南小区4期二区安置房（含幼儿园）	无偿划拨	1.61	成府土【2012】565号
20		成都高投建设开发有限公司	桂溪街道铜牌村一组	南部园区大源北消防站	无偿划拨	0.53	成府土【2012】564号
21		成都金证信息技术有限公司	高新区南区大源组团勤俭村二、四组	科研设计用地	协议出让	0.93	5101高新（2012）出让合同第10号
22		长旺国际发展有限公司	九兴南片区	住宅兼容10%商业	拍卖	2.89	合同未返回
23		成都远雄新区置业有限公司	九兴南片区	住宅兼容10%商业	拍卖	1.87	合同未返回
24		成都兴旭和房地产开发公司	南部园区	住宅兼容20%商业	拍卖	1.76	510100-2012-B-023（高新南）
25		成都高新区锦宏实业有限公司	机场路	工业品销售维修	挂牌	0.55	510100-2012-C-0025（高新南）
26		成都澜山置业有限公司	高新区大源组团	商业兼容20%住宅	挂牌	2.57	510100-2012-C-024（高新南）
27		成都得道新联置业有限公司	南部园区	商业	挂牌	2.17	510100-2012-C-026（高新南）

续表

序号	区位	用地单位	宗地位置	土地用途	供地方式	宗地面积（公顷）	供地文号
28	南区	成都万科南城置业有限公司	大源片区	住宅兼容20% 商业	拍卖	8.78	510100-2012-B-029（高新南）
29		成都万科南城置业有限公司	大源片区	住宅兼容20% 商业	拍卖	4.83	510100-2012-B-028（高新南）
30		建发	大源片区	住宅兼容20% 商业	拍卖	2.01	510100-2012-B-027（高新南）
31		腾讯科技（成都）有限公司	高新区南区大源组团天府二街	科研设计用地	协议出让	3.59	5101 高新 (2012) 出让合同第 07 号
32		凌阳城芯科技（成都）有限公司、扬宇科技有限公司、普讯软件开发（西安）有限公司、北京金远见电脑技术有限公司、欣毅科技（成都）有限公司、成都玉山置业有限公司	高新区大源组团勤俭村一组、民乐村十一组、建设村二组	科研设计用地	协议出让	1.99	5101 高新 (2012) 出让合同第 06 号
33		成都高新投资集团有限公司（H 区）	高新区大源组团	科研设计用地	协议出让	6.32	5101 高新（2012）出让合同第 03 号
34		成都康美药业有限公司	高新区桂溪街道办事处勤俭村二、四、七组	科研设计用地	协议出让	3.33	5101 高新（2012）出让合同第 02 号
35		成都高投建设开发有限公司（大源北片区农贸市场）	高新区大源组团	公用设施用地	协议出让	0.43	5101 高新（2011）出让合同第 09 号
36		成都高投建设开发有限公司（新北农贸市场）	高新区大源组团	公用设施用地	协议出让	0.91	5101 高新（2011）出让合同第 11 号
南区小计						93.02	
1	西区	成都电业局	出口加工区 110 千伏变电站	变电站	划拨	0.73	成府土【2012】69 号
2		成都建筑工程集团总公司	西部园区西南片区	工业用地	挂牌出让	49.03	5101 高新西（2012）出让合同第 7 号
3		成都电业局	合作街办光明村 3、4 组	合作 110 千伏变电站	划拨	0.37	成府二【2012】186 号
4		成都久泰精密电子有限公司	西部园区起步区南片区	工业用地	挂牌出让	0.2	5101 高新西（2012）出让合同第 10 号
5		中国东方电气集团有限公司	西部园区起步区北片区	工业用地	挂牌出让	1.42	5101 高新西（2012）出让合同第 19 号

续表

序号	区位	用地单位	宗地位置	土地用途	供地方式	宗地面积（公顷）	供地文号
6	西区	东方电气集团东方锅炉股份有限公司	西部园区起步区北片区	工业用地	挂牌出让	1	5101 高新西（2012）出让合同第 2 号
7		成都高新区住房保障中心	西部园区西南片区	住宅用地	协议出让	2.12	5101 高新西（2012）出让合同第 6 号
8		成都西源投资有限公司	高新区西部园区	住宅用地	拍卖	4.34	已成交
9		飞利浦灯具（成都）有限公司	西部园区西南片区	工业用地	挂牌出让	3.67	5101 高新西（2012）出让合同第 17 号
10		成都华气厚普机电设备股份有限公司	西部园区清水河以南片区	工业用地	挂牌出让	5.42	5101 高新西（2012）出让合同第 12 号
11		成都盛迪医药有限公司	西部园区清水河以南片区	工业用地	挂牌出让	10	5101 高新西（2012）出让合同第 13 号
12		成都高投建设有限公司	西部园区西北片区	工业用地	挂牌出让	7	5101 高新西（2012）出让合同第 18 号
13		成都高投建设开发有限公司	合作街办独柏村六组	滨河春天幼儿园 A 工程	划拨	0.45	成府土【2012】619 号
14		成都高投建设开发有限公司	西部园区西北片区	公共基础设施用地	协议出让	0.52	5101 高新西（2012）出让合同第 15 号
15		电子科技大学	高新区西部园区天润路	电子科技大学清水河校区（三期）	划拨	0.91	成府土［2012］723 号
16		成都高投建设开发有限公司	合作街办清水村 4、11 组	西区员工公寓配套公共设施	划拨	3.16	成府土［2012］724 号
西 区 小计						90.35	
高新区合计						183.37	

注：面积（公顷）小数点后取 2 位数，第 3 位 4 舍 5 入，实际准确面积以原始档案记录为准。

【土地利用规划】 成都高新区完成富士康“801”项目等共计 60 宗建设用地项目预审工作。完成天府新区中和片区三横三纵道路等基础设施、农迁房、新川创新科技园起步区等重点项目共计 1168.81 公顷的土地利用总体规划局部调整上报工作，其中 417.45 公顷土地已获得省政府批复。

【土地报征】 成都高新区完成成都市天府新区 2012 年第 5 批、第 29–32 批、第 44 批、第 45 批共 7 个批次城镇建设用地计 233.578 公顷土地的报征组件工作。

【土地登记】 成都高新区完成宗地的设定、变更土地登记 208 宗（次），面积 684.12 公顷。完成土地使用权抵押登记 146 宗（次），面积 385.77 公顷，抵押金额 1501831.75 万元。完成（分户产权房）土地分摊登记 33046 本。完成二手房变更土地登记 3891 本（次）。完成土地使用权抵押注销登记 90 宗（次）。颁发 56 本集体土地所有权证。

【农村产权制度改革】 成都高新区对中和街办提供的84户须补确权、变更以及更正农户资料进行审核、公示及审批和颁证工作；完成243宗集体土地所有权地籍调查、公示和审批，颁发56本集体土地所有权证。

【土地利用年度变更调查】 成都高新区根据成都市第二次土地调查领导小组办公室的统一部署，开展对2011年所完成的南区、西区、中和片区共计120平方公里土地的外业调查和内业入库的工作及调查成果的复查、确认工作。1月份完成省国土资源厅受国土资源部委托，对高新区一上成果提出一下核查疑问图斑的实地复核和二上成果的上报。3月份完成国土资源部对高新区二上成果提出二下核查疑问图斑的实地复核和三上成果的上报。6月份完成国土资源部对高新三上成果提出的三下核查疑问图斑的实地复核和四上成果的上报。上报的变更调查成果已通过国土资源部的确认并下发确认后的土地变更数据库。2012年11月至年底，对南区、西区、中和片区共计120平方公里的土地进行2012年度变更调查的外业调查和内业初步入库的工作。

【卫片执法监察】 成都高新区按照市局的要求，对国土资源部下发的2011年度卫星遥感监测图斑与土地利用现状图、规划图、征地图、项目图进行套合，逐个地块进行实地查看、逐个图斑对地类面积及符合规划面积进行分析，并对6个未批先建卫片执法图斑形成相关卷宗，确保卫片执法监察工作的开展。

【全域地籍数据库建设】 成都高新区按照成都市国土资源局的要求，启动高新区全域地籍数据库建设工作，并根据高新区的实际情况制定《成都高新区关于完善全域地籍数据库的实施方案》，对2181卷212784页地籍档案进行扫描、属性录入和挂接，提取243宗集体土地所有权、10402宗宅基地使用权和41856宗承包地数据，套和地形图进行每宗地的数据格式和坐标的转换、属性录入；对国有和集体之间、集体和集体之间的宗地界线有冲突的地方进行处理；影像和现状不一致的，进行地籍地形修补测；调查243宗集体土地所有权权属并完成登记审批程序，颁发56本集体土地所有权证；每月统计地籍调查、国有土地登记、农村集体土地确权登记发证、集体土地变更登记、集体土地抵押登记和土地变更调查的工作量，形成《地籍管理核心业务指标数据汇总统计表》，并上报成都市国土资源局。

【土地接边及集体土地确权】 成都高新区对西区5+2项目和西区政务中心用地与郫县和金牛区相邻范围接边工作的位置及面积进行确认；同时明确日立电器项目的坐落及土地现状。配合大源南片区农转非工作，对临江村10个组的集体土地权属再次进行清理。组织临江村村委会和各村民小组组长对转非面积进行确认和签字。共实施7个批次（项目）的土地报征勘测定界，总面积233.578公顷。

【“国土分户发证年”活动】 成都高新区根据成都市国土资源局安排，采用“建筑面积除以楼层数”等新老方法相结合的国土分户分摊方法，从4月起启动全市“国土分户发证年”活动，以解决中心城区2010年1月1日前业主已领取分户房产证，但迟迟无法办理分户国土证的系统性历史遗留问题。高新国土分局在肖家河街道办事处服务中心开展试点工作，同时开展前置地籍等相关基础调查和广泛开展宣传工作。在全面铺开阶段，高新国土分局在肖家河、芳草各设立一个“国土分户发证年”临时窗口，方便辖区业主就近办理。全年共办理分户国土证8627本，占遗留未办理量的约95%，基本解决高新区的相关历史遗留问题。

2012年成都高新区国有土地登记发证一览表

序号	土地使用单位名称	面积（平方米）	土地座落	土地证号
1	成都茵特环保技术有限公司	17954.49	站南组团	成高国用（2012）第77号
2	成都新濠锋置业有限责任公司	11371	天泰路120号	成高国用（2012）第107号
3	成都高新投资集团有限公司	35633.80	科技孵化园内	成高国用（2012）第179号
4	成都合创锦城实业有限公司	29342.16	民乐村1组	成高国用（2012）第104号
5	成都星瑞置业有限公司	1501.75	二环路南四段19号	成高国用（2012）第676号
6	成都鸿达森房地产开发有限公司	7477.36	新北中路1号	成高国用（2012）第784号
7	成都高投建设开发有限公司	142103.03	南部园区大源组团	成高国用（2012）第1031号
8	成都龙泉中悦酒店	33365.95	大源铜牌片区	成高国用（2012）第1051号
9	成都高投置业有限公司	79712.1	世纪城南路216号	成高国用（2012）第1046号
10	成都大鼎置业有限公司	19716.55	火车南站片区	成高国用（2012）第1900号
11	成都中兴美地投资发展有限公司	22789.95	天府四街66号	成高国用（2012）第17082号（竣工）
12	成都建筑工程集团总公司	490306.87	西部园区西南片区	成高国用（2012）第2544号
13	成都高投集团公司、成都西域大厦有限公司	26125.9	天府大道北段1480号	成高国用（2012）第2700号
14	成都高投建设开发有限公司	13444.84	西部园区西北片区	成高国用（2012）第674号
15	成都高投建设开发有限公司	5788.58	西部园区西北片区	成高国用（2012）第684号
16	成都高投建设开发有限公司	471361.08	西部园区顺江居住区	成高国用（2012）第805号
17	四川中自尾气净化有限公司	19999.88	西部园区西北片区	成高国用（2012）第811号
18	成都能源发展有限公司	3781.71	西部园区西南片区	成高国用（2012）第814号
19	成都高投建设开发有限公司	32646.46	西部园区西北片区	成高国用（2012）第1044号
20	四川康和物业服务有限公司	31237.12	百草路4号附1号	成高国用（2012）第2442号
21	四川迈克生物科技股份有限公司	18409.67	百川路16号	成高国用（2012）第2484号
22	四川省汇佳房地产开发有限公司	3815.24	天仁北二街129号	成高国用（2012）第2531号
23	成都展翔科技实业有限公司	12945.35	新园南四路75号	成高国用（2012）第2553号
24	居民土地证	319.61	中和街道公济桥路32–40号	成高国用（2012）第3723号

续表

序号	土地使用单位名称	面积（平方米）	土地座落	土地证号
25	四川晋元实业有限公司、成都西蜀地基工程有限公司	23774.62	龙灯山路一段 381 号	成高国用（2012）第 5373 号
26	成都三星汽车技术有限公司	3615.57	中和劲松村 7 组	成高国用（2012）第 3720 号
27	成都永泰车用燃气技术有限公司	3049.11	中和双龙社区	成高国用（2012）第 5425 号
28	成都永泰车用燃气技术有限公司	2723.89	中和双龙社区	成高国用（2012）第 5426 号
29	成都神州航天房地产有限公司	4923.08	大源商务商业核心区	成高国用（2012）第 5601 号
30	成都丰高投资管理服务有限公司	1476.43	芳草小区玉林停车场	成高国用（2012）第 5807 号
31	成都鑫信合实业有限公司	23199.08	石墙片区	成高国用（2012）第 6420 号
32	成都互信互通信息技术有限公司	10000.08	南区大源组团	成高国用（2012）第 6408 号
33	成都华韵江南房地产开发有限公司	30040.84	火车南站片区	成高国用（2012）第 6481 号
34	成都市华勋园林绿化有限公司	6186.75	西部园区	成高国用（2012）第 2725 号
35	成都微深科技有限公司	5407.41	（西区）迪康大道 38 号	成高国用（2012）第 3535 号
36	成都高投建设开发有限公司	11694.62	（西区）滨河春天小区内天勤路两侧（滨河春天二区）	成高国用（2012）第 3059 号
37	成都高投建设开发有限公司	16476.03	（西区）滨河春天小区内天勤路两侧（滨河春天一区）A 宗	成高国用（2012）第 3060 号
38	成都市自来水有限责任公司	18159.13	西部园区西南片区	成高国用（2012）第 4967 号
39	成都高投建设开发有限公司	33323.07	西部园区合作街办光明村 1 组	成高国用（2012）第 5386 号
40	四川梅塞尔气体产品有限公司	18589.16	西部园区西南片区	成高国用（2012）第 5811 号
41	成都市中天盈房地产开发有限公司	26397.81	南区仁和片区	成高国用（2012）第 6999 号
42	居民土地证	162.49	中和街道公济桥路 46.48 号	成高国用（2012）第 7246 号
43	居民土地证	2552.62	中和街道公济桥路 79-109 号	成高国用（2012）第 7299 号
44	居民土地证	163.42	中和街道公济桥路 28.30 号	成高国用（2012）第 7257 号
45	成都裕丰汇锦置业有限公司	52530.25	盛锦二街南侧，盛华北路东侧	成高国用（2012）第 7319 号
46	居民土地证	203.25	中和街道公济桥路 118.120.122 号	成高国用（2012）第 7314 号
47	成都百隆家纺有限公司	930.22	中和街道公济桥路 65 号	成高国用（2012）第 7310 号
48	居民土地证	190.42	中和街道公济桥路 110.112 号	成高国用（2012）第 7259 号

续表

序号	土地使用单位名称	面积（平方米）	土地座落	土地证号
49	居民土地证	1657.51	学苑路 102 号	成高国用（2012）第 7255 号
50	居民土地证	141.86	中和街道公济桥路 24.26 号	成高国用（2012）第 7256 号
51	居民土地证	133.58	中和街道公济桥路 42.44 号	成高国用（2012）第 7254 号
52	四川嘉元置业有限公司	15897.80	中和大道三段 99 号	成高国用（2012）第 7331 号
53	成都科普尔房地产开发有限公司	12990.62	中和朝阳社区	成高国用（2012）第 8199 号
54	成都通能天然气有限公司	2643.80	桂溪街道民乐村三组	成高国用（2012）第 7318 号
55	成都通能天然气有限公司	2333.34	石羊街道双河村 1、6 组	成高国用（2012）第 7436 号
56	居民土地证	367.35	中和街道公济桥路 124 126.130.132.136 号	成高国用（2012）第 8351 号
57	居民土地证	326.80	中和街道公济桥路 49.51 号	成高国用（2012）第 8365 号
58	居民土地证	148.24	中和街道公济桥路 20.22 号	成高国用（2012）第 8367 号
59	居民土地证	231.36	中和街道公济桥路 53.55 号	成高国用（2012）第 8369 号
60	居民土地证	122.65	中和街道公济桥路 19.21.23 号	成高国用（2012）第 8347 号
61	居民土地证	372.6	中和街道公济桥路 57.59.61 号	成高国用（2012）第 8341 号
62	居民土地证	127.88	中和街道公济桥路 13.15.17 号	成高国用（2012）第 8313 号
63	居民土地证	242.81	中和街道公济桥路 114.116 号	成高国用（2012）第 8210 号
64	四川远大蜀阳药业股份有限公司	102791.06	中和街道会龙社区	成高国用（2012）第 8382 号
65	居民土地证	82.34	中和街道公济桥路 50 号	成高国用（2012）第 8414 号
66	成都恩威投资（集团）有限公司	40362.30	新中街 280 号	成高国用（2012）第 8447 号
67	中国石油天然气股份有限公司西南汽油田分公司	8810.32	天府大道北段 12 号	成高国用（2012）第 8411 号
68	成都高投建设开发有限公司	27629.49	西部园区西北片区	成高国用（2012）第 8361 号
69	成都高新投资集团有限公司	16666.66	南部园区大源组团	成高国用（2012）第 8385 号
70	成都高新投资集团有限公司	23482.26	西部园区西北片区红光居住区	成高国用（2012）第 8362 号
71	成都高新投资集团有限公司	30000.01	西部园区西南片区	成高国用（2012）第 8401 号
72	中海信和（成都）物业发展有限公司	49165.09	西区汇川街 599 号	成高国用（2012）第 7297 号

续表

序号	土地使用单位名称	面积（平方米）	土地座落	土地证号
73	中海信和（成都）物业发展有限公司	63475.84	（西区）蜀西路 399 号	成高国用（2012）第 7298 号
74	冠捷显示科技（四川）有限公司	57818.88	西部园区西北片区	成高国用（2012）第 8884 号
75	中国石油天然气股份有限公司西南油气田分公司	3385.17	西部园区西南片区	成高国用（2012）第 8853 号
76	四川托普教育股份有限公司	361771.15	西区西区大道 2000 号	成高国用（2012）第 8924 号
77	成都天奥实业有限公司	124910.70	西部园区新业路 88 号	成高国用（2012）第 9084 号
78	中国电子科技集团公司第十研究所	3573.86	西部园区新业路 88 号	成高国用（2012）第 9085 号
79	中海振兴（成都）物业发展有限公司	118966.18	南部新区仁和片区内	成高国用（2012）第 8697 号
80	成都中航瑞赛置业有限公司	27813.14	南部新区科创中心片区	成高国用（2012）第 8869 号
81	成都沁园房地产开发有限公司	1197.06	中和新华社区	成高国用（2012）第 8905 号
82	成都沁园房地产开发有限公司	19969.49	中和新华社区	成高国用（2012）第 8906 号
83	成都玉屏房地产开发有限公司	58143.16	中和街道朝阳路 222 号	成高国用（2012）第 8713 号
84	成都沁园房地产开发有限公司	21379.38	中和新华社区内	成高国用（2012）第 8936 号
85	安捷伦科技（成都）有限公司	137774.49	南部园区天府四街 116 号	成高国用（2012）第 8956 号
86	达迩科技（成都）有限公司	129472.67	西部园区西北片区	成高国用（2012）第 11353 号
87	成都豪仕木业有限公司	24721.79	西区西区大道 99 号附 19 号	成高国用（2012）第 11573 号
88	成都明旺乳业有限公司	26773.16	西部园区西北片区	成高国用（2012）第 12781 号
89	峻凌电子（成都）有限公司	21087.26	西部园区西南片区	成高国用（2012）第 14776 号
90	成都明旺乳业有限公司	26773.16	西部园区西北片区	成高国用（2012）第 12781 号
91	居民土地证	508.8	中和朝阳路 118-128 号	成高国用（2012）第 11577 号
92	中国太平洋保险（集团）股份有限公司	34885.87	南区大源组团	成高国用（2012）第 12055 号
93	居民土地证	663.37	玉林西路 199 号	成高国用（2012）第 11434 号
94	成都新谷投资集团有限公司	48343.7	府城大道西段 399 号	成高国用（2012）第 12576 号

续表

序号	土地使用单位名称	面积（平方米）	土地座落	土地证号
95	成都新谷投资集团有限公司	14922.57	府城大道西段 399 号	成高国用（2012）第 12766 号
96	四川佳年华置地有限责任公司	20815.19	天府大道南段 1167	成高国用（2012）第 13835 号
97	四川省安好房地产开发有限责任公司	12102.39	天府大道新世纪路 1 号	成高国用（2012）第 14157 号
98	成都星瑞酒店管理有限公司	21591.61	中和应龙四组	成高国用（2012）第 14190 号
99	成都崇德投资有限公司、成商集团股份有限公司	11204.11	南部副中心总部办公区（原永安村 7 组、仁和村 6 组）	成高国用（2012）第 14719 号
100	四川川商投资控股有限公司	20938.56	大源商务商业核心区 E6 地块	成高国用（2012）第 14720 号
101	联发芯软件设计（成都）有限公司	22980.19	南区桂溪街办勤俭村七组	成高国用（2012）第 12775 号
102	成都高投置业有限公司	19100.67	天华路 199 号	成高国用（2012）第 15014 号
103	成都高投置业有限公司	46817.25	天华路 299 号	成高国用（2012）第 15551 号
104	成都天府国际社区开发有限公司	8703.52	原灯塔村三组	成高国用（2012）第 15118 号
105	四川网源电力开发公司	18356.88	西区天朗路 39 号	成高国用（2012）第 1529 号
106	成都西部大学生创业园	27026.99	西区西芯大道南侧	成高国用（2012）第 16554 号
107	成都西部大学生创业园	91180.30	西区西芯大道南侧	成高国用（2012）第 16555 号
108	四川中鼎维科生物科技有限公司	25363.72	西部园区西南片区	成高国用（2012）第 18457 号
109	中电科航空电子有限公司	27612.12	西部园区起步区西南片区	成高国用（2012）第 18495 号
110	四川锦城实业发展有限公司	147334.19	西部园区起步区	成高国用（2012）第 18833 号
111	成都芯源系统有限公司	16000.02	西部园区西北片区	成高国用（2012）第 19668 号
112	凯丹置地（成都）有限公司	20896.44	盛和一路 99 号	成高国用（2012）第 16599 号
113	成都国徽科技有限公司	19977.56	南区大源组团	成高国用（2012）第 16571 号
114	四川锦华国阳实业有限公司	52685.85	中和新下街 242 号	成高国用（2012）第 17111 号
115	四川辰佳兴房地产开发有限公司	20398.18	中和组团（A 宗地）	成高国用（2012）第 18012 号
116	四川辰佳兴房地产开发有限公司	23168.55	中和组团（B 宗地）	成高国用（2012）第 18013 号
117	四川辰佳兴房地产开发有限公司	18757.03	中和组团（C 宗地）	成高国用（2012）第 18014 号
118	成都市东胜房屋开发有限责任公司	16304.48	天府大道南段 1 号	成高国用（2012）第 17964 号
119	成都恒成工具股份有限公司	8874.80	科源南二路 6 号附 1 号	成高国用（2012）第 18668 号

续表

序号	土地使用单位名称	面积（平方米）	土地座落	土地证号
120	成都德才建筑机具租赁有限责任公司	2073.33	中和街办新华社区一组	成高国用（2012）第 14249 号
121	成都新濠锋置业有限责任公司	11371.00	天泰路 120 号	成高国用（2010）第 19915 号
122	成都国腾电子技术股份有限公司	16666.69	大源组团	成高国用（2012）第 19885 号
123	成都天合凯旋置业有限公司	15859.87	吉泰五路 118 号	成高国用（2012）第 19907 号
124	成都金诺房地产开发有限公司	22987.87	大源商业核心区（地块一）	成高国用（2012）第 19662 号
125	成都金诺房地产开发有限公司	5324.56	大源商业核心区（地块二）	成高国用（2012）第 19663 号
126	成都金诺房地产开发有限公司	5562.42	大源商业核心区（地块三）	成高国用（2012）第 19664 号
127	成都高投建设开发有限公司	62156.11	南部园区大源组团	成高国用（2012）第 19935 号
128	成都嘉煜投资有限公司	20642.79	石墙片区	成高国用（2012）第 19942 号
129	成都市武侯区桂溪房地产开发公司	5315.20	西区尚锦路 268 号	成高国用（2012）第 20016 号
130	成都高投建设开发有限公司	21342.75	西区天勤路 839 号	成高国用（2012）第 22011 号
131	弥荣（成都）实业有限公司	13490.58	西区新航路 6 号	成高国用（2012）第 22367 号
132	成都重投九华实业有限公司	2590.74	大源商务商业核心区	成高国用（2012）第 19974 号
133	成都锐力投资管理有限公司	28288.72	大源组团	成高国用（2012）第 20712 号
134	四川园丁房地产开发有限公司	62179.09	天府大道南段 1299 号	成高国用（2012）第 20009 号
135	成都和贵实业有限公司	4668.45	紫荆小区（神仙树西路 1-11 号）	成高国用（2012）第 20188 号
136	成都白铭房地产开发有限公司	16667.49	仁和一组、二组	成高国用（2012）第 22133 号
137	中国建设银行股份有限公司四川省分行	68080.58	大源组团	成高国用（2012）第 22116 号
138	成都星瑞置地有限公司	5844.73	二环路南四段 19 号	成高国用（2012）第 22186 号
139	四川集美实业有限公司	19560.39	大院商务商业核心区	成高国用（2012）第 22137 号
140	成都高投置业有限公司 成都高投资产经营管理有限公司	67268.25	出口加工区南区	成高国用（2012）第 22240 号
141	成都新东方置业有限公司	51199.11	神仙树南路 39 号	成高国用（2012）第 22055 号
142	四川新希望房地产开发有限公司	15936.72	天府三街 69 号	成高国用（2012）第 2899 号
143	成都高投置业有限公司	164444.48	天华二路 219 号	成高国用（201[illegible]）第 26175 号

续表

序号	土地使用单位名称	面积（平方米）	土地座落	土地证号
144	日立电梯（成都）有限公司	146710.5	高新区西部园区清水河以南片区	成高国月（2012）字第 24254 号
145	成都市芙华房地产开发公司（金色海伦）	52377.94	成都高新区天朗路 9 号	成高国用（2008）字第 1867 号（竣）
146	四川航天电液控制有限公司	27950.46	成都高新西区新达路 15 号	成高国用（2012）字第 24570 号
147	成都高投建设开发有限公司	122875.11	成都高新区（西区）科新路 8 号附 4 号 –15 号	成高国用（2012）字第 26661 号
148	成都高投建设开发有限公司	22318.18	成都高新区（西区）西芯大道 4 号	成高国用（2012）字第 26673 号
149	成都青创西芯科技投资有限公司	43822.14	成都高新区（西区）天宇路 2 号	成高国用（2012）字第 26616 号
150	成都高新区住房保障中心	21226.96	成都高新区西部园区西南片区	成高国用（2012）字第 26598 号
151	成都天齐矿业有限责任公司	2982.42	高朋东路 10 号	成高国用（2012）第 22433 号
152	四川万汇文化投资有限公司	5772.49	桂溪街办民乐村 3 组	成高国用（2012）第 22818 号
153	成都市档案局	9940.85	成都高新区和平小区	成高国用（2012）第 24087 号
154	成都华夏军安物业管理有限公司	76532.79	成都高新区中和街道新下街 399 号	成高国用（2012）第 22440 号
155	成都元通置业有限公司	2337.72	神仙树北路 8 号	成高国用（2012）第 24088 号
156	成都市宏发实业有限公司	20976.43	老成仁路 6 号	成高国用（2012）第 24121 号
157	成都高投建设开发有限公司	2944.08	石羊街办庆云村 9 组	成高国用（2012）第 24256 号
158	成都交投能源发展有限公司	2686.03	南部园区桂溪铜牌村 6 组	成高国用（2012）第 24926 号
159	和记黄埔地产（成都）有限公司	41013.66	雍翠路 221 号	成高国用（2005）第 9526 号
160	成都交投能源发展有限公司	2618.94	南部园区桂溪铜牌村 6 组	成高国用（2012）第 24927 号
161	和记黄埔地产（成都）有限公司	21618.85	雍翠路 221 号	成高国用（2005）第 9527 号
162	成都中德红谷投资有限公司	21605.04	成都高新区中和街道东寺社区	成高国用（2012）第 24936 号
163	成都鼎鼎科技有限公司	14633.35	起步工业园科园四路北侧	成高国用（2012）第 25208 号
164	成都华高置业有限公司	23683.78	盛锦二街南侧盛华路东侧	成高国用（2012）第 25448 号
165	成都市人民防空办公室	7568.19	南区大源核心区	成高国用（2012）第 26448 号
166	成都市人民防空办公室	18668.68	南区大源核心区	成高国用（2012）第 25447 号
167	成都鑫红光商贸有限公司	17846.64	和平小区	成高国用（2012）第 26650 号

续表

序号	土地使用单位名称	面积（平方米）	土地座落	土地证号
168	成都中德红谷投资有限公司	69953.93	东寺社区（J、K 地块）	成高国用（2012）第 26671 号
169	成都高新新科学校	22655.87	成都高新区西区百草路 12 号	成高国用（2012）字第 26599 号
170	成都龙湖锦鸿置业有限公司	11147.73	成都高新区西区合作街道光明村 1、2、3、4 组	成高国用（2012）字第 27052 号
171	成都华气厚普机电设备股份有限公司	54176.64	成都高新区西部园区清水河以南片区	成高国用（2012）字第 27590 号
172	成都高新技术产业开发区合作街道办事处	8116.66	成都高新区西区独柏西巷 10、18 号，独柏环街 13 号	成高国用（2012）字第 27691 号
173	成都高新技术产业开发区社会事业局	4187.34	成都高新区盛治街 98 号	成高国用（2012）字第 27684 号
174	成都高新技术产业开发区桂溪街道办事处	4250	成都高新区盛安街 626 号	成高国用（2012）字第 27686 号
175	成都高新区益州小学	14681.27	成都高新区盛治街 32 号	成高国用（2012）字第 27687 号
176	成都泰然时代实业有限公司	5973.26	大源商业核心区	成高国用（2012）字第 27971 号
177	成都泰然时代实业有限公司	12468.68	大源商业核心区	成高国用（2012）字第 27972 号
178	成都泰然时代实业有限公司	5850.35	大源商业核心区	成高国用（2012）字第 27973 号
179	四川省电力公司	18025.05	成都高新区蜀绣西路 366 号	成高国用（2012）字第 29307 号
180	四川禾怡实业有限公司	8539.63	成都高新区大源组团	成高国用（2012）字第 29294 号
181	成都高新世纪城南路学校	19366.35	成都高新区天华二路 133 号	成高国用（2012）字第 29299 号
182	成都久泰精密电子有限公司	2019.03	成都高新区西部园区起步区南片区	成高国用（2012）字第 30056 号
183	成都高投建设开发有限公司	4534.15	成都高新区合作街道独柏村六组	成高国用（2012）字第 31185 号
184	成都蜀都银泰置业有限责任公司	20551.37	成都高新区大元商业商务核心区	成高国用（2012）字第 31877 号
185	居民土地证	1207.23	成都高新区中和仁和街 87 号	成高国用（2012）字第 31231 号
186	居民土地证	30.14	中和下街 83 号	成高国用（2012）字第 29384 号
187	成都高投置业有限公司	8703.52	原灯塔村 3 组	成高国用（2012）字第 29444 号
188	成都高投置业有限公司	7202.07	原灯塔村 4 组	成高国用（2012）字第 29450 号
189	四川科成实业集团有限公司	12501.89	新园南二路 3 号	成高国用（2012）字第 29973 号

续表

序号	土地使用单位名称	面积（平方米）	土地座落	土地证号
190	四川科成实业集团有限公司	26416.35	新园南二路 3 号	成高国用（2012）字第 29974 号
191	四川科成实业集团有限公司	3000.83	新园南二路 3 号	成高国用（2012）字第 29975 号
192	四川金城物流实业有限公司	10762.69	新园南二路 3 号	成高国用（2012）字第 29978 号
193	成都凯禾房地产开发有限公司	22028.67	新园南二路 3 号	成高国用（2012）字第 29937 号
194	成都高投置业有限公司	70647.13	南部园区大源组团	成高国用（2012）字第 29938 号
195	成都世纪城国际会展中心有限公司	149066.6	绕城高速以北、民悦东街阴暗、盛邦街以北	成高国用（2012）字第 30213 号
196	成都国际会议展览中心			
197	成都大昌汽车销售服务有限公司	9009.79	庆云村 5 组	成高国用（2012）字第 30248 号
198	居民土地证	81.03	中和下街 81 号	成高国用（2012）字第 30230 号
199	中冶赛迪建筑市政设计有限公司	31854.73	桂溪街办铜牌村 4、5 组	成高国用（2012）字第 31192 号
200	成都双流金辉房地产开发有限公司	25312.32	天府大道南段 1169 号	成高国用（2012）字第 30407 号
201	成都高新发展股份有限公司	10429.49	高朋大道 15 号	成高国用（2012）字第 31887 号
202	成都嘉华美实业有限公司	39127.93	花荫村 6、7 组	成高国用（2012）字第 31876 号
203	成都仁孚汽车销售服务有限公司	7427.87	火车南站西路 960 号	成高国用（2012）字第 32248 号
204	成都市润生房屋开发有限责任公司	5362.16	高新区中柏路 200 号	成高国用（2012）字第 32239 号
205	成都冰娥房地产开发有限公司	52096.33	中胜路 66 号	成高国用（2012）字第 32259 号
206	成都厚德天府置业有限公司	52497.98	成都高新区石墙片区	成高国用（2012）字第 32997 号
207	四川盛源置业集团有限公司	46091.24	剑南大道中段 1604 号	成高国用（2012）字第 33008 号
208	成都高投建设开发有限公司	5579.09	新乐南街 56 号（新北幼儿园）	成高国用（2012）字第 32263 号
209	成都高投建设开发有限公司	5350	铜牌村 1 组	成高国用（2012）字第 32305 号
210	成都高投建设开发有限公司	16071.01	南部园区南片区	成高国用（2012）字第 33015 号
211	成都禾家置业有限公司	22989.87	大院商务商业核心区	成高国用（2012）字第 34240 号

续表

序号	土地使用单位名称	面积（平方米）	土地座落	土地证号
212	成都禾家置业有限公司	5324.56	大院商务商业核心区	成高国用（2012）字第 34241 号
213	成都禾家置业有限公司	5562.42	大院商务商业核心区	成高国用（2012）字第 34242 号
214	成都芯通科技股份有限公司	11815.62	南区大源组团	成高国用（2012）字第 35673 号
215	成都高新技术产业开发股份有限公司	6701.07	成都高新区创业路 1 号	成高国用（2012）字第 36178 号
216	四川川大科技园（南区）开发有限公司	63232	双林村三组、十组	成高国用（2012）字第 36727 号
217	四川省人民检察院	30000.56	中和大道二段 1 号	成高国用（2012）字第 36728 号
218	成都高新技术产业开发区石羊街道办事处	2393.97	石桥路 181 号	成高国用（2012）字第 37322 号
219	成都兴旭和房地产开发有限公司	17572.97	南部园区	成高国用（2012）字第 37363 号
220	成都高投建设开发有限公司	5350	成都高新区桂溪街道铜牌村一组	成高国用（2012）字第 32305 号
221	成都维顺柔性电路板有限公司	22025.35	成都高新区西部园区西北片区	成高国用（2012）字第 33030 号
222	四川华神钢构有限责任公司	67908.28	成都高新区（西区）科晶路 255 号	成高国用（2012）字第 33035 号
223	电子科技大学实验中学	39118.86	成都高新区天骄路 333 号	成高国用（2012）字第 33790 号
224	成都高新技术产业开发区石羊街道办事处	2393.97	成都高新区石桥路 181 号（新南幼儿园）	成高国用（2012）字第 37322 号

【征地拆迁】 成都高新区全年共完成农户拆迁 3923 户 9817 人、企业 296 家、种植户 132 户。其中，完成新川创新科技园、路网等项目涉及的拆迁农户 3840 户 9600 人、企业 248 家。

2012 年成都高新区征地拆迁情况一览表

南区：

序号	被拆迁单位	拆迁人口（人）	拆迁房屋面积（平方米）	拆迁幅员面积（公顷）	用地项目
1	铜牌村 10 组 3 户农户	10	–	0	西蜀人家
2	居民自建厂房	–	2184	0.27	–
3	居民产业结构调整户	–	436	1.2	–

续表

序号	被拆迁单位	拆迁人口(人)	拆迁房屋面积(平方米)	拆迁幅员面积(公顷)	用地项目
4	居民自建厂房	–	6000	0.87	–
5	居民自建厂房	–	5741	0.77	–
6	四川政协报社	–	4908	0.5	–
7	石桥 4 组樊光荣户	1	–	0	–
8	灯塔 6 组 4 户遗留户	9	–	0	–
9	双流县恒桌门窗厂	–	5278.58	0.73	大源 1 线、6 线
10	白家运通水泥制品厂	–	1245.87	1.08	–
11	成都市高新区石庆家私厂	–	7059.4	0.8	临江苑
12	居民饲料厂	–	6382.77	0.89	–
13	居民自建厂房	–	1022.38	0.52	–
14	四川省机电总公司	–	3924.5	1.77	–
15	裕民 2 组“李后成户”	6	–	0	–
16	成都可的新型减速器有限公司	–	1654	0.27	–
17	双流县华阳社区卫生服务中心	–	201	0	–
18	云飞水泥制品厂	–	1200	0.6	大源 1 线、6 线
19	双流县临江沙石站	–	824	3.6	大源 1 线、6 线
20	居民苗圃（土黄鳝）	–	620	0.53	邮政储蓄银行
21	成都市高新区实新家私厂	–	4142	0.47	临江苑
22	居民苗圃	–	2204	1.13	西蜀人家
23	民乐 1 组“王炳刚户”	–	–	0	大源 3 线
24	民乐 5 组“廖贵才户”	3	–	0	大源 3 线
25	五岔子 10 组“张永会户”	1	–	0	财富论坛
26	临江租赁站（谭先德）	–	1500	0.31	–
27	成都财富实业有限公司	–	22706.85	2.64	–
28	居民厂房	–	2267.98	0.27	–
29	成都汇邦园艺有限公司	–	392	3.7	–
30	成都万维机电制造有限公司	–	2201	0.4	–
31	成都市华锋机电厂	–	3148	0.24	–
32	成都高新区现代沙发厂	–	1136	0.1	–
33	成都高新区云龙金属加工厂	–	1858	0.59	–
34	成都千百润生物高科技术有限公司	–	842	1.59	–
35	花荫中心村	86	–	0	–
36	双河村	19	–	0	–

续表

序号	被拆迁单位	拆迁人口(人)	拆迁房屋面积(平方米)	拆迁幅员面积(公顷)	用地项目
37	三元村	17	–	0	–
38	大源 4 组种菌户“都国平户”	–	120	1.88	–
39	大源 4 组种菌户“胡勇户”	–	100	2.76	–
40	四川金本教学设备有限公司	–	19540	2.45	–
41	成都星供复合肥有限公司	–	3400	0.83	–
42	乐园煤厂	–	636	0.13	–
43	成都高新区兴力建筑机具租赁站	–	665	0.11	–
44	铜牌村 3 组“姚群富户”	5	–	0	–
45	临江村	31	–	–	–
合　计		188	119682.43	34.47	–

西区：

序号	被拆迁单位	拆迁人(人)	拆迁房屋面积(平方米)
1	光明村 4 组 1 户遗留户	3	–
2	成都劲志装饰门窗厂	–	1000
3	四川冠生元食品有限公司	–	655
4	西华村 3 组余健户	4	–
5	光明村 6 组 3 户	8	–
6	光明村 4 组 2 户	5	–
7	清水村 2 户	6	–
8	独柏村 1 户	3	–
合　计		29	1665

中和片区：

序号	被拆迁单位	拆迁人口(人)	拆迁房屋面积(平方米)	拆迁幅员面(亩)
1	龙灯山社区	3009	–	–
2	朝阳社区	1235	–	–
3	应龙社区	1309	–	–
4	观东社区	860	–	–
5	双龙社区	413	–	–
6	新华社区	612	–	–
7	蒲草社区	1810	–	–

续表

序号	被拆迁单位	拆迁人口(人)	拆迁房屋面积(平方米)	拆迁幅员面(亩)
8	劲松社区	352	–	–
合　计		9600	–	–
高新区总计		9817	121347.43	34.47

注：面积（公顷）小数点后取2位数，第3位4舍5入，实际准确面积以原始档案记录为准。

2012年成都高新区国有土地拆迁收购情况一览表

序号	单位	位置	面积（公顷）	备注
1	成都星瑞置地有限公司	二环路南4段19号	0.11	国有土地收购
2	成都农村商业银行股份有限公司中和支行	双流县中和镇双龙村四社	0.35	国有土地收购
3	成都雅润置业有限公司	成都高新西区西部园区	10.73	国有土地收购
4	四川大昌汽车销售服务有限公司	成都高新区火车南站西路649号	0.61	国有土地收购
5	成都市八号食品有限责任公司	高新区益园二路8号	0.41	国有土地收购
6	郫县临枫建材经营部	高新区合作街道办事处毛家桥16–38号	0.24	国有土地收购
7	成都科普尔电缆有限公司	高新区中和街道办事处朝阳村	0.36	国有土地收购
8	成都市茶叶有限公司	成都高新区桂溪乡民乐村一组	0.31	国有土地收购
9	成都独柏实业有限公司	郫县红光镇独柏村二组	1.23	国有土地收购
10	通威股份有限公司	成都高新区二环路南4段11号	0	建构筑物及绿化拆除
11	成都德才建筑机具租赁有限责任公司	高新区中和街办新华社区一组	0.21	国有土地收购
12	成都市汽车运输（集团）公司	原郫县合作镇回龙村八社	1.34	国有土地收购
13	成都五福投资咨询有限公司	合作镇金凤村九社	0.348	国有土地收购
14	成都驰宇汽车维修中心	高新区石羊场新光村1组	0	建构筑物拆除
15	成都捷龙汽车公司	高新区机场路石羊场三元村	0	建构筑物拆除
16	成都铁路局成都建筑段	高新区桂溪元华路东侧	0	建构筑物拆除
17	中铁八局二公司公产住房拆迁	高新区火车南站南侧	2.13	国有土地收购
18	铁像寺	高新区剑南大道	0.133	国有土地收购
19	新高股份公司	高新区创业路1号	0	建构筑物拆除
合　计			18.51	

【征地农转非】 成都高新区实施征地农转非人员安置7个批次，涉及8146人（中和区域）。启动西部园区你顺江小区、新南四期、大源三期共24059套农迁房产权证办理工作，截至12月20日收件20686套，办理房产证13663套、国土证11247套。办理农转非人员补充参保5

个批次27人；补付安置费用15人。完成“招拍挂”地块批前审查资料报送6个批次14个地块，涉及31个村民小组；办理农转非人员补充参保5个批次27人；补付安置费用15人。交市政道路、产业化项目、招拍挂地块用地共计424.66公顷。

【已征未用土地管理】 成都高新区全年共完成已征未用土地打围18083米、围墙修复6440米、平场345.66公顷、土方回转8910立方米，使用资金1117万元。

【土地储备】 成都高新区全年使用成都成都高新区财政资金、成绵乐铁路项目专项资金、新建污水处理厂项目专项资金、两射两快项目专项资金收储国有土地18.51公顷，支出土地收（回）购资金49827.07万元。

【涉土信访工作】 成都高新区接待来访群众120余批次，处理行政复议1批次5件，回复处理信访件100件。其中受理信访件16件，办结16件；回复电话受理件20件，回复“市长信箱”、“高新区领导信箱”共64件。实现上级部门交办信访件按期办结率达100%。全年承办管委会涉土行政案件7宗32件，已结案30件，2件尚在审理中。2012年信访工作得到成都市信访局的表彰，是高新区唯一获此荣誉的部门。

（国土分局）

水资源管理

【概况】 成都高新区为泯江水系。马河、摸底河、清水河、沱江河流经西部园区；龙爪堰、栏杆堰、高攀河、朱家沟、洗瓦堰、聚宝沱流经南部园区。区域内河道共计22条，总长约200公里，流域面积135平方公里。河、堰落差小，洪水涨跌慢，基本无水能资源开发。区域内斗渠以上河道（除省、市管河道）的水面和堤岸保护区、水利工程设施、河堤、护栏、水闸、拦漂设施、防洪设施以及两岸设施管理用房等由成都高新区负责管理。

【水务专业规划】 成都高新区坚持规划先导、统筹兼顾，大力开展水环境综合整治、自然生态建设、水污染治理和防洪。完成中和片区－新川科技工业园防洪规划（防洪标准100年一遇）。

【河道管理】 成都高新区推行河道市场化、专业化管理，要求企业每日清理河道沿岸垃圾和水面漂浮物；检查报告污染排放口，防止偷排行为；及时清除河道障碍，保持河道水流畅通；做好防洪抢险准备，及时开展河道防洪抢险。制定《成都高新区水务设施管理实施意见》《成都高新区雨污水排放设施管理实施办法》《成都市高新区河道管理实施办法》《成都高新区水务设施管养奖惩办法》等办法并编制成册，明确工作目标及奖惩办法，确立水务管理的行业标准，不断提升专业化、精细化管理水平，确保长效管理机制。

【排水设施管理】 成都高新区围绕中心城区4条重点整治河道，强化雨污水分流整治和排污口综合治理。印发成都高新区2012年排污口及雨污分流工作目标分解方案》，深入开展中和等城郊结合部水污染治理，6月底全面完成摸底河存在的排污问题，9月全面完成三环路内下河排污口治理工作，截至11月30日，实施雨污分流及管网纠错50多处，完成20处下河排污口治理，全面完成雨污分流整治工作，经多次排查无违法、违规乱污的现象发生，提前一年在全市完成重点治理河道龙爪堰、栏杆堰和锦江等排污口治理，实现水清、无味，成都高新区断面水质考核持续达标。先后完成大源4线、石羊工业园4线、西部园区广场路延线等道路共计8000多米的雨污水管网建设，累计长度1010公里，大力推进新建污水处理厂（100万吨/日）的建设工作，西部园区污水处理厂2012年底前达到6万吨/日处理能力，成都高新区污水收集处理率达98%以上，全年征收污水处理费约2500万元，保障污水处理厂的正常运行。

【水产渔政】 成都高新区深入推进水产品市场准入制度，在水产品质量安全管理工作上取得实效。对市场、超市和农贸市场进行宣传动员，先后在欧尚超市、中和大市场等12个农贸市场开展“水产品质量安全”为主题的宣传活动，发放宣传资料3000余份，参与活动市民500多人，起到很好的宣传效果。加强水产品市场准入及水产技术等方面的培训工作，编制工作制度及操作流程200余份，开展对市场管理人员、检疫人员、经营者等相关人员培训12次，普及人员150余人。不断提高管理及技术水平。实现水产品稳定销售800吨以上，水产品总产值800万元以上。与经发局、工商分局及各街办加强检查、监督和指导工作，动检部门做好防疫检疫工作的监控。开展水产品质量检查110批次，质量合格率100%，进一步规范水产品质量安全管理工作，使市民吃上放心水产品。

【水务执法】 成都高新区全力推行水务行政执法责任制，充分发挥水务行政主管部门的职能，成立以城管环保局局长为组长、分管局长为副组长，街道办事处负责人为成员的成都高新区水务行政执法责任制领导小组，同时委托城管执法大队负责日常的行政执法和督促检查，各街道办事处城管执法中队负责本辖区水务行政执法工作，从整体上形成上下联动、协调有序的水行政执法责任制。为推动水务部门行政执法责任制的全面落实，制定《成都高新区水行政执法责任制》《成都高新区水行政执法监督制度》《成都高新区水行政执法巡查制度》等制度，健全和落实行政执法公示制度，明确工作目标及奖惩办法，确立水务管理的行政执法标准，落实执法车辆等执法装备，保证水行政执法责任制的顺利推进，并全面落实城乡环境整治、防洪抢险、城市排水、水产品、安全生产等各方面的水行政执法责任制。全年出动车辆200多台次，人员600多人次，开展巡查2000多次，查处非法排污、非法侵占河道等违法行为10余起，不断巩固水环境治理成效；开展水产品质量检查20次（其中抽样检查2次），集中开展联合执法，查处“水上渔都”等无证经营行为，充分保证水行政执法责任制落到实处。

环境保护

【环保宣传】 2012年，成都高新区城市管理和环境保护局积极动员组织辖区街办、企业紧紧围绕大气环境综合整治、节能减排、环境执法、专项督查等工作，开展丰富多彩的环境保护咨询和大型科普宣传活动。在“6·5”世界环境日，成都高新区城市管理和环境保护局联合英特尔产品（成都）有限公司在高新区软件园开展大型的环保宣传活动。通过发放宣传资料、纪念品等多种形式，倡导社会公众选择绿色产品，节约资源能源，保护生态环境。活动引起《四川新闻网》《四川科技报》等多家媒体关注。成都高新区城市管理和环境保护局多次深入辖区企业开展环保法律法规知识培训，增强企业环保意识，做到人人参与，共同维护和营造良好的环境安全氛围。

【工业污染防治】 成都高新区城市管理和环境保护局对辖区内新建项目，认真执行国家环境影响评价制度和“三同时”制度，严格把好进区项目的环保关，从源头上有效控制新污染源的产生。按照国家环保法律法规的要求，成都高新区城市管理和环境保护局对国控、市控和区控重点工业企业定期巡查，确保自动监控系统的联网和验收率达 100%；重点加大对涉重金属、城镇污水处理厂、制药等行业的污染治理设施监管力度，确保各种污染治理设施正常运行和污染物稳定达标排放；加强对新建项目“三同时”的环境监察工作，及时督促建设单位落实环评制度，保障辖区环境安全。全年，成都高新区环境监察执法大队开展日常监督性监察 513 家（次），未发生一起环境污染事件。通过现场监督检查，对不符合国家相关规定的企业进行限期整改，督促按时申报排污并申领排污许可证，全年核发排污许可证 199 份。全年检查中，各单位污染物处理设施维护管理良好、运行正常，无偷排、漏排情况，污染物能稳定达标排放。

【建设项目环境管理】 成都高新区城市管理和环境保护局加强建设项目环境管理工作。新建项目审批严格执行国家《环境影响评价法》和《建设项目环境保护管理条例》以及重新修订的《建设项目环境影响评价分类管理名录》等法律法规，对高污染项目实行“一票否决”，全年先后否决重污染企业 8 家，有效控制污染源的产生。全年共受理项目 523 个，审批 370 个，验收项目 150 个；主要污染物 COD 排放量 49.32 吨，环保实际投资额 3.23 亿元。

【ISO14001 环境管理体系运行】 成都高新区按照 ISO14001 环境管理体系标准组织实施环境管理行为，全面推进各项环保工作。按照 ISO14001 环境管理体系标准的要求，成都高新区改进办会同高新区目督办制定和下达《关于下达成都高新区 2012 年环境保护和节能减排工作专项目标的通知》及考核细则，组织各单位重新识别本体和区域及相关方环境因素 441 个，开展重大环境因素评价 并使之全部处于受控状态。收集整理环境保护法律法规和标准 773 部，通过合规性评价，全面做到执行到位。2010 年至 2012 年，高新区部分机构及职能进行调整，按照 ISO14001 环境管理体系标准的要求，改进办认真履行职责，及时修订体系文件，使体系文件符合高新区实际，对体系运行起到指导作用。组织北京华夏认证中心对各街道办事处，管委会各部门、各直属单位环保联络员暨内审员进行资格培训，经过考核，所有培训人员全部合格，并取得内审员资格证书。开展监督检查和内部审核，对部门体系运行工作实行了跟踪帮助，对存在的问题实行限期跟踪督办，提高体系运行质量和水平。在日常工作中，加强与各部门间的信息交流工作，配合组织开展了体系细胞建设工作，对建立 ISO14001 环境管理体系的 12 家工业企业进行表彰和奖励。顺利通过华夏环境管理体系认证中心的 2012 年度监督审核，并获得充分肯定，体系实现有效运行，ISO14000 国家示范区成果得到进一步巩固和提高。

【环境监察执法】 成都高新区共开展“2012 年整治违法排污企业保障群众健康环保专项行动”、“污水处理厂环境执法专项检查”、“涉重金属企业污染防治”、“打击违法排污行为集中整治突出环境问题专项行动”、“医药制造企业专项执法检查”、“危险废物污染防治专项检查”、“核与辐射”等各类专项执法行动 28 次。在专项行动中，环境监察执法人员深入企业，重点检查企业环评执行情况，污染治理设施运行情况，危废收集、存储、转运情况、应急预案制定和执行等情况。成都高新区环境监察执法大队按照既定监察计划和名单，加强辖区重点污染源企业的日常监督性监察执法工作。一是按照《关于进一步加强对污染源环境监察巡查工作的通知》要求，重点加大对涉重金属、城镇污水处理厂、制药等行业的污染治理设施监管力度，确保各种污染治理设施正常运行和污染物稳定达标排放。二是加强对国控重点污染源企业污染源在线监控现场端的监管工作，确保自动监控系统的联网和验收率达100%。三是加强对新建项目“三同时”的环境监察工作，及时督促建设单位落实环评制度，有效保障辖区环境安全。全年，成都高新区环境监察执法大队开展日常监督性监察513家（次），未发生一起环境污染事件；共受理各类环境信访投诉211件，全部做到100%及时受理，100%及时查处，100%及时回复，未出现一起越级投诉、上访和群体事件。

【排污申报和排污费征收】 成都高新区城市管理和环境保护局以排污费征收管理系统为平台，进一步加强年度排污申报和审核工作。在全面申报的基础上，着重对辖区国控重点污染源和涉重金属、危化品等企业的申报工作进行监控，确保其排污申报率达到100%。全年共向115家企业征收排污费1728万元，所征企业全部录入排污费征收管理系统，入库率100%，开单率100%。

【环境监测】 成都高新区城管环保局委托四川省工业环境监测研究院承担高新区提供的环境监测业务，该院以高新区环境保护重点工作为中心，围绕污染物减排和大气及水环境质量综合整治组织开展国控、市控和区控重点污染源监督性监测、市控重点小流域出入境断面水质监测、市控和区控区域环境噪声监测、建设项目环境保护设施竣工验收监测、污染投诉及委托监测等工作，实现区域内环境监测全覆盖，为成都高新区经济社会发展和环境质量改善提供科学支撑。全年共发出各类监测报告642份，出具化学分析数据13718个，噪声数据3570个，无一数据疑义。

（城市管理和环境保护局）

防洪抢险

【概况】 2012年，成都高新区按照统一指挥，分级负责，条块结合，属地管理，团结抗洪排涝，确保安全度汛的原则，认真落实防汛工作责任制，扎实做好大江大河、城镇区域、工矿企事业单位、主要交通道路、重点工程的防洪安全工作。全区基本实现安全防汛，洪涝灾害损失降到最低。

【防洪抢险预案】 成都高新区城市管理和环境保护局2月印发开展防汛隐患排查的通知，4月印发防汛预案，多次召开会议研究防汛工作，做到早安排、早部署。先后10多次专项检查各街道办事处、社区、下穿隧道、地下车库、低洼易涝区、河道、道路及污水处理厂的防汛工作，确保防汛措施落实到位。召开2012年防汛抢险工作会、下穿隧道泵站规范化管理防汛现场会、地下车库规范化管理防汛现场会、建筑工地深基坑管理防汛现场会、部门对口帮扶社区防汛抢险工作会等会议，开展2012年高新区防汛抢险演练，将防汛工作细化落到实处。强化各部门、各街道防汛工作的“一岗双责”，在全市创造性地建立部门与对口帮扶社区联动防汛的工作机制，强化应急处置，以确保一旦出现极端暴雨天气，各项措施能及时落实到位，最大程度降低洪涝灾害损失。

【分级负责制】 成都高新区按照“统一指挥，分级负责”的原则，成立以成都高新区管委会主任为总指挥，分管防汛工作的管委会副主任、人民武装部部长为指挥长，城市管理和环境保护局局长为副指挥长，管委会有关部门和街道办事处为成员的成都高新区防汛指挥部。下设防汛指挥部办公室负责防汛指挥部日常工作。各街道办事处按照《中华人民共和国防洪法》规定成立本辖区防汛指挥部并设立防汛办公室，负责本辖区防汛工作。成都高新区管委会各部门要按照各自的职能分工开展工作，确保各项防汛抢险工作落到实处，扎扎实实做好全年的防汛工作。

成都高新区防汛指挥系统网络图

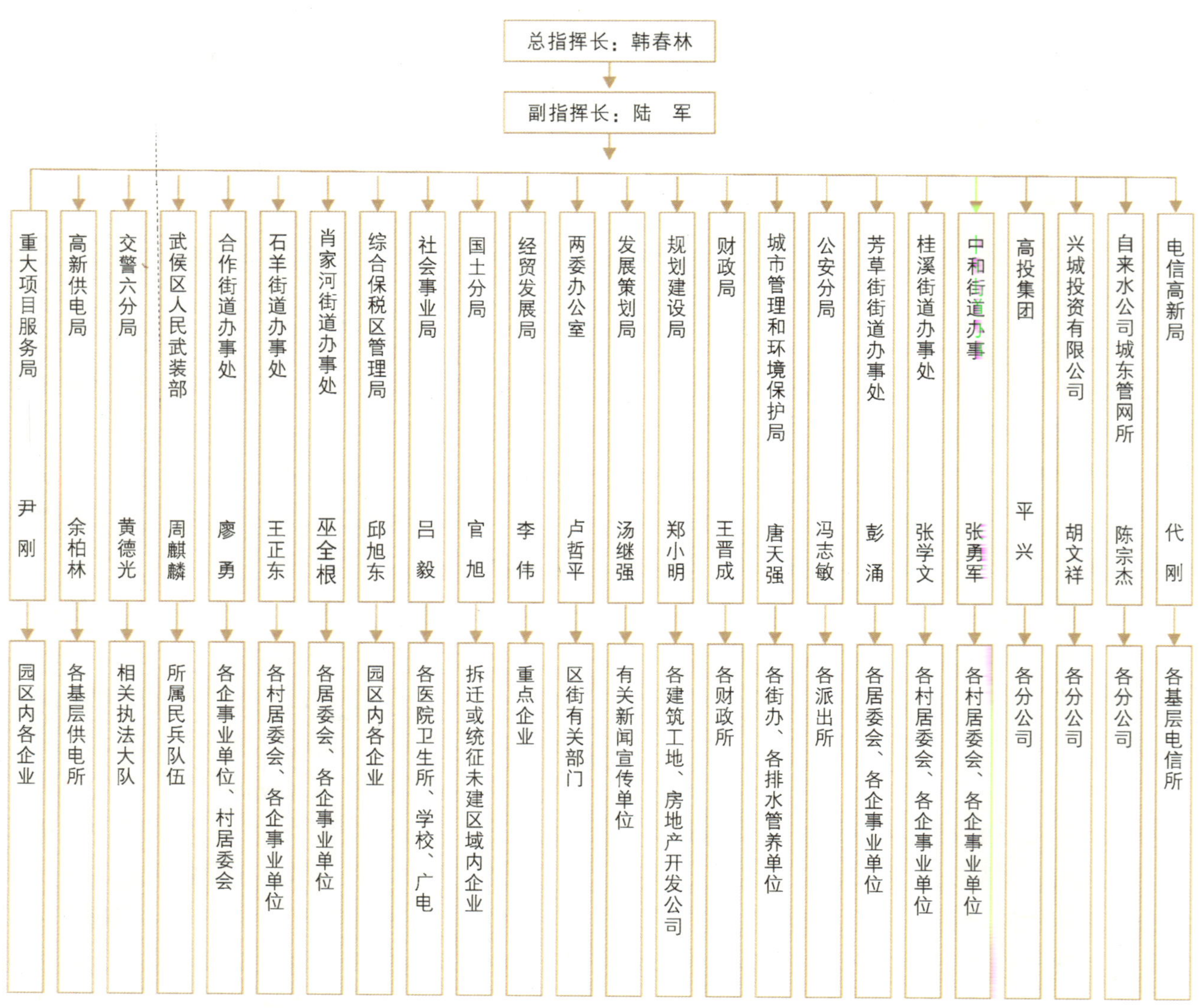

（城市管理和环境保护局）

城市管理

常住人口和流动人口

【概况】 截至2012年12月31日，成都高新区总人口为780847人（含流动人口），比2011年末总人口560266人增加220581人，人口增长率39.3%。常住人口自然增加3366人，自然增长率为0.96%。男性常住人口为185631人，女性常住人口为183234人，男女性别比为1 ∶ 0.99。全年迁入常住人口20098人，迁入率为5.43%；迁出常住人口9476人，迁出率为2.56%；全区机械增长常住人口为10622人，机械增长率为2.952%。（数据按户籍统计）。全年，成都高新区共采集录入各类基础信息70万余条，其中流动人口信息36.78万条、房屋信息27.2万条、出租房屋信息近6.63万条、用工单位信息2千余条。其中2012年新采集房屋信息10万余条、出租房屋信息5721条、流动人口信息10万余条、用工单位信息806条，维护、更新各类信息数据超过21万条。全区房屋信息采集率基本实现100%全覆盖，流动人口的采集、维护率基本达到85%以上。

【流动（暂住）人口服务管理】 成都高新区围绕"做强组织机构、做深长效机制、做实信息采集、做精信息应用"四个环节，进一步健全"办、站、点"三级管理机构，搭建起覆盖面广、群众参与度高、信息传递有效的工作网络。对全区所有房屋与住户详细信息实施动态管理，按居住、生产、经营、仓储、办公等类别划分，采集房屋信息27.2万套，并全部录入管理系统。梳理登记2281户雇工10人以上的用工单位类型、注册登记和机构代码等，推行集治安防范、劳动用工、安全生产、计划生育于一体的业主责任制；督促用工单位与35.08万名从业人员签订用工合同，覆盖面达99%以上。截至年底，成都高新区含流动人口在内的共72万人参加社保，有34553人领取养老保险、18463人（次）报销医疗保险、5542人领取生育保险。建立保障流动人口子女接受义务教育保障机制。2012年，全区持《成都市临时居住证》的流动人口随迁子女接受义务教育6802人；持《成都市居住证》随迁子女接受义务教育1787人。

2012年成都市高新区人口分布表

项目 单位	常住人口		合计
	男	女	
肖家河辖区	14223	15266	29489
芳草街辖区	34158	36589	70747
石羊辖区	29237	31690	60927
桂溪辖区	38885	34152	73037
合作辖区	33549	28115	61664
中和辖区	35579	37422	73001
合计	185631	183234	368865

【常住人口管理】 成都市公安局高新区分局办证中心创新工作举措，延伸便民服务平台，进一步加强中和便民办证点建设。全年为群众累计办理户籍业务33489项、解答群众咨询6500余人（次）。成都市公安局高新区分局办证中心以"三知道"（让群众知道入户办理流程，知道分局办证中心咨询电话，知道前往分局办证中心的交通路线、可乘坐的公交车辆）为目标，上门对成都高新区内重点企业、大型楼盘物管工作人员进行培训，进一步畅通联系渠道，方便企业、群众办事。为提高身份证领取、发放手工化管理效能，节省群众办事时间，成都市公安局高新区分局研发"高新区公安分局身份证智能存取管理系统"，实现身份证"分检—核验—查找"过程的计算机自动化管理。2012年，成都市公安局高新区分局共签发准迁证10707人、迁出户口7290人、市外迁入29966人、移居17894人、市域范围内全域迁入1847人、注销户口数1624个、办理二代居民身份证件

44233个、制作临时居民身份证件11038个、签发边境证106人、主项变更申报517项。

（成都市公安局高新区分局）

城乡综合环境治理

【概况】 2012年，成都高新区继续深入开展城乡环境综合治理工作，做美城市形象、做高城市品位、做优城市生态，服务于“五大兴市战略”，着力构建“宜人”成都，按照“大城市、细管理”的要求和成都高新区制定的“5811”工作目标，以“三线治理”和文明城市复查迎检工作为抓手，城乡环境综合治理工作取得可喜的成绩。在市文明办、城乡环境治理办联合开展的4次城乡环境综合治理第三方测评当中，成都高新区均位居第一，22次蝉联中心城区第一名。代表成都市接受省治理办组织的交叉检查，接待10余次外地党政代表团的考察。省、市治理办专题刊发简报推广高新区水环境综合治理经验，经验总结在全省得到通报推广。

【“三线”环境治理】 成都高新区按照实现“三个提升”要求：消除盲点死角和薄弱环节，提升“三线”容貌秩序和环境卫生管理水平；塑造特色风貌，打造重要节点，提升“三线”景观效果和沿线城镇品味；建立健全环境治理机制体制，提升“三线”环境常态治理水平。成都高新区开展公路沿线高新区范围内的成雅高速、成灌高速、成自泸高速、绕城高速、机场高速等5条高速公路沿线周边，213、317等2条国道的沿线周边，及一环路、二环路、三环路、永丰路、机场路等道路的重要节点整治。铁路沿线高新区范围内的成昆铁路、铁路西环线、成灌高铁等沿线周边整治。河道沿线高新区范围内的锦江、肖家河、龙爪堰、栏杆堰、洗瓦堰、清水河、摸底河、马河、沱江河等沿线周边整治。对“三线”周边的卫生死角和非法排污口进行集中清理，治理“三线”沿线的乱摆摊、乱叫卖、乱挂标语等行为，形成规范整洁的市容秩序。清理和限期拆除“三线”周边违法违规户外广告，规范设置合法户外广告。

【水环境综合治理】 成都高新区召开2012年城乡水环境治理工作会，将重点治理河道整治任务细化分解落实到各街道办事处，签订《高新区2012年城乡水环境综合治理工作目标责任书》。完成肖家河、栏杆堰生态河道建设2300米，新增绿化面积20万平方米；安排动员3800多人次，出动各种机械设备、车辆1000多台次，实施龙爪堰、栏杆堰等累计50公里河道和30公里管网的清淤工作，清除淤泥12.38万方，清理河堤两岸建渣及生活垃圾3.2万吨，从整体上形成水清、岸美的河道水环境。重点打造“两街五园”（崇德园水街、铁像寺水街和大源中央湿地公园、国际园区水岸花园、锦城水园、肖家河湿地公园、神仙树公园）的人文景观特色靓点工程，大力推进锦江江滩综合治理和锦城湖水环境提升重点工程。

【大气环境综合治理】 成都高新区在扬尘治理、燃煤及油烟污染、油气回收专项整治等六个方面组织开展大气环境综合整治工作。一是五个“加强”，多管齐下，控制扬尘污染。加强工地管理、运渣车辆管理、车辆防尘管理、道路清扫保洁、“三大工程”治理。二是强化燃煤污染整治。组织执法人员170人（次），车辆50台次，对芳草、肖家河、石羊、桂溪、合作及中和等街道办事处范围内的210家个体工商经营户、81个建筑工地、12个农贸市场进行专项检查，共销毁各种燃煤设施98具，收缴蜂窝煤1300个，；全年投入经费20万元用于清洁能源改造。三是强化油烟污染整治。加强新建餐饮服务项目审批工作，坚持源头防治。城管环保、工商、卫生及街道办事处，先后组织开展4次油烟污染专项整治行动，出动执法人员50人（次），车辆20台（次），对芳草、肖家河、石羊、桂溪、合作、中和等街道办事处（重点放在外环路以内）范围内的310家个体工商经营户、40家企（事）业单位、机关、学校、医院进行专项检查和治理，下达《行政执法限期整改通知书》48余份，跟踪落实油烟净化器安装90台，有效控制和减轻高新区的饮食油烟污染。四是强化机动车尾气治理。按照市大气办要求，配合交管部门限制高污染车在规定时段进三环路；严格管理区内机动车、摩托车维修企业，在三环路内禁批3类机动车维修项目，对机场路两侧4S店及机动车维修企业，要求完善环保手续，对废气（有机废气、食堂油烟）进行治理，对拒不整治的或整治不合格的企业进行处罚；开展高污染机动车淘汰工作，对发现的高污染车辆及时要求报废或变卖处置。五是强化露天烧烤、焚烧垃圾整治和秸秆禁烧工作。

【楼顶整治】 成都高新区围绕岷山拉萨大酒店、成都长盛帝都国际酒店、成都明悦大酒店、成都新东方千禧大酒等整治点位拆除违法违规户外广告、招牌、张贴物等129处，达到楼顶屋面环境卫生整治、立面景观清爽、秩序管理规范、监管机制有效，城市品位、城市形象全面提升的目的，美化城市第五立面。

整治后的肖家河北街店招

【特色点位打造】 成都高新区美化城市第五立面，投资680万元，依托崇德园茶艺一条街现有的崇尚道德的儒家文化为背景，对二环路外侧段河道进行景观升级改造。把建筑、水体、文化有机地结合起来，形成肖家河“崇德园”段独具文化内涵的民俗特色水街。建设完成总投资超过8000万元，依托“两河”水脉为承载的大源中央公园，开园后受到市民交口赞赏。利用成昆铁路跨线桥下保护带和肖家河西岸、三环路两侧绿地（占地面积225亩），建设肖家河湿地公园。投资近3亿元打造铁像寺水街（全长约500米，铁像寺为佛教弥宗文化重要寺庙）融合上海“新天地”、成都市“锦里”特色街区的多项元素，形成占地面积约2万平方米的“清明上河图”式仿古群落。

【城乡环境综合治理机制创新】 成都高新区引入社会资本参与城乡环境综合治理。政府投入1亿元作为“引子”，撬动10亿的社会资金，充分发挥财政资金杠杆作用、乘数效应，在铁路沿线、公路沿线、河道沿线打造10余个“三线”治理靓点工程，提升“三线”环境治理的整体水平。先后完成肖家河特色水街、大源中央湿地公园、成都高新区与双流县黄荆村等交界处脏乱差现象整治等。

创新探索广告管理办法。出台成都高新区在建项目施工外墙面楼盘名称设置规范》，被市城管局推广。为规范成都高新区内LED户外广告显示屏的设置、使用、管理等活动，更好地发挥其为企业传递信息的积极作用，根据《成都市城市户外广告和招牌设置管理条例》，成都高新区率先出台《成都高新区LED户外广告显示屏管理暂行办法》和《成都高新区LED户外广告显示屏设置规范》，在全市起到探索和示范作用。

疏堵结合，创新城管执法机制。按照“政府引导、规范管理、统一设置、先试点、后推广”的原则，成都高新区在民工生活服务区，桂溪街办花车夜市等“疏堵结合”试点成功的基础上。在石羊街道办事处庆安社区新雅商业街、新雅中街商业街，新南天地商圈等试点放开占道经营、规范现有商家店铺出摊占道经营行为，丰富老百姓的夜生活，增加群众就业渠道。

（城市管理和环境保护局）

消防安全与抢险救援

【概况】 2012年，成都高新区公安消防大队深入推进“清剿火患”、“飓风”等专项治理行动，加强消防监督检查和消防知识宣传，全区未发生重特大火灾事故。全区全年共发现火灾隐患19555处，督促整改火灾隐患19497处；共发出《责令改正通知书》1303份、“三停”（停产、停业、停止使用）66家、临时查封86家、行政处罚108个、拘留43人、罚款186万元。辖区各消防中队全年共接处警3192次，其中火警619次、抢险救援528次、社会救助2045次、挽回经济损失1090万元。

【消防监督执法】 成都高新区公安消防大队协助成都高新区管委会确定116家二级消防安全重点单位，协助成都市公安局高新区分局确定160家三级消防重点单位，有重点地提升社会单位消防安全“四个能力”建设水平。以“全国文明城市”复查迎检工作为契机，联合各街道办事处、公安派出所开展社区消防安全标准化管理，推动社区“四个基础”建设工作。组织签订《成都高新区2012年消防工作目标责任书》，将消防工作纳入公安派出所年度目标任务，经常性召开派出所消防业务培训会，提升公安派出所消防工作能力。

【消防专项整治】 成都高新区公安消防大队以各火灾隐患排查整治专项行动为载体，重点对公众聚集场所，“三合一”场所（住宿与生产、仓储、经营一种或一种以上使用功能违章混合设置在同一空间内的建筑，且未设置有效的防火分隔），高层地下建筑、在建工地，以及公共消防设施和建筑消防设施等进行火灾隐患排查。通过“网格化”排查、“户籍化”管理、部门联动检查等手段，提高各类场所的消防安全系数。

【消防队站建设】 为确保成都高新区大源北消防站建成并尽快投入使用，成都高新区党工委、管委会多次组织区规划建设局、经贸发展局、财政局、目督办、消防大队等单位召开专题会议，专题研究消防基础设施建设工作，纳入目标管理；成都高新区公安消防大队对该消防站主楼建成后，功能房间的使用功能、容纳人数等进行科学设计。2012年12月，成都高新区大源北消防站竣工。

【消防安全宣传】 成都高新区公安消防大队围绕普及全民消防安全知识，广泛开展消防宣传教育活动，增强人民群众消防法制观念和消防安全意识。全年共深入单位授课、指导演练38次，组织700名社会人员参加消防安全培训，有助于提高单位、群众的消防意识和自我保护意识。加大宣传工作力度，在辖区重点单位悬挂张贴“三提示”温馨标牌150余张，向成都高新区6个街道办事处免费赠送“消防通道警示牌”400块，强化消防通道整治效果。同时，利用各大商场、街道、路口处的LED显示屏，滚动播出消防宣传标语和消防公益广告，消防宣传更加多样化。2012年，共免费发放新《消防法》2000余册、《防灾减灾知识宝典》10000册、消防知识光碟650张。

（成都市公安局高新区分局）

成都高新区的自行车流动保洁

环境卫生

【概况】 截至2012年底，成都高新区环卫清扫面积约1329万平方米（含三环路90万平方米），其中区级负责清扫作业面积为706万平方米，街办负责清扫作业面积为623万平方米，环卫公司共11家，道路清扫、垃圾清运、机械化作业、压缩站管理、公厕管理等均由环卫公司承担。从事环卫清扫保洁的一线保洁人员3027人。国有环卫车辆11台（洗扫车3台，扫地车1台，洒水车7台），公司自有环卫车辆共143台（扫地车37台，洒水车36台，垃圾转运车70台）。政府直管公厕30座，由所辖街道办事处委托环卫公司进行管理。2012年，成都高新区财政共投入环卫经费1亿元（区本级财政用于环卫的经费5000万元，街道财政用于环卫的经费5000万元）。

【清扫保洁和垃圾清运】 成都高新区完成新一轮环卫作业招标，合同总额4896万元，后经请示成都高新区管委会同意，在合同总额的基础上增加10%即490万元用于提高环卫工人工资，以适应市城管局在全市推行的环卫作业新模式的需要。全年完成总价182万元的果屑箱采购工作。

5月1日起实行环卫作业新模式，即实行道路3班清扫24小时保洁全区域全时段作业和生活垃圾全时段循环不落地收运。早7：00时前完成普扫，24小时保洁（5月—10月早7：00至晚23：00时；11月—次年4月早7：00至晚22：00时；其他时段流动保洁）。垃圾清运实行“221”运行模式，即在人口密集区域每2平方公里配置2台机动垃圾收运车，每隔1小时循环清运垃圾1次。实行“4311”环境卫生清扫保洁作业法，即每日机械清扫作业频次不得少于4次；每日早、中、晚集中清扫作业各1次，其它时段动态保洁；每两周彻底清洗人行道方砖1次；每日夜间冲洗路面1次。对主街干道实行机械化清扫和道路冲洗，要求各环卫公司配置高压清洗车专门用于主街干道快车道高、低边及辅道除尘清洗作业，配置洒水车用于夜间、日常及突出污染道路的冲洗及降尘；人行道及路沿石清洗采取人工和机械相结合形式进行；对广场、游园及主街人行道、公用设施推行星级宾馆式管理，配备专用清洁手推车，不间断对地面设施进行清洁，始终保持干净、卫生。

严格错峰作业时间，中心城区环卫清扫和垃圾运输实行错峰作业。每日7:30时至9:00时、17:30时至19:00时，城区三环路以内区域禁止机械清扫作业、尽量避免垃圾转运作业（机动车）；每日22:00时至次日凌晨5:00时进行冲洗除尘作业。

【生活垃圾分类试点】 成都高新区在6个街道

办事处11个点位同时开展生活垃圾分类处置试点工作，涉及住户6454户，2万余人。具体点位情况是：肖家河街道办事处在省军区兴蓉军干所、西藏军区驻川办肖家河军干所、肖家河东一巷；芳草街街道办事处在天府花园一期、沙子堰东巷6个院落；石羊街道办事处在南苑小区、新盛社区；桂溪街道办事处在英郡、和平小区；中和街道办事处在怡丰静苑；合作街道办事处在上锦颐园二期。

全年投入资金70余万元，为街道办事处配发分类垃圾桶3094个，印制生活垃圾分类指导手册14000份。各街道办事处先后投入资金80余万元，修建垃圾分类房、垃圾分类池，制作宣传栏，分流流程图，实物展示架，购买垃圾袋、垃圾桶、环保手提袋等。肖家河街办两年时间投入60多万元，在兴蓉军干所、肖家河军干所修建及改建3座垃圾分类房。

【生活垃圾处置费征收】 成都高新区共征收城市生活垃圾处理费2052万元，与2011年同期相比，增长25%。超额完成413万元的年度目标任务。其中：合作街道办事处征收256万元，同比增长24%；桂溪街道办事处征收566万元，同比增长56%，并清缴欠费约50万元；石羊街道办事处征收428万元，同比增长23%；肖家河街道办事处征收210万元，同比无增长；芳草街道办事处征收401万元，同比增长2%；肖家河街道办事处在收费上升空间较小的情况下，完成年初下达的目标任务。中和街道办事处克服困难，梳理工作思路，顺利完成目标任务，全年征收191万元。在全年的收费总额中，市财政留取337万元，返还成都高新区财政1715万元，其中：489万元用于支付成都高新区垃圾压缩站到成都固体废弃物处理场的垃圾清运费，34万元用于区本级的生活垃圾处理费征收工作经费，代扣票据工本费4万元，剩余1187万元全部返还各街道办事处，用于各办事处生活垃圾的前端收运以及相关的工作费用。

林业和园林

【园林绿化建设】 2012年，成都高新区先后完成大源公园和民乐公园约16万平方米公园绿地和中和片区、富士康周边道路约21万平方米市政绿带建设，全年新增绿地约37万平方米。同时，对低档次绿地实施提档升级，利用天府大道和二环路移栽植物，完成成汉南路南段、神仙树南路、科园南二路等重要点位的添绿、增彩和靓化改造，提升道路景观质量。

【园林绿化管护】 成都高新区投入资金1900余万元，继续深化城市园林管护市场化运作模式，将城市园林维护管养由企业化、社会化过渡到专业化、规模化，完成四百万余万平方米绿化管护作业，确保成都高新区城市绿地常绿常新。

【义务植树和国土绿化】 成都高新区配合市林

成都高新区荣华南路临河绿地

业园林管理局做好2012年四川省和成都市党政军领导义务植树活动，共同栽植桢楠、香樟、桂花、银杏等珍稀树木和其他优质树苗共计1400余株。及时将市绿委办下达的义务植树目标工作分解到各街道办事处，全年共完成义务植树18.6万余株，护树4.8万余株。

市政设施管护

【概况】 截至2012年底，成都高新区在管道路近490条（面积约760万平方米）、在管桥梁137座、在管路灯9150盏。在城市管理工作中，成都高新区按照市场化运作模式共计委托6家（4家道路、1家桥梁、1家路灯）管养单位对高新南区（含中和场）、西区道路、桥梁、路灯、小品进行日常管养和维护。

【户外广告管理】 成都高新区为规范区内LED户外广告显示屏的设置、使用、管理等活动，更好地发挥其为企业传递信息的积极作用，根据《成都市城市户外广告和招牌设置管理条例》，率先出台《成都高新区LED户外广告显示屏管理暂行办法》和《成都高新区LED户外广告显示屏设置规范》。在府城大道、神仙树南、北路、紫竹广场、紫荆电影城、永丰路设置各类公益宣传广告600余幅。

打造特色亮点区域，全年累计投入资金600余万元对兴蓉东巷、肖家河北街200余家招牌进行了提升整治，营造更具时尚与现代感的区域靓点。

成都高新区对占用市政道路、绿化带违章设置的房产导视牌、违规道旗广告、布幅广告、碑牌共计36个进行拆除，面积约440平方米；对在建工地景观化围墙进行逐一排查，并对“华润凤凰城”“雅颂居”“建发鹭洲”等项目的景观化围墙进行维修规范，面积约1000平方米；对熔点传媒、西部园区汇源集团、保利集团、迪康药业、南区雪山阳光酒店等企业的违规单立柱、楼顶广告共计17块进行拆除，面积约2040平方米。全年累计拆除无审批手续广告55块，拆除违法广告371个，全年拆除面积1.1万平方米。

严格审批招牌设置，全年审批合格，发出招牌设置许可证985家，全区共纠正存在安全隐患的户外招牌335处、拆除伸出式招牌73处、规范景观化围墙画面46处、拆除布幅广告135处、共清除各类“牛皮癣”46余万张，收缴散发小广告3000余份。

【市政设施维护管理】 成都高新区投入8000万元用于道路的大修建设工作，将益州大道北段、成汉南路、交子大道的部分路段进行了大修拓宽改造累计面积约13万平方米。同时，投入资金约190万元完成了府城大道、剑南大道、益州大道、中和大道等40余条道路车行道、人行道的维修；对新街社区26号院、296号院及39号院落内部分道路实施改造；紫竹社区27、65号院小品维修；石羊新街院落26号、296号栏杆扶手安装，周边道路设置缘石坡道、盲道，累计面积约1.1万平方米，彻底解决农迁小区反映的民生问题。

排除安全隐患、集中处理道路病害问题。以城乡环境综合治理工作为抓手，在完善基础设施的同时，结合数字化城管理平台，按照管养区域“全覆盖、片区化、单元格”的管理模式，不断加强市政道路病害排查力度，第一时间发现、第一时间解决安全隐患，确保全市城区“路平、沟通、灯亮、桥畅”。2012年累计完成万象南路、锦悦西路、荣华北路、天骄路、天健路等10余条病害较严重道路的维修工程，修补道路、人行道面积累计约1万平方米，投入资金约200万元，经过全面修整之后，成都高新区道路基本实现路面平整、畅通，设施的完好率不断提高，全年未发生因市政设施问题引发的安全事故。

专业化管养桥梁，确保桥梁安全。成都高新区对区内所有桥梁都进行一次常规性检测。同时，成都高新区依据《城市桥梁养护技术规范》和成都市城市管理局相关文件要求，机场路辅道1号桥、聚宝沱桥等10座桥梁进行结构性检测，确保所有在管桥梁在汛期的运行安全。

【道路挖掘管理】 成都高新区严格规范各类占道施工行为，严把审批关，充分利用市场化维护管理优势，及时发现并坚决查处违章占道挖掘施工，基本杜绝违章占道挖掘的发生，严格道路挖掘审批工作。按照市场化运作模式，通过委托合同形式，将道路桥梁等市政设施委托给养护单位，并按照“谁维护，谁负责”的原则，明确责任主体，要求各养护单位加大对各自管护区域道路的巡查力度，提高巡查频率。对于巡查过程中所发现的违章占道挖掘情况立即上报，进行核实，对未办理审批手续的挖掘予以阻止，在第一时间查找责任主体，要求其补办手续，并在规定时间内恢复市政设施原状。

维护管理和专业执法形成联动。设施养护单位通过高频率的巡查，对发现的和数字化平台案卷派遣的违章占道挖掘进行核实，要求其办理相关审批手续。对于部分违章占道挖掘当事人不予配合并强行实施违章行为的，养护单位立即上报数字化平台指挥中心，指挥中心备案登记后通知执法部门。执法部门接到通知后立即进行现场查勘，并进行处置，使查处工作规范化、有序化。因养护单位和数字化案卷全区域的不间断监管，做到对违章占道挖掘第一时间发现、第一时间上报、第一时间处置，有效提高查处效率。养护单位工作时间通过人员调整进行延长，对夜间和节假日等行政监管相对薄弱时间段进行有效补位，对于在此期间所发生的违章情况也能第一时间发现并加以处置。

城管执法

【概况】 2012年，成都高新区城市管理执法工作围绕省市城乡环境综合治理工作任务，以文明城市、卫生城市创建复检为契机，以“三个延伸”为抓手，开展各项专项执法整治行动，辖区内市容秩序得到有效提升。

【市容秩序整顿】 成都高新区坚持突出重点，以点带面的整治原则，在辖区严禁街、严控街、重要点位开展116次集中专项整治，对西部园区富士康厂区周边游商占道经营行为，新光路76号院、蓝草路、永丰路人行天桥、维信路等重点区域游商占道经营行为坚持不懈地采取持续、高压的整治态势，充分体现带动、示范、辐射作用，重要点位经过整治后，周边环境秩序得以大幅度提升。全年共清理流动摊贩54752起，纠正越门经营32305起。

【违章建筑执法查处】 成都高新区坚持“新增为零、存量递减”的治违原则，不断加强对违法建设的治理力度。1–10月，建成区域已拆除违法建设点位4处，拆除面积13930平方米；“环城生态区域”已拆除违法建设点位8处，拆除面积20440平方米，超额完成目标任务440平方米。拆除其它违法建设共计10950平方米，罚款112万元。

在狠抓违建拆除的同时，积极探索探索遏制新增违法建设工作新机制。一是由成都高新区城市管理行政执法局牵头，成都高新区规划建设局、各街道办事处等职能部门参加，召集区内新入住小区物业管理公司负责人召开“示范小区共建共管座谈会”，签订《共建共管协议》150余份，印发《致业主的一封信》12000余份，制作《禁止违法建设告示牌》，悬挂《违法建设监督员网络告示牌》，明确物业管理公司监督职责等手段，让物业管理公司和广大市民也参与到发现、劝导、举报违法建设的行动中来。二是与物业管理公司、市民共同监管新增违法建设，通过强化目标网格管理监督，使成都高新区内防控新增违法建设工作“组织到位、工作到位、配合到位、保障到位、宣传到位”。

【拆除违法广告】 成都高新区通过对区内公交站台、无审批手续广告、机场沿线违法户外广告（招牌）、中心城区占道标牌、标识的清理整治，净化了空间环境，市容环境面貌得到有效改观。全年调查统计非公交站台广告469个，拆除违法广告371个，调查中心城区占道标牌、标识68个，拆除面积7542平方米。

【扬尘治理】 2012年，成都高新区共审批新开工建设项目60个，收取建筑垃圾处置费980万元（工业项目和政府投资重点建设项目经管委会批准免缴除外），中心城区第一；办理《建筑垃圾运输通行证》1800余台次，办证率100%，中心城区最多最高；全力推行运渣车全密闭运输和公司化运营管理，引导成立建筑垃圾运输公司9家，动员、督促运输公司安装自动软蓬全密闭覆盖系统的运渣车400余台，完成市扬尘办下达的改装目标任务。同时，通过严格管理，保证区内运行的运渣车全面实行全密闭运输，有效遏制超载冒载，未密闭运输撒漏造成的道路污染；全年共查处违规建筑工地140件次（其中扬尘污染50件次；噪声扰民90件次）；运渣车50台次，罚款90余万元，位居中心城区第一。

【数字化城市管理】 成都高新区数字化城管工作，在季度和年度考核中均位列全市第一。1–12月监督员有效上报案件数99315件，视频发现7034件，其中区级问题应处置数104768件，按期处置率99.52%，结案率100%；12319城管服务热线运行良好；市场化效果明显，建立一支精干的监督员队伍。监督员全天候、有重点地巡查，加上多渠道的信息来源，使城市管理形成比较完善的问题发现机制，截至年底监督员有效上报率100%，综合指标值为100，综合指标排全市第一名。

【执法队伍建设管理】 成都高新区城管环保局高度重视执法队伍的制度建设、效能建设、作风建设，坚持把依法执法、严格执法、文明执法作为执法工作的抓手，常抓不懈。为有效提高执法办案水平，在队伍建设和队伍培训中采取4个方面的措施加以强化。一是组织各街道中队一线执法人员分期分批到大队跟班学习执法文书标准化制作，熟悉执法文书制作流程和规范；二是定期对各直属中队、街道中队案卷进行集中评查，及时对难点、热点案件案卷采取以案讲法的专题学习讨论，有效促进办案人员办案能力的提升；三是结合全市保持党的先进性纪律作风整顿活动，从队伍实际出发，8月开展为期一个月的高新区城管执法系统纪律作风整顿专项活动，进一步强化队伍纪律作风建设。四是通过每周队务会及时研判工作中的得失与经验教训，落实工作措施。

（城市管理和环境保护局）

城市建设

城乡建设规划

【概况】 2012 年，成都高新区规划布局呈“两园、九片区”结构。两园指南部园区和西部园区，七个综合片区为三环路以北、创业路以西的起步区，三环路以南、成昆铁路以西的新园片区，成昆铁路以东、火车南站以南、外环路以北的站南片区，外环路以南的大源片区及中和组团，西部园区外环路以东的起步区，外环路以西、成灌高速以南、清水河以北的西南片区及清水河以南的南岸组团。创业路、大件路、元华路、站华路、天府大道、羊西线、IT 大道、西区大道和三环路、外环路、新成仁路作为穿越区内的重要城市干道，构成成都高新区城市形态的重要支撑骨架。全区形成“一区多园、组团式、开放式”的格局。南部园区规划建设紧密围绕产业发展，集中发展电子信息和生物医药、软件产业，承担金融商务、科技咨询、行政管理、商业服务等重要城市功能，城市发展定位为“现代商务中心、高端产业新城”，是成都市重点发展的现代化服务业城市新区。西部园区规划建设集中发展产业集群，以电子信息、生物医药和精密机械制造产业为主体，空间信息化，生产自动化、园区生活化、环境优美化、社会安定化、科技与人文协调统一的一流综合产业园区。

【规划编制】 2012 年，成都高新区规划开展《成都高新南区华阳中和片区电力基础设施规划》《生物医药科技园区概念规划》《高新区汽车 4S 服务园区规划》《高新区华阳中和片区排水规划》《高新区华阳中和片区电网规划》《天府新区高新片区产城一体单元深化规划》《高新区创意产业园区规划》《锦江江滩 · 天鹅湖公园规划设计》《高新区天府大道景观规划设计》及《高新区天府大道夜景规划设计》《高新区新园北片区控规大纲修编》《高新区起步区工业园二期控规大纲修编》《高新区环城生态区域控规修编》《高新区移动互联网产业园城市设计》《高新区光华工业园控规局部调整》《天府新区都市农业示范区规划设计》等近 20 项规划编制工作。

成都高新区委托成都市城市设计研究中心编制《高新区移动互联网产业园城市设计》，该产业园位于大源组团南片区，占地约 166 公顷。形成以品牌企业、品牌园区、品牌产品形成带动区域发展的新兴产业龙头，以新形态、新空间、新文化形成提升区域整体价值的城市新魅力核心，打造“大源 1 线”移动互联网特色产业园。

《天府新区高新片区都市农业示范区规划设计》：天府新区高新片区都市农业示范区规划区域面积约 6 平方公里，区域紧邻中和及新川产城一体单元。该区域力争将居住、商贸、办公、创新研发、文化博览等一系列的城市功能，与乡村地区的生产功能进行复合，形成功能互补、互利共生的格局，构成一个基本能自给自足的生态系统。区域定位以生态养生、农业体验为主的高品质绿隔地区，划分为三大主要片区。A 公共区域发展手工作坊、创意商店、农夫集市；B 半公共区域发展有机农场、主题旅馆、郊野公园；C 私密区域发展私人农庄、高端会所、乡村酒店。

【规划监管】 成都高新区整治违法建设协调领导小组由高新区城市管理和环境保护局、高新区规划建设局、各街道办事处相关负责人组成，牵头开展规划监督管理和违法建设整治工作，规划建设局和城管环保局分工协作，会同各街道办事处、社区等部门在切实保证日常巡查、日常监管的基础上，适时组织集中治理、专项执法。由高新区规划建设局还全面负责建设项目报建并联审批的工作，在建设档案资料管理和涉嫌违建合法性认定等方面为执法部门提供后援和支撑，保证整治违法建设工作的顺利推进。

为抓好重要区域、重大项目的日常巡查和监督检查，明确长效管理工作责任和工作程序，强化监督管理，有效严控新增违法建设，防止违法建设反弹，按照市规划执法监督局要求，高新区城管环保局及时修定完善高新区新增违法建设预防控制和责任追究工作制度。通过强化目标网格管理监督，提升街道社区对防控新增违法建设工作重要性的认识，将治理违法建设的认识和行动统一到市委、市政府的决策和要求之上，不断增强成员单位对治理工作的紧迫性和责任感意识，使区内防控新增违法建设工作“组织到位、工作到位、配合到位、保障到位、宣传到位”。

充分利用24小时专人值班举报电话，发挥数字化城市管理监督平台在整治违法建设工作中的作用，全年共接受群众举报31件，均按要求有效地进行查处和回复。

在明确整治违法建设目标，理清思路的基础上，根据治违工作的主要矛盾，坚持注重调查研究、注重客观实际、突出治理重点，围绕拆除违法建设的重、难点区域有序推进整治违法建设工作。按照市城乡规划执法监督机构要求，重点查处“198”区域、城郊结合部、居民小区、公园绿地的违法建设，杜绝开发商占用公共区域搭建售楼部的行为。2012年高新区全年无新增违法建设，共计拆除“198”区域违法建设点位8处，拆除面积20440平方米，拆除“198”区域以外违法建设点位6处，拆除面积25310平方米，圆满完成市规划执法监督局下达的拆违目标任务。

【规划实施管理】 成都高新区并联审批窗口共进行总平方案会审113项；用地许可证核发80项；工程规划许可证核发170项；选址意见书核发5项;规划竣工验收110项。完成市政道路、管线等相关工程竣工备案资料共计100余份；办理企业市政规划档案查询40余件；制发或审批各类市政设施规划红线图102份，临时租地红线图26份。

（规划建设局）

重点项目建设

【概况】 2012年，成都高新区共有建设项目377个。其中在建项目201个，总投资约1975亿元，在建面积约3448万平方米，未建面积约1129万平方米；拟建项目176个，总投资约1083亿元，拟建面积约1936万平方米。全年新开工项目72个，开工面积约1168万平方米；竣工项目74个，竣工面积约984万平方米。

2012年成都高新区促建项目基本情况汇总表

区域	在建项目情况				拟建项目情况			今年新开工项目情况			今年续建新开工项目情况			今年竣工项目情况			今年续建竣工项目情况		
	项目数（个）	总投资（亿元）	在建面积（万平方米）	未建面积（万平方米）	项目数（个）	总投资（亿元）	总平面积（万平方米）	项目数（个）	总投资（亿元）	新开工面积（万平方米）	项目数（个）	总投资（亿元）	新开工面积（万平方米）	项目数（个）	总投资（亿元）	竣工面积（万平方米）	项目数（个）	总投资（亿元）	竣工面积（万平方米）
站南组团	40	578	1049	212	19	264	444	9	–	182	6	52	183	15	104	264	8	33	144
大源组团	57	573	936	279	31	345	615	18	–	212	5	11	50	10	78	173	8	23	72
小计	97	1151	1985	491	50	609		27		394	11	63	233	25	182	437	16	56	216

续表

区域		在建项目情况				拟建项目情况			今年新开工项目情况			今年续建新开工项目情况			今年竣工项目情况			今年续建竣工项目情况		
		项目数（个）	总投资（亿元）	在建面积（万平方米）	未建面积（万平方米）	项目数（个）	总投资（亿元）	总平面积（万平方米）	项目数（个）	总投资（亿元）	新开工面积（万平方米）	项目数（个）	总投资（亿元）	新开工面积（万平方米）	项目数（个）	总投资（亿元）	竣工面积（万平方米）	项目数（个）	总投资（亿元）	竣工面积（万平方米）
中和片区		14	168	356	308	5	147	274	3	15	75	4	13	88	8	25	129	0	0	0
天府新区小计		71	741	1292	587	36	492	889	21	##	287	9	24	138	18	103	302	8	23	72
天府新城以外		17	61	82	35	16	45	81	11	10	37	2	4	11	6	4	14	3	5	16
西部园区		44	300	356	295	54	232	376	20	35	57	12	13	39	21	25	72	9	18	54
合计		172	1680	2779	1129	125	1033		61		563	29	93	371	60	236	652	28	79	286
政府投资	站南组团	8	32	79	0	6	5	13	2	6	13	0	0	0	9	21	35	0	0	0
	大源组团	10	65	161	0	15	30	92	1	0	0.5	0	0	0	1	2	4	0	0	0
	小计	18	97	240	0	21	35	105	3	6	13.5	0	0	0	10	23	39	0	0	0
	中和片区	6	66	216	0	21	8	23	6	66	216	0	0	0	1	1	5	0	0	0
	天府新区小计	16	131	377	0	36	38	115	7	66	216.5	0	0	0	2	3	9	0	0	0
	新城以外	1	0.5	1	0	4	4	12	1	1	1	0	0	0	3	1	2	0	0	0
	西部园区	4	131	212	0	5	3	6	1	3	3	0	0	0	0	0	0	0	0	0
	合计	29	295	669	0	51	50	146	11	76	233.5	0	0	0	14	25	46	0	0	0
总合计		201	1975	3448	1129	176	1083		72		796.5	29	93	371	74	261	698	28	79	286

2012 年成都高新区开竣工项目一览表

开工

项目名称/企业名称（项目经理）	项目内容	总建设用地（亩）	总建筑面积（平方米）	本次开工面积（平方米）	开（竣）工时间	项目进展情况	总投资（万元）
站南组团							
桂溪苑 / 四川省省级机关房屋统建服务中心、四川省蜀府房屋建设开发有限公司	住宅及配套商业		86000	86000		清理项目	10000
南晶国际 / 成都燕宇投资事业发展有限公司	写字楼	25	50449	22000	2012 年 1 月	土方施工	8722
南城都汇 / 和记黄埔地产（成都）有限公司	6 期住宅、7 期住宅	1560	3153353	629153	2012 年 5 月	土方施工	109766

续表

项目名称/企业名称（项目经理）	项目内容	总建设用地（亩）	总建筑面积（平方米）	本次开工面积（平方米）	开（竣）工时间	项目进展情况	总投资（万元）
誉峰（9号地）/成都市中天盈房地产开发有限公司	住宅1-10栋	173.6	629221	152647	2012年7月	土方施工	77631
南城都汇/和记黄埔地产（成都）有限公司	住宅及商业配套	1560	3153353	526777	2012年9月	土方施工	91905
誉峰（9号地）/成都市中天盈房地产开发有限公司	住宅、商业及娱乐	173.6	751011	120544	2012年11月	土方及护壁桩施工	51363
城南一号西区/中海兴业（成都）发展有限公司	住宅、商业	180	600000	290000	2012年11月	地下室施工	169167
城南一号西区/中海兴业（成都）发展有限公司	住宅、商业	180	600000	100000	2012年2月	土方施工	58333
银泰中心/成都银城置业有限公司	写字楼、住宅、酒店、酒店式公寓、商业等	67.8	720000	720000	2012年2月	土方施工	450000
天府长城商业配套	商业配套	10	47000	47000	2012年2月	土方施工	10000
富森·美家居（城南）国际商城三期/成都富森美家居实业有限公司	商业	32	205943	205943	2012年3月	土方施工	60000
英祥商业广场/成都名川房地产开发有限责任公司	住宅、酒店、商业	26.3	112030	112030	2012年4月	降水、护壁、土方施工	57000
中欧国际金融区中心/成都泰达时代房地产开发有限公司	写字楼、商业	29.2	116462	116462	2012年6月	土方施工	100000
中建·锦城/成都锦城中建地产开发有限公司	住宅、商业	93	342660	150477	2012年7月	土方护壁施工	74654
成都银行大厦（暂定）/成都银行股份有限公司	总行办公楼	28.42	165956	165956	2012年8月	土方施工	100000
鑫信合中心/成都鑫信合实业有限公司	写字楼、酒店、住宅	34.8	200000	200000	2012年8月	土方施工	110000
合计				3644989			1538541
大源组团							
美年广场/四川西美投资有限公司	教工食堂、酒店、培训、办公、商业、住宅	260	850000	82905	2012年3月	土方施工	14630
国家大学科技园/四川川大科技园（南区）开发有限公司	别墅7、8、66、99#楼，住宅11、16楼	94.85	478126	100000	2012年4月	土方施工	8784

续表

项目名称/企业名称（项目经理）	项目内容	总建设用地（亩）	总建筑面积（平方米）	本次开工面积（平方米）	开（竣）工时间	项目进展情况	总投资（万元）
华西证券综合办公大楼/华西证券有限责任公司	商业、酒店式公寓	37	207425	149236	2012 年 6 月	土方施工	71945
中国工商银行金融后台中心（成都）/中国工商银行股份有限公司	电子银行成都分中心、银行卡制卡中心、资金清算中心和信用证单据处理中心等及相关配套	105.6	130305	7000	2012 年 6 月	基础施工	5372
环球金融中心/领地房地产集团股份有限公司	写字楼、商业	27.67	235821	163040	2012 年 9 月	土方施工	13827
生态总部园/成都高投中筑置业有限公司	办公	401	196971	141311	2012 年 1 月	土方施工	25827
蜀都中心（D-4）/成都蜀都银泰置业有限责任公司	冷站、地下停车场	33	57000	57000	2012 年 1 月	土方施工	50000
新城国际广场/成都成房置业有限公司	商业、写字楼、住宅	30	135000	135000	2012 年 3 月	土方施工	66000
携程旅行网区域总部/成都携程信息技术有限公司	消费类 IC 芯片设计及嵌入式软件应用开发等	13.5	51000	51000	2012 年 3 月	土方施工	25000
招商银行金融后台服务中心/招商银行股份有限公司	电话银行、信用卡客服中心、综合配套楼、数据中心、会议中心、综合办公、学员宿舍、食堂	115.24	397000	176428	2012 年 4 月	土方施工	75549
万汇国际幼儿园/四川万汇文化投资有限公司	幼儿园	7.5	6504	6504	2012 年 5 月	土方施工	3000
峰度天下/成都松芝置业有限公司	住宅、商业	44.9	201590	201590	2012 年 5 月	土方施工	60000
中国邮政储蓄银行金融后台服务中心（一期）/中国邮政储蓄银行有限责任公司四川省分行	软件开发、客户服务、数据处理、银行卡制卡、票据中心等	33	133213	69713	2012 年 6 月	土方施工	62798
汇锦城/成都裕丰汇锦置业有限公司	住宅、商业	79	363088	165821	2012 年 6 月	土方施工	77638

续表

项目名称/企业名称（项目经理）	项目内容	总建设用地（亩）	总建筑面积（平方米）	本次开工面积（平方米）	开（竣）工时间	项目进展情况	总投资（万元）
太平洋保险集团IT容灾、研发及后援中心/中国太平洋保险（集团）股份有限公司	太平洋保险集团IT容灾、研发中心及后援中心	52.33	188000	188000	2012年7月	土方施工	200000
中环岛/成都华高置业有限公司	住宅、商业	35	160800	94000	2012年8月	土方施工	26890
航天城上城/成都神州航天房地产有限公司	商业、住宅	64	300000	190000	2012年8月	土方施工	95000
百合花园/保利（成都）房地产开发有限公司	商业、住宅	82	207575	207575	2012年8月	土方施工	150000
腾讯客服及网络游戏开发中心项目/腾讯科技（成都）有限公司	客服及网络游戏开发	53.8	212094	212094	2012年8月	土方施工	117000
锦城南府/成都合创锦城实业有限公司	商业、住宅、办公	44	189632	75000	2012年10月	土方施工	39550
联发芯软件设计（成都）有限公司	嵌入式软件系统设计	34	88724	45310	2012年11月	土方施工	10214
成都金证信息技术有限公司软件、服务外包及金融后台服务基地/成都金证信息技术有限公司	金证信息研发及办公一期	90	338600	42000	2012年12月	土方护壁施工	12404
成都互信互通信息技术有限公司研发基地/成都互信互通信息技术有限公司	新一代移动通信（3G）增值服务应用开发基地	15	56882	56882	2012年12月	土方、护壁施工	22000
合计				2617409			1233428
中和片区							
卡斯摩广场/四川思凯房地产开发有限公司	住宅、商业、综合楼	50	150922	87321	2012年1月	竣工	34715
楠香山/成都冰娥房地产开发有限公司	商业、住宅	107.81	306725	306725	2012年3月	竣工	47988
御廷上郡/四川新景实业有限公司	住宅	59	204741	204741	2012年6月	竣工	21000
香榭国际/四川嘉圆置业有限公司	住宅，写字楼	119	304282	304282	2012年8月	竣工	48037
四川天益冶金集团总部办公楼/四川天益冶金集团有限公司	办公楼	8	31564	31564	2012年11月	竣工	8000

续表

项目名称/企业名称（项目经理）	项目内容	总建设用地（亩）	总建筑面积（平方米）	本次开工面积（平方米）	开（竣）工时间	项目进展情况	总投资（万元）
锐力·领峰/四川锐力置业有限公司	住宅、商业	29.44	125493	125493	2012年11月	竣工	18000
香木林领馆尚城/成都信达丰泽投资有限公司	住宅、商业	28.6	74182	74182	2012年12月	竣工	26000
领馆国际城/成都双流富豪置业有限公司	住宅、写字楼	110	348555	160000	2012年12月	竣工	45904
合计				1294308			249644
天府新城以外							
成都电业局生产辅助用房工程/成都电业局	辅助用房	17	36637	36637	清理项目		14818
神仙树大院/成都怡和天成房地产开发有限公司	住宅、商业、配套	203.5	668158	74520	2012年7月	土方施工	20622
工厂扩建/四川依米康环保科技股份有限公司	实验室、展示厅	1.7	3000	3000	2012年9月	主体施工	1100
蓉药集团研发中心/成都蓉药集团生物医药研究工程有限公司	蓉药集团研发中心，中西药制剂、新型药物中间体、原料药的研发和技术咨询，原料药经营	11.12	34178	34178	2012年2月	土方施工	8000
金刚石钻头生产基地第二期技改项目/成都百斯特金刚石钻头有限公司	生产基地	1.65	2381	2381	2012年3月	基础施工	3500
紫荆蜜城/四川瑞城房地产开发有限公司	农贸市场、商业	9.6	17289	17289	2012年8月	土方施工	6000
安信·品源/成都安信实业发展有限公司	住宅、商业	5.7	7778	7778	2012年8月	土方施工	2200
中科唯实仪器有限责任公司生产研发大楼/成都中科唯实仪器有限责任公司	生产研发大楼三期	4.1	8420	8420	2012年8月	土方施工。	1000
名城金典/成都鸿达森房地产有限公司	住宅、商业	11.6	39700	39700	2012年10月	土方施工	12000
英联国际商务中心/成都英联置业有限公司	写字楼、商业	10	48000	48000	2012年10月	土方施工	8800

续表

项目名称/企业名称（项目经理）	项目内容	总建设用地（亩）	总建筑面积（平方米）	本次开工面积（平方米）	开（竣）工时间	项目进展情况	总投资（万元）
港湾大厦/高新市政建管公司	写字楼、商业	18	52000	52000	2012年12月	土方护壁施工	18000
汽车维修及检测技术改造项目/四川大昌汽车销售服务有限公司	汽车维修及检测技术改造	13.5	12794	12794	2012年12月	土方护壁施工	6500
和贵蜜巢/成都和贵实业有限公司	住宅	7	19889	19889	2012年12月	土方护壁施工	7800
凯乐国际科研楼/成都凯乐房地产开发有限公司	科研楼	33.1	124148	124148	2012年12月	土方护壁施工	30000
合计				480734			140340
西区							
三十所（国家西部信息产业园（西区））	8#厂房	184	98118	3989	2012年2月	基础施工	1626
四川必喜食品有限公司	配电房、动力车间	322	129700	5570	2012年2月	基础施工	2147
上锦颐园/成都市武侯区桂溪房地产开发公司	住宅、附属养老院、医院、商业、幼儿园等	465.4	1009100	95000	2012年3月	基础施工	31444
时代天街/成都龙湖地产发展有限公司	商业	458	1835000	70000	2012年4月	基础施工	19074
成都晨辉汽车有限公司	商业	229	600220	95000	2012年5月	基础施工	16619
汇源集团汇都总部广场一期/汇源集团有限公司	研发楼5#、6A#、7#	134	116070	30000	2012年7月	基础施工	4032
四川梅塞尔气体产品有限公司	办公楼、加气站、配套房	27	1792	1792	2012年7月	基础施工	30000
成都晨辉汽车有限公司	商业	229	600220	70000	2012年7月	基础施工	12246
四川必喜食品有限公司	库房	322	128270	4920	2012年8月	基础施工	1918
苏州工业园久泰精密电子有限公司	屏幕保护膜、精密双面胶、导电屏幕材料生产基地	3	5493	5493	2012年9月	基础施工	6000
四川航天电液控制有限公司（二期）	机加厂房	5	3475	3475	2012年11月	基础施工	2000

续表

项目名称/企业名称（项目经理）	项目内容	总建设用地（亩）	总建筑面积（平方米）	本次开工面积（平方米）	开（竣）工时间	项目进展情况	总投资（万元）
高端微波集成组件及器件科研楼建设改造工程 / 成都泰格微波技术股份有限公司	科研办公室	1.5	5807	5807	2012 年 12 月	基础施工	1500
苏州西门子电器有限公司成都分公司	可编程逻辑控制器（PLC），工控机及工业操作面板等相关自动化电子产品生产基地及工业自动化产品研发中心	77	40000	23938	2012 年 2 月	基础施工	23938
四川优机实业股份开发公司（起步区）	A、B 楼	55	94753	31250	2012 年 2 月	土方施工	6820
中电科航空电子有限公司	航空电子产业园基地	150	103868	20128	2012 年 3 月	基础施工	38757
成都纵横航空设备有限责任公司（原华宇二期项目地块）	综合楼	30	45000	39000	2012 年 4 月	基础开挖	13867
恒安（四川）生活用品有限公司	库房	300	200000	50700	2012 年 4 月	基础施工	7985
四川中自尾气净化有限公司	厂房	33	32484	19484	2012 年 4 月	基础施工	9597
日立电梯（成都）有限公司	集制造、安装、物流配送、配件供应、培训为一体的电梯生产及服务综合基地	220	94131	71150	2012 年 5 月	基础施工	47619
四川中自尾气净化有限公司	汽车尾气净化催化转换器	33	32484	13000	2012 年 6 月	土方施工	6403
四川必喜食品有限公司	方便面等食品生产	322	128270	19000	2012 年 6 月	基础施工	7406
成都明旺乳业有限公司	成都明旺有限公司扩建工程	40	21586	21586	2012 年 7 月	基础施工	33507
中电科航空电子有限公司	5#、6# 科研楼	150	103868	20954	2012 年 8 月	基础施工	40347
峻凌电子（成都）有限公司	厂房、配套房	33	28510	28510	2012 年 8 月	基础施工	17000
日立电梯（成都）有限公司	二期办公楼、食堂、污水处理站、门卫室、杂物间	220	94131	11970	2012 年 9 月	基础施工	8011

续表

项目名称/企业名称（项目经理）	项目内容	总建设用地(亩)	总建筑面积（平方米）	本次开工面积（平方米）	开（竣）工时间	项目进展情况	总投资（万元）
莫仕连接器（成都）有限公司（二期）（出口加工区）	厂房	30	41000	20000	2012 年 11 月	基础施工	9512
成都盛迪医药有限公司 / 江苏恒瑞医药股份有限公司	厂房	150	120000	14000	2012 年 11 月	基础施工	5833
飞利浦灯具（成都）有限公司（一期）	厂房、办公楼	54	40467	40467	2012 年 11 月	基础施工	23000
中国兵器装备集团（成都）火控技术中心	1# 总部研发大楼	275	327394	64678	2012 年 11 月	基础施工	8100
成都华神集团股份有限公司	制药车间	232	95706	15005	2012 年 12 月	基础施工	6271
四川奥翔航空产业园有限公司	综合楼	98	149846	18482	2012 年 12 月	基础施工	12334
西部园区综合保税区 A 区标准厂房一期工程 / 戴尔（成都）有限公司（一期）	一期综合厂房	105	29828	29828	2012 年 12 月	基础施工	21000
合计				964176			475913
竣工							
站南组团							
天府长城（含半岛城邦）/ 成都深长城地产有限公司	住宅及商业配套。	324	792619	212965	2012 年 1 月	竣工。	72051
旅游分公司迁建工程办公楼 / 成都市汽车运输（集团）公司	车站、车队。	36	4702	3000	2012 年 1 月	竣工。	4147
南城都汇 / 和记黄埔地产（成都）有限公司	住宅及商业配套	1560	3037593	290000	2012 年 1 月	竣工	52523
晶科名苑 / 龙润房地产开发（成都）有限公司	住宅、商业	123.25	481427	236401	2012 年 3 月	竣工	39283
城南一号东区 / 中海兴业（成都）发展有限公司	商业一期、二期	227	864425	203000	2012 年 6 月	竣工	32877
城南一号东区 / 中海兴业（成都）发展有限公司	住宅、商业金融及娱乐	227	864425	67000	2012 年 9 月	竣工	10851
新世纪环球中心 / 成都世纪城新国际会展中心有限公司（生态带）	海洋乐园、五星级酒店、写字楼、商业	700	1660499	243436	2012 年 11 月	竣工	65972
新世纪环球中心 / 成都世纪城新国际会展中心有限公司（生态带）	海洋乐园、五星级酒店、写字楼、商业	700	1660499	187221	2012 年 12 月	竣工	50737

续表

项目名称/企业名称（项目经理）	项目内容	总建设用地（亩）	总建筑面积（平方米）	本次开工面积（平方米）	开（竣）工时间	项目进展情况	总投资（万元）
新濠峰大厦（原恒泽动力）/成都新濠锋置业有限公司	科研、管理用房等	17.06	75680	75680	2012年1月	竣工	52000
中航城市广场/成都市中航地产发展有限公司	商业、写字楼	29.6	108900	108900	2012年2月	竣工	190000
德商国际/华诚信息产业有限公司	扩建办公、研发中心	20	97250	97250	2012年4月	竣工	38000
皇城花卉小区/四川省省级机关房屋统建服务中心、四川省蜀府房屋建设开发有限公司	住宅	38	160507	160507	2012年5月	竣工	30000
城市春天/成都嘉隆利地产有限公司	住宅、商业、写字楼	40	232475	117647	2012年6月	竣工	25303
南延新苑小区/四川省省级机关房屋统建服务中心、四川省蜀府房屋建设开发有限公司	住宅	57	164696	164696	2012年6月	竣工	45000
新世纪环球中心/成都世纪城新国际会展中心有限公司（生态带）	海洋乐园、五星级酒店、写字楼、商业	700	1660499	664070	2012年7月	竣工	179965
康普雷斯/成都谊兴房屋开发有限公司	商业、写字楼	18.16	90963	90963	2012年7月	竣工	13400
成都茂业中心/成都崇德投资有限公司	商业、写字楼、酒店式公寓	34.06	338652	338652	2012年7月	竣工	150000
礼顿山/成都市上普置地有限责任公司	住宅	29.04	119000	119000	2012年9月	竣工	36000
奥克斯财富广场/成都奥克斯财富广场投资有限公司（原新益州广场项目）	住宅、商务办公、豪庭五星级酒店、电影院、天虹百货	80	559478	180000	2012年11月	竣工	30886
大鼎世纪广场/成都大鼎置业有限公司	戴斯五星级酒店、写字楼、酒店式公寓	29.58	201127	201127	2012年12月	竣工	130000
东方希望中心/成都东方投资控股有限公司	写字楼、商业	44.48	254408	82683	2012年12月	竣工	13000
曙光科技大厦/成都曙光现代物流投资有限公司	写字楼及酒店	18.88	97338	97338	2012年12月	竣工	30000

续表

项目名称/企业名称（项目经理）	项目内容	总建设用地（亩）	总建筑面积（平方米）	本次开工面积（平方米）	开（竣）工时间	项目进展情况	总投资（万元）
公馆 1881/ 四川蓝光和骏实业股份有限公司	住宅、商业	60	224078	145000	2012 年 12 月	竣工	77004
合计				4086536			1368999
大源组团							
华府西苑 / 成都人居置业有限公司	住宅	50	199288	58288	2012 年 1 月	竣工	34454
新希望国际商务大厦 / 四川新希望房地产开发有限公司	写字楼 C 座	48.84	281421	58635	2012 年 5 月	竣工	9938
心语·花园 / 保利（成都）房地产开发有限公司	住宅及商业（二期）	199.4	580000	230000	2012 年 6 月	竣工	79310
成都金怡源伊藤购物中心 B 区 / 成都市金怡源房地产开发有限公司	天府豪庭（住宅）	80	352794	114101	2012 年 6 月	竣工	32342
建发·鹭洲 / 成都建发置业有限公司	住宅	68.6	297267	119718	2012 年 9 月	竣工	48327
心语·花园 / 保利（成都）房地产开发有限公司	住宅三期（5、18# 楼）	199.4	580000	51400	2012 年 12 月	竣工	17724
盛源·逸都国际 1-10# 楼、社区医院 / 四川盛源置业集团有限公司	商业、住宅、配套	69.1	224200	4500	2012 年 12 月	竣工	1004
国家大学科技园 / 四川川大科技园（南区）开发有限公司	写字楼 26、27 栋	94.85	478126	82647	2012 年 12 月	竣工	7260
建发·鹭洲 / 成都建发置业有限公司	住宅	68 6	297267	177549	2012 年 1 月	竣工	71552
复地·雍湖湾 / 成都上锦置业有限公司	住宅、商业	95	309730	146371	2012 年 1 月	竣工	66161
设计办公楼 / 中国石油集团工程设计有限责任公司西南分公司	科研设计楼	23	96151	96151	2012 年 6 月	竣工	35000
中国工商银行金融后台中心（成都）/ 中国工商银行股份有限公司	电子银行成都分中心、银行卡制卡中心、资金清算中心和信用证单据处理中心等及相关配套	105.6	130305	52647	2012 年 7 月	竣工	40403

续表

项目名称/企业名称（项目经理）	项目内容	总建设用地（亩）	总建筑面积（平方米）	本次开工面积（平方米）	开（竣）工时间	项目进展情况	总投资（万元）
雅颂居一期 / 嘉里置业（成都）有限公司	住宅	69	275498	275498	2012 年 9 月	竣工	140000
香年广场 / 成都九蓉房地产开发有限公司	写字楼、商业、酒店式公寓	20	243839	243839	2012 年 11 月	竣工	40000
蜀都中心（D-7）/ 成都蜀都银泰置业有限责任公司	商业、写字楼、酒店式公寓	33.96	260896	260896	2012 年 12 月	竣工	200000
凤凰城三期 / 华润置地（成都）实业有限公司	住宅、商业	62	283927	283927	2012 年 12 月	竣工	60000
海洋中心 / 四川海洋置地发展有限公司	商业、金融业、写字楼、酒店式公寓	22	202193	87829	2012 年 12 月	竣工	43438
中石化西南科研办公基地 / 中国石化集团西南石油局	研发总部	30.95	100795	100795	2012 年 12 月	竣工	79989
合计				2444791			1006902
中和片区							
卡斯摩广场 / 四川思凯房地产开发有限公司	住宅、商业、综合楼	50		150922	87321	2012 年 1 月	竣工
楠香山 / 成都冰娥房地产开发有限公司	商业、住宅	107.81		306725	306725	2012 年 3 月	竣工
御廷上郡 / 四川新景实业有限公司	住宅	59		204741	204741	2012 年 6 月	竣工
香榭国际 / 四川嘉圆置业有限公司	住宅，写字楼	119		304282	304282	2012 年 8 月	竣工
四川天益冶金集团总部办公楼 / 四川天益冶金集团有限公司	办公楼	8		31564	31564	2012 年 11 月	竣工
锐力·领峰 / 四川锐力置业有限公司	住宅、商业	29.44		125493	125493	2012 年 11 月	竣工
香木林领馆尚城 / 成都信达丰泽投资有限公司	住宅、商业	28.6		74182	74182	2012 年 12 月	竣工
领馆国际城 / 成都双流富豪置业有限公司	住宅、写字楼	110		348555	160000	2012 年 12 月	竣工
合计					1294308		

续表

项目名称/企业名称（项目经理）	项目内容	总建设用地（亩）	总建筑面积（平方米）	本次开工面积（平方米）	开（竣）工时间	项目进展情况	总投资（万元）
天府新城以外							
成都新兴汽车城汽配物流中心/成都新兴汽车城开发投资有限公司	汽配物流中心	220		188234	5000	2012年1月	竣工
蚂蚁物流中心/成都蚂蚁物流有限公司	物流中心	44.4		16457	8337	2012年5月	竣工
神仙树大院/成都怡和天成房地产开发有限公司	四期住宅	203.5		668158	143511	2012年9月	竣工
研发中心/爱斯特（成都）医药科技有限公司	化学原料及制剂研发中心	5		10997	10997	2012年2月	竣工
三和奥迪城市展厅/成都兴三和汽车服务有限公司	汽车卖场	16		31319	31319	2012年3月	竣工
总参通信干休所/总参通信部成都离职干部休养所	干休所	13		53825	53825	2012年3月	竣工
美登高研发楼/成都美登高食品有限公司	科研楼	15		36749	36749	2012年7月	竣工
金刚石钻头生产基地第二期技改项目/成都百斯特金刚石钻头有限公司	生产基地	1.65		2381	2381	2012年11月	竣工
通用电子厂房/成都新光微波工程有限责任公司	芯片研发监测中心、配套产品生产中心	4.33		7539	7539	2012年12月	竣工
合计					299658		
西区							
成都华神集团股份有限公司	附属设施（污水处理站、动力站、地下酒精库）	232		95601	2700	2012年1月	竣工
四川中钨实业有限公司	钨钢刀具生产	29		22035	7200	2012年2月	竣工
中海·国际社区/中海兴业（成都）发展有限公司	别墅及部分商业	1986		1209060	100000	2012年3月	竣工
液化空气（中国）投资有限公司	二期厂房	40		10000	1000	2012年4月	竣工

续表

项目名称/企业名称（项目经理）	项目内容	总建设用地（亩）	总建筑面积（平方米）	本次开工面积（平方米）	开（竣）工时间	项目进展情况	总投资（万元）
四川必喜食品有限公司	配电房、动力车间	322		128270	5570	2012 年 7 月	竣工
汇源集团汇都总部广场（二期）/ 汇源集团有限公司	研发楼 1#	121		190000	14000	2012 年 8 月	竣工
上锦颐园 / 成都市武侯区桂溪房地产开发公司	住宅三期	465		1009100	398843	2012 年 8 月	竣工
三十所（国家西部信息产业园（西区））	8# 厂房	184		98118	3989	2012 年 9 月	竣工
四川奥翔航空产业园有限公司	飞行模拟中心 A	98		149846	1835	2012 年 10 月	竣工
银河磁体（二期）/ 成都银河磁体股份有限公司	生产厂房	20		14000	14000	2012 年 1 月	竣工
成都万安彩印有限公司（二期）	五金原料库、五金成品库	13		8526	8526	2012 年 1 月	竣工
三十所（国家西部信息产业园（西区））	5# 研发楼、7# 倒班房	184		98118	11000	2012 年 1 月	竣工
四川汇利实业有限公司	2# 厂房、综合楼	28		26024	9915	2012 年 1 月	竣工
汇源集团汇都总部广场 / 汇源集团有限公司	研发楼、商务酒店、生产用房	134		116070	10000	2012 年 2 月	竣工
成都运达创新科技有限公司	厂房及附属设施	20		28000	11105	2012 年 2 月	竣工
中国兵器装备集团（成都）火控技术中心	4#、2#、3# 厂房、8# 地下车库	275		327394	45806	2012 年 3 月	竣工
四川必喜食品有限公司	车间、库房	322		125350	25000	2012 年 4 月	部分竣工
成都四威高科技产业园有限公司	8# 厂房、12# 厂房	380		142121	28677	2012 年 4 月	全部竣工
成都康美药业股份有限公司（西区）	倒班房（2 栋 6 层）	141		80687	9500	2012 年 4 月	部分竣工
成都港威科技有限公司	1#-2# 厂房	85		40378	9188	2012 年 5 月	竣工

续表

项目名称/企业名称（项目经理）	项目内容	总建设用地（亩）	总建筑面积（平方米）	本次开工面积（平方米）	开（竣）工时间	项目进展情况	总投资（万元）
成都欧林生物科技股份有限公司	生物疫苗研发生产基地	79		77680	38791	2012 年 6 月	竣工
达迩科技（成都）有限公司 1A 封装测试厂房新建工程（出口加工区）	生产厂房、研发楼	248		155000	68000	2012 年 7 月	竣工
成都恩普生医疗科技有限公司	一期生产厂房（2#、6#）及实验测试楼	60		48000	23043	2012 年 8 月	竣工
富通光通信技术有限公司	光导纤维材料，特种光电缆	226		81774	14388	2012 年 8 月	竣工
成都市华为投资有限公司	软件研发基地	500		278754	278754	2012 年 8 月	竣工
成都松芝制冷科技有限公司	1# 厂房	94		76750	10348	2012 年 9 月	竣工
成都思摩纳米技术有限公司（二期）	办公楼	15		9000	9000	2012 年 9 月	竣工
成都东方赫日科技有限公司	生物制品 GMP 生产车间和精油生产线	13.5		11000	11000	2012 年 11 月	竣工
奇宏科技成都生产基地 / 奇宏电子（成都）有限公司	厂房 (A1/A2)、办公楼、宿舍、附属设施	105		103880	65380	2012 年 12 月	竣工
成都大西洋线缆有限公司	办公楼、设备楼、厂房	64		40200	18000	2012 年 12 月	竣工
合计					1254558		

（规划建设局）

【西门子项目建设】 项目内容包括可编程逻辑控制器 PLC，工控机及工业操作面板等相关自动化电子产品生产基地及工业自动化产品研发中心。项目总投资约 4.8 亿元（一期），建设用地约 77 亩，总建筑面积约 4 万平方米截至年底，一期厂房、办公楼（23938 平方米）主体收尾阶段，剩余部分（16062 平方米）待一期建成投产后拟定建设计划。

【日立项目建设】 项目内容包括集制造、安装、物流配送、配件供应、培训为一体的电梯生产及服务综合基地。项目总投资约 6.33 亿元，建设用地约 220 亩，总建筑面积约 9.4 万平方米。截至年底，进展厂房一机电安装完成 70%；厂房二内墙板和外墙板施工完成 80%；仓库外墙板施工完成 30%；雨污水管线及总平道路施工。办公楼主体 4 层，施工至 4 层；食堂主体 2 层，已封顶，内外装饰施工；配电房及污水处理站正进行主体施工。培训楼及附属楼施工图设计阶段。

【长虹项目建设】 项目内容包括研发中心、设计中心、产业孵化中心。总投资约7亿元，建设用地约35亩，总建筑面积约16万平方米。截至年底，主体已封顶，装饰施工及机电安装。

【工行项目建设】 项目内容包括电子银行成都分中心、银行卡制卡中心、资金清算中心和信用证单据处理中心等及相关配套。项目总投资约10亿元，建设用地约105.6亩，总建筑面积约13万平方米。截至年底，一期竣工投运，二期待总行批准预算后建设。

（规划建设局）

【戴尔厂房建设】 按照成都高新区管委会统一部署，高投集团下属全资子公司高投建设公司承担了戴尔（成都）全球运营基地建设任务。项目位于成都高新区综合保税区A区，西侧为城市交通干道，项目建筑面积3.3万平方米，总投资2.6亿元，于2012年11月开工建设，年底进行主体施工。

戴尔（成都）全球运营基地系重大招商引资项目，工期紧迫，工程质量要求高，为确保项目按期高质量完成，高投建设公司严格控制工程进度和工程质量，确保项目"又好又快"完成建设工作。项目建成后，主要产品为从事家用、商用台式机及服务器等。

（高投集团）

戴尔（成都）全球运营基地

居民小区建设

【ICON英郡（A区）】 项目位于成都市新会展中心及天府软件园东侧"天府新城"核心区域，国际化商圈、生活圈，辐射效应凸显；紧邻天府大道、红星路南延线南北向主干道，绕城高速出入口，直通三环；以地铁1号线为交通枢纽，将天府新城与城市中心全线连接，新建的城市道路围合四周，地理位置优越，交通方便。项目占地面积约46.6亩，建设规模179789平方米，建设投资约5.4亿元。容积率4.21，建筑密度20.98%，绿地率32%。项目于2010年5月开工建设，2011年12月主体完工，砖砌体完成30%，于2012年12月提前半年完工并交房。

ICON英郡（A区）共7栋高层建筑，其中五栋为33层、两栋34层，地下停车库2层，地下停车场机动车位约1292个，地下非机动车位约1407个。裙房共2层，为小区商业配套设施。该项目景观由日本设计团队株式会社久米设计和中国建筑西南设计研究院联袂打造，100%无阻碍景观直触、大面宽景设计、玻璃通透空间，使建筑成为像植物样沐浴在阳光下的生命体，缔造"极舒适"的绿色生态建筑。

工程由成都高投置业有限公司建设，日本久米设计公司为建筑设计顾问，中国建筑西南设计研究院有限公司设计，四川省建筑机械化工程公司和四川君羊建设集团承建，四川建鑫工程监理有限公司和四川精正建设管理咨询有限公司监理。

【天悦府】 项目位于高新大源板块核心居住区，该片区为中央居住区与中央商务区的交汇处，交通优势明显，多路公交车可直达中心城区各方向，地铁1号线更是拉近了国际城南与中心城区的距离。项目景观采用东南亚皇家泰

ICON 英郡（A 区）项目效果图及实景图

式园林风格，天悦府集墅质 5+1F 花园电梯洋房与 30-31F 俊朗高层电梯为一体，打造区域内高端国际社区。此外项目本身自带 3000 余平米昰级会所。“天府第一街——铁像寺水街”与本项目仅一街之隔，周边更是云集了伊藤亚洲旗舰店、成都七中高新校区、成都市第一人民医院等完善配套。项目占地面积约 100 亩，建设规模约 34 万平方米，投资约 18.5 亿元（不含土地费用），总容积率 3.38，绿地率 30%。项目于 2011 年 5 月开工建设，2011 年 12 月土方开挖完成 60%，计划 2014 年 12 月完工。

工程由成都高投置业有限公司建设，中建国际（深圳）设计顾问有限公司设计，成都建筑工程集团总公司、四川煤矿建设工程公司、成都市信高工业设备安装有限责任公司、成都市第七建筑工程公司和中国第四冶金建设有限责任公司承建，成都衡泰工程管理有限公司、四川白洋工程项目管理咨询有限公司、四川省名扬

天悦府鸟瞰图及实景图

ICON 尚郡鸟瞰图及实景图

建设工程监理有限公司和四川科特建设管理有限公司监理。

【ICON 尚郡】 项目位于成都市“天府新城”核心区域大源组团，为集生活、教育、商业、休闲、娱乐、健身、医疗于一体的成熟配套社区。交通便利，四周由“#”字形道路围合，紧邻绕城高速、三环快速通道，入城快速通道剑南大道和地铁五号线距该小区约300米；商业气氛浓厚，伊藤洋华堂位于该小区东南侧；教育资源丰富，大源小学、成都名校紧邻，拟引进金苹果幼儿园；集休闲娱乐健身的漾亚体育公园与该小区一墙之隔，有近500年历史的宗教禅院铁像水街位于该小区东侧。项目占地面积约46亩，建设规模19.3万平方米，建设投资约5.5亿元，容积率4.499，建筑密度28.54%，绿地率30%。项目于2011年6月开工建设，2011年12月主体完成30%，2012年12月主体封顶，装饰完成30%，计划2013年12月完工。

ICON 尚郡由6栋29至30层高层建筑和两栋3层纯商低层建筑形成围合式建筑小区，地下停车库2层，地下停车场机动车位约1364个，地下非机动车位约1768个。裙房共2层，为小区商业配套设施。该项目景观由日本设计团队株式会社久米设计和中国建筑西南设计研究院联袂打造，100%无阻碍景观直触、大面宽景设计、玻璃通透空间，使建筑成为像植物样沐浴在阳光下的生命体，缔造“极舒适”的绿色生态建筑。

员工公寓三期施工夜景图

工程由成都高投置业有限公司建设，日本久米设计公司为建筑设计顾问，中国建筑西南设计研究院有限公司设计，四川省第十三建筑有限公司和四川省第七建筑有限公司承建，成都衡泰工程管理有限公司和四川建鑫工程监理有限公司监理。

【员工公寓三期工程】 员工公寓三期工程由成都高投集团下属全资子公司高投建设公司组织建设，项目位于成都高新区西部园区西南片区合信路，总建筑面积121万平方米，分为A、B、C、D、E、F等6个地块建设，公寓13647间，集中商业6个，可容纳10万人居住。项目于2011年开工建设,2012已全部建成并投入使用。

【高新区中和片区安置房项目】 项目位于天府新区高新片区，由成都高投集团下属全资子公司高投建设公司组织建设。

中和片区安置房工程包括怡馨家园（观东小区）、新怡花园B区（新华1期）、龙祥佳苑3期、龙腾苑（会龙四期）、新怡花园A区（新华1期）、新怡华庭（新华2期）6个小区，总建筑面积210万平方米，总投资约73亿元，建设周期为2012年至2014年，项目于2011年12月22日启动建设。2012年，除怡馨家园（观东小区）存在障碍外，其余小区均在进行主体施工工作。

中和片区安置房工程住宅楼设计为底层架空，增加了居民活动空间，提升了居住舒适度。小区路网结构设计科学合理，交通停车体系智能化，并合理设置小区主、次入口，满足人车分流要求。配置独立商业、底层商业、小区活动室及老年活动室、卫生用房、全民健身设施（场地）、广播室及社区办公、物管、群宴等配套用房，并设置民俗坝坝宴场所。

该项目的建设，对于加快中和片区旧城改造步伐、改善群众居住条件，促进天府新区高新片区项目顺利推进具有重要意义。

成都高新区中和片区安置房项目

（周全勇）

基础设施建设

【概况】 2012年，成都高新区政府投资主要基础设施建设为锦城湖等财富论坛相关配套建设、中和片区农迁房及公建配套建设、中和片区三纵三横两桥建设等项目。区内5条健康绿道建设共计25.6千米完工。

2003年西部园区并入成都高新区以来，平均每年政府投资重点建设规模维持在25亿左右。到2012年重点建设项目年度完成投资已达75亿元，为历年之最。政府投资基础设施建设主要包括道路桥梁、给水排水 、电力燃气、通信防灾等方面。

【锦城湖工程】 锦城湖属环城生态带规划建设的六大湖泊之一，财富论坛重大标志性项目，新城绿地水系重要项目。位于天府新城大源组团，占地面积2400亩，其中湖面面积1000亩，高新区实施段总投资约2亿元，预计2013年5月底完工。

【锦江滨河公园高新段工程】 锦江滨河公园高新段属财富论坛配套项目之一，位于天府新城

锦城湖工程

锦江滨河公园高新段工程

大源及中和组团，总投资约7亿元，建设规模约72.8万平方米，预计2013年5月底完工。

【大源商业商务核心区地下空间工程】 大源商业商务核心区地下空间工程位于高新区南部园区大源核心区新世纪西路，总投资额约12亿元，建设规模达一平方公里，于2011年1月正式启动建设。地下空间位于成都市未来发展中心轴线的南段，是天府新城大源组团的核心区，是中西部地区第一个地下空间综合利用工程，提高了土地利用率和城市综合开发效率。项目建成后，地面是繁华的商业CBD，地下是四通八

大源商业商务核心区地下空间工程

大源商业商务核心区地下空间工程

达的交通纽带，体现了先进的城市开发理念。项目受到各级政府与社会各界的广泛关注。市委书记黄新初等领导多次到地下空间视察工作，对项目建设给予巨大支持和肯定。该项目于2011年1月正式启动建设，建设周期为2011-2013年，截至2012年年底，主体基本完工。

【府河西侧（高攀东路－绕城高速段）健康绿道工程】 府河西侧（高攀东路－绕城高速段）健康绿道工程位于成都高新区南部园区，项目总投资7300万元，规模为5700米。项目于2011年9月开工建设，2012年已完工。

【三环路两侧（三环路高新区范围）健康绿道工程】 三环路两侧（三环路高新区范围）健康绿道工程位于成都高新区南部园区，项目总投资8400万元，规模7500米。项目于2011年9月开工建设，2012年已完工。

【元华路（三环路－新世纪西路）健康绿道工程】 三元华路（三环路－新世纪西路）健康绿道工程位于成都高新区南部园区，项目总投资6600万元，规模5500米。项目于2011年开工建设，2012年已完工。

【高新区西部园区外环路（高新段）健康绿道工程】 高新区西部园区外环路（高新段）健康绿道工程位于成都高新区西部园区，项目总投资2000万元，规模2100米。项目于2011年开工建设，分为A、B、C、D四段建设。截至2012年底，A、C、D段已全部完成。

【高新区南部园区外环路（高新段）健康绿道工程】 高新区南部园区外环路（高新段）健康绿道工程位于成都高新区南部园区，项目于2011年开工建设，2012年完成无障碍段施工。

【新成仁路工程】 该工程属高新区2012年的重点建设项目，地处天府新区高新片区，总投资3.9亿元。项目于2011年12月开工建设，2012年底项目进行沥青铺筑和交安系统、路灯系统施工。该道路系中和“三纵三横”道路中“三纵”的中间道路，由双向六车道及非机动车、人行道组成，全长6300米，道路横断面宽度40米，其中2.8千米的中和片区区域内已建道路考虑按现标准进行改造，向北新建0.75千米道路至绕城高速，向南新建1.75千米道路至新川科技园北侧区界。施工内容包括道路、排水、电力浅沟、交安、道路绿化、小三线等。该工程道路路面面层的结构采用4厘米+6厘米+6厘米的结构形式，上面层采用强度高、路噪底4厘米SMA玛蹄脂混合料，中面层及底面层均采用6厘米中粒式沥青混凝土，人行道采用压印混凝土的结构形式。

该道路建成后将成为连接天府新区和成都市中心城区的主要通道，将进一步完善天府新区起步区的城市基础设施配套功能，有效改善区域人居环境和交通通行能力，对于加快天府新区起步区建设具有特殊重要意义。

【红星路南延线工程】 红星路南延线全线总投资38.6亿元人民币，截至2012年底，化龙路至区界段中无障碍段已基本形成通车能力。该道路为中和片区“三纵三横”道路最西侧的“一纵”，全长约12公里，道路横断面宽度60米。

红星路南延线工程

工程路段起于三环，止于区界。该施工工程范围包括道路、排水、电力浅沟、交安、道路绿化、小三线等方面，沿线主要路口均考虑采用下穿隧道的形式穿越。道路横断面采用双向六车道加非机动车及人行道组成。考虑到远期横断面拓宽，非机动车道及人行道按主车道结构形式形成。道路路面面层的结构采用 4 厘米 +6 厘米 +6 厘米的结构形式。上面层采用强度高、路噪底的 4 厘米 SMA 玛蹄脂混合料，中面层及底面层均采用 6 厘米中粒式沥青混凝土。

红星路南延线道路开工拉开了天府新区高新片区基础设施建设的序幕。道路建成后将成为成都市主城区经天府新区高新片区延伸至天府新区核心区的快速通道，成为天府新区连接成都市主城区的交通大动脉，为提升天府新区交通基础承载能力提供有力支撑。

【成仁快速路工程】 成仁快速路工程位于天府新区高新天府新城片区在建的成自泸高速高架桥下层（北起江家立交，南至华阳界），总投资 7 亿元，2011 年 12 月开工建设，2012 年年底形成通车能力。该道路为中和三纵三横道路中最东侧的纵向通道，由双向六车道及非机动车、人行道组成，全长 6800 米，宽 50 米。施工包括道路、排水、电力浅沟、交安、道路绿化、小三线及道路西侧的一条 220 千伏电力隧道等。

道路路面面层结构采用 4 厘米 +6 厘米 +6 厘米的结构形式。上面层采用强度高、路噪底 4 厘米 SMA 玛蹄脂混合料，中面层及底面层均采用 6 厘米中粒式沥青混凝土。人行道采用压印混凝土结构形式。

成仁快速路是中心城区南部方向对外联系的主要快速路之一，建成后将进一步完善城市基础设施配套功能，缓解中心城区交通拥堵压力，有效改善区域人居环境，对于加快全国统筹城乡综合配套改革试验区建设，加快城乡统筹发展具有重要意义。

（规划建设局　高投集团）

天府新区高新片区规划建设

【概况】 2012 年，成都高新区围绕“五大兴市战略”，根据天府新区高新片区“现代商务中心、高端产业新城”的总体规划定位，大力开展天府新区高新片区的规划建设工作，打造“引领天府新区创新发展的高端示范区”。

【规划编制】 成都高新区按照《2012 年天府新区高新片区建设目标绩效考评内容及标准》要求，实现天府新区高新片区控规满覆盖。严格按照《四川省成都天府新区成都部分分区规划》中产城一体单元划分，开展《天府新区高新片区控规大纲修编》，结合天府新区公建配套标准及绿地水系、公交系统等设置要求进行规划，并通过市规划局审查。

完成天府新区高新片区整体城市设计和重要地段的城市设计。成都高新区委托成都市城市设计研究中心编制《天府新区高新片区总体城市设计和产城一体单元深化规划》《高新区移动互联网产业园城市设计》，委托成都市规划设计研究院编制《天府新区高新片区都市农业示范区规划设计》。此外，由清华大学建筑学院编制完成《天府新城城市设计》；由法国斯构设计咨询公司编制完成《大源商务商业核心区城市设计》；由艾奕康设计咨询公司完成《大源水系绿地链景观规划》和《新川创新科技园概念性总体规划》，在总体规划的基础上由成都市城市设计研究中心编制完成《新川创新科技园城市设计》。

完成天府新区中和片区“三横三纵”道路基础设施、农迁房、新川创新科技园起步区等重点项目共计 17532.12 亩的土地利用总体规划局部调整上报工作（新增建设用地规模 14993.354

亩），其中6261.7亩土地（新增建设用地规模5229.5亩）获得省政府批复。

【重大基础设施建设】 成都高新区加速推进天府新区“三纵一横”交通项目涉及高新区建设内容。

元华路（绕城至双流界）提前完成污、雨水管道施工，下穿隧道建设进入实施阶段；红星路南延线三环路—化龙路段开工建设，化龙路至双流界段进行路基和隧道施工。此外，中和组团“三横三纵”道路建设中，中和2线、新成仁路、中和1线、成仁快速路等均在抢抓建设进度，预计近期将形成通车能力。

成都高新区投运输变电工程2个：220KV石墙变电站、110KV勤俭变电站；新开工输变电工程2个：110KV元华变电站、中和二站，原计划2012年开工的220KV大源变电站因涉及建站模式和省电力公司建设资金等多种因素延迟开工时间，具体工作由市能源办牵头统筹协调。启动前期工作项目1个：高新新区110KV变电站。

成都高新区超额完成重大公建配套项目建设年度目标任务。按照2012年天府新区高新片区建设目标绩效考评内容，公建配套项目要求新城学校开工，大源中央公园停车场竣工。其中新城学校已于2012年9月份全面开工，进入主体施工阶段；大源中央公园停车场竣工投入使用。除上述目标外，高新片区环球中心地下停车场竣工，停车位约1000个；大源商务商业核心区地下空间基本竣工。

【重大产业化项目建设】 2012年天府新区高新片区重大工业项目有16个，年度计划投资23亿元，新开工项目7个，竣工项目3个。2012年1—12月完成投资30.08亿元，完成全年计划的130.78%，超额完成全年目标任务。其中，腾讯科技（成都）基地项目、联发芯软件设计（成都）有限公司联发软件研发中心项目、以及成都互信互通信息技术有限公司研发基地项目等7个项目均开工建设；中国电信西部信息中心工程（一期）项目、先进科技半导体生产设备研发中心项目、以及成都高新区天府VILLAGE一、二期3个项目竣工。

根据成都市发改委项目中期调整安排，2012年天府新区高新片区服务业重点项目调整为21个，年度计划投资34.8亿元，高新区1—12月完成投资额40.89亿元，完成年度计划投资的117.5%，超额完成全年目标任务。投产达产2个项目（新希望国际商务大厦和中节能国际科技大厦）竣工使用；加快建设15个项目中，中国工商银行金融后台中心一期竣工，通威广场等项目建设快速推进；促进开工4个项目（创源中心、太平洋保险、两江国际和星宸国际）。

【机制体制建设】 成都高新区成立天府新区高新片区建设管理领导机构成都高新区天府新区建设领导小组，及相应的办事机构成都高新区天府新区建设领导小组办公室。

2012年，高新区在原有重大项目管理机制的基础上，建立天府新区高新片区项目库，完善天府新区高新片区重大项目目标动态跟踪和督查机制。截至2012年11月，成都高新区共有142个项目进入天府新区重大项目库，项目总投资超过1883.65亿元，2012年计划投资155.93亿元，2012年1—11月142个项目共完成投资148.97亿元，占全年投资计划的95.54%，超额完成阶段性目标任务。

高新区两委目督办将天府新区重点建设项目纳入重点督办事项管理，对重点项目和事项进行跟踪督办，及时了解进度，定期督促。

（规划建设局）

【天府生命科技园创新药物研发公共服务平台】

项目位于成都高新南区科园南路88号，天府生命科技园孵化楼3–9层，建设规模2.2万平方米。公共技术服务平台由公共实验区和孵化

天府生命科技园创新药物研发公共服务平台项目实景图

单元组成。其中公共实验区（3507 平方米）是为入园中小型生物医药科技企业和研发团队提供公共服务的创新研发技术平台。共有 78 个全装修孵化单元，面积 1.9 万平方米，项目投资约 6700 万元。在设计上采用国内外先进理念，科学划分实验室功能区域，进行干湿分区，确保办公区域环保无污染。基础设施配置完善，水、电、网络、通讯及实验室安全消防设施一应俱全，实现实验办公一体化。孵化单元配套服务完善，入驻团队可享受涵盖分子生物学、细胞生物学、天然产物、分离纯化等生物医药实验项目的检测分析服务，以及科技文献信息查询、知识产权咨询、公共会议室、公共实验室共享等服务。可为留学归国人员、国内优秀研发团队和行业领军人物创造优越的研发环境，创业团队入驻即可启动研发工作。项目于 2012 年 4 月开工建设，2012 年 12 月完工并投入使用。

工程由成都高投置业有限公司建设，成都市工业设备安装公司采购设备，四川华祥工程建设公司安装，成都衡泰工程管理有限公司监理。

【铁像寺水街及配套绿地项目】 项目位于成都高新南区天府一街南侧，北接天府国际社区，南临中海兰亭，西邻已有近 500 年历史的宗教

铁像寺水街及配套绿地项目鸟瞰图及实景图

天府软件园 G 区项目鸟瞰图及实景图

禅院铁像寺，是成都市高新区特色商业文化街区项目，采用新中式古典建筑风格，融合传统天府文化景观元素，融汇文化、艺术、时尚、旅游、休闲等功能，打造“现代化的城市形态、高端化的城市业态、特色化的城市文态、优美化的城市生态”等多元化、复合性、国际化的成都新地标和国际化全域开放的“天府新名片”。

铁像寺水街项目占地 10.2 公顷，规划建设规模约 20 万平方米，项目分二期建设运营。一期项目由 23 栋单体建筑构成，辅以景观绿地及肖家河，占地面积 78 亩，建设规模 5 万平方米，投资约 3.5 亿元，容积率 0.67。项目于 2011 年 1 月开工建设，2012 年 8 月北区竣工验收，12 月南区完成五方主体验收。项目引进国际国内知名文化及商业品牌，包括美术馆、艺术藏品、禅茶养生会馆、国际美食、时尚新概念餐饮、主题西餐咖啡、酒吧等，计划于 2013 年 6 月开街。

工程由成都高投置业有限公司建设，四川省建筑设计研究院设计，成都市园林建设处承建，四川白洋工程项目管理咨询有限公司监理。

【天府软件园 G2 区】 项目位于成都高新区南部园区大源科技园片区，益州大道大成二街路口。东临益州大道，南临规划建设用地，西临规划市政道路，北临大成二街和天府软件园 F 区，交通便利，地理位置优越。是适合中小企业、成长型企业和创业者需要的综合科技园区。项目规划用地面积 2.6 万平方米，建设规模 9.3 万平方米，总容积率为 3.02，建筑基地面积 7408 平方米，建筑密度 28.64%，绿地率为 25.46%。机动车位 438 个，非机动车位 304 个。由 2 栋 8 层多层综合楼和 1 栋 12 层、1 栋 23 层高层综合楼及其地下一层停车库组成。包括 B4 号楼、B5 号楼、B6 号楼、A2 号楼共四幢。项目于 2010 年 3 月开工建设，2012 年 11 月完工。

工程由成都高新投资集团有限公司建设，中国建筑西南设计研究院有限公司设计，由四川省第六建筑有限公司承建，成都建设城建工程咨询管理有限公司监理。

【盈创动力大厦】 项目位于成都高新孵化园内，建设规模约 5.5 万平方米，主楼 16 层，为 SOHO 办公，裙楼 5 层，主要为办公和商业，是成都高新区创业企业投融资增值服务平台。项目于 2010 年 11 月开工建设，2012 年 10 月完工。

工程由成都高新投资集团有限公司建设，成都市家琨建筑设计事务所方案设计，中国建筑西南设计研究院有限公司设计，北京城乡欣瑞建设有限公司承建，成都衡泰工程管理有限责任公司监理。

【ICON 大源中心】 项目位于成都高新区天府

盈创动力大厦鸟瞰图及实景图

软件园B区对面，东临天府大道；总体定位为公寓、商业、办公、酒店复合的城市综合体，主要为大中型企业提供高端办公、商务、居住环境。由数栋高层建筑组成，建筑风格现代，具有标志性。为西南首获美国LEED、绿色建筑双认证，成都首个整体双层呼吸式幕墙建筑，全球建筑5强团队德国GMP设计，全球最大的国际服务公寓业主和运营商——500强酒店雅诗阁率先入驻。项目占地面积约47亩，建设规模约21万平方米，投资约7.6亿元（不含土地费），容积率约5.0。项目于2009年12月开工建设，2011年12月主体完工，装饰安装完成10%，2012年12月T3、T6-T8房建完工，其余楼栋外立面完成，计划2013年12月完工。

工程由成都高投置业有限公司建设，德国GMP国际建筑设计有限公司为设计顾问，中国建科院设计院设计，成都华阳建筑股份有限公司承建，成都衡泰工程管理有责任公司、四川康立项目管理有限责任公司监理。

【ICON云端】 项目位于成都高新南区南端，与华阳交界处，天府软件园二期南侧，西临天府大道，东、南临南河，北临天府软件园二期，地理位置优越。项目占地面积约49亩，建设规模21.4万平方米，总投资约18亿，容积率3.88，建筑密度25.43%，绿地率20.38%。

项目由一栋高端商业、办公、酒店综合体云端塔、天府音乐厅、多功能小剧场和一栋高端住宅组成。云端塔为一类高层综合楼建筑，共46层，最高点192米，设3层地下室；天府音乐厅为中型甲等剧场，地下室3层，局部4

ICON大源中心鸟瞰图及实景图

ICON 云端鸟瞰图及实景图

层；多功能小剧场为小型甲等剧场；住宅为多层及二类高层住宅建筑（10 F -15F），高 37.80-55.30 米，设地下室 3 层，配备特大型地下停车场。项目地理位置优越、功能齐全，建筑外型美观新颖、选材精良，建成后将成为成都高新区的又一个地标性建筑。项目于 2012 年 4 月开工。云端塔计划 2016 年 2 月质监验收，天府音乐厅计划 2015 年 10 月投入使用，住宅计划 2015 年 7 月质监验收。

该项目采取设计、采购、施工总承包模式，成都高新投资集团有限公司建设；中国建筑西南设计研究院有限公司（牵头），中国建筑第八工程有限公司 EPC 总承包；四川衡泰工程管理有限责任公司监理。

【天府软件园 F 区】 项目北侧紧邻四川长虹科技大厦，南侧为天府五街，连接天府大道与益州大道，西侧为吉泰路。项目占地约 95 亩，建设规模约 25.6 万平方米。科研办公由 8、10、12 层板式或聚落式办公楼以及 2 层食堂及多功

天府软件园 F 区鸟瞰图及实景图

能厅组成。容积率3.21、车位1622个、建筑密度37.13%，绿地面积1.9万平方米，绿地率30%。一层地下室面积约5.4万平方米。项目于2012年6月开工建设，计划2014年9月完工。

工程由成都高新投资集团有限公司建设，中国建筑西南设计研究院有限公司设计，成都衡泰工程管理有限责任公司、中国华西工程设计建设有限公司监理，四川永志建设有限责任公司、四川省第六建筑工程有限公司承建。

（高投集团）

房地产行业和住房保障

【概况】 2012年，成都高新区房产管理工作紧紧围绕中心工作，全面做好住房保障，物业企业服务及监督，物业、房地产市场矛盾纠纷化解和国有土地上房屋征收等工作。

【住房保障】 成都高新区加大住房保障政策宣传力度，组织开展高新区首个“住房保障主题宣传月”活动，开展基层住房保障工作业务培训3次，培训街办及社区达200余人次。全年共计发放居民廉租住房租赁补贴206户，审核通过经适房178户，审核通过限价商品房240户，受理审核各类住房保障家庭资料共计600户2000余人，超额完成民生工程各项目标。顺利通过中央、省保障性安居工程建设专项督查，顺利通过国家审计署驻成都特派办的全面审计，住房保障工作取得较好成效。

【员工公寓】 成都高新区圆满完成员工公寓三期的建设管理工作。完成员工公寓三期富士康部分约50万平方米的家具采购工作，达到入住条件。积极开展企业服务工作，受理日立电梯、三零瑞通等100余家企业3000余人的员工公寓申请资料，解决区内企业员工住房困难问题，获得企业良好评价。

【物业管理】 成都高新区新增物业管理项目42个，新增物业管理面积784万平方米；新增三级资质注册企业13家；完成业主大会设立9个；新增登记物业管理从业人员896名，完成入册467人；新增省优达标项目9个，市优达标项目7个，三星以上星级住宅小区5个，农集区物业管理规范化建设达标8个，达标率100%。全年接待、调处物业类投诉及纠纷300余件。开展项目日常巡查67次，项目覆盖率达100%。集中或分批组织街道、社区及企业人员开展专业培训8次，共327人/次。开展物业管理“规范年”的主题活动年。完成全国城市文明指数测评迎检，发挥物业服务机构作用，推进社区志愿服务活动，完成首批440名志愿者注册工作。

【旧城改造】 成都高新区完成成绵乐客运铁路专线高新段项目范围内30户住宅危旧房改造，启动中和片区涉及天府新区道路建设范围内的棚户区及危旧房改造摸底调查，方案论证，社会稳定风险评估，房屋价值评估等工作。

【房地产开发】 成都高新区所属房地产企业共有113家，其中有开发项目的企业104家，如保利、人居置业、深长城等；取得资质尚未开发的企业9家，如成都嘉煜投资有限公司、成都嘉南置业有限公司等。房地产项目共204个，其中在建项目137个，如保利心语、天府世家、半岛城邦等；已完成开发项目67个，如凤凰城、理想中心、天府名居等。2012年房地产开工项目60个，开工面积约610平方米，投资造价约144亿，如中德英伦世邦J、K区、东方希望天祥广场、中海城南一号西区A地块等项目。2012年房地产竣工项目45个，竣工面积约346万平方米，投资造价约49亿元，如中天盈10号地块（誉峰）1-10号楼、凤凰城三期、复地云阅二期等项目。

（规划建设局）

建设管理

【概况】 2012年，成都高新区建设管理主要包括报建项目审批、建筑市场管理、建筑工地安全文明施工管理等项内容。

【报建项目审批】 2012年，成都高新区项目报建并联审批通道共组织总平方案审查会审152个，初步设计会审41个，结构超限审查24个，消防专题论证13个，项目选址意见书7件、建设用地规划许可证89个、建设工程规划许可证195个、建设工程规划合格证136个，完成施工图审查140项；非国有投资项目招标备案175项；安监备案296项；施工许可证核发277项；夜间施工许可证核发272项，竣工备案181个。

网络审批：并联审批数据共享交换平台是电子政务系统的重要组成部分，也是实现政务公开和政府业务流程改革的重要措施。并联审批窗口重点开展网络并联审批流程设计和网络审批的试点工作。通过初步建立的并联审批数据共享交换平台，成都高新区建立政府、企业和社会公众之间网上办事的通道，实现网上咨询、查询、申请、审批、投诉、监督等业务功能，建立真正的网上办公、办事的集成系统，拉近企业、居民与政府部门间的距离，提高办事效率，强化政府服务形象。

并联验收：城建处利用审批集中的体制优势，率先开展并联验收工作。通过规划、人防、环保等职能部门验收程序及资料的优化，提高效率，简化流程，为企业提供方便。

专项基金收取：成都高新区共核收167个项目报建费，全口径收入10.7亿元，其中上缴市财政3.2亿元，高新区留存7.5亿元。收取新材基金3988万元，散水基金796万元，人防异地建设费7948万元，白蚁防治费80万元。

代收站南组团报建费4亿元，新材基金1175万元，散水基金235万元。代收金融总部区报建费2.5亿元，新材基金773万元，散水基金155万元。为24个项目核退新材基金623万元、散水基金109万元、报建费70万元。

【建筑市场招投标及合同管理】 城建处全年完成58个公开比选项目、399个公开招标国有投资项目的公告审查、招标文件审查、开标监督、中标候选人公示及评标结果及招投标中标（备案）收讫。上述工作有效保障高新区中和农迁房、红星路下穿隧道等总投资约130亿的政府投资建设项目及农业银行、成都银行等100亿国有非政府投资项目建设的顺利开展。

为规范工程建设各方主体责任，理顺总分包关系，杜绝阴阳合同扰乱建筑秩序，城建处继续强化施工合同备案标准化工作，全年完成国有投资项目合同备案163个。

成都高新区全年共对93个项目劳务分包合同进行备案，对劳务单位相关负责人进行实名培训。

【建筑市场清欠】 城建处全年共受理建筑领域投诉举报案件220余起，处理突发事件35起，共涉及农民工工资约1亿元，结案率达到95%以上。全面开展建设领域实名管理和农民工工资实名发放工作。786个建设项目均进行网络实名管理，施工总承包单位、劳务单位、专业承包单位已建立农民工工资发放专户1700余个用于发放农民工工资，92个项目已纳入视频管理系统，发放民工工资权益卡30000余张。规划建设局组织城建处对《成都市建设领域防范拖欠农民工工资管理办法》进行专题研究，探讨清欠工作新思路，经管委会组织多部门共同讨论，制定《进一步加强防范建设领域拖欠民工工资的实施意见》(下简称《意见》)，通过加强总分包管理和职能部门日常监督检查，全方位执行“市政府168号令”各项要求。

自成都市政府第168号令从2010年8月1号起正式实施后，成都高新区贯彻落实建筑企业、从业人员及工程项目3个实名制管理模式，所有新建和在建项目均建立企业及个人信用档案并进行动态管理，对不良行为进行查处，将诚信业绩作为企业参与区域建筑活动和竞标的重要参考依据。2012年3月28日，对2012年元旦春节期间拖欠民工工资引发群体性事件的13加责任单位进行不良行为记录通报：9家建筑企业一年内禁入高新区建设市场，3家企业纳入重点监控对象，1家企业予以通报批评。

【建筑工地安全文明施工管理】 成都高新区建设工地管理，坚持“安全第一、预防为主、综合治理”的方针，认真贯彻落实国家、省、市、区有关安全生产的一系列重要文件，扎实有效地做好安全专项整治工作，查安全、除隐患、保平安，多次定期、不定期地进行安全检查，通过排查，消除安全事故隐患，避免安全事故的发生，进一步强化领导，落实责任，倡导安全文化，强化安全监管，推动安全生产工作健康有序的发展。

【建筑工地管理制度】 出台《成都高新区进一步深入展建设工程环境综合治理有关事项的通知》(成高规建[2012]26号)《高新区规划建设局关于规范建筑工地马道设置的通知》《高新区建筑基坑工程安全文明施工监督检查暂行办法》《关于进一步加强建设工程总平面施工阶段扬尘污染整治工作的通知》等制度，加大监督管理，加大惩处力度，规范建筑施工管理，加强建筑工地扬尘治理工作。出台《成都高新区建筑起重机械租赁单位重点监控办法》《成都高新区建筑起重机械租赁单位重点监控办法》，强化对建筑起重机械租赁单位的监管。

【建筑工地安全管理】 成都高新区落实“安全生产年”活动、“百日安全生产”活动和“全国安全生产月”活动，营造浓厚的安全文化氛围。活动期间，各个建设项目开展形式多样的宣传活动，共张贴宣传标语300多条，悬挂横幅100余条。

深入开展季度安全大检查，加强节假日、高温和汛期的预警。全年开展4次季度安全大检查，发出《责令限期整改通知书》652份、《调查通知书》285份、《暂停施工通知书》98份、《扣分调查通知书》178份，经济处罚共计163.3万元，消除重大安全隐患342起。每季度分别召开西部园区、南部园区在建工程建设项目管理工作季度大会，大会以会代培形势总结各季度主要工作情况，对各季度的“C”类企业进行通报，全年共对53家“C”类企业进行通报，项目经理、总监进行考试，公司副总进行约谈。同时，根据重大节日、高温、汛期施工特点，及时作出工作部署，对安全生产工作提出具体要求，发出《关于开展建设工程深基坑质量安全和文明施工专项检查的通知》和《关于加强高、中考期间建设工地施工噪声管理的通知》等通知并深入开展检查。并圆满完成全国文明城市复查任务。

2012年3月2日，成都高新区规划建设局在旺旺商业广场项目宣传“百日安全生产”活动

2012 年 7 月 10 日，成都高新区规划建设局在盛邦丽都项目工地开展基坑工程防汛应急演练

【建筑工地防汛】 成都高新区开展应急预案演练活动。2012 年 7 月 3 日组织召开深基坑防汛工作会，部署 2012 年高新区防汛工作。针对雨季基坑工程事故高发，以及高新区基坑工程项目较多、较深的特点，7 月在中建六局承建盛盛邦丽都项目主办基坑工程应急疏散演练，通过基坑工程应急疏散演练检验预案、完善准备、锻炼队伍、磨合机制和宣传教育。

【建筑工地重大危险源的监控】 成都高新区为坚决遏制群死群伤重大安全事故的发生，按照《四川省建筑工程重大危险源安全监控管理暂行办法》要求，完善重大危险源风险级别划分、重大危险源档案、资料收集、动态管理，强化重大危险源施工前、施工阶段行为和实体等重点的监控，进一步促进重大危险源监控管理步入科学化、制度化和规范化轨道。开展深基坑、起重机械和工具式脚手架等重大危险源专项检查。

2012 年 6 月 27 日，成都高新区规划建设局的专业技师在星辰国际项目工地检查塔机

【建筑工程安全生产形势分析制度和安全联络员制度】 成都高新区每季度定期组织区内所有在建项目建设各方召开安全生产形势分析会，对安全事故以幻灯片的形式多角度、全方位进行分析，找出事故多发类型、原因和安全生产管理薄弱环节，总结和提炼出事故发生的技术性和管理性规律，制定相应措施，及时向施工企业发出预警，督促施工企业对下阶段安全生产工作做出调整和完善，控制和减少同类事故的重复发生。借助每季度安全生产形势分析会、安全隐患约谈告诫、专职安全员交叉检查等方式，加强企业与企业之间，企业与政府之间的沟通信息动态交流，研究控制事故的对策、措施，部署和安排重大工作，通过查找差距，充分调动施工现场各方责任主体的安全生产管理积极性，促进安全管理水平的提高。

（规划建设局）

交通管理

【概况】 2012 年，成都高新区交通运输工作主要有：汽车客运、货运、机动车维修、经营性

2012 年 7 月 3 日，成都高新区规划建设局在中国联通 2 楼会议室召开 2012 年防汛专项检查总结会

2012 年 5 月 16 日，成都高新区规划建设局在鼎能国际广场检查基坑项目

停车场审批等行业管理；县乡公路及其交通设施、安全设施的养护与管理；公共交通（含出租）统筹协调工作；交通运政、路政的行政执法等。2012 年，成都高新区交通运输企业（含物流）共计 81 家，主要以成都石羊运业有限公司、中铁现代物流成都分公司、招商局物流集团成都公司、成都蚂蚁物流有限公司等重点为代表。

【公共交通】 成都高新区践行市委、市政府“交通先行”战略方针，进一步促进优化公共交通体系，着力提升公共交通服务、运行质量。一是通过全面听取、收集、整理企业、民生公交需求，为公共交通优化工作提供科学依据。全年召集、举办、参与各类座谈、调研、问卷等专题会议共计 12 次，收集各类建议 117 条；二是会同市交委、市公交集团等部门对高新区整体公交系统提出了优化方案，并开始逐步实施:新增线路 12 条，优化调整 17 条。随着郫县、双流等地公交融合工作的有序推进，公交运行质量将得到大幅度提升；三是加快督促、协调有关部门初步解决中和等“出租车管理真空”区域，初步实现西区“点对点”出租车需求业务，“电招平台”方案初步形成，有效解决企业打的难的问题；四是会同市公交集团、规划、城管等部门完成并逐步实施公共自行车第二期新增方案。

【县乡公路建设规划】 成都高新区现有县道总里程约为 43 公里，乡村级道总里程约为 104 公里。

【路政管理】 成都高新区依据《中华人民共和国公路法》《四川省路政管理条例》对高新区县乡公路实施路政管理。坚持路政巡查，排除公路安全隐患，处理路政违规行为，加大对损坏公路及其设施、占用公路、违法搭建、设置广告牌的查处力度，保证区内公路安全、畅通，消除乱占、乱挖、乱接“三乱”现象。2012 年完成中和龙灯山路、中太路、华兴路等农村公路的管理养护工程，完成合作街办独柏、檬梓社区、富士康周边等区域交通标识标线工程；坚持农村公路（桥梁、涵洞）日常安全巡查工作，完善交安设施，全面梳理农村公路桥梁、涵洞安全隐患，确保安全度汛。

【交通行政执法】 成都高新区以交通环境综合治理为抓手，狠抓城市文明指数测评工作，深化城乡环境综合治理工作。一是率先在全市成立由交通系统牵头组织，交警、公安、城管、街道及其他有关部门组成的“高新区交通环境综合治理协调小组”，并按照“121”工作机制开展工作，重点加大对石羊客运站、火车南站公交枢纽站、地铁站等重点点位、区域的治理频度、

成都高新区规划建设局进行交通行政执法

力度，实现治理工作常态化、制度化，严格问责制度。特别是在“冲刺”阶段，确保辖区交通行业测评工作不丢分、不掉队、零过失；二是加大农村公路清扫保洁工作力度，保持城乡环境综合治理成果，坚决做到不留死角、不存隐患。

【运营车辆年审办证】 成都高新区按照《中华人民共和国道路运输条例》《道路货物运输及站场管理规定》《四川省道路运输管理条例》《交通行政许可实施程序规定》等法律法规办理营运车辆办证及年审。

（规划建设局）

城乡统筹建设

【概况】 2012年，成都高新区紧密结合省第十次党代会和市第十二次党代会精神，围绕市委、市政府“五大兴市战略”和打造西部经济核心增长极总体部署，以天府新区建设为契机，坚持产业发展、金融创新与城乡统筹相互融合、相互促进，深入推进公共服务和社会管理，建立圈城融合，三圈一体的体制机制，努力把高新区建设成为最能体现成都核心竞争力、最能代表成都国际化现代化水平、最能彰显成都时代特色的高端产业基地和现代化新城。

【农村四大基础工程】 成都高新区深化“农村四大基础工程”，加快城乡全面现代化进程。对中和街道、社区两委干部、议事会成员1000多人进行村级公共服务和社会管理工作业务培训，通过培训，明确民主管理程序，提高社区公共服务和社会管理人才队伍素质。

按照“事前征询、事中监督、事后评价”原则，加强村级公共服务项目管理。成都高新区按照每个社区最低30万元村服专项资金的标准，拨付14个村村服专项资金420万元，专项资金预算共708.96余万元（其中2012年下拨420万元，2011年12月区财政补贴176万元，历年滚存112.96万元）。年初中和街办按照“六步法”的工作机制审定村服项目198个，并按进度实施项目。2012年，全区项目187个，已完成实施项目162项，使用专项资金650万元，村服专项资金使用率为91%，完成村级公共服务和社会管理工作目标任务。

在项目实施过程中，由社区组织专人对项目情况进行监督，发现不符合原定标准的及时通知施工方进行整改直至符合要求，在项目完工后，社区议事会对公共服务项目进行验收和民主评议。并将评议结果和资金使用情况在社区专门的公共服务和社会管理改革公示栏向全体居民进行公示。

【信息产业软环境】 成都高新区打造“一线一品”，为信息产业营造优质软环境。天府软件园是一座立足成都，服务全球软件及信息技术服务企业的国际化生态园区，具有国际、现代、开放、生态等特点，拥有世界一流高科技园区环境、服务及设施。园区规划建筑面积370万平方米，建成并投入使用130万平方米，入驻企业350余家。拥有健身中心、商务文印中心、卫生服务站、员工公寓、银行、地铁口、酒店、西餐厅等便利设施；吸引包括IBM、SAP、

宜居高新

NEC、GE、新电、华为、阿里巴巴、马士基、西门子、爱立信、腾讯、WIPRO、DHL、宏利金融等300余家国内外知名企业入驻。园区已形成行业软件、ITO、数娱、通信、以及BPO/后台服务中心等几大产业集群，并成为国内外知名软件和信息服务企业在中国战略布局的首选地，以及国内外软件产业资源汇聚的焦点。天府软件园E区建筑面积25万平方米，已全面投入使用，固定资产总投入为10亿元，已入驻企业30余家，500强企业5家。天府软件园E区的建成，提升了天府软件园的知名度，配套设施完善，扩充了企业入驻容量，为高新产业的发展提供保障。

【圈层统筹发展】 成都高新区统筹圈层融合发展，促进全域成都经济共荣。与都江堰市签订《城乡学校互动发展联盟协议书》。设立成都高新区社会事业局、都江堰市教育局城乡互动发展联盟工作领导小组，实行定期互派干部蹲点交流、骨干教师交流、开展联合学科教研活动、学校之间实现资源共享、开展城乡学生“手拉手”交流活动。都江堰市31所学校与高新区学校结成友好学校，并广泛地开展干部交流、名师结对等活动，受益师生达7万余人。

与彭州市卫生服务中心开展对口支援合作。成都高新区合作社区卫生服务中心与彭州市天彭社区卫生服务中心达成对口支援协议，合作社区卫生服务中心提供定期业务指导、防病治病宣传讲座、健康知识辅导、义诊指导等具体支援工作，切实帮助兄弟区县提高社区医疗卫生的服务质量及管理水平，满足群众基本医疗服务需求。

【金融服务】 成都高新区围绕企业培育，持续深化金融服务工作。

不断拓宽企业融资渠道，债权融资再上台阶。一是中小企业担保贷款量增质升。全年共帮助300多家（次）中小企业实现担保贷款14亿元。其中，高投融资担保公司全年担保贷款8亿元，担保企业135家（次），中小企业融资担保公司全年担保贷款6亿元，担保企业170家（次）。二是继续推进创新金融产品服务。在开发银行统贷统还产品基础上，与交通银行合作“科税通”产品，与民生银行合作拟上市企业知识产权质押贷款产品，与成都银行合作“‘天府之星’成长贷”产品、与建设银行合作移动互联网小微企业“助保贷”产品、与工商银行合作“科技通”小企业信贷产品等，进一步缓解中小企业融资难问题。

加快创投和私募资本聚集，股权融资取得突破。2012 年，成都高新区股权融资服务体系进一步完善，搭建覆盖科技型企业种子期、初创期、成长期、扩张期各阶段，包含天使投资、创业投资和私募股权投资等方式的股权投资服务体系，形成高投系、银科系两大财政性股权投资架构，引进 109 家国内外股权投资机构正式注册或设立办事处，注册资本规模 225 亿元，管理资金规模超过 550 亿元。

加快对接多层次资本市场，改制上市稳步推进。2012 年，成都高新区改制上市工作有效推进，成都红旗连锁股份有限公司于 9 月 5 日在深圳中小板挂牌上市，上市企业总数达到 24 家。在创业板储备企业中，有 7 家企业发行上市申请获证监会受理，6 家企业即将省证监局完成上市辅导，10 余家企业即将进入辅导期，另有一大批符合创业板条件的优质科技型企业正在积极改制准备中。另有 35 家企业已与券商等“新三板”中介机构签约，17 家企业已具备“新三板”申报条件。

【金融产业发展】 成都高新区协助加快金融总部商务区建设，金融总部经济雏形渐成。2012 年，金融总部商务区已入驻中国进出口银行成都分行、中信银行成都分行、民生银行成都分行、锦泰财险、和谐健康保险、中国人寿保险四川分公司、安邦财险四川分公司、成都银科创投、四川金融资产交易所等银行、保险、创投、交易所等区域性总部 110 余家，注册资本约 170 亿元。

加快发展金融服务外包产业，第三方金融服务业势头强劲。2012 年，成都高新区已有自建金融后台签约项目 13 个，项目投资总额约 117 亿元；第三方服务平台签约项目 20 多个，金融 IT 服务外包企业 30 余家。

积极引进股权投资机构，股权投资产业蓬勃发展。2012 年，出台《成都高新区创业天使投资基金管理办法》（成高管办 [2012]14 号）和《成都高新区天使投资风险补助专项资金实施细则》

成都金融城

（成高管办[2012]27号），累计引进国内外股权投资机构和股权投资管理机构109家，注册资本规模225亿元，管理资金规模超过550亿元。

加强监管服务和政策引导，地方准金融业潜力巨大。截至2012年底，高新区融资性担保公司22家，注册资本27.88亿元，累计担保发生额80.67亿元，在保余额108.33亿元。批准筹建的小额贷款公司11家，注册资本18.1亿元，小额贷款余额17.77亿元，贷款笔数501笔，其中小企业（含微型企业）贷款金额8.07亿元。

积极引进各类产权交易所，打造活跃市场氛围的基础平台。截至2012年底，已引进四川金融资产交易所和中国技术交易所成都中心等各类交易所共8家，注册资本金1.8亿元。另有几家正在洽谈过程中。

【科技金融生态体系建设】 成都高新区围绕环境营造工作，全力构建科技金融生态体系。依托国家级科技与金融结合试点地区和国家级盈创动力科技金融服务应用示范工程，加强投、证、银、担保联动机制，全力打造"盈创动力"科技金融服务平台，精心打造"科技与金融结合示范园"，全力构建政府资源与市场化运作高度结合的科技金融服务体系，营造科技、金融、产业一体化的科技金融生态环境。

【公共服务】 成都高新区创新社会管理机制，提升公共服务水平。总面积约350万平方米农迁房按照城市社区标准全面开工，让转非人员共享高新区社会经济发展成果。建立"双困"人员就业托底援助长效机制。在全市率先实施劳动争议"四调一裁"处理机制，成功调解劳动争议864起，依法追回劳动者合法待遇7000余万元。全面落实社保政策，13609名被征地农民实现应保尽保，1223名60岁以上无养老保障的老年人全部纳入城乡居民养老保险体系。在全省率先实现省级社区卫生示范中心全覆盖，继桂溪之后，芳草、中和社区卫生服务中心荣获"全国示范社区卫生服务中心"称号。新办西芯小学、七中初中附属小学及6所公益性幼儿园，确保每个街道至少一所公益性幼儿园。引进英国哈罗公学，中、高考取得历史最好成绩，在全市教育现代化监测中教育社会满意度、义务教育质量均衡度、科创教育成绩均位列全市第一名。完善社会救助体系，全新打造14个街道（社区）级助老助残服务中心（站），实现救助全覆盖。充分发挥工青妇组织和各类社会组织、志愿者组织的作用，积极开展"青春·文明·梦想"等系列主题活动，深化公共文化服务体系建设，开展百姓故事会、全民太极拳、法制大讲堂等活动。

在全市综合文明指数测评中继续位居第一，水环境综合治理、城乡园林绿化环境综合治理、市政设施管理列中心城区第一位，城乡环境综合测评连续5年、22次保持中心城区第一名。严厉打击刑事犯罪活动，加强安全生产监管和市场监管，强化监督维护司法公正，审判质量和效率居全市前列，兵役工作圆满完成，"大调解"和信访维稳工作扎实推进，社会保持和谐稳定。

（经贸发展局）

主导产业

集成电路产业集群

【概况】 成都高新区集成电路产业在中国同类产业中形成新的一极，位列中西部第一，是国家7个集成电路设计产业化基地之一。截至2012年底，成都高新区集成电路产业项目总投资已超过25亿美元，从业人员逾1万人。拥有英特尔、友尼森、芯源、先进功率半导体、达迩科技6家封装测试企业，德州仪器1条8英寸晶圆生产线，联发科、MARVELL、飞思卡尔、富士通、芯通科技、国腾等近100家IC设计企业和爱发科、法液空、梅赛尔气体、林德等配套企业，形成了一个由IC设计、晶圆制造、封装测试及配套企业组成的较为完整的产业链，产业规模和水平居全国前列，中西部第一。全球每两台笔记本电脑的CPU就有一枚“成都造”。2012年，全球IC设计前30强中已有4家落户成都高新区，即美国赛灵思（第7位）、台湾晨星（第14位）、美国升特（第23位）、美国科胜讯（第25位）。

2012年成都高新区集成电路产业规模以上企业名录

序号	法人单位名称	主营业务及主要产品
1	英特尔产品(成都)有限公司	CPU
2	德州仪器半导体制造（成都）有限公司	晶圆片
3	成都维顺柔性电路板有限公司	柔性线路板生产及组装
4	安费诺商商用电子产品(成都)有限公司	精密连接器
5	成都先进功率半导体股份有限公司	半导体器件
6	宇芯（成都）集成电路封装测试有限公司	半导体封装测试
7	莫仕连接器(成都)有限公司	连接器、端子、接插件等
8	成都芯源系统有限公司	CCFL灯管驱动芯片等
9	达迩科技（成都）有限公司	表面贴装元器件等
10	成都芯通科技股份有限公司	3G移动通信射频领产品
11	成都国腾实业集团有限公司	数字信号处理、标准总线接口、通讯协议类、编解码芯片

【四川虹微技术有限公司】 四川虹微技术有限公司成立于2005年6月，位于成都高新区南部园区，是四川长虹投资的专业集成电路设计公司，专注于数字多媒体芯片设计及相关软、硬件方案开发，2012年已获工信部“集成电路设计企业”认定和国家“高新技术企业”“创新型培育企业”认定。获得美国卡内基—梅隆大学CMMI体系三级成熟度标准认证和国家ISO9001:2000质量体系认证。四川虹微技术有限公司自成立以来，陆续承担国家、省、市多项重大科研项目，成功开发多颗SoC和ASIC芯片并实现产业化。2011年度被环球资源和《电子工程专辑》推荐为“十大中国IC设计公司”。

【和芯微电子（四川）股份有限公司】 和芯微电子(四川)有限公司是业界领先的集成电路设计公司和专业的高速数模混合信号集成电路知识产权核供应商。主要产品包括十六位音频编解码器，高速数模/模数转换器，高频集成锁相环路，高速收发器，电脑通讯介面,CMOS线性稳压器和精密电压参考源等高速数模混合信号集成电路IP。公司可根据客户要求对知识产权核进行量身定制。

【德州仪器半导体制造（成都）有限公司】 德州仪器在成都高新区设立其中国第一家生产制造厂，投资额达 2.75 亿美元，简称 TI 成都，为 TI 全资所有。TI 成都将作为德州仪器全球生产链中非常重要的一环，为全球提供“成都造”晶圆产品。公司首套产品将用于电源管理，该产品将延长电池设备的使用时间，在装备该产品后，如手机电池等电源设备的使用时间都将极大提高。产品将供应全球，将促进成都半导体产业链的完善，提升成都在高科技制造领域和集成电路产业领域的全球影响力。TI 成都用于 8 英寸晶圆制造的厂房和设备是通过收购成芯半导体制造有限公司资产而获得。2012 年 1.1 万平方米的生产面积用于支持年收入超过 10 亿美元的生产规模。

【英特尔产品（成都）有限公司】 英特尔成都工厂成立于 2003 年，位于成都高新综合保税区，是英特尔全球最大的芯片封装测试中心之一，芯片组和移动芯片产量约占英特尔全球总产量的一半。英特尔成都工厂也是英特尔中国战略的重要支柱之一。英特尔在成都的总投资额达到 6 亿美元，自建厂至 2012 年已经封装测试并运送出了超过 10 亿颗芯片组和微处理器，并建成了晶圆预处理生产线，成为全球三大晶圆预处理工厂之一。全球每两台笔记本电脑中的一台就是成都之“芯”，成都“智”造。2009 年底完成产能整合，封装测试产能由原来 1 亿片增加到 2 亿片，员工由 2400 人增加到现在的 3000 人。成为英特尔全球最重要的封装测试基地之一。2012 年，公司总产值达到 302.06 亿元。

【成都芯源系统有限公司】 美国芯源系统有限公司（MPS）是世界领先生产模拟线性电源集成电路的制造商之一。作为美国 NASDAQ 上市半导体公司的一员，总部设在美国硅谷的中心位置，产品供诸多世界 500 强企业在各类便携式设备产品中使用。先进的技术，尖端的产品，使 MPS 成为世界上发展最快的技术公司之一。MPS 的产品品质高、成本低，是 IC 模拟电源的半导体制造商。公司设计、研发、制造、销售自身产品，但与其他同行业不同的是，MPS 尤其以高效能的模拟电路产品见长。运用专有的技术，结合 IC 工艺上的经验，MPS 以更低的成本为顾客提供更高性能、更卓越、更可靠的产品。成都芯源系统有限公司，是 MPS 在海外的第一家全资子公司。

【宇芯（成都）集成电路封装测试有限公司】

宇芯（成都）集成电路封装测试有限公司是马来西亚领先的芯片封装测厂—Unisem 在成都高新综合保税区投资 2.1 亿美元成立的半导体封装测试工厂，成立于 2007 年。2012 年，公司厂房逾 5 万平米，员工近 2000 人，拥有世界上最先进芯片封装测试设备，主要生产 BGA、SLP、QFP、SOIC 等高端产品，年产量达 3 亿单元。2012 年，公司实现销售收入 6.08 亿元。

【莫仕连接器（成都）有限公司】 莫仕连接器（成都）有限公司成立于 2005 年 5 月，位于成都高新综合保税区，由莫仕新加坡有限公司独立投资，注册资本 5500 万美元，总建筑面积 113800 平方米，员工 5500 人。主导产品包括汽车电子连接器、商用电子连接器及精密电子模具。2011 年度完成销售收入 14.33 亿元，资产总额 15.66 亿元。2012 年，实现销售收入 15.19 亿元。

光电显示产业集群

【概况】 2012 年，成都高新区作为光电显示产业发展的核心区域，光电显示产业目前总投资超过 108 亿元，聚集模组代工、LED 封装、液晶玻璃基板等上下游配套项目，已初步形成完整的产业链。京东方、深天马2条4.5代TFT—LCD生产线已达最大产能，中建材投资的中光电项目是国内唯一的0.5毫米超薄玻璃基板生产线，年产能达到100万片，良品率已接近国际水平，成为国内重要的中小尺寸液晶面板生产基地。

2012年成都高新区光电显示产业规模以上企业名录

序号	法人单位名称	主营业务及主要产品
1	鸿富锦精密电子（成都）有限公司	平板电脑
2	TCL王牌电器（成都）有限公司	光电显示产品
3	成都京东方光电科技有限公司	液晶屏
4	索尔思光电科技有限公司	光模块
5	成都天马微电子有限公司	液晶屏
6	成都中光电科技有限公司	玻璃基板

【京东方科技集团股份有限公司】 京东方科技集团股份有限公司位于成都高新区西区。2007年10月高新区管委会正式与京东方科技集团股份有限公司签署第4.5代薄膜晶体管液晶显示器件（TFT–LCD）项目入区协议。成都京东方光项目总投资34亿元人民币，注册资本18亿元人民币，设计产能为3万片/月(玻璃基板尺寸为730mm×920mm)，产品主要应用于包括手机及车载显示、便携式DVD、数码相机、摄像机、游戏机、笔记本电脑、平板电脑等消费类产品。2008年3月项目工程在成都高新西部园区西南片区正式开工，于2009年10月正式实现量产。2012年，产品综合良品率稳定在95%以上，实现产值18.4亿元，销售收入17.8亿元，创汇逾2000万美元。

【天马微电子股份有限公司】 成都天马微电子有限公司成立于2008年9月，位于高新区西部园区，投资规模达30亿元人民币。公司自主掌握TFT–LCD设计与制造等关键技术，形成自主知识产权和自主创新技术能力，第4.5代薄膜晶体管液晶显示器件（TFT–LCD）生产线项目于设计产能为月加工玻璃基板4.5万张。产品目标市场定位于10.4英寸以下全球中小尺寸显示市场，其液晶显示屏及模块产品主要应用于移动终端、车载显示、娱乐显示、工业仪表等。项目于2008年10月在高新西部园区西南片区正式动工。2009年进行生产线安装调试工作。2011年正式进入运营期后，虽受中小尺寸第二季度传统淡季和日本地震等影响，仍通过技术创新、客户优化等工作，提高企业销售。2012年销售收入达7.49亿元

【成都中光电科技有限公司】 成都中光电科技有限公司由中光电科技有限公司、成都高新投资集团有限公司、成都工业投资集团有限公司于2009年6月8日共同出资在高新区注册设立，注册资本3亿元，公司主营业务为平板显示玻璃及太阳能电池关键材料、设备、产品的设计、制造与销售。中光电公司投资建设的成都液晶玻璃基板工程是国内首条4.5代液晶玻璃生产线，项目建设用地位于成都高新西区合作路，总建设用地规划400亩，公司发展战略按照产业基地目标逐步实施，共分两期建设，其中一期工程总投资27亿元人民币，占地273亩，建设三条G4.5液晶玻璃基板生产线，设计产能300万片；二期工程立足于中、高世代和面向新型显示技术的玻璃基板的开发与制造。经过半年生产爬坡期，自2011年7月以来，公司生产线日趋稳定，质量达到与国外同类产品相当水平；产量与良率大幅

提升，月度产能达到6万片，全线良率达到60%以上，达到国外同类产线正常水平，处于国内领先地位。截至2012年3月，公司产品已成功通过天马微电子、台湾中华映管等公司、机构测试认证，产品实现批量供货销售。2012年，公司实现年产0.5毫米G4.5液晶玻璃基板80万片，销售收入1.3亿元。

【四川虹视显示技术有限公司】 四川虹视显示技术有限公司（以下简称“虹视公司”）成立于2008年1月15日，是由四川长虹电器股份有限公司与成都高新投资集团有限公司、四川发展（控股）有限责任公司共同投资组建而成，注册资本6.04亿元人民币。主要从事有机电致发光显示器件（OLED）、模组及其应用产品的研发、制造、销售与服务。虹视公司已建成年产能为1200万片的具有自主知识产权和核心技术的PMOLED量产线，该生产线已于2010年4月1日正式投入试生产。2012年正在筹建一条2.5代AMOLED基板中试线以及4.5代AMOLED量产线。在量产线基础上，建成了PMOLED实验室和目前中国唯一的AMOLED面板实验室，研发水平和手段居国内之首。于2009年在国内第一家完成了2.6、3.2、4.3、7.6英寸AMOLED屏产品开发，技术水平领先国内同行近3年。于2009年11月获得国家发改委批准并授牌，建设中国第一家也是目前唯一OLED工艺技术国家地方联合工程实验室。

软件及服务外包产业集群

【概况】 软件及服务外包产业是成都市委、市政府定位的战略性产业。成都已成功申报中国软件名城、中国服务外包示范城市。全球软件20强已有13家落户成都高新区，软件企业总数850余家，从业人员超10万人。2012年实现销售收入500亿元，同比增长超过20%。

2012年成都高新区软件及服务外包产业规模以上企业名录

序号	法人单位名称	主营业务及主要产品
1	华为成都研究所	华为成都研究所于2000年成立，经过十多年的持续投入与发展壮大，已有超过8000名研发员工，成为华为公司最重要的研发中心之一 成都研究所致力于构建存储研发中心、无线网络研发中心和传送网络研发中心，以成都研究所为主力研发的光传输产品自2009年以来一直保持全球市场份额第一，2013年将继续支撑UMTS、LTE、MSTP产品全球份额第一，微波全球份额第二，存储产品进入业界第一阵营的市场地位
2	四川省通信产业服务有限公司	致力于向通信运营商、设备供应商、企业客户、政府机构及社会公众客户提供优质的通信网络建设、外包服务、内容应用服务
4	中国电子科技集团公司第三十研究所	以信息安全和保密为核心，以信息网络和通信系统为主导，以终端和多媒体系统为支撑；提供全方位信息安全保密产品、通信网络系统与产品，并提供全方位信息服务
5	中兴通讯股份有限公司	通讯产品研发，无线、有线、业务、终端产品和专业通信服务；产品涵盖无线、核心网、接入承载、业务、终端产品等五大产品领域
6	成都索贝数码科技股份有限公司	从事专业电视数字化系统和网络智能化安防系统的研发、生产、销售与服务；产品覆盖桌面视频产品、多媒体资料管理系统、储存管理软件、视音频服务器等
7	腾讯科技（成都）有限公司	提供互联网增值服务、移动及电信增值服务和网络广告服务；产品覆盖即时通信、电子商务、在线支付、搜索引擎、信息安全以及游戏等

续表

序号	法人单位名称	主营业务及主要产品
8	成都金山数字娱乐科技有限公司	公司主要涉及软件和网游两大核心业务，创造了 WPS Office、金山词霸、金山病毒、侠剑情缘、封神榜等众多知名产品
9	迈普通信技术股份有限公司	迈普成立于 1993 年，是中国主流的路由器供应商和网络综合解决方案提供商，致力于向客户提供全系列路由器产品和 IP 语音、信息安全、综合接入、交换机等网络设备
10	成都金山互动娱乐科技有限公司	计算机软件开发、服务
11	成都新亚通讯技术有限公司	主要从事苹果电脑销售与维修，移动通讯产品的经营与技术开发服务
12	成都卫士通信息产业股份有限公司	公司是信息安全主流产品供应商及信息安全系统集成商，拥有通信保密、应用安全、网络安全、集成及服务、税控多种业务 40 余个产品
13	成都阜特科技有限公司	主要从事兆瓦级风力发电机组主控制系统、风电场管理系统、变桨距系统及风力发电传感器等设备的研发和制造
14	四川创立信息科技有限责任公司	以软件研发、IT 服务、系统集成、互联网增值为主要业务领域，集研究、设计、开发、销售、培训与服务为一体化的 IT 解决方案提供商
15	成都优博创技术有限公司	专注于自主品牌 (Superxon) 的产品研发、生产和销售，产品范围包括 FTTH、SDH/SONET、3G 移动通信等系列通信产品
16	摩托罗拉（中国）电子有限公司成都第二分公司	主要研发方向有软件开发、产品设计、最新移动通信技术、人机交互技术、先进材料研究，主要产品有手机、对讲机、无线通信设备等
17	四川久远银海软件股份有限公司	在信息系统集成、涉密系统建设和软件开发服务方面拥有行业一流的专业认证和能力，是业界最好的解决方案和服务提供商
18	叠拓信息技术（北京）有限公司成都分公司	业务将囊括项目管理、软件开发、测试和测试管理、咨询类、移动开发平台等全领域技术研发
19	成都交大光芒实业有限公司	主要生产开发铁路电气化、自动化牵引远动系统、综合监控、配电自动化领域相关系统及软件
20	成都市任我行软件发展有限责任公司	产品涵盖财务、进销存、ERP、CRM 和 OA 等，用户遍及 IT、服装、食品、建材和五金等行业。旗下拥有“管家婆”“任我行”“千方百剂”等多个品牌几十款产品
21	四川华雁信息产业股份有限公司	专业从事数字化信息产品的验方、生产、系统集成，主要产品包括基于 IP 的远程图像监控系统、数字录音系统、视频会议系统
22	四川天翼网络服务有限公司	主营中国电信自主知识产权的“全球眼”业务，专注于远程图像监控管理系统的研究、应用和解决。同时以电信增值软件、应用软件研发、集成为核心业务
23	成都市雨田俊科技发展有限公司	网上无该企业信息
24	成都九州电子信息系统有限责任公司	主要从事微波通信系统及设备、数字电视系统以及计算机信息网络的软硬件系统等，主要产品包括一体式微波阅读器、超高频制卡器、CNG 气瓶电子标签等
25	成都四方信息技术有限公司	集计算机通讯网络技术、软件与硬件开发、系统集成、信息技术服务及销售为一体，主要产品包括移动网短消息实时监控系统、SFLK 交接箱电子锁集中监控管理系统等
26	成都大东网络安全技术有限责任公司	专业从事网络安全系统研发、生产、实施和服务的高新技术软件企业，产品包括信息审计、监控报警、网络安全检测和主机防护等系列

【中国电子科技集团公司第三十研究所】 中国电子科技集团公司第三十研究所创建于1965年，隶属于中国电子科技集团公司，国家一类科研事业单位，是集科研、生产、销售和服务于一体的集团型高科技研究所，国内信息安全和网络安全产业的龙头单位。三十所大力发展民品产业，相继投资建立了成都卫士通信息产业股份有限公司、成都三零盛安信息系统有限公司、成都三零凯天通信实业有限公司、成都三零瑞通移动通信有限公司等9家现代企业从事民用产业，形成了从基础理论研究→芯片→软件→平台产品→整机→信息安全系统以及整体解决方案→信息安全服务的一条完整的信息安全产业链。三十所开发出的信息安全系统和保密产品广泛用于各行各业，覆盖所有通信网络和系统，从话音、数据、图像到多媒体；从车、船、机载到手持式；从单机设备到系统网络；从企事业单位到党、政、警、金融，为国家“信息化”建设特别是信息安全建设做出重大贡献。

【成都锦天科技发展有限责任公司】 成都锦天科技发展有限责任公司创立于2004年7月，注册资金1500万元。公司位于成都市天府大道高新孵化园信息安全基地，是中国第一家横跨数字娱乐和网络安全的综合性大型企业，是西南最大的网络游戏研发及运营综合企业之一。2008年，公司被中华人民共和国文化部评为“2008年度优秀网络文化企业”，被四川省科学技术厅认定为高新技术企业。2008~2010年，公司被成都高新区党工委、管委会评为“纳税大户”“优秀高新技术企业”。2012年公司销售收入1.32亿元。

【成都迈普产业集团有限公司】 成都迈普产业集团有限公司位于成都市九兴大道16号，成立于1993年，注册资金6500万元，占地13.33公顷，建筑面积1.7万平方米，是一家专业从事网络通信及安全设备的研制、生产、销售和服务的国家高新技术企业，公司现有员工1016人。经过19年的努力，迈普现已发展成为中国主流的网络解决方案供应商，向中国及全球客户提供以IP技术为核心的全系列交换机、路由器、VoIP协同通信、信息安全以及综合接入等网络设备。迈普于2009年获得了由国家科学技术部、国务院国资委、中华全国总工会联合评定的“第三批国家创新型试点企业”，以及由工信部评定的2009年度信息产业重大技术发明。2012年，迈普还是中国驰名商标、国家规划布局内重点软件企业、中国高科技863计划承担单位、国家火炬计划软件产业基地骨干企业、四川省知识产权示范企业、四川名牌、四川省级企业技术中心及四川省博士后创新实践基地。2012年，迈普已成为国产第一大行业级路由器供应商、第一大行业级IP语音解决方案供应商，公司系列网络产品和解决方案在全球30余个国家和地区得到规模应用，是南亚和东南亚、中东欧、俄罗斯市场行业网络建设的主流品牌，并成为亚太地区第二大接入层路由器设备供应商。

【华为成都研究所】 华为成都研究所于2000年成立，是华为全球研发战略的重要组成部分，经过十多年的持续投入与发展壮大，成都研究所已有超过8000名研发员工，成为华为公司最重要的研发中心之一。成都研究所致力于构建存储研发中心、无线网络研发中心和传送网络研发中心，以成都研究所为主力研发的光传输产品自2009年以来一直保持全球市场份额第一，2013年将继续支撑UMTS、LTE、MSTP产品全球份额第一，微波全球份额第二，存储产品进入业界第一阵营的市场地位。

【成都索贝数码科技股份有限公司】 成都索贝数码科技股份有限公司成立于1997年，注册资本8,000万元，是国内广播电视行业规模最大的软件开发及系统集成的领导者，国内首屈一指的、能够提供总体解决方案的专业设计和咨询服务商。公司主要从事专业电视节目制作、多媒体软件及系统解决方案的研发、生产、销售与服务，在产品开发、技术创新、技术服务、高新技术采用等四大方面领先国内其他同行公司。公司多项产品被全国各级电视台和各种专业用户单位广泛采用，用户已超过5000家.2008年8月北京奥运会上，CCTV采用索贝公司提供的高清网络制播系统，三地（IBC、新址、现址）制作播出。2012年企业员工2000人，实现销售收入7.87亿元。

【成都卫士通信息产业股份有限公司】 卫士通信息产业股份有限公司位于成都市高新大道创业路6号，1998年4月成立，注册资金5000万元，开发、测试设备700余台套、场地近1万平方米。2008年，公司在深交所上市，成为中国“信息安全第一股”，国内首家专业从事信息安全的股份制企业（股票代码002268），打造了卫士通在信息安全领域“国家队”的品牌。卫士通经过十余年的耕耘，从核心的密码技术应用持续拓展，发展成为拥有六大类产品体系、近20个产品族类、100余个产品/系统的国内最大信息安全产品供应商；并以完整的产品线优势，基于ISSE体系框架为党政、军工、电力、金融以及其他大型企业集团、中小企业及事业单位等各层次用户提供以“安全咨询、安全评估、安全建设、安全运维”为主要内容的信息系统全生命周期的安全集成与服务。此外，公司基于安全特色进行了同心多元化业务拓展，以业务转型、新行业、新市场开拓、资本运作为策略，在云计算、物联网、三网融合、移动支付等新技术领域积累了宝贵经验。2012年已经在电子支付领域再度打造了新的竞争优势，控股子公司摩宝网络成功取得人民银行颁发的第三方支付牌照。卫士通公司具有商密产品研制、生产、销售定点企业资质，首批获得涉密计算机信息系统集成资质（甲级），并具有计算机系统集成二级资质。2012年企业员工700余人，实现销售收入1.66亿元。

【四川华雁信息产业股份有限公司】 四川华雁信息产业股份有限公司位于成都市天府大道高新孵化园4号楼A座第一层，是经四川省人民政府批准设立的民营股份制高新技术企业，注册资金3000万元。公司致力于电力行业信息化解决方案，通过软件开发、系统集成与技术服务为客户提供软件产品、系统产品和服务。公司主要产品为：软件产品——基于GIS的电网可视化管理公共平台软件、基于IP的视频监控管理平台软件；系统产品——变电站图像监控系统、调度交换系统、光传输系统、电力电缆在线监测系统等；服务产品——前述系统的施工安装与开通调试。2007年公司与电子科技大学联合设立“空间信息系统实验室”，建立产、学、研的合作机制，专门培养3S技术生力军。同时，公司与海内外知名企业、科研院所建立多种形式的战略合作伙伴关系，使公司的技术和产品与国际保持同步。2012年企业员工100余人，实现销售收入1.16亿元。

【亚信科技（成都）有限公司】 亚信科技（成都）有限公司公司成立于2001年12月31日，位于成都市高朋大道3号东方希望科研楼12层，占地面积491平方米，注册资金500万美元。公司主要从事通讯应用软件开发及服务、网络系统集成业务，是中国领先的通信软件和服务提供商。主要产品有亚信综合计费产品套件，亚信商业智能产品套件，亚信客户关系管理产品套件，亚信网络及应用管理产品套件。公司连续数年被成都高新区党工委、管委会评为“软件及服务外包十佳企业纳税大户”。

【成都东银信息技术股份有限公司】 公司成立于2001年5月，是在新媒体领域有专业技术背景的创新型服务公司。公司从事数字电视技术研究，开发有条件数字接收终端（机顶盒）、用户管理系统（SMS）、系统集成、增值应用软件，系列家用或工程用、高清或标清或高清标清兼容数字电视机顶盒或多功能解码器等。公司从事卫视频道全国覆盖落地服务，已为20余家卫视提供专业的落地服务，建立起全国最权威的电视台数据库和网络数据库。

【成都市任我行软件发展有限责任公司】 成都市任我行软件有限公司是中国中小企业管理软件行业的创始者和领导者，长期专注于中小企业信息化，为各种规模和处于不同成长阶段的中小企业提供信息化解决方案，旗下拥有“管家婆”“任我行”“千方百剂”等知名品牌，产品涵盖进销存、财务、ERP、CRM、OA、电子商务和移动商务等领域。2012年，任我行软件产品已经成功地应用于国内及海外50万家中小企业。2006年12月，“管家婆”软件被认定为“驰名商标”。2012年实现主营业务收入1.35亿元，税收过1000万元。

【成都梦工厂网络信息有限公司】 公司成立于2003年，位于高新区高朋大道11号贝特工业园D-4是一家以网络游戏开发、运营的高科技公司，也是西南地区最大的数字娱乐公司。公司自2005年第一个产品《侠义道》开始正式运营以来，迅速实现盈利。2007年销售收入3192万元，2008年销售收入突破亿元，2012年销售收入9300万元。

【成都优博创技术有限公司】 成都优博创技术有限公司成立于2007年，坐落于成都高新区天府软件园，专注于高性能光通讯模块及子系统的软硬件设计、开发、生产、销售及服务。公司已成功开发出GEPON OLT/ONU、GPON OLT/ONU、10G EPON OLT/ONU、10GXGPON OLT/ONU、10G XFP/SFP+、SDH、GbE、GEPON CPE子系统等8大系列产品，可以应用于数据通讯Datacom、电信通讯Telecom以及光纤接入FTTX等光纤通信系统，2012年产品传输速率从155M到40G、传输距离从300米到80公里。产品已成功进入华为、中兴、烽火、阿朗等一流通信设备商，并获得了TUV、FCC、FDA/CDRH和UL等国际认证。2012年销售收入1.9亿元。

【成都飞鱼星科技开发有限公司】 公司成立于2002年，致力于网络通信设备的研究、开发、制造、行销及服务，是国内少数几家拥有完全自主独立研发和制造能力的公司之一，是Intel公司重点扶植的网络设备战略伙伴，并与Freescale，Broadcom，Marvell，Montavista等顶级芯片与软件公司建立长期合作关系。作为国家认定的高新技术企业及拥有自主知识产权的软件企业，飞鱼星科技的中高端宽带路由器研究研发水平始终处于业内领先地位。飞鱼星科技的产品覆盖网络安全、路由器、交换机、防火墙等，全系列产品均通过IOS9001:2000国际质量管理体系认证，自主品牌“飞鱼星宽带路由器”在国内所有宽带路由器领域中名列前茅。2012年销售收入6400万元。

【成都泰格微波技术股份有限公司】 成都泰格微波技术股份有限公司创立于1992年，位于高新区西部园区，拥有生产和办公等建筑面积2万平方米，员工500余人，主要从事军、民用微波电子元器件、组件及系统的研发、生产、销售及相关技术服务，货物、技术进出口贸易。主导产品包括功率分配器、耦合器、合路器、电桥、滤波器、双工器、隔离器、环形器、塔顶放大器等。公司客户遍及航空、航海、通讯、雷达、电子对抗等军、民用领域。2012年销售收入约1.5亿元。

【索尔思（成都）光电有限公司】 索尔思（成都）光电有限公司创立于新千年之初，业务领域涉及各类光通信产品的研发、生产和销售，涵盖光器件、模块化产品直至子系统，包括已广泛应用于企业网、接入网及城域网的无源光网络（PON）、子系统及光模块产品，是中国第一光模块供应商，全球 FTTX 光模块领域最大的供应商之一，是中兴、华为、阿尔卡特－朗讯、摩托罗拉、西门子、北电等国际知名通讯公司光模块主流供应商。年销售规模超过 10 亿元。

【富通集团（成都）科技有限公司】 富通集团项目于 2007 年 2 月落户成都高新区，主要包括富通集团（成都）科技有限公司、成都富通光通信技术有限公司和富通住电光缆（成都）有限公司三家主体企业，总占地面积 310 亩。截至 2012 年底，以富通集团（成都）科技园为主体，第一期投资 11.9 亿元已完成并投产；在原有成都富通光通信技术有限公司的基础上，引进世界 500 强企业日本住友电器工业株式会社，总投资 7000 万美元合资设立的富通住电光纤也已顺利投产并实现销售。成都富通项目的建设是富通集团在全国产业战略的重要布局。公司 2012 年销售收入约 10 亿元。

【四川中光防雷科技股份有限公司】 四川中光防雷科技股份有限公司是以“雷电防护”为主产业的“高新科技型”“高速成长型”的双高企业，由我国著名防雷专家王德言教授于 1987 年创建。公司拥有省级企业技术中心，同时公司检测中心取得了 CNAS 与 ILAC（国际互认）实验室资格、美国 UL 目击实验室资格。公司主编或参编了 11 项国家标准、3 项行业标准。作为雷电防护行业领先企业，中光防雷产品销售收入连续多年国内同行中排名第一。2012 年销售收入 6400 万元。

电子终端制造产业集群

【概况】 作为全球平板电脑和桌面电脑重要生产基地，成都高新区电子终端制造产业总投资已逾 30 亿美元。富士康 IPAD 平板电脑年产能超过 4000 万台，占全球一半以上；联想（西部）产业基地电脑产能将达 1000 万台；戴尔（成都）旗舰基地电脑设计总产能 3000 万台。TCL、吉锐触摸等一批企业蓬勃发展，规模不断扩大。

2012 年，西门子工业自动化产品项目、戴尔成都全球运营中心项目、奇宏科技成都生产基地项目建成投产，长虹高科技研发基地项目、联发软件研发中心项目加快建设。

2012 年成都高新区电子终端制造产业规模以上企业名录

序号	法人单位名称	主营业务及主要产品
1	鸿富锦精密电子（成都）有限公司	通信终端设备制造
2	成都联想电子科技有限公司	计算机网络设备制造
3	TCL 王牌电器（成都）有限公司	其他电子设备制造
4	成都大唐电缆有限公司	光纤、光缆制造
5	成都东方闻道科技发展有限公司	通信终端设备制造
6	成都福兰特电子技术有限公司	其他通信设备制造
7	成都国腾实业集团有限公司	其他电子设备制造
8	成都慧龙通信技术有限公司	通信交换设备制造

续表

序号	法人单位名称	主营业务及主要产品
9	成都交大光芒实业有限公司	其他电子设备制造
10	成都九州迪飞科技有限责任公司	其他通信设备制造
11	成都九州电子信息系统有限责任公司	其他电子设备制造
12	成都康宁光缆有限公司	光纤、光缆制造
13	成都普天联创通信设备有限公司	其他电子设备制造
14	成都前锋电子仪器厂	其他通信设备制造
15	成都三零盛安信息系统有限公司	通信终端设备制造
16	成都市华为赛门铁克科技有限公司	计算机网络设备制造
17	成都四方信息技术有限公司	通信终端设备制造
18	成都四威高科技产业园有限公司	其他电子设备制造
19	成都泰格微波技术有限公司	其他电子设备制造
20	成都天奥实业有限公司	计算机网络设备制造
21	成都网动光电子技术股份有限公司	通信传输设备制造
22	成都卫士通信息产业股份有限公司	其他通信设备制造
23	成都中衡网络有限公司	计算机网络设备制造
24	成都中住光纤有限公司	光纤、光缆制造
25	成都卓信科技有限公司	通信终端设备制造
26	成都富通光通信技术有限公司	光纤、光缆制造
27	富通住电光缆（成都）有限公司	光纤、光缆制造
28	迈普（四川）通信技术有限公司	通信交换设备制造
29	四川贝尔通信系统有限公司	移动通信及终端设备制造
30	四川浩特通信有限公司	通信终端设备制造
31	四川华雁信息产业股份有限公司	计算机网络设备制造
32	四川汇源钢建科技股份有限公司	其他通信设备制造
33	四川汇源光通信股份有限公司	光纤、光缆制造
34	四川汇源光通信有限公司	光纤、光缆制造
35	四川慧龙科技有限公司	其他通信设备制造
36	四川九立微波有限公司	其他电子设备制造
37	四川久远新方向智能科技有限公司	其他电子设备制造
38	四川天翼网络服务有限公司	通信传输设备制造
39	四川卫士通信息安全平台技术有限公司	其他通信设备制造
40	四川亚连科技有限责任公司	其他电子设备制造
41	四川银海软件有限责任公司	计算机网络设备制造
42	芯通科技（成都）有限公司	其他通信设备制造

【富士康成都生产基地】 富士康成都生产基地于2009年成立，形成了以鸿富锦精密电子（成都）有限公司为核心，睿志达光电（成都）有限公司等核心配套项目为重点，周边配套项目加快聚集的良好态势。富士康成都生产基地一期总投资21亿美元，主导产品为新型便携式平板电脑。2012年生产平板电脑4049.9万台，同比增长101%，出口总额137.6亿美元，员工16.5万人。

【成都联想电子科技有限公司】 成都联想电子科技有限公司成立于2010年12月，项目总投资4.8亿元，注册资本8200万元，总建筑面积7.5万平方米，一期面积约5.6万平方米，2011年12月建成投产，2012年1月正式量产。2012年，公司累计生产电脑176万台，实现销售收入43.5亿元，员工450人。

【TCL王牌电器（成都）有限公司】 TCL王牌电器(成都)有限公司成立于2004年9月22日，位于高新区西部园区，建筑面积8万多平方米，2005年10月份正式投产。公司总投资1.5亿元人民币，是TCL集团全资兴建面向西部市场及南亚市场的彩电重要生产基地及现代化制造企业。公司拥有4条整机生产线和4条模组生产线，彩电整机年产达300万台，液晶模组年产达250万台。2012年公司实现销售收入30亿元。

【成都国腾实业集团有限公司】 成都国腾实业集团有限公司位于成都高新区西部园区西芯大道3号，于2000年5月23日成立，注册资本8000万元。公司占地面积86.66公顷，建筑面积从2005年的28.5万平方米增加至2008年的41万平方米。主要产品包括：IC卡话机、集成电路芯片设计与制造、北斗用户机终端、第二代居民身份证验证机具，应用于教育、通信、国防工业、软件、行业等五大领域，业务范围涉及导航卫星、通信卫星、临近空间技术应用、微波通信、大型软件开发及服务外包、海量数据处理、集成电路设计、空间遥感技术、智能卡业务、互联网应用终端及信息网络安全、智能化网络建设和IT教育等领域。产品及服务覆盖全国各省市，远及英国、美国、加拿大等多个国家。国腾实业集团自1994年研制出中国第一台具有自主知识产权的I C卡公用电话以来，已发展成为国内知名电子信息类大型综合集团，并被认定为“国家级重点高新企业”，首批“中国自主创新品牌企业”。2004年到2008年连续5年被评为“中国电子百强企业”，2006年到2009年连续4年获成都高新区十强企业称号。2012年公司销售收入30亿元。

【成都九洲迪飞科技有限责任公司】 成都九洲迪飞科技有限责任公司成立于2004年10月，位于成都市天府大道高新孵化园国家信息安全基地内，占地面积4000平方米，注册资金900万元，由四川九洲电器集团有限责任公司(电子783厂)参股组建，从事微波、射频器件、功能组件、收发整机及数字信号处理、应用软件的研发、生产及销售，是四川省“高新技术企业”和成都市确定的“十一五重点发展行业”企业。公司自行研发生产的数字微波产品，门类齐全，广泛用于雷达、航空、航天、船舶、陆航、通信、电子对抗等领域。主要产品包括：数字信号处理产品和小型L/P/U多波段微波收发信整机、频率合成器、程控衰减器、功率放大器、微波电子开关、选频组件、接收组件、低噪声放大器、毫米波器件（组件）以及滤波器、功分器、混频器、振荡器、DC/DC电源模块等。民用产品主要有GSM、CDMA、WCDMA、TD-SCDMA模块系列和直放站等。2012年公司销售收入3.8亿元。

【成都迈普产业集团有限公司】 成都迈普产业集团有限公司（简称迈普集团）位于成都市九兴大道16号，1993年成立，注册资金6500万元，占地13.33公顷，建筑面积1.7万平方米，是专业从事网络通信及安全设备的研制、生产、销售和服务的高新技术企业。公司研发的MP8600系列采用模块化、分布式和可扩展的先进设计理念，应用大容量的交换网芯片和高性能的网络处理器技术，提供高达3.2T的背板带宽和10G高速接口，并能提供基于硬件的线速转发能力。还承担国家发改委“新一代宽带及网络通信产业化专项”重大项目；被成都市政府列入“成都市重点培育的大企业大集团”名单。2012年公司销售收入6.1亿元。

【成都泰格微电子研究所有限责任公司】 成都泰格微电子研究所有限责任公司前身是1992年7月27日成立的成都泰格微电子研究所，注册资本42万元，注册地为成都市成彭路7号,1997年7月迁至成都市九兴大道高发大厦，2004年6月注册资本增资为800万元，同年11月搬迁至成都高新孵化园1号楼5楼，2007年8月再搬迁至成都高新区西部园区新文路18号，占地约4万平方米，生产、办公楼面积共16888.3平方米。2008年4月23日成都泰格微电子研究所由股份合作制变更为有限责任公司，更名为成都泰格微电子研究所有限责任公司。主营业务为微波电子元器件、组件和系统的开发、生产和销售。公司通过ISO9001质量体系认证和军工产品质量认证，被四川省科技厅评为“高新技术企业”，被成都市政府评为“成长型科技型企业”，被成都高新区党工委、管委会评为“优秀高新技术企业”“优秀创业企业”及“纳税大户”。2012年公司销售收入2.1亿元。

【四川光恒通信技术有限公司】 四川光恒通信技术有限公司位于成都高新区西部园区，总面积1.2万平方米，成立于2001年12月，注册资本3630万元，是专业从事光通信类光有源、无源器件及配套产品研发与制造的高新技术企业，年产能达到光有源器件480万只、光无源器件600万件/套，主要产品有激光器组件、光接收组件、单纤双向组件、单纤三向组件、OSA配件以及光纤活动连接器、适配器、衰减器、耦合器等产品。公司于20世纪80年代起开始从事光通信器件的研发工作，2008年公司拥有13项国家专利，公司位于眉山市的全资子公司“四川飞普科技有限公司”为生产基地，为公司提供金属件、塑料插芯等产品原材料。公司全面采用ISO9001:2000质量管理体系和CP/CPK，SPC过程控制体系进行生产和控制。2012年公司销售收入4.5亿元。

生物医药产业集群

【概况】 2012年，成都高新区被授予“国家中药现代化科技产业基地”、“成都国家生物产业基地”、“成都国家医药出口基地”、“国家生物医用材料与医疗器械高新技术产业化基地”称号。作为西部唯一的生物医药产业园区，成都高新区2012年被国内专业机构评为“中国生物医药最佳园区”。

截至2012年，成都高新区已聚集生物医药企业264家。有195个药品和医疗器械方面的研发和产业化项目，其中，单品种销售过亿元的优势产品8个，包括地奥心血康、黄芪注射

先导化合物筛选平台项目签约仪式

液和胸腺肽，蓉生人血白蛋白和免疫球蛋白，远大蜀阳人血白蛋白和免疫球蛋白和升和药业参麦注射液等。2012 年生物医药产业实现主营业务收入 71.2 亿元，重点项目完成投资 5.2 亿元，规模以上企业实现销售收入 65 亿元。

【重点项目建设】 成都高新区共有在建生物医药产业重点项目 9 个，全年完成投资 5.1 亿元。其中，竣工投产阶段项目 2 个，成都欧林生物疫苗科技股份有限公司一期建设已完成，进入准备申报 GMP 认证阶段；康美中药饮片生产基地项目一期已竣工投产。加快建设阶段项目 6 个，华神高新技术产业园、扬子江药业成都研发中心项目、高场强超导磁共振医学检测系统、具有欧盟发明专利治疗心脑血管疾病“三七通舒胶囊”规模化及国际化示范工程建设、天河生物医药科技研发与产业化中心项目、新荷花中药饮片生产基地项目正在建设。促进开工阶段项目 1 个，地奥异地技改项目，已于 2012 年底顺利开工。

【企业培育】 成都高新区将地奥、蓉生等 20 余家医药企业纳入高新区重点培育企业名单，在项目申报、重点产品推广、动能保障等方面为企业做好服务。在区内召开生物医药研发及外包产业研讨会等活动，积极促进企业联动，加强企业间合作交流。精心组织地奥、蓉生等企业申报蛋白类生物药、疫苗发展专项和通用名化学药发展专项等一系列国家、省、市项目；组织企业申报省、市技术中心，其中恒瑞制药、苑东药业被认定为成都市企业技术中心；组织地奥、华宇等企业申报基本药物目录等。在市场开拓方面，全力支持企业，为企业提供一系列供需、展会信息，推荐企业参加各项招投标活动，帮助企业打开市场，打响品牌。组织企业参加西博会、高交会，医械博览会等活动，组织企业申报成都市名优产品目录，推荐美大康等企业参与各省基药招投标。

2012 年成都高新区生物医药产业规模以上企业名录

序号	法人单位名称	主营业务及主要产品
1	成都地奥制药集团有限公司	地奥心血康、地奥心血康软胶囊、硝苯地平缓释片、脂必妥胶囊、脂必妥片、黄芪注射液、迈普新（胸腺肽 α1）等
2	成都蓉生药业有限责任公司	人血白蛋白、免疫球蛋白等
3	四川远大蜀阳药业股份有限公司	人血白蛋白、免疫球蛋白等
4	四川升和药业股份有限公司	参麦注射液、鱼腥草滴眼液、香丹注射液、丹参注射液等
5	四川制药制剂有限公司	抗生素固体口服制剂、注射粉针剂等
6	四川新荷花中药饮片有限公司	川产道地药材、毒性饮片、小包装饮片、普通饮片、有机农中药饮片等
7	四川省迈克科技有限责任公司	体外诊断试剂等
8	四川沱牌药业有限责任公司	大输液产品等
9	四川南格尔生物医学股份有限公司	输采血设备及一次性使用耗材等
10	四川杨天生物药业有限公司	杨天力克舒（复方酚咖伪麻胶囊）、晓力胶囊（替硝唑胶囊）等
11	吉泰安（四川）药业有限公司	元胶囊、美声喉泰、四物合剂、四物颗粒、清淋胶囊等
12	成都华宇制药有限公司	硫酸特布他林注射液等
13	成都维信电子科大新技术有限公司	气体压缩式雾化器等
14	成都倍特药业有限公司	加替沙星氯化钠注射液、巴替、巴沙、头孢呋辛酯等
15	成都菊乐制药有限公司	羟乙膦酸钠、盐酸小檗碱、盐酸精氨酸、甜菊素等

续表

序号	法人单位名称	主营业务及主要产品
16	四川迪康科技药业股份有限公司	贝诺酯片、诺氟沙星胶囊、利福平胶囊、雷贝拉唑钠肠溶片、可吸收医用膜、可吸收骨折内固定螺钉等
17	成都瑞琦科技实业有限责任公司	一次性真空采血系统、体液标本采集系统等
18	成都中医药大学华神药业有限责任公司	复方丹参片、九味羌活颗粒、苯溴马隆胶囊、三七通舒胶囊、儿感退热宁口服液、鼻渊舒口服液、一清颗粒等
19	成都市双陆医疗器械有限公司	一次性使用无菌注（输）器具（自毁式注射器、注射器、输液器、袋式输液器、滴定管式输液器）；一次性使用去白细胞输血器、机采血细胞分离器等成分输血耗材等
20	成都恒瑞制药有限公司	罗格列酮、拉呋替丁、盐酸羟甲唑啉、盐酸文拉法辛、盐酸伐昔洛韦、盐酸伊托必利、拉坦前列素、左氧氟沙星、氯沙坦钾等
21	四川奥邦药业有限公司	氯雷他定胶囊、竹沥胶囊、茴三硫片、维 C 银翘双层片、甲磺酸帕珠沙星注射液、甘露聚糖肽片、甘露聚糖肽口服溶液等
22	成都枫澜科技有限公司	天然叶黄素等
23	成都摩尔生物医药有限公司	“舒太”、托萘酯、生物素、盐酸帕罗西汀、尼扎替丁、罗沙替丁等
24	四川美大康佳乐药业有限公司	大输液产品等
25	成都青山利康药业有限公司	大输液产品等
26	成都润兴消毒药业有限公司	水处理产品、医院消毒产品、家畜保健产品等
27	奥泰医疗系统有限责任公司	核磁共振诊断仪
28	成都睿智化学研究有限公司	化工及医药中间体
29	成都普什医药塑料包装有限公司	采血管、采血针、压脉带、塑料输液器组合盖、接口等
30	四川阳光润禾药业有限公司	艾默坤®伊班膦酸钠注射液、瑞斯欣®盐酸法舒地尔注射液等
31	四川新成生物科技有限责任公司	体外诊断试剂：生化上机试剂、全血质控品等
32	四川汇利实业有限公司	药用 PTP、PVC/PE、PVC 等高端材料等
33	成都世纪投资有限公司	复合预混合饲料等
34	德农正成种业有限公司	生物育种等

【地奥集团】 地奥集团始建于 1988 年，注册资本 7.28 亿元，位于成都高新区高新大道，占地面积近 400 亩。是集天然药物、合成药物、基因工程药物、微生物药物、药物制剂研制为一体的大型骨干制药企业，是国内实力最强的药物研制、中试、生产基地之一，是世界上最大的高纯度甾体皂苷和高纯度胸腺肽生产企业。

地奥集团具备天然药物提取及其活性部位的分离纯化、生化药物的提取纯化及基因工程药物的规模生产能力。中药材及天然药物的年处理能力达到 1.64 万吨，生化药原料加工能力每年 100 吨。年生产能力胶囊剂 35 亿粒，片剂 40 亿片，软胶囊 1 亿粒，小容量注射剂 8000 万支，冻干粉针剂 1500 万支，滴眼剂 1000 万支，颗粒剂 100 吨，口服液 6000 万支，大输液 2000 万瓶。公司龙头产品“地奥心血康”胶囊：为国家二类新药、“国家基本药物”、中药保护品种、获中国科学院科技进步一等奖。

公司先后被授予全国创新型企业、国家实施火炬计划先进高新技术企业、全国百强高新技术企业、全国中药行业优秀企业、全国重点高新技术企业称号。被列为国家中成药重点企业、

地奥集团

国家知识产权示范创建单位、“863”高技术成果转化基地。“地奥”商标被评为全国驰名商标。2012年公司销售收入约9.4亿元，税收约9800万元。

【四川美大康佳乐药业有限公司】 四川美大康佳乐药业有限公司2001年由四川蓝剑集团投资兴建，公司座落于高新区西部园区，占地面积100亩，注册资金6000万元。项目总投资1.5亿元，系集化学药品研发、注射剂生产、销售为一体的综合性现代制药企业。2008年7月被四川省科技厅认定为“高新技术企业”。公司拥有高速玻瓶大输液生产线1条，非PVC软袋大输液生产线3条和小针生产线、抗肿瘤药品大输液生产线各1条，均通过了国家GMP认证。小容量注射剂生产线1条，年产小容量注射剂3000万支；非PVC软袋大容量注射剂生产线3条，年产大容量注射剂6500万袋；玻璃瓶大容量注射剂生产线2条：一条为玻璃瓶大容量注射剂高速生产线，年产玻璃瓶大容量注射剂10000万瓶；另一条为抗肿瘤药品专用生产线，年产玻璃瓶抗肿瘤药品1000万瓶，并率先在西南地区引进非PVC软袋大输液产品生产线，为西部地区输液形式的变革起到了积极的推动作用。公司形成了以基础输液、营养型输液、抗生素、抗肿瘤、心血管及肝病等药物40余种，100余个品规的产品结构。公司对输液产品经营的指导思想是：以非PVC软袋产品为重点，以技术进步为核心，推动企业发展。公司设有技术研发中心，拥有专业从事新药研究人员38人，外聘顾问10余人，60%以上具有中高级职称，且多年从事新药项目的研究和管理，具有独立承担重大新药课题的能力。与省内外多所重点药科大学建立了良好的技术合作关系。公司设立了完善的质量保证体系，并按GMP规范对购进、生产、储存、销售全过程进行严格的监控。公司的产品销往全国21个省、市、自治区，四川、上海、广东、浙江为重点销售区域。2012年公司销售收入约1.8亿元，税收约2900万元。

【四川制药制剂有限公司】 2005年7月，因国有企业改制的需要，将原四川制药股份有限公司制剂车间分设成立四川制药制剂有限公司，并于2005年7月14日取得《企业法人营业执照》，公司现占地3万平方米，厂房建筑面积2.5万平方米。于2006年1月1日取得《药品生产许可证》。从2006年开始陆续取得胶囊剂（青霉素类、头孢菌素类）、片剂、粉针剂（青霉素类、头孢菌素类）、片剂（青霉素类）、干混悬剂等GMP证书。现有药品批准文号共111个，新药证书1个，拥有四川省内唯一的青霉素类粉针剂生产线，也是省内品种最全、产量最大的头孢类制剂生产企业。公司获得发明专利1个，实用新型专利7个，并承担成都市科技局科技支撑课题、成都市科技局培育产品后补助课题2项。公司参与硫酸头孢匹罗，标准号YBH00792006；注射用哌拉西林钠舒巴坦钠，标准号YBH15412006；替卡西林钠，标准号YBH00032007等27项国家药品标准的制定。2006年公司成为四川省抗生素的龙头企业，随着国内医疗卫生体制的深化改革，公司成为省、市医疗机构的定点配送企业之一。公司近年来先后获得“四川省高新技术企业”“四川省建设创新型企业‘培育企业’”“工人先锋号”“工业企业纳税百强”等称号；产品利福平曾三次荣获国家质量金奖。2012年公司销售收入约3.1亿元，税收约1000万元。

【成都青山利康药业有限公司】 成都青山利康药业有限公司成立于2001年11月，位于成都市高朋大道14号，是由成都利康实业有限公司、成都航利科技有限责任公司共同投资新建的集药品、医疗器械生产于一体的高新技术企业，注册资金3000万元。公司主要从事制剂和医疗器械的开发、生产和经营，已通过国家GMP认证的生产线有软袋大容量注射剂、软胶囊剂、滴眼剂等，Ⅲ类医疗器械（脱细胞生物羊膜）生产线已通过国家质量体系认证现场考核。2008年有各种剂型、品种、规格的产品50多个，特色品种包括血液滤过置换基础液、2000ml和3000ml氯化钠冲洗液、注射液、甘油果糖注射液、腹膜透析液、右旋糖酐70甘油滴眼液、心达康软胶囊及具有自主知识产权和专利的四川医药产业重点项目三类医疗器械“生物膜”等。公司厂房按照国家GMP标准设计、建造，配备美国约克空调冷水机组、全自动制袋生产线、全自动灌装机等生产设备及高效液相、气相、原子吸收色谱仪等现代化检测设备。公司自主开展科研项目，并与四川大学华西医院、四川大学华西药学院、四川师范大学、成都三明研究所等多家大专院校及科研单位合作，搭建产、学、研一体化平台，其中，与国家重点实验室干细胞与组织工程研究室共同合作开发类医疗器械“脱细胞生物羊膜”项目是国家863项目之一，被列为四川医药产业重点项目。2006年被四川省经委、四川省统计局授予四川省工业企业最佳效益500强、四川医药制造业工业企业最佳效益30强称号，并成为四川省生物技术协会首批理事单位、四川省科技厅生物科技干细胞及组织工程产业化示范基地，四川省建设创新型企业培育企业。2012年公司销售收入约9500万元，税收约1100万元。

【四川迪康科技药业股份有限公司】 四川迪康科技药业股份有限公司注册资金12740万元，是以制药为主，药物研发、药品营销、药品连锁经营等纵向一体化发展的国家高新技术企业，涉及化学原料药、化学药制剂、中药制剂、生物医学材料、生物工程制药等。公司拥有成都迪康制药公司、重庆迪康长江制药有限公司、迪康医药贸易分公司、四川和平药房连锁有限公司、成都迪康中科生物医学材料有限公司、拉萨迪康医药科技有限公司等分子公司。公司占地500亩，各类产品598种，其中国家级新

迪康药业

药12个，国家中药保护品种7个，申请专利27个(已授权16个)。剂型齐全，产品遍及全国。主要产品有国家“863”尖端项目“可吸收骨折内固定螺钉”，国家新药“安可妥”(盐酸吡格列酮片)、“安斯菲”(雷贝拉唑钠肠溶片)等。迪康在研项目“迪康(抗病毒)注射液”系国家中药一类新药，被列入国家“863”项目和国家“十五”攻关计划。2012年公司销售收入约1.4亿元，税收约1100万元。

【四川升和制药有限公司】 四川升和制药有限公司成立于1996年3月，是成都市重点民营企业怡和企业集团下属的集研究、生产和销售为一体，以抗肿瘤化疗药品、中成药注射液、抗生素为主的高新技术制药企业。1999年公司的小水针、大输液两条生产线通过国家GMP认证，并于2000年11月获得GMP证书(编号：B0553)。2000年完成了滴眼剂车间、固体制剂车间和口服液车间的GMP改造，预计在2001年达到全企业通过GMP认证的目标。公司的年生产能力为中药提取700吨，小水针1.2亿支，输液500万瓶，片剂10亿片，胶囊5000万粒，口服液5000万支，滴眼剂1000万支。产品结构以可灭菌小容量注射济，大输液为主，固体制济和口服为辅共有7种剂型，88个品种。主要产品有米西宁注射液，硫酸奈替米星注射液，香丹注射液，鱼腥草注射液等。鱼腥草滴眼液和美洛昔康胶囊及片剂两个新产品即将上市。2012年公司销售收入约5亿元，税收约1300万元。

【四川新荷花中药饮片股份有限公司】 四川新荷花中药饮片股份有限公司成立于2001年12月，2009年8月份迁址至高新区，公司注册地是成都高新区西部园区，注册资本5500万元，经营范围包括研制、开发、生产和销售中药饮片，是中国首家通过GMP认证的中药饮片生产企业，是规范生产的先行者，在行业内具有广泛的知名度和影响力，公司瞄准中药饮片标准化、国际化，本着“人品如荷、药质似金”的经营理念，全力打造中国中药饮片的第一品牌。“新荷花”品牌在2007年获得了“中国驰名商标”称号，是四川省农业产业化重点龙头企业。2009年公司在高新区西部园区生产基地投入5000多万元，建设完工并于2010年3月正式投产的《四川新荷花中药饮片生产研发基地项目》(一期)。2012年公司销售收入约3.6亿元，税收约100万元。

【成都蓉生药业有限责任公司】 成都蓉生药业有限责任公司隶属于中国医药集团总公司，控股股东为北京天坛生物制品股份有限公司。公司成立于1997年3月，由成都生物制品研究所的血液制品业务剥离改制而成，是我国规模最大、设施设备最精良的专业从事血液制品业务

蓉生药业有限责任公司

的高科技生物制药企业。“蓉生”牌系列血液制品以其质量、安全性、市场份额和品牌等综合优势在中国血液制品市场占据了无可争议的主导地位，被卫生部誉为“血液制品的典范”，赢得了极高的市场美誉度。1980年，蓉生率先在国内开始血液制品工业化生产，开创了我国该行业的众多第一：1988年首家推出破伤风人免疫球蛋白；1989年研究和制造出中国第一个人白细胞 α 型干扰素；1992年，首家推出静脉注射人免疫球蛋白产品；1995年，率先引进压滤生产工艺，带动了国内行业的第一次技术升级；1998年，国内第一批取得GMP认证证书；2010年，成为国内行业首家同时通过ISO9001质量管理体系、ISO-14001环境管理体系和OHSAS-18001职业健康安全管理体系认证的企业(DNV认证)。2007年4月，总投资2.8亿元，按照欧洲PIC/S标准设计建设，投浆能力达800吨/年的新生产线通过国家GMP认证并顺利投产，并于2011年顺利通过国家新版GMP认证。2012年公司销售收入约5.7亿元，税收6400万元。

【四川远大蜀阳药业股份有限公司】 四川远大蜀阳药业股份有限公司是国家首批定点的专业从事血浆蛋白类药物的研究开发和制造的资深血液制品企业。2008年改制为股份有限公司，下设原料血浆分公司13个。1988年蜀阳制药厂向上级借款和自筹资金，投资1168万元，修建了低温乙醇法分离蛋白车间，1990顺利通过国家卫生部验收，成为国家卫生部确认的血液制品定点生产企业。1993年，公司又投资800万元，改建中药生产线，使蜀阳制药厂形成以血液制品为主，以中成药为辅的新的研发机构。1996年以来，公司投入5000万元进行技术改造，建立白蛋白、丙球蛋白、白细胞干扰素等生产线，增加静脉注射人血丙种球蛋白等新产品生产线，成为国内处理血浆能力最大的血液制品生产企业。1994年顺利通过“中国方圆标志”认证检查，成为国内同行中首家获得ISO9002质量认证和产品质量认证证书的血液制品企业，并保持了历次复检合格；1998年再次率先在行业内一次性通过国家GMP认证检查，符合率居全国第一。蜀阳的主导产品人血白蛋白先后被评为“全军名牌产品”“四川名牌名药”产品。2012年公司销售收入约5.6亿元，税收约5300万元。

【成都市双陆医疗器械有限公司】 成都市双陆医疗器械有限公司始建于1989年，是国家首批定点生产一次性使用医疗器械产品的骨干企业，占地面积3万多平方米，建筑面积2万平方米，固定资产3000万元。现有十万级洁净厂房7000平方米，拥有环氧乙烷灭菌器三台共99立方米；拥有注塑、移印、挤塑、吹塑、彩印、热合、裁袋、注射器(针)自动组装机、自动吸塑泡罩成型机等设备100余台(套)，专业检测设备40余台(套)，生产资源条件配备合理，具有年产量1亿支以上医疗器械产品的生产能力。2002年8月取得ISO9001和ISO13485质量管理体系认证证书，2009年3月取得欧盟CE认证证书。质量管理体系符合ISO9001：2008和ISO13485:2003标准、MDD 93 / 42 / EEC指令、医疗器械生产质量管理规范、中华人民共和国现行法律、法规、日本药事法和日本厚生劳动省令169号(QMS省令)的相关要求。先后荣获“巴蜀质量跟踪定点示范单位”“质量信誉双信单位”“用户喜爱产品”等二十多项荣誉，被中国医疗器械行业协会、中华护理学会、中国保护消费者基金会确认为“放心产品贴标企业”；一次性使用去白细胞输血器荣获2004年度四川省科技进步一等奖。公司被质监部门评为2004-2005年度质量十佳企业。2012年公司销售收入约7700万元，税收约410万元。

【迈克生物科技股份有限公司】 迈克生物科技股份有限公司始创于1994年，专注于体外诊断产品的研究、生产、销售和服务。“迈克生物”

是经国家相关部门认证的“高新技术企业”，先后通过了CMD ISO13485、CQC ISO14001、TUV ISO13485认证和部分产品CE认证，是国际临床化学与检验医学联合会（IFCC）在中国的第一家企业会员，是中国首批建立酶学参考实验室的体外诊断产品生产企业。2012年公司销售收入约2.1亿元，税收约1600万元。

【成都恒瑞制药有限公司】 成都恒瑞制药有限公司是由四川圣奥医药有限公司和江苏恒瑞医药股份有限公司合资兴建的药品生产企业，2002年12月通过国家药品监督管理局GMP认证，并于2003年4月获得“高新技术企业认定证书”，生产剂型有片剂、胶囊剂、滴眼剂、原料药和吸入剂，在建二期工程包括5个车间9条生产线，新增剂型小容量注射剂、粉针、冻干粉针和粉雾剂等。成都恒瑞拥有国家一类新药1个，二类新药6个和四类新药50余个，其中罗格列酮片、加替沙星胶囊、盐酸羟甲唑啉滴眼液、盐酸二甲双胍缓释片、对乙酰氨基酚缓释片、氯雷他定片、盐酸西替利嗪片、盐酸左氧氟沙星胶囊等8个产品获得省级以上（四川省经贸委）“新产品新技术鉴定验收证书”。2005年，爱能®罗格列酮片荣获中华人民共和国科学技术部、商务部、国家质量监督检验检疫总局和国家环境保护总局联合颁发的“国家重点新产品证书”。2009年，爱能®罗格列酮片、倍顺®盐酸二甲双胍缓释片、仙孚迪®格列齐特缓释片、爽能®二甲双胍格列本脲片、比特力®盐酸西替利嗪片、亿菲®氯雷他定片、倍乐信®对乙酰氨基酚缓释片、恒奥®盐酸左氧沙星胶囊、莱迪®加替沙星胶囊、宜明®罗红霉素分散片、朗倍®阿奇霉素分散片、奥为仙®伊托必利片被列入地方名优产品推荐目录。2008年至2009年期间，爱能®、仙孚迪®、比特力®、倍乐信®分别获得“成都市著名商标证书”。成都恒瑞拥有第一个国产化的罗格列酮片、第一个国产化的二甲双胍缓释片和格列齐特缓释片、全国同类抗过敏药物销售额排名前三的比特力片、全国同类抗感染药品销售额排名前茅的一类新药莱迪胶囊、永久性知识产权保护的品牌药品递法明片。先后荣获“成都市高新区纳税大户”“成都市高新区优秀高新技术企业”“成都市人民政府环保示范建设项目”“银行AAA信用等级”“四川省公安厅友好合作单位”“中国制造业500强”等称号。2012年公司销售收入约1.7亿元，税收约2100万元。

【四川南格尔生物医学股份有限公司】 四川南格尔生物医学股份有限公司于1994年9月由四川省医学科学院及其附属医院在四川省简阳市共同创建，公司总部位于成都高新区，医用耗材生产基地驻简阳市，全资子公司北京南格尔生物科技有限公司驻北京市海淀区。2001年8月，公司变更为股份有限公司。2004年3月，公司成为民营股份制企业。公司主要从事输采血设备及一次性使用耗材的研发、生产和销售，是中国目前唯一能全套提供输采血设备与耗材的制造商，是唯一融药品、声光电医疗器械和III类无菌医疗器械生产三位一体的制造商。公司第一个研制出多联采血袋和全血保养液、深低温保存袋；第一个研制出血液成分分离机；第一个研制出单采血细胞分离器、一次性使用单采血液成份分离器；第一个研制出血脂分离仪和分离器；作为医疗器械制造企业第一个通过药品GMP认证，拥有发明专利和实用新型专利10项。2012年公司销售收入约1亿元，税收930万元。

【吉泰安（四川）药业有限公司】 吉泰安（四川）药业有限公司位于成都高新区工业园内，是一家集药品科研、开发、生产、营销为一体的综合型高科技药业集团。公司严格按GMP标准进行质量管理以确保临床用药安全。GMP改造工程于2001年9月份全面启动，共有4个剂型于2003年1月11日一次性通过国家GMP认证。2002年又在成都市高新西区购置56亩土地建立现代化工厂，实行规模化生产与经营。2003年6月，恒山分厂一期工程美声喉泰全钢架3000平方米生产车间竣工投产，并于2004年1月9日通过GMP认证。2004年恒山分厂二期工程2900平方米固剂车间正式新建；2005年恒山分厂二期工程2500平方米提取车间奠基新建。1998年，公司产品“心元胶囊”获四川省科技进步二等奖，成都市科技进步二等奖；2002年，“心元胶囊”被国家科技部和国家保密委认定为国家保密产品；2007年12月“心元胶囊”获得新加坡科技委员会批准进入新加坡市场销售。2012年公司销售收入约1.2亿元，税收约1400万元。

【四川沱牌药业有限责任公司】 四川沱牌药业有限责任公司是国家大型一档企业四川沱牌集团有限公司的全资子公司，由世界著名的医药工程设计公司美国PDC公司总体设计，占地100余亩，总建筑面积2万平方米，其中生产车间1.3万平米，绿化面积占厂区40%以上。公司工程投资近2亿元，引进具有国际先进水平的生产工艺和设备，在成都高新区西部园区建成了专业化的非PVC软袋输液生产企业，经过十年奋斗，有8条具有世界领先水平的非PVC软袋输液生产线，年产能近两亿袋，是全国最大、最专业的非PVC双阀软袋生产企业。公司软袋产品自2002年3月投放市场以来，未出现一例输液反应，全国各地抽检合格率一直保持在100%，该产品各项指标已达到美国FDA、欧洲药典标准，如：5-羟甲基糠醛、细菌内毒素、不溶性微粒、漏袋率等主要技术质量指标均高于中国药典标准10倍以上。2006年获得了“成都市名优产品”称号，2007年获得中国用户满意鼎和中国质量鼎双鼎奖励，2009年获得全国最高质量奖，2011年公司产品荣获成都市自主创新产品称号。公司具有自主知识产权的“真空防漏双色双阀”非PVC双阀软袋输液，已获多项专利，特别是方便临床护理人员安全使用的“双层真空防漏、双色双阀软袋输液”工艺已报国家发明专利。2012年公司销售收入约1.3亿元，税收约800万元。

【成都倍特药业有限公司】 成都倍特药业有限公司创立于1995年，位于中国成都高新区。是由成都高新发展股份有限公司（高新发展）发起组建，注册资本7000万元人民币。其中，法人股东成都高新发展股份有限公司出资5950万元人民币。占注册资本的85%，另有自然人股东（均为成都倍特药业有限公司职员）共出资1050万元人民币，占注册资本的15%。现有总资产超过1亿元人民币。公司生产、销售医药产品、保健产品、医疗器械、日化产品，科技咨询、技术服务；经营本企业自产产品及技术的出口业务，经营本企业生产所需的原辅材料、仪器仪表、机械设备、零配件及技术的进口业务（国家限定公司经营和国家禁止进口的商品及技术除外），经营来料加工和”三来一补”业务。公司占地面积30，000平方米，建有中国GMP认证标准药品生产厂房1.5万平方米。公司拥有原料生产线、中药提取生产线、颗粒剂生产线、片剂生产线（含头孢类片剂）、大输液生产线，并均已通过中国药品GMP认证。化学药原料100吨/年、中药提取300吨/年、颗粒剂3000万袋/年、片剂5亿片/年、胶囊剂2亿粒/年、输液5000万瓶/年。2012年公司销售收入约9500万元，税收约560万元。

【成都瑞琦科技实业有限责任公司】 成都瑞琦科技实业有限责任公司创立于1998年，注册地成都高新区，是一家国家民营高新技术企业。主要致力于医疗器械、医用高分子材料、生物技术和信息技术等产品的研发、生产、销售和服务。主要产品和服务内容包括：真空采血系统、体液标本采集系统，穿刺针类、生物容器、微生物培养鉴定系统、生物信息技术、实验仪器、实验试剂及标准品等。产品广泛用于医院、疾病控制、卫生保健、药械制造、科研、教学、军事等诸多领域。先后荣获“中国互联网中国信用企业认证体系示范单位”，并入选中国互联网“中国名企”“四川省优秀私营企业”“四川省高新技术企业”，获得“成都市高新区纳税大户”等光荣称号。拥有多项具有自主知识产权的产品和技术，拥有20余项专利及30余项专有技术，是国家卫生部标本采集规范技术的依托单位之一。拥有自主知识产权技术的“一次性封闭式采血快速分血技术”，获得四川省卫生厅科技进步二等奖、四川省人民政府科技进步三等奖，并分别被列入四川省卫生厅“十年百项”科技推广项目，四川省科技厅(科委)重点科技成果推广项目，国家卫生部“十年百项”科技推广项目。2012年公司销售收入约7100万元，税收约300万元。

【四川新成生物科技有限责任公司】 四川新成生物科技有限责任公司成立于2007年，位于成都高新区。一家集体外诊断试剂、校准品、质控品及配套仪器的研发、生产、销售为一体的高科技型企业，荣获高新技术企业认定及ISO13485、ISO9001质量管理体系认证。主要服务于全国各地临床检验中心、各级医院、疾控中心、科研院所、中心血站等相关临床实验室。新成生物创新性地提出“八大问题，全面解决”的生化检测系统化解决方案，即在仪器、试剂、校准品、质控品、标准化操作规程以及人员培训、临床实验室管理咨询、科研合作等方面为客户提供更多高附加值服务。通过系统化的方案解决临床实验室目前面临的各种问题，推动检验医学技术更好地为临床应用及为人类健康服务。新成生物通过自主研发并推向市场的产品有近百种，包括肝功、肾功、血脂、血糖、无机离子、心肌标志物、自身免疫类等体外诊断试剂、校准品、质控品、仪器等。2012年公司销售收入约5600万元，税收约300万元。

【成都华宇制药有限公司】 成都华宇制药有限公司为四川金炜集团全资子公司，位于成都高新区（西部园区），占地近100亩，是一家拥有一流的中西药及生物工程技术人才，集科研、生产、经营为一体的综合型高科技制药企业。公司注册资金3000万元人民币。2002年国家经贸委批准的新药产业化“双高一优”项目，总投资9000多万元。2003年建成具有国内先进水平的有中西药原料及片剂、胶囊剂、颗粒剂、注射剂共6条生产线，以及满足上述生产规模要求的全套检验控制仪器和设备及相应的实验室。生产能力中药（原料）提取1200吨/年，西药原料1500kg/年，片剂5亿片/年，胶囊剂5亿粒/年，颗粒剂2.5亿袋/年，注射剂1亿支。同年6月取得国家食品药品监督管理局GMP认证证书。2008年4月固体制剂车间、提取车间、合成原料药车间通过省药监局GMP再认证，同年10月小容量注射剂通过国家药监局GMP再认证。公司在生产、经营活动中严格按照GMP实施管理，并建立健全了三级质量监控网络体系，在华东、华北、东北，西南等30余省市建有完善的营销机构及网络。公司连续被农行授予“AAA”信用等级企业。国家二类抗脑血栓新药“清栓胶囊”被列为2005年国家创新基金计划、成都科技计划项目。经成都市经委、成都市卫生局、成都市社保局、成都市药监局审定，华宇制药的参柴颗粒、苏之、硫酸特布他林注射液确定为药品采购推荐产品。2012年公司销售收入约5500万元，税收约700万元。

【成都摩尔生物医药有限公司】 成都摩尔生物医药有限公司是一家中外合资的高新技术企业，主要从事生物医药技术及产品的研究、开发、化学医药中间体、原料药的生产、自有知识产权的制剂品种的市场经营管理。公司自成立以来，完成了“舒太”、托萘酯、生物素、盐酸帕罗西汀、尼扎替丁、罗沙替丁等多种原料药生

成都摩尔生物医药有限公司

产工艺或/和制剂研究，并已经完成部分成果的技术转让和工业化生产。2012年公司销售收入约1600万元，税收约40万元。

【成都维信电子科大新技术有限公司】 成都维信电子科大新技术有限公司由跨国集团新加坡维信有限公司、中国著名学府电子科技大学和成都维龙科技有限公司于1995年9月合资组建，致力于为泌尿科和呼吸科医生提供临床解决方案的制造商。1999年被成都市科技委认定为高新技术企业，2001年公司通过国家和行业标准ISO9001：2000质量管理体系认证。2003年6月被评为外商投资先进技术企业。2003年通过中国医疗器械质量管理体系认证(CMD)、ISO13485：2003认证和TV PS国际权威认证。2003年公司产品体外短波电容场热疗系统荣获"四川省科学技术进步三等奖"。2004年尿动力学分析仪荣获"国家科学技术进步二等奖"和国家五部委联合颁发的"国家重点新产品"称号。2006年公司被评为四川省企业质量信誉等级"A级企业"。连续多年被成都高新区评为"纳税大户"。2009年被成都高新区认定为首批高新区重点培育企业。2012年公司销售收入约2600万元，税收约280万元。

【成都润兴消毒药业】 成都润兴消毒药业成立于2002年，是一家专注于高端环保消毒产品的研究、开发、生产与应用的高新技术企业，是中国环保型高端消毒产品制造的领军企业之一。公司2004年通过ISO9001国际质量体系认证、2005年通过ISO14001国际环境管理体系认证。生产基地位于成都龙泉驿国家经济技术开发区，是四川省重点扶持的高新技术企业。企业拥有全资子公司—四川润兴环保科技有限公司、三家分公司及三个营销中心，公司已成为当今国内消毒产业中率先按国际标准规范化生产的大型专业化消毒剂研究、生产基地。系列产品荣获全国质量信得过产品证书，荣获包括卫生部、中国疾病控制中心、中华护理学会、中华医院感染学杂志、中国消毒品协会、上海市消毒品协会、上海市护理学会、各省环保产业协会等国家权威学术机构及政府相关部门的认可和特别推荐。"润兴"品牌被四川省工商局评为"四川省著名商标"。2012年公司销售收入约2300万元，税收约230万元。

【四川杨天药业集团】 四川杨天药业集团是一家以资本为纽带，以整合医药产业链为根本，涵盖了中西药生产、销售、中药原材料种植及提取、新药研发等医药领域的大型药业集团公司。集团下辖四家子公司，公司资产规模超过3亿元，年销售收入近1.5亿元人民币。四川杨天生物药业股份有限公司为四川杨天药业集团所属大型骨干公司，成立于1993年8月，属中外合资股份有限公司，是经四川省科委、外经委认定的"高新技术企业""外商投资先进技术企业"，公司的注射液、片剂、胶囊剂分别于2000年10月和2001年8月通过GMP认证，已发展成为集生产、销售、科研、管理为一体的现代化药业基地。1997年经政府批准，四川杨天生物药业股份有限公司兼并了原西昌制药厂，组建了四川西昌杨天制药有限公司，开发出以大凉山地区特有药材为主要原料的单方和复方中药制剂：万应胶囊、小儿感冒颗粒、消咳喘胶囊、金鹃咳喘停口服液、余甘子喉片等，其中万应胶囊获得"国家中药保护品种"称号。

2004 年整厂通过 GMP 认证。2005 年 9 月四川杨天生物药业股份有限公司及西昌杨天固体制剂车间从整厂迁至成都高新区西部园区。2007 年 1 月顺利通过 GMP 认证现场检查 (川 10352、川 10355)。2012 年公司销售收入约 2100 万元，税收约 200 万元。

精密机械产业集群

【概况】 成都高新区精密机械产业以先进制造技术为特征，与电子信息、生物医药产业互动配套，形成航空、高端装备及专用设备制造、电子精密模具等特色产业领域。集聚中电科、海特高新、铁姆肯、普惠艾特、高龙机械、爱乐达、西格码、科星电器、东方日立、百施特、普瑞斯、中铁岩锋、依米康、莫仕、宝利根、赫比、富泰华等 100 余家企业。2012 年完成工业总产值近 100 亿元，从业人员近 2 万人。

【重大项目促建】 “中电科航空电子产业园项目”“日立电梯成都项目”“奥特直升机旋翼复合材料主桨叶研发基地项目”“松芝制冷设备研发生产基地项目”4 个在建项目进展顺利，累计完成投资 18.18 亿元。成都华气厚普机电设备股份有限公司“研发及总部基地项目”、四川久远新方向智能科技有限公司“城市轨道交通装备产业化项目”完成项目立项，2013 年实现开工建设。

【企业培育】 成都高新区按照《高新区重点企业培育工作方案》，共计 60 余家精密机械制造企业进入重点培育企业名单，其中，年缴纳税金三税之和（增值税、营业税、所得税）1000 万元以上企业 17 户，100–1000 万元企业 40 余户。精密机械制造产业已成为第三大产业，为地方经济发展做出了积极贡献。

2012 年成都高新区精密机械产业规模以上企业名录

序号	法人单位名称	主营业务及主要产品
1	莫仕连接器 (成都) 有限公司	汽车电子连接器、商用电子连接器及精密模具
2	成都科星电力电器有限公司	高、低压成套配电设备、箱式变电站、真空断路器等
3	四川汇源钢建科技股份有限公司	高层钢结构建筑、住宅钢结构、钢网架、彩钢板及其相关产品
4	成都海玉电缆有限责任公司	电线电缆制造
5	成都德源线缆有限公司	电线电缆制造
6	四川华神钢构有限责任公司	钢结构建筑的设计、制作、安装和服务
7	成都百施特金刚石钻头有限公司	PDC 钻头，巴拉斯钻头，天然金刚石钻头设计、生产、销售和技术服务
8	四川电器集团股份有限公司	40.5 千伏及以下电压等级的真空、SF6、少油断路器，高低压开关和成套开关装置 .
9	东方日立（成都）电控设备有限公司	高压变频器、风力发电机电力变流器、等离子体炬专用电源、光伏逆变器等
10	成都住矿精密制造有限公司	半导体引线框架、精密模具
11	四川威特龙消防设备有限公司	“威特龙”牌气体灭火系统、泡沫灭火系统、水系灭火系统等 6 大类系列产品

续表

序号	法人单位名称	主营业务及主要产品
12	四川中自尾气净化有限公司	机动车（汽油车、柴油车、CNG/LNG/LPG 车、摩托车等）尾气净化催化转化器
13	爱发科东方真空（成都）有限公司	氦气检漏设备（仪器、设备、装置等）
14	成都科普尔电缆有限公司	电线电缆制造
15	四川依米康环境科技股份有限公司	精密机房空调、精密净化空调、精密冷水机组
16	四川启明星蜀达电气有限公司	智能化电能表、用电管理系统、用电自动化系统
17	成都航利电气有限公司	高、低压成套开关设备及高压一次元件
18	四川川石．克锐达金刚石钻头有限公司	PDC、巴拉斯、天然金刚石、AR 系列等 7 大系列金刚石钻头
19	中铁岩锋成都科技有限公司	TK 系列转子活塞式湿喷机
20	成都普瑞斯数控机床有限公司	数控机床（钻铣加工中心）
21	四川海特高新技术股份有限公司	航空机载设备检测、维护、修理；中小型发动机维修；航空机载设备及航空测试设备的研制；航空培训
22	成都凯泉铁路配件有限责任公司	铁路专用配件
23	宝利根（成都）精密模塑有限公司	精密电子模具、电子注塑产品
24	成都金自天正智能控制有限公司	冶金自动化工程、工业除尘控制系统及继电保护
25	成都邦普合金材料有限公司	生产、销售硬质合金、高比重合金、精细陶瓷制品
26	成都锐达自动控制有限公司	水电站辅机及公用控制系统、闸门控制系统、水轮发电机组振动摆度监测系统、自动化元件等电站设备
27	成都福立盟钻采设备有限公司	石油钻井设备，注油泵
28	成都恒成工具制造有限公司	各种硬质合金木工刀具、玻璃钻头
29	赫比（成都）精密塑胶制品有限公司	精密模具设计和制造
30	成都府河电力自动化成套设备有限责任公司	FH-3000 电力故障录波监测装置、FH-5000 继电保护及故障信息管理系统
31	四川亚美动力技术有限公司	中、小型航空发动机热检、大修改装及发动机机载设备检测
32	成都航利阀门成套设备有限公司	石油天然气专用阀门、二次仪表配套设备、非标设备
33	四川奥特附件维修有限公司	航空机械附件维修
34	麦克奥迪（成都）仪器有限公司	研发、生产、销售 MOTIC 系列及 CLASSICA 系列光学显微镜、数码显微镜和显微集成图像系统
39	成都富凯飞机工程有限公司	飞机系统加改装工程、航空附件修理
40	成都威特电喷有限责任公司	柴油机电控燃油系统产品的开发、生产、销售
41	成都五牛科技有限公司	组合式空调机组、柜式空调机组、空调配件
42	成都前锋电子有限责任公司	电子测量仪器、应用电子产品
43	成都前锋电子仪器有限责任公司	电子测量仪器
44	成都前锋电热器具有限责任公司	热水器、灶具、商用燃油燃气锅炉、中央热水机组、暖通设备
45	成都前锋机械设备有限责任公司	热水器、灶具、商用燃油燃气锅炉、中央热水机组、暖通设备
46	成都华太航空科技有限公司	航空机载设备的检测及维修、航空部附件制造

续表

序号	法人单位名称	主营业务及主要产品
47	优利德科技(成都)有限公司	电子仪器仪表
48	铁姆肯(成都)航空及精密产品有限公司	航空轴承产品
49	四川汇友电气有限公司	箱式产品、隔开监控产品、开关柜等铁路自动化控制设备
50	四川索牌科技股份有限公司	模切机、冲切机、杯碗机、系列检测仪、外贴机
51	成都新和特门业有限公司	金属门生产制造
52	成都爱乐达航空设备制造有限公司	航空零件、工装夹具制造，维修装配
53	弥荣（成都）实业有限公司	生产、销售汽车检测维修设备
54	成都航威精密刃具有限公司	数控刀具、飞机零件、模具加工
55	四川希望深蓝空调制造有限公司	水地源中央空调、溴化锂中央空调、中央真空热水机组
56	四川金通交通设施制造有限责任公司	交通安全设备、护栏、护栏网
57	成都圣玛特科技有限责任公司	全智能非侵入式电动阀门执行器、工业自动化产品
58	成都天元模具技术有限责任公司	模具、夹具、检具制造，模具技术软件开发应用
59	成都新大洋焊接材料有限责任公司	CO2 气体保护焊丝
60	四川华盛强制冷设备有限责任公司	客车空调，轿车空调，卡车空调，工程机空调，机场地面送冷设备，专用移动空调
61	成都宇都密封制品有限公司	各型汽车、摩托车气缸盖垫片、全车密封垫片
62	成都阿波罗电器有限公司	生产、销售家用电冰箱、洗衣机产品
63	成都华冠精密电子机械有限公司	半导体封装模具、切筋模具、半导体全自动设备、精密电子机械零件等产品的研发、设计、制造
64	四川安好精工机械有限责任公司	生产、销售汽车发动机挺柱、摇臂系列零部件
65	成都赛来控制工程有限公司	生产、销售液压控制产品、气动控制产品，控制工程设计安装成套维护
66	成都乐创自动化技术股份有限公司	研发、生产、销售运动控制卡、电动缸、驱动器等运动控制产品。提供激光雕刻切割、点胶、数控机床等行列解决方案
67	成都星宇节能技术股份有限公司	无功补偿元器件 低压复合开关 智能控制器 智能无功补偿控制器 高压无功补偿控制器 高压无功补偿装置
68	成都市天府垫片有限责任公司	摩托车、汽车密封垫片

【中电科航空电子有限公司】 中电科航空电子有限公司成立于2009年6月，由中国电子科技集团公司、四川省、成都市及高新区政府共同出资组建，注册资本20亿元人民币，主要承担国家重大专项C919大型客机航电系统（通信导航监视系统、机载娱乐系统、通信系统、信息系统等）研制任务。2012年，公司成立三年来，产品研制、国际合作、能力建设等工作取得较好成绩。公司位于高新区西部园区规划占地面积150亩、总建筑面积11.09万平方米的航空电子产业园项目建设进展顺利。

【铁姆肯（成都）航空及精密产品有限公司】 铁姆肯（成都）航空及精密产品有限公司成立

于 2006 年 10 月，是美国铁姆肯公司的全资子公司，中国首个外资航空轴承生产基地。公司位于四川省成都高新综合保税区，厂房总面积为 7500 平方米，项目总投资额 2500 万美元，主要产品包括航空球轴承和航空圆柱滚子轴承并可提供航空轴承检测服务，是中国目前唯一一家由中国民用航空局（CAAC）认证的独立轴承检测机构。2012 年公司完成产值 3616 万元，有职工 170 人。

【四川海特高新技术股份有限公司】 四川海特高新技术股份有限公司成立于 1991 年，位于成都高新区科园南路一号，中国首家民营航空维修企业、中国唯一航空维修上市企业。主营业务涉及航空维修、研发、制造、航空培训等领域，拥有亚美动力、奥特附件、昆明飞安、天津海特等 10 余家分（子）公司。2012 年拥有各类工程技术人员 500 余人、各类先进设备仪器 1000 余台，年产值逾 2 亿元。

【成都爱乐达航空设备制造有限公司】 成都爱乐达航空设备制造有限公司成立于 2004 年 3 月，注册资金 4000 万元。公司位于成都高新区西部园区，一期占地面积 21 亩，建筑面积 8042 平方米，专业生产航空零部件、航空工装及地面航空设备，取得 AS910 航空产品、GJB9001B 军品质量管理体系等认证。2012 年完成销售收入 5500 万元，年末资产总额 7500 万元。

【东方日立（成都）电控设备有限公司】 东方日立（成都）电控设备有限公司成立于 1999 年 12 月，是中国东方电气集团公司与日本株式会社日立制作所共同出资组建，注册资本 7098 万元，位于成都高新区西部园区天朗路 2 号，占地面积 2.2 万平方米，国家认定的最早的工业化高压变频器生产企业，中国高压变频器十大品牌企业之一，主要产品有高压变频器、光伏逆变器、等离子体炬专用电源等。2012 年主营业务收入 1.46 亿元，员工 270 余人。

【成都科星电力电器有限公司】 成都科星电力电器有限公司成立于 1996 年，总部位于成都高新区西部园区，是国家高新技术企业。公司专业生产高、低压成套配电设备，产品广泛用于市政、工矿企业、交通、电力、国防、航空、房地产等领域，KEE 牌 ZBW 系列箱式变电站、高低压成套设备多次荣获“四川省名牌产品”称号。2012 年，公司拥有 1 万平方米的现代化生产厂房及先进的进口剪、折、冲数控加工设备，主营业务收入 5.5 亿元，职工 386 人。

【成都欧迅海洋工程装备科技有限公司】 成都欧迅海洋工程装备科技有限公司成立于 2010 年 8 月，是国家高新技术企业，由四川海洋特种技术研究所海洋技术专家俞祖英先生发起设立，位于高新区技术创新服务中心，注册资本 1100 万元。专业从事海洋工程装备、海洋油气勘探、油气钻采关键装备研发、制造及技术服务，拥有 26 项专利技术。主要客户包括中海油、702、701 所、广州地调局、川庆钻井等，2012 年主营业务收入 1360 万元。

【成都普瑞斯数控机床有限公司】 成都普瑞斯数控机床有限公司成立于 2005 年 4 月，位于成都高新区西部园区，占地面积约 41 亩，建筑面积 2.05 万平方米，职工 180 余人。专业生产 PL、PV、PT 等 6 大系列精密立式加工中心产品，美国 MAG 公司立式加工中心授权协作企业。产品重点服务于航空航天、兵器工业、汽车摩托车、模具制造等行业，出口意大利、英国、巴基斯坦、中东等国家和地区。2012 年度销售收入 7628 万元，职工近 200 人。

【成都百施特金刚石钻头有限公司】 成都百施特金刚石钻头有限公司成立于 1999 年 7 月，位于成都高新区科园南二路，占地面积 42 亩，建筑面积2.5万平米，专业生产PDC、巴拉斯、天然金刚石、孕镶钻头系列标准及非标产品，是目前亚洲最大规模金刚石钻头制造企业，国家高新技术企业。2012年主营业务收入4亿元，出口创汇1200万美元，资产总额6亿元，员工185人。

【莫仕连接器（成都）有限公司】 莫仕连接器（成都）有限公司成立于2005年5月，位于成都高新区西部园区科新路8号，由莫仕新加坡有限公司单独投资成立，注册资本5500万美元，总建筑面积约11.38万平方米，主导产品包括汽车电子连接器、商用电子连接器及精密电子模具。2012年度完成销售收入15.19亿元，年末资产总额17.46亿元，员工6000余人。

【富泰华精密电子（成都）有限公司】 富泰华精密电子（成都）有限公司成立于2010年7月，注册资本4600万美元，下设富泰华精密电子（成都）有限公司新都分公司，项目总投资13100万美元。主营业务有开发、制造各类金属、非金属制品的模具、夹治具、检校治具，带式输送机、流水线、铁木真抛光自动线、丝印烘烤一体机、真空贴附机、光学胶贴附机等精密电子产品自动化生产设备。2012年主营业务收入5.2亿元，年末职工总数940人。

【宝利根（成都）精密模塑有限公司】 宝利根（成都）精密模塑有限公司成立于2000年5月，位于成都高新区西部园区，由新加坡宝利根精密工业集团投资成立的外商独资企业，注册资本510万美元，专业生产高精密模具和精密注塑件，主要应用于电子连接器、医疗器件、光学镜头及自动化领域，是成都市确定的电子信息产业重点配套企业及电子精密模具重点骨干企业。2012年营业收入1.16亿元，员工360人。

新兴产业

科技金融

【概况】 2012年，成都高新区坚持“以科技创新驱动金融创新，以金融服务提速产业发展”理念，进一步健全机制、完善体系、打造平台、营造环境、壮大产业，在金融服务创新、资本市场建设、地方准金融机构监管和西部金融中心建设工作等方面做了大量工作，取得较好成效。科技金融服务体系和平台建设工作多次得到科技部等国家部委表扬并在全国推广示范。

【科技金融服务机制】 成都高新区建立以“政府引导市场运作”为方向的科技金融服务机制。一是发挥政府引导作用，建立科技金融领导机制。成都高新区专门成立了由高新区管委会主任担任组长，管委会分管副主任担任副组长，各职能部门共同组成的金融工作领导小组，下设金融办公室，建立企业投融资服务例会、企业改制上市协调会等工作协调机制，负责指导高新区投融资服务体系建设工作，归口协调解决企业投融资问题和困难。

二是发挥市场主体作用，构建全方位投融资服务格局。依托成都高新区全资国有公司——成都高新投资集团公司作为投融资服务体系的重要载体，实现信用担保、股权投资、改制上市服务等多项投融资职能，形成政府资金引导、民间资金积极参与的投融资服务格局，通过债权融资、股权融资、上市融资等多种创新服务方式，较为有效地破解了科技型中小企业融资难题。

三是发挥政策支撑作用，促进政府资源与社会资本融合共生。成都高新区先后出台了涵盖债权融资、股权融资、改制上市和加快金融总部商务区建设的一系列科技金融政策文件，既对区内企业提供了一系列金融扶持政策，又为金融机构聚集出台了一系列优惠产业政策，不断加强科技金融服务能力和科技金融产业发展水平。

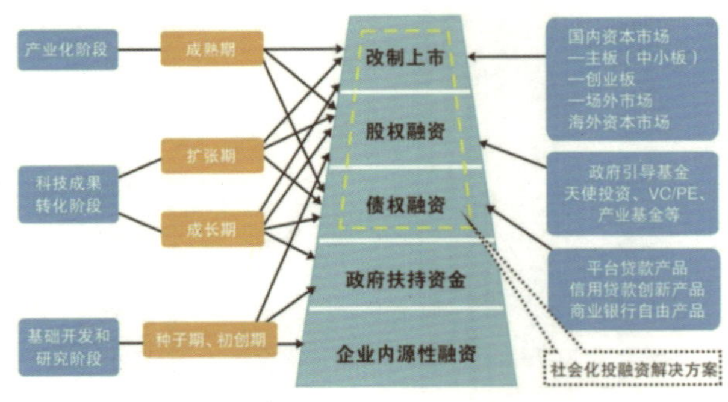

成都高新区科技金融服务理论体系

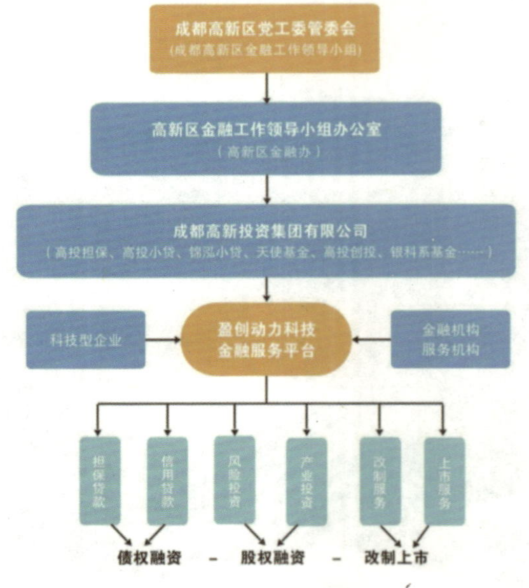

成都高新区科技金融服务运作体系

【债权融资服务体系】 成都高新区保持科技信贷高速增长态势。全年担保贷款达到16亿元，同比增长14%，科技型中小企业融资难问题进一步缓解。截至2012年底，累计帮助2000多家（次）科技型企业获得担保贷款85亿元。

进一步降低信贷成本。2012年共帮助159家企业获得高新区贷款贴息和担保费补贴资金3081万元。其中，72家企业补贴由40%提高到70%，新增1450万元补贴。截至2012年底，累计帮助850多家企业获得高新区贷款贴息和担保费补贴资金9661万元，降低了企业信贷融资成本。

引导商业银行加强产品创新。截至2012年底，高新区已成立3家科技银行，共计为98家（次）科技型中小企业发放贷款9.26亿元，开发各类债权融资创新产品5个。

进一步健全科技担保体系。截至2012年底，高新区融资性担保业务累计担保金额108亿元，同比增长48%；在保余额116亿元，同比增长41%。帮助3家担保公司获得国家中小企业信用担保资金865万元，为区内担保机构开展科技担保业务提供区级补贴资金450万元。

引导科技小贷业务快速增长。截至2012年底，高新区小额贷款公司贷款余额30.86亿元，同比增长307%；贷款笔数715笔，同比增长273%；为科技型小企业（含微型）贷款余额165798万元，同比增长514%；贷款笔数294笔，同比增长372.15%。

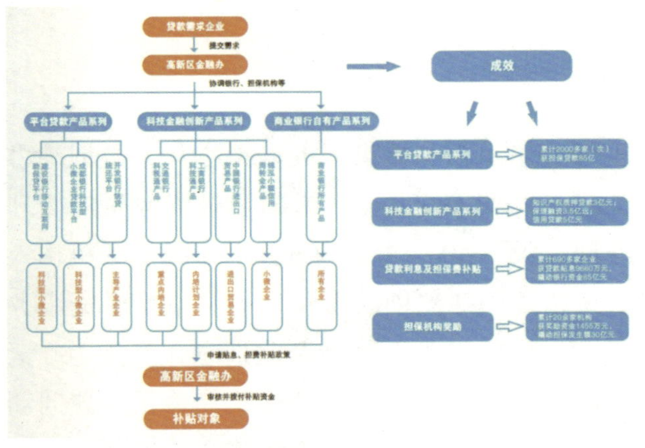

高新区债权融资服务体系

【股权融资服务体系】 成都高新区天使投资取得实质性突破，战略性新兴产业获有效扶持。2012年，由财政出资8000万元设立创业天使投资基金，同时设立天使投资风险补助专项资金，重点对战略性新兴产业中获得天使投资的高新区内创业型企业进行财政扶持。截至2012年底，政策性创业天使基金已经完成22个投资项目共计投资4180万元（其中移动互联网项目占比50%；生物医药项目占比23%）；社会化天使投资迈普M平台已完成4个投资项目共计投资475万元。

政府引导型股权投资机构渐成体系，主导产业重点企业获大力支持。2012年，高新区已建成偏重于种子期、初创期企业的高投系和偏重于成长期、扩张期、成熟期企业的银科系两大政府引导型股权投资基金群，共计发起设立18支子基金，注册资本规模达45亿元，重点投向高新区电子信息、生物医药、精密机械三大主导产业，累计帮助近100家区内主导产业中小微企业获得股权投资40亿元以上。

财政性产业投资数量巨大，累计帮助15个重大产业化项目获得财政性产业投资资金47.05亿元。

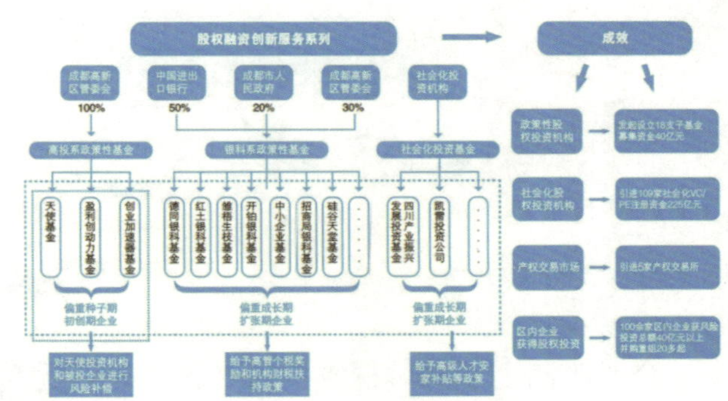

高新区股权融资服务体系

【上市融资服务体系】 成都高新区保持上市企业数量逐年攀升。截至年底，高新区已有上市企业23家，约占成都市一半。其中创业板4家，占成都市三分之二，四川省七分之四。

创业板上市后备资源储备充足。2012年，已有7家企业发行上市申请获证监会受理，6家企业即将完成省证监局上市辅导，10余家企业即将进入辅导期，另有一大批符合创业板条件的优质科技型企业正在积极改制过程中。

“新三板”筹备工作成效显著。截至年底，已有100家拟申报“新三板”重点储备企业，其中与券商签约39家，完成内核或股改，具备挂牌条件21家（其中净利润500以上12家，净利润1000万以上8家）。

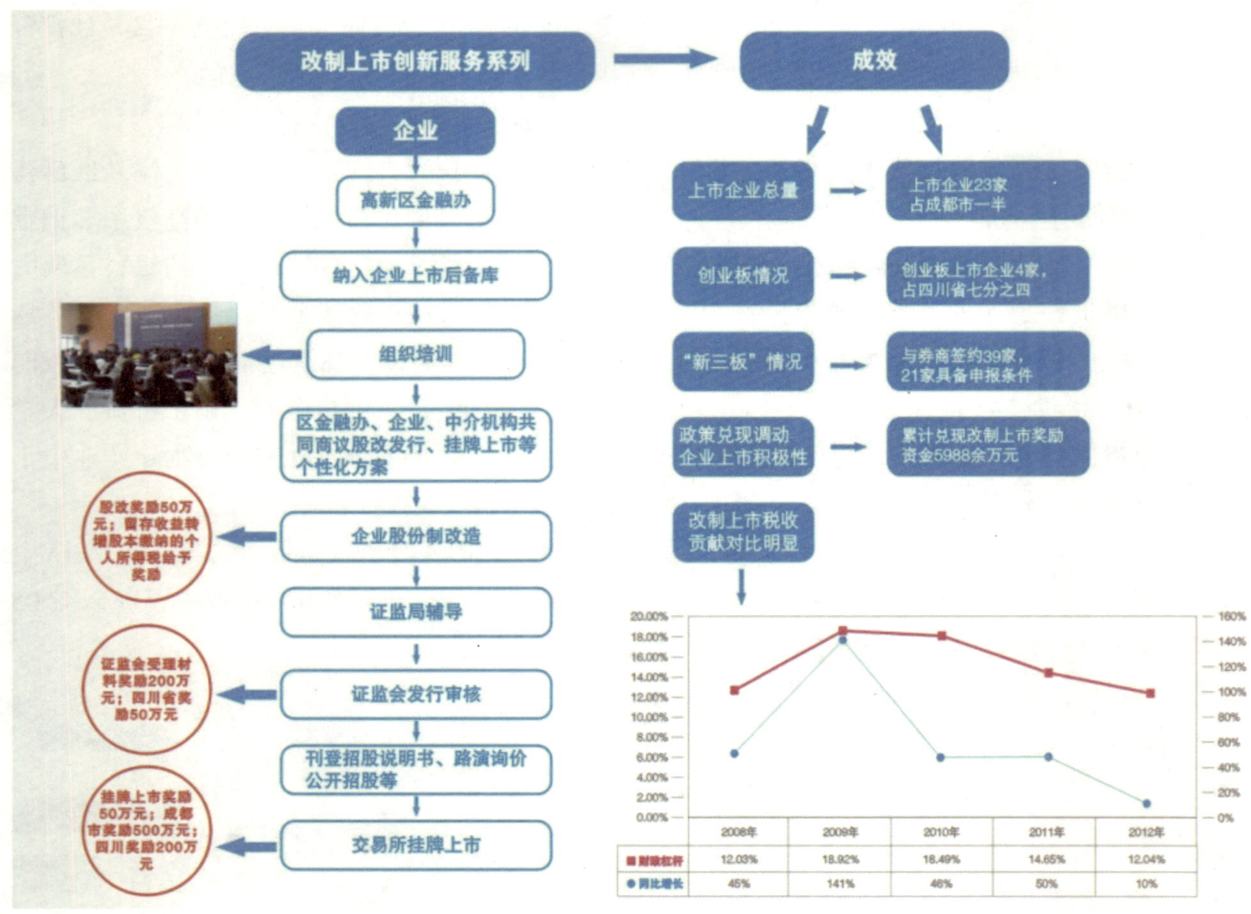

高新区改制上市服务体系

企业改制上市前后税收贡献对比明显。近5年来，高新区完成股份制改造企业当年税收平均同比增长58.4%。4家创业板上市企业2012年共纳税9640万元，同比增长31%。开展科技创新型企业直接融资与监管差异化课题研究。联合上海证券交易所、四川证监局、西南财经大学，研究如何借助多层次资本市场建设，促进资本与科技有效结合，进而为科技创新型企业提供直接融资服务，并为高新区制定相关科技型企业扶持政策及合理制定非上市公众公司监管相关规则提供参考。

【盈创动力】“盈创动力”已逐步发展成为全国性科技金融服务平台。按照科技部统一部署，“盈创动力”牵头承建科技部国家科技支撑计划“面向科技型中小企业的科技金融综合服务平台及应用示范”项目并在“十二五”期间在全国范围应用示范和提供服务。2012年，盈创动力通过总计约69000平方米的金融资源聚集物理空间，吸引40余家国内外知名金融服务机构入驻；构建的“盈创动力”远程网络投融资服务平台，已收录近2万家企业信息，与近100家投融资机构建立起战略合作伙伴关系。盈创动力科技金融服务平台着力实施“天府之星”创新创业企业成长培育计划，积极构建“孵化器+天使投资”模式，建立“天府之星”企业信息数据库，为企业与金融机构有效对接提供数据支撑。截至2012年底，已有60余家中小企业申请加入“天府之星”计划，“天府之星”入库企业达1221家，向高新区创业天使投资基金推荐项目150余个。

盈创动力积极打造“盈创动力财富沙龙”品牌活动，与清科集团、美瑞财富、四川商儒文化传播有限公司等高端专业培训机构为各类企业提供战略发展、资产管理、股权投资方面的专业培训；邀请2006年诺贝尔经济学奖获得者埃德蒙·菲尔普斯、郎咸平、宋鸿兵等国内外知名专家学者及资深经理人做客“盈创动力财富论坛”。

【西部（四川）路演中心】“西部（四川）路演中心”是深交所中西部第一个“路演中心”。该平台涵盖企业上市路演、业绩说明、信息发布、重大事件实时报道等服务内容，有效加快了国内外金融机构和中介服务机构入驻成都步伐，加快了成都西部金融机构中心、西部金融市场和交易中心、西部金融服务中心建设进程，进一步强化了成都在西部地区的金融辐射作用。2012年，深交所“西部（四川）路演中心”已成功举办了国腾电子、依米康、新都化工等多家上市公司路演活动，相关业务和服务正逐步向中西部地区拓展。

【科技金融服务环境】成都高新区积极打造特色鲜明的科技金融一体化示范园区。成都高新区南部园区是集西部金融中心、四川省科技中心、成都市行政中心、国际商务中心、国际会展中心、国际产业合作园区等功能于一体的天府科技新城。科技孵化园、天府软件园、新川创新科技园在物理空间上与金融总部商务区、金融后台服务区天然毗邻，“盈创动力”投融资大厦和各类产权交易市场等要素资源汇聚其中，成都高新区已形成科技与金融天然融合的一体化区域。

积极建设成都市科技型中小企业科技信用体系试验区。联合人民银行成都分行营业管理部、成都市企业信用信息系统联系会议办公室开展成都市科技型中小企业信用体系试验区建设，按照“服务政府、辅助机构、惠及企业”的目标，以科技型中小企业信用信息管理系统、科技型中小企业信用信息服务网为基础，建立科技型中小企业信用信息共享机制，以企业信用为资

成都高新区科技金融结合示范区

成都金融总部商务区效果图

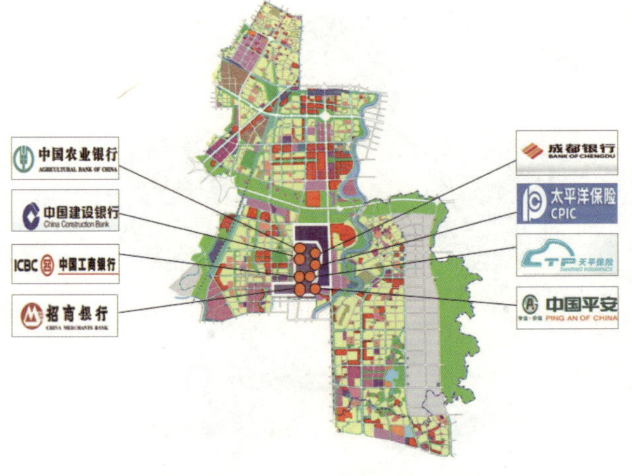

成都高新区金融后台服务区规划图

源统筹纽带，构建“守信受益、失信惩戒”约束机制，培育守信企业，增强政府扶持政策的有效性，破解科技型中小企业融资难问题，创新适合科技型中小企业特点的金融产品和服务方式，营造了独具特色的科技金融“软环境”。

【新兴金融产业】 成都高新区已成为西部地区最有活力的科技金融服务机构聚集地之一。截至2012年底，已聚集金融类机构225家入驻，共计纳税3.86亿元；其中银行30家、保险和保险经纪22家、证券期货7家、融资性担保公司22家，小贷公司17家、股权投资及其管理机构109家、金融后台中心13家、产权交易所5家、会计师事务所11家、律师事务所14家、资产评估事务所6家。2012年，成都高新区已经吸引各类银行开设118家业务网点，200余家VC/PE以各种方式到高新区考察和投资项目，50余家券商辅导区内企业改制上市，100余家会计师、律师、资产评估等专业中介服务机构为区内企业改制上市服务。

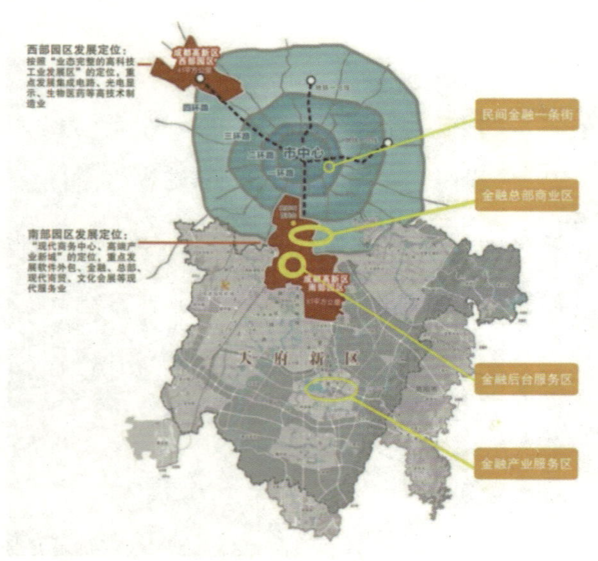

成都市金融产业空间布局

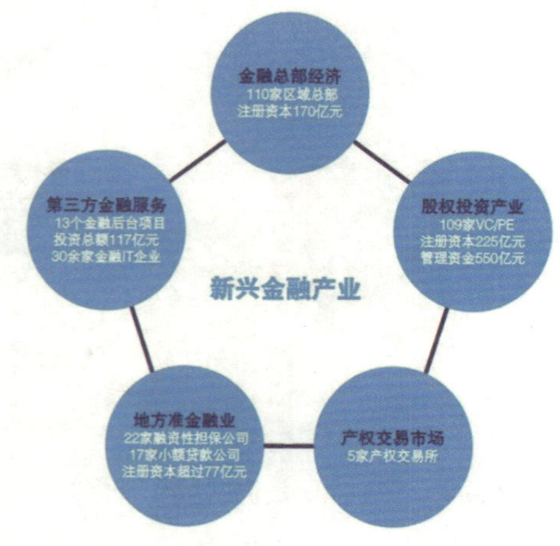

成都高新区科技金融产业重点领域

【金融人才】 成都高新区已成为中西部地区最佳的金融人才创业地之一。成都高新区通过兑现金融总部商务区高级人才奖励政策，已经吸引100余位中高层次金融人才到高新区工作。2012年，成都ACCA在读学员数已经超过广州、深圳等经济发达地区，名列上海、北京和南京之后排名第4位，发展潜力巨大；注册会员数名列第8名，位列中西部第一。金融人才对金融机构聚集和金融产业发展起到良好的支撑作用。

全国主要城市完成ACCA考试人数情况

排序	城市	完成ACCA考试的人数	排序	城市	ACCA在读学员数
1	上海	2458	1	上海	8306
2	北京	1748	2	北京	5636
3	深圳	476	3	南京	2525
4	广州	356	4	成都	2125
5	南京	229	5	广州	1970
6	杭州	135	6	深圳	1924
7	天津	123	7	天津	1002
8	成都	118	8	西安	971
9	苏州	108	9	武汉	953
10	西安	95	10	杭州	915
11	武汉	69	11	苏州	834
12	无锡	69	12	重庆	551
13	青岛	42	13	无锡	459
14	重庆	39	14	青岛	370

注：数据截至2012年12月30日

【服务机构】 成都高新区科技金融优秀服务机构评选旨在鼓励区内金融类机构积极针对科技型中小企业创新金融产品和服务模式，帮助解决高新区中小企业融资困难，构建和完善金融服务体系。获奖机构将受到高新区金融办的重点推介，并在符合条件的前提下给予政策倾斜。

2012 年度成都高新区科技金融优秀服务机构名单

机构名称	机构类型
国家开发银行四川省分行	银行
成都银行股份有限公司	银行
交通银行成都高新区支行	银行
建设银行成都高新支行	银行
成都高投融资担保有限公司	融资性担保公司
成都高新锦泓小额贷款有限公司	小贷公司
成都高投创业投资有限公司	股权投资机构
成都晟唐银科创业投资企业（有限合伙）	股权投资机构
宏源证券股份有限公司	证券公司（中小板）
光大证券股份有限公司	证券公司（"新三板"）
立信会计师事务所四川分所	会计师事务所
金杜律师事务所	律师事务所

【2012 德勤－成都高新高成长 20 强评选】

2012 德勤－成都高新高成长 20 强评选是由德勤和成都高新区联合举办的高成长企业评选活动，旨在发现并推介成都地区的高科技、高成长企业，使其获得更多的社会资源，帮助参选企业提升品牌影响力和国际化程度，协助企业更好地与国内外资本市场对接，提升企业竞争力。经过评选，有 7 家企业成功入选"2012 德勤高科技、高成长中国 50 强"，16 家企业成功入选"2012 德勤高科技、高成长亚太地区 500 强"。

成都高新区 2012 年度企业表彰会及奖牌

2012 德勤－成都高新高成长 20 强名单

公司名称	业务领域	三年增长率	德勤－成都2012高科技、高成长20强	2012德勤高科技、高成长中国50强	2012德勤高科技、高成长亚太地区500强
成都运达科技股份有限公司	软件	1169.34%	1	–	–
四川汇利实业有限公司	其他（制药行业包装）	1144.82%	2	12	37
四川中自尾气净化有限公司	清洁技术 / 新能源	998.33%	3	13	45
四川久远新方向智能科技有限公司	电子信息	475.42%	4	24	127
成都晶九科技有限公司	其他（激光材料）	398.95%	5	30	155
成都雷电微力科技有限公司	通信 / 网络	394.83%	6	32	161
成都勤智数码科技股份有限公司	通信 / 网络	378.30%	7	33	167
成都华太航空科技有限公司	航空维修	367.83%	8	34	169
四川省新成生物科技有限责任公司	生物技术 / 制药	219.19%	9	–	251
成都维纳软件有限公司	软件	199.04%	10	–	274
成都市蜀科科技有限责任公司	高新技术改造制造业	179.84%	11	–	295

续表

公司名称	业务领域	三年增长率	德勤–成都2012高科技、高成长20强	2012德勤高科技、高成长中国50强	2012德勤高科技、高成长亚太地区500强
成都乐创自动化技术有限公司	其他（运动控制器及配套方案）	168.99%	12	–	306
成都优博创技术有限公司	电子信息	168.65%	13	–	307
成都四为电子信息股份有限公司	电子信息	151.61%	14	–	333
成都易态科技有限公司	清洁技术 / 新能源	109.87%	15	–	436
四川新力光源有限公司	半导体	105.69%	16	–	450
成都蓉生药业有限责任公司	生物技术 / 制药	100.16%	17	–	467
四川索牌科技股份有限公司	高新技术改造制造业	99.77%	18	–	–
成都安可信电子股份有限公司	电子信息	94.19%	19	–	–
四川迈克生物科技股份有限公司	生物技术 / 制药	93.66%	20	–	–

（注：成都运达科技股份有限公司因为准备上市相关事宜，故而未参加德勤－中国50强和德勤－亚太500强评选。）

战略性新兴产业

【概况】 2012年，按照国家战略性新兴产业分类，成都高新区战略性新兴产业主要集中在新一代信息技术、生物、高端装备制造、新能源、新材料等领域。其中，涉及新一代信息技术、生物、高端装备制造领域的相关产业为高新区主导产业，新能源和新材料产业已形成一定聚集，但规模较小。

【产业发展情况】 成都高新区新能源产业聚集了阜特科技、东方日立等规模以上企业3家，全年实现销售收入3.2亿元。新材料产业聚集了新力光源、硅宝科技、银河磁体、中自尾气等规模以上企业15家，2012年实现销售收入22.5亿元。

【项目推进情况】 2012年，阜特科技在成都高新区西部园区征地28亩，总投资3.1亿元，将建设风电控制技术研发及产业化基地，包括建设“风电电控工程研究中心”和“风电控制系统产业化基地”，2013年6月开工建设。

四川中自尾气净化有限公司用地30亩，新建汽车尾气净化催化转化器生产基地，计划形成年产汽车尾气净化催化转化器400万升的生成能力，其中：新增300万升，产品技术水平国内领先；年产摩托车尾气净化催化转化器1000万支的生成能力，其中：新增400万支，产品技术水平国内领先。

【品牌培育】 成都高新区新能源企业中，阜特科技研发的“兆瓦级风力发电机组主控系统”和“直流双馈变桨距系统”等系列产品已成功运行在全国30多个风电场，2000多台机组上，是国内最早实现大规模商用、运行数量最多的厂商；东方日立公司具有自主知识产权的双馈型风力发电变流器研发，打破了风电变流器由国外厂家垄断的局面。

新材料产业

【概况】 新材料作为高新技术的基础和先导，应用范围极其广泛，它同信息技术，生物技术一起成为二十一世纪最重要和最具发展潜力的领域。作为成都高新区重点支持的战略新兴产业，主要分布在电子及生物材料的新材料企业在区内快速聚集与发展，形成了一定的规模。

2012 年成都高新区新材料产业规模以上企业名录

序号	法人单位名称	主营业务及主要产品
1	成都银河磁体股份有限公司	主要产品：1. 粘结钕铁硼磁体、钐钴磁体的生产与研发，是全球最大的粘结钕铁硼磁体制造商。2. 粘结钕铁硼磁体主要应用于主轴电机（硬盘驱动器、光盘驱动器、DVD）、步进电机、同步电机、直流电机、无刷电机等各种微特电机 业务领域：钐钴磁体（包括 SmCo5、Sm2Co17）广泛应用于航空、航天、军事电子、汽车、传感器、石油化工、磁力传动等领域
2	成都硅宝科技股份有限公司	主要产品：有机硅室温胶，硅烷及专用设备 业务领域：建筑幕墙、中空玻璃、节能门窗、电力环保、电子电器、汽车制造、机场道桥、轨道交通、新能源、设备制造及工程服务等
3	四川中自尾气净化有限公司	主要产品：汽油燃料发动机、柴油燃料发动机、CNG/LNG/LPG 燃料发动机等尾气净化催化（剂）器 业务领域：应用于机动车尾气净化、催化剂材料、贵金属、涂覆技术等相关领域
4	成都东盛包装材料有限公司	主要产品：高阻隔医药包装薄膜 (BOPP) 业务领域：医药以及食品行业
5	成都彩星科技实业有限公司	主要产品：中高档工业漆、特种用漆和高耐候建筑涂料 业务领域：建筑、装修行业
6	成都思摩纳米技术有限公司	主要产品：纳米生物制品 纳米新材料 隔热材料 纳米保健品 纳米洗化品 业务领域：家居家具 家居清洗用品
7	四川汇利实业有限公司	主要产品：PVC 片材、药用 PTP 铝箔、PVC/LDPE 液体药用系列复合硬片、其他塑塑及塑铝高阻隔复合软硬包装材料、塑料托盘 业务领域：医药，食品
8	四川新力光源有限公司	主要产品：稀土发光材料。包括 LED 路灯、隧道灯、筒灯、格栅灯、工矿照明灯、灯箱等 LED 照明产品 业务领域：地铁、高速公路、消防等

【四川新力光源有限公司】 四川新力光源有限公司（公司前身四川新力公司）1995 年成立，2004 年 4 月注册，注册资本 6000 万元。公司坐落于成都高新区西部园区新达路 2 号，是一家专业从事稀土发光材料与 LED 照明产品，集科研、开发、制造、销售于一体的股份制高科技企业，四川省高新技术企业。公司占地面积 92 亩，已建成面积 1.2 万平方米，在建面积 5.5 万平方米，通过了 ISO9001 质量管理体系认证、ISO14001 环境管理体系认证、OHSAS18001 职业健康安全管理体系认证。稀土超长余辉蓄光发光材料是公司依托清华大学技术支持，坚持自主创

新研制开发的高科技产品，主要应用于地铁、高速公路、消防等发光标识工程。LED照明产品是公司近年开发的主导产品，包括LED路灯、隧道灯、筒灯、格栅灯、工矿照明灯、灯箱等10余个系列近百个规格产品，与传统照明产品相比较，LED照明产品具有节能、环保、寿命长等优势。公司与长春应用化学研究所、清华大学、四川大学、电子科技大学等高校等科研机构建立了长期合作关系，在技术领域取得多项产品核心技术，获得160多项专利技术。2012年实现销售收入3亿元，同比增长50%。

【成都硅宝科技实业有限责任公司】 成都硅宝科技股份有限公司成立于1998年，坐落于高新区南部园区新园大道16号，公司占地70余亩，注册资金3800万元，员工256人。硅宝科技是中国西部唯一一家原国家经贸委认定的硅酮结构胶生产企业、国内唯一一家集有机硅室温胶研发、生产、销售以及密封胶专用生产设备制造于一身的专业厂家、四川省第一批通过国家高新技术认证的企业。2009年10月，硅宝科技在中国创业板成功上市，是四川省第一家暨中国密封胶行业第一家创业板上市公司。硅宝硅酮结构胶产品广泛应用于建筑幕墙、建筑门窗、玻璃加工、汽车制造，电子电气、太阳能行业、地铁工程、公路道桥与机场跑道等；硅宝专用制胶设备是中国行业的第一品牌，受到国内众多制胶厂家的青睐，并被德国汉高、德国瓦克、美国乐泰、美国道康宁、法国乐杰福等多家国际知名公司所采用。硅宝科技通过“ISO9001:2000”“ISO14001:2004”“GB/T28001-2001”三体系认证，是四川省重点技术创新项目和国家火炬计划项目的承担企业，国标委成员和ASTM International(美国材料与试验学会)会员单位。硅宝公司参与《建筑用硅酮结构密封胶》《硅酮建筑密封胶》等多项产品国家标准起草编制工作，取得7项国家发明专利、4项实用新型专利及多项政府科技进步奖，连续多年被评为成都市优秀高新技术企业、纳税大户和优秀慈善企业。2012年公司主营收入2.57亿元，同比增长18.6%。

【成都银河磁体股份有限公司】 成都银河磁体股份有限公司（简称成都银河公司）是专业研发、生产粘结钕铁硼稀土磁体（磁性材料电子元件）的高科技股份有限公司（前身为成立于1993年的成都银河新型复合材料厂，2001年整体改制设立），位于成都高新区西部园区百草路6号，注册资本1.2亿元。2008年厂区占地近17公顷，总资产3.24亿元，生产厂房、办公用房等建筑面积4万平方米，员工760人，粘结钕铁硼磁体生产设备和各种检测设备仪器近1000余台（套），生产13个系列牌号粘结钕铁硼磁体，公司总产量已达到600吨，其中高精度、高性能硬盘驱动器用磁体约80吨/年。产品广泛应用于微波通讯技术、音像技术、电机工程、计算机技术、自动化技术、仪器仪表、汽车工业、石油化工、磁分离技术、生物工程及医疗与健身器械等领域。成都银河公司利用自身的科技力量，依托国家经贸委立项的国家重点技术创新项目——“快淬钕铁硼粘结磁体”的支持，紧跟世界最新技术动态、研制出完全拥有自主知识产权的粘结钕铁硼磁体生产整套专有技术和利用完全国产化设备改造的工艺装备体系，在建成国内能够大批量生产粘结钕铁硼磁体生产线的基础上，又建成用于计算机硬盘驱动器的高精度、高洁净度粘结钕铁硼磁体生产线，生产工艺技术成熟、产品质量稳定，获得国内外知名大公司的广泛认同，95%的产品销往日本、韩国、美国等国家和欧洲及中国台湾地区。“银河磁体”已成为该行业的国际国内知名品牌。2012年实现主营收入4.9亿元，利润9000余万元。

【四川汇利实业有限公司】 四川汇利实业有限公司是汇利集团下属企业，成立于2007年5

月，位于成都高新区西部园区百叶路53号，占地面积4公顷，总投资10000余万元。公司是西南地区制药企业专业包装配套企业，拥有国内自动化控制技术最先进的五辊和六辊压延生产线、成套PTP铝箔印刷设备、塑片膜印刷复合机、德国巴根丹涂覆生产线、塑料制品吸压塑机等高分子包装材料及其制品尖端制造设备，2万平方米按GMP标准设计的标准厂房，形成了年产PVC片材1.6万吨、药用PTP铝箔3000吨、PVC/LDPE液体药用系列复合硬片和其他塑塑及塑铝高阻隔复合软硬包装材料4500吨、塑料托盘5亿支生产能力，产品销往全国19个省、市并出口多个国家。2012年销售收入1.5亿元。

新能源产业

【概况】 2012年，成都高新区根据《成都市新能源产业发展规划（2009—2012）》，定位辅助成都市新能源产业发展核心区域发展，结合高新区新能源产业现状，积极推动高新区新能源产业稳步发展，取得了一定成绩。2012年，高新区共有新能源产业重点规上企业3家：成都阜特科技有限公司，东方日立（成都）电控设备有限公司，四川启明星蜀达电气有限公司，2012年完成主营业务收入3.2亿元。

2012年成都高新区新能源产业规模以上企业

序号	法人单位名称	主营业务及主要产品
1	成都阜特科技有限公司	兆瓦级风力发电机组主控制系统、风电场管理系统、变桨距系统及风力发电传感器等
2	东方日立（成都）电控设备有限公司	高压大功率变频器、风力发电机电力变流器、等离子体炬专用电源等
3	四川启明星蜀达电气有限公司	智能电表等

【成都阜特科技有限公司】 成都阜特科技有限公司是集研发、设计、生产、销售服务为一体的专业高科技公司。主要从事兆瓦级风力发电机组主控制系统、风电场管理系统、变桨距系统及风力发电传感器等设备的研发和制造，是国内规模最大、应用最多、技术最领先的独立风电机组电控系统制造商之一。公司是国家高新技术企业，成都高新区优秀技术企业，同时是全球著名的风电控制器制造商BACHMANN公司的战略合作伙伴。公司研发的“兆瓦级风力发电机组主控系统”和“直流双馈变桨距系统”等系列产品已成功运行在全国30多个风电场，2000多台机组上，是国内最早实现大规模商用、运行数量最多的厂商。公司产品系列涵盖从1.5MW、2.0MW、2.5MW、3.0MW到异步双馈、半直驱、全直驱等各个系列不同等级的

成都阜特科技有限公司外景

成都阜特科技有限公司厂房

风电机组。2012年公司销售收入约5300万元，税收约1000万元。

【东方日立（成都）电控设备有限公司】 东方日立（成都）电控设备有限公司（简称东方日立）是由中国东方电气集团公司与日本株式会社日立制作组建的合资公司。始建于1999年，注册资本7098万元人民币。2004年增资控股改制为中外合资企业，生产基地位于成都高新技术产业开发区西区，综合生产能力为1200台/年。公司以电力电子技术为基础，研制和推广高效工业化节能变频产品；为风力、太阳能发电设备配套开发变流控制装置；为电网稳定运行开发动态无功补偿装置；为节能环保工程提供系统化技术服务等。主要产品有高压大功率变频器、风力发电机电力变流器、等离子体炬专用电源等。2012年公司销售收入约1.4亿元，税收约1200万元。

【四川启明星蜀达电气有限公司】 四川启明星蜀达电气有限公司是一家致力于提供智能用电技术服务的高科技企业，公司开发、生产、销售智能电能表、智能用电采集系统、智能用电管理系统。组建于1992年，注册资本5000万元，现有员工200余人，是西南地区最大的电能表制造企业和智能用电技术服务企业，总部位于成都高新技术产业开发区（高朋东路4号），生产基地位于四川德阳国家经济技术开发区，总面积达7.6万平方米，年生产智能电能表可达到600万只，智能用电采集系统20万套，智能用电管理终端6万套。先后获得成都市工业企业50强、四川省工业企业最大规模500强、四川省工业企业最佳效益500强、四川仪器仪表及办公用机械制造业工业企业最大规模20强、最佳效益10强、优秀高新技术企业、四川省质量管理先进企业、四川省AAA级客户满意单位等荣誉称号近百项。2004年，公司“蜀枫”牌电能表被四川省人民政府授予“四川名牌产品”称号，创建四川省同类企业独家殊荣。2012年公司销售收入约1.3亿元，税收约130万元。

其他产业与企业

食品制造和农副产品加工业

【概况】 2012年，成都高新区规模以上农副食品加工业11家，主营业务收入12亿元，利润总额1.57亿元，分别较上年增加7.8%和13.1%。

2012年成都高新区食品制造和农副产品加工业规模以上企业名录

序号	企业名称	主要产品
1	四川东亿食品有限公司	罐头生产
2	成都新成食品工业有限公司	康元系列饼干
3	成都旺旺食品有限公司	旺旺雪饼
4	成都世纪投资有限公司	微量元素预混料
5	德农正成种业有限公司	生产销售农作物种子
6	成都好主人宠物食品有限公司	宠物饲料
7	成都枫澜科技有限公司	饲料添加剂
8	成都安德鲁森食品有限公司	西式糕点
9	成都市丽云食品有限公司	生产沙琪玛
10	金威啤酒集团（成都）有限公司	啤酒制造
11	四川元祖食品有限公司	蛋糕

（经贸发展局统计处、统筹处）

【四川种都种业有限公司】 四川种都种业有限公司创建于1987年，位于成都高新区，是专业从事蔬菜、水稻、油菜、玉米、棉花新优品种研究、生产、加工、销售、服务、国际合作、技术培训等于一体并具有种子进出口权的农业科技型民营企业，是四川省和成都市农业产业化经营重点龙头企业，国际种子联盟（ISF）中国唯一会员单位，亚太种子协会（APSA）、中国种子协会及中国园艺学会会员。公司下辖上海种都、武汉种都、北京种都、广州种都、宁夏种都5个子公司，同时在上海、武汉、北京、宁夏建有4个总面积超过500亩的科技示范园区。2012年公司销售收入7889万元，利润1520万元。

【德农正成种业有限公司】 德农正成种业有限公司成立于2000年6月，主营水稻、油菜、棉花、玉米等主要农作物种子，是集科研、生产、营销、技术推广服务为一体的大型种业企业。注册资金8000万元人民币。公司在2003年、2006年连续两届被评为全国种业五十强，2006年5月被评为四川省农业产业化重点龙头企业。2005年11月，在美国纳斯达克上市的北京奥瑞金种业股份有限公司控股德农正成种业有限公司，公司开始全面融入北京奥瑞金集团的战略规划，实行资源共享，为公司的快速、持久发展提供了有力的保障。2012年公司销售收入为1.38亿元，利润1150万元。

【成都市互利达实业有限公司】 成都市互利达实业有限公司是专业从事粮油食品加工生产经营的企业，1999年7月组建，属于民营有限责任公司，现有职工181人，拥有资产总额9351万元，其中固定资产为2093万元，公司现有大米加工厂三个（洪雅互利达农业发展有限公司、崇州互利达生建农业发展有限公司、成都市互利达高科技农业发展有限公司），具有年生产加工能力12万。先后被四川省政府确定为“符合国家重点鼓励类产业企业”和四川省“小巨人”企业，被确定为“市级农业产业化经营重点龙头企业”。2012年公司销售收入为1.75亿元，利润600万元。

【通威股份】 通威股份是由通威集团控股，以饲料工业为主，同时涉足水产研究、水产养殖、肉制品加工、动物保健以及新能源等相关领域的大型科技型上市公司（股票代码：

600438)，系农业产业化国家重点龙头企业。现拥有四川、广东、重庆、昆明、厦门、武汉、苏州、长春、沈阳、沅江、沙市、淮安、无锡、南宁、海南、粤华、大海、越南等遍布全国各地及东南亚地区的八十余家从事饲料工业生产销售及相关产业链经营的分、子公司。饲料型公司生产水产、畜、禽饲料及特种饲料近五百个品种，年饲料生产能力达500万吨，是全球最大的水产饲料生产企业及主要的畜禽饲料生产企业。2012年公司销售收入为124亿元，利润8399万元。

住宿和餐饮业

【概况】 2012年，成都高新区限额以上住宿餐饮业有48家，包括有成都世纪城新国际会展中心有限公司假日酒店、成都映象酒店管理有限公司、成都天馨酒店管理有限责任公司天馨会馆大世界等。其中最具典型的企业是四川满庭芳酒楼有限公司及成都市皇城老妈酒店管理有限公司，共计实现销售收入1.1亿元。

2012年成都高新区限额以上住宿餐饮企业名录

1	成都紫荆布衣酒店有限公司	旅游饭店
2	成都好逸商务酒店有限公司	住宿服务
3	成都世纪城新国际会展中心有限公司世纪天堂洲际大饭店	酒店住宿
4	成都如家酒店管理有限公司高升桥罗马广场店	住宿
5	成都菱彩酒店有限公司	住宿
6	成都京都商务酒店有限公司	客房住宿
7	成都世纪城新国际会展中心有限公司假日酒店	酒店服务
8	四川巨洋雅乐大酒店有限公司	住宿餐饮服务
9	成都利讯商务有限公司	住宿
10	成都映象酒店管理有限公司	具体旅游饭店同等水平
11	天津雅高酒店管理有限公司成都第一分公司	客房酒店内部经营管理
12	成都假日阳光商务酒店管理有限公司	酒店住宿
13	成都宜必思酒店有限公司	酒店管理客房住宿经
14	四川华城雪山阳光大酒店有限公司	住宿
15	成都市紫会酒店	住宿
16	四川岷山拉萨大酒店管理分公司	食宿餐饮
17	成都市皇城老妈酒店管理有限公司	餐饮
18	成都新蜀九香餐饮有限公司	中餐制售
19	成都紫荆巴国布衣餐饮管理有限公司	正餐服务
20	成都醉美餐饮有限公司	正餐服务
21	成都荆卅青莲酒楼	中餐服务
22	四川门里餐饮娱乐有限公司	中餐服务
23	成都世纪文华酒店投资管理有限公司	餐饮
24	成都迦尚投资管理有限公司凯得餐饮娱乐分公司	中餐

续表

25	成都柴门头啖汤餐饮有限责任公司	中餐制售
26	成都荣辉天天渔港餐饮有限公司	餐饮服务
27	四川蜀府宴语餐饮有限公司	中餐制售
28	四川卞氏菜根香泡菜酒楼有限公司	餐饮服务
29	四川满庭芳酒楼有限公司	餐饮制售
30	成都合道实业有限公司	餐饮服务
31	成都紫荆大蓉和餐饮有限公司	中餐服务
32	成都市小肥羊餐饮有限责任公司	火锅
33	成都高新区私房菜餐饮有限公司	餐饮
34	四川喜利食品有限公司	餐饮服务
35	成都凤来栖餐饮服务有限公司	餐饮服务
36	成都俏江南餐饮有限公司	餐饮
37	成都映象餐饮有限公司	正餐
38	成都市怡都实业有限责任公司	中西式快餐制售
49	春夏秋冬港式火锅专门店	火锅
40	成都市锦府餐饮有限公司	中餐
41	成都四季御庭餐饮有限公司	餐饮
42	成都本物文味餐饮有限公司	职工膳食
43	成都海迎舰餐饮有限公司	快餐
44	成都九远饮食有限责任公司韩包子高升桥店	面食
45	成都激情百度	酒水零售
46	宾诺咖啡（成都）有限公司	提供咖啡、茶水服务
47	成都天馨酒店管理有限责任公司天馨会馆大世界	餐饮
48	成都市东颖龙有限公司玉林肥牛店	中餐制售

【四川满庭芳酒楼有限公司】 四川满庭芳酒楼有限公司系中港合资股份制企业，主要经营餐饮业。2001年在深圳开了第一家满庭芳川菜酒楼，营业面积近2000平米，开业不久就以其幽雅华贵的就餐环境、精美绝伦的菜品和无微不至的服务而广受赞誉，迅速名扬粤港地区。2012年，该公司在成都区域销售收入1910余万元。

面对满庭芳的未来，大多力主扩大规模、流芳泽远。公司董事会也曾举意在京、沪、杭等地开店，权衡再三，选定满庭芳花落蓉城。其一，成都是川菜的首善之区，可建设高标准的人才和原材料供应基地；其二，公司董事会欲以在粤港治理企业的成功经验，梳理传统川菜精华，提升川菜文化品位，以响应川渝当局“打造川菜王国”的倡议。

四川满庭芳酒楼位于成都市二环路南三段繁华商业口岸，营业面积3000平方米，注册资金1000万元人民币，于2002年6月正式开业；公司力求通过极富文化内涵的装修风格和精致上乘的菜品质量以及良好的服务素质来提升川菜的地位和品味，把川菜文化推向全国乃至全世界。后在深圳和香港两地又陆续开设了“满江红川面馆”和“满江红火锅馆”，成立了“香港满庭芳餐饮管理有限公司”，目前寻求合作的客

户纷至踏来，公司正在做扩大规模经营的准备工作。

满庭芳川菜取材用料广博，讲究真材实料，味色多样，泡菜系列、豆瓣系列、腌腊系列，是其招牌菜，兼营粤菜和西点。主要经营川菜、粤菜、港式点心、川点、港式烧味、日本料理。满庭芳将川菜的麻、辣、鲜、香完美结合，将传统川菜的精髓极大发挥，创造出满庭芳独树一帜的精品川菜，受到社会各界美食爱好者的一致好评。与精品川菜齐头并进的还有由港粤名厨主理的燕、鲍、翅等系列菜品，其上乘的材料和口味给每一位去过满庭芳的客人留下深刻印象。精美爽口的港式点心、鲜香的烧腊菜品等使食称道。2012年，公司销售收入1910余万元。

【成都市皇城老妈酒店管理有限公司】 成都市皇城老妈酒店管理有限公司（简称“皇城老妈”）创办于1986年，公司位于成都高新区二环路南三段20号，注册资金3000万元。2012年，公司成都地区有员工500余人，成都地区营业收入9200万元。“皇城老妈”是成都市著名商标、四川省著名商标、中国驰名商标，多次获得国家、省、市各级政府部门的表彰。荣获“成都名火锅”“中华名火锅”“中国川菜畅销品牌”“中国餐饮百强企业”等称号。“皇城老妈”以“川人川味、蜀地蜀风”的文化取向和经营风格，承袭蜀汉遗风，展现地域文化，相继在北京、沈阳、石家庄、哈尔滨、大连等地开设了连锁店，深受当地政府和消费者的好评，成为四川火锅的代表之一。

（成都高新区经贸发展局）

批发零售业

【概况】 2012年，成都高新区消费市场持续、协调、快速发展，拉动了批发、零售贸易业的增长。限额以上批发零售企业95家（其中批发企业42家，区内零售企业53家），社会消费品零售总额200.36亿元，比2011年增长17.8%。

（经发局统计处）

2012年成都高新区限额以上批发零售企业名录

序号	批发零售企业	备注	序号	批发零售企业	备注
1	成都市互利达实业有限公司	批发	10	四川天恩药业有限公司	零售
2	中国烟草四川进出口有限责任公司	批发	11	成都德坤医药有限公司	零售
3	四川省新天丰商贸有限公司	批发	12	成都中海医药有限公司	零售
4	成都千锦酒业有限责任公司	批发	13	四川邦源医药有限责任公司	零售
5	四川美嘉森名品百货有限公司	批发	14	四川顺天生物医药有限公司	零售
6	成都雪中飞贸易有限公司	批发	15	四川天麒医药有限公司	零售
7	四川恒泰医药有限公司	批发	16	四川天药医药保健品有限公司	零售
8	四川天药医药保健品有限公司新药分公司	批发	17	四川省维特药业有限责任公司	零售
9	成都市康来兴药业有限公司	批发	18	成都沸亚科技有限公司	零售

续表

序号	批发零售企业	备注	序号	批发零售企业	备注
19	四川省迈克实业有限公司	批发	54	四川港宏汽车销售有限责任公司	零售
20	成都市勤丰科技有限公司	批发	55	成都三和汽车技术有限公司	零售
21	成都汇力兴业能源技术发展有限公司	批发	56	四川港宏西物时代汽车销售有限公司	零售
22	四川国力达燃料油有限公司	批发	57	四川港宏风神汽车销售有限公司	零售
23	四川天齐实业有限责任公司	批发	58	成都安利捷丰田汽车销售服务有限公司	零售
24	四川士达贸易有限公司	批发	59	东创建国汽车集团成都天弘车业有限公司	零售
25	成都市圣信贸易有限公司	批发	60	成都三和新元素汽车服务有限公司	零售
26	成都宝钢西部贸易有限公司	批发	61	成都捷龙贸易有限责任公司	零售
27	四川石达油气发展有限公司	批发	62	四川中达凌志汽车有限公司	零售
28	成都天齐机械五矿进出口有限责任公司	批发	63	成都天帅车业有限公司	零售
29	四川仁基实业有限公司	批发	64	四川省城市车辆置业有限责任公司	零售
30	四川省国茂科技有限责任公司	批发	65	四川三和汽车贸易有限公司	零售
31	成都红岩重型汽车物资有限公司	批发	66	成都集大成汽车销售服务有限公司	零售
32	成都市亿光科技有限公司	批发	67	成都国跃车业有限公司	零售
33	四川新兴格力电器销售有限责任公司	批发	68	四川明友汽车服务有限公司	零售
34	成都新亚通讯技术有限公司	批发	69	四川先锋汽车有限责任公司	零售
35	成都华为通信技术有限公司	批发	70	四川三和汽车服务有限公司	零售
36	四川省成都市普天龙泰通信设备有限公司	批发	71	成都建业车业有限公司	零售
37	四川优机实业股份有限公司	批发	72	四川省先锋车辆销售服务有限公司	零售
38	成都杰城实业有限公司	批发	73	成都贤成汽车贸易有限公司	零售
39	成都上通机械设备有限责任公司	批发	74	四川港宏斯巴鲁客汽车销售服务有限公司	零售
40	四川优的科技有限公司	批发	75	四川中达成宝汽车有限公司	零售
41	成都中晓龙电子有限公司	批发	76	四川新元素汽车服务有限公司	零售
42	成都柯迈克机械设备进出口有限公司	批发	77	四川达英宝汽车有限公司	零售
43	成都红旗连锁股份有限公司	批发	78	安利捷成都汽车技术有限公司	零售
44	四川省老邻居商贸连锁有限公司	批发	79	成都万友经济科技开发总公司高新二分公司	零售
45	成都欧尚超市有限公司高新店	批发	80	四川渝蓉庆玲汽车销售有限公司	零售
46	成都家乐福超市有限公司	批发	81	成都通华长安汽车销售有限责任公司	零售
47	四川哦哦超市连锁管理有限公司	批发	82	成都万友经济技术开发总公司高新一分公司	零售
48	成都维特大药房有限公司	批发	83	四川索尔石油科技有限公司	零售
49	四川广博汽车有限公司	零售	84	成都三和运通达商贸有限公司	零售
50	四川华星鑫瑞汽车销售服务有限公司	零售	85	四川通安汽车贸易有限公司	零售
51	四川先峰汽车维修有限公司	零售	86	成都建国哈飞汽车销售服务有限公司	零售
52	成都仁孚汽车销售服务有限公司	零售	87	四川海盛贸易有限公司	零售
53	四川中达成宝汽车销售有限公司	零售	88	四川兴三和汽车贸易有限公司	零售

续表

序号	批发零售企业	备注	序号	批发零售企业	备注
89	成都怡安汽车贸易有限公司	零售	93	成都宜家家居有限公司	零售
90	成都市高新区石羊加油站	零售	94	四川百利文化办公家具有限公司	零售
91	成都高新区兴达加油站	零售	95	四川广电星空电视购物有限公司	零售
92	成都市第六建筑工程公司永丰加油站	零售			

【成都宝钢西部贸易有限公司】 成都宝钢西部贸易有限公司（以下简称西部公司）是上海宝钢集团公司为更好地服务西南、西北地区用户投资叁仟柒佰万元设立的隶属上海宝钢国际经济贸易有限公司的全资子公司，是宝钢集团在西部地区成立的推销集团内产品的主渠道、生力军。公司在经营上充分利用宝钢集团强大的产品、资金、技术、信息及人才优势，重点经营区域覆盖整个西部地区及中南部分区域，包括云、贵、川、藏、渝、陕、甘、宁、新疆、青海等10个省市、自治区。近来，为更好地服务用户、贴近市场，公司相继在重庆、新疆、昆明成立了分支机构，并借助宝钢强大的钢铁原料市场竞争力，开始涉足矿石、煤炭、冶金炉料、建材等相关贸易，为众多钢铁上下游企业提供便利、带来实惠。此外，公司还利用西部大开发的市场契机，积级参与国家及各省市的重点工程建设，取得了较好的经济与社会效益，连续数年销售额位居四川省、成都市流通企业前列。2012年销售收入97.4亿元，税金4001万元。

【成都新亚通讯技术有限公司】 成都新亚通讯技术有限公司位于高新区高朋东路5号，1997年8月18日成立，注册资金1000万元。主要业务为代理美国苹果电脑贸易有限公司的美国苹果品牌（电脑、播放器等）及配套音响、附件的批发、零售，同时也是美国苹果品牌的授权保修服务中心。至2009年，公司在成都、重庆、昆明、贵阳建立了直营新亚苹果专卖店和授权苹果体验服务中心17家。公司总部于2009年底在新加坡工业园建成，面积6700平方米，业务运营管理部门全部入驻。公司秉承“艰苦创业，奋力拼抟，刻意追求，争创一流”的企业文化理念，以诚信务实为根本，发扬不做则已，要做就做最好的工作精神，经营业绩连续翻番，发展呈现持速稳定态势。1998年被成都市委、市政府确定为重点扶持的民营企业，连续八年被高新区政府授予纳税大户称号。2012主营业务收入14.7亿元，税收1862万元。

（李元硕）

【成都红旗连锁股份有限公司】 成都红旗连锁股份有限公司创建于2000年6月22日。2010年6月9日，整体变更为成都红旗连锁股份有限公司。公司已发展成为中国西部最具规模的以连锁经营、物流配送、电子商务为一体的商业连锁企业，是中国A股市场首家便利连锁超市上市企业（股票代码002697）。2012年在四川省内已开设1300余家连锁超市，就业员工1.3万余人，仅2011年、2012年上缴税收及社

红旗连锁城南中心店

会保险达5亿元以上；拥有三座物流配送中心；与上千家供货商建立了良好的互利双赢的商业合作关系。2002年“红旗”商标经国家工商总局商标局核准注册，并先后被认定为成都市著名商标、四川省著名商标、中国驰名商标。公司经营业绩跨入中国服务业企业500强、全国商业企业百强、中国零售百强企业、中国连锁百强企业、四川企业100强、四川商业企业最大规模10强；荣获中国“最具成长性企业”、中国优秀诚信企业、中国消费者协会全国商业服务业“诚信单位”、全国商务系统先进集体、全国和谐商业企业；四川省现代流通先进企业、四川省优势商业零售企业、成都市首批大企业大集团培育企业、成都市再就业工作先进集体、成都市纳税先进企业等荣誉。2012年红旗连锁销售收入64.8亿元，税金2376万元，公司经营业绩连续8年跨入中国服务业企业500强、连续10年荣登中国连锁百强企业榜，并多次得到中央和省市政府表彰。

（林　菁）

2012年成都红旗连锁股份有限公司所获荣誉表

获奖时间	颁奖单位	所获荣誉
2012.02	中国商业联合会	企业信用评价AAA级企业
2012.03	中共成都市高新区工委 成都高新区管委会	2011年度纳税大户
2012.03	中共成都市高新区工委 成都高新区管委会	2011年度优秀商贸企业
2012.04	四川省企业联合会 四川省企业家协会	2011四川最佳诚信企业
2012.05	中国连锁经营协会	2011年中国连锁百强企业（第60名）
2012.05	中国连锁经营协会	2011年中国零售百强企业（第59名）
2012.05	中国连锁经营协会	2011年中国快速消费品连锁百强（第26名）
2012.06	四川省统计局 四川省发改委和改革委员会 四川省经济和信息委员会 四川省政府国有资产监督管理委员会	荣获首届“四川之最”称号
2012.08	四川省人民政府	零售连锁业 四川服务名牌（2012-2013）
2012.09	中国企业联合会 中国企业家协会	2012年度中国服务业企业500强（第256名）
2012.10	四川省企业联合会 四川省企业家协会	四川服务业企业50强（第12名）
2012.11	四川省企业联合会 四川省企业家协会	2012四川企业100强（第40位）
2012.12	中国商业联合会 中国生产力学会 中国保护消费者基金会 全国企业品牌评价活动暨企业文化建设论坛组织委员会	全国企业文化建设特殊贡献单位

【成都家乐福超市有限公司】 成都家乐福超市有限公司位于成都高新区新光路大世界商业广场中心商厦，2002年5月成立，注册资金2251万美元，投资总额达6100万美元，企业营业面积8万平方米。2008年3月，四川省保护消费者权益委员会授予家乐福超市有限公司“商业企业诚信营销示范店”称号。截至2012年底，成都家乐福超市有限公司拥有家乐福大世界店、家乐福双桥子店、家乐福八宝街店、家乐福红牌楼

成都家乐福超市大世界店外景图

店、家乐福羊西店、家乐福光华店、家乐福青石桥店、府青路店、温江店、大邑店、华阳店以及大丰店，共计12家门店，拥有约2800名员工。2012年销售额为人民币28.8亿元，缴纳税款额共计人民币3743万元，并荣获2012年度“高新区纳税大户”“高新区优秀商贸企业奖”。

（张努明）

【四川省互惠商业有限责任公司】 四川省互惠商业有限责任公司是西南地区实现现代连锁管理的大型商业零售企业，互惠商业公司成立于1993年10月，已经拥有直营连锁超市近千家，在职员工上万人。2004年公司自投资金建设了西南地区规模最大、功能最完善、管理最先进的物流配送中心，为公司所有连锁门店提供全天候统一配送供应，实现了对所有销售商品质量的无缝隙监控。2012年互惠拥有门店数1286家，员工1.44万人，拥有2000名各类管理服务人员，其中下岗职工再就业者占38%。互惠商业历年被评为重点纳税先进企业；省长信箱重点联系单位；安置下岗职工、农转非人员先进单位；优秀服务型企业；关注困难女职工、三·八爱心大行动荣誉单位、优秀民营企业；2002年互惠商业被四川省政府列为做大、做强流通领域的二十九户重点企业之一；2003年，公司董事长潘世伟当选为四川省政协委员，并被省委省政府评为优秀民营企业家，评为成都市食品行业“年度风云人物”，2004年被评为“首届亚洲管理创新百名杰出人物奖”，2005年11月被评为“四川省优秀中国特色社会主义事业建设者”，2008年当选为四川省人大代表。2008年，公司荣获“四川省抗震救灾先进单位”光荣称号，荣获“成都市抗震救灾先进单位”光荣称号。

【成都仁孚汽车销售服务有限公司】 成都仁孚汽车销售服务有限公司成立于2001年，是梅赛德斯—奔驰进口和国产轿车的授权经销商，为梅赛德斯—奔驰车主提供新车销售、维修及配件供应服务。成都仁孚占地面积为16.3亩，厂房面积3,615平方米，拥有18个工作位，多次被成都高新区工委、成都高新区管委会评为“纳税大户”称号。2012实现销售收入24亿元；税收贡献6817万元。

成都仁浮汽车销售服务有限公司外景

【成都三和企业集团】 成都三和企业集团成立于1996年5月，注册资金5100万元人民币，是从事汽车后市场经营业务的综合型集团公司。公司集团总部坐落于成都高新区机场路新加坡工业园区内，集团东区、西区分别位于成都市武侯区、金牛区，总占地面积达200余亩，投资总额数亿元，兴建了国内一流的汽车艺术馆和具有独特品味的多个国际化品牌展厅，拥有国际先进的各类汽车检测和维修设备，以及一支高素质、专业化的员工队伍。三和集团是全国首批汽车特约经销商之一。三和集团已取得劳斯莱斯、兰博基尼、阿斯顿·马丁、日产GT-R、INFINITI、广州本田、东风日产、一汽大众奥迪、瑞典沃尔沃、韩国双龙、一汽丰田、广州丰田、悍马勇士、GMC等品牌的特约代理；同时拥有西部专业诚信的二手车基地、西部最专业自动变速箱维修中心、最具诚信度的专业担保公司、亚洲最大老爷车维修展示基地、覆盖全省20家加盟店、美光西南总代理的快修连锁公司、汽车后市场人才培训学院等自主产业；打造出了集经典老爷车鉴赏、品牌咖啡厅、精品影视厅、名家画廊、健身中心、高尔夫练习场、环行试车跑道于一体的三和汽车园，为客户全面提供学车－买车－卖车－赏车－租车－换车－修车的一条龙专业汽车服务，并致力于汽车文化的传承与发扬。2012 实现销售收入 16.9 亿元；税收贡献 3464 万元。

（旷　琳）

【四川明友汽车服务有限公司】 四川明友汽车服务有限公司是专营沈阳华晨金杯汽车的汽车 4S 店，是华晨在西南地区的核心经销商及服务商。公司成立于 2001 年，是上海申华控股公司（股票代码：600653）的全资子公司，注册资金 1800 万元人民币，总投资达到 3000 万元，坐落于成都高新区火车南站西路 1000 号（机场路与三环路交汇处），集整车销售、售后服务、零配件供应、信息反馈四位于一体。是华晨集团在中西部地区唯一的中华轿车优秀销售服务商；中西部地区首家建成的中华轿车 4S 中心；西南地区最大的华晨汽车旗舰店；全国十佳汽车经销商；五星级服务站；经营华晨汽车旗下中华尊驰、骏捷、金杯阁瑞斯、金杯海狮等众多品牌。 主要经营业务涵盖：品牌汽车销售及售后服务，汽车美容加装、新车保险销售、旧车续保、保险索赔、事故车维修业务等一条龙服务。公司占地面积 24 亩，建筑面积 6553.95 平方米，可提供汽车展位 12 个。维修中心一楼机修车间 1700 平方米，二楼车身车间 2000 平方米，备件库房 300 平方米，前台接待大厅 500 平方米；三楼华晨汽车西南中转库 2000 平方米。2012 年整车销售 3228 台，销售收入 2.63 亿元，税金 408 万元。

【安利捷（成都）汽车技术有限公司】 安利捷（成都）汽车技术有限公司于 1996 年 1 月登记注册（1998 年 11 月 11 日开业），注册资金 3200 万元。安利捷（成都）汽车技术有限公司系沙特阿拉伯王国安利捷（ALJ）集团在蓉投资的独资汽车维修企业。公司主要从事生产、加工汽车零部件和汽车维修服务。公司位于成都市机场路新加坡工业园，占地近 2.33 公顷，厂区面积 22818 平方米，总建筑面积 8200 平方米，绿化面积 3645 平方米。公司拥有 4S 店的现代化厂房，进口和国产的汽车维修设备，其中举升机 29 台，大梁较正仪一套，四轮定位仪一套，车辆烤房 3 间，22 千瓦空压机 2 台和尾气检测仪二套等，可同时对 63 台车辆进行维修和检测。2009 年公司成为一汽丰田全国最多 9 个专业快速保养工位、全国最先进 4 条钣金和喷漆生产流水线、高难度车辆诊断维修中心、全国最多 10 个维修接待工位。2012 年维修车辆 42383 台，实现销售收入 9574 万，税金 951 万元。

（黄　敏）

安利捷（成都）技术有限公司汽车维修车间

成都安利捷丰田汽车销售服务有限公司外景

【成都安利捷丰田汽车销售服务有限公司】 成都安利捷丰田汽车销售服务有限公司成立于2001年2月26日，注册资金600万人民币。公司位于成都火车南站西路881号。展厅面积600平方米，销售丰田品牌进口和国产车系列，销售汽车零部件和汽车装饰服务，同时经营二手车业务。2009年为一汽丰田全国综合业绩第五名。2012年整车销售2121台，销售6.5亿元，税金471万元。2005-2012年，公司七年总的新车销售台次位居四川地区丰田汽车销售商第一名。

（黄　敏）

电力生产和供应业

【成都高新供电局】 成都电业局高新供电局成立于1996年12月25日，承担着成都高新区、部分武侯区以及高新西区共201.56平方公里（高新南区87平方公里，西区43平方公里，武侯区71.56平方公里）的供电服务、户表抢修及各类用电业务办理的重任，已有城市用电户24.31万，农村用电户10.22万，共计34.53万户。高新供电局有党政工5位局领导（书记、局长、2名副局长、工会主席），在职职工289人，下设一室三部一中心、7个班组、5个供电所。现有5个党支部、党员89人，入党积极分子20人。2012年，高新局完成售电量38.92亿千瓦时，全口径售电量达51.2亿千瓦时，位居全省县级供电企业前列，实现了安全生产事故、影响和损害企业形象的重大服务事件、影响稳定和廉政建设重大事件“0”的目标。2012年缴纳国税9997万元，缴纳地税1416万元，再次获得“高新区纳税大户”称号。

成都高新区供电局

【四川省锦隆鑫实业有限责任公司高新南星分公司】 四川省锦隆鑫实业有限责任公司高新南星分公司成立于2010年7月，是根据成都电业局体制改革精神，由原四川南星电力工程有限公司人员、设备、资产等整体组建而成。四川南星电力工程有限公司成立于1997年，是具有送变电工程专业承包二级资质和独立法人资格的专业公司，主要从事10千伏电力工程安装及电气设备调试和维护，并取得了：电监委颁发的《承装（修、试）电力设施许可证》、四川省建设厅颁发的《安全生产许可证》、成都电业局颁发的《进网作业许可证》，以及《质量管理体系认证证书》、《职业健康安全管理体系认证证书》、《环境管理体系认证证书》. 四川省锦隆鑫实业有限责任公司高新南星分公司成立短短3年的时间里，先后承接成都市“一号工程”富士康项目、奇美项目、成都武侯工业园投资开发有限公司开关站项目、智能电表推广项目、赖家店场镇综合改造项目、农网改造项目、成都军区军职以上干部住房工程变配电项目、华宇阳光水岸项目、和记黄埔南城都汇项目等重点、大型工程。

（成都高新区经贸发展局）

交通运输业物流业

【概况】 2012年，成都高新区物流企业共计7

家，总仓储面积约25万平方米，货物吞吐量750万吨，实现业务收入近7亿元人民币。成都高新区利用丰富的仓储量和遍布全国的物流网络，通过组织公路、铁路、水路和航空等运输工具，为客户提供仓储保管、分拣与包装、条形码处理、转运与配送、仓单质押等服务。

【成都石羊运业有限公司】 成都石羊运业有限公司为一家成立于1998年成立的股份制企业，总投资4500万元，占地3.54万平方米，建筑面积6700平方米。公司提供汽车客运、货运站服务、仓储、汽车大修及各级维护等服务。该公司旗下的石羊客运站是成都主城区南大门主要枢纽客运站之一，2012年全年共计发班16.1万班，运送旅客349.6万人（次），客运收入2627万元，利润总额972万元。

【中铁现代物流科技股份有限公司成都分公司】

中铁现代物流科技股份有限公司是原国家经贸委重点物流项目，由中国铁路物资总公司在对内部优质物流资源、物流业务进行系统整合的基础上，联合其他六家发起人共同设立的大型第三方物流公司，具有雄厚的铁路背景，是国资委下属全国性物流公司。2002年9月6日在国家工商局注册成立，注册资本1.18亿。公司总部设在北京中关村高新技术园区。在北京、上海、天津、广州、哈尔滨、大连、西安、成都、昆明等主要枢纽城市下辖十一个区域分公司及各物流领域内多个控股子公司，并控制协调遍布全国的200多个配送中心及作业部。中铁现代物流科技股份有限公司成都分公司于2002年10月在成都高新区工商局注册成立，是中铁现代物流西南区域业务指挥中心。2012年，分公司业务范围已覆盖四川、贵州、甘肃等几大省市，拥有115个作业点。成都配送中心主要开展家用电器类物资的存储、配送业务；贵阳作业部主要开展钢材类货物运输、配送业务；兰州作业点主要开展钢材储存、配送业务。2012年，中铁现代物流成都分公司主营业务收入达到8562多万，年吞吐量48万多吨，运量146.48万吨，缴纳税金150多万元。

【招商局物流集团成都公司】 招商局集团创办于1872年，国务院国资委直接管理的中央企业。招商局物流集团有限公司是招商局集团全资一级子公司，是招商局集团旗下发展现代物流业务的专业平台，业务涵盖现代物流供应链管理全过程，包括物流整体方案策划和咨询、物流分发中心整体规划和运营管理、原材料与产成品的储存配送、国际储运、货物代理、增值服务等各环节。招商局物流集团实行全国一体化统一管理，拥有子公司或分支机构30多个，已在全国70个重要城市建立了物流网络运作节点，物流配送可达全国700多个城市，拥有可支配仓储面积近160万平方米，其中自有仓储面积达70万平方米，并形成可调度车辆

招商局物流集团成都公司库区一角

4000辆的庞大运输能力，位列中国物流百强企业前列。

招商局物流集团成都物流有限公司在成都高新区注册成立，是招商局物流集团下属子公司在成都、新都共建有仓储面积约10万平方米的物流分发中心，并在昆明、贵阳设有办事处。分发中心仓库均为轻钢结构库房，金钢沙地面，防尘、防潮、耐磨，库顶隔热通风，库内采用环保型林德电动叉车、液压手推车作业；在安防设备上采用了24小时360度摄像监控系统、红外防盗监控系统、远红外消防监控系统及全方位喷淋系统。通过几年的物流配送网络的建设，成都公司在公路、铁路、航空等诸方面积聚了丰富的运作经验，除组建了自己的车队外，还整合了近千余辆社会车辆资源，形成了覆盖西南、西北各大中小城市的整车、零担配送网络，形成了可达全国各大中型城市的服务能力。成都公司主要客户均为世界五百强企业和国内著名企业，如宝洁、飞利浦、卡夫、金佰利、西门子、博士伦、沃尔玛、广汽丰田、ABB、中国银行、梅花味精等。2012年，公司实现营业额近1.3个亿。招商物流成都公司是成都市政府评定的首批物流重点企业、成都市物流协会、四川省现代物流协会、四川物流国际商会副会长单位；多次获评成都市十大最具影响力物流企业，四川省最具影响力物流品牌、四川省物流企业50强，成都十佳物流企业，成都物流诚信品牌，成都物流行业学雷锋先进集体。截至2012年底，已有两名员工荣获全国物流行业“劳模称号”。

【成都蚂蚁物流有限公司】 成都蚂蚁物流有限公司，前身为“蚂蚁搬家公司”，总部设在成都市高新区创业路49号，物流基地位于成都市高新区科园南二路六号，占地130多亩，注册资金1000万元人民币，是四川省率先与国际接轨的专业物流供应链服务商，是全国最大的搬家公司，四川最大的同城配送公司，最具影响力

蚂蚁物流公司大楼

的综合物流企业，物流综合年产值突破2.84个亿；下属“随时随递现代物流公司”是专业的3PL“物流管家”。1997年11月第五届中国艺术节、四川省首届熊猫节“两节”期间省政府指定的唯一物流服务单位，2000年9月，大运会、电脑节获指定物流配送企业，CDD2005市场·物流大典蚂蚁物流中心荣获最佳品牌奖，省人事厅等各行政单位联合授予蚂蚁物流“优秀私营企业”铜牌，2006成都年度最佳雇主，CDD2006市场·物流大典成都随时随递现代物流有限公司最佳服务奖，2006年度纳税大户，2007年度优秀企业。

蚂蚁物流成立于1996年11月8日，2012年，已拥有各型车辆700辆，整合资源车辆近千辆，拥有近3000名员工，先后在昆明、贵阳、西安、武汉、济南、青岛、重庆、深圳、石家庄、广州、南京、北京等地成功开设多家子（分）公司，集公路运输、铁路、航空等业务于一体，是中国本部地区具最大实力规模的专业物流搬运企业和规模化综合性物流企业。专门提供物流、搬家搬运、快递、城市配送、仓储货运、多式联运、包装、流通加工、展览展示、信息处理等供应链(SCM)为一体的大型专业的综合型物流服务。公司拥有覆盖全川物流网络和精品运输专线。在省内的十多个二级城市均设有分发货联络处，能做到24小时上门取货，送货到门的长、短途专线服务要求，形成高质量、高效率的服

务特色。公司于2002年通过ISO9001：2000国际标准质量管理体系认证，拥有全省统一服务热线96518和85185188等共计二十四对服务热线，实行24小时服务。蚂蚁物流获得高级物流师资格的达25人，物流管理专业或相关物流专业人员占46.6%，是中国物流品牌杂志《环球供应链》在西南地区的最大合作商，是成都信息工程学院“中国管理案例研究实验教学基地”。蚂蚁物流以迅猛的发展速度、综合实力和规模被中国“国情调查研究”中心编入《中国物流100家》，是四川仅有的4家之一。

（规划建设局）

建筑业

【成都衡泰工程管理有限责任公司】 成都衡泰工程管理有限责任公司注册资金3326万元，取得工程监理综合资质、工程招标代理甲级资质、政府采购代理甲级资质、人防工程监理甲级资质、工程造价咨询甲级资质。2012公司主要市政工程有天府新区“三纵一横”重大基础设施项目第二标段、成都市中心城区缓堵保畅“两快两射两环”项目二环路东段改造工程、二环路西段项目施工监理JL3标段、金融总部商务区基础设施建设项目红星路南延线段监理、货运大道（绕城高速－沙西线段）工程、高新区元华路（绕城高速－区界）道排工程、天府新区兴隆湖生态水环境综合治理项目工程、蜀都大道东段（东风大桥－三环路）道路综合整治工程、麻柳湾大桥建设工程、成都市三环路人行天桥建设工程、熊猫大道综合整治工程项目、成都市新建污水处理厂厂外工程A标段、成都市自来水七厂一期项目监理1标段净水厂土建及安装工程、大天路万石路立交工程等。主要房建工程：成都金沙艺术剧院旅游实景剧场和杂技剧场建设项目、鑫信合中心（A、B、C）区工程、金控广场项目建设工程、高新区中和片区新怡华庭（新华2期）安置房工程、成都银行大厦、朝阳三期A区（盛世嘉苑）农迁房工程监理2标段、成都市国家综合档案馆项目、天府软件园（F区）监理（A标段）等工程。

【成都海宏建筑工程有限公司】 成都海宏建筑工程有限公司（简称海宏建筑），是由具备法人资格的成都倍特建筑工程有限公司改制而成的民营企业。海宏建筑成立于1997年2月3日，注册资金7000万元，各类管理专业技术人员415人，其中高、中级专业技术人员119人，初级专业技术人员262人，常年施工人员4230人。海宏建筑是经国家住房和城乡建设部批准的房屋建筑工程施工总承包壹级资质，市政公用工程施工总承包贰级资质，钢结构工程专业承包贰级资质的施工企业，能承担40层及以下、各类跨度的房屋建筑工程，高度240米及以下的构筑物，建筑面积20万平方米及以下的住宅小区或建筑群体。能承担城市道路工程，断面20平方米及以下隧道工程，公共广场工程，日产10万吨及以下给水厂，日处理5万吨及以下污水处理工程，3立方米/秒及以下给水、污水泵站，15立方米/秒及以下雨水泵站，各类给排水管道工程，各类城市垃圾处理工程；能承担跨度33米及以下、总重量1200吨及以下、单体建筑面积24000平方米及以下的钢构工程（包括轻型钢结构工程）和边长80米及以下、总重量350吨及以下、建筑面积6000平方米及以下的网架工程的制作与安装。2012年海宏建筑公司全年完成总产值4.5亿元；累计施工面积86.5万平方米；新开工面积35.6万平方米；竣工面积38.92万平方米，上缴税金1557万元。

2012 年成都海宏建筑工程有限公司获奖情况

序号	获奖情况
1	中海城南 1 号工程荣获 2012 年中国土木工程“詹天佑奖住宅小区金奖”
2	成都海宏建筑工程有限公司被成都高新区规划建设局评为高新区“建设行业先进企业”
3	项目经理叶学才被成都高新区规划建设局评为高新区建设行业“优秀项目经理”
4	公司总经理柳荣春被成都高新区规划建设局评为评为高新区建设行业“优秀经理”
5	成都海宏建筑工程有限公司被选举为成都市建筑业协会第六届副会长单位
6	公司总经理柳荣春被选举为成都市建筑业协会第六届理事会常务理事

2012 年成都海宏建筑工程有限公司竣工、在建工程汇总表

序号	业主名称	工程名称	建筑面积（平方米）	合同金额（万元）
1	中海信和（成都）发展有限公司	中海锦城二期住宅 C 座加建工程	1500	180.8
2	中海信和（成都）发展有限公司	中海锦城二期二批次工程	116767	10056
3	成都博瑞房地产开发有限公司	博瑞”优品道”四期 1-13# 楼及地下室建设工程	142191	15000
4	成都怡和天成房地产开发有限公司	【神仙树大院】四期建设工程	59397	9110
5	四川蓝光和骏实业股份有限公司	蓝光·SOFA 社区 1#、2#、3# 楼土建总包工程	67000	9744.6
6	龙湖地产	龙湖牧马天堂 1A 总坪工程		346
7	龙湖地产	龙湖时代天街 1A 市政工程		440
8	长坤置业	时代水岸康城总坪工程		140
9	高新区建设开发公司	交子大道道路工程		1400
10	成都尚瑞置业有限公司	商瑞西三环项目二期工程	123784	22380
11	成都博瑞地产	黄龙生态宜居域首一期室外大型构筑屋土建结构工程	1300	150
12	成都欧风置业	北欧知识城 B 地块二期工程	72403	8718
13	成都欧风置业	北欧知识城 B 地块三期工程	66124	7923
14	成都盛泉地产	天鹅湖 B 地块二期工程	130000	19000
15	龙湖地产	龙湖牧马天堂一期 1B 区二标段	43200	6600
16	龙湖地产	龙湖牧马天堂二期 4# 地块 4-1 组团二标段	40236	6489
17	锦江区政府	锦江党校食堂土建工程	3000	350

【成都海祥装饰工程有限公司】 成都海祥装饰工程有限公司（简称海祥装饰）是由具备法人资格的成都倍特装饰工程有限公司改制而成的民营企业。海祥装饰成立于 1993 年 10 月，注册资金 2000 万元，各类管理专业技术人员 120 人，常年施工人员 1300 人。公司是经国家建设部核准成立的房屋建筑装修装饰工程施工专业承包一级资质、建筑装饰专项设计乙级资质、建筑幕墙工程专业承包二级资质、铝合金门窗二级资质的施工企业。1999 年和 2006 年分别被高新区工商局、成都市工商局、成都市企业诚信促进会授予“守合同、重信用企业”AA 级单位。承担各类建筑室内、室外装修装饰工程；能承担单项工程面积在 8000 平方米及以下、高度

80米及以下的建筑幕墙工程施工；能承担单项工程28层及以下、面积8000平方米及以下的建筑物的铝合金、塑钢金属门窗工程。海祥装饰由原成都倍特装饰工程有限公司总经理柳荣春任董事长、总经理、法人代表。海祥装饰以“质量第一，用户至上，实行超前设计；精雕细琢施工，创造装饰精品；热情服务，至诚重信，满足业主要求，终身保修”为企业宗旨；以“创造客户价值，实现企业利润，赢得客户心是立足之本、共同价值观是永续经营之源”为经营理念；树立“精诚团结、艰苦创业、开拓进取、追求卓越”为海祥装饰精神。海祥装饰以成都市为中心，跨地区、跨区域为主线而辐射全川为营销策略。公司注册地址是成都高新区天泰路145号特拉克斯国际广场15楼。2012年度海祥装饰全年完成产值1.18亿元；纳税408万元。

2012年成都海祥装饰工程有限公司获奖情况

1	海祥装饰公司被成都市高新区规划建设局评为高新区建设行业先进单位
2	海祥装饰公司被成都市高新区评为“100户纳税大户”（建筑施工企业唯一一家）和“企业法人代表优秀经营奖”
3	装饰公司总经理柳荣春被成都高新区规划建设局授予“优秀经理”
4	装饰公司被成都市金牛区评为“纳税先进企业”
5	装饰公司被成都市锦江区委、区政府评为“重点纳税企业”
6	装饰公司被成都市武侯区评为“纳税先进企业”
7	“ICCN大源国际中心”被成都市建筑装饰协会评为2012年度成都市建筑工程“金蓉杯”奖金奖
8	富仕康803西南员工公寓二期（A地块）项目被成都市装饰协会评为2012年度成都市建筑工程“金蓉杯”奖
9	蓝光凯旋国际总部基地3#楼外墙装饰工程被成都市建筑装饰协会评为成都市建筑工程“金蓉杯”奖
10	邹杰斌、陈旭波、张朝明荣获成都市建筑业协会2012年度建筑装饰“金蓉杯”优秀项目经理
11	邹杰斌被成都市高新区规划建设局授予高新区建设行业优秀项目经理

2012年成都海祥装饰工程有限公司竣工\在建工程汇总表

序号	工程名称	业主名称	合同金额/万元
1	新都化工办公楼外墙装饰工程	新都化工	420
2	蓝光云鼎精装房装饰工程	蓝光地产	1700
3	中新公司办公室装修工程	中新公司	70
4	佳兆业上品公共装修工程	成都南兴银基地产	270
5	肖家河街店招整治工程	肖家河办事处	98
6	中海锦城二期二批次公共装饰工程	中海信和<成都>发展有限公司	380
7	峨眉蓝光假日半岛二期精装房工程	峨眉蓝光文化旅游置业公司	1120
8	龙湖弗莱明戈精装房工程	成都龙湖同晋置业有限公司	2500
9	天府软件园咖啡厅装饰工程	成都高新置业有限公司	38
10	锦江区党校餐厅装修工程	锦江区政府	180
11	天悦龙庭样板房装修工程	深圳龙光地产	120

续表

序号	工程名称	业主名称	合同金额/万元
12	中海城南一号西区一期外墙装饰工程	中海信和 < 成都 > 发展有限公司	440
13	龙湖世纪城 9# 楼单元户内精装房工程	龙湖地产	1030
14	天府软件园区 C8 装修工程	成都高新置业有限公司	90
15	龙湖晋阳售楼中心内装工程	龙湖地产	170
16	中海城南一号商业二期物管房装修工程	中海地产	110
17	生命科技园咖啡厅装饰工程	成都高新置业有限公司	130
18	高新青年公寓综合文化活动中心工程	成都高新建设开发公司	420
19	眉山领地凯旋广场 9# 楼外立面装修工程	四川陆地房地产开发有限公司	600

【成都倍特建筑安装工程有限公司】 成都倍特建筑安装工程有限公司创立于 1992 年，2001 年改制为由上市公司成都倍特发展集团股份有限公司控股的子公司。2002 年 9 月经中华人民共和国建设部批准为房屋建筑工程施工总承包一级企业。公司拥有注册资本 5000 万元，在册职工 510 人，常年施工人员 3800 多人。其中国家一级建造师 22 人，二级建造师 36 人；高级技术职务 52 人，中级技术职务 171 人，初级技术职务 202 人。公司通过了 ISO9001：2000 质量体系认证、GB/T28001-2001 职业健康安全管理体系认证、ISO14001:2004 环境管理体系认证。公司承接的工程项目多次获得“芙蓉杯”、“天府杯”和“詹天佑大奖”，获得了良好的经济效益和社会效益。

2012 年公司荣升为成都市建筑业协会副会长单位；荣获 2012 年度成都市建筑企业先进企业、2011 年度成都市建设工程质量安全管理先进集体奖牌、2011 年度成都市安全生产先进集体、成都市 2011 年度质量管理先进单位、2011 年度高新区建设行业先进企业。公司水韵华府Ⅱ标段项目荣获 2011 年度 AAA 级安全文明标化工地诚信工地、成都市 2011 年度安全文明工地奖牌、2011 年度成都市优质结构工程、2011 年度四川省结构优质工程；华润置地二十四城二期 B 地块一标段工程荣获 10#、11#、12# 楼芙蓉杯；青城山泰达上青城（商业园区）1 号楼荣获成都市 2011 年度安全文明工地、成都市 2011 年度优质结构工程；置信逸都丹郡 A 区三标段工程荣获成都市 2011 年度安全文明工地、成都市 2011 年度优质结构工程；西北员工公寓二期工程荣获成都市 2011 年度安全文明工地。总经理吴杰被评为 2012 年度成都市建筑企业优秀经理。

【成都市高新区建管市政工程有限公司】 成都高新区建管市政工程有限公司成立于 1997 年 6 月，具有房屋建筑工程、市政公用工程施工总承包二级资质，公司位于成都市二环路南四段九号。公司在册职工伍佰余人，常年施工人员千余人。有一批多年从事施工管理及内业管理的高素质人才，国家一级建造师 10 人、二级建造师 35 人、高级技术职称 43 人、工程师 66 人、助理工程师 108 人。公司按照现代企业管理制度及 ISO19001—2008 标准的要求进行设置，设有专门从事建筑装饰施工的总承包分公司——成都市华姿建筑装饰工程有限公司。

成都高新区建管市政工程有限公司 2012 年获得成都市市政设施考核测评第一名。主要承担高新区南区府城大道以外的市政设施维护及巡查作业，维护、巡查市政道路共 69.11 公里，维护、巡查市政道路人行道共 42.67 万平方米，并对新投入使用的市政设施道路进行常规养护和日常巡查。获得成都市排水设施考核测评第二名的成绩。主要承担高新区南区府城大道以内的市政排水管道及井盖、水箅子的维护与巡查，日常维护雨污水管道 313.29 千米；雨污水井圈井盖 13401 座；水篦子 12081 套；海洋公园下穿隧道 QD-10 闸门启闭机 3 套；下穿隧道泵站：6 座；暗渠：天府大道排洪沟 1.2 千米；并对新投入使用市政设施道路的水务管网，井圈井盖，水箅子进行常规管养及巡查。完成高新区港湾科研楼工程；外籍人居住社区项目一期教堂工程钢结构、内外装修工程；天府软件园 C1 栋当代艺术馆装修工程。

房地产业

【房地产开发】 2012 年，高新区所属房地产企业共有 113 家，其中有开发项目的企业 104 家，如保利、人居置业、深长城等；取得资质尚未开发的企业 9 家，如成都嘉煜投资有限公司、成都嘉南置业有限公司等。房地产项目共 204 个，其中在建项目 137 个，如保利心语、天府世家、半岛城邦等；已完成开发项目 67 个，如凤凰城、理想中心、天府名居等。 2012 年房地产开工项目 60 个，开工面积约 610 平方米，投资造价约 144 亿，如中德英伦世邦 J、K 区、东方希望天祥广场、中海城南一号西区 A 地块等项目。2012 年房地产竣工项目 45 个，竣工面积约 346 万平方米，投资造价约 49 亿，如中天盈 10 号地块（誉峰）1-10 号楼、凤凰城三期、复地云阅二期等项目。

【成都市深长城地产有限公司】 成都深长城地产有限公司成立于 2001 年 4 月 30 日，系中国房地产百强企业—深圳市长城投资控股股份有限公司 (上市公司，股票代码 000042) 在成都设立之区域性全资子公司。公司正在开发的“天府长城”项目位于成都市城南新城市副中心 CBD 中央商务区内，行政区域属高新技术开发区。开发项目有天府长城 · 丽日清风、天府长城 · 南熙里、天府长城 · 嘉南地、天府长城 · 柏南郡、天府长城 · 图南多、成都深长城 · 半岛城邦项目。

【成都怡和天成房地产开发有限公司】 中港合资成都怡和天成房地产开发有限公司是 2005 年 2 月成立的房地产开发公司，注册资本 2000 万元，公司以房地产开发、经营及管理为核心。怡和天成目前开发的“神仙树大院”建筑面积约 55 万平方米，位于成都市紫荆西路 6 号。2006 年开始开发的“神仙树大院”项目，开发 55 万平米 17 层电梯公寓及配套设施。一期项目开发建筑面积 12.66 万平米，共 6 栋其中住宅 10.02 万平米，总户数 705 套，已于 2008 年 5 月竣工交付入住；二期项目开发 14.91 万平米，共 10 栋房屋，总户数 897 户，其中住宅 874 户、商业 23 户，已于 2009 年 7 月全部竣工入住；配套设施：物管用房及游泳池；金苹果小学及幼儿园项目已全面交付使用，三期 \ 五期商住楼也已全面交付；2012 年，四期项目正在加紧施工目前工程进度已全面封顶。

电信服务业

【四川公用信息产业有限责任公司简介】 四川公用信息产业有限责任公司（Sichuan public information industry co.,ltd）成立于 1997 年 1 月，公司注册资本人民币 1.07 亿元，是中国电信直属的高科技、大规模国有全资子公司，由股份公司委托中国电信四川分公司代为管理，是成都市高新区的名片企业和示范单位，也是成都市云计算领域内的龙头企业。信产公司是四川电信的业务孵化基地、机制创新基地、人才培育基地和对外合作发展平台，从事移动互联网应用的孵化创新和综合信息服务的运营支撑等工作，主要业务范围包括号百信息业务、移动互联网业务、信息安全服务业务、系统集成和软件开发服务、数据业务、网络游戏、呼叫外包、电信增值业务和云计算等业务，在综合信息服务领有丰富的运营管理经验，同国内外一流电信增值业务运营商有着广泛深入的合作。

2004 年 8 月，信产公司整合融入中国电信大网，先后开发出宽带星天地、电话收音机、固网支付、融合通信、万村千乡连锁管理系统等新产品，成为了中国电信四川公司新业务创新基地。2009 年 6 月，为适应企业转型和全业务经营的需要，中国电信四川公司对信产公司和四川号码百事通分公司实施整合，成为全省电信的业务孵化基地、机制创新基地、人才培育基地和对外合作发展的平台。整合后的公司不仅负责号百业务、数据业务、信息安全、在线视频、呼叫外包、在线游戏、无线音乐等综合信息服务的运营支撑工作，更承担在移动互联网全新领域探索、孵化、运营的任务。公司先后获得“全国青年文明号”、“四川省高新科技型企业”等数十项称号，是西部最有影响力的在线游戏基地、西部最大的互联网应用 IDC 和互联网交换中心，是中国电信外包呼叫基地和全国软件超市基地。2011 年，公司本部“中国西部信息中心”被中国电信集团、四川省政府共同授牌为“中国西部云计算中心”，是“成都市云计算联盟副理事长”单位。2012 年，公司在第十届中国国际软件合作洽谈会上发布了云主机、云存储、云加速等九大云计算产品，获得了国家工信部颁发的“2012 中国优秀云计算综合服务提供商”称号，并接受成都市政府荣誉授牌“云计算创新应用公共服务平台”和“成都中小企业服务平台”。

会展业

【成都世纪城新国际会展中心】 世纪城新国际会展中心位于成都市城南新区，占地逾 1500 亩，整个项目分为展馆区、国际会议区、酒店及文化设施区、商务办公区、商业住宅区五大部分，总建筑面积约 173 万平方米。“世纪城”分为五大功能区，东侧为展览馆区，展览馆呈扇形向府南河展开，计 17 个大小展馆。11 万平方米的展馆结合了德国展馆务实和日本展馆精致美观的特点，展厅采用无柱单层结构，最高处净高 21 米、最低处 12 米，堪称艺术与科技

世纪城新国际会展中心

的完美结晶。主馆单馆面积1.1万平方米，连接馆单馆面积800平方米，呈扇形展开的展馆保证了每个展馆、每个展位都具有同等的好“口岸”。同时，展馆还被赋予了多种功能，可合并在一起满足各种大型展览的需要，也可将其分割举办诸如大型集会、演唱会、体育比赛等活动。展馆区的道路设计颇具匠心，所有运送参展物品的大型车辆全部从世纪城侧到达各展馆后面，以保证世纪城内的整洁。在世纪城的酒店区域，假日酒店以及天堂洲际大饭店坐落其中，这里即将建成充满川西民居风格的“西蜀廊桥”小镇，每栋建筑都最大限度的体现了淳朴厚重的川西民居建筑风格。商业住宅区，高层空中花园住宅均建在一座座依水的半岛之上，享受真正的半岛水岸生活，离开住宅还可以在美嘉森奥特莱斯购物广场购买各种国际品牌折扣商品。国际会议区，拥有会议室数量28个，最大会议室面积2730平方米，其他会议室可满足12人至3000人不同会议需求，配备多种语言的同声传译设备、先进的音响、视听设备、高速网络等。世纪城还有许多休闲娱乐设施，海洋乐园，像两朵盛开的莲花怒放在湖水中，3万平米的玻璃穹顶使之成为全国最大的玻璃建筑。成都世纪城新国际会展中心是目前中国西部建筑规模最大，功能配套最完备，设施最先进的多功能会议会展中心。

招商引资

招商主要指标

【概况】 投资服务局是成都高新区招商引资的专业机构。投资服务局设有综合处、外商投资管理服务处、项目促进中心（内资）、项目促进中心（外资）共四个处（中心）和上海、北京、深圳、美国四个代表处。2012 年，投资服务局被四川省人民政府授予“招商引资先进集体”、中共成都市委、成都市人民政府授予“成都市对外开放工作先进单位”称号。

2012 年成都高新区到位外资 16.15 亿美元，完成目标任务的 100.02%，同比增长 34.89%。全年到位省以外资金 379.76 亿元，完成目标任务的 103.2 %，同比增长 23.96%。全年引进重大项目 44 个，超额完成全年 43 个的目标任务。新增引进 4 家世界 500 强企业：博世集团、德国联邦铁路、德国安联保险、施耐德。截至 2012 年 12 月，高新区共有世界 500 强企业 87 家，其中境外企业 43 家，中国内地企业 44 家。此外，2012 年新增引进普华永道等知名企业，截至 2012 年 12 月，高新区共有知名企业 61 家。

2012 年成都高新区引进内外资情况表

实际利用外资（单位：万美元）	比上年增长	市以外到位内资（单位：亿元人民币）	比上年增长
161527	34.89%	379.76	23.96%

2012 年成都高新区新签约引进重大和特别重大项目表

序号	项目名称	建设规模及内容	项目投资
1	金山软件网络游戏研发运营中心项目（增资）	金山软件现拟增资建立集网络游戏研发、运营和孵化为一体的游戏产业基地	8 亿元
2	精工集团研发总部及西部地区运营总部项目	拟在成都投资设立精工集团研发总部及西部地区运营总部	2.5 亿元
3	展讯成都研发中心、技术支持服务中心及展讯中国西部地区总部	展讯公司拟收购穿越电子现有股东持有的公司 50% 以上的股份及其研发团队，在 2012 及 2013 年内分别将穿越公司注册资本金增至 5000 万元及 1 亿元人民币，并以该公司为基础建成展讯成都研发中心、技术支持服务中心及展讯中国西部地区总部	2 亿元
4	香港普华永道中国服务交付中心项目	拟在成都高新区设立中国服务交付中心，主要从事事务所的后勤（包括会计、人事、技术等）服务支持，客户数据的整合和管理等业务	0.16 亿美元
5	银科创投与硅谷天堂对成都硅谷天堂资产管理集团股份有限公司增资项目	现拟增资 1 亿元	1 亿元
6	富士康天亿第六代新型平板液晶显示器件项目	富士康拟在成都投资建设第六代新型平板液晶显示器件项目，项目建成后，将成为全球第二条、国内第一条低温多晶硅 6 代线	34.38 亿美元
7	英特尔中国西部地区分拨中心项目	拟在蓉投资英特尔中国西部地区分拨中心。	待定
8	澳新银行增资项目	2010 年公司在高新区投资 1 亿美元设立中国营运中心，提供金融后台服务。拟新增资 1621.6 万美元	0.16 亿美元

续表

序号	项目名称	建设规模及内容	项目投资
9	趣游西部总部基地及轻游戏产业园	公司拟在高新区建设西部总部基地及轻游戏产业园，建立以网页游戏机移动互联网娱乐孵化运营为核心的轻游戏产业园	注册资本金1000万元
10	新加坡莫仕连接器增资项目	莫仕连接器（成都）有限公司计划实施扩建项目，建设全球模具中心、仓库以及增加相应机器和设备投入	0.3亿美元
11	安邦保险、和谐健康保险、北京国通高盛合资设立成都厚德天府置业有限公司项目	该项目由安邦保险集团股份有限公司、和谐健康保险股份有限公司、北京国通高盛投资有限公司共同出资成立，该公司主要从事房地产开发经营、物业管理等	1亿元
12	新浪研发中心及四川新浪华文公司项目	公司拟在高新区设立外商独资企业形式的新浪研发中心，从事基于手机微博和移动互联网产品及应用的研发业务	0.05亿美元
13	百纳信息设立中国研发中心项目	拟在成都高新区设立中国研发中心。初期研发人员30人，3年内计划发展到200名	注册资本金0.16亿美元（协议人数200人）
14	江苏恒瑞医药股份有限公司创新药物生产基地项目（增资）	2011年3月，江苏恒瑞在成都高新区投资设立了成都盛迪医药有限公司，主要从事江苏恒瑞医药公司创新药物的后续研发工作。现拟在成都盛迪医药有限公司已有业务基础上增加投资建设创新药物生产基地项目	5亿元
15	中坚企业有限公司第三代及后续移动通信系统手机、基站项目（增资）	该项目为富士康在成都的增资项目，生产经营第三代及后续移动通信系统手机、基站、核心网设备以及网络检测设备及其零组件	0.34亿美元
16	成都银泰中心希尔顿华尔道夫酒店项目	银泰置地与希尔顿酒店管理公司共同打造中西部地区首家华尔道夫酒店，项目将落户成都天府大道金融城成都银泰中心，总投资16亿元，预计于2016年投入运营	16亿元
17	赛伯乐投资成都高新国际低碳环保产业孵化器项目	拟在高新区征地建设国际低碳环保产业孵化器。建筑内容包括低碳环保科技企业总部区、研发创新创业区、轻制科技厂房区、科技服务产业区、综合配套五大功能区	40亿元
18	华川进出口集团有限公司投资成都先导药物开发有限公司	拟在成都高新区天府生命科技园内进行药物研发	0.15亿美元
19	博朗成都软件外包中心	2012年4月完成在高新区的工商注册，注册资本100万美元，并承诺2013年年底前达到营业额400万美元、员工数量120人以上，公司已入住天府软件园A区并正式开业	注册资本金0.01亿美元
20	四川迈克生物科技股份有限公司（增资）	项目已运营	增资0.16亿美元
21	深圳市业海通投资发展有限公司能源投资项目	公司拟在高新区投资1亿元设立与能源投资有关的项目资金	1亿元
22	上海美仑大酒店有限公司投资小额贷款公司	公司拟在高新区投资1.5亿元从事小额贷款项目	1.5亿元

续表

序号	项目名称	建设规模及内容	项目投资
23	美国大展集团成都研发中心及ITO外包中心项目	大展集团在成都高新区设立外商独资企业形式的软件研发及ITO外包中心，项目公司成立时注册资金不低于200万美元，在成都高新区的实际经营期限不低于10年；初期员工达约150人，三至五年内达约1000人规模	协议雇员1000人（注册资本金不低于200万美元）
24	韩国乐天百货新世纪环球购物中心项目	乐天百货拟在高新区投资商业综合体	0.9亿美元
25	华为成都软件工厂二期项目	公司拟在高新区西区征地建华为成都软件工厂二期，项目内容主要为研发、软件生产、办公及配套设施	15亿元
26	国电电力西部新能源投资管理项目	公司拟在高新区投资设立新能源投资有限公司，主要从事新能源与可再生能源项目	11.7亿元
27	聚美优品研发中心项目	聚美优品拟在成都高新区设立公司总部，包括研发、客服和结算中心。初期先设立研发中心，主要业务包括网站开发（web前端及后端）和仓储系统研发	注册资本金0.01亿美元
28	上海复川投资有限公司投资在高新区设立的置业公司项目	复地子公司上海复川投资有限公司拟在高新区设立置业公司，用于房地产开发经营、物业管理等	5亿元
29	甘肃恒盛投资管理有限公司设立成都金钰房地产开发有限公司项目	甘肃恒盛投资管理有限公司是恒省地产控股有限公司成立的全资子公司，该公司在高新区投资1亿元设立公司用于房地产开发经营	1亿元
30	浙江标基投资有限公司成都投资集团项目	公司拟投资6亿元在高新区成立投资集团，主要从事项目管理投资、工程管理服务	6亿元
31	中新（成都）创新科技园开发有限公司（增资）项目	公司拟增资，总投资增加到58867.1万美元，注册资本金增加到19622.38万美元	注册资本金增加0.98亿美元
32	美乐乐家具网电子商务平台	公司拟在高新区设立美乐乐家具网电子商务平台的运营总部，注册资本金1000万元，人员规模400人	注册资金0.1亿元，员工400人
33	成都市高新区兴瑞小额贷款有限公司	该公司拟在高新区投资2亿元在高新区成立小额贷款有限公司	2亿元
34	华为存储网络安全有限公司增资项目	公司于2007年在高新区注册成立成都市华为存储网络安全有限公司	增加注册资本金1.06亿元，总投资增加到1.54亿元
35	家乐福超市有限公司增资项目	家乐福于2002年在高新区成立公司，近期拟增资1537.5万美元	注册资本增加0.15亿美元
36	中水电成都项目建设管理有限公司	公司在高新区注册成立项目建设管理有限公司	2亿元
37	中国光大控股有限公司和宜兴光控投资有限公司投资设立光控世纪医疗健康创业投资有限公司项目	拟在高新区投资设立光控世纪医疗健康创业投资有限公司	5亿元

续表

序号	项目名称	建设规模及内容	项目投资
38	江西洪客隆集团公司对成都中德红谷投资有限公司增资项目	拟对高新区公司增资 3.3 亿元	增资 3.3 亿元
39	中国光大控股有限公司和宜兴光控投资有限公司投资设立成都光控西部创业投资有限公司项目	公司拟在高新区投资设立创业投资有限公司	1 亿元
40	中水电投资设立成都兴隆湖项目建设管理有限公司项目	公司在高新区注册成立了成都兴隆湖项目建设管理有限公司	2 亿元
41	中航安盟财产保险有限公司增资项目	公司在 2011 年 2 月决定将注册资本金由 2.5 亿元增加到 5 亿元，并将工商关系转移到高新区，公司于 2012 年 3 月完成增资手续并将工商关系转移到高新区	2.5 亿元
42	百裕集团总部和银杏内酯注射剂生产基地项目	公司拟在高新区建设百裕集团总部（含行政办公、营销管理总部、财务结算中心、新药研发中心等），以及符合美国、欧盟 cGMP 标准和中国 GMP 标准的银杏内酯注射剂生产基地（含 BY2012-XY02-PLG（抗血小板制剂）、BY2012-XY01-TNF（抗乙肝药物）、BY2012-XY03-HDG（抗血栓药物）等药品的生产）	6.6 亿元
43	温州商会企业家设立嘉园投资控股有限公司项目	由黄加园等人共同出资设立的投资控股公司，主要从事商业地产类项目的投资	5 亿元
44	中国建筑材料集团设立四川西南和泰物资贸易有限公司项目	公司拟在高新区设立物资贸易有限公司	1 亿元

产业招商

【概况】2012 年，成都高新区继续推动集成电路、光电显示、软件及服务外包、电子信息以及生物医药等产业加速聚集，尤其在电子信息产业，引进一批重点龙头企业，实现工业招商引资工作持续稳定发展。

重大产业化项目继续推进。富士康下属鸿富锦精密电子（成都）有限公司再次增加投资 3 亿美元，注册资本 1 亿美元，增资后总投资 10.5 亿美元，注册资本 3.5 亿美元；富泰华精密电子、鑫成科技、业成科技也分别增资数千万美元。同时，峻凌电子、莫仕连接器等也完成了增资。

【电子信息产业（含软件及服务外包产业）招商】引进世界 500 强企业博世集团设立中国共享服务中心；世界 500 强企业通用电气设立并启动运营了其全球首个创新中心；世界 500 强企业德国联邦铁路公司下属企业—全球货运代理公司设立外商独资企业；世界 500 强企业德国安联保险下属蒙迪艾尔公司设立中国第二运营中心；世界 500 强企业施耐德公司设立西南地区总部。全球最大会计事务所普华永道设立中国服务中心；中国最大 IC 设计企业展讯设立研发中心及西部总部；电子业巨头华为公司注册1亿元建设软件工厂二期项目；中国最大的化妆品限时特卖团购网站聚美优品设立了研发中心；国内最具影响力的专业家具B2C网站美乐乐设立运营总部及研发项目。全球外包50强企业美国博朗软件、大展、移动互联网领军企业百纳信息、国民技术IC研发中心、央视三维传媒、分众传媒户外媒体、银海软件研发等一大批软件及服务外包项目落户成都高新区。

【生物医药产业招商】 成都高新区引进总投资5亿元的江苏恒瑞医药股份有限公司创新药物生产基地项目、总投资6.6亿元的百裕集团银杏内酯注射剂生产基地暨总部基地项目和总投资8亿元的迈克生物医疗电子产品生产基地项目。医药研发项目方面，引进总投资1.5亿元的成都先导药物开发有限公司的先导药物研发项目、北科生物的干细胞与再生医学工程产业化基地项目、北京康科进生物技术有限公司新一代疫苗研发项目等。此外，配合相关部门引进30多家企业入驻天府生命科技园。

【现代服务产业招商】 成都高新区引进了一批金融、投融资及总部商业项目，包括注册5亿元的中航安盟财产保险公司、注册5亿元的光大控股医疗健康基金、注册2.5亿元的成都股权投资服务中心有限公司、成都广宏小额贷款有限公司、远雄房地产开发集团（中国）有限公司等。

外商投资管理服务

【概况】 2012年，成都高新区强化了外资企业审批、增资服务工作。简化行政审批程序及服务流程，对正在实施的所有行政许可及非行政许可审批事项流程进行了优化；将外商投资企业名称和法定地址变更等4个审批事项纳入高新区网上虚拟政务大厅审批平台进行预审。对重大项目提早介入并提供从核名、审批到工商注册的全程服务；对项目在审批注册过程中遇到的问题及时与省市相关部门进行协调沟通。通过以上措施，不仅保证了项目外资审批和工商注册等的顺利完成，还赢得投资者对政府服务的良好口碑，促进联发芯软件、峻凌电子等外资企业纷纷增资。

【新批外资企业】 成都高新区共审批各类新批外商投资项目61个，新批项目合同外资15137.78万美元，主要有中新（成都）创新科技园开发有限公司、成都先导药物开发有限公司、星潮信息技术（成都）有限公司、乐天百货（成都）有限公司等。

2012年成都高新区新批重大外资项目表（合同外资500万美元以上）

序号	项目名称	总投资（万美元）	合同外资 （万美元）
1	星潮信息技术（成都）有限公司	500	500
2	乐天百货（成都）有限公司	9000	4000
3	飞利浦灯具（成都）有限公司	3364.25	1345.7
4	中新（成都）创新科技园开发有限公司	29538.29	4923.05
5	成都先导药物开发有限公司	2383.07	715.92

【外商增资】 随着成都高新区投资环境和整体形象不断提升，外商投资企业增资项目数和增资规模大幅增长。2012 年外商投资企业增资项目 36 个，增资项目合同外资 34017.14 万美元，主要有中新（成都）创新科技园开发有限公司、莫仕连接器（成都）有限公司、四川虹视显示器件有限公司、成都金控融资租赁有限公司等企业增资。

2012 年成都高新区重大外资增资项目表（合同外资 500 万美元以上）

序号	项目名称	总投资（万美元）	合同外资 （万美元）
1	联发芯软件设计（成都）有限公司	10500	3500
2	峻凌电子（成都）有限公司	2490	945
3	富泰华精密电子（成都）有限公司	10000	3400
4	莫仕连接器（成都）有限公司	3000	1000
5	鸿富锦精密电子（成都）有限公司	29990	10000
6	中新（成都）创新科技园开发有限公司	58463.99	9954.36
7	四川虹视显示器件有限公司	1550	1060
8	成都东银信息传媒有限公司	0	516.79
9	成都金控融资租赁有限公司	4213.07	686.28

【工业外资项目】 成都高新区新批及增资工业外商投资项目 52 个，合同外资 25813.34 万美元，主要有网秦无限（成都）科技有限公司、百纳致远（成都）科技有限公司、美昇科技（成都）有限公司等。

【中外合资与合作项目】 成都高新区新批及增资中外合资项目 22 个，合同外资 19010.39 万美元。如新批合资企业精联诚和股权投资基金（成都）管理有限公司由成都金控金融发展股权投资基金有限公司和英国 EEA Group Limited 共同投资 1408.48 万美元设立；新批合资企业成都先导药物开发有限公司由英国投资者和成都华川进出口集团有限公司共同投资 2383.07 万美元设立。2012 年新批中外合作项目 1 个，成都世纪新能源有限公司，由成都世纪城新国际会展中心有限公司和香港磊华能源有限公司共同投资 947.93 万美元合作设立。

招商活动

【概况】 2012 年，由省、市、高新区领导带队赴欧洲、日本、新加坡及上海、北京、深圳、重庆等国内外重点地区促进项目超过 30 批 120 人（次），由投资服务局及驻外办工作人员组成的小分队登门拜访、上门促进活动超过 200 人（次）。精心组织，接待微软、塔塔软件、德勤、博世、新加坡新川投资控股私人有限公司、戴尔、仲量联行、印度博拉软件、普华永道、携程旅行网、聚美优品、百裕集团、深圳迈腾、上海网讯、西可通信等国内外重要客户来访，全年共接待项目近 200 批逾 1000 人（次）。

【重大招商活动】 成都高新区投资服务局积极组织和参加重大招商活动，抓好投资环境推介和项目对接。2月20–23日，参加由工业和信息化部、国家知识产权局、中国国际贸易促进会、四川省人民政府主办的第十届中国国际软件合作洽谈会，与来自美国、欧盟、日本、韩国、印度、以色列、西班牙、新加坡、港澳台等国家和地区的著名软件企业以及国内外重要行业应用客户进行联络沟通，以吸引更多软件及服务外包企业关注成都及成都高新区。5月10日，参加由成都市政府和联想集团主办的2012年成都电子信息产业投资说明会。5月23–25日，组织并参加四川省承接产业转移与重点产业招商会。9月25–27日，参加由中国商务部、中国贸促会和四川省政府主办的第七届中国—欧盟投资贸易合作洽谈会，与参会的500余家中欧企业其中欧方参会企业超过160家围绕“交流与合作、创新与发展”的主题，进行沟通交流，推介了高新区投资环境。9月27–29日，组织参加第十三届中国西部国际博览会，并在成都市投资说明会暨项目签约仪式上，管委会副主任袁宗勇代表成都高新区与江苏恒瑞医药股份有限公司、百纳信息科技技术有限公司等2家企业签订了投资合作协议，总投资额约5.1亿元人民币。

【驻外代表处活动】 2012年驻外代表处参加多种招商及投资环境推介活动。美国代表处主要参加“旧金山湾区企业联谊酒会”、苹果公司供应商交流会、思科客户会议、旧金山商界社交周活动、彭博新闻社投资交流会、NBC电视台赞助商活动、硅谷中国大学校友联谊活动以及旧金山商会、奥克兰商会、Emeryville商会等旧金山湾区商会的商会成员聚会等社交活动。北京、上海、深圳代表处参加了2012移动互联网创新大会、中国移动互联网投融资峰会、中国互联网大会、《IT时代周刊》第八届CEO年会、2012中国国际医疗产业投融资峰会、第5届深圳国际贸易投资洽谈会、第17届中国国际电子展、第62届中国国际医博会、第8届中国国际文博会、第4届深圳国际光博会、第14届高交会等活动。

【驻外代表处活动成果】 2012年，高新区共获取有效项目信息130多条。主要包括：移动互联网类：互爱科技全球研发运营中心、网秦科技全球第三总部、触控科技成都运营中心、趣玩全国总部、力美成都研发公司、Forgame手机游戏孵化基地、极致行动手机游戏研发子公司、UC成都公司软件、汇顶手机触控芯片研发中心项目、基伍手机移动智慧港项目等。研发及服务外包类：CA研发中心、北京捷成世纪西南总部、金润方舟软件研发公司、三星数据中西部研发中心、创盛软件研发及服务外包公司、方正科技西南产业基地、华诺科技分公司、Trans-cosmos子公司、能力天空研发基地及营销中心、加拿大森林生态系统研发公司等。生物医药类：中生集团研发及中试中心、美国知名医疗器械企业全球总部；生产制造类包括：日本Enplas生产厂、中国鑫达改性塑料生产线、维讯增资项目、法国阿海珐核级锆材工业化中心、欧瑞康子公司等。其他产业相关类：北京软交所成都交易中心、清华万博西南技术及培训中心、贺利氏项目、摇旗呐喊影视制作子公司、博看文思子公司、环球数码数字影院系统研发中心项目、友邦IT软件研发服务基地项目、走秀网电子商务基地项目、和佳BT医院建设项目、正威西南总部及半导体产业项目、波特网络研发中心及营运总部项目等。

（投资服务局）

财税·审计

财　政

【概况】 2012年，成都高新区财政总收入、地方公共财政收入及地方税收收入分别累计实现251.16亿元、160.66亿元和77.76亿元，完成年度目标的101.32%、101.19%和101.38%，较去年同期增长15.9%、10.18%和37.99%，财政总收入、公共财政收入及地方税收收入总量均位列全市第一。

【财政改革】 成都高新区加强收入进度跟踪和分析，积极协调各征管部门完善收入征管措施，确保一季度实现财政收入“开门红”、上半年提前实现“时间过半、任务过半”。

初步探索产业扶持专项资金的预算绩效管理模式。贯彻落实关于加强产业扶持资金执行管理和绩效评价的相关要求，制定《成都高新区产业发展专项资金管理暂行办法》。2012年从产业发展专项资金入手，逐步建立“预算编制有目标、预算执行有监控、预算完成有评价、评价结果有反馈、反馈结果有应用”的预算绩效管理模式。

强化预算支出执行管理，制定部门预算收支执行通报工作制度，建立部门预算执行台帐。每月5日上报项目支出结构表的长效工作机制，强化部门预算支出执行情况作为反映街道及部门工作推进情况的重要指标，提高预算执行的及时性、均衡性和有效性。

综合治税办公室依托财政收入管理信息系统进一步加大综合治税工作力度。建立部分行政审批事项前置审查制度，并于5月份开始逐步实施。深入开展重大项目治税、护税、引税牵头工作，成功将电子科技大学部分人员个人所得税解缴关系转入高新区，协助西南水泥有限公司税收属地解缴技术问题，加大外引税源招商引资力度，采取“一事一议”方式确保税源发展。严把迁出企业申请报告，有序开展新办企业级次认定工作。

优化财政支出结构，保障重点支出需要。加强重大项目资金管理，完善管理制度和监管手段。制定《成都高新区政府专项资金及扶持项目监督管理办法》，建立了区级重大项目专项资金项目监管体系。

加强高新区政府债务管理，科学调控政府债务规模，建立高新区地方政府性债务风险预警系统。深化政府性基本建设投资项目管理工作。加大对财政和各融资平台的资金统筹和调度，平衡资金需求，既保障重大项目资金需求，又减少资金沉淀，降低政府债务成本。

按照成都市治理“小金库”工作领导小组办公室《关于做好我市“小金库”治理评价验收工作的通知》的精神，财政局对2009年以来成都高新区行政事业单位“小金库”专项治理工作进行评价验收，并形成验收报告上报市治理“小金库”工作领导小组办公室。通过此次“小金库”专项治理评价验收工作，各行政事业单位内控制度得到进一步加强，自我约束机制和防范各类财经违纪行为的能力得到进一步增强。从评价验收结果来看，高新区行政事业单位“小金库”治理工作达到了预期效果，提高资产和财务管理水平，强化廉洁意识，提升财政资金使用效益。

按照省市国库改革工作总体部署，积极推进公务卡改革和预算执行动态监控工作。制定公务卡改革实施方案和公务卡管理暂行办法，印发高新区启动预算执行监控实施方案和授权支付预警规则。

认真组织完成财政决算核查工作，核查人事劳动和社会保障局等9个单位，并针对问题开展专题培训。继续强化财政专户管理，结合高新区大平台专户再支出的流程，对各类专户进行了清理归并撤销。继续完善相关档案管理，明确局内各业务处室日常保管内容，强化内控工作，做好财政资金安全基础工作。

牵头组织财政部四川专员办对高新区执行开发区财税政策情况及税收征管质量专项检查。针对本次专项检查的特点，多次召集相关部门研究、布置前期准备工作，6月底检查组基本完成了在高新区的现场检查工作，7月初出具了检查报告初稿。经多次研究和衔接，于9月20日取得正式检查报告。

牵头组织公、检、法、司法等部门组成政法经费保障检查组，对2011年中央和省级政法转移支付资金办案（业务）经费及业务装备经费使用管理、政法经费保障等情况同锦江区、金牛区开展交叉调研检查。完成对高新公安分局2011年非税收入收缴情况重点检查工作和两馆两中心财务管理情况调研性检查工作。

进一步开展2011、2012年预算资金执行绩效评价工作。抽取2个涉及面广、金额较大的教育专项经费项目，对2011年教育经费的使用管理进行了绩效评价。

确定2012年街道财政工作重点，加强对街道财政管理工作力度。继续优化街道财政支出结构，集中财力投入学前教育、文化、卫生等公共事业发展；深入推进街道支出项目绩效评价工作，抽样样本选择达到全覆盖，同时加强支出绩效评价结果的运用；加强街道财政建设和预算管理基础工作，不断提高街道财政管理水平。

在全区财政财务人员专题调研的基础上，制定并启动财政财会队伍“4321”工程建设。按照财政改革形势要求和工作部署，财政局将逐步建立健全多层次、多渠道的干部培育机制：一是每年要组织4批次全区性财政财会干部脱产学习培训；二是及时针对财政财会工作中的热点、难点问题，分层面举办3次以上专题交流活动；三是每年组织2批次财政财会人员赴发达地区和先进高新区进行实地学习调研；四是每年将会同监察审计部门开展1次全区财政财会干部职业道德与廉政风险教育活动。

【政府采购监管】 成都高新区完善政府采购监管工作手段，进一步提升政府采购监督的透明度。加强政府采购监管工作系统研究，形成《既要重采 更要重管——高新区建立政府采购与国资管理联办机制的初步探索》调研报告。在建立专家审核机制的同时，着力提高监督的透明度，制定印发《关于人大代表、政协委员参加高新区政府采购监督活动的管理办法（暂行）》，明确人大代表、政协委员参与高新区政府采购工作监督的工作程序，同时对人大代表、政协委员监督政府采购的活动也进行规范。规范采购人委托社会代理机构的选择行为。会同监察局（审计局）制定随机抽取政府采购社会中介代理机构的管理办法，在提高采购效率、促进反腐倡廉等方面取得一定效果，下一步将规范社会中介代理机构参与高新区政府采购的活动，建立社会中介代理机构诚信记录档案。完成对高新区采购中心2011年度工作的考核工作。

【重大项目财政投入】 成都高新区加大对民生项目的财政资金投入，不断提高民生投入在财政支出中的比重。高新区全年安排预算资金110亿元，已累计拨付民生工程资金110亿元。重点保障交通先行、城乡环境治理、大气和水环境治理、农村扶贫解困、教育工程、完善基层医疗卫生服务体系、百姓安居工程、基础设施工程、文化体育工程等方工作的开展。

局长带队走访中和片区学校、玉林中学、泡桐树小学天府校区等学校，实地了解学校设施设备、校舍安全以及校园文化建设等各项基本情况，2012年共安排教育专项资金1.2亿元重点解决了各学校急需的问题，并安排直属学校学生伙食补助近3000万元。据全市统计公布的教育三大公开数据，2011年生均教育经费和生均公用经费投入，高新区均位列第一。

【国有资产管理】 加强行政事业单位国资管理制度建设和资产采购管理，提高国资监管质量。2012年，成都高新区修订了行政事业单位国有资产管理办法，研究制定《成都高新区建设工程项目形成国有资产移交、接收管理办法》(试行)，规范财政投资基本建设工程形成资产和开发商建设移交公建配套资产的管理。全面清理各单位已接收建设项目形成资产，各单位基本做到财务账、国资系统和实物的三统一。继续加强资产采购前置审批工作，对部分单位超标采购和重复采购不予审批，避免财政资金的浪费。

完成高投集团2011年综合考核工作，下达2012年目标任务，经过近年来持续推行目标考核和推行国资经营预算，高投集团的经营管理水平明显提升。进一步理顺国资监管机制，对高投集团综合考核办法和国有企业重大事项监管办法进行修订，减少审批环节和流程，提高办事效率，使企业经营管理更加适应市场经济要求。严格按国有产权转让相关政策法规审核高投集团产权转让。

【粮食直补】 成都高新区根据《市财政局、市农委关于拨付2012年新增农资综合补贴资金的通知》，文件要求新增农资综合补贴资金按今年粮食直补、农资综合补贴面积测算补贴发放标准，在4月25日前一次性全部兑付给种粮农户。为保护农民种粮积极性，促进国家粮食安全，继续稳定和完善直补政策。高新区农业部门确定2012年新增农资综合补贴面积只涉及中和街道办事8522.05亩，补贴标准为16.94元/亩。高新区财政局核定2012年新增农资综合补贴额为：中和街道办事处14.44万元。

【投融资体系建设】 成都高新区强化高新区政府债务管理，综合考虑预算执行、金库资金状况和偿债资金定期存储方式，采取先用金库资金还款的方式归还地方政府债券，初步测算此举将减少利息损失约0.23亿。坚持与建设部门定期和不定期现场查看项目工地的工作机制，落实政府投资项目网上公示工作，并将政府投资公益性项目资金的支付纳入三方监管，确保项目资金的使用安全。积极组织区内符合条件单位申报中央基建财政贴息资金，取得2012年地方债券资金1亿元。组织多渠道筹集员工公寓三期建设资金，将拓新公司闲置的注册资本金3.5亿元以银行委托贷款方式借支给住保中心，并争取到市级专项补助资金2亿元，全面保障2012年员工公寓三期建设资金需求，避免新增政府债务5.5亿元，每年节约贷款利息0.33亿元。

2012年成都高新区财政收支简表

项　目	金　额(亿元)	比上年增长(%)
地方财政收入	160.66	10.18%
公共财政预算收入	84.71	37.99%
税收收入	77.76	38.74%
非税收入	6.95	30.17%
基金收入	75.3	-10.02%
地方财政支出	156.5	-3.77%
公共财政预算支出	90.21	16.82%
基建支出	3.59	-81.27%
产业支出	43.41	18.02%
教育支出	6.66	29.89%
医疗卫生支出	1.53	24.93%
社会保障支出	6.94	34.57%
文化事业支出	0.2	
公共安全支出	2.85	18.53%
基金支出	65.6	-22.46%

备注：1、地方财政支出剔除一次性因素(地方债券安排的支出)后，增长5.34%。

2、基建支出剔除一次性因素(地方债券安排的支出)后，下降37.88%。

国家税务

【概况】 2012年，成都高新区国税局有正式干部104人，主要负责成都高新区2.3万户纳税人的税收征管服务工作，共组织税收收入87.44亿元，同比增长21.2%，增收15.3亿元，占全市计划口径收入比重达到12.67%，较2011年提高1.58个百分点。

【基础管理】 成都高新区国税局采取动态掌握税源增减、突出重点税源建设、强化税收分析预测、强化专业纳税评估和加大稽查工作力度等措施，提升征管质量，挖掘增收潜力，切实实现税收收入的稳步增长。同时，成都高新区国税局围绕省、市局征管服务创新转型的目标任务，以强化税源专业化管理为重点，创新理念，突破难点，扎实推进征管服务创新转型。团队化管理模式进一步推进。整合税收征管资源，着力打造“六大专业化管理团队”，促进了征管优势资源的加速集中和征管工作的科学统筹，初步形成具有高新特色的现代征管服务新格局。风险控制管理机制进一步完善。组建分析监控团队和纳税评估团队，出台《高新区国税局税收风险管理操作规程》，形成集113个分析指标的分析监控指标体系，制定“三表、两书、一报告”等相关文书和“两会”制度，做实涉税审核审批事项的复核检查，逐步构建涵盖税收征管全过程的税收风险管理体系。专业化纳税评估进一步推进。按照专业化纳税评估工作要求，集中力量，优化机制，扎实开展评估工作，找准行业税收风险管理点并建立软件行业风险分析模型，形成行业管理办法，全年共对14大行业133户企业开展了纳税评估。四是“税收流转事项管理系统”进一步完善。不断拓展系统功能，优化系统流程，实现对流转事项全过程的实时监控，2012年，已处理涉税事项2万余项，有效提高征管工作质量和效率。2012年区局主体征管指标在全市国税系统征管指标考核中名列前茅。

【依法治税】 成都高新区国税局大力推进依法治税，认真贯彻落实“依法治税、应收尽收、坚决不收过头税，坚决防止和制止越权减免税”的组织收入原则，强化干部职工在税收征管服务工作中的依法治税意识，不折不扣地落实好各项税收优惠政策，规范执法，公正执法，切实维护纳税人合法权益，着力提升法治化水平。一是进一步贯彻税收优惠政策，用足用活高新技术企业、软件企业、下岗职工再就业以及西部大开发等税收优惠政策，支持企业做大做强。2012年，成都高新区国税局共为253户企业办理出口免抵退税13.81亿元，为162户软件生产企业审批退税6.26亿元，为218户企业落实高新技术等税收优惠政策减免企业所得税6.2亿元，为70户企业落实西部大开发税收优惠政策减免企业所得税8.8亿元。二是进一步规范税收执法行为，积极开展税收执法监察、执法检查和督察内审工作，严格执行税收执法责任制和过错追究制，认真落实重大案件集体审理和税收减免集体审批制度，形成环环相扣的执法监督，规范了税收执法行为。三是进一步加大税务稽查力度，充分发挥稽查以查促收、以查促管的职能作用，以药品、医疗器械生产经营行业为重点，以重点税源企业专项检查为核心，深入开展整顿和规范税收秩序工作，全年检查企业79户，查补税款及滞纳金2439万元，同比增长20%，切实维护了税法的权威性。

【税收服务】 一是推进“两化”建设为纳税人提供规范化标准化服务。以深入推进纳税服务规范化标准化建设为抓手，全面实施流程再造，有效压缩办税时间，将面向纳税人的所有税收服务事项（115项）全部前移到办税服务厅，除43项审批审核事项由专业化团队集中办理外，其它72项备案类管理事项全部实现办税服务厅即办，实现“只进一扇门、只找一个人、办理所有事”的“一窗式”服务，涉税业务办理时间普遍压缩30%以上，全职能办税服务厅建设取得实效。二是创新服务举措为纳税人提供个性化服务。深入开展“服务大项目、培育大企业”活动，为50户重点企业发放“服务连心卡”，确定业务能手和部门负责人为其实行定向、定事、定时、定人的个性化纳税服务，深入企业问需求、解难题、送服务，改单一为企业提供纳税服务为围绕税收职能的全方位、多角度服务，助推以电子信息、精密机械制造等以高新技术产业为先导、以强大现代制造业为基础的区域现代产业体系加快建设。三是为纳税人提供信息化服务。充分依托成都国税网上认证和网上申报办税系统、出口退税网上审核审批系统、网络发票开票系统、税收政策和涉税信息网上查询系统、12366纳税服务热线等信息化纳税服务平台，为纳税人提供方便、省事、快速、高效的信息化服务环境。目前，全区91.32%的纳税人都实行网上申报纳税。同时充分运用纳税人之家、《税收服务之窗》、税企QQ群、官方网站、官方微博和短信服务平台等，开展税法宣传、政策解读和业务辅导，为纳税人搭建起广覆盖、全方位、多元化的宣传咨询和权益维护平台。

【队伍建设】 一是全面推进“全员创新运行平台”整合全局干部职工的金点子，形成了强大的创新合力；二是在继续用好省局“361”全员履职能力培训等各类教育培训资源开展全员培训的基础上，从满足专业化管理的需求出发，分层次、分重点的开展人才队伍建设，并针对税收政策措施的贯彻落实和管理服务中的工作难点，继续深化“每日一题”、“每周一学”、“每月一讲”活动，提升干部对政策的把握执行能力和综合性涉税管理能力；三是在深入开展干部作风教育实践活动的基础上，认真执行党风廉政建设各项制度规定，推进惩防体系建设，加强“四位一体”风险防控格局建设，努力实现党风廉政建设工作目标。在2012年省市国税系统组织开展的“赛技能、比业绩、争先进”活动中，高新区国税局采取岗位练兵、知识竞赛和实战操作演练等多种形式，提高干部职工的业务和技能素质，共有19人获得了全市国税系统标兵称号，其中5人获得了全省国税系统标兵称号。

2012年成都高新区国家税务局税收收入情况表（全口径）

单位：万元

序号	项目 / 税种	年计划	累计收入			
			累计数	完成年计划+－%	同期数	比上年同期+－%
1	税收收入合计	841900	874388	103.86	721434	21.20
2	其中：中央级	553200	577373	104.37	480512	20.16
3	地方级	288700	297015	102.88	240922	23.28
4	1. 增值税	315600	346427	109.77	311273	11.29
5	2. 消费税	1800	1941	107.83	2401	-19.16
6	3. 企业所得税	524470	525989	100.29	407684	29.02
7	4. 个人利息所得税	30	31	103.33	76	-59.21

地方税务

【概况】2012年，成都高新区共入库收入108.75亿元，同比增长38.31%，其中税收收入100.24亿元，同比增长37.55%；组织基金及附加收入8.5亿元，同比增长47.94%。完成管委会地方税收58.62亿元，同比增长42.59%，是全省地税系统率先破百亿的基层征收单位。2012年，成都高新区税收收入比2010年翻两番；组织收入连续4年在全市排名第一；在市局总收入中的占比进一步提高，为地方经济发展和天府新区建设提供了强有力的财力保障。收入破百亿的宣传稿分别被《中国税务报》、《四川日报》和《成都日报》相继采用，信息被省政府和省局采用。

“七一”建党节，成都高新区地方税务局党总支被中共四川省委授予“创先争优先进基层党组织”荣誉。高新区地方税务局办税服务厅获得省“巾帼文明岗”称号。高新区地方税务局选派副科长窦彦明到甘孜州德格县地税局援助工作。落实“领导挂点、干部帮户”和“党员双报到”等帮扶工作，与成都市机关事务管理局共同帮扶彭州市红岩镇灵石村，修建村民活动中心，参与新农村建设。扎实开展对口包干社区工作。

【基础管理】做好近3万户企业和个体的日常征管和服务工作，登记率、申报率、入库率、滞纳金加收率“四率”均达到市局考核标准。加强异常户管理和欠税管理。全年办理新户登记6158户，变更登记4448户；税种鉴定5871户，修改税种鉴定1968户；发票兑奖391663张，兑奖金额423万元；核销42类旧版发票，4216本；受理年所得12万元以上个人所得税自行申报13770人，同比增加6643人，已缴（扣）税款7.14亿元，补缴税款312.57万元，不仅申报人数居全市首位，也是唯一申报人数破万的区县局；做好企业所得税汇算清缴工作，汇算面达100%，查补税款5.3亿元；加强对各类减免税的审核工作，积极落实税收优惠政策和贯彻落实小微企业免收发票工本费政策优惠。全年办理高新技术产业、西部大开发、技术交易、服务外包、合同能源管理等减免税200多户（次），减免税收3.5亿元。成立4个组，建立联系协调工作机制，积极推进省级数据集中。确保区局随全市第二批上线单位于2013年3月正式上线。制定《高新区税源专业化管理试点方案》并有序创新推进，积极探索建立“分类管理，专业评估，风险预警”的税源专业化管理新模式。分众文化传播有限公司避税案，通过总局审核批准后正式立案，成为四川省和成都市的第一例无形资产反避税案件，调整税款金额逾千万元，反避税工作取得突破性进展。深入开展调查调研，全年形成调研文章9篇。上级采用4篇，《天府地税》发表3篇，1篇获得省国际税收研究优秀成果，1篇在“三化三型”专题调研评比中获优秀论文奖。上级部门采用信息22条，宣传稿被采用42篇，树立了良好地税形象。《整合资源，集约服务，打造服务型税务机关新格局》的创新项目，在市局开展的“创新项目专家评审会”上，以全市最高分获得了市局领导和专家的一致认可。

【依法治税】贯彻落实《行政强制法》，全面清理行政权力事项。清理行政权力54项，其中行政审批（行政许可）1项、行政处罚34项、行政征收3项、行政强制2项、行政确认1项、其他行政权力13项。全年检查各类企业135户，查补税款及附加、罚款（含自查收入）2.74亿元，入库2.24亿元。税收法治工作进一步增强。制定“六五”普法五年规划、《区局关于2012年度依法行政工作的意见》，将依法行政工作层层分解并纳入年度目标考核。认真开展行政执法工作。加强执法检查，采取各部门自查和区局重点检查相结合、检查辅导与整改完善相结合的方式，共调取减免税审批案件4件、代开发票4件、稽查案件3件进行重点督查，了解重点行业（房地产）的税收管理现状。通过督查发现的带有共性的问题，督促各执法部门认真对照、落实整改。开展案卷评查工作，针对2011年10月至2012年10月实施的行政处罚、行政许可案卷，2012年4月至2012年10月实施的减免税行政审批案卷进行了抽样评查。共计评查行政处罚案卷67件、行政许可案卷7件、减免税审批案卷6件，制作《税务行政执法案卷评查工作笔录》。严格执法文书备案，共计备案387件，其中行政处罚（一般程序）65件、行政处罚（简易程序）202件、行政许可28件、减免税审批41件、企业所得税审批备案19件，税务事项通知书13份，询问通知书2份，税务检查通知书17份。备案的文书采取抽样审核方式，对发现的问题要求限期整改。围绕"税收·发展·民生"主题，在天府软件园内组织法治大讲堂"税法入园区"活动。发送地税法治建设短信上万条。

【税收服务】 开展便民服务。设立双语服务窗口，天府新区等特办窗口，坚持办税引导员制度，建立税务事项流程优化长效机制。围绕"五大兴市战略"和产业发展，及时跟踪服务省市重点项目和新兴业态，为企业解决征管难题。如中石油西南管道分公司的发票使用问题、极速电控公司法人变更问题等。参与"局长进大厅"活动，接待纳税人40余人（次），解决疑难问题10余（件）。开展网上服务。根据全区纳税人93%采取网上申报的情况，加强网上服务。完善税务网站、官方微博、建立15个QQ群，直接在线服务纳税人1000余户。官方微博拥有粉丝3374人。网上办税服务厅服务事项已达18项，处理网上局长信箱、涉税举报56件，办结率、满意率均达100%。开展特色服务。对上市、重组、改制的企业，坚持"特事特办，急事急办"的原则，帮助企业规避税收风险。"送政策进园区"、"定期走访企业"，提供延时、预约服务8000余户（次），对189户用票大户提供了预约发票兑奖服务。纳税人学校高新分校新注册人数2600余人，位列全市第三，总注册人数6800余人，位列全市第一；开展培训85次，位列全市第一；面授人数10600人，位列全市第一。增加税收宣传经费，印制发放《告纳税人书》和纳税人学校宣传台历各1万份，加大了税收宣传辅导力度。通过面授开课、网站咨询、QQ群、问卷调查等多种方式，建立了与纳税人的全方位沟通互动。通过个人申报、集体推荐、授课竞选的方式全局产生7名新聘纳税人学校授课教师，壮大了分校师资力量。高新分校网站实现与纳税人及时交流，及时解答纳税人提问。纳税人学校高新分校印发1万册2013年税收宣传台历，免费赠送纳税人。制作发放4折8页彩印宣传手册1万份，在办公区域和社区宣传栏悬挂、张贴宣传。联合成都高投盈创动力投资发展有限公司在天府国际金融中心主办《中小企业税收优惠政策解读》讲座，260余户企业参加，由《成都日报》宣传报道。

【队伍建设】 坚持中心组学习和市局视频学习，认真学习贯彻党的"十八大"和习近平总书记的讲话精神。不断更新知识和观念，提升班子领导税收工作的能力水平。坚持民主集中制，完善领导班子的工作分工、议事规则和决策程序，提高决策的科学化、民主化水平。大力开展业务培训。开展土地增值税、小企业会计准则等各类培训19批次、600人（次）。办税服务厅陈晓霞拾金不昧的事迹入选9月“中国好人榜”诚实守信类候选人，最终获得“四川好人”称号。推选的干部在高新区百姓故事会PK赛上，获得20佳“感动高新故事——最佳感人故事奖”；参加“高新区双语文化主题演讲会”，获得二等奖；参加区纪工委“忠诚与奉献”演讲比赛，获得三等奖，展示了地税干部的好作风、高素质、正能量。积极创先争优。以基层党组织建设年活动为载体，以“三分类三升级”活动为契机，通过领导上党课、党员干部亮承诺、做表率，开展“三会一课”活动等，加强基层组织建设，充分发挥党员的先锋模范作用，以党风带政风促行风。结合“全国文明城市验收工作”，扎实开展以保持党的先进性纯洁性为主题的干部作风教育实践活动。发挥党总支、工会、共青团的作用，开展庆“七·一”支部系列活动和摄影、羽毛球、登山比赛和趣味运动会等活动，摄影展获得广泛好评，关心退休干部，队伍凝聚力进一步增强。认真落实各项廉政制度。认真贯彻落实《党员领导干部廉洁从政若干准则》、《税务违法违纪行为处分规定》和《关于领导干部报告个人有关事项的规定》等党纪条规；结合廉政风险防控机制建设和执法风险防范，针对税务行政审批、税收优惠资格审查、税款核定、发票发售等关键环节、权力集中的岗位、腐败易发多发的重点部位，查找并修正廉政风险点239处，拟制防控措施112条。廉政教育经常化，监督检查常态化。层层签订廉政责任书，建立和完善“一案双查”和税检联系会议制度。充分发挥基层纪检员和特邀监察员作用，开展廉政监督机制建设。召开全局党风廉政建设工作会，上廉政党课。开展“利用中介机构涉税业务谋取不正当利益问题”专项治理，整治违规收受礼金、有价证券、支付凭证、商业预付卡等问题，遏制违法违纪现象的发生。

2012年成都高新区地税收入情况一览表

单位：万元

项目	2012年累计完成数	增幅%
总计	1,087,451	38.31
一、税收收入合计	1,002,418	37.55
1、营业税	496,704	49.02
2、企业所得税	126,838	37.06
3、个人所得税	168,860	10.34
4、城建税	57,728	36.22
5、房产税	34,557	38.18
6、印花税	21,750	64.08
7、土地使用税	17,664	10.61
8、土地增值税	78,317	47.04
二、其他收入合计	85,033	47.94
1、教育费附加收入	26,767	42.05
2、地方教育费附加	17,738	66.01
3、文化建设事业费	4,296	47.17
4、工会经费	9,472	60.71
5、副调基金	21,596	43.96
6、残疾人保障金	5,074	25.16
7、罚没收入	90	11.11

2012年成都高新区地方税收重点税源企业名录

序号	企业名称
1	成都世纪城新国际会展中心有限公司
2	中海振兴（成都）物业发展有限公司
3	成都上锦置业有限公司
4	成都深长城地产有限公司
5	成都高投置业有限公司
6	和记黄埔地产（成都）有限公司
7	成都市中天盈房地产开发有限公司
8	腾讯科技（成都）有限公司
9	成都人居置业有限公司
10	华为数字技术（成都）有限公司

续表

序号	企业名称
11	保利（成都）房地产开发有限公司
12	分众文化传播有限公司
13	中海信和（成都）物业发展有限公司
14	华润置地（成都）实业有限公司
15	成都奥克斯财富广场投资有限公司
16	成都新兴创业投资有限责任公司
17	英特尔产品（成都）有限公司
18	四川中德世纪置业有限公司
19	鸿富锦精密电子（成都）有限公司
20	成都地奥制药集团有限公司
21	中国联合网络通信有限公司成都市分公司
22	成都高投建设开发有限公司
23	成都建发置业有限公司
24	成都市排水有限责任公司
25	龙润房地产开发（成都）有限公司
26	成都兴城投资集团有限公司
27	成都市中航地产发展有限公司
28	成都市昭景房地产开发有限公司
29	阿里巴巴（成都）软件技术有限公司
30	成都怡和天成房地产开发有限公司
31	四川嘉元置业有限公司
32	成都鸿业置业有限公司
33	中国工商银行股份有限公司成都高新技术产业开发区支行

审 计

【概况】 2012年，成都高新区审计局共完成审计项目611项，其中：固定资产投资结算审计541项、固定资产投资决算审计62项，预算执行审计1项，经济责任审计1项，财政财务收支审计3项，专项资金审计调查3项，节约财政资金11062.26万元。

【固定资产投资工程竣工结算审计】 为进一步加强街道、部门及学校作为业主的小型基建项目的管理，成都高新区制定了《高新区政府投资非重点建设项目管理流程》，从源头规范建设项目管理流程。2012年会同成都高新区经发局、规建局、财政局召开非重点建设项目审批会5次，共审批项目114个。

印发《成都高新区审计局关于印发〈成都高新区管委会2011年重点建设领导小级会议纪要（二）的审计实施方案〉的通知》，召集成都高新区财政局、规建局、经发局及高投集团相关人员召开专题会议研究解决审计中发现的问题。2012年共收到高投集团遗留问题项目101个，已按规定要求完成审计项目26个。

针对部分工程存在的资料缺失或其他非技术问题影响审计效率现象，试行审计项目预审制即中介机构对审计资料预审核，对达不到审计标准的退回被审计单位，明确审计标准和完成时间要求及时补充完善相关资料。对竣工图纸、签证不完善，未按重点办《高新区政府投资重点建设项目建设标准及投资控制管理实施细则》履行备案及报批手续，达不到审计标准的工程及时退件。

为促进各中介机构进一步提高工程竣工结算审计质量，分别印发《关于四川天华工程造价咨询事务所有限公司等三家中介机构在审核过程中发现并及时上报重大问题行为进行通报表扬的决定》及《关于四川志和工程造价咨询管理有限公司等五家中介机构出现质量事故的处理决定》。对在审计过程中严格审计发现重大问题的事务所给予通报表扬并进行项目奖励；对在审计过程中出现质量事故的事务所则实施扣减审计费、暂停一轮审计项目抽签的处罚。

集中力量对长期积压的所有在审项目进行全

面清理，建立在审项目数据库，按月报送《高新区政府投资建设项目审计进度表》，并采取在审项目专人负责的考核机制，提高审计效率。

加快审计进度，改革项目分配办法。提出《关于改进结算审计项目抽签办法的建议》，对完成率较差的事务所暂缓抽取审计项目一次。

【固定资产投资竣工决算审计】 成都高新区探索街道、部门及学校竣工决算审计，实现竣工决算审计工作全覆盖。继2010年完成高投集团72个建设项目的竣工决算审计任务后，2012年，成都高新区探索开展街道办事处、部门及学校的政府投资建设项目竣工决算审计，实现全区竣工决算审计工作的全覆盖。通过工作实践的总结和分析，撰写《审计专报——审计局关于对各街道办事处、部门及学校政府投资建设项目竣工决算审计工作情况及改进建议的报告》，提出加强管理的合理化建议。

【领导干部经济责任审计】 成都高新区实施经济责任审计流程再造。2012年，为进一步加强被审计领导和被审计单位对经济责任审计的了解，提高审计效率，审计局研究制定“高新区经济责任审计流程须知”，在审计实施前以《审计通知书》附件的形式同时送达被审计领导和被审计单位，提高审计效率。按时完成成都市审计局交办的高新区经贸发展局局长杨东经济责任审计工作。

【财政财务收支审计、专项资金审计调查】 突出针对性，注重时效性。围绕党工委、管委会的中心工作和群众关心的热点、难点问题，切实抓住财政资金、权力运行、群众利益三个重点，选准审计项目。在立项观念上避免只针对一个点开展审计，而针对一个面实施全面审计，从而发现普遍存在的共性问题，并且将审计与培训相结合。2012年重点对22所直属学校开展了食堂财务管理专项审计调查，形成2个专题报告报党工委管委会，为决策提供了依据，起到了参谋作用，做到审计完一个领域就规范一个领域，取得了较好的审计成效。

探索利用社会审计资源新模式，开展专项审计工作。审计局组织审计协会会员就如何开展效益审计、卫生服务体系审计调查、学校财政财务收支情况审计召开了专题研讨会。通过讨论进一步完善审计方案，同时挑选出具备项目业务经验的优秀审计人才参与专项审计工作。高效完成了成都高新区实验小学、成都市玉林中学、成都高新顺江学校共3所学校2011年财务收支审计，以及高新区直属学校食堂财务管理专项审计调查、高新区基层公益性医疗卫生服务综合补偿资金专项审计调查、高新区2011年村级公共服务和社会管理专项资金审计共3项专项资金审计调查。

【预算执行审计】 根据《四川省审计厅关于印发2012年度统一组织审计项目计划的通知》要求，成都高新区审计局开展高新区地方税务局机关经费审计，通过审计提出进一步加强固定资产管理工作、改进“三代手续费”支出管理等4条建议。

【审计服务】 成都高新区指导各街道办事处小型基建审计工作，规范管理审计工作。针对2011年下放街道办事处自行实施的小型基建审计工作，成都高新区审计局召集街道办事处纪工委书记、分管基建的街道领导、纪检专干、审计专干召开研讨会，讨论“各街道办事处小型基建审计工作中存在的问题及改进建议”。为进一步规范高新区街道办事处小型基建审计工作，下发《关于高新区街道办事处小型基建工程审计的补充通知》。

实行街道审计专干轮训制度。组织各街道办事处审计专干到高新区审计局进行为期2周实地轮训，通过参与审核送审资料、分配审计任务、协调争议等工作，更加直观地了解高新区审计局的相关工作流程。2012 年各街道办事处共计完成了基建审计项目 208 个。

加强基层审计培训。针对多年以来学校工程审计中发现的问题，组织成都高新区社会事业局分管教育的领导、各学校校长、分管工程的领导及工作人员进行了学校建设项目过程管理和审计工作相关事宜的培训。在高新区社区书记、主任培训会上就《进一步加强社区财务管理和审计监督》进行专题培训，在高新区学校、社区卫生服务中心等事业单位廉政工作培训会上就《学校、社区卫生服务中心审计常见问题实例》进行讲解。

【审计结果运用】 成都高新区审计局有针对性的提出审计建议 79 条，印发审计专报、审计动态共 9 期，为党工委管委会决策提供审计依据。针对街道竣工结（决）算审计情况，高新区党工委委员、纪工委书记专题主持召开街道办事处政府投资建设项目竣工结（决）算审计情况通报会，对街道工程建设管理提出要求，为理顺街道工程项目管理奠定基础。

针对结算审计过程中发现个别单位存在的问题，印发《成都高新区审计局关于严格执行政府投资建设项目管理相关文件的通知》，提出《审计整改建议书——关于成都高新综合保税区管理局选择园区物管服务和维修维护工程的相关建议》。组织“建设项目费率招标”的专题讨论和研究，草拟《关于政府投资建设项目费率招标的建议》报党工委管委会主要领导；全面清理和专题研究讨论安全文明施工费的计取问题，与规划建设局联合出台《关于贯彻执行＜四川省建设工程安全文明施工费计价管理办法＞补充规定的通知》。

【审计队伍建设】 成都高新区审计局组织全局人员和固定资产投资竣工结（决）算审计中介机构相关人员学习《关于近年来审计人员严重违纪违法案件的通报》。组织高投集团、社会事业局、各街道办事处召开审计廉政专题会，报送成都市审计局《关于组织学习＜关于近年来审计人员严重违纪违法案件的通报〉的情况汇报》。

（审计局）

综合服务

安全生产

【概况】 2012年，成都高新区安全生产各责任单位贯彻落实省市关于安全生产工作的要求，履行安全生产职责，加强基层安全管理，在安全隐患整治、开展安全大检查和处置突发事故方面做了大量工作。在区内建设项目、生产单位和从业人员大量增加，而监管力量相对不足的情况下，努力遏制事故多发的势头。全年高新区各类生产安全事故2起，死亡2人，控制在市政府下达的考核指标5人以内。

【安全生产责任制落实】 印发《成都高新区管委会关于做好2012年安全生产工作的通知》，继续深入开展落实企业安全生产主体责任活动，健全安全生产监管体系和安全生产隐患排查治理体系，强化重点行业（领域）安全监管工作进行部署。将安全发展的理念作为安全生产工作的本质要求提出，强调各职能部门和各街道办事处对安全生产工作重要性的认识，明确各单位落实《成都高新区管委会关于落实安全生产责任制的有关规定》(2011年修订)，履行安全生产监管责任，抓好安全生产工作的要求。

继续开展推进分级分类监管，健全安全生产监管体系和安全生产隐患排查治理体系，在去年危险化学品、冶金等行业安全生产状况级别评定的基础上，按照目标要求，增加行业、突出重点，印发高新区《关于继续深入开展落实企业安全生产主体责任活动的通知》，在全区规模以上企业开展安全生产状况级别评定，推进安全生产分级管理基础工作。各街道办事处及有关部门，积极开展指导工作，组织深入企业102家，截至2012年12月20日，完成全区249家规模以上企业安全生产状况级别评定，其中A级企业53家、B级企业195家，C级企业1家，通过等级评定整改工作，各参评企业补充修订管理制度共1300多项，完善人员培训人次近3000人（次），企业新增安全投入资金约340万元。

【安全生产宣传教育】 成都高新区组织开展“全国安全生产月”活动，活动期间，共悬挂安全生产宣传横幅标语560条，张贴安全宣传画报1000多张，发放《安全生产法》等法律法规读本以及交通安全、用电用气，职业健康等宣传资料5.4万份。组织区内企事业单位开展以“弘扬安全文化，加强班组安全管理”为主题的“安康杯”竞赛活动，成都高新区经贸发展局获得成都市2012年度“安康杯”竞赛活动优秀组织奖，受到市总工会、市安监局的表彰。营造“警钟长鸣，预防优先”的事故教育氛围。组织发动各重点行业监管部门、重点企业在行业和单位内开展观看警示教育片、事故案例分析等活动，举一反三，进一步增强广大干部职工群众的安全意识，提高遵章守纪的自觉性。在各社区结合宣传教育培训计划，张贴安全生产事故案例、安全生产小常识等教育资料，做好安全生产事故教育的工作。利用学校安全教育课，结合师生交通出行，开展交通事故案例讲解，提高师生交通安全意识。“安全生产月”活动期间共张贴事故警示案例资料160余处、事故案例分析讲解9场。

成都高新区组织开展生产经营单位主要负责人、安全生产管理人员培训3次，培训280人。组织烟花爆竹从业人员、消防安全知识、交通安全知识等教育培训活动6次，共教育培训500余人。

【源头管理和基础工作】 6月，按照成都市安监局有关建设项目安全设施管理工作意见，成都高新区规划建设局及时更新安全设施“三同时”审查备案工作流程，加强建设项目安全设施设立、设计、验收备案，全年共审查建设项目安全设施备案28件，其中通过验收项目9个。全面落实在各街道办事处、社区均配备专兼职的安全监督员，使安全生产工作深入企业、居民院落。印发《关于全面实施创建全国安全社区工作的意见》，安排部署安全社区创建工作，制定创建计划，重点指导肖家河街道、芳草街街道开展全国安全社区创建启动工作。落实企业安全生产标准化达标工作。7月，高新区安委办召开标准化达标工作动员部署会议，落实各单位企业标准化创建指导工作任务；7－9月3次组织近160家重点企业召开安全生产标准化工作推进会，讲解创建标准及要求。全年共有京东方、三联卷烟厂、岷山拉萨大酒店、弥荣（成都）实业有限公司等55家单位提交安全生产标准化创建达标申请，其中11家经省市评审组审查达标。

【应急救援与事故调查处理】 6月“应急演练周”期间，各部门、街道办事处、部分企业结合工作实际，组织开展应对各种突发事故的应急演练，各街道共开展院落消防演练5次，参加人数400余人；危险化学品生产经营单位（含加油加气站）开展化学品（成品油、燃气）泄漏、应急疏散等应急演练2次，参加人数80余人；6月21日，组织防汛抢险演练1次，参加人数260多人。7月，组织指导富士康园区开展综合应急演练，结合富士康实际，通过近1个月的时间分厂区开展多次应急演练，基本做到全员参与。妥善处理生产安全事故，对所有事故，各相关部门负责人均及时赶赴现场，组织救援，处置善后，并依法开展事故调查，对责任单位和责任人进行严肃处理。全年牵头处理工商贸企业死亡事故2起，均在规定时间结案；建立群众关于安全隐患、工伤事故的举报沟通机制，确保及时处理，妥善处理安全隐患、工伤事故等举报83起。

【职业健康安全监管】 成都高新区为落实《成都市安监局 成都市交委关于开展全市汽车维修企业职业病危害专项整治工作的通知》精神，2012年3月14日，高新区安委办联合规划建设局组织召开职业健康法制宣传暨汽车维修企业职业病危害整治工作会，对专项整治工作进行安排部署，高新区50余家汽车维修企业参加了会议。7-9月高新区安委办牵头对汽车维修企业职业病危害专项整治工作开展情况进行全面检查，共检查汽车维修企业40余家，对照《成都市汽车维修企业职业危害整治达标验收标准》针对存在的问题均要求企业在规定时限内完成整改，10月底，40余家汽车维修企业达到了要求。

按照《建设项目职业卫生“三同时”监督管理暂行办法》及市安监局关于职业卫生监管工作的要求，组织开展职业卫生“三同时”审查备案工作，全年共计审核22个项目预评价报告，审查2个项目职业病防护设施设计，组织竣工验收项目17个；按照《职业病危害项目申报办法》的规定，抓好作业场所职业危害申报工作,2012年接收办理41企业家职业危害申报。

【建筑施工安全监管】 成都高新区在多项施工现场安全监管措施和制度不断推进落实中，在季度大安全检查及分析会、不定期专项安全大检查、节假日巡查等大力度监督管理下，建设、施工、监理三方安全生产主体责任意识和管理水平明显提升，安全责任人在岗率、安全技术方案规范性、隐患排查整改率、重大危险点源监管等方面取得一定效果。全区在建项目监督率、重大危险点源（基坑、起重机械、高支模等）监督率、隐患整改复查率均达到100%。

【危险化学品及烟花爆竹安全监管】 成都高新区加大专项监督检查力度，确保全年未发生危险化学品、烟花爆竹事故。春节期间，安监、公安、环保、城管、工商等部门联合开展打击非法烟花爆竹非法经营专项行动8次，挡获非法运输车辆2台，取缔无证经营户6家，查处销售非法烟花爆竹经营户 12 家，收缴各类非法烟花爆竹 300 余件；开展了危险化学品安全检查专项行动，重点对梅塞尔、中石油双流油库等构成重大危险源的单位进行检查，排查整改隐患 14 条。

【道路交通安全监管】 深化道路交通安全治理长效机制，依托道路交通安全工作联席会议制度，研究部署道路交通安全工作。2012 年，成都高新区组织召开 3 次高新区道路交通安全联席会议，分别就 2012 年道路交通安全隐患整治工作进行部署安排、跟踪促进、整改落实工作专题研究。完成《关于开展道路交通安全隐患排查整治工作的通知》中，百草路至天润路、IT 大道至天润路两处下穿隧道反光警示标志增设；合作路富士康路段部分交通标志标线修补完善；大安桥重车限行标识设置等 4 处隐患整治目标。按照高新区道路及附属设施安全管理职责，维修道路沉陷、破损路面约 5000 平方米，维修完善路沿、无障碍约 500 平方米，加固、维修桥梁 6 座，对中和辖区 40 余条道路上 1770 盏路灯设施实施完善改造。

【消防安全监管】 成都高新区按照市政府办公厅《关于对全市重大火灾隐患进行挂牌督促整改的通知》要求，按期完成双流县米奇动漫室、成都思必好蓝梦网吧等 2 处重大火灾隐患整治。召开 2 次消防安全联席会议，安排部署消防隐患排查，研究落实消防隐患整治、“四个能力”建设、消防队站建设工作，确保了各项消防安全目标工作完成。

【学校安全监管】 成都高新区对全区 79 所学校幼儿园施行全覆盖的隐患排查，以校舍安全、设施安全、校车安全、食品安全为重点，开展隐患排查，在各学校建立自查自改制度的基础上，落实监督巡查机制，教育部门牵头、联合消防、公安交管、城管、卫生、食安等部门开展各专项检查十余次，治理隐患 6 处。

市场监管

【概况】 成都高新区的商品流通市场建设审批，商贸、服务企业管理服务，酒类专卖管理及行政执法，副食品调控基金建设项目管理；价格和收费管理及行政执法，价格评估等工作，由经贸发展局统筹规划。

【行政事业性收费】 成都高新区根据国家计委、财政部等六部委及区目督办《关于印发 < 收费许可证管理办法 > 的通知》和《四川省物价局关于 < 收费许可证 > 发放有关问题的通知》要求，按照成都市物价局、成都市财政局的统一部署，2012 年 3 月 -4 月，成都高新区在全区范围内开展了 2011 年度行政事业性收费及《收费许可证》年度审验、清理行政事收费工作。一是对 2011 年度全区 24 个收费单位 31 个项目的行政事业性收费及《收费许可证》进行了年审、清理。年审、清理面 100%，审验金额 13 亿元。二是对照年审、清理内容的要求，成都高新区对收费单位执行收费项目、标准、范围、审批手续、变更登记、取消项目，降低标准及收费票据的使用、“收支两条线”管理、收费收入“专款专用”等进行了严格的审查、清理，通过审查《收费许可证年审登记表》,《收费年审项目金额统计表》《2011 年度财务决算报表》《财政监管票据领购证》及票据存根等手段，对照《区财政资金专户统计表》中各单位的“收支两条线”入库金额，对高新区各收费单位的具体收费行为进行了认真的审验和清理，绝大多数收费单位较好地执行物价政策，收费项目、收费标准、收费范围同《收费许可证》一致。收费项目及标准发生变化时，主动变更《收费许可证》，明令取消的收费停止执行，降低标准的按规定执行，规范使用财政监管的收费票据，收费收入严格执行“收支两条线”。

【服务性收费】 办理非占道停车场收费18家，占道停车场收费2家，幼儿园备案30家，民办学校收费审批2家，定点药点检查备案16家。

【价格监督检查】 接受12358价格投诉84次，价格咨询27次，价格监督分局督办件6件，管委会督办件4件，做到了100%的回复率。在市局检查分局的安排下，对我区的农贸市场进行了各项物价收费检查，于2012年2月对辖区内的23所公办学校，30个校区，其中公办小学9所，校区12个；公办初中1所；公办九年制学校7所；公办高完中4所，校区8个；公办职中1所；公办幼儿园一所，以及7所民办学校进行了收费检查。

【涉案物品和价格认证】 成都高新区经贸发展局认真开展了涉案物品和价格认证工作。全年接受涉案物品认证180件，涉案金额300余万。

（成都高新区经贸发展局）

食品安全监管

【概况】 2012年，高新区召开食品安全工作会议，制定《成都高新区食品安全委员会关于做好2012年食品安全监督管理工作的实施意见》和《2012年成都高新区食品安全工作目标考核实施细则》，明确各部门及街办工作职责，实行食品安全目标考核制度、定期目标督查制度和重大食品安全事故一票否决制度。建立一把手负总责的食品安全领导机构，制定全年食品安全监管方案，在街道和社区配备食品安全监督员，形成横向到边、纵向到底的食品安全监管体系，确保食品安全监督管理工作责任到位、人员到位、经费到位、监管到位。结合全市“食品安全宣传周活动”，召开6次食品安全联席会议。

【食品安全专项整治】 根据《成都市食品安全委员会关于开展学校及学校周边食品安全专项整治的通知》精神，高新区食安办印发《成都高新区食品安全委员会办公室关于开展学校及学校周边食品安全专项整治的通知》，并结合实际制定《成都高新区学校及学校周边食品安全专项整治工作方案》，转发《成都市学校及学校周边食品安全工作制度（试行）》的通知，将专项整治工作纳入年度目标任务，由区食安办牵头督促检查完成进度。加强重大企业、机关、建筑工地、学校食堂食品安全监管，保障员工、建筑工人、学生用餐安全，区食安办2012年初在《2012年成都高新区食品安全工作目标考核实施细则》中提出各部门要在各自领域推广ISO22000国际食品安全认证机制，该项工作开展顺利。富士康成都公司食堂、成都兴华业餐饮管理有限公司在完善食品安全工作软硬件的基础上，按照世界食品安全体系认证标准进行严格要求，首先在高新区通过ISO22000食品安全体系认证，成为国际认证示范点。社会事业局制定《高新区重大企业、机关、学校食堂食品安全监管方案》。落实集体食堂食品安全主体责任，2012年高新区未发生一起集体食堂食物中毒事件。

【规范食品生产经营专项行动】 成都高新区食安办根据上级部门要求，制定、出台《成都高新区食品安全委员会关于印发〈关于规范取缔无证无照食品生产经营行为的工作方案〉的通知》和《高新区食品安全委员会办公室关于印发高新区2012年食品安全专项整治工作实施方案的通知》等相关文件，要求各部门、各街道办事处规范并逐步取缔辖区内无证无照食品生产经营行为。按照市食安办要求，区食安办印发《成都高新区食安办关于开展治理食品中违法添加罗丹明B等工业染料的紧急通知》，继续深入开展食品添加剂专项整治工作，并取得良好效果。根据日常工作编制11期《成都高新区食品安全动态》，报送市食安办和相关部门。召开了6次食品安全联席会议。

【食品安全宣传培训】 成都高新区食安办年初组织召开2012年高新区食品安全工作会议，印发《成都高新区食品安全委员会关于做好2012年食品安全监督管理工作的实施意见》，并联合区目督办出台《2012年成都高新区食品安全工作目标考核实施细则》，明确各部门、各街道办事处工作职责，制定2012年的工作任务。将各相关部门和街办每月定期向区食安办报送信息列入目标考核中。食品安全宣传周期间，印发宣传资料组织各部门在社区开展食品安全“共建诚信家园，共铸食品安全”宣传活动，6月12日，区食安办在紫竹广场举办食品安全宣传活动，现场展示宣传展板12张，发放宣传资料2000余份，通过展示食品安全相关内容的展板及工作人员现场解答等方式向参与的群众普及食品安全知识。完善基层食品安全工作机制，各街道办事处按照市食安办要求，结合自身情况出台《基层食品安全问题发现及处置工作制度》，进一步强化基层食品安全工作。

【肉菜溯源体系建设】 成都高新区全面推进蔬菜溯源体系建设工作。由区工商局牵头在城区11家农贸市场全面开展蔬菜溯源体系建设工作，并将追溯工作纳入相关部门食品安全目标进行考核。实施追溯管理日报制度，加强菜市场、商场超市的追溯管理及餐饮单位持卡购肉、菜管理。继续保持猪肉追溯管理常抓不懈，按照芯片绑定率100%、市场巡查率100%和打印率100%的要求标准，对13个菜市场和场内猪肉销售摊点的当月完成情况进行通报，高新区的市场巡查率、持卡购肉率和溯源凭证打印率基本保持全市前例。高新区11家农贸市场和44家大型餐饮企业已完成蔬菜溯源体系建设并投入使用。

【市场准入规范】 成都高新区进一步统一农贸市场准入挂牌公示制度、市场经营者销售登记台账、菜市场每周2次快速检测制度及结果公示制度，在菜市场公示三类食用农产品流通环节准入流程。在923家餐饮经营单位建立和完善了食品原料进货索证索票台帐登记制度，经营单位生猪溯源有效刷卡率达到了80%以上。三类食用农产品准入及餐厨垃圾和食品原料公示率达到了90%以上，有效防止病死或者死因不明的畜禽及其制品、劣质食用油等不合格食品原料和有毒有害物质进入餐饮单位。

【食品生产经营检查】 成都高新区生产加工企业建立了企业质量检测机构和质量监控制度，保证引进的原辅材料和出厂产品批批自检合格。引进的原辅材料必须具备质量安全合格证明或经自检合格。建立健全流通企业快速检测制度。在2家大型超市和8家菜市场建立快速检测室，对引进的食品进行安全指标抽检。重点对农产品农药残留、瘦肉精、甲醛、吊白粉、食用菌荧光粉、SO2含量等进行检测。菜市场每周对食品安全检测不少于2次，每次不少于5个批次。全年共检测2000余批次，自行检测结果由市场方及时公布，不合格的产品予以清退或销毁。

工商行政管理

【概况】 2012年，高新工商局设有工作机构9个，即：综合管理处、监督管理处、注册登记处、公平交易执法分局、西区分局、肖家河工商所、石羊工商所、新城工商所、后勤服务中心，在职干部职工 68 人，退休 4 人，聘请工作人员 29 人。

高新工商局获全市工商系统服务质量目标任务先进单位称号；菜市场管理工作在年内市文明办、市城乡环境治理办二次中心城区菜市场测评中均获全市一名；获市工商局授予的第四届中国商标节筹办工作先进集体称号；获全市工商系统从政道德教育征文活动评选三等奖；高新区政务服务中心工商注册登记窗口工作人员多人多次获高新区年度季度“优秀窗口工作人员”“为民服务满意窗口”“窗口工作服务”“服务明星”及“党员示范岗”；获高新区工委授予的成都高新区创先争优先进基层党组织称号。

（舒晓姝）

【工商登记】 成都高新区注册登记各类型企业 4075 户，注册资本（金）277.64 亿元，其中，内资有限公司及分公司 3824 户，注册资本 143.99 亿元；外商投资企业 115 户，注册资本（金）22.47 亿元；其他类型企业 136 户，注册资本（金）111.18 亿元。新登记个体工商户共 3468 户，办理各类型企业变更登记 6067 户，换照 472 户，注销登记 444 户。

【企业年检】 成都高新区共有 16285 户内资企业通过了年检，其中网上年检 15994 户，网上年检率 98.22%。积极推行全程网上年检，实现企业年检网上申报、网上审核、网上缴费的全程网络化，提高了企业年检效率。全年共通过全程网上办理年检内资企业 130 户，居全市第一；共 374 户外商投资企业办理了年检（全部通过网上年检）。

（李 睿）

【市场监管】 成都高新区修订完善 2012 年度菜市场考评方案，制发《高新区菜市场城乡环境综合治理工作方案》，建立高新区农贸市场城乡环境综合治理协调行动工作机制。4 月 6 日，召开菜市场城乡环境综合治理动员大会，对 2011 年优秀菜市场实施了表彰，共奖励和平等 9 个农贸市场 144 万元，高新区菜市场的常态化监管机制基本形成。在 2012 年度全市四次城乡环境综合测评中，高新区菜市场获三次第一名、一次第二名。做好高新区猪肉质量追溯体系的运行管理，召开农贸市场猪肉溯源管理专题会议，实行每周数据通报，高新区市场巡检率和工商抽查率均保持较高水平，市场巡检率平均在 90% 以上，工商抽查率保持在 67% 以上。全年，高新区共对 16 个市场的 464 户经营户发放蔬菜溯源卡和溯源电子秤，现已基本实现经营户刷卡购菜，交易打单。

高新工商局对乳制品、食用植物油、含明胶食品、农资、小家电、儿童用品、美容美发、日用百货、建筑材料和烟花爆竹等 10 类 21 种共 72 个批次的商品开展商品质量监测，质量合格率 98%。开展不合格食品经营企业、乳制品及含乳食品、家电及汽车摩托车下乡商品、婴幼儿用品、纸巾纸、汽车轮胎、汽车空调制冷剂等商品专项清查行动 19 次；开展节日市场和校园周边食品安全专项执法检查 7 次。发放餐饮服务单位实行食品原材料来源及餐厨垃圾处理信息公示制度的通告 1500 余份，先后两次组织辖区 16 个菜市场的熟食品经营人员，300 余人（次），邀请成都市疾控中心的专业人员开展培训。

（周 丹 庄荣华）

【广告监管】 成都市高新工商局加强对医疗广告、教育机构广告、药品广告、保健食品广告的日监测和检查，抓住重点媒介和网络广告，采取走访广告企业、宣传各类法规、检查广告审批制度的执行等手段，从严监管。明确广告联席会议制度的职能和各成员单位的职责，建立全方位的、动态的高新区户外广告监管机制。

（郝 凌）

【无照经营清理整治】 2012年结合全国城市文明指数测评工作，高新区规无办于6–8月，组织多部门联合开展规范无证无照经营行为专项治理集中行动，重点对文明城市测评的主要街道、农贸市场、重点社区、校园周边等进行集中整治。专项整治和日常巡查发现无证无照经营2831户，查处取缔16户，规范1063户，发放《灵活就业辅导证》1433份。针对无证无照经营户，下达《责令整改通知书》88份，引导和督促具备条件但未申请办理证照的经营户依法登记，合法经营，新办理个体营业执照3328户，新办理企业营业执照3179户。开展黑网吧专项整治查处取缔行动。高新工商局牵头，在高新公安分局、社会事业局等相关部门的配合下，7–8月对区内无证无照经营黑网吧开展专项整治查处取缔行动。联合执法组分别对桂溪街办和平社区、石羊街办南苑建设者生活基地、合作街办晨风村9组共6户无证无照经营黑网吧进行查处取缔，共暂扣电脑主机160台。继续开展东苑小区"住改商"综合整治工作。高新工商局牵头组织规划建设局、城管执法局、公安分局及桂溪街道办事处组成联合执法工作组，分组对东苑小区"住改商"进行逐户检查。对未恢复住宅使用性质的3户"住改商"经营户进行立案调查，已向其中2户经营者正式送达行政处罚决定书。对"住改商"的公司经营户，致函相关登记主管部门暂停办理其年检、变更等工商登记业务，敦促此类公司尽快从东苑小区迁出。全年共有64户"住改商"按照要求恢复房屋住宅使用性质。积极开展个体小额经营备案试点。7月，高新区规无办印发《高新区个体小额经营备案管理试点工作推进方案》，在新南、永安、新民等三个社区开展个体小额经营备案管理试点，高新工商局专门成立试点工作业务指导小组，解决在试点实施过程中遇到的具体问题。组织试点街道主管科室和试点社区相关人员进行业务培训，为试点社区配发证照打印机和专用软件，印制下发各类备案文书。高新区共登记备案个体小额经营户186户，发放《小额经营辅导证》59份。三个社区原统计无证经营户为238户，现已登记备案186户，备案率达到78%。

（周　丹）

【工商行政执法】 成都市高新工商局执法办案人员转变执法理念，分类监管，宽严适度，既柔性执法，又依法查办违法案件。对行政相对人涉嫌违反一般性工商行政管理法律法规的行为，立足于教育、规范、指导，优先采取责令改正、警告、不予行政处罚等警诫性行政措施。同时，依法查办各类已经造成社会不良影响的违法行为。全年，共立案调查处理违法违章经济案件20件，罚款13.5万元。

（陈　新）

【工商服务规范化建设】 成都市高新工商局协助西南水泥有限公司办理印章刊刻事宜；解决801项目公司"天亿显示科技（成都）有限公司"等重大项目名称核准工作；全程跟踪、重点服务，牵头促成"中国石油天然气股份有限公司西南管道分公司"、"成都远雄新区置业有限公司（外商投资企业合资）"、"乐天百货（成都）有限公司"、世界四大会计师事务所之一的普华永道投资设立的"普华永道商务服务（成都）有限公司"以及"中新工业园"——"中新（成都）创新科技园开发有限公司"（投资总额18.6亿元人民币、注册资本6.3亿元人民币）等一批重大产业项目落户高新区，办理高新区首家台湾居民个体工商户的开业登记。

注册登记创新推行预收件（非正式受理）制度、《受理审查告知单》制度、拓展"审核合一"的适用范围等三项举措。企业年检积极推行全程网上年检，实现企业年检网上申报、网上审核、网上缴费的全程网络化，提高企业年检效率。2012年高新工商局企业全程网上年检数量居全市第一。制定出台了《关于服务天府新区高新片区建设工作的意见（试行）》十五条措施。先后收到了成都时代坐标文化传播有限公司、成都乐创自动化技术股份有限公司、成都鑫红光商贸有限公司等区内企业赠送的锦旗共4面、感谢信共6封。9月6日，《成都日报》第9版对高新工商局不断提升政务服务水平的各项举措和取得的成效进行专题报道。

【消费维权】 成都市高新工商局认真对待“12315”投诉举报的基础性工作，切实做到及时、快速、准确处理消费者申诉、举报，达到了事事有回音，件件有着落的基本要求，全年受理消费者投诉1508件，办结率100%。接待咨询782人（次），为消费者挽回经济损失590.01万元。3月高新工商局《印发成都高新区管委会办公室关于印发建立保护消费者权益社区联动工作机制的方案的通知》。3月15日举办“2012年成都高新区3·15主题活动暨高新区保护消费者权益社区联动机制启动仪式”，对辖区6个街道办事处“保护消费者权益工作站”进行了授牌。5月9日举行成都高新区召开保护消费者权益社区联动工作部署暨业务工作培训会，全面落实52个“保护消费者权益服务点”部署。全区6个街道办事处都已挂牌成立“保护消费者权益工作站”，49个社区和1个重大项目工业园区设立“保护消费者权益服务点”52个，高新区保护消费者权益工作已经实现全域覆盖，部门职能化与社区社会化得以有机结合。

（李　睿　庄荣华）

【商标保护】 及时了解企业发展状况，引导企业实施商标品牌发展战略，不断优化、完善商标数据库。与企业建立经常性联系制度，对申报驰名、著名商标的企业加强指导和辅导，实行专人负责，明确责任，跟踪服务，引导企业积极争创品牌，做好驰、著名商标品牌的孵化工作。2012年，企业商标品牌拓展市场效果明显。“硅宝”、“GOLDTEL”两个商标被国家工商总局评为全国驰名商标，“成都三零凯天通信实业有限公司”、“四川中光防雷科技股份有限公司”、“成都福兰特电子技术有限公司”等十五家企业的商标被新认定为四川省著名商标和成都市著名商标。2012年，高新区共有中国驰名商标15件，四川省著名商标44件，成都市著名商标36件。

开展打击侵犯知识产权和制售假冒伪劣商品专项工作。成都市高新工商局全年立案查处侵犯注册商标专用权案2件，没收假冒1573白酒61瓶、侵权的桶装饮用水9桶、含侵权商标的收缩膜677张及配套合格证419个、电吹风1个、过滤网盆1个，并处罚款0.3万元人民币。4月20日、23日，根据株式会社中西（日本）以及马尼株式会社授权的上海骏麒商标代理有限公司的举报，高新工商局执法人员迅速对新国际会展中心2号馆的14户参展企业进行了突击检查。经初步调查核实，执法人员对侵犯株式会社中西（日本）在我国注册的“NSK”以及马尼株式会社在我国注册的“MANI”、“DIA BURS”商标专用权的牙科手机、手机轴承等医疗器材进行了拆展封存，共封存牙科手机22个、手机轴承90个、拨随针1500支、医疗牙科器材3500盒（10500只）。

（郝　凌　陈　新）

质量技术监督

【概况】 2012年，成都市高新质量技术监督局（以下简称成都市高新质监局）国家级标准化示范区工作成效显著，全面推进了标准化工作模式创新、标准化服务支撑创新、区域优势标准创新。4月，获批筹建“全国微电子技术产业知名品牌创建示范区”，是全国首个微电子知名品牌示范区，也成为全国54个国家级高新区中唯一的“标准品牌双示范区”。同时，加强对区内食品、特种设备、日常重要消费品“三个安全”的定期巡查、检查，实现全面覆盖，保证辖区食品安全、特种设备正常运行、所有超市、集贸市场等计量器具准确。2012年，成都市高新质监局在行政执法工作、计量认证工作、特种设备监管、食品生产加工领域质量安全监管再创佳绩，被成都市质量技术监督局评为优胜单位。

【质量管理和监督】成都高新区列入重点企业产品等级率96%以上，实现工业产值36亿元，新产品产值5亿元，工业产品销售产值34亿元，工业产品销售率90%，产品质量损失率0.01%以下，产品质量的整体水平比去年提高。继续在成都市区县中处于领先位置。

建立与企业联系制度，对重点企业一对一进行走访帮扶。开展“质量监管 质量提升”活动，完成30家企业生产许可证年审工作。开展“首席质量官”试点活动，2家企业参加国家总局首期“首席质量官”的培训，并荣获全国第一批“首席质量官”证书。

加快社会信用体系建设，推广先进质量管理方法。2012年，6家企业被评为四川省质量信用等级企业，2家企业被评为四川省质量管理先进单位，1家企业连续两年被评为全国实施卓越绩效先进模式单位。

积极开展质量月宣传活动。从食品安全、特种设备安全、标准计量和认证认可等方面广泛深入地开展了质量月活动，以发明专利、自主知识产权标准和自主品牌建设为重点，推动企业内生式倍增战略。

重点完善建设产业技术创新联盟5个，实现技术转移和成果转化10项。申请专利9166件，同比增长64%，其中发明专利申请3240件，同比增长69%，企业专利申请8057件，同比增长102%。

以质量安全为核心，加大产品质量监督抽查力度，进一步加强监督抽查后处理力度。对压缩天然气、危险化学品包装物、学生校服、农资产品、妇女儿童用品等重点产品开展了专项监督检查，确保产品的质量安全。

加大对“三大示范工程”建设标准体系研究与人才培养的投入，建立“三大示范工程”共同发展长效机制，实施“专利、标准、品牌人才培养和引进工程”，建立由62名在国际国内拔尖的品牌、标准、专利人才组成的专家库，共为100余家企业培训质量专业人才400余名。在全省率先实施标准化工程师制度，15人取得了标准化工程师资格，11人取得质量工程师资格。四川中光防雷科技股份有限公司董事长王德言被评为“中国标准化榜样人物”。

【品牌建设】一是大力推进实施名牌带动战略。进一步完善以企业为主体，以市场为主导，以质量效益为核心，以培育为重点，以政府积极推动、引导、监督为保证的总体推进工作机制，继续做好名牌产品的培育和创建工作。2012年，成都高新区新增四川名牌产品11个，共有四川省名牌产品数量46个。同时有5家企业列入第十一届四川省名牌培育名单。

二是全力做好全国知名品牌示范区创建工作。结合高新区实际，确立了“质量兴区，品牌强区”的工作理念，加强与有关部门协同，各司其职、密切配合、齐抓共管，区域产品质量、工程质量、质量和环境质量水平持续提高。

三是围绕产业抓示范，抓好示范促发展。通过去年对高新区创建国家知名品牌示范区的调研，完成国家知名品牌示范区的可行性论证报告。于4月获批筹建“全国微电子技术产业知名品牌创建示范区”，是全国首个微电子知名品牌示范区，也成为全国54个国家级高新区中唯一的“标准品牌双示范区”。

【食品质量安全监管】成都市高新质监局进一步建立和完善食品安全监管机制，以开展“控乳原、查添加、抓培训”等专项行动为主线，以涉及人身健康财产安全的产品、社会群众关注的热点问题产品以及区域性行业性产品质量问题为重点，有效开展产品质量监督抽查和执法打假工作。

一是落实以《高新质监局食品生产企业网格化监管一览表》为主要内容的食品质量监管责任制，实行食品生产企业网格化监管和分类监管。对三聚氰胺运用物联网技术进行网络无缝隙监管，通过物联网技术，“三聚氰胺检测数据监测终端”将随时上传企业对牛奶的三聚氰胺检测数据、时间等信息。

二是严格准入，提高门槛，推进诚信，创新监管。严格市场准入，受理7家企业17个单元的生产许可，未发生违法违纪等问题。注销9家企业11个生产许可证。扎实推进食品生产加工企业诚信体系建设，进一步完善食品生产监管信息业务系统中的企业诚信数据，积极配合成都市食品行业信用档案管理系统的试用。开展食品生产加工企业“开放日”活动，促使企业不断改进生产条件和强化内部管理，督促食品生产经营者主动接受社会各界监督，进一步提升食品质量安全水平。

三是继续加大对辖区食品生产企业的“四个方面”(宣传、培训、巡查、抽检)的监管力度。实行企业“质量安全承诺上墙，责任到人”，辖区所有企业签订质量安全责任书，做出安全责任承诺。邀请食品行业专家进行理论授课，全年开展食品生产企相关人员及协管员培训15场次，培训相关人员183人（次）。全年共出动车辆228台（次）、执法人员456人（次），检查食品企业数232家（次），检查小作坊数24家（次），责令整改企业115家（次）。全年共对全区48家食品生产企业的261个批次的产品进行监督抽查，抽查覆盖面为100%，合格率为99.6%，抽检的食品包括乳制品、酱油、啤酒、大米、膨化食品、食用植物油等，抽查化妆品10个批次，洗涤剂4批次，塑料包装及纸杯4批次。执法类抽样4个批次。合格216个批次，不合格1个批次，同时按照后处理程序要求下达限期整改通知书（经整改复查合格）。

【认证管理与服务】 成都高新区以“认证助推产业发展 认证保障消费安全”示范试点工作为载体，创建省市“认证促质量提升、认证助产业倍增”试点工作。一是举办大型活动，强调企业认证主体责任。开展《探索认证新领域，服务创新与发展》共享优质认证机构的增值服务资源的企业服务主题月活动。与中国质量认证中心成都分中心、中国检验认证集团四川有限公司等部门联合开展“传递信任、服务民生”——100家企业质量主体责任承诺宣誓活动。召开“认证主体责任和社会责任”座谈会，CQC、方圆认证等十五家认证机构代表参会。

“以示范带动，以典型引路”，选择示范企业深入调查指导，推进高新区企业广泛开展碳排放核查工作。协助低碳工业园区的高标准规划和高标准的建设。

为创建食品安全生产安全消费区，先行先试创新制定《成都高新区关于鼓励餐饮企业及机关、企业、中小学重点食堂建立HACCP/ISO22000标准认证工作体系的实施意见》。

多部门联动开展新产业新领域认证活动。大力推进高新区38家企业通过软件成熟度能力认证，25家生物制药企业通过GMP认证，通过CB、CE认证、RoHS认证、PSE认证企业数也在逐渐提高。今年新增CNAS认可企业实验室3个。

认证监督网格化管理。以街道、园区、企业集中区为基本单元，建立一级网格（街道）6个，二级网格（园区、社区）78个。在网络建设上，探索网格网络向企业延伸，开展各类企业现场检查120多次。按100%和10%的抽查比例开展强制性认证产品和有机食品的一致性检查和质量管理体系认证、环境管理体系认证、职业健康安全管理体系认证和食品安全管理体系有效性运行监督，并进行信息采集和动态监控。共巡查“3C”产品生产企业54家，向12家有注销、暂停证书信息的企业发放通知书。建立质量档案面达100%。加强产业功能区认证指导，规范重点企业强制性产品认证工作。检查HACCP/ISO22000认证的食品生产企业10家共计13张证书。有机产品生产企业4家，有机产品认证机构2个，向机构提出整改意见2条。检查有机食品销售现场6个及销售企业3家。开展了体系有效运行的监督检查和证后机构监督管理的执法检查。共参与和检查10次现场评审活动。对37家获证企业的QMS\EMS \OHS的运行的五大类14个方面开展有效性监督检查。

【计量工作】 成都高新区重点布置2012年关于加强高新区医用计量器具专项监督检查工作，并将检查情况纳入高新区卫生监督量化分级年度管理中。

强化企业计量主体责任。5月举办高新区医疗机构诚信计量推进工作会，近两百家医疗机构工作人员参会学习。

大力开展专项督查整治工作。开展静态汽车衡的日常巡查及动态汽车衡的计量专项整治。率先对本区域内“裱花蛋糕”产品开展计量专项监督检查。开展并重点整治沿街食品店、餐饮消费场所、宾馆、超市的计量检定、标签标注、公示情况的多项符合性督查。开展加油站、加气站、眼镜制配场所、140多家室内停车场的计量器具普查和监督检查。

加强政策扶持力度。为6家社区卫生服务中心争取到市级财政转移支付的部份器具免费检定支持5万多元，从2012年起，社区卫生中心的B超、X光机等多种常用计量器具实行免费检定。18家社区和民营医院医疗计量器具强检率已达98%。

开展民生计量调研并向市局上报三篇报告，其中《发挥创新优势 构建诚信计量大环境》获得全市调研文章一等奖，《率先示范集贸市场超市化管理》被《中国计量》2012年第二期杂志全文采用。

在成都普天电缆有限公司等6家公司开展能源平衡审计、编制节能规划和能源利用状况报告的试点工作。

大力探索集贸市场诚信计量管理模式。辖区大小集贸市场（含涉农市场和市场便民店）20家共计1411台计价秤全部由政府统配统检，在高新区和平菜市场成为全市率先探索“政府监督、主办者管理、经营者自律”的标准化菜市场计量管理模式的示范单位。高新区双源农贸市场立足实际开辟农民自产自销区，以免收清洁费，免收摊位管理费，免费提供经检定合格的结算秤的“三免”服务，益民菜市南苑店创新管理流程在全市率先示范集贸市场超市化。今年新增3家先进计量市场。

【法制工作】 继续完善规范性文件备案、执法依据的上网公布等工作，对现有行政执法案卷进行了年度评查，共抽查案卷3件，开门审理1件，说理式文书制作3件。对近3年来已出台的规范性文件进行合法性审查，对现保留的3件规范性文件件按规定进行备案，做到报备率达100%、制定和出台的规范性文件合法率达100%。调解质量纠纷5件，处理投诉举报案30起，回复率100%。组织行政执法责任制体系建设及学习培训14次，组织全员参与的业务考试3次。大力宣传质监法律法规，创建全国法治城市，全面实施法治文化进机关、进学校、进企业、进社区的“四进活动”，组织街道、社区的48名产品质量社会义务协管员参与法规业务学习和企业现场检查。完成调研文章《说理式执法文书是人性化行政执法的起点》。

【特种设备安全监察】 坚持“安全第一，预防为主”的方针，按“事先监察、预防为主、依法监察、强制执行”的原则，以提高持证上岗率、三个检验率、采用常规监察、日常巡查和专项整治相结合的工作方针，履职尽责，开拓创新。高新区全年未发生一起特种设备安全事故。一是落实特种设备安全监察工作责任。年初召开高新区特种设备隐患排查治理专题工作会，与区内特种设备使用单位签订安全承诺书，将特种设备安全生产落实到具体责任人。

二是加强特种设备的安全监察力度。坚持巡查和专项检查相结合，全年共检查64台锅炉、3854台电梯、236台压力容器，发现9处安全隐患，责令立即进行整改。

三是坚持巡查制度，完善监管网络。严格执行巡查制度进行巡查和普查工作，建立和完善特种设备管理数据库，加强监察网络数据维护清理工作。同时对特种设备安全责任重大的单位进行重点监察，对重大危险源CNG加气站等单位进行专项整治，组织培训特种设备操作人员25人（次），特种设备持证上岗率达100%，确保重点行业、重点领域、重点企业和重点设备达到七个100%。

四是开展气瓶充装领域“打非治违”专项行动。对区内一家液化石油气充装站，四家CNG充装站进行专项检查。

五是及时处理完成临时交办和特种设备电梯投诉工作。全年完成上级交办的各项任务15起，及时处理电梯投诉18起。

【标准化工作】 成都高新区全年共计完成22家企业36个产品的企业标准备案，5家企业15个产品的“采标”认可，指导企业参与制定国际标准2项、国家标准43项、行业标准79项，开展标准化专业技术职务任职资格初审15人。创建国家高新技术标准化示范区国家电子信息产业知名品牌示范区信息平台网站（网址 http://www.cdhtbzh.gov.cn）。在高新政务中心设立“成都高新区标准化－知识产权服务（信息）中心”。中国标准化研究院、成都高新区管委会、成都市质监局在高新孵化园共同举办“面向创新的标准化与专利管理战略”国际研讨会，组织华为、中芯国际等中外知名企业、标准化示范企业、知识产权示范企业、战略性新兴产业重点优势企业的150余名代表参会。先后5次组织企业参加国际国内高端标准会议。组织硅宝科技等三十余家企业的标准化专家经验交流暨研讨会，并组织专家修订《成都高新区促进企业发展壮大的优惠政策——实施标准化战略专项资金实施细则》。促进企业与中国标准化研究院合作开展《标准化与知识产权推动高新技术产业发展研究》项目。编撰成《二〇一一年成都高新区标准化论文集》及《成都高新区企业标准化制度及激励政策汇编》

2012年度成都高新区企业采用国际标准目录

序号	企业名称	产品名称、型号	执行标准名称、编号	采用标准名称、编号	采用程度	证书有效期及编号	标志证书号
1	成都汇通西电电子有限公司	压电陶瓷 超声波测距传感器（HT200F12H）	压电陶瓷超声波测距传感器 Q/T79781701-7.002-2012	日本村田制作所《超声波传感器应用指南》S15C.pdf04.12.3	修改采用	（2012）5101CR1434 2012/10/08-2015/10/07	（2012）5101C0950
2	成都大唐线缆有限公司	数字通信用实心聚烯烃绝缘水平对绞电缆 HSYVP-5e 4×2×0.5	数字通信用实心聚烯烃绝缘水平对绞电缆 YD/T 1019-2001	IEC61156-2-1:2000Ed.1.1	非等效采用	（2012）5101CR1435 2012/10/08-2015/10/07	（2012）5101C0951

续表

序号	企业名称	产品名称、型号	执行标准名称、编号	采用标准名称、编号	采用程度	证书有效期及编号	标志证书号
3	成都大唐线缆有限公司	数字通信用实心聚烯烃绝缘水平对绞电缆 HSYV－6 4×2×0.5	数字通信用实心聚烯烃绝缘水平对绞电缆 YD/T 1019-2001	IEC61156-2-1:2000Ed.1.1	非等效采用	（2012）5101CR1435 2012/10/08-2015/10/07	（2012）5101C0951
4	成都大唐线缆有限公司	数字通信用实心聚烯烃绝缘水平对绞电缆 HSYV－5e 4×2×0.5	数字通信用实心聚烯烃绝缘水平对绞电缆 YD/T 1019-2001	IEC61156-2-1:2000Ed.1.1	非等效采用	（2012）5101CR1435 2012/10/08-2015/10/07	（2012）5101C0951
5	成都硅宝科技股份有限公司	硅宝999硅酮结构密封胶	建筑用硅酮结构密封胶 GB 16776-2005	ASTMC1184-2000a	修改采用	（2012）5101CR1436 2012/10/08-2015/10/07	（2012）5101C0952
6	成都硅宝科技股份有限公司	硅宝992双组分硅酮结构密封胶	建筑用硅酮结构密封胶 GB 16776-2005	ASTMC1184-2000a	修改采用	（2012）5101CR1436 2012/10/08-2015/10/07	（2012）5101C0952
7	成都硅宝科技股份有限公司	硅宝886硅酮结构密封胶（中空玻璃专用）	中空玻璃用硅酮结构密封胶 GB 24266-2009	ASTMC1369：2002	非等效采用	（2012）5101CR1440 2012/10/08-2015/10/07	（2012）5101C0956
8	成都硅宝科技股份有限公司	硅宝996中性硅酮结构密封胶	中性硅酮密封胶 Q/71304249-7.004-2011	ASTMC1184-2000a	修改采用	（2012）5101CR1437 2012/10/08-2015/10/07	（2012）5101C0953
9	成都硅宝科技股份有限公司	硅宝882中空玻璃硅酮密封胶	中性硅酮密封胶 Q/71304249-7.004-2011	ASTMC1184-2000a	修改采用	（2012）5101CR1437 2012/10/08-2015/10/07	（2012）5101C0953
10	成都硅宝科技股份有限公司	硅宝1092双组分高性能硅酮结构密封胶	高性能硅酮结构密封胶 Q/71304249-7.015-2011	ASTMC1184-2000a	修改采用	（2012）5101CR1438 2012/10/08-2015/10/07	（2012）5101C0954
11	成都硅宝科技股份有限公司	硅宝1099高性能硅酮结构密封胶	高性能硅酮结构密封胶 Q/71304249-7.015-2011	ASTMC1184-2000a	修改采用	（2012）5101CR1438 2012/10/08-2015/10/07	（2012）5101C0954
12	成都硅宝科技股份有限公司	硅宝995大板玻璃专用硅酮胶	半透明硅酮密封胶 Q/71304249-7.020-2011	ASTMC1184-2000a	修改采用	（2012）5101CR1439 2012/10/08-2015/10/07	（2012）5101C0955

续表

序号	企业名称	产品名称、型号	执行标准名称、编号	采用标准名称、编号	采用程度	证书有效期及编号	标志证书号
13	成都硅宝科技股份有限公司	硅宝553酸性能硅酮密封胶	高性能硅酮结构密封胶 Q/71304249-7.020-2011	ASTMC1184-2000a	修改采用	（2012）5101CR1439 2012/10/08-2015/10/07	（2012）5101C0955
14	成都科星电力电器有限公司	低压成套开关设备 KDZ\GGD\GCS\BLOSET\XL	低压成套开关设备和控制设备 第1部分：型式试验和部分型式试验成套设备 GB7251.1-2005	IEC60439-1:1999	等同采用	（2012）5101CR1441 2012/10/08-2015/10/07	（2012）5101C0957
15	成都科星电力电器有限公司	母线槽 QJ	低压成套开关设备和控制设备 第2部分：对母线干线系统（母线槽）的特殊要求 GB7251.2-2006	IEC60439-2:2000	等同采用	（2012）5101CR1442 2012/10/08-2015/10/07	（2012）5101C0958
16	成都科星电力电器有限公司	配电箱 XM\XLJ\XZ	低压成套开关设备和控制设备 第3部分：对非专业人员可进入场地的低压成套开关设备和控制设备——配电板的特殊要求 GB7251.3-2006	IEC60439-3:2001	等同采用	（2012）5101CR1443 2012/10/08-2015/10/07	（2012）5101C0959
17	成都科星电力电器有限公司	高压/低压预装式变电站 YBD\ZBW\YB	高压/低压预装式变电站 GB17467-2010	IEC62271:202:2006	修改采用	（2012）5101CR1444 2012/10/08-2015/10/07	（2012）5101C0960

2013年年度成都高新区“采标”目录

序号	企业名称	产品名称、型号	执行标准名称、编号	采用标准名称、编号	采用程度
1	成都熊谷加世电器有限公司	IGBT逆变半自动（MIG/MAG）焊机（NB-630、500、350）	弧焊设备 第1部分：焊接电涌	GB 15579.1-2004	等同采用
2	成都熊谷加世电器有限公司	IGBT逆变多功能焊机（D7-500(N)、560、800、1250、MPS-500）	弧焊设备 第1部分：焊接电涌	GB 15579.1-2004	等同采用
3	成都熊谷加世电器有限公司	IGBT逆变数字化半自动（MIG/MAG）焊机（DSA-400、500(P)、PCW-300）	弧焊设备 第1部分：焊接电涌	GB 15579.1-2004	等同采用

续表

序号	企业名称	产品名称、型号	执行标准名称、编号	采用标准名称、编号	采用程度
4	成都熊谷加世电器有限公司	IGBT 逆变直流焊机(ZX7-400、400S-(X)、500、630）	弧焊设备 第 1 部分：焊接电涌	GB 15579.1-2004	等同采用
5	成都熊谷加世电器有限公司	IGBT 逆变直流氩弧焊机(MCT-400、WS5-315、400）	弧焊设备 第 1 部分：焊接电涌	GB 15579.1-2004	等同采用
6	四川中光防雷科技股份有限公司	电源浪涌保护器（ZGGF20-260B(1+1)）	低压电涌保护器（SPD）第 1 部分：低压配电系统的电涌保护器性能要求和试验方法 GB 18802.1-2011	IEC 61643-1:2005	修改采用
7	四川中光防雷科技股份有限公司	电源浪涌保护器（ZGGF20-260B(3+1)）	低压电涌保护器（SPD）第 1 部分：低压配电系统的电涌保护器性能要求和试验方法 GB 18802.1-2011	IEC 61643-1:2005	修改采用
8	四川中光防雷科技股份有限公司	电源浪涌保护器（ZGZD4-20-48K1）	低压电涌保护器（SPD）第 1 部分：低压配电系统的电涌保护器性能要求和试验方法 GB 18802.1-2011	IEC 61643-1:2005	修改采用
9	四川中光防雷科技股份有限公司	电源浪涌保护器（ZGGF25-275(1+1)）	低压电涌保护器（SPD）第 1 部分：低压配电系统的电涌保护器性能要求和试验方法 GB 18802.1-2011	IEC 61643-1:2005	修改采用
10	四川中光防雷科技股份有限公司	电源浪涌保护器（ZGG40-385(4+0）TY)	低压电涌保护器（SPD）第 1 部分：低压配电系统的电涌保护器性能要求和试验方法 GB 18802.1-2011	IEC 61643-1:2005	修改采用
11	四川中光防雷科技股份有限公司	电源浪涌保护器（ZGZD4-15--48a)	低压电涌保护器（SPD）第 1 部分：低压配电系统的电涌保护器性能要求和试验方法 GB 18802.1-2011	IEC 61643-1:2005	修改采用

【组织机构代码管理】 成都市高新质监局积极开展政务“大冲关”、“局长进大厅”活动，不断提高服务水平，全年办理组织机构代码证 30198 家（变更 2307 家，换证 2353 家，年检

19025，废置705家，迁入165家，迁出29家，新办5614家）。

【行政执法工作】 成都市高新质监局行政执法工作围绕贯彻落实《全面推进依法行政实施纲要》。一是划分辖区责任区域，每个责任区域设立一个责任小组，负责本责任区域质量技术监督职责范围内（食品、特种设备、3C产品）的工作，做到掌握责任区内生产企业状况，监督企业的生产活动，服务和帮助企业合法经营。二是开展重点产品专项整治工作。针对涉及人民群众身体健康的重点产品如：食品、化妆品、特种设备、汽车配件、计量器具、商品条码等开展了专项检查和专项整治工作，全年共开展各类专项执法26次，共出动执法人员180余人次，出动执法车辆60台（次）。共检查食品企业35家、化妆品企业5家、40余家企业300余台特种设备、10家农贸市场800余台计量器具、加油站11家。对辖区5家工业明胶生产企业、大型商超商品条码进行专项检查整治工作。三是以执政为民、公正执法为宗旨。全年共接到消费者来信举报4件，12365投诉举报中心交办9件，来电、来访的咨询30余起。投诉举报处理率100%。四是组织开展"3.15"消费维权系列活动，为高新区保护消费者权益社区工作站开展质量技术监督业务工作培训，举办3.15现场咨询活动，共发放各类宣传资料200余份，并向基层宣传国务院《质量发展纲要（2011-2020）》，提高全民质量意识。五是加强行政执法人员学习和培训，推动行政执法制度化建设，推行阳光执法。全年无行政复议、无行政诉讼、赔偿、无错案，行政处罚案件结案率100%，行政处罚案件办案准确率100%。执法人员全部经过培训考试，取得行政执法证件，持证执法率100%。六是深入开展"六五"普法宣传教育。组织全局执法人员进行了两次法律法规知识竞赛和考试，组织全局执法人员法制培训14次，领导干部、工作人员法制学习40学时以上，面向社会的法制宣传次数51次。

资产投资

【概况】 2012年，高投集团参与重大产业投资项目13个，投资余额40.7亿元，其中，股权投资30.7亿元，委托贷款10亿元。

【成都天马微电子有限公司4.5代LCD-TFT显示器项目】 成都天马微电子有限公司生产状况良好，4.5英寸及4.7英寸QHD SFT产品由上海转入成都厂并量产，月产能达到47K。随着4.5SFT、4.7SFT产品的持续性放量生产，SFT产品的月产量达到总产品产量60%以上。

【成都中光电科技有限公司液晶玻璃基板项目】 成都中光电科技有限公司达到生产4.5代0.5/0.4毫米玻璃基板能力并实现单线满产，前检效率和后工程加工良率均达到85%。全年生产4.5代及其他规格玻璃71万片，销售量达到80万片，12月出现零库存，全年实现产销平衡的目标。后工程生产线投资方案正在完善中。

【成都京东方光电科技有限公司4.5代LCD-TFT显示器项目】 成都京东方光电科技有限公司全年生产状况稳定，产能增加至45K，LTPS扩建设备已安装完成，产线综合良率超过98%。

【中电科航空电子有限公司航电项目】 中电科航空电子有限公司研制工作主要围绕C919项目详细设计工作、C919通信导航系统仿真器研制交付、以及通用飞机航电系统（一期）、蛟龙600、乘客通信等自筹基金项目研发展开。申请的政府基金项目（包括四川省省级战略性新兴产业项目、军民结合产业资金项目以及国有资本经营研制补贴项目）获得正式批复。航电产业园一期项目建设顺利，部分厂房和办公楼已投入使用。

【四川虹视显示技术有限公司 OELD 项目】

四川虹视显示技术有限公司完成了 2.5 英寸 PMOLED 显示屏开发、10 英寸级 AMOLED 显示屏开发，目前生产销售以 PM － OLED 屏应用产品（头戴显示器、探鱼仪、3D 眼镜、遥控器、密码键盘等）为主。

【新川创新科技园项目】 高投集团出资 9.4 亿元人民币与新加坡淡马锡控股集团下属新川投资控股私人有限公司成立中新（成都）创新科技园开发有限公司，双方各占 50% 股份，合资公司主要开发中和片区 10.5 平方公里的中新成都创新科技园。2012 年，出资全部到位，已完成 4116 户农户和 150 余家企业的拆迁工作，园区内的红星路南延线等三条下层道路建设已完成总进度的 30%，累计投入 23.5 亿元。

【天使投资】 6 月，国内首个由政府全额出资，首期规模为 8000 万元的“成都高新区创业天使投资基金”正式启动运行。作为天使基金的专业化运营机构，成都高投创业投资有限公司按照市场化、专业化原则，通过探索创新投资策略，充实完善投资管理团队，整合区内优势资源，在半年时间内，对区内近 500 家创业企业进行了实地走访和调研，并建立了“天府之星”项目信息资源库，加强对项目的动态管理。截至 2012 年底，入库企业数已达 1200 余家，其中涉及天使投资的项目数达 385 家。

根据项目所处的阶段及投资可行性，高投创业公司重点关注的项目共 96 个；经反复筛选和专业评审，其中 22 个项目获得“成都高新区创业天使投资基金”支持，投资总额 4180 万元，其中：移动互联网项目数占比 50%；生物医药项目数占比 23%；电子信息项目数占比 18%。

在天使基金的支持下，创业企业经营发展呈良好态势，9 个项目在 2012（首届）中国创新创业大赛成都赛区上表现优秀；6 个项目正在跟进 A 轮融资；11 个项目在产品研发、市场拓展和人才引进方面得到有力提升。

【创业投资项目管理】 高投创业公司完成穿越电子项目国有股权转让，瑞芯电子、恒风动漫项目实现挂牌；汉科项目签订股权退出协议；琢新生物项目正在洽谈股权退出方案；协助久远新方向公司成功引入 C 轮投资人，实现国有资本近 4 倍增值；协助新力光源、星宇节能项目开展上市筹备；基业长青项目正在开展清算退出工作；完成智汇科技大学生创业项目股权退出；威途电子项目已签订股权退出协议。截至 12 月底，高投创业公司历年累计完成 10 个项目投资退出，涉及投资金额 2200 万元；在投项目 12 个，涉及投资金额 4710 万元。

【创业投资基金管理】 高投创业公司参与设立和管理了新兴创投基金、盈创动力创业投资基金、创业加速器基金，合计投资金额 3790 万元。新兴创投基金已完成投资及退出，进入清算阶段。盈创动力创业投资基金投资了迅游网络、芯通科技等 5 个项目，其中本地项目 4 个，占比 80%；基金连续两年被成都高新区评为“科技金融优秀服务机构”。创业加速器基金投资了中联信通、九众互动等 8 个创业项目，投资金额 6700 万元。

【“天府之星”创新创业企业培育计划】 为促进科技型中小企业快速成长，成都高新区建立“天府之星”创新创业企业培育计划，通过整合政府、企业、金融机构等各方优势资源，对入选计划的中小企业在政策扶持、金融服务等方面给予优先支持。“天府之星”计划由高新区经贸发展局牵头、高新区科技局、创新中心、软推办、医推办等部门参与，成都高投盈创动力投资发展有限公司具体负责。2012 年，高投盈创公司建立了“天府之星”VI系统，打造专题网站，并建立了“天府之星”企业信息数据库，切实加强计划的宣传推广。截至2012年底，入库企业数已达1219家。公司通过初步筛选，向高新区创业天使投资基金推荐项目150余个。

【统借统还平台贷款】 高投盈创公司联合高投担保公司与国家开发银行合作，全面开展国开行统借统还贷款业务。截至12月底，全年累计向77户中小企业发放贷款5.26亿元，有效地缓解了企业融资难问题。同时，与中国进出口银行合作开辟了口行统借统还贷款业务，首期授信额度为3亿元人民币。

【盈创动力信息化平台建设】 6月，高投盈创公司按照工信部电子信息产业发展基金的有关要求，圆满完成盈创动力信息系统二期建设开发，并顺利通过工信部检查验收。同年，盈创动力被评为国家中小企业公共服务示范平台。

国家软件与信息服务外包公共支撑平台页面

【金融增值服务】 盈创动力先后成功主办、承办2012四川中小微企业融资峰会、中国创新创业大赛成都赛区复赛、2012盈创动力·财英创业汇创业大赛、生物技术及新材料项目融资路演等重要活动。同时，面向中小企业组织开展了16场免费投融资系列培训，内容涉及税收规划、股权融资、改制上市等，以其实用性和专业性受到参会代表的一致好评，并成功入选成都市2012年中小（微型）企业培训计划。

2012年，高投盈创公司与四川中小企业服务中心建立了政府项目资金申报合作关系，积极协助企业申报各级政府资金补助。截至12月底，已有4家企业启动政府项目资金申报工作。同时，公司与深圳久安富赢公司、兴业证券等机构建立了企业上市服务战略合作，爱斯特医药已签订服务协议，另有6家企业表达了合作意向。

盈创动力科技金融综合服务平台建设列入国家“十二五”科技支撑计划。

【担保服务】 高投集团下属全资子公司成都高投融资担保有限公司（原“成都高新科技信用担保有限公司”）成立于2006年9月，注册资本5亿元，信用等级被专业评级机构评为AA级，已发展成为省内颇具影响力的中小企业担保机构。高投担保以解决中小企业融资难题为己任，致力于扶持科技型、成长型中小企业，特别是精密机械制造业、生物医药、软件及服务外包等高新区重点扶持和鼓励发展行业的企业。多次被省、市、区多级政府和行业协会授予“四川省优秀融资性担保公司”“成都市示范担保机构”“科技金融优秀服务机构”“支持小企业奖”等荣誉称号。2012年高投担保实现在保余额41.24亿元，在保企业311户，累计为1000余户中小企业提供贷款担保90亿元。

【高投担保业务】 作为高新区管委会搭建的中小企业融资服务平台，高投担保不断开拓服务中小企业的融资模式，开发业务品种与风险控制方式，扩大中小企业受益面，拓宽中小企业融资渠道。高投担保现阶段推出的主要产品：

高投担保有效整合集团内部资源，与建设银行、成都银行、交通银行等金融机构展开合作，开发了适应性广、风险性低的“工程贷”担保业务。2012年，“工程贷”担保5户，在保余额1.1亿元，有力支持了高新区改扩建工程的发展。

根据高新区企业实际需求，开发法人按揭贷款担保，企业贷款专项用于购置生产经营所需的办公用房，以所购办公用房作为抵押物，同时按月（按季）向银行还本付息。已为24户企业提供法人按揭贷款担保，在保余额1.7亿元。

为鼓励知识创新，支持区内高科技企业发展，推出知识产权质押贷款担保。2012年，为10户企业提供知识产权质押贷款担保1.06亿元。

针对中小企业贷款需求，高投担保推出流动资金贷款担保、信用证、承兑汇票担保、保函担保等多个品种，同时对中小企业法定代表人、企业股东、企业实际控制人推出了个人流动资金贷款担保；为保证资金安全，高投担保根据企业的不同资产，设计形式多样的反担保措施，开展信用贷款、担投结合方式、担保换期权等业务，以多种手段扶持高新区成长型、科技型小微企业。

高投担保贯彻政府产业政策导向，帮助符合条件的中小企业获得各项政策支持。截至2012年，为中小企业获得1000余万元补贴收入。组织企业参与各项融资对接会，内容涵盖企业知识产权质押融资、股权融资、政府专项资金申报等，收集企业信息1200余家。围绕“信用宣传、信用管理、信用服务”三大主题为中小企业提供融资咨询服务。

【国有资产主要经营业绩指标】 截至年底，高投集团总资产规模为331亿元，负债规模为213亿元，净资产规模为118亿元；全年实现营业收入45亿元，实现利润总额2.5亿元，实现净利润1.6亿元。2012年全年，财政拨付增资50.21亿元（其中货币增资10亿元）；申请获得财政基建拨款21.18亿元。2012年实际取得银行授信42.07亿元，实现提款33.44亿元，归还贷款22.61亿元，较年初净新增贷款15.75亿元（含中小企业平台贷款），支付银行利息7.1亿元。

【财务管理】 高投集团公司完成增资工作。增资后公司注册资本金达到110.84亿元，资产负债率下降至65%，制订2012年集团财务预算。创新融资方式。公司2012年发行企业债7亿元，成功打通直接债务融资渠道。向国家开发银行及中国农业银行提取西区光电产业园基础设施项目贷款8.51亿元，顺利保障项目资金筹集及支付工作。在既有合作银行的基础上，新增中国银行、大连银行、华夏银行3家合作银行。受房地产调控等政策影响下，公司与民生银行开展合作，签订房地产项目开发贷款12.5亿元。公司制定并完善《成都高新投资集团有限公司债务融资工具信息披露管理制度》。

【国际贸易资金管理】 国贸公司严格按照高投集团《全面预算管理办法》的要求进行资金预算管理，对资金计划进行层层分解、落实，通过预算与实际执行情况的分析，加强公司资金的管控。持续重点发展风险较小的出口加工区进出口业务。全力确保富士康项目资金安全，严谨、高效的处理项目开展过程中出现的资金问题。高度重视汇率风险，采用合理有效的业务操作方式有效的规避汇率风险。持续开展以退税金额为限的有偿垫款业务。

由于业务量的激增，退税工作的任务也更加艰巨。国贸公司进一步完善退税流程，出台退税管理制度；加强与国税部门的沟通，引入“数转系统”；合理调配代岗退税员，确保退税员产假期间退税工作的高效无疏漏。2012年全年共申报退税批次50批，申报退税总金额1.3亿元，退税到账1.2亿元，是2011年退税总金额的4倍。

803项目使得国贸公司银行账户有大额资金沉淀，在充分考虑资金流动性和收益性的前提下，公司对沉淀资金进行了短期理财，实现理财收益158.62万元。利用闲置资金和集团本部通过内部银行进行资金拆借，实现其他业务收入488万元，在提高公司收益的同时降低集团的融资成本。

（高投集团）

进出口管理

进出口贸易

【概况】 2012年，高新区实现货物贸易进出口总额292.39亿美元，比上年同期增长27%，分别占成都市、四川省进出口总额的49.4%、61.5%。其中，实际完成出口额174.4亿美元，同比增长50.28%，分别占成都市、四川省出口额的57.4%、45.3%，比上年提高了7.7和6个百分点，继续在各区（市）县中保持规模最大、贡献最大。

【出口规模十强企业】

2012年成都高新区出口规模前十名企业名单

单位：万美元

序号	企业名称	出口总额（万美元）	备注
1	鸿富锦精密电子（成都）有限公司	1199450	加贸企业
2	英特尔产品（成都）有限公司	181725	加贸企业
3	戴尔（成都）有限公司	88625	加贸企业
4	东方电气股份有限公司	44344	外贸企业
5	成都华川进出口有限公司	25810	外贸企业
6	成都京东方光电科技有限公司	22448	外贸企业
8	四川成发航空科技股份有限公司	13312	外贸企业
9	宇芯（成都）集成电路封装测试有限公司	12970	加贸企业
10	索尔思光电（成都）有限公司	11011	加贸企业

综合保税管理

【概况】 2012年，成都高新综合保税区基础设施进一步完善，周边环境进一步改善，功能开发进一步深化，各项工作进一步推进，保持良好的发展形势。截至2012年底，成都高新综合保税区入驻企业40家，其中包括富士康、英特尔、戴尔、德州仪器等世界500强企业和国际知名企业，从业人员已超过15万人；进出口总额260亿美元，同比增长41.1%，占全省外贸进出口总额的44%，拉动全省外贸进出口增长16个百分点。其中，出口156亿美元，同比增长60%，占全省外贸出口的40.5%；进口104亿美元，同比增长20%，占全省外贸进口的50.4%。在全国综合保税区中排名第3位，在西部地区排名第1位，充分发挥了在四川省、成都市发展外向型经济中的窗口和示范作用。

【企业引进】 随着英特尔、富士康、德州仪器等企业的入区发展，带动其上下游相关企业来蓉投资建厂，成都高新综合保税区已拥有1条8英寸生产线和6座封装测试厂，与高新区内近100家IC设计企业，形成了由IC设计、晶圆制造、封装测试及配套项目组成的、较为完整的集成电路产业链，产业规模和水平居全国前列，中西部第一。

4月，在英特尔中国西部地区分拨中心的成功设立运营之后，莫仕连接器模具供应中心落户高新综保区，带动鸿富锦、先进功率半导体、莫仕连接器、铁姆肯公司等多家企业的区域分拨中心、维修中心相关工作的开展；而英特尔公司设立的西部产品分拨中心，将成渝两地乃至整个西部地区纳入其“48小时”供应圈，不仅在芯片供应方面带给进入西部地区IT企业最有效的保障，同时也加速了IT产业在西部集群效应的形成。

成都高新综合保税区管理局致力于综合保税区功能开发，于3月20日搭建成都高新综合保税区进口食品交易中心，主要经营进口葡萄酒、橄榄油和液态牛奶，满足普通消费者对高端进口食品的需求，2012年底已有8家企业签约入驻发展。

【企业跟踪服务】 综保区管理局围绕“功能开发、模式创新、服务提升、和谐园区”主题，着力打造全过程服务链条，实行区域内的“三段式服务”，提供项目咨询、考察评估、项目开工建设和协调相关部门，以及投产后运营配套环境的保障等涵盖企业生产要素保障的全方位服务，为企业发展营造“环境优美、管理有序、通关快捷、园区和谐”的良好环境。

2012年，综保区管理局以企业服务为中心，建立超前反应机制，坚持“人盯企业、园区巡查、首问负责”三制度。坚持定人联系企业制度和值班制度，加强调研走访，及时了解企业动态，提前掌握企业经营状况和需求，及时帮助解决存在的困难问题。坚持定期寻访制度，召开企业联系会议，协调管理部门与区内企业建立起畅通、良好的沟通渠道，协调解决企业存在的普遍困难和共性问题，构建良好的政企关系。4月，会同综保区海关多次赴上海协调有关部门，协助英特尔产品（成都）有限公司在成都高新综保区成功设立英特尔产品中国西部地区分拨中心，并积极协调解决英特尔产品的物流问题，随着分拨中心的正式运行，英特尔公司由上海分拨中心为仁宝、纬创、重庆惠普等代工企业提供的全球产品分拨业务，转移至成都高新综保区开展，将进一步推进全区进口总额的增长，截至2012年12月，英特尔产品中国西部地区分拨中心实现13.4亿美元的进出口货值；加强企业项目的跟踪服务，完成了区内达迩项目一期和莫仕项目二期的促建工作；协调综保区海关解决富士康拟建年产3.7万吨铝合金研发加工中心有关事宜等，协调外管局创新推出“富士康模式”，便利龙头企业收付汇，为企业提供方便快捷的政务服务。

加强与成都高新综保区监管机构的联系沟通，做好“大通关”协调服务工作，积极推进海关和检验检疫等监管部门在综保区内进行监管模式和查验方式改革，大力推行分类通关、TCS协同报关、无纸化通关等工作模式，探索实行诚信化通关模式，进一步提高通关效率，基本满足区内企业7×24小时的国际化运作需求。与综保区海关签订《合作备忘录》，完善口岸工作协同机制，及时解决企业发展运营中的困难和问题，不断提高企业服务水平。

【园区建设管理】 综保区管理局致力打造宜商、便商和谐园区，积极协调相关部门，完善园区基础配套设施。先后完成区内通讯网络“全覆盖”；A区办公楼电力改造和标准厂房给水管网改造；B、C区主、副卡口高杆灯的架设和B、C区跨线桥的建设；区内道路的修缮、改造等，以及人行通道智能卡口的建设；园区25万平方米围网的检修；加强新增1.43万平方米绿化面积和9.88万平方米保洁面积的管理维护；完成园区内1.5万米污雨管道及70余口污雨水井的疏通，保证园区暴雨期间未发生洪涝现象；就企业反映强烈的交通出行问题，会同高新区规划建设局积极协调市交委、公交集团、郫县交通局和交警六分局等相关职能部门，召开多次协调会，提出优化公交线路和发车班次方案，解决企业交通出行问题。

综保区管理局积极构建和谐的文化氛围，企业文化交流、人力资源流动形成良性互动，园区企业管理呈现出和谐有序的局面。2012年，积极服务园区企业，组织开展园区“企业之家”沙龙活动2次，增进企业管理者之间的交流与沟通；先后组织区内监管部门开展拓展训练活动5次，组织协管协检员参观“天府视窗”等活动；组织知识竞赛、青年联谊会和体育比赛等活动5次，充分展示企业优秀文化。特别是英特尔“家庭日”亲子活动已被园区其他企业借鉴，园区航空企业成立行业小沙龙定期交流产业和人才信息。同时推动区内企业依法建立工会，构建和谐劳资环境，12月底，企业员工入会人数已占总人数的90%左右。

【加工贸易审批】 成都高新综合保税区内企业开展加工贸易业务，须凭企业设立的有效批准文件，向综保区管理局提交书面申请报告，对有特殊规定的项目，须提供有关部门出具的相关批准文件。申请报告要说明企业开展加工贸易业务的方式和内容，并附需要进口的加工生产用设备、料件或需要出口的制成品清单。具体操作流程如下：

成都综保区区内企业申请开展加工贸易业务审批流程

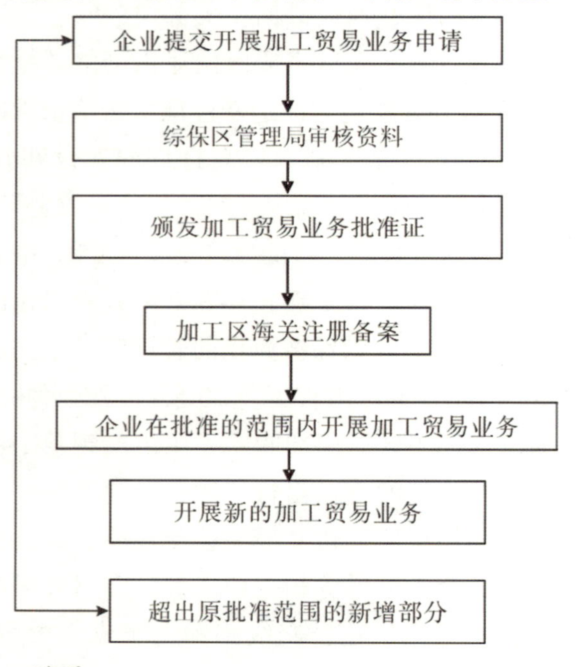

说明：

1. 适用范围：区内加工贸易企业；

2. 需提交文件：工商营业执照、开展加工贸易业务书面申请（说明加工贸易业务的方式和内容，样稿附后）、需要进区的加工生产用设备清单、需要进区的加工生产用材料清单、需要出区的制成品清单。

注：三种清单不能同时提供，可分别报批（综保区进口生产用设备清单、综保区进口料件清单、综保区出口制成品清单）

综保区管理局收到企业申请后，按照国家有关规定进行审核，对符合条件的加工贸易业务，在5个工作日内签发《成都高新综合保税区加工贸易业务批准证》和所附清单，海关凭加盖管委会印章的《成都高新综合保税区加工贸易业务批准证》为企业进行注册备案，区内企业在海关办理注册备案后，方可开展批准范围内的加工贸易业务。如需开展超出原批准范围的加工贸易业务，须按本规定到综保区管理局办理核准手续。

综保区管理局承办各种审批3487件，其中危废物内销135件，包装材料内销190件，成品内销72件，边角料内销195件，退运出区1310件，电子帐册1585件。

【对外宣传】 综保区管理局联系网络公司对门户网站进行改版，增加局长信箱、网站互动、企业风采等版块，及时发布综保区最新动态信息，反映综保区发展情况。通过各种新闻媒体，加大综保区的宣传力度，如先后接受新华社、人民日报、中央人民广播电台、经济日报、中国日报、国际商报等中央主要新闻媒体的采访；全年市级媒体——《成都日报》正面报道5次（即：2月10日第五版题为“剑指国际电子信息业　重要影响城市”的新闻报道；3月21日《成都日报》题为“成都高新综保区进口食品交易中心正式挂牌”的新闻报道；6月12日《成都日报》题为“我省外贸进出口5月首破60亿美元大关”的新闻报道；12月19日《成都日报》题为“我市提前1个月完成外贸出口目标”的新闻报道；12月24日《成都日报》头版头条题为“综保区的‘快’”的新闻报道）；8月26日，中央电视台新闻联播以“外资高端制造业加快向中国投资”为题，报道综保区区内企业——铁姆肯公司作为高端精密制造业在高新区的发展情况；10月18日，第一财经电视台记者到综保区，拍摄以综保区企业为主题的“成都上半年出口逆势猛增”专题片，集中反映了综保区及区内企业的发展态势，11月5日，上海第一财经电视的《最新闻》栏目第二集以“全球经济低迷期‘成都制造’依旧稳步增长”为题，报道综保区的发展状况以及区内企业普惠艾特航空制造（成都）公司的发展态势等，成都高新综合保税区在全国的知名度得到进一步提升。

【设施建设完善】 为营造一个良好的运营发展环境，综保区管理局积极协调相关部门，做好园区基础设施的维修养护和优化升级工作，保持园区内各种基础设施始终处于良好状态，为区内企业提供“贴心”服务。

根据综保区企业发展需要和监管部门要求，综保区管理局不断完善综保区信息系统建设，坚持信息系统运维机制，及时进行信息系统升级，并完成检验检疫辅助管理系统部署、上线运行等相关工作，以及相关人员的系统操作培训；完成综保区行政通道智能化改造项目的招标及商务合同签订；配合成都海关完成卡口电子关锁自动施/解锁系统连调；及时协调海关、区内企业及供应商做好信息系统升级、维护等的相关准备及应急处理工作；就综保区海关提出报关大厅叫号系统升级、全面推广“一单两报”业务模式等涉及的系统环境、技术参数等，约请成都海关技术处、综保区海关通关科等相关负责人进行可行性及安全性讨论，确保了企业通关报检通畅无故障；针对卡口车流量大的特点，综保区管理局及时完成区内车辆信息的收集和电子标签的安装工作，对进出车辆实行了智能管理，极大地提高了海关对综保区的监管力度，满足了综保区海关对监管技术的需求。

综保区管理局协调中国电信和中国联通两家公司清理和改造区内原架空敷设的通讯线缆，全面整治完成A区围网周边线缆敷设混乱的状况，并及时处理综保区检验检疫局办公通讯问题；完成A区办公楼电力线路改造，以及B区副卡口和C区主副卡口高杆灯的安装；完成A、B区路灯全面检修，并协调高新建设公司完成C区巡逻道路灯安装工程，使园区路灯完好率达100%；先后完成污雨水管疏掏工作2次，保证园区排水设施的通畅，并协调城管局进区施工改造污、雨水合流排水管道，使区内排水管畅通率达100%；完成B区道路路面修复工作，路面修复率达100%；做好综保区绿化管护工作，使综保区绿化管护率达100%。

【物流中心管理】 成都保税物流投资有限公司作为成都保税物流中心的投资主体，按照“精简、高效”的原则，不断完善物流中心的开发、建设，为成都高新综保区内外加贸及一般贸易企业提供了保税仓储、集货、配送、转厂手册结转、质保期内无代价抵偿、出口退税、出口转内销、VMI、国货复进口等综合保税物流服务，并在综保区海关、综保区检验检疫局的现场监管下，为区内企业提供优质的物流服务。

先后引进了敦豪全球物流（成都）有限公司、全球物流（成都）有限公司和泛亚班拿物流（成都）有限公司3家国际知名物流龙头企业。

海关监管

【概况】 综保区海关针对区内企业数量、业务量大幅提高，企业通关需求日益复杂等情况，积极拓展思路、不断更新理念，因地制宜制定监管方案，坚持“把好国门做好服务”宗旨，积极推动综保区快速发展。2012年，综保区海关共审核进出口报关单/备案清单326429票。监管实际进出境货物（一线）268亿美元；监管境内进出特殊监管区域货物（二线）210亿美元；特殊监管区域之间流转货物86亿美元；计征两税入库合计32.3亿元，其中苹果IPAD产品内销税款为23.7亿元，占比73%。

【通关服务】 综保区海关针对综保区内IT企业较多，对物流及通关效率普遍要求较高的现状，

成都高新区综保区海关通关业务操作流程

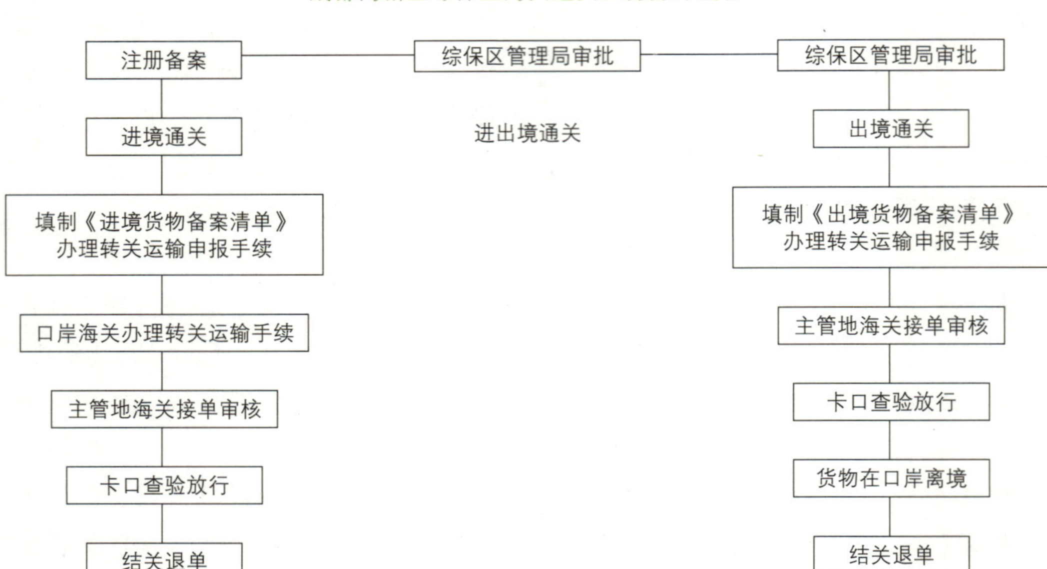

不断深化通关作业改革，积极探索实施分类通关、TCS 协同报关、无纸化通关和直通式便捷通关等新型通关模式，会同综保区管理局大力推广使用海关辅助管理系统和“集成通”协同报关系统，以往需要 1 天才能完成的工作量，如今只需要 1 小时就能精确完成，企业通关效率大幅提升的同时，报关单填报的差错率也极大降低。

为使企业通关更快一点，综保区海关先后推行“24 小时预约通关”承诺和“5+2”通关制度，实现了数据实时审批，货物全天放行，使区内企业实现成品当日或隔日内交付，确保园区企业在海关监管环节 365 天无障碍通关；并积极探索试行“区港联动”工作模式，提高通关效率。

与区内企业、综保区管理局、检验检疫等单位建立良好沟通机制，共同推动解决企业难题，营造良好的外贸环境和顺畅的通关秩序，定期召集区内企业开展政策培训、业务指导专题会议，帮助企业进一步理解国家相关政策；为区内重点企业提供统计分析、上门服务、跟踪指导，合理引导企业行为，促进企业规范管理；通过与综保区管理局签订合作备忘录，完善口岸工作协同机制，增强企业诚信守法意识，承诺海关服务标准，约束海关执法行为。

综保区海关审核进出口报关单 / 备案清单 326429 票，同比（下同）增长 62.7%。监管实际进出境货物（一线）10 万吨，增长 39%，总货值 268 亿美元，增长 45%；其中进口 3.47 万吨，基本持平，货值 107 亿美元，增长 22%；出口 6.53 万吨，增长 76%，货值 161 亿美元，增长 65%。监管境内进出特殊监管区域货物（二线）210 亿美元，区外企业进出特殊监管区域货物 124 亿美元，其中进口 43.2 亿美元，出口 80.5 亿美元；特殊监管区域之间流转货物 86 亿美元，其中进口 31 亿美元，出口 55 亿美元。

【转关运输】 成都高新综保区海关按照“大通关口岸管理”模式，积极探索综保区与各海关监管场所联动监管的新手段，努力构建关区一体化监管新格局，成功实现“电子账册 + 联网 + 核查”的保税监管新模式，并依托卡口联网监管、电子关锁和 GPS 实时监控等科技手段，借助入区企业电子账册管理，严密实施在途监管、联网监管和风险监管，实现“一次申报、一次查验、一次放行”的便利化通关，保持与口岸海关的联系沟通，保证转关渠道的畅通。

出入境检验检疫

【概况】 四川出入境检验检疫局出口加工区办事处于2012年12月正式更名为成都综合保税区检验检疫局，在四川出入境检验检疫局的领导下，成都综合保税区检验检疫局努力营造“环节少、速度快、服务优、监管有效”的通关环境，全力支持成都高新综合保税区内重大产业项目发展，针对企业需求，积极开展检验检疫工作模式创新，为英特尔、富士康、德州仪器等企业开通“绿色通道”，提供“零障碍”服务，简化流程，缩短周期，提高通关效率。2012年，成都综合保税区检验检疫局共检验检疫监管进出口货物69227批，货值1673754.22万美元。

【检验检疫监管】 成都综合保税区检验检疫局依据综保区检验检疫管理和口岸的相关法律、法规，熟悉加工贸易产品的检验监管，制订完善了从申报到查验放行的一系列操作流程；同时，根据企业需求，推出了九项个性化服务措施，设立专用报检窗口和通道、开展7×24小时全天候服务、采取“分批到货、集中报检”的检疫监管模式、实施绿色通道等，大力服务

综保区检验检疫工作流程

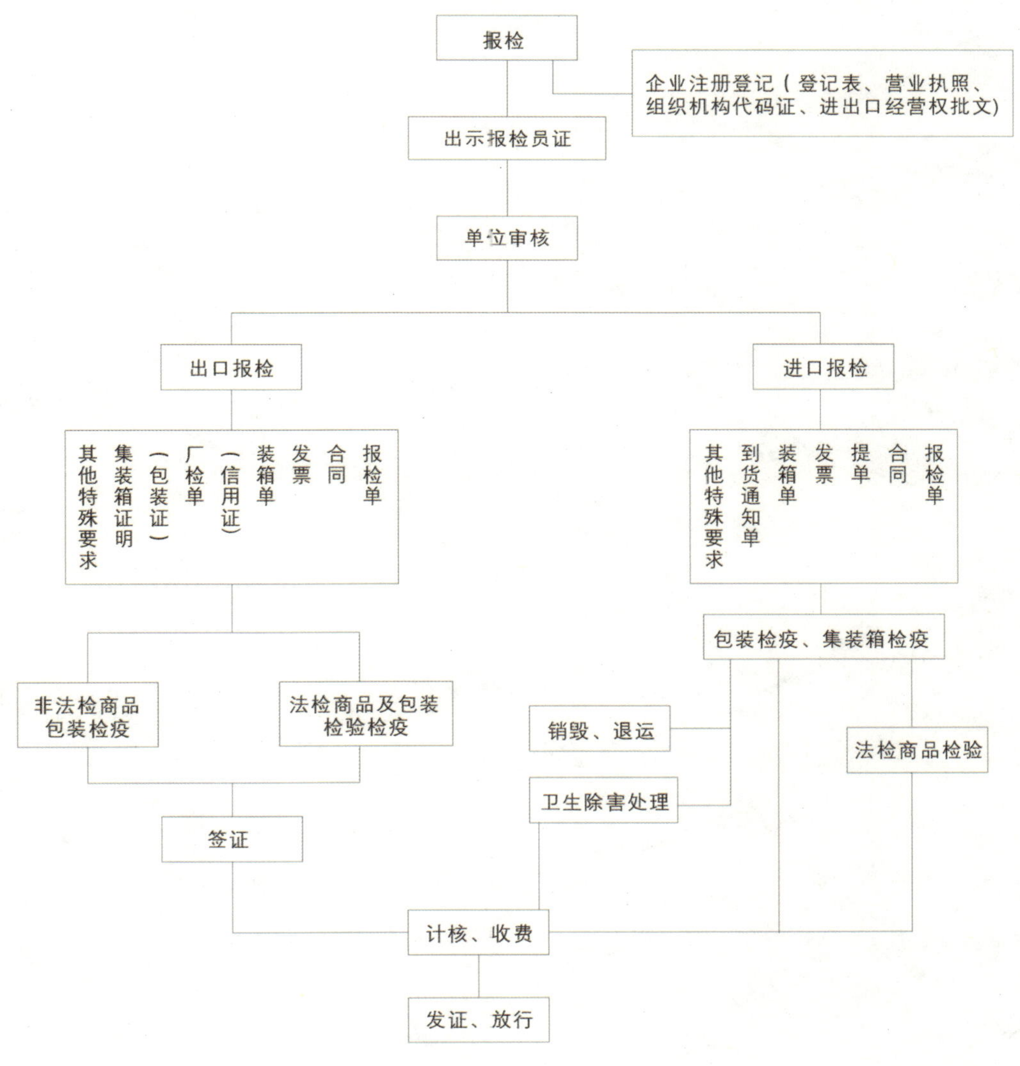

产业转移；针对富士康等项目进口产品入境验证特点，四川出入境检验检疫局简化审批手续，采取“一次审批、一月有效、多次放行”的措施，企业每月办证次数从30次减少到1次；针对产业转移项目的区外配套企业办理检验检疫手续需往返局本部，四川出入境检验检疫局打破常规，把有关手续放在成都综保区检验检疫局完成，方便了有关区外企业，使企业办理检验检疫手续的时间从1个工作日缩短到1小时，加快通关速度，为企业进出口货物节约交通费和通关时间。

【检验检疫成果】 成都综合保税区检验检疫局共受理报检进出口货物69227批，货值1673754.22万美元。其中进口货物64312批次，货值1663059.11万美元，出具检验检疫证明140批；区外入区货物52批，货值4154.1万美元；出口货物监管4915批，货值10695.11万美元。全年共对2833批木质包装进行检疫，共计27585件，对其中不合格的113批按规定进行了卫生除害处理；完成集装箱检疫2206个标箱，对不合格的863个集装箱按规定进行了卫生除害处理。8月，综保区管理局协检员对从马来西亚进口的3个集装箱进行现场检疫查验时，在1个货物木箱内截获3只活体双钩异翅长蠹钻蛀性害虫，此虫是《中华人民共和国进境植物检疫性有害生物名录》中146种检疫性昆虫之一，在四川口岸也属首例。

知识产权

管理与服务

【国家知识产权示范创建园区建设】 经园区申报，省知识产权局测评推荐，国家知识产权审核，成都高新区获批成为西部首个国家知识产权示范园区。承办国家知识产权局专利运营推进工作研讨会，探讨交流专利运用促进工作。开展园区企业知识产权金融服务需求问卷调查、知识产权质押融资与价值评估管理政策宣讲工作。联合工商银行省分行营业部，举办以知识产权质押融资为主要内容的银企对接座谈会，协助工行高新支行向总行申报以知识产权质押融资为重点内容的“科技通”业务。

科技型中小企业银企对接座谈会

【企业和产业集群知识产权】 认定2012年成都高新区知识产权试点示范及优势企业34家，其中示范企业3家、试点企业3家、优势企业28家。组织微波通信产业技术创新联盟召开知识产权沙龙，发布联盟内刊《创e时代》，邀请服务机构和知识产权示范企业进行交流。形成《单克隆抗体药物产业现状及发展趋势》《OLED国内专利态势分析》。

【知识产权执法】 强化知识产权保护力度，提升企业知识产权保护意识。开展市区专利联合执法活动2次，检查商品1000多件。组织20多家企业参加4.26知识产权宣传周专利案件庭审观摩活动，举办“企业涉外知识产权侵权防御及新科技技术的管理与自由运作”专题培训，39家企业近70人参会。在天河生物医药孵化器、微波通信产业技术创新联盟、射频识别产业技术创新联盟，建立知识产权服务（保护）工作站，进一步完善行业知识产权保护机制。

【企业知识产权指导服务】 大力提升知识产权服务水平。积极开展“局长进大厅”为企业服务活动。提供知识产权资助申请受理、知识产权咨询等服务，累计受理知识产权资助申请600多件，解答企业在科技创新、知识产权等方面的疑问，并在服务流程、企业知识产权运营方面提出改进提升建议，获得企业好评。在“4.26知识产权宣传周”、“中国专利周”期间积极开展知识产权进园区、进企业、进社区活动，依托知识产权服务中心开展国外专利申请专题宣传。针对企业需求，举办复审高新技术企业知识产权工作培训会、专利业务公开课、知识产权基础知识培训、专利运用专题培训，培训企业300多家。走访对接银河磁体、大唐线缆、京东方、灵动生物等26家企业，宣传知识产权鼓励政策，促进企业加快知识产权布局。安排21家次机构在知识产权服务中心每周轮值为企业服务，知识产权服务中心受理各类资助申请10400件，接待咨询7500人（次）。

【企业项目申报组织】 组织迈普通信、优博创等80多家企业申报国家专利奖、成都市专利奖、四川省专利实施与促进专项资金项目。新力光源、索贝数码获得第十四届中国专利奖优秀奖。国腾电子等12家公司获得2011年成都市专利奖金奖3项（共设3项），银奖2项，优秀奖7项。14家企业获得2012年四川省专利实施与促进专项资金项目190万元支持，立项项目数量和金额分别占成都市的29.2%和32.5%。

专利保护

【专利申请及授权】 2012年，成都高新区专利申请总量首次突破1万件，达到11155件，其中发明专利申请4042件，企业专利申请9645件，同比增长40.9%和48.2%，发明申请和企业申请占申请总量的比例分别达到36.2%和86.5%，占成都市的33.8%和34%。获得授权专利6621件，其中发明专利授权1095件，同比增长40.4%，占成都市发明专利授权总量的35.1%。PCT申请92件，占四川省的40%。新力光源、索贝数码获得第十四届中国专利奖优秀奖。国腾电子等12家公司获得2011年成都市专利奖金奖3项（共设3项），银奖2项，优秀奖7项。

商标管理

【商标保护】 高新区工商局及时了解企业发展状况，引导企业实施商标品牌发展战略，不断优化、完善商标数据库。与企业建立经常性联系制度，对申报驰名、著名商标的企业加强指导和辅导，实行专人负责，明确责任，跟踪服务，引导企业积极争创品牌，做好驰、著名商标品牌的孵化工作。2012年，企业商标品牌拓展市场效果明显。"硅宝"、"GOLDTEL"两个商标被国家工商总局评为全国驰名商标，"成都三零凯天通信实业有限公司"、"四川中光防雷科技股份有限公司"、"成都福兰特电子技术有限公司"等十五家企业的商标被新认定为四川省著名商标和成都市著名商标。2012年，高新区共有中国驰名商标15件，四川省著名商标51件，成都市著名商标35件。

开展打击侵犯知识产权和制售假冒伪劣商品专项工作。全局立案查处侵犯注册商标专用权案2件，没收假冒1573白酒61瓶、侵权的桶装饮用水9桶、含侵权商标的收缩膜677张及配套合格证419个、电吹风1个、过滤网盆1个，并处罚款0.3万元人民币。4月20日、23日，根据株式会社中西（日本）以及马尼株式会社授权的上海骏麒商标代理有限公司的举报，高新工商局执法人员迅速对新国际会展中心2号馆的14户参展企业进行了突击检查。经初步调查核实，执法人员对侵犯株式会社中西（日本）在我国注册的"NSK"以及马尼株式会社在我国注册的"MANI"、"DIA BURS"商标专用权的牙科手机、手机轴承等医疗器材进行了拆展封存，共封存牙科手机22个、手机轴承90个、拨随针1500支、医疗牙科器材3500盒（10500只）。

（郝　凌　陈　新）

2012年成都高新区获得中国驰名商标（15件）

序号	企业名称	商标	商品分类	行业	认定机关	认定时间
1	四川地奥制药集团有限公司	地奥	人用药	制造业	国家工商总局	1999年
2	通威集团有限公司	通威	饲料	制造业	国家工商总局	2004年
3	成都市皇城老妈酒店有限公司	皇城老妈	餐馆	餐饮业	国家工商总局	2004年
4	成都前锋电子电器股份有限公司	前锋	热水器	制造业	国家工商总局	2007年

续表

序号	企业名称	商标	商品分类	行业	认定机关	认定时间
5	成都恩威投资集团有限公司	洁尔阴	人用药	制造业	国家工商总局	2005 年
6	中国东方电气集团有限公司	东方	电站设备、汽轮机塔等	制造业	国家工商总局	2009 年
7	中国东方电气集团有限公司	DEC	电站设备、汽轮机塔等	制造业	国家工商总局	2009 年
8	迈普通信技术股份有限公司	迈普	数据传输机、数据通讯调制解调器	制造业	国家工商总局	2010 年
9	成都红旗连锁股份有限公司	红旗及图	推销（替他人）	商业	国家工商总局	2011 年
10	成都索贝数码科技股份有限公司	sobey	计算机软件（已录制）等	制造业	国家工商总局	2011 年
11	通威集团有限公司	好主人	宠物食品	制造业	国家工商总局	2011 年
12	中国东方电气集团有限公司	东方电气	电站设备、汽轮机塔等	制造业	国家工商总局	2011 年
13	中国东方电气集团有限公司	DEC 及图	电站设备、汽轮机塔等	制造业	国家工商总局	2011 年
14	成都硅宝科技实业有限责任公司	硅宝	工业粘合剂	制造业	国家工商总局	2012 年
15	成都国腾实业集团有限公司	GOLDTEL	计算机软件	制造业	国家工商总局	2012 年

2012 年成都高新区获得四川省著名商标（51 件）

序号	企业名称	商标	类别	注册号	商品分类	认定时间
1	四川方源川月灯具有限公司	川月	11	1167608	灯	2011 复审
2	四川省视频电子有限责任公司	斯威克	9	1199647	天线	2010 复审
3	四川港宏企业管理有限公司	港宏	35	1344861	推销（替他人）	2008 复审
4	成都恒瑞制药有限公司	爱能	5	1355803	人用药	2010 认定
5	四川蓝光和骏实业股份有限公司	蓝光	37	1382733	建筑	2008 认定
6	四川蓝光和骏实业股份有限公司	蓝光	36	1382787	不动产出租	2009 认定
7	成都硅宝科技股份有限公司	硅宝	1	1395061	工业用粘合剂	2010 复审
8	成都前锋电子电器集团股份有限公司	前锋	11	1400512	热水器	2008 复审
9	地奥集团成都药业股份有限公司	青羊	5	147845	西药	2010 复审
10	四川杨天生物药业股份有限公司	力克舒	5	1500508	药用胶囊	2010 复审
11	成都硅宝科技股份有限公司	图形	1	1524062	工业用胶	2010 认定
12	成都市互利达实业有限公司	谷之源	30	1571175	食用面粉	2008 复审
13	成都前锋电子电器集团股份有限公司	前锋	11	1646172	热水器	2009 复审
14	成都前锋电子电器集团股份有限公司	前锋	9	1650211	智能卡	2009 复审
15	通威集团有限公司	好主人	31	1674736	宠物食品	2008 认定
16	四川电器集团有限公司	seac 及图	9	1678389	断路器	2010 认定
17	成都蚂蚁物流有限公司	蚂蚁	39	1703842	运输经纪	2010 认定
18	成都任我行软件股份有限公司	管家婆	9	918514	计算机软件	2008 复审

续表

序号	企业名称	商标	类别	注册号	商品分类	认定时间
19	四川杨天生物药业股份有限公司	杨天	5	924774	人用药	2010 复审
20	成都前锋电子电器集团股份有限公司	QIANFENG+前锋	9	926737	计算机	2009 复审
21	成都倍特厨柜制造有限公司	图形	20	974092	家具	2010 复审
22	成都前锋电子电器集团股份有限公司	前锋 + 图	11	782593	淋浴器	2009 复审
23	成都前锋电子电器集团股份有限公司	前锋 + 图	9	804677	计算机	2009 复审
24	成都前锋电子电器集团股份有限公司	前锋 + 图	11	828574	民用电器设备	2009 复审
25	成都市皇城老妈酒店管理有限公司	皇城老妈	42	769960	餐馆	2010 复审
26	成都恩威投资（集团）有限公司	洁尔阴	5	568255	外用药	2010 复审
27	通威股份有限公司	通威	31	580141	饲料	2010 复审
28	四川新荷花中药饮片股份有限公司	图形	5	3646036	中药成药	2009 认定
29	成都索贝数码科技股份有限公司	sobey	9	3863092	计算机磁盘	2009 认定
30	成都市世成食品有限公司	宋世成	30	3412773	糖果	2010 认定
31	成都科普尔电缆有限公司	科普尔	9	3542179	电线	2010 认定
32	成都市天府垫片有限责任公司	天府	17	3136625	垫片	2010 复审
33	成都高赛尔金银有限公司	高赛尔	14	3270441	贵重金属锭	2009 认定
34	成都国腾实业集团有限公司	GOLDTEL	9	3000133	计算机软件	2009 认定
35	成都大西洋线缆有限公司	dxy	9	3024819	电缆	2010 认定
36	四川蜀府宴语餐饮有限公司	蜀府宴语	43	3075173	餐馆	2008 认定
37	四川威龙消防设备有限公司	威特龙	9	3084443	灭火器	2010 认定
38	成都红旗连锁股份有限公司	红旗	35	1727344	推销（替他人）	2008 复审
39	四川省互惠商业有限责任公司	互惠及图	35	1013814	推销（替他人）	2011 认定
40	成都青山利康药业有限公司	青山利康医药技术	5	3148094	各种针剂；人用药；各种片剂等	2011 认定
41	四川南格尔生物医学股份有限公司	南格尔及图	10	3799651	医疗器械和仪器；输血器；医用注射器等	2011 认定
42	四川迪康科技药业股份有限公司	迪康	5	4109923	人用药；医药制剂；原料药等	2011 认定
43	四川亚连科技有限责任公司	图形	7	4245848	气体分离设备；制氧；制氮设备等	2011 认定
44	四川升和药业股份有限公司	升和药业及图	5	3111549	人用药；医药制剂；各种针剂	2012 认定
45	成都市双陆医疗器械有限公司	康福及图及英文	10	675457	医用导尿管；医用注射器	2012 认定
46	成都三零凯天通信实业有限公司	KAITIAN 及图	9	3768785	网络通讯设备；集成电路；工业操作遥控电器设备	2012 认定
47	四川贝尔化工集团有限公司	BER 及图	5	3068579	杀害虫剂；除草剂；灭干朽真菌制剂	2012 认定

续表

序号	企业名称	商标	类别	注册号	商品分类	认定时间
48	地奥集团成都药业股份有限公司	谷参	5	1038676	药品	2012 认定
49	成都恒瑞制药有限公司	仙乎迪	5	1362784	人用药；片剂；药用胶囊	2012 认定
50	成都七色纺商贸有限公司	七色纺	35	4679038	推销（替他人）	2012 认定
51	成都徐公飘雪茶业有限公司	飘雪及图	30	1035564	茶及茶叶代用品	2012 认定

2012 年成都高新区获得成都市著名商标（35 件）

序号	企业名称	商标	类别	注册号	商品分类	认定时间
1	成都百隆家纺有限公司	百隆	24	974463	床上用品	2011 复审
2	成都红旗连锁股份有限公司	红旗	35	1727344	替他人推销	2011 复审
3	成都任我行软件股份有限公司	管家婆	9	918514	软件	2011 复审
4	四川川江号子餐饮管理有限公司	川江号子	42	1499816	餐馆	2011 复审
5	成都金苹果教育投资（集团）有限责任公司	金苹果	41	1137856	培训	2012 认定
6	四川省互惠商业有限责任公司	互惠及图	35	1013814	推销（替他人）	2012 认定
7	四川慧龙科技有限责任公司	SDT	9	3859232	计算机软件（已录制）；数据处理设备	2012 认定
8	成都索贝数码科技股份有限公司	sobey	9	3863092	计算机；计算机程序	2012 复审
9	成都市皇城老妈酒店管理有限公司	皇城老妈	42	769960	餐馆	2012 复审
10	成都恒瑞制药有限公司	倍乐信	5	1355802	人用药	2012 复审
11	四川天齐实业有限责任公司	天齐	6	1673544	金属矿石；五金器具	2012 复审
12	成都市世成食品有限公司	宋世成	30	3412773	糖果；糕点	2012 复审
13	地奥集团成都药业股份有限公司	青羊	5	147845	人用药	2012 复审
14	成都恒瑞制药有限公司	比特力	5	1425380	人用药	2012 复审
15	成都地奥制药集团有限公司	地奥	5	696254	人用药	2012 复审
16	成都天合宏业科技发展有限公司	永图	2	3219032	油漆；漆；油漆粘合剂	2012 复审
17	成都倍特厨柜制造有限公司	图形	20	974092	家具	2012 复审
18	成都国腾实业集团有限公司	GOLDTEL	9	3000133	计算机外围设备	2009 认定
19	四川电器集团有限公司	seac 及图	9	1678389	电子元器件	2009 认定
20	四川迪康科技药业股份有限公司	迪康	5	1008888	人用药	2009 认定
21	四川奥邦药业有限公司	奥邦	5	1917678	人用药	2009 认定
22	成都恒瑞制药有限公司	爱能	5	1355803	人用药	2009 认定
23	成都恒瑞制药有限公司	仙乎迪	5	1362784	人用药	2009 认定
24	四川新荷花中药饮片股份有限公司	图形	5	3646036	人用药	2009 认定
25	成都青山利康药业有限公司	青山利康医药技术	5	3148094	人用药	2010 认定

续表

序号	企业名称	商标	类别	注册号	商品分类	认定时间
26	金威啤酒集团（成都）有限公司	金威	32	3762027	啤酒	2010 认定
27	成都恒瑞制药有限公司	倍顺	5	1488629	人用药	2011 认定
28	四川哦哦超市连锁管理有限公司	WOWO 及图	35	4982344	推销（替他人）	2011 认定
29	地奥集团成都药业股份有限公司	谷参	5	1038676	药品	2012 认定
30	四川中光防雷科技股份有限公司	图形	9	856534	避雷装置、电子避雷器	2012 认定
31	成都福兰特电子技术有限公司	福兰特	9	6394824	放大器、避雷器	2012 认定
32	成都七色纺商贸有限公司	七色纺	35	4679038	推销（替他人）	2012 认定
33	成都林海电子有限责任公司	林海电子＋图形	9	7723663	网络通讯设备、调制解调器	2012 认定
34	成都恒瑞制药有限公司	爽能	5	4079830	人用药	2012 认定
35	成都德源电缆有限公司	图形	9	5843764	电缆、电线	2012 认定

（郝　凌）

知识产权法律保护

【概况】 2012 年，成都高新法院通过行使民事、刑事审判职能，不断拓宽知识产权司法保护领域，加强知识产权司法保护力度，为高新区成功升级为国家级知识产权示范园区提供坚实的司法保障。高新法院受理的知识产权案件数量较之往年大幅上升，全年共受理各类知识产权案件 244 件，其中知识产权刑事案件 2 件，涉及销售假冒注册商标的商品罪 1 件，假冒注册商标罪 1 件。知识产权民事案件 242 件，涉及著作权的 210 件，商标权权属、侵权纠纷 27 件，技术合同纠纷 4 件，侵犯商业秘密纠纷 1 件。

【知识产权案件审理】 高新法院受理的知识产权案件呈现出四大特点。一是侵犯著作权案件占比最大。侵犯著作权案件急速猛增，共 210 件，占知识产权民事案件总数的 86.8%，较 2011 年增加了 156 件。此类案件的侵权客体多为文化产品，反映出区内文化产业中侵权现象较为突出。二是诉讼主体集中、类案特征明显。各类知识产权案件的权利主体和侵权主体均较为集中，大部分为类案，且被告均为区内注册企业，涉及软件、服务等行业。涉及相同主体的类案处理结果具有联动性。三是网络侵权现象严重，突出表现在文化产品领域。网络侵权纠纷达 111 件，增幅达 220%，主要表现为网络公司在其注册经营的网站上传播了相关侵权作品。侵权手段呈现“科技化、智能化、专业化”的趋势。四是涉知名品牌的商标侵权类案件增多。2011 年侵犯商标权案件为 3 件，2012 年共 27 件，涉及路易威登马利蒂、福建七匹狼、苏泊尔、美即化妆品等知名品牌。

【知识产权司法服务】 为加强成都高新区知识产权保护力度，高新法院采取了一系列的措施强化知识产权司法服务。一是诉前的宣传服务机制。以“4.26”世界知识产权保护日为契机，开展形式多样的法制宣传活动。包括为公众提供法律咨询服务、会同我区相关部门及知名企业召开座谈会、公开开庭审理知识产权民事案件等。借助成都全搜索网站进行知识产权案件庭审网络直播，进一步加强了我院知识产权审判工作的透明度，提高了公众对知识产权的保护意识。二是诉讼中的协同保护机制。探索建立信息共享平台。通过司法机关主动会同知识产权部门、公安机关、其他相关行政执法部门建立情况信息共享制度，逐步实现各部门立法、执法信息和业务工作数据的共享，推动建立相互间违法犯罪信息的共享平台和“绿色通道”；加强与公安、检察、工商、版权、海关等部门的联系和配合，加大打击侵犯知识产权的刑事犯罪的力度，努力营造一个健康向上的投资软环境。三是诉后的司法建议机制。建立通报机制。诉讼完结后，就我院审理的案件情况及其他调研信息资料对口商标、版权等部门定期报送，便于相关部门及时掌握企业涉诉情况；针对在个案审理中发现的有关企业、行业协会、科研机构及行政主管部门等在知识产权工作中存在的漏洞和问题，及时总结，积极向相关单位提出司法建议，督促其健全制度、加强管理、堵塞漏洞、消除隐患，充分体现了司法机关的能动作用，取得了良好效果。

科　学

科学技术进步

【概况】 2012年，成都高新区科技局扎实推进科技创新、一流园区建设、新兴产业推进和高新技术产业发展，加强知识产权和信息化工作，取得较好成绩。

【火炬统计】 成都高新区科技局与中科院科技政策与管理科学研究所合作《成都高新区国际化能力评价研究及对策建议》软课题项目，研究成都高新区该方面指标的优势与短板，深入分析成都高新区该方面的内在问题，在火炬统计、监测评估、未来发展策略等方面提出相关工作建议。同时，科技局对国家火炬中心的月报实行在线网络报表，对高新技术企业和生物医药企业的月报、季报实行在线采集。全年完成《国家高新技术产业开发区企业统计报表》《高新区综合发展情况》《高新区建设与资金情况》《高新区各类服务机构情况》《高新区创业投资机构情况》等报表的统计工作。

【国家高新区20年建设成就展】 2012年，由科学技术部、国家发展和改革委、财政部、国土资源部、住房和城乡建设部主办国家高新区建设20年成就展以“科学发展、创新驱动、铸就辉煌”为主题，以探索中国特色自主创新道路为主线，分为战略部署区、改革创新、产业发展、面向未来、和谐园区、铸就辉煌、美好明天7个展区，全方位展示国家高新区20年的发展改革历程和创新驱动发展取得的辉煌成就。通过科技部的严格筛选，成都高新区的中欧国际技术转移服务体系、高新区的创业孵化体系，金融体系的天使投资创业场、成都奥泰医疗超导核磁共振、成都阜特科技1.5兆瓦的风力发电控制装备、成都易态科技的金属膜环保设备、成都地奥制药集团心血康、成都慧拓公司的巡检机器人等8个板块、共20个项目入选国家高新区20年成就展，涉及改革探索、产业发展、面向未来等展区。

成都高新区工程技术研究中心名录

序号	名称	依托单位	备注
1	国家天然药物工程技术研究中心	成都地奥制药集团有限公司	国家级
2	手性药物国家工程研究中心	中科院成都有机化学有限公司	国家级
3	国家碳－化学工程技术研究中心	西南化工研究院	国家级
4	四川省机动车尾气净化工程技术研究中心	四川中自尾气净化有限公司	省级
5	四川省数据通信与灾备工程技术研究中心	迈普通信技术股份有限公司	省级
6	四川省低碳醇醚酯化工程技术研究中心	四川亚连科技有限责任公司	省级
7	四川省中药饮片炮制工程技术研究中心	四川新荷花中药饮片股份有限公司	省级
8	四川省工业水处理工程技术研究中心	成都齐达科技开发有限公司	省级
9	四川省农业信息工程技术研究中心	四川新曙光信息产业有限公司	省级
10	四川省太阳能聚光应用工程技术研究中心	成都钟顺科技有限责任公司	省级
11	四川省变频调速工程技术研究中心	希望森兰变频器制造有限公司	省级
12	四川省节能及清洁生产催化工程技术研究中心	中国科学院成都有机化学有限公司	省级

续表

序号	名称	依托单位	备注
13	成都半导体照明工程技术研究中心	四川新力光源有限公司	市级
14	成都数据通信工程技术研究中心	迈普通信技术股份有限公司	市级
15	成都数字化电视转播设备工程技术研究中心	成都索贝数码科技股份有限公司	市级
16	成都传感器件工程技术研究中心	康达（成都）电子有限公司	市级
17	成都生物医学材料工程技术研究中心	四川迪康产业控股集团股份有限公司	市级
18	成都网络通信设备工程技术研究中心	迈普（四川）通信技术有限公司	市级
19	成都植物提取标准化工程技术研究中心	成都华高天然产物有限责任公司	市级
20	成都中药现代分析工程技术研究中心	成都三明药物研究所	市级
21	成都微波通信工程技术研究中心	成都泰格微电子研究所	市级
22	成都汽车车身工艺装备工程技术研究中心	四川成飞集成科技股份有限公司	市级
23	成都城市轨道交通智能信息系统工程技术研究中心	四川久远新方向智能科技有限公司	市级
24	成都中药饮片炮制工程技术研究中心	四川新荷花中药饮片股份有限公司	市级
25	成都多肽药物工程技术研究中心	成都圣诺科技发展有限公司	市级
26	成都平板显示玻璃基板工程技术研究中心	成都中光电科技有限公司	市级
27	成都仿创药物工程技术研究中心	成都睿智化学研究有限公司	市级
28	成都放射性药物工程技术研究中心	成都云克药业有限责任公司	市级

成都高新区企业技术中心名录

序号	名称	备注
1	成都地奥制药集团有限公司技术中心	国家级
2	四川华神集团股份有限公司技术中心	国家级
3	成都国腾实业集团有限公司技术中心	国家级
4	成都蓉生药业有限责任公司技术中心	省级
5	成都银河磁体股份有限公司技术中心	省级
6	四川久远银海软件股份有限公司技术中心	省级
7	四川新力光源有限公司技术中心	省级
8	成都交大光芒实业有限公司技术中心	省级
9	四川制药制剂有限公司技术中心	省级
10	四川亚连科技有限责任公司技术中心	省级
11	成都硅宝科技股份有限公司技术中心	省级
12	成都锦江电子系统工程有限公司技术中心	省级
13	中铁二局股份有限公司技术中心	省级

续表

序号	名称	备注
14	林海信息产业集团公司技术中心	省级
15	四川成飞集成科技股份有限公司技术中心	省级
16	四川南格尔生物医学股份有限公司技术中心	省级
17	成都航天光电技术有限公司技术中心	市级
18	成都普什医药塑料包装有限公司技术中心	市级
19	成都市华为赛门铁克科技有限公司技术中心	市级
20	成都国腾电子技术股份有限公司技术中心	市级
21	四川制药制剂有限公司技术中心	市级
22	四川中光防雷科技有限责任公司技术中心	市级
23	成都华气厚普机电科技有限责任公司技术中心	市级
24	和芯微电子（四川）有限公司技术中心	市级
25	四川省达科特化工科技有限公司技术中心	市级
26	林海信息产业集团公司技术中心	市级
27	成都银河磁体股份有限公司技术中心	市级
28	四川新力光源有限公司技术中心	市级
29	成都九洲电子信息系统有限责任公司技术中心	市级
30	成都阜特科技有限公司技术中心	市级
31	东方日立（成都）电控设备有限公司技术中心	市级
32	四川省视频电子有限责任公司技术中心	市级
33	四川美大康佳乐药业有限公司技术中心	市级
34	安费诺商用电子产品（成都）有限公司技术中心	市级
35	成都蓉生药业有限责任公司技术中心	市级
36	四川优机实业股份有限公司技术中心	市级
37	成都四方信息技术有限公司技术中心	市级
38	成都京东方光电科技有限公司技术中心	市级

成都高新区公共技术平台名录

序号	名称	依托单位
1	国家软件产业基地（成都）公共技术支撑平台	创新中心、国信安基地公司
2	集成电路设计、验证、测试和 IP 共享平台	国信安基地公司
3	数字媒体和视频游戏专业技术平台	数字媒体基地公司
4	软件与信息服务外包专业技术平台	成都天府软件外包有限公司

续表

序号	名称	依托单位
5	信息安全产品公共技术平台	国信安基地公司
6	蛋白质药物研发及中试平台（细胞培养）	四川三叶草生物制药有限公司
7	分析测试中心	成都睿智化学研究有限公司
8	GMP 中试生产中心	成都天河生物医药孵化器
9	生物产业信息服务平台	成都天河生物医药孵化器
10	成都普什生物产业园研发中心	普什集团
11	临床试验研究平台（GCP）	四川大学华西医院
12	灵长类动物研发中心	成都 GLP 中心
13	GCP 数据处理中心	四川大学华西医院
14	天然药物工程技术创新研究平台	地奥集团国家天然药物工程技术研究中心
15	高通量体外筛选中心	地奥集团药物筛选中心
16	模具软件公共技术平台（成都市模具技能人才实训基地）	成都市高级技工学校
17	蛋白质药物研发及中试平台（细菌发酵）	四川恒星生物医药有限公司
18	分子诊断研究分析平台	成都新基因格生物科技有限公司
19	免疫类及生化类体外诊断产品研发及中试平台	四川省新成生物科技有限责任公司
20	干细胞技术产业公共服务平台	成都清科生物技术有限公司
21	新药发现及开发平台	四川大学生物治疗国家重点实验室

成都高新区产业技术创新联盟名录

序号	名称	序号	名称
1	四川省集成电路设计产业技术创新联盟	11	卫星通信技术创新联盟
2	四川省信息安全产业技术创新联盟	12	四川省高效储能清洁新能源产业技术创新联盟
3	成都高新区生物与医药产业技术创新联盟	13	四川省生物医学植入材料产业产学研创新联盟
4	成都物联网产业技术创新联盟（四川省射频识别（RFID）产业技术创新联盟）	14	体外诊断产业技术创新联盟
5	成都新一代移动通信产业技术创新联盟	15	成都高新区干细胞技术应用和再生医学创新产业联盟
6	成都高新区天府电力科技企业联盟	16	成都生物医药外包服务产业联盟
7	成都软件外包技术联盟	17	先进 meta 材料及其应用产学研高级创新联盟
8	四川省数字媒体产业技术创新联盟	18	四川省工业催化技术创新联盟
9	四川省替代肾脏生物医疗技术创新联盟	19	OLED 产业技术创新联盟
10	微波通信产业技术创新联盟		

成都高新区高新技术产业化基地名录

序号	名称
1	国家火炬计划软件产业基地
2	成都国家生物产业基地（核心区）
3	国家中药现代化科技产业园
4	国家 863 软件孵化器四川基地
5	国家网络游戏动漫产业发展基地
6	国家动漫游戏产业振兴基地
7	中国服务外包基地城市示范区
8	国家软件出口创新基地
9	国家科技兴贸创新基地
10	信息产业国家高技术产业基地
11	成都国家现代服务业软件产业化基地
12	成都国家现代服务业数字媒体产业化基地
13	成都国家现代服务业信息安全产业化基地
14	成都国家现代服务业集成电路设计产业化基地
15	成都国家生物医用材料与医疗器械高新技术产业化基地
16	成都国家现代服务业产业化基地

【科技创新体系建设】 成都高新区依托省市科技、经济和人才优势，致力于营造优良的创新环境，打造了包括孵化器、科技创新平台、产业技术创新联盟、特色产业基地在内的完善创新体系，拥有专业孵化器 28 家，其中国家级孵化器 6 家，国家级工程技术研究中心 3 个，省级 9 个，市级 16 个，国家级企业技术中心 3 个，省级 13 个，市级 22 个，产业技术创新联盟等 19 个，特色产业基地 16 个，拥有包括国家软件产业基地（成都）公共技术支撑平台等公共技术平台 21 个。

【创新人才】 成都高新区对接省、市及高新区高层次创新人才鼓励机制，围绕重点企业形成创新人才工作体系和服务机制，支持企业引进高层次创新人才，提升企业自主创新能力。将国有大中型企业、大专院校、在蓉中央企业、上市企业、拟上市企业作为重要服务对象，对接三零集团、天奥实业、中铁二局股份公司、东电集团、硅宝公司、国腾电子、华神药业、地奥集团等公司，宣传国家、省市及高新区创新人才政策，和企业建立定期沟通机制，鼓励企业积极引进高层次人才，按照相关政策要求，辅导、协助企业进行各级人才政策的申报工作。将人才服务工作与科技项目管理进行对接，在承担科技计划项目的企业中，挖掘人才及创新团队；同时以科技项目支持创新人才所在公司，恒图、华光瑞芯等 10 余家企业本年度获得了近 1000 万资金支持。2012 年，成都高新区组织 4 人（次）申报“千人计划”创新人才长期项目，其中 1 人入选；组织 15 人（次）申报四川省“百人计划”，其中 9 人入选；组织 2 家企业申报四川省顶尖团队，其中睿智化学团体入选；组织 29 人（次）申报“成都人才计划”长期项目、青年项目、短期项目，其中 5 人入选。

【科技计划】 2012 年，高新区组织申报各级科技项目 410 项，立项承担 248 项，获得各级科技项目资金支持 9000 万元，组织科技企业承担 20 余个重大项目，金额达 3.7 亿元。创新科技资金和项目管理方式，全年共支持 63 个项目，立项金额 6300 万元，预计带动项目总投入 4.76 万元，到 2014 年累计实现新增收入 29.37 亿元，税收 2.75 亿元。

【战略型新兴产业培育专项】 成都高新区共支持 17 个战略型新兴产业培育项目，支持金额累计 1500 万元，支持项目主要集中于新一代信息技术的物联网、三网融合以及环保等领域，其中属高成长期、年收入已过亿元的有 5 家，占总数的 29%；其余都是年收入在 5000 万元以下的有较大成长潜力的企业，占总数的 71%。预计在项目执行完成后将带动社会投入 1.2 亿元、实现收入 8.09 亿元、税收 8785 万元。在支持的企业项目中，成都安可信电子股份有限公司是集设计、开发、生产、销售、服务为一体的专业气体探测和报警设备制造商，在气体安全电子监控领域方面有多年经验积累，尤其在可燃、有毒、有害气体探测报警控制系统方面有领先优势。公司联合鼎天电子标识、华气厚普共同中标成都市物联网示范应用工程之一“危化品重大危险源监管系统”，实现从数据信息“感知”、传输、处理到信息发布的智能化，政府安监部门、企业和市民的数据信息共享。2012 年已选择包括高新南区的中石化油库、西区的梅赛尔气体等 21 个单位开展试点。

【科技成果转化专项】 成都高新区全年共支持 25 个科技成果转化项目，支持金额 1600 万元，预计在项目执行完成后将带动社会投入 3.1 亿元、实现收入 15.1 亿元、税收 1.57 亿元。项目主要集中于新一代信息技术的移动互联网、IC 设计、微波、智能交通、平台软件以及新材料项目等，其中属高成长期、年收入已过亿元的有泰格等 6 家，占总数的 24%；其余都是年收入在 5000 万元以下的有较大成长潜力的企业，占总数的 76%。支持项目中，移动互联网应用领域的成都恒图科技有限责任公司由四川省政府特聘专家、海外高层次留学人才团队创办，公司在计算摄影领域及 HDR 技术领域处于国际领先，在三年到五年的时间将成为全球一流的数字图像公司。2012 年，公司开发了近 20 款数字图像软件，在海外积累 iOS 用户 500 万，桌面产品用户 80 万，其中桌面产品付费用户达到 10 万，获得联想近 4000 万元投资。

【重点科技创新计划项目】 成都高新区重点科技创新计划共支持 21 个项目，支持金额 1700 万元，预计到 2014 年底项目完成时累计实现销售收入 12.15 亿元，上缴税收 1.16 亿元。重点支持了成都中联信通科技有限公司“移动支付平台技术研发及产业化”、四川威特龙消防设备有限公司“基于物联网的智能消防安全防护系统”、成都欧美科石油科技股份有限公司“高温固井聚合物降失水剂和缓凝剂的开发与应用”、

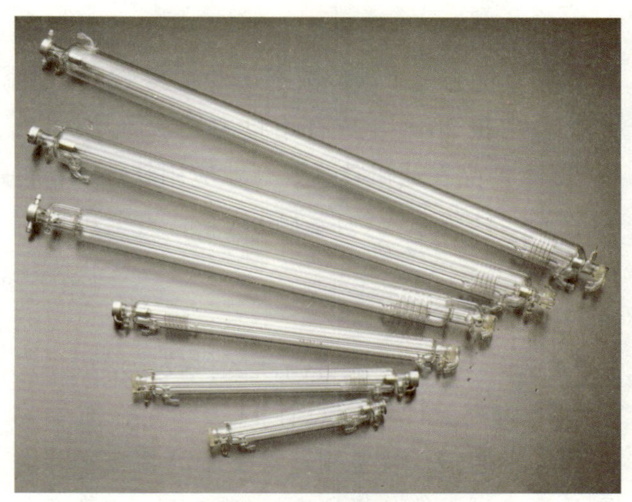

微深科技二氧化碳激光器

成都欧迅海洋工程装备科技有限公司“直浸式深水电机”等一批创新性强、市场需求明确、发展潜力大的项目。其中成都欧迅海洋工程装备科技有限公司涉足海工、页岩气等领域，承担多个国家 863 课题并实施成果转化，拥有深海模拟仿真测试系统和国内唯一通过认证的“力矩电机贯彻国军标生产线”，其“直浸式深水电机”获得立项和 80 万元无偿资金资助，项目总投资 893 万元。

【创新基金】 成都高新区科技局根据科技部科技型中小企业技术创新基金管理中心、四川省科技厅相关要求，积极创新服务方式、拓展服务范围。一方面做好网上信息通告，另一方面借助高新区内孵化载体、产业技术创新联盟、国家级基地等科技中介单位，广泛通知企业申报，开展申报培训会，对区内企业进行项目编写培训，结合高新区新兴产业培育重点关注移动互联网、物联网等领域的初创企业、成长性企业，共组织 138 个项目，立项支持 84 个项目，推荐国家立项支持 60 个项目。

【科技成果】 成都高新区技术合同交易总额达 65 亿元，比去年同期增长 32%。2011 年高新区获得科技进步奖 38 项，其中国家科技进步二等奖 2 项，四川省科技进步奖 25 项，成都市

科技进步奖11项，获得专利奖13项，其中国家专利奖优秀奖1项，成都市专利奖12项。组织企业申报2011年成都市自主创新产品认定，共33个产品在通讯技术、行业应用软件、新材料、光通信等6大领域通过认定，占全市比例46%。

【创新发展研究】 成都高新区科技局形成《产业动态研究》12期，总计11万余字，对生物医药、光通信、装备制造等多个高新技术产业展开系统深入的分析研究。2012年，成都高新区相继出台《关于加快推进移动互联网产业发展的意见》和《加快移动互联网产业发展的若干政策》等优惠政策，将未来五年的发展重点瞄准于移动互联网产业。为此，科技局加大力度对该产业领域展开研究，除《中国移动互联网产业2011年重要事件盘点及未来发展趋势简析》之外，还开辟7期《移动互联网产业动态扫描》，从政策导向、行业数据、市场风向、区域布局、企业动态等方面对移动互联网产业进行了实时而系统的梳理，为高新区的产业发展提供当好参谋。

2012年成都高新区战略性新兴产业培育专项立项名单

序号	企业名称	项目名称
1	四川正源中溯科技有限公司	基于物联网技术的中药材流通追溯公共服务平台关键技术研发及应用示范
2	成都汉康信息产业有限公司	基于云计算服务平台的灾害监测预警系统
3	成都希盟泰克科技发展有限公司	基于物联网的水利水电三维工程管理系统
4	成都东银信息传媒有限公司	基于三网融合的多媒体内容发布系统
5	成都新易盛通信技术股份有限公司	10G SFP+ 光模块研发及产业化
6	成都四为电子信息股份有限公司	基于物联网技术的GL-2100高速公路监控管理系统
7	成都川大科鸿新技术研究所	高速公路二义性路径识别系统
8	成都亿盟恒信科技有限公司	物联网技术在甩挂运输车辆智能调度系统中的应用
9	四川新源现代智能科技有限公司	基于物联网关键技术的现代物流“区港联动”信息系统
10	成都安可信电子股份有限公司	AEC2系列模块化、数字化气体探测器
11	成都锐达自动控制有限公司	水电站综合自动化控制
12	成都移网科技有限责任公司	基于云计算的IC人才培训系统
13	成都宇华信息技术有限公司	嵌入式软件系统测试分析仪
14	发展策划局	“向西是高地”课题经费
15	四川深蓝环保科技股份有限公司	生物质废弃物水热改性新工艺及设备开发
16	四川正升环保科技有限公司	大型设备振动与噪声多通道有源控制系统
17	成都自豪药业有限公司	新型复方多肽注射液的产业化

2012年成都高新区成果转化专项立项名单

序号	企业名称	项目名称
1	成都九洲迪飞科技有限责任公司	无线高清视频传输系统
2	四川光恒通信技术有限公司	TO（光电芯片）封装技术及产业化
3	成都贝瑞光电科技股份有限公司	高功率激光器超精密单晶硅光学元器件

续表

序号	企业名称	项目名称
4	成都凯路威电子有限公司	具有双存储功能的新一代超高频 RFID 芯片
5	成都交大光芒科技股份有限公司	客运专线供电综合 SCADA 系统关键技术研究与应用
6	成都华光瑞芯微电子股份有限公司	旋磁铁氧体多功能磁性薄膜器件
7	成都泰格微波技术股份有限公司	TD-LTE 射频核心器件及组件产业化
8	成都兆益科技发展有限责任公司	CNSS/GPS 双模远程实时监控汽车行驶记录仪
9	成都阜特科技股份有限公司	2 兆瓦及以上风电机组主控系统的产业化
10	成都恒图科技有限责任公司	基于 Web 的高动态影像处理系统
11	成都英黎科技有限公司	多行业中小微型企业移动互联协同服务平台
12	四川华迪信息技术有限公司	基于 PAAS 的课件培训云服务平台
13	成都锐理开创信息技术有限公司	锐理数据新媒体平台
14	成都可为科技发展有限公司	基于物联网的时间同步系统
15	成都市美幻科技有限公司	ICL 地震预警系统成果转化项目
16	迈普通信技术股份有限公司	新一代高性能核心路由器产业化项目
17	成都金本华科技股份有限公司	基于机载娱乐系统（IFE）的 EPCU2 系统关键技术的研究及产业化
18	成都晶宝时频技术股份有限公司	低频高精密、高稳定 SMD 石英晶体谐振器
19	成都四平软件有限公司	汽车与高铁智能研发信息系统
20	成都傲龙电子有限公司	基于多层复合屏及带该多层复合屏专利技术的傲龙显示系统的实施与应用
21	成都市晶林科技有限公司	非制冷一体化智能红外热像仪系统
22	四川索牌科技股份有限公司	食品及食品包装业生产缺陷智能检测及数据实时管理系统
23	成都晶九科技有限责任公司	感应炉大尺寸 Nd:YAG 平界面晶体生产
24	成都交大许继电气有限责任公司	高速铁路智能变电站系统研究
25	成都易态科技有限公司	用于湿法冶金高效净化及生产工艺革新的钛铝非对称膜过滤技术及装置

2012 年成都高新区重点科技创新计划项目立项名单

序号	企业名称	项目名称
1	成都启臣微电子有限公司	基于物联网的传感节点信号处理 SOC 及应用
2	四川极度电控系统制造有限责任公司	高功率因数转子变频液阻双调速控制技术及装备
3	成都芮捷科技发展有限责任公司	电动汽车充电设备产业化
4	成都中联信通科技有限公司	移动支付平台技术研发及产业化
5	成都富通光通信技术有限公司	新型耐高温紫外光敏光纤的开发
6	成都勤智数码科技股份有限公司	面向服务商的现代 IT 运维服务管理平台的研发及产业化
7	四川威特龙消防设备有限公司	基于物联网的智能消防安全防护系统
8	成都虹华环保科技有限公司	碱性蚀刻液循环再生系统

续表

序号	企业名称	项目名称
9	成都星宇节能技术股份有限公司	智能动态无功补偿装置
10	爱斯特（成都）医药技术有限公司	抗高血压新药阿利吉仑新工艺的研究开发
11	成都合迅医药技术有限公司	罗氟司特原料及片剂
12	成都欧美科石油科技股份有限公司	高温固井聚合物降失水剂和缓凝剂的开发与应用
13	成都慧成科技有限责任公司	动力锂电池隔膜的制备技术
14	成都乐创自动化技术股份有限公司	高速高精度数控机械雕刻机运动控制器关键技术研究及开发
15	成都倍特科技有限责任公司	支持网络管理及一卡通功能的 CNG 加气机
16	成都慧拓自动控制技术有限公司	用于变电站安全监测的智能机器人巡检系统
17	成都欧迅海洋工程装备科技有限公司	直浸式深水电机
18	成都市蜀科科技有限责任公司	脱硫废水零排放一体化处理工艺及装置
19	四川恒升环保科技有限公司	磁力净水器
20	成都樵枫科技发展有限公司	新型咪唑嗡盐大环多胺阳离子药物脂质体研究
21	成都微深科技有限公司	新型大功率封离型玻璃二氧化碳激光器

2012 年成都高新区地方创新基金项目立项名单

序号	项目名称	项目承担单位
1	钻井模拟培训系统	成都盛特石油装备模拟技术开发有限公司
2	面向工业数采的新一代无线传感器网络节点及物联网系统	成都物联广通科技有限公司
3	公共交通车辆消防安全防护系统	四川威特龙消防设备有限公司
4	基于多层复合屏及带该多层复合屏技术的傲龙屏的开发及应用	成都傲龙电子有限公司
5	治疗非霍奇金淋巴瘤新型抗 CD20 单克隆抗体	成都金凯生物技术有限公司
6	基于物联网的油气井井下安全数据采集系统	成都康纬科技有限公司
7	面向三网融合的新型凹槽式室内软光缆	成都汇通科信科技有限公司
8	兆瓦级风力机健康监控系统	成都辰电慧源信息技术有限公司
9	创新工艺制备盐酸西那卡塞片	四川晖瑞医药科技有限公司
10	妊娠期妇女可溶性细胞间粘附分子 -1 检测试剂盒（胶体金法）	成都创宜生物科技有限公司
11	高清视频智能侦测分析系统	成都凯智科技有限公司
12	基于物联网技术的中药溯源编码系统	成都协达科技有限公司
13	火麒麟应用构建系统	四川火麒麟软件开发有限公司
14	CarBox 数字化汽车销售系统	四川金信石信息技术有限公司
15	基于 RFID 智能编码、识码技术和云计算技术的钻具综合监管系统	成都开道信息技术有限公司
16	基于 SIP 技术的中小型 IP 电话交换设备	成都智科通信技术有限公司
17	增强型流量管理与宽带智能管道平台	成都市迅电网络技术有限公司

续表

序号	项目名称	项目承担单位
18	非矩阵离子谐振半导体照明 QLED	成都崇上科赛系统集成有限公司
19	直浸式电磁先导阀（DDV 阀）	成都欧迅海洋工程装备科技有限公司
20	基于 RFID 无线射频识别技术的猪场智能化养殖系统	成都通威自动化设备有限公司
21	基于云计算和 BI 智能的农民工手机求职平台	成都汇农科技有限公司
22	新一代微电脑全自动智能节电电源管理器	四川华壹电子科技有限公司
23	基于地理信息的交互式广告平台	成都艾亿科技有限公司
24	天和人口宏观管理与决策支持系统	成都天和软件技术有限公司
25	基于 CAN 总线的数字预置式自动埋弧焊接系统	成都伟鼎科技有限公司
26	手持多功能电子认证器及其服务系统	成都天钥科技有限公司
27	基于 CATIA 平台的智能化汽车白车身焊装夹具快速设计系统	成都科信世纪科技有限公司
28	基于云计算技术及 GIS 的土地质量评价系统	成都酷度科技有限公司
29	基于 3G 手机终端（支持 RFID 卡）的定位搜索智能化应用系统	成都优游信息技术有限公司
30	基于网络的多级分层架构的高速铁路地震预警及快速反应系统	四川西南交大铁路发展有限公司
31	水溶性快干型道路标线涂料	成都澳贝龙科技发展有限公司
32	水电站闸门数字化在线监测与纠偏控制系统	成都锐达自动控制有限公司
33	PVC/LDPE 液体药用复合片用新型酒精－水性环保复合胶粘剂的产业化开发	四川汇利实业有限公司
34	基于移动 LBS 的高速路网多路径识别系统	成都鸿盛数码科技有限公司
35	ARK 250V 大电流功率 MOS 器件	成都方舟微电子有限公司
36	交通场站客流检测统计分析系统	成都新方向科技发展有限公司
37	汽车铝合金轮毂加工系列刀具	成都特威特数控刀具有限公司
38	高效节能垃圾渗滤液组合工艺处理技术与设备及产业化	四川深蓝环保科技有限公司
39	风电机组自携带式起重装置	成都西部泰力起重机有限公司
40	面向嵌入式平台的高可信高速文件管理系统	成都万创科技有限责任公司
41	一种新型微型石英晶体谐振器	成都奔月科技有限公司
42	能信生物指纹身份统一认证服务平台	四川能信科技有限公司
43	地下工程画像信息与监测信息综合处理及施工安全监控系统	成都畅达通地下工程科技发展有限公司
44	融泽保险移动现场理赔服务系统	成都市融泽科技有限公司
45	基于 RF-SIM 卡的基站门禁及代维智能管理系统	成都英黎科技有限公司
46	智能化快速监测测向系统	成都中星世通电子科技有限公司
47	基于物联网的地下空间三维实时智能感知系统	成都希盟泰克科技发展有限公司
48	昇创智能交通应用系统	成都昇创科技有限公司
49	无刷同步机双通道励磁控制器	成都恒达工控有限公司
50	电力系统中的整体时间、频率同步装置	成都可为科技发展有限公司

续表

序号	项目名称	项目承担单位
51	节能增效型汽车座椅调节电机用粘结钕铁硼磁体	成都图南电子有限公司
52	IT Manager 服务支撑平台	成都勤智数码科技有限公司
53	超声波风标传感器	成都汇通西电电子有限公司
54	基于多项专利技术的气雾栽培复杂环境智能控制系统	成都诚欣特自动化系统有限公司
55	异步双显触屏一体机	成都崎泰触控科技有限公司
56	化药新药复方氨氯地平片的临床研究和产业化	四川尚锐生物医药有限公司
57	基于互联网电视内容的嵌入式 3D 开发平台	成都兴斯普数字媒体软件有限公司
58	车辆购置税自助办税机	成都沪友科技发展有限公司
59	大功率超声波采油系统及设备	成都中远传感换能技术有限公司
60	基于物联网的开放式城市居家养老管理系统	成都芯软科技发展有限公司
61	新型高效便携式医用摆锯	成都施美德医疗设备有限公司
62	水性金属防腐涂料的研制	成都天合宏业科技发展有限公司
63	专用移动无线音视频传输系统	成都时代星光科技有限公司
64	具有轴承数据库的旋转机械设备在线监测分析系统	成都威尔森科技发展有限责任公司
65	MSPA-1090-30A 脉冲功率放大器	成都讯易达通信设备有限公司
66	基于移动终端平台的互动性音乐 / 视频搜索系统	成都艾索语音技术有限公司
67	国标地面数字电视信号和多媒体数据无线移动接收机	四川慧龙科技有限公司
68	车辆外廓尺寸动态、高精度全自动检测系统	成都志诚汽车保修检测设备有限公司
69	基于天然植物的环保植物油漆制备工艺及产品	四川星源特种涂料有限公司
70	宿营车供电系统	成都铁成铁道电气设备制造有限公司
71	架构于 3DGE 的地质滑坡监测模拟系统	四川天纵科技有限公司
72	心脑血管疾病早期诊断产品的研究及产业化	四川省新成生物科技有限责任公司
73	基于 RFID 和 GPS 应用的药企物流管理和监控系统	成都锐奕信息技术有限公司
74	Na- 甲基 -a- 氨基酸	成都傲飞生物化学品有限责任公司
75	无线城市系统平台	成都奇峰纬业科技有限公司
76	Camera360 手机摄影多功能处理软件	成都品果科技有限公司
77	基于虚拟仪器技术的数字音乐 QOS 软件系统	成都聚友科技有限公司
78	新型活性成分 a- 葡萄糖基橙皮苷的制备	成都丸荣易康科技有限公司
79	面向电信基础运营商的节能减排项目管理软件系统	成都百谷通信技术有限公司
80	埋地钢质管道安全性评价用多功能网络化同步交直杂散电流测试系统	成都恒安达油气管道测控技术有限公司
81	用于 LED 照明的绿色节能电源控制芯片	成都启臣微电子有限公司
82	移动网络垃圾信息实时监控系统	成都四方信息技术有限公司
83	基于 3G 网络的移动电子商务平台	成都普拉雷思科技有限公司
84	基于地震数据的油气藏综合分析及成像软件系统	成都汇硕科技有限公司

2011 年科技进步奖获奖名单

序号	奖项	项目名称	企业名称
1	国家科学技术进步二等奖	白酒厂防火防爆技术及应用	四川威特龙消防设备有限公司
2		强潮海域跨海大桥建设关键技术	中铁二局股份有限公司
3	四川省科学技术进步一等奖	转炉－连铸流程生产 38CrMoAl 钢工艺技术研究	攀钢集团研究院有限公司
4		城轨列车虚拟运行环境关键技术及装备	成都运达轨道交通设备有限公司
5	四川省科学技术进步一等奖	新一代无源光网络光收发模块	成都优博创技术有限公司
6		建鲤健康养殖的系统营养技术研究及其在淡水鱼上的应用	通威股份有限公司
7		汽车零部件及注塑机产业价值链协同平台研发和应用	成都国龙信息工程有限责任公司
8	四川省科学技术进步二等奖	印章治安管理中的智能技术研究与系统研发	四川国盾网络发展有限公司
9		高氨氮高钠盐提钒废水资源化利用技术研究	攀钢集团研究院有限公司
10		海底隧道钻爆法施工关键技术研究	中铁二局股份有限公司
11		MyPower S8900 电信级高端交换机	迈普通信技术股份有限公司
12		川贝母人工栽培技术	四川新荷花中药饮片股份有限公司
13	四川省科学技术进步三等奖	LNG 加气机及 LNG 加气站成套设备	成都华气厚普机电设备股份有限公司
14		R258 金红石钛白技术及应用开发研究	攀钢集团研究院有限公司
15		硅宝 877 耐酸耐温粘接剂	成都硅宝科技股份有限公司
16		糖蜜酒精絮凝酵母自循环、无酸化、双罐连续发酵新工艺	四川亚连科技有限责任公司
17		系列油井管用钢品种开发及生产工艺技术研究	攀钢集团研究院有限公司
18		攀钢 100 米长尺钢轨高效生产关键技术研究	攀钢集团研究院有限公司
19		冷轧无取向电工钢 50PW800L（50PW1000L-MD）开发	攀钢集团研究院有限公司
20		半钢冶炼低磷钢技术研究	攀钢集团研究院有限公司
21		风积沙隧道施工力学行为及关键技术	中铁二局股份有限公司
22		榆神高速公路风积沙路基施工技术及工艺研究	中铁二局股份有限公司
23		TJJC 系列电气化铁路综合在线检测系统	成都唐源电气有限责任公司
24		激光陀螺超精密光学元件的超光滑抛光技术研究与开发	成都贝瑞光电科技股份有限公司
25		兆瓦级风力发电机组主控系统	成都阜特科技有限公司
26		增强型辅助开关	成都瑞联电气股份有限公司
27		新型汽车结构用热轧钢板开发	攀钢集团研究院有限公司
28	成都市科学技术进步一等奖	LNG+L-CNG 全撬装复合加气装置	成都华气厚普机电设备股份有限公司
29		新型管制自动化系统核心技术	中国民用航空总局第二研究所

续表

序号	奖项	项目名称	企业名称
30	成都市科学技术进步二等奖	大坡道小半径曲线铁路 450 吨级箱梁制运架施工技术及关键设备	中铁二局股份有限公司
31		兆瓦级风力发电机组变桨距系统	成都阜特科技有限公司
32		智能雷电监测系统	四川中光防雷科技股份有限公司
33	成都市科学技术进步三等奖	中压系统大容量智能配电装置的研制	四川电器集团股份有限公司
34		大尺寸 LCD 增亮光栅膜的开发	成都菲斯特科技有限公司
35		大规模智能视频监控系统	四川浩特通信有限公司
36		JD1089T TCAS 发射机	成都九洲迪飞科技有限责任公司
37		基于 WSN 技术的节能型无源无线智能感应终端控制系统	成都英泰力科技有限公司
38		巴欣（头孢呋辛酯片）研究开发及产业化	成都倍特药业有限公司

2011 年专利奖获奖名单

序号	奖项	专利名称	专利号	企业名称
1	第十三届中国专利奖优秀奖（2011 年）	亚氨基二乙腈的制备方法	ZL200710049105.6	四川省天然气化工研究院
2	2011 年成都市专利奖金奖	莱鲍迪甙 A 的提取方法	ZL200610022507.2	成都华高药业有限公司
3		可靠耦合 DFB 激光器同轴光收发器件发射光功率的方法	ZL200810147958.8	成都优博创技术有限公司
4		一种应用于 DDS 的相位幅度转换方法及系统	ZL200810046103.6	成都国腾电子技术股份有限公司
5	2011 年成都市专利奖银奖	路由器和网桥互连的数据发送和接收方法	ZL200510020322.3	迈普通信技术股份有限公司
6		单组分室温快速硫化脱醇型硅酮结构密封胶及其制造方法	ZL200710048349.2	成都硅宝科技股份有限公司
7	2011 年成都市专利奖优秀奖	复合涂层的硬盘驱动器主轴电机部件及其复合涂覆方法	ZL200710049351.1	成都银河磁体股份有限公司
8		鱼腥草滴眼液及其制备方法	ZL200610021199.1	四川升和药业股份有限公司
9		一种 LED 照明灯具	ZL200710049618.7	四川新力光源有限公司
10		一种由万寿菊干花制备叶黄素晶体的方法	ZL200510022402.2	成都枫澜科技有限公司
11		利用带私有信息的 NIT 表管理终端接收节目参数的方法	ZL200810045276.6	四川金网通电子科技有限公司
12		风场监控系统	ZL200910059133.5	成都阜特科技有限公司
13		用于血液净化治疗的血液置换基础液	ZL200610020548.8	成都青山利康药业有限公司

2011 年认定成都市自主创新产品名单

序号	产品名称及型号	申报单位	技术领域
1	IP 协同服务器 MyPower VC8200	迈普通信技术股份有限公司	通信技术及应用
2	接入中心汇聚路由器 MP7200	迈普通信技术股份有限公司	通信技术及应用
3	开放式全业务汇聚路由器 MP3840	迈普通信技术股份有限公司	通信技术及应用
4	千兆全光汇聚路由交换机 MyPower S4200	迈普通信技术股份有限公司	通信技术及应用
5	智能三层交换机 MyPower S4000	迈普通信技术股份有限公司	通信技术及应用
6	万兆核心路由交换机 MyPower S6800A	迈普通信技术股份有限公司	通信技术及应用
7	千兆汇聚路由交换机 MyPower S4100F	迈普通信技术股份有限公司	通信技术及应用
8	高性能电信级交换机 MyPower S8900	迈普通信技术股份有限公司	通信技术及应用
9	开放式全业务接入路由器 MP2824	迈普通信技术股份有限公司	通信技术及应用
10	VPN 安全网关 MPSec VPN3000	迈普通信技术股份有限公司	通信技术及应用
11	万兆众核高端路由器 MP8800	迈普通信技术股份有限公司	通信技术及应用
12	核心汇聚路由器 MP8600	迈普通信技术股份有限公司	通信技术及应用
13	3G 一体化接入路由器 MP1800	迈普通信技术股份有限公司	通信技术及应用
14	增强型宽窄带一体化智能路由器 MP2800	迈普通信技术股份有限公司	通信技术及应用
15	IP 通信服务器 MyPower VC8100	迈普通信技术股份有限公司	通信技术及应用
16	无线高清视频传输系统	成都九洲迪飞科技有限责任公司	通信技术及应用
17	千兆智能网管型交换机 MyPower S3100	迈普通信技术股份有限公司	通信技术及应用
18	千兆智能网管型交换机 MyPower S3200	迈普通信技术股份有限公司	通信技术及应用
19	电信级智能三层交换机	迈普通信技术股份有限公司	通信技术及应用
20	UTM 安全网关 MPSec MSG4000	迈普通信技术股份有限公司	通信技术及应用
21	媒体网关 MyPower VG	迈普通信技术股份有限公司	通信技术及应用
22	千兆智能网管型交换机 MyPower S3300	迈普通信技术股份有限公司	通信技术及应用
23	大型边缘汇聚路由器 MP3700	迈普通信技术股份有限公司	通信技术及应用
24	核心汇聚路由器 MP7500	迈普通信技术股份有限公司	通信技术及应用
25	浩特智能交通检测系统软件	四川浩特通信有限公司	行业应用软件
26	多功能高清解码器软件	四川浩特通信有限公司	行业应用软件
27	文件标识的授权管理系统	成都翰东科技有限公司	行业应用软件
28	LNG 加液机及 LNG 加气站成套设备	成都华气厚普机电设备股份有限公司	机械制造
29	环保型醇－水溶性复合胶 GH-FHJ	四川国和新材料有限公司	新材料
30	AMOLED 显示屏	四川虹视显示技术有限公司	新材料
31	OLED 头戴显示器 HMD-500E	四川虹视显示技术有限公司	新材料

续表

序号	产品名称及型号	申报单位	技术领域
32	千兆以太网无源光网络用光收发一体模块	成都优博创技术有限公司	光通信
33	户内高压单相六氟化硫断路器	四川电器集团股份有限公司	电气技术

【成都高新国际低碳环保产业孵化器项目】2012年，在成都高新区国际低碳环保与生物医药科技园建设领导小组的指导下，科技局建立并完善工作机制，通过领导小组会议、专题会、现场办公等多种形式，协调各相关部门，加快项目实质性推进。按照高新区管委会打造低碳环保新兴产业集群载体的要求，上半年完成项目总体规划方案，6月6日上报高新区2012年第五次规划委员会会议，获得通过；与国土分局签定《地价款支付和土地移交协议》，支付首期土地款1000万元，完成了一期项目用地拆迁；先后取得项目备案通知书、建设用地规划许可证、环境评价报告批复，完成地勘、文勘及报建手续。项目一期（占地63亩，建筑面积12万平米）于10月正式动工，完成场平、打围、临时道路建设、基坑开挖等，完成投资6500万元；梳理城市智能微网、资源回收利用等产业集群，搭建招商队伍，已与鼎胜科技、飞亚新材料、红杉树软件等企业达成入驻意向，另有30多家科技型低碳环保企业正在接洽中。

【成都天河生物医药科技研发与产业化中心项目】一期项目建设正式启动，总体规划设计方案通过审核，签订《地价款支付及土地移交协议》并支付一期用地土地款4000万元。一期64亩建设用地现场已打围，完成基础场平、文物勘察、安评、质评等工作并建成2000平米的材料周转仓库。项目招商工作同步启动，通过组建专业招商团队、与美国药物信息协会（DIA协会）建立合作关系、在深圳高交会上进行园区推荐等各种方式与渠道，初步储备部分入园项目。

【物联网产业】2012年，成都高新区新增物联网企业20多家，相关企业达到120家，产值规模150亿元。科技局积极引导物联网企业通过科技和产业计划申报，利用国家、省市等各级财政资金，开展前沿技术和产品研发、承接应用系统集成项目，助推产业培育和发展。依托物联网技术应用工程中心和产业技术创新联盟，组织区内骨干企业联合高校开展产学研合作，2012年累计获得国家级、省、市级项目20个，支持金额1.14亿元。九洲电子、久远新方向、国腾电子、雷电微力等龙头企业脱颖而出。RFID（射频识别）、WSN（传感器网络）、NFC（近距离通信）、MEMS（微机电系统）、信息安全、系统集成、数据处理等物联网核心技术研发取得较大进展。产品和系统在全国范围内广泛应用，涉及工业、物流、交通、食品等众多领域，物联网产业呈现集群发展态势。

2012年，高新区建成四川省物联网工程技术研究中心，下设四川大学计算机学院物联网中心、物联网公共服务平台射频测试实验室、物联网公共服务平台软件及系统方案测试实验室三个分中心。提出的射频识别计价秤和CNG气瓶监管两项地方标准已批准实施，提出一项物联网基础标准框架被国际ISO组织采纳。建成物联网科技园（天府软件园G区）、物联网信息安全产业园、高新孵化园、天府新谷等载体，物联网企业使用面积30万平方米，物联网产业承载能力进一步提升。

在RFID、应用软件、中间件、信息安全方面形成较强研发实力，在智能交通、食品溯源、安全监管等行业应用上形成了一定规模，在食品、中药材、灾害预测预警、土地确权管理、

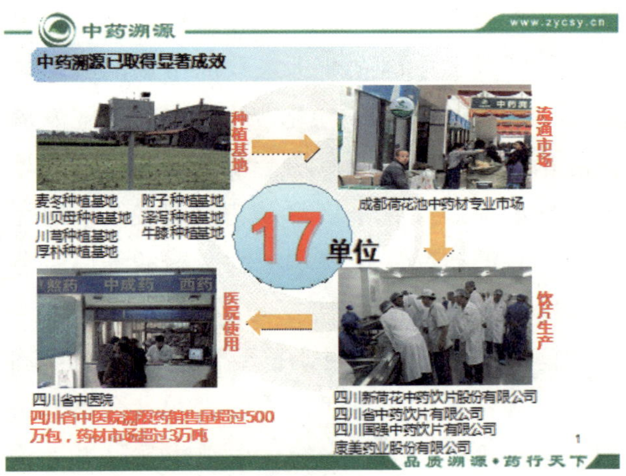

四川正源中溯科技有限公司中药溯源系统

特殊区域（保税区等）综合管理等应用领域居国内先行或占领较大市场份额。其中四川正源中溯科技有限公司开发的中药溯源系统，成为商务部、食药局、中药局批准的唯一一家负责中药溯源试点系统建设及运营的公司。已完成中药材商品分类标准建设和国家、省市、企业中药材流通追溯三级平台搭建，有9家中药饮片生产龙头企业和7家种植基地使用该平台。截至2012年10月，平台已销售可追溯中药饮片520万包、药材3万多吨。

【EEN中国西部中心及中欧国际技术转移平台建设】 2011年10月的第六届欧洽会上，正式启动欧洲企业网（EEN）中国西部中心（简称EEN中国西部中心），为西部10省市企业全方位对接全球53个国家、600多个机构以及100多万家中小企业的创新资源搭建了良好的平台。EEN中国西部中心平台运行一年以来，初步建成了网络平台及数据库，并实现试运行和运行，拥有注册会员400多个，其中高新区注册会员超过200个，储备近三年全球科技贸易合作信息超过3万条，累计访问量超过26万人（次），基本实现与欧洲EEN总部数据库同步更新。

2012年9月，以EEN中国西部中心平台为重要依托，由成都欧盟项目创新中心申请、高新区推荐的中欧国际技术转移中心，正式被科技部国际合作司和火炬中心联合认定为首批10家国家国际科技合作基地（国际技术转移中心类）。

为进一步扩大、深化成都高新区对欧合作与交流，提升区域国际化水平，作为成都高新区国际化工作的有益尝试，支持成都欧盟项目创新中心在欧盟总部布鲁塞尔设立办事处，委托成都欧盟项目创新中心在欧洲的办事处开展以承接欧洲技术和产业转移为重点的对欧招商引资工作；开展以引进在欧高层次人才并带动团队和项目落户为重点的对欧招才引智工作；开展电子信息、生物医药等领域的对欧科技交流与合作工作；收集欧洲经济和产业发展情况的信息；宣传成都高新区创业环境，传递优惠政策和引进人才的诚意；积极帮助高新区科技型企业“走出去”，开拓欧盟市场。

【国际技术转移和成果转化项目】 成都希盟泰克科技发展有限公司和全球软件巨头－法国达索系统、成都勘测设计研究院签约，共同筹建联合研发中心，联手开发3D平台，共同打造水电设计解决方案。成都硅宝科技股份有限公司与意大利德诺公司达成协议，共同研发世界先进的密封胶（间歇法）生产线。地奥集团与SUB开展地奥心血康国际化项目获重大突破。2012年3月下旬以治疗性药品身份通过荷兰药品评价委员会的注册，获得在该国上市许可，实现中国具有自主知识产权治疗性药品进入发

硅宝－德诺生产线

2012 年 4 月 18 日，地奥心血康胶囊获准欧盟药品注册上市

达国家主流市场零的突破，同时成为欧盟成员国以外市场准入的第一个植物药。威特电喷与德尔福签订战略合作协议，将在柴油电喷产品开发、生产制造、系统整合、市场推广以及售后服务网络等方面开展合作。先导药物与赛普洛特斯建立体外药代和毒性检测平台。英泰力电子与易能森公司 WSN 技术的节能型无源无线控制系统达成协议，通过采购德国易能森公的芯片，英泰力电子有限公司基于该芯片研发成智能楼宇控制系列产品。

【国际科技项目合作交流】 成都九洲迪飞科技有限责任公司、成都和能科技有限公司、成都索贝数码科技股份有限公司、四川亚连科技有限责任公司、四川虹视显示技术有限公司获得四川省国际科技合作成果转化项目立项。成都阜特科技有限公司、成都雅途生物技术有限公司获得四川省 2012 年第三批国际科技合作与交流计划项目立项。成都阜特科技股份有限公司获得科技部国际合作司“国家国际合作专项 2012 年第一批项目”立项。

【第七届欧洽会】 第七届中国－欧盟投资贸易合作洽谈会于 9 月 25-27 日在成都锦江宾馆顺利举行。本届欧洽会以“技术转移、产业合作”为主题，内容采用了“1+4+7+N”的架构，即开幕式，2012 中国－欧盟商务合作圆桌会议、中欧创新集群合作暨国际技术转移对接活动、中欧企业配对洽谈会、EEN 全球合作伙伴会议四大主题活动，中国企业进入欧洲市场的战略规划 CEO 圆桌会议、先导化合物技术与产业发展国际论坛、波兰企业专场会议、法国蒙彼利埃大区红酒品及文化推广活动、欢迎晚宴、鸡尾酒会、欧洲产品展览展示七大专题活动以及若干场次考察配套活动组成。

作为第十三届西博会重要活动之一，本届欧洽会规格和档次创历届之最，在参会嘉宾级别、会议规模、活动内容、取得成效等方面均达到新的高度，欧洽会提升西博会国际化程度的作用更加凸显。全国人大副委员长陈昌智、商务部副部长钟山、四川省省长蒋巨峰、欧盟驻华使团副大使卡门·卡诺、荷兰经济部副部长克里斯·鲍因克、匈牙利创新署署长美沙洛什·久尔克等中外双方副部级以上领导 10 人、165 家欧方企业和 500 余家中方企业以及来自全国各地的 25 个创新型产业集群试点（培育）单位的近 70 名兄弟园区代表首次参加了本届欧洽会。

（成都高新区科技局）

创新服务

【概况】 2012 年，成都高新区技术创新服务中心成功构建“1233”（即一个中心：招才引智和孵化培育；二个保障：政策和服务；三个支撑：孵化器、公共技术平台和科技金融；三个阶段：企业初创期、成长期和发展壮大期）培育体系为内容、“四大观”（即大人才观、大孵化器观、大平台观、大服务观）为内涵的大孵化体系，实现楼宇小孵化向区域大孵化的转变。建成以 7 个国家级科技企业孵化器为骨干的 28 家孵化器群体，孵化总面积 120 万平方米，在孵企业超过 2000 家；孵化成功率达 85%，累计毕业企业近1000家，培育上市企业24家，孵化企业贡献的税收超过高新区工业企业半壁江山；入选中组部“千人计划”10余人、四川省“百人计划”50余人、成都市高层次创新创业人才100余人；精心打造天府创业论坛、天府创业故事汇、天府创业大赛等系列天府创业文化品牌。

【大孵化体系】 成都高新区孵化规模、孵化质量和服务能力大幅提升，孵化企业快速成长，创新创业资源快速聚集。启用政府示范孵化器——移动互联创业大厦，孵化总面积3.2万平方米，重点打造移动互联网产业专业孵化基地；新增天府创业园等民营孵化器3家，新增面积13万平方米。出台大孵化专项资金管理办法，完善大孵化专项资金管理；全年共受理310家企业申报，经初审后评审企业270家，获得资助企业198家，资助金额1570万元。走访在孵企业近300家，为60家企业联系银行、投资机构等对接服务，新增债权融资5亿元以上；举办企业培训20期，上千家企业参加。新增科技型初创企业同比增长40%。多个企业项目将国外最新科技成果进行再创新并实现产业化，达到国际先进水平，填补了国内空白。

【留学·博士创业园】 成都“留学·博士创业园”新增高层次人才创业企业90家，同比增长36%；新增高层次人才168名，其中海外高层次人才81名。组织、受理、评审了两批114名高层次人才申报的高新区创业启动资金和房租补贴项目，其中107家高层次人才创业企业获得4305万元资助。3家企业获得2012年中国留学人员回国创业启动支持计划资金90万元；6家企业获得2012年留学人员科技活动项目择优资助经费18万元；吴卫平入选中组部“千人计划”，获得100万元资助；14人入选“百人计划”、17人入选成都市人才计划，获得2700万元资助；3家企业获得中国首批最具成长潜力留学人员企业；吸引6名其它地区的“千人计划”入选者到高新区创业。参加大连海创周、中国留学人员广州科技交流会、四川省高层次人才培训会，举办“成都高新区高层次人才新春联谊会”等活动，大力推介成都创业环境及优惠政策。

【孵化培育】 成都高新区新增科技型初创企业432家，同比增长40%；创新中心新增企业160家，其中大学生企业82家；销售收入首次超千万元的企业达80家、超3000万元的企业达10家。企业获得各级政府项目资金无偿资助3768万元。其中，10家企业获得科技部创新基金580万元，16家企业获得2012年成都市企业自主创新一般项目等四类项目资金支持280万元。孵育企业成效凸显，启臣微电子绿色节能电源控制器芯片项目年销售收入将突破4000万元，翰德科技无线电全时频谱检测系统项目年销售收入超过3000万元，欧讯海洋科技深海电机和阀门配套蛟龙号项目年销售收入超过2000万元，恒图公司入选2012年中国通讯产业榜“中国移动互联网50强”，维动科技“地球防御者”荣获三星2012全球智能应用挑战赛二等奖，英泰力公司获得“成都市科技进步三等奖”。

【宣传策划】 成都高新区技术创新服务中心针对科技型中小企业发展特性，举办法律法规、优惠政策、市场营销、技术研发等各类专题培训120次。大学生创业园走进本地各高校进行政策宣讲、项目评审、人才招聘等各类活动20次。工会开展“面对面、心贴心，服务职工在基层”等关爱活动和组织劳动争议调解员等专题培训会，帮助43家企业新建基层工会。深入推进“天府”创业文化系列品牌建设。成功举办四期“天府创业论坛”，共有来自各孵化器、创业企业、产业联盟等近1800人参加；推出二十四期“天府创业故事汇”，在成都商报、每日经济新闻报上报道了24名高新区优秀创业者的故事，并在高新区官方网站及微博、天府创业网和各类企业QQ群等渠道广泛发布，同时，还将六位创业者的故事制作成“二维码”多媒体材料传播；成功举办中国创新创业大赛成都赛区分赛。创新中心被科技部火炬中心选定为2012（首届）中国创新创业大赛4个分赛区之一，承办了来自湖北、湖南、陕西、重庆、四川等中西部13个省、市、自治区343家企业的复赛及决赛。12家企业分获成都分赛区企业初创组和成长组的一、二、三等奖，并参加在北京举行的总决赛。其中，获奖的成都企业有5家。天府创业网站聚集注册用户2200多家，并针对企业服务范围日益扩大趋势，充分利用天府创业网站快速传播方式，强化网站服务内容，如启用“创业社区”交流窗口、搭建“成都高新区科技成果信息服务分平台”等。

【专业化工作】 成都高新区新认定公共技术平台22家，其中电子信息类21家、生物医药类1家，累计认定已达33家。对高端芯片测试、基于云计算的Saas应用、电影特效动画后期制作3个新建公共技术平台给予专项资金支持。IC平台顺利启动集成电路设计快速封装平台建设，与北京信诺达公司联合共建开放实验室，协助国微、华光瑞芯等4家企业申报集成电路设计企业认定，现经认定的IC设计企业达20余家。平台为85家企业160多个项目提供250余家（次）专业化技术服务，并联合Acconsys公司、宜硕科技、上海闳康等多家厂商和测试机构开展公益性技术培训11期。电子通信测试公共技术平台开发了最大声压安全性测试系统和软件，并与四川长虹、西南物理研究所、成飞611所等单位建立合作关系，为明瑞电子、天奥电子等80余家企业201个项目提供技术服务。生物医药分析测试平台开展CNAS认证工作，对外发布体系文件，并且为110家企业提供了1000家（次）测试服务，帮助企业缩短了新药开发周期10%以上，降低了近1000万元的研发成本，成为了中国西部小分子药物定性（量）分析最先进实验室之一。

【大学生创业】 2012年，大学生创业发展良好。新增载体2000平方米，新增创业项目115个，其中注册成立公司82家。累计吸引大学生创业企业或团队537家，就业3366人，总产值2.65亿元，上缴税收730万元。成立“中国大学生创业园（成都）大学生见习、实习基地”，开展实习实训课程22次，受训学员达310余人，为73名大学生提供实习岗位。

【孵化成果】 2012年，成都高新区技术创新服务中心及各孵化器的企业取得以下成就：

一、2012年成都高新区工业企业纳税百强（入榜孵化或毕业企业）

成都蓉生药业有限责任公司

成都四为电子信息股份有限公司

成都任我行软件股份有限公司

成都九洲迪飞科技有限责任公司

四川中自尾气净化有限公司

四川久远新方向智能科技有限公司

四川亚连科技有限责任公司

四川华雁信息产业股份有限公司

成都星宇节能技术股份有限公司

四川阳光润禾药业有限公司

四川亚联高科技股份有限公司

二、2012年成都高新区优秀高新技术企业（入榜孵化或毕业企业）

四川迅游网络科技股份有限公司

四川中自尾气净化有限公司

成都四为电子信息有限公司

四川深蓝环保科技有限公司

四川亚连科技有限责任公司

三、2012年成都高新区软件及服务外包十佳企业（入榜孵化或毕业企业）

百纳致远（成都）科技有限公司

四川久远银海软件股份有限公司

四川迅游网络科技股份有限公司

四、2012年度成都高新区企业经营优秀奖（入榜孵化或毕业企业）

四川亚联高科技股份有限公司

五、2012年成都高新区优秀创业企业

成都页游科技有限责任公司

成都万维图新信息技术有限公司

成都欣点科技有限公司

成都宝利根科技有限公司

成都慧成科技有限责任公司

成都上游数字娱乐有限公司

成都云麒麟软件有限公司

成都傲龙电子有限公司

成都安思科技有限公司

成都成电光信科技有限责任公司

成都英格瑞德电气有限公司

成都深思科技有限公司

成都联控电控系统有限公司

成都好果电子商务有限公司

成都霍睦斯电气有限公司

成都瑞途电子有限公司

成都万联传感网络技术有限公司

成都博和赢创科技有限公司

四川弘智远大科技有限公司

成都安卓英才软件技术有限公司

成都鼎格科技有限公司

成都力思特药物研究有限公司

成都宇能通能源开发有限公司

成都优购科技有限公司

成都定为电子技术有限公司

成都遨游数字娱乐有限公司
成都北岸科技有限公司
四川汇源星辰光电有限公司
四川金信石信息技术有限公司
成都朋万科技有限公司

六、2012 年度成都高新区创新创业人才奖（入榜孵化或毕业企业）

邹学明　奥泰医疗系统有限责任公司
陈元伟　成都海创药业有限公司
杨　刚　成都金浆高新材料有限公司
王献昌　成都软智科技有限公司
吴卫平　成都四平软件有限公司
黄　永　成都特普科技发展有限公司
梁　朋　四川三叶草生物制药有限公司
钟娅玲　四川亚连科技有限责任公司
郭　鹏　爱斯特（成都）医药技术有限公司
赵　磊　成都宝利根科技有限公司
李为民　成都穿越电子有限公司
宋　旭　成都福际生物技术有限公司
段　江　成都恒图科技有限责任公司
贺正全　成都摩尔生物医药有限公司
林　山　成都山信药业有限公司
王　暾　成都市美幻科技有限公司
熊楚渝　成都天钥科技有限公司
魏　波　成都万创科技有限责任公司
万华靖　成都新基因格生物科技有限公司
付清泉　成都伊诺达博医药科技有限公司
严永刚　四川国纳科技有限公司
邹铮贤　四川和芯微电子股份有限公司
罗旭斌　四川鱼鳞图数字技术有限公司
祝守宇　成都道永网络技术有限公司
国云川　成都集思科技有限公司
朱樟明　成都启臣微电子有限公司
邓一建　成都玉岭生物科技有限公司
许源平　成都智诚华信科技有限公司

七、2012 年入选中组部“千人计划”人选

入选企业	创业者	资助金额（万元）
成都四平软件有限公司	吴卫平	100

八、2012年入选四川省“百人计划”人选

入选企业	创业者	资助金额（万元）	入选企业	创业者	资助金额（万元）
成都鼎格科技有限公司	邓建华	100	成都盛泰尔生物医药科技有限公司	蔡文胜	100
成都优途科技有限公司	吴　哲	100	奥泰医疗系统有限责任公司	张　涛	100
四川世语者文化传播有限公司	汪　静	100	奥泰医疗系统有限责任公司	查乐平	100
成都盈风信息技术有限公司	陈晋川	100	成都三叶草生物技术有限公司	罗　顺	100
成都安恒信息技术有限公司	范　渊	100	成都睿智化学研究有限公司	谈平忠	100
成都灵动生物技术有限公司	姜长安	100	成都睿智化学研究有限公司	樊　磊	50
成都天志大行信息科技有限公司	钟　旭	100	成都恒图科技有限责任公司	李　岷	50

九、2012年入选“成都市创新创业人才计划”长期项目

创业企业	创业者	资助金额（万元）	创业企业	创业者	资助金额（万元）
成都天钥科技有限公司	熊楚渝	100	成都飞秒智芯科技有限公司	刘　雄	100
成都伊诺达博医药科技有限公司	付清泉	100	成都嘉元宽明网络技术有限公司	陶志忻	100
成都市美幻科技有限公司	王　暾	100	成都山信药业有限公司	吕少文	100
四川鱼鳞图数字技术有限公司	罗旭斌	100	成都畅达通地下工程科技发展有限公司	齐　琳	100
成都四平软件有限公司	吴卫平	100	成都恒图科技有限责任公司	李　岷	100
思澜科技（成都）有限公司	戴　涛	100	成都睿智化学研究有限公司	陈光武	100
成都新舟锐视科技有限公司	张　昕	100	成都睿智化学研究有限公司	樊　磊	100
成都灵动生物技术有限公司	姜长安	100	成都三叶草生物技术有限公司	罗　顺	100
成都南诺格生物科技有限责任公司	李沁桐	100			

十、2012年入选“成都市创新创业人才计划”首批青年项目

创业企业	创业者	资助金额（万元）	创业企业	创业者	资助金额（万元）
成都市悦顺科技有限公司	肖　悦	50	成都煜泉绿健科技有限公司	彭　腾	50
四川新帆语生物医药科技有限公司	张翼冠	50	成都正扬博创电子技术有限公司	吴　伟	50
成都中昂科技有限公司	罗俊海	50	成都希创掌中科技有限公司	李　庆	50
成都安擎微波科技有限责任公司	黄永锋	50	成都道永网络技术有限公司	刘林盛	50
成都爱群科技有限公司	张　强	50	爱斯特（成都）生物制药有限公司	刘卫国	50
成都睿明医疗信息技术有限公司	魏　平	50	成都新舟锐视科技有限公司	王晓刚	50
成都边界元科技有限公司	刘立俪	50			

十一、首批顶尖创新创业团队项目资助团队

团队名称	所在企业	资助金额（万元）	团队名称	所在企业	资助金额（万元）
奥泰超导磁共振团队	奥泰医疗系统有限责任公司	500	三叶草抗体/受体靶向生物制药团队	四川三叶草生物制药有限公司	500
睿智化学仿创药物团队	成都睿智化学研究有限公司	500	特普太抗创新生物农药团队	成都特普科技发展有限公司	500

十二、2012年入围中国留学人员创业园百家最具成长性创业企业

成都宝利根科技有限公司
成都福际生物技术有限公司
成都优途科技有限公司

十三、2012年获得国家人社部“中国留学人员回国创业启动计划”支持

创业企业	入选项目	项目类别	资助金额（万元）
成都天钥科技有限公司	通用身份认证系统及安全电子支付	重点	50
成都山信药业有限公司	非氟利昂气雾剂新药研发	优秀	20
成都道永网络技术有限公司	大流量移动互联网恶意软件监测系统	优秀	20

十四、2012年获得国家人社部“留学人员科技活动项目择优资助”

项目名称	获资助人	所在单位	项目类别	资助金额（万元）
移动显示用GOA技术的开发	周全国	成都京东方光电科技有限公司	启动类	3
地震预警和烈度（灾情）速报系统	王　暾	成都市美幻科技有限公司	启动类	3
高温高压腐蚀性烟气FeAl滤芯净化技术及装置	贺跃辉	成都易态科技有限公司	启动类	3
微波电路先进并行设计系统开发	邓建华	成都鼎格科技有限公司	启动类	3
移动云计算及其应用	肖　峰	成都斯菲科思信息技术有限公司	启动类	3
植物诱导有机肥素的研发	王　泓	成都澳立生态科技发展有限公司	启动类	3

十五、2012年获得成都市企业自主创新一般项目支持

企业名称	立项金额（万元）	企业名称	立项金额（万元）
成都鼎格科技有限公司	15	成都畅达通地下工程科技发展有限公司	20
成都掌上乾坤科技有限公司	20	成都科泰地理信息技术有限公司	15
成都恒图科技有限责任公司	20	成都普罗米新科技有限责任公司	20
四川浩特通信有限公司	15	四川中房北辰评估数据系统有限公司	15
成都数字娱乐开发环境工程技术有限公司	15	成都天志大行信息科技有限公司	15
成都旋极历通信息技术有限公司	20	成都真火科技有限公司	20
成都四为电子信息股份有限公司	15	成都摩尔生物医药有限公司	20
成都中科慧创科技有限公司	15	成都雅途生物技术有限公司	15

十六、入选国家高新区建设20年成就展企业

成都威力生生物科技有限公司
成都慧拓自动控制技术有限公司
成都易态科技有限公司
成都阜特科技有限公司
四川和芯微电子股份有限公司
奥泰医疗系统有限公司

成都梦工厂网络信息有限公司
成都锦天科技发展有限责任公司
四川九众互动网络技术有限公司
四川迅游网络科技股份有限公司
成都铁皮人科技有限公司
成都恒风动漫制作有限公司

十七、2012年获得高新区高层次人才创业启动资金及房租补贴企业名单

序号	高层次人才创业者	创业企业	序号	高层次人才创业者	创业企业
1	戴 涛	思澜科技（成都）有限公司	30	鄢 强	成都金倍科技有限公司
2	史爱武	成都智诚思创科技有限公司	31	张永奎	成都兴生源科技有限公司
3	杜 江	成都凯力科技有限公司	32	王太平	成都康训医疗器械有限公司
4	肖 悦	成都市悦顺科技有限公司	33	刘 涛	成都市思博睿科技有限公司
5	邓建华	成都鼎格科技有限公司	34	肖 峰	成都斯菲科思信息技术有限公司
6	李驹光	成都中嵌自动化工程限公司	35	罗 竹	成都悠云高科技有限公司
7	沈益民	成都边界元科技有限公司	36	张 昕	成都新舟锐视科技有限公司
8	张会雄	成都君晟科技有限公司	37	刘冀平	成都润锦科技有限公司
9	徐顺刚	成都众合新能科技有限公司	38	王 鹏	成都静水飞云科技有限责任公司
10	高瑜翔	成都位时通科技有限公司	39	佘春东	成都物联广通科技有限公司
11	吴 军	成都众合云盛科技有限公司	40	牟宗亮	成都易达天下网络科技有限公司
12	范 渊	成都安恒信息技术有限公司	41	钟 旭	成都天志大行信息科技有限公司
13	张 雷	成都理奥软件有限公司	42	李云峰	成都普罗云胜科技有限公司
14	施岳志	成都江法科技有限公司	43	刘大为	成都齐力同展科技有限公司
15	袁梦涛	成都安擎微波科技有限责任公司	44	修 梅	成都凡达科技有限责任公司
16	李 庆	成都希创掌中科技有限公司	45	何子述	成都蓏鼎科技有限公司
17	吴 哲	成都优途科技有限公司	46	吴建明	成都艾纬科技有限公司
18	孙从海	成都普益博汇信息技术有限公司	47	张爱民	成都天宇创新科技有限公司
19	肖 忠	四川圣维信息技术有限公司	48	杨祖念	成都市海德节能技术有限公司
20	张翼冠	四川新帆语生物医药科技有限公司	49	彭 滔	成都宇能通能源开发有限公司
21	姜长安	成都灵动生物技术公司	50	张 洋	成都颐泰合同能源管理有限公司
22	彭 腾	成都煜泉绿健科技有限公司	51	胡 敏	成都汉威科技有限公司
23	陈守春	成都华创生物技术有限公司	52	于春满	成都斯科泰科技有限公司
24	张 强	成都爱群科技有限公司	53	梁学栋	成都迈尔斯登科技有限公司
25	蒋琛光	四川博星莱特生物科技有限公司	54	崔太平	四川中房北辰评估数据系统有限公司
26	邓 涛	成都美进生物科技有限公司	55	陈 尧	成都乐梵科技有限公司
27	陶再南	四川美节纳米科技有限公司	56	叶 翔	成都逸创信息技术有限公司
28	向 明	成都慧成科技有限责任公司	57	门 铁	成都汉驰科技有限责任公司
29	胡 俊	四川恒达环境技术有限公司	58	许晓航	成都北岸科技有限公司

续表

序号	高层次人才创业者	创业企业	序号	高层次人才创业者	创业企业
59	赵慧娟	成都易联易通科技有限责任公司	84	宋海涛	成都理想境界科技有限公司
60	魏　平	成都睿明医疗信息技术有限公司	85	吴　伟	成都正扬博创电子技术有限公司
61	刘晓云	成都默一科技有限公司	86	张　铁	成都炳腾科技有限公司
62	沈　晖	成都君亚科技有限公司	87	刘　凯	成都天拓众成科技有限公司
63	蔡文胜	成都盛泰尔生物医药科技有限公司	88	马天琛	成都泰聚科技有限公司
64	卢　君	成都全分技术服务有限公司	89	赵　刚	成都知普莱生物医药科技有限公司
65	姜贵蓉	成都爱比骨科技有限责任公司	90	莫章桦	成都集瑞科技有限公司
66	陈　谨	成都锦泰和医药化学技术有限公司	91	张焕容	成都动康畜牧科技有限公司
67	周　密	成都三策科技有限公司	92	张　旭	成都中医大养生保健科技有限公司
68	罗俊海	成都中昂科技有限公司	93	陈　军	成都斯马特科技有限公司
69	杜明辉	四川星盾科技有限公司	94	王家林	四川荷斯马科技有限公司
70	廖永波	成都远晟科技有限公司	95	吕康模	成都莫非生物科技有限公司
71	关军伟	成都爱达尔科技有限公司	96	彭　娅	成都众睿达科技有限公司
72	第宝锋	四川磨溪山农业科技有限公司	97	许向阳	成都鑫钻纳米应用技术有限公司
73	何　麒	成都黑优客网络科技有限公司	98	胡海清	成都烯诺新材料科技有限公司
74	宋大余	四川川为电子有限公司	99	徐　明	成都西部智谷科技有限公司
75	邹　标	成都一动科技有限公司	100	李寒松	成都康立信科技有限公司
76	彭　洋	成都天际锐思科技有限责任公司	101	罗志华	成都银融汇博信息技术有限公司
77	唐友喜	成都定为电子技术有限公司	102	胡光初	成都前沿动力科技有限公司
78	余鸿飞	成都九方互动信息技术有限公司	103	李晓荔	成都恒云世纪网络技术有限公司
79	刘　浩	成都浩视通科技有限公司	104	刘　睿	成都彩色森林科技有限公司
80	谯　石	四川金信石信息技术有限公司	105	郭　科	成都恒普锐空间信息技术有限公司
81	马方凯	成都君万科技有限公司	106	张洪仁	成都威力士科技有限公司
82	邱　昆	成都成电光信科技有限责任公司	107	蒲丰严	成都先导药物开发有限公司
83	宋　波	成都攀峰科技有限公司			

十八、2012 年获得高新区大孵化专项资金资助企业名单

序号	创业企业	序号	创业企业
1	成都万众网络技术有限公司	8	成都格蓝洋生物医药科技有限公司
2	成都麦可科技有限公司	9	成都语言家多语信息技术有限公司
3	成都网绣互动科技有限公司	10	成都智汇科技有限公司
4	成都力思特药物研究有限公司	11	成都安卓英才软件技术有限公司
5	成都槟果科技有限公司	12	成都乐知软件有限公司
6	四川仁心医疗信息咨询有限公司	13	成都博和赢创科技有限公司
7	成都铁皮人科技有限公司	14	成都江天网络科技有限公司

续表

序号	创业企业	序号	创业企业
15	成都智科通信技术有限公司	51	成都天志大行信息科技有限公司
16	成都联控电控系统有限公司	52	四川江阳牧业科技开发有限公司
17	成都遨游数字娱乐有限公司	53	四川瑞讯电子工程有限公司
18	成都技高科技有限公司	54	成都谛听科技有限公司
19	四川省科本哈根能源科技有限公司	55	成都移花互动科技有限责任公司
20	成都安思科技有限公司	56	成都赛腾自动化工程有限公司
21	成都以诺信息技术有限公司	57	成都乐动信息技术有限公司
22	成都看客网络技术有限公司	58	成都中海数据处理服务有限公司
23	成都国蓉科技有限公司	59	成都闻得科技有限公司
24	成都咕咕舍网络科技有限公司	60	成都汇农科技有限公司
25	成都深思科技有限公司	61	成都霍睦斯电气有限公司
26	成都圣能科技有限公司	62	四川汇源星辰光电有限公司
27	成都摩奇卡卡科技有限责任公司	63	成都掌域通软件技术有限公司
28	成都瑞凌科信息技术有限公司	64	成都神迹数字娱乐有限公司
29	成都利采科技有限公司	65	成都三苗科技有限公司
30	成都傲龙电子有限公司	66	成都品果科技有限公司
31	成都优游信息技术有限公司	67	成都展康生物科技有限公司
32	四川光盾安防科技有限公司	68	成都茂扬电子科技股份有限公司
33	成都盛泰尔生物医药科技有限公司	69	成都电兴科技有限责任公司
34	成都瀚德科技有限公司	70	成都傲龙电子有限公司
35	成都携恩科技有限公司	71	成都锐成芯微科技有限责任公司
36	成都普利菲尔应用材料有限公司	72	成都优购科技有限公司
37	成都市达岸信息技术有限公司	73	成都忆程网络技术有限公司
38	成都融特通信技术有限公司	74	成都火种网络科技有限责任公司
39	成都优聚软件有限责任公司	75	成都浩霆科技有限公司
40	成都优格美科技有限公司	76	成都健康妈妈网络科技有限公司
41	成都亿凌光谷科技有限公司	77	成都里森纳科技有限公司
42	成都讯研科技有限公司	78	成都美美通信技术有限公司
43	成都合盛生物技术有限公司	79	成都青泽科技有限公司
44	成都万川博达医药科技有限公司	80	成都开心科技有限公司
45	成都嘉逸科技有限公司	81	成都欣点科技有限公司
46	成都易纪元科技有限公司	82	成都恒特嘉科技有限公司
47	成都维斯莱科技有限公司	83	成都飞腾科技有限公司
48	成都英格瑞德电气有限公司	84	成都智动软件有限公司
49	成都网成科技有限公司	85	成都新方洲信息技术有限公司
50	成都融禾科技有限公司	86	成都永盛世科技有限公司

续表

序号	创业企业	序号	创业企业
87	成都紫晶蓝创科技有限公司	124	成都市润业科技有限公司
88	成都蜂鸟互动网络科技有限公司	125	成都芯业泰华科技有限公司
89	成都赢丰无线科技有限公司	126	成都思动无限网络科技有限公司
90	成都十相科技有限公司	127	成都云麒麟软件有限公司
91	四川金瀚电子科技有限公司	128	成都天禄科技有限公司
92	成都市晶林科技有限公司	129	成都万联传感网络技术有限公司
93	成都通达智胜科技有限公司	130	成都飨客商贸有限公司
94	成都雅谷信息技术有限公司	131	成都册地科技有限公司
95	成都移商科技有限责任公司	132	成都电银科技有限公司
96	成都万维图新信息技术有限公司	133	成都元恒云创科技有限公司
97	成都鑫大合科技有限公司	134	成都军天科技有限公司
98	成都市玉米树科技有限公司	135	成都团博百众科技有限公司
99	成都岁月静好信息技术有限公司	136	成都阿艾夫通信有限公司
100	成都寓乐科技有限公司	137	成都亿友科技有限公司
101	成都维动科技有限责任公司	138	成都市蜀瑾科技有限公司
102	成都柠檬互动科技有限公司	139	成都英泰力电子有限公司
103	成都博盛信息技术有限公司	140	成都远程物联网科技有限公司
104	四川品杰科技有限公司	141	成都鑫恒达科技有限公司
105	成都纵横世代文化传播有限公司	142	成都神州互联科技有限公司
106	四川弘耀文化传播有限公司	143	成都博稀信息技术有限公司
107	成都弘智远大科技有限公司	144	成都掌沃无限科技有限公司
108	成都启源科创科技有限公司	145	成都霍睦斯电气有限公司
109	成都零距数码科技有限公司	146	成都慧拓自动化控制技术有限公司
110	成都集芯微电子有限公司	147	成都虹华环保科技有限公司
111	四川特伦特科技股份有限公司	148	成都欧迅海洋工程装备科技有限公司
112	成都上游数字娱乐有限公司	149	成都集增科技开发有限公司
113	成都天牧信息技术有限公司	150	成都天和软件技术有限公司
114	成都幻多奇软件有限公司	151	四川欣和嘉盛信息技术有限公司
115	成都艺创科技有限公司	152	成都盟升科技有限公司
116	成都云词科技有限公司	153	四川爱众生物医药科技有限公司
117	成都光恒互动科技有限公司	154	成都华锋科技有限公司
118	成都锐帆网智信息技术有限公司	155	成都星通科运科技有限公司
119	成都朋万科技有限公司	156	成都极地科技有限公司
120	成都梦想互动科技有限公司	157	成都众鑫达科技有限公司
121	成都缤果科技有限公司	158	四川数创科技有限公司
122	成都优成科技有限公司	159	成都凯泽科技有限公司
123	成都普世创远光电科技有限公司	160	成都赛美科技有限公司

续表

序号	创业企业	序号	创业企业
161	成都沃瑞特医疗设备有限公司	180	成都瑞途电子有限公司
162	成都棒棒糖科技有限公司	181	成都达瑞斯科技有限公司
163	成都德赛思微科技有限公司	182	成都可益轨道技术有限公司
164	成都博世德能源科技有限公司	183	成都英力拓信息技术有限公司
165	成都科达光电技术有限责任公司	184	成都天翼医药科技有限公司
166	成都诺恩生物科技有限公司	185	成都睿恒科技有限责任公司
167	成都威力弘科技有限公司	186	四川神琥科技有限公司
168	四川澄观节能环保科技有限公司	187	成都睿途科技有限公司
169	成都蜀昌科技有限公司	188	成都爱信雅克科技有限公司
170	成都市迅电网络技术有限公司	189	四川蓉汇达科技有限公司
171	成都知一软件有限公司	190	成都上艾电子科技有限公司
172	成都宝路通桥梁科技有限公司	191	成都安恒农资有限公司
173	成都赢创科技有限公司	192	成都美美臣科技有限公司
174	成都源泉生物科技有限公司	193	成都桑瑞思软件技术公司
175	成都泰锐晟科技有限公司	194	成都勇创软件有限公司
176	成都锦城梦真科技有限公司	195	成都市中州半导体科技有限公司
177	成都奇胜科技有限公司	196	成都新品营销服务有限公司
178	成都环宇芯科技有限公司	197	成都金春科技有限公司
179	成都卡德智能科技有限公司	198	成都视腾信息技术有限公司

十九、2012年大学生高校毕业生一次性补贴名单

序号	姓 名	创业企业	序号	姓名	创业企业
1	王　勇	成都莎乐贸易有限公司	16	林裕科	成都翔域科技有限公司
2	刘　希	成都千齐网络科技有限公司	17	李　平	成都骑行天下租赁服务有限责任公司
3	钟佼腾	成都本人环境设计有限公司	18	王关留	成都云丰档案管理咨询有限公司
4	李　彬	成都市天行通科技有限公司	19	韩丽培	成都芯锐科技有限公司
5	钟佳益	成都梦之舟科技有限责任公司	20	王　鑫	成都锦翔科技有限责任公司
6	叶　翔	成都逸创信息技术有限公司	21	牛泽松	成都市牛金科技有限公司
7	许　璐	成都槟果科技有限公司	22	肖建辉	成都中科合联物联网科技有限公司
8	万明利	成都市万家坊科技有限责任公司	23	曾　礼	成都新路土地整理有限公司
9	朱文宇	成都正然文化传播有限责任公司	24	张　蓉	成都桑瑞思软件技术有限公司
10	费　虎	成都金春科技有限公司	25	陈　霞	成都顶逸商务服务有限公司
11	陈　黎	成都睿恒科技有限公司	26	黄惠英	成都右灰文化传播有限公司
12	金　豪	四川光盾安防科技有限公司	27	周　鹏	成都筋斗云科技有限公司
13	张央东	成都西竹科技有限公司	28	谢　飞	成都勇闯软件有限公司
14	赵　洪	成都弘天生物科技有限公司	29	赵瑞熙	成都天禄科技有限公司
15	李志兵	成都胜源科技有限公司	30	谭戴林	成都沃瑞特医疗设备有限公司

二十、2012年高新区公共技术平台认定情况

序号	平台名称	建设承担单位	提供服务
1	IC设计公共技术平台	成都高新区技术创新服务中心	提供EDA、测试与验证、IP与MPW、人才培训等服务
2	捷译翻译公共服务平台	成都高新区技术创新服务中心	提供多语言服务
3	软件公共技术平台	成都天府软件园有限公司	提供基于软件开发、测试、人才培训等服务
4	软件外包公共技术平台	成都天府软件园有限公司	提供软件开发与测试共性服务
5	电子通信测试公共技术平台	成都－摩尔联合实验室	提供通信测试、认定等服务
6	高端芯片测试公共技术平台	成都三零嘉微电子有限责任公司	提供芯片终测、成测、IP验证、芯片技术指标分析
7	信息安全公共技术平台	成都国信安信息产业基地有限公司	提供信息安全测试、人才培训服务
8	软件评测公共技术平台	成都市信息系统与软件评测中心	提供软件评测服务
9	移动应用软件测试公共技术平台	四川软测技术检测中心有限公司	提供移动应用软件功能测试、性能测试、代码测试以及中国电信天翼空间入网测试、移动支付测试等服务
10	软件产品登记认证公共技术平台	成都信息处理产品检测中心	提供软件产品登记测试、增值税退税测试、软件产品鉴定测试、验收测试等服务
11	数字媒体公共技术平台	艾普德（成都）数字媒体技术有限公司	提供产品质量、测试、本地化、在线客服、美工、3D、动画、游戏软件开发及游戏产品服务
12	手机游戏转化公共技术平台	成都掌域通软件技术有限公司	提供基于Android、iPhone平台的手机游戏转化平台开发服务
13	工业园区信息化云服务公共技术平台	成都颠峰软件有限公司	提供云平台、信息化软件平台等专业服务
14	医技设备数字化共享公共技术平台		提供医疗系统平台及运营服务
15	云计算创新孵化公共技术平台	西信中心（信产公司）	提供针对IT开发、测试、发布、运维、云主机、云存储、带宽及IDC服务
16	云计算公共技术平台	成都云计算中心	提供Saas应用服务
17	基于云计算的SaaS应用公共技术平台	成都维纳软件有限公司	提供中日技术成果转移咨询、对接服务，引进创新日本优秀的SaaS服务产品，推动中小企业的信息化建设 合作单位：中国电信西部信息中心、日本原创软件协会、知名SaaS产品提供商（CYBOZU、AZIA等）
18	对日软件及服务外包公共技术平台	成都维纳软件有限公司	提供接单咨询、人才、技术、商务、国际市场拓展等服务

续表

序号	平台名称	建设承担单位	提供服务
19	Ruiming3D 动漫影视后期编辑制作公共技术平台	成都数字媒体技术产业化基地有限公司	提供 3D 动漫影视后期编辑、制作等服务
20	数字音乐音效制作公共技术平台	成都晓音数字娱乐科技有限公司	提供基于数字音乐的音效制作服务
21	CoreCAD 辅助设计公共技术平台	成都意动非凡数字科技有限公司	利用 CAD 技术，提供计算机服务设计服务
22	药物筛选公共技术平台	成都地奥制药集团有限公司	提供靶分子研究、模型研究、药物筛选、结果分析等服务
23	新药发现及开发公共技术平台	四川大学生物治疗国家重点实验室	提供计算机辅助药物分子设计和虚拟筛选、天然药物有效成分分离纯化及工业级制备、蛋白鉴定、肽序列分析和精确分子量测定等服务
24	生物医药分析测试公共技术平台	成都睿智化学研究有限公司	提供药物的分离纯化、制备、定性及定量分析等服务
25	临床前研究（GLP）公共技术平台	成都华西海圻医药科技有限公司	提供毒性、致癌、安全性、免疫原性、药（毒）代动力学试验等服务
26	临床试验研究（GCP）公共技术平台	四川大学华西医院	提供药物临床动力学、新生物制剂的临床试验、药物基因组学研究等服务
27	天然药物工程技术研究公共技术平台	成都地奥制药集团有限公司	提供天然药物中试生产服务
28	蛋白质药物研发及中试（细胞培养）公共技术平台	四川三叶草生物制药有限公司	提供医药中试工艺建立和优化、蛋白质药物提纯、去病毒工艺等服务
29	蛋白质药物研发及中试（细菌发酵）公共技术平台	四川恒星生物医药有限公司	提供蛋白质药物发酵、纯化、质量标准研究等服务
30	分子诊断研究分析公共技术平台	成都新基因格生物科技有限公司	提供医药分子诊断、研究对比等服务
31	免疫类及生化类体外诊断产品研发及中试公共技术平台	四川省新成生物科技有限责任公司	提供非临床研究、测定动物血液标本（生化、免疫类）、信息咨询及培训服务
32	干细胞技术产业公共技术平台	成都清科生物技术有限公司	提供干细胞技术服务
33	临床药学研究公共技术平台	四川大学华西药学院临床药学研究中心	提供药物制剂等效性评价研究、新药非临床和临床药动学研究和药物新制剂研究等服务

（成都高新区创新中心）

软件业推进

【概况】 2012年，成都高新区聚集了全市80%以上的软件企业，在信息安全、数字新媒体、服务外包等领域已具备一定产业基础和比较优势，同时不断优化和拓展产业领域，积极探索移动互联网、云计算等新兴领域突破办法，逐渐成为全球知名软件及服务外包企业重点布局区域和产业聚集的"洼地"，成为国家各部委部署的软件及服务外包示范基地，拥有12个国家级软件产业基地称号。

【软件业发展政策】 成都高新区充分发挥政府的产业规划和政策引导职能以及行业协会的桥梁、监督和规范职能，制定产业发展规划，形成错位发展格局，促进产业协调发展，带动软件和信息技术服务业整体实力的提升。先后出台了《成都高新技术产业开发区加快软件产业发展的优惠政策（试行）》以及知识产权、标准化战略、科技创新、资本市场、股份报价转让和高级人才奖励等专项扶持政策。

2012年，高新区在国内率先提出了移动互联网产业发展战略，并召开新闻发布会向全球发布。出台了《成都高新区管委会关于加快推进移动互联网产业发展的意见》《成都高新区加快移动互联网产业发展的政策》等文件，确定了高新区移动互联网产业发展的战略定位、总体目标、发展思路、主要措施及配套政策；成立了以管委会主要领导为组长的"成都高新区移动互联网产业推进工作领导小组"，以各职能局主要领导为成员的"成都高新区移动互联网产业推进工作领导小组办公室"；编制了《成都高新区移动互联网产业发展报告》《成都高新区移动互联网产业发展规划》《移动互联网产业知识介绍》手册等资料。

【软件业发展状况】 一是企业情况。2012年，高新区软件及服务外包产业实现销售收入550亿元，同比增长10%；离岸服务外包销售收入5.5亿美元，同比增长50%以上。聚集软件及服务外包企业850余家，其中，移动互联网企业200余家；申报技术先进型服务企业7家。高新区作为全市软件产业重点布局区和企业主要聚集区，截至12月底，已聚集全市80%以上的软件企业。

二是载体情况。政府投建项目。成都高新区先后投资兴建了创新中心（含西部园区）、孵化园、天府软件园等软件产业载体。天府软件园是全国最大的单体软件园区，入驻企业350余家，租售率达87%，其中，一、二期租售率达95%。2012年，天府软件园新建成并投入使用G区二批次，累计建成面积130余万平方米。同时，政府载体加强对移动互联网创业企业的支持力度。创新中心"移动互联网创业大厦"挂牌并投入使用，入驻30余家移动互联网企业，使用面积8745平方米；天府软件园新增B7栋打造移动互联网创业场，共有1.4万平方米，120个孵化单元，可容纳100余个创业团队。

企业自建项目。企业自建房以企业自用为主，部分项目对外租售，成为重要的软件产业发展载体，包括电子集团30所的信安产业园，四川电信西部信息中心，中兴通讯，赛门铁克、腾讯、川大科技园等项目。

社会化载体。社会化载体主要是各类商业楼宇，高新区南部园区社会载体在建面积超1000万平方米。

【主要软件企业及产品】 信息安全：成都高新区信息安全产业集群已经初具规模，拥有迈普、卫士通、三零盛安、川大能士、信都等60余家具有自主知识产权的信息安全产品研发、生产和信息工程涉密系统集成服务企业，从业人员上万人，2012年产值近百亿元。信息安全企业承担的国家各级信息安全科研项目200余项，形成了一批以网络通信和信息安全科研为主的核心技术，在全国具有显著特色和优势。形成了以中电集团30所为龙头，华为数字、盛安、迈普、卫士通等企业为骨干，四川大学、电子科大、西南交大、成都信息工程学院等院校为支撑的产、学、研相结合的产业联盟发展态势。

数字新媒体：四川省、成都市将数字新媒体产业作为省市重点发展的战略性产业，并确定成都高新区作为数字新媒体产业发展的核心区，2005年成都获得国家科技部“国家数字媒体技术产业化（四川成都）基地”授牌。成都高新区从最初发展数字动漫、网络、游戏、手机游戏、XBOX游戏等数字媒体内容产业，到逐步形成了“五大领域、八大业态”，即包含“内容研发——服务运营（集成）——网络运营——运营支撑——终端及装备”的完整产业链，包括数字电视、数字音乐、移动互联网应用、游戏动漫、电信运营增值业务等，是全国数字游戏产业的五大聚集区之一。

服务外包：成都高新区不断深入国家服务外包基地城市示范区建设，软件服务外包企业承接和交付能力、管理能力与国际市场开拓能力逐年提升。服务外包产业以超过30%的复合增长率快速增长，全球服务外包前100强企业如IBM、埃森哲、维普罗等落户成都，中国服务外包10大领军企业如东软集团、海辉软件、软通动力、文思创新、博彦科技等在成都设立了分支机构，摩托罗拉、育碧、安捷伦等超过40家的跨国集团企业在成都设立了全球交付中心、共享服务中心或研发中心；马士基全球单证处理中心及物流处理分公司，DHL（敦豪航空货运公司）成都服务中心和中国区财务结算中心，西门子全球唯一的多语言IT运营中心等陆续投入营运；聚集了IBM、爱立信、埃森哲、腾讯、阿里巴巴等数百家国内外知名企业，集群发展态势逐步形成。

2012年，成都高新区的索贝数码、颠峰软件、聚思力信息技术、维纳软件、音泰斯计算机（成都）、新蛋科技（成都）等9家企业入选“2012年度中国服务外包领军企业及成长型企业百强”名单，其中颠峰软件、聚思力信息技术、音泰思计算机技术（成都）已连续3年获得此奖项。

【软件业服务】 一是锁定移动互联网领域，全力推进软件产业再上新台阶。制定规划和政策。经过全域调研和审慎研究，高新区决定将下一个软件产业增长点锁定在移动互联网领域。在国内率先提出了移动互联网产业发展战略，并召开新闻发布会向全球发布；出台了《成都高新区管委会关于加快推进移动互联网产业发展的意见》、《成都高新区加快移动互联网产业发展的政策》等文件，确定了高新区移动互联网产业发展的战略定位、总体目标、发展思路、主要措施及配套政策；成立了以管委会主要领导为组长的“成都高新区移动互联网产业推进工作领导小组”，以各职能局主要领导为成员的“成都高新区移动互联网产业推进工作领导小组办公室”；编制了《成都高新区移动互联网产业发展报告》、《成都高新区移动互联网产业发展规划》、《移动互联网产业知识介绍》手册等资料。

宣传交流和招商引智。多次赴京、沪等移动互联网产业发达地区，参加行业会议、学习先进经验、拜访招引重点企业和业内顶尖人才、宣传产业环境、交流行业信息。2012年，成功引进了趣游轻游戏基地、新浪无线研发中心、TCL通讯研发中心、佳明GPS研发中心和2K游戏研发中心等一批国内外知名企业；跟踪了触控移动游戏支付中心、趣玩电子商务总部、胡莱游戏、宫爆老奶奶游戏、友盟行业数据中心、Forgame移动游戏、先智创科移动广告等一大批有强烈入驻意向的移动互联网项目。先后荣获了“赛迪新一代信息技术创新示范园区”和“易观2012移动互联网区域生态环境之星”等专业奖项。

产业环境营造。载体建设：创新中心“移动互联网创业大厦”挂牌并投入使用；天府软件园新增B7栋打造移动互联网创业场。交流平台和行业中间组织建设：联合百纳信息先后多次举办移动互联网主题活动；组织承办2012百度开发者大会成都站活动和腾讯开放平台成都沙龙活动；支持天翼空间与百纳信息开办咖啡沙龙，为企业日常交流提供平台；支持优聚软件举行移动游戏掘金闭门会议，邀请20余家国内外顶尖企业交流移动游戏如何盈利等等。

二是深化企业服务、加强企业培育。服务外包方面：50家企业获得技术先进型服务企业认定；9家进入商务部服务外包企业100强。协助20家企业获得2012年商务厅外经贸区域协调发展促进资金700万元；协助30家企业申报2012年度技术出口贴息资金、40余家企业申报2012年度国家商务部人才培训资金。企业服务方面：全年为企业提供产业政策咨询及申报受理、企业资质认证、员工公寓申报等各项服务上百家次。协助企业申报各类产业资金，包括为61家企业申报2011年人才奖励资金3730余万元、为18家企业申报投资协议培训补贴280余万元、40家开展和通过CMMI认证企业申报补贴594万元。企业培育方面：全年调研走访重点软件企业200余家，全年通过软件产业专项资金扶持项目共计48个，支持金额3050万元，其中移动互联网、云计算等新兴产业领域支持率占90%。数字天空、趣游、中联信通、飞鱼星、移花互动、尼比鲁、网成科技等一批本土企业快速增长。

三是组织和参加专业会议。完成2012年第十届中国国际软洽会相关工作，成都市获得工信部“中国软件产业名城”授牌，并承办其中“2012中国云计算产业发展论坛”。积极组织企业参加第一届中国（北京）国际服务贸易交易会、第十六届中国国际软件博览会、中日软件及服务外包论坛、东京动漫展、香港ICT展、大连软交会等国内外知名行业展会。举办了“2012成都CAF卡弗动漫游戏展”、“2012中国移动游戏大会”等专业展会。

四是积极推动高新区与都江堰产业合作。根据成都市委、市政府实施“产业倍增”、“三圈一体”五大兴市战略的总体要求，按照党工委、管委会指示，牵头推动高新区与都江堰在软件及服务外包产业领域的合作，积极推动双方在品牌共享、招商引资、人才交流、技术平台、园区建设等方面达成合作意向。

生物医药推进

【概况】 2012年，成都高新区生物医药产业实现主营业务收入71.2亿元，重点项目完成投资5.2亿元，全面完成全年目标任务。聚集生物医药企业264家，其中，生产企业117家，研发及服务外包企业46家，医药流通企业91家，管理咨询等其他服务型企业10家。生产企业中规模以上达到40户，销售收入过亿企业19户。生物医药从业人员2万余人，其中，硕士以上学历1800余人，“千人计划”引进人才7人。共有195个药品和医疗器械方面的研发和产业化项目，其中，临床前研究阶段100个，临床试验阶段48个，申报注册和产业化阶段47个。成功引进江苏恒瑞总投资5亿元的创新药物产业化基地、百裕集团总投资6.6亿元的生产基地暨总部基地、500强制药企业阿斯利康全球化合物科学总监李进博士总投资1500万美元的先导化合物筛选平台等一批重大项目。初步形成了涵盖药物发现、药物开发、临床前评价、临床试验、中试生产等全过程的新药研发体系，以及中药、化学药物、生物技术药物、医疗器械、技术服务五大企业集群。作为西部唯一的生物医药产业园区，成都高新区2012年被国内专业机构评为“中国生物医药最佳园区”。

【生物医药产业】 2012年，成都高新区生物医药产业实现主营业务收入71.2亿元，其中，规模以上企业实现主营业务收入65亿元，完成工业增加值25.7亿元，规模以上企业主营业务收入和工业增加值继续位居全市第一。新增销售收入过5亿元企业1家，过亿元1家，过5000万2家；年销售收入过亿元品种1个。

列入市生物医药重点项目计划的9个项目共计完成投资5.2亿元，其中，康美饮片生产基地全面投产；恩普生医疗器械生产基地竣工进入试生产；欧林生物疫苗研发生产基地办公及研发大楼已竣工，一期生产厂房进入设备安装调试；奥泰医疗生产线扩建项目已完成3条生产线建设。

【招商引资】 500强企业GE（通用电气）总投资8000万美元的成都创新中心项目正式运营；国内50强企业江苏恒瑞总投资5亿元的创新药物产业化基地成功落户；500强制药企业阿斯利康全球化合物科学总监李进博士总投资1500万美元的先导化合物筛选平台项目实现当年签约、当年建成投运；奥普生物研究中心、百裕集团生产基地等一批项目成功签约。通过与中国药促会、美国华人医药科学家协会等机构建立专业招商渠道，进一步促进专业化招商能力的提升。

【重点项目促进】 成都天河生物医药科技园总体规划设计方案已经通过审核，正式启动一期项目建设（图1、图2）；先导药物项目一期研发人员招聘到位，已完成500万个化合物合成；三叶草项目首个生物仿制药SCB-808已完成临床前研究，项目申请进入产业化阶段；成都海圻“千人计划专家生物医药科研基地”确定了“企业主导、市场主体，整合资源、合力推进”原则，正稳步推进；睿智化学“仿创药物产业化基地”细化方案已上报管委会；源生紫杉肽项目Ⅱ期临床已完成，正进行最后资料补充。

【产业培育】 推进企业产业化进程。迈克科技在区内新征产业化用地60亩、投资8亿元，建设电子医疗器械生产基地；升和制药、新帆语、苑东药业、摩尔生物、国纳生物、雅途生物、新成生物等一批项目也纷纷征地实施产业化项目。

配合地奥、蓉生、三叶草、升和、苑东等企业积极争取国家“重大新药创制”科技重大专项、国家重点产业振兴和技术改造项目立项支持，帮助“超导磁共振医学成像系统的研发和产业化”等8项目获得省战略性新兴产业专项支持超过5000万元，推荐睿智化学等25个企业项目获得市生物医药创新项目计划支持640万元。

实施产业专项。认真规范2012年度高新区生物医药产业专项资金实施，严格按照项目入库、实地调研、专家评审、项目例会票决等评审程序，筛选出18个重点项目给予1500万元的专项支持。成功带动区内9个药品获得生产批件，43种医疗器械获得注册证书，6个新药获批进入临床试验。

【企业服务】 协调优途科技、自豪药业等企业申请天使投资支持；苑东药业与倍特药业委托生产的药品生产许可证变更；成都海圻与华西GLP的房屋租赁到期续约；山信药业设立中以合资企业工商注册出现场地问题；创宜生物副总裁胡怀忠享受“成都市高层次创业人才”待遇受阻；西南国际医疗器械城开业庆典遭遇计划停电等事宜，受到企业好评。

【产业研究】 深化产业研究。完成《2012年上半年生物医药产业运行分析及应对措施》、《关于加快高新区生物医药产业发展的五点思考》、《成都高新区生物医药产业发展报告》等系列研究报告和经济运行分析文章，以及侧重产业动态跟踪的《成都高新区生物医药产业专报》3期。

梳理产业发展现状。完成《高新区生物医药企业存量用地情况分析报告》、《高新区生物医药企业生产环节向区外转移情况调查表》、

《2012年高新区生物医药重点项目进展情况》等专题调研资料。

开展项目普查工作。在全面开展产业普查的基础上，构建生物医药企业数据库，编撰了264户企业花名册，便于企业信息快速搜索；全面启动生物医药产业项目普查工作，构建了拥有195个（药品和医疗器械研发及产业化）入库项目（临床前研究阶段100个，临床试验阶段48个，申报注册和产业化阶段47个）的“高新区生物医药产业项目资源库”。

1、对区域借助专业平台，提升产业形象。积极争取成都高新区作为西部唯一的生物医药产业园区被国内专业机构评为“2012中国生物医药最佳园区”，成为中国生物医药领域最具技术优势、资源价值和投资潜力的先进园区之一，被美国Nature杂志、搜狐、新浪、国际文传、美通社（亚洲）等国内外知名媒体集中报道，在业界产生了积极影响。

2、在面上围绕产业促进，实施专题服务。一是针对生物医药初创企业融资难，开展“为生物医药企业插上天使的翅膀”的天使投资基金与生物医药企业专场对接活动。二是针对冯家湾生物医药园区提档升级，举办“冯家湾生物医药科技园区规划建设情况通报暨提升企业服务水平座谈会”。三是针对成长型企业对政策依存度高，开展“科技政策助推生物医药企业持续创新”的送政策上门服务活动。四是针对新药研发企业技术水平较低，举办以“生物医药创新与国际合作”为主题的具有一定国际水平的“先导化合物技术与产业发展国际论坛”。

3、对个体强调过程服务，确保项目落地生根。以优质高效专业服务确保重点项目当年落地、当年生根。3月2日，英国阿斯利康全球化合物科学总监李进博士具有国际先进水平的先导化合物筛选平台项目与高新区签约，医推办即作为重点工作之一安排专人全力给予跟踪服务。如，参与新公司合同、章程讨论，协调公司注册。落实场地交付，帮助项目及时完成装修及设备安装调试。跟踪人才招聘，一期60名研发人员迅速到位。落实相关政策，增强企业发展信心。提供专业支持，在欧洽会上共同举办“先导化合物技术与产业发展国际论坛”，引起业界广泛关注，帮助企业拓展市场。

（成都高新区生物医药推进办公室）

教 育

教育事业

【概况】2012年，成都高新区教育事业稳步发展。全区教育工作紧紧围绕教育均衡化、现代化、国际化发展要求，继续实施内培外引战略，以素质教育为抓手，以教育教学质量建设为导向，围绕学风校风教风建设，强化学校常规化管理，不断丰富和完善优质教育与平民教育、品牌学校与特色学校相结合的发展体制和运行机制。教育工作实现高位均衡优质发展，受到党工委管委会主要领导和市教育局的充分肯定。在市政府教育督导团开展的教育现代化监测中，社会各界及家长对高新区教育工作的满意度位居全市第一；义务教育质量均衡度位居全市第一。

【教育改革】 推进教育组织结构改革。深入推进“内培外引”“组团发展”“校际联盟”，有效开展了共同研修、资源共享、开放办学等工作，在学校管理、课程建设、校本教研等方面加强合作，实现互促共赢目标。推进管、办、评分离，探索建立了“一年一考核，三年一评估”的学校管理考核体系，制定了《2012年中小学年度考评细则》，委托市教育学会等开展绩效评估。在自查自评的基础上，外聘市内顶尖知名专家对照学校工作报告、自查报告和相关印证材料组织开展学校年度工作考核。

推进名优学校培养。加大力度支持七中初中、石室天府中学、泡桐树小学（天府校区）等引进学校办学。按照省级示范学校标准新开办了西芯小学与七中初中附属小学。开展玉林中学、中和中学两所学校省级示范性普通高中自查评估和初核工作。和平学校、芳草小学、滨河学校、顺江学校被评为成都市义务教育阶段新优质学校。

推进中小学课程建设。认真落实新的国家义务教育课程标准，邀请北京师范大学出版社专家视导课堂教材使用情况，并与区内优秀青年教师同课异构。各学校以合格课程、优秀课程和示范课程建设为抓手，坚持“赛课”与“晒课”并举，研制学校课程建设方案，切实推进基础型课程校本化，积极开发和实施拓展型、研究型课程，使学校课程朝着满足学生多样化需求迈进。

【教育发展】 2012年，新开办西芯小学、七中初中附属小学。按照“整体规划、分步实施”原则，全面开展了教育技术装备和校园文化建设等标准化提升工程，推进教育信息化和实验室建设，全面提升教学和信息技术装备水平，完成非重点建设项目申报57项，投入资金6000万元，有效改善办学条件。新开办6所公益性幼儿园，进一步提高了公益性幼儿园的覆盖面。推进教育建设项目。积极协调推进中和片区学校幼儿园规划建设，启动了新城学校等5所中小学及5所幼儿园建设，预计将于2013、2014年分批建成开学。推进大源片区1所小学3所幼儿园规划建设，推进西区西南片区1所小学1所幼儿园规划建设，预计2014年建成开学。

【教育装备】 实施教育装备标准化提升工程，实现办学条件提档升级。在中小学硬件建设方面，实施改造教室光环境、提升教育技术装备和改造学校运动场3项措施。推进教育信息化和实验室建设，提高教学和信息技术装备水平，完成非重点建设项目申报57项，投入资金6000万元。完成实验室仪器、图书采购、多媒体录播教室、摄录编系统、光环境改造等采购项目工作。按照成都市中小学数字化图书管理平台建设的总体部署，建成高新区数字化图书管理平台。按照“突出重点、分批改造”的原则，对全区30所公办中小学运动场进行改造，为学生提供安全、舒适、现代的运动场地。

【教育安全工作】 教育主管部门与各街道办（各民办幼儿园归其管理）、中小学（含民办学校）、公办幼儿园签订安全管理责任书。建立规范统一的学校（幼儿园）安全管理工作台账，并开展了安全管理工作台账交叉检查。继续开展“百日安全生产”、“校园周边综合治理”、“城乡环境综合治理”、“防汛”、“（火灾或地震）紧急疏散演练”等活动。继续做好门卫值班、校园安全监控、食品（食堂）安全、卫生、校车管理、学生保险、住校生安全管理、安全教育（交通、防溺水、消防、卫生）等安全常规工作。在全市范围内首创“中小学教师安全教育赛课评比活动”。开展学校“优秀安全校本教材”评比活动，同时组织精干力量编写高新区的“中小学生安全教材”。全区基础教育各学校全年无安全责任事故发生。

校园安全工作长抓不懈。坚持“预防为主、防治结合、加强教育、群防群治”的原则，把培养师生安全意识同宣传教育相结合，消除安全隐患同日常管理相结合，提高应急处置能力同定期组织演练相结合，积极开展交通、消防、食品卫生、疾病预防、警校共育等专题教育培训活动和专项检查活动。在加强学校安全工作领导，完善安全工作制度，健全安全工作机制方面狠下功夫，逐步形成了“自查—督查—整改—强化—保持”的学校、幼儿园安全工作运行机制。

基础教育

【概况】 截至2012年12月，成都高新区共有幼儿园52所，各级各类学校38所。其中，公办学校27所（高完中6所、职业中学1所、九年一贯制学校7所、单设初中1所，小学12所），民办学校8所，国际学校3所。全区在校中小学生52863人，在园幼儿11943人，在校外籍学生738人。全区中小学教师在编共计2763人（其中在编在岗2746人，离岗待退17人），离退休862人。有省市特级教师27名，市学科带头人37名，市级优秀青年教师68名，区级学科带头人105名。幼儿园教职工2081人。

现有国家级重点职业中学1所，省级示范性普通高中3所，市级示范性普通高中2所，市级义务教育示范学校4所，一级幼儿园4所，二级园22所，三级园11所。国家级语言文字规范化示范学校1所。省级校风示范学校6所。省级实验教学示范学校5所、现代教育技术示范学校3所。省、市级科技教育示范学校12所。省级体育传统项目学校2所。省级艺术教育特色学校1所。

2012年成都高新区基础教育学校基本情况表

学校性质		学校名称	学校数
直属学校	高完中	成都玉林中学	6
		成都高新实验中学	
		玉林中学（石羊校区）	
		电子科技大学实验中学	
		中和中学	
		石室天府中学	

续表

学校性质		学校名称	学校数
直属学校	九年一贯制学校	成都高新和平学校 成都高新顺江学校 成都高新大源学校 成都高新滨河学校 成都高新新源学校 成都高新新世纪城南路学校 成都高新新科学校	7
	单设初中	成都七中初中学校	1
	小学	玉林中学附属小学 芳草小学 高新实验小学 新光小学 中和小学 锦城小学 庆安小学 益州小学 锦晖小学 泡桐树小学（天府校区） 西芯小学 七中初中附属小学	12
公办幼儿园		和美实验幼儿园	1
民办小学		银都小学 金苹果公学	2
民办九年一贯制学校		成都华兴外国语学校 成都高新区中和利民学校 成都高新区东华育才学校 成都高新区益民学校	4
民办十二年一贯制学校		成都美视国际学校	1
民办职业技术学校		成都金海洋创意产业职业技术学校	1
国际学校		成都美视国际学校（MIS） 成都爱思瑟国际学校（ISC） 成都美国学校（QSI）	3
合计			38

【教师队伍建设】 大力推进教师“区管校用”人事制度改革，促进学校干部教师流动，推进教师资源的均衡配置，全年交流干部教师100人。积极推进素质教育、高中新课改、解决流动人口子女入学等工作。按照国家城市师生比标准核定教师编制，小学、初中、高中的编制

标准分别调整到1:19、1:13.5、1:12.5，并明确小学、中学专任教师编制数不低于学校总编制数的90%、85%。

根据高新区教师招聘工作领导小组统一安排，前往国内六所部属师范院校招聘应届大学生，共计招聘133人。分别完成2012届应届大学生招聘，面向社会公开招聘教师140人，2012年教师公招等工作。开展师德建设工作，出台了《成都高新区社会事业局关于切实加强中小学幼儿园教师师德师风建设的实施意见》。

制定了《成都高新区中小学干部教师外出培训管理办法（试行）》，规范教师培训活动。组织区内教师赴上海、北京、南京等地参加培训，共计培训410人（次）。出台《关于开展新教师见习期培训的实施意见》《关于建立高新区学科教学实训基地的实施意见》，启动高新区学科实训基地建设工作；出台《成都高新区名师工作室管理办法》，挂牌成立了首批18个名师工作室，由省市特级教师和学科带头人领衔；出台《成都高新区教师读书活动方案》，开展全区教师读书活动，提升教师专业水平和综合素养。

【教育教学】 提高办学水平取得实效。2012年，全区高考居成都市城区第三位，本科硬上线1377人，同比增加194人。其中，玉林中学重点本科上线取得历史性突破，首次突破100人大关，达到108人；石室天府中学国际部，32名毕业生全部考入美国前70强大学，位居全市中学国际部第一名；玉林中学等四所学校高中工作受市教育局表彰奖励。中考成绩重点中学上线1758人，同比增加457人；重点率51.45%，同比增长13.38%，首次位列第三位。七中初中学校上重率84.82%，继续居全市公办初中学校第二名；新源学校、滨河学校重点率达到50%左右，创历史新高。

特色小学建设进一步加强。推进教育的个性化和办学的特色化，强化小学特色是质量、品牌和发展的意识，在泡小天府校区召开了全区小学管理及特色小学建设现场会。与《人民教育》编辑部联合召开首届全国和美教育论坛，宣传中和小学特色学校建设经验，在中和小学设立“全国和美教育联盟”永久性秘书处，来自北京、上海等20余个省市的代表参加了论坛。11月28日，《成都日报》在第二版以《放眼国际视野，培育创新人才》为题，刊登了高新区区域整体推进科技创新教育的经验。

首届和美教育论坛在中和小学召开

加快推进九年一贯制学校高位求进。出台了《关于进一步加强九年一贯制学校建设的意见》，提升九年一贯制学校办学品质，构建一体化的学校文化建设模式。尤其推进九年一贯制学校课程整合和教学衔接，单独构建了九年一贯制学校考评体系。与《中国教师报》编辑部、中国教育学会、市教育局联合召开全国九年一贯制学校创新教育研讨会，主会场设在和平学校。11月26日，《成都日报》在第二版以《九共体的高新共识》为题，刊登了高新区九年一贯制学校首创“九共体”教育模式的创新实践发展经验。

【素质教育】 构建国学经典诵读和中小学生读书节体系，形成了诵经典、写经典、画经典、讲经典、辩经典活动系列。七中初中、泡小天府、和平学校三个节目获得由市文明办等6部门组织的全市经典诵读电视大赛特等奖并参加成都电视台现场颁奖晚会，位列全市第一，一大批师生在各级各类国学比赛中获奖。科技教育上新台阶。石室天府中学成功承办了全省青少年创新大赛、全国机器人比赛等活动，新科学校成功承办了全市青少年创新大赛等活动。组织参加全市三年一届的科技创新教育成果展览，获得市科协、市教育局的高度评价。认真组织开展校园科技节，评选表彰了全区十佳科技创新型学校，十佳、十优科技创新型教师、学生。全区占全市获省级以上奖励师生1/3强，5所学校进入全市综合评比前6名，继续稳居全市科技教育评比第一名。新科学校被评为成都市科技教育示范学校。

【农民工子女教育】 2012年，高新区教育系统共解决农民工子女入学1496人，居住证持有者子女入学547人。结合高新区服务企业、服务产业的实际情况，按照“相对就近、划片指定、统筹协调”的原则，农民工子女全部安排到15所公办中小学就读。继续开展贫困学生教育资助行动，确保没有一个学生因为家庭经济困难而失学。

【小学学龄儿童入学率】 2012年，成都高新区预测适龄儿童5335人，实际招收5335人，适龄儿童入学率100%。

【中小学升学率】 2012年，成都高新区全区小学六年级在校生4043人，全部升入初中，升学率100%。初中九年级在校生4138人，98%以上升入职业高中和普通高中。高中三年级在校生2934人，80%以上升入上一级学校。

2012年成都高新区秋季小学基本情况统计表

学校		小一		小二		小三		小四		小五		小六		小学小计	
		人数	班数	人数	班数	人数	班数	人数	班数	人数	班数	人数	班数	人数	班数
玉林附小		249	6	267	6	263	6	274	6	286	6	328	8	1667	38
芳草小学		153	3	181	4	185	4	134	3	175	4	153	3	981	21
高新实小		281	6	266	6	287	7	257	5	235	5	228	5	1554	34
新光小学		283	6	264	6	233	6	280	6	277	6	318	6	1655	36
庆安小学		153	3	162	4	153	3	145	3	141	3	127	3	881	19
锦城小学		268	6	210	5	142	3	142	3	154	3	215	4	1131	24
中和小学	学苑校区	298	6	305	6	308	6	359	7	337	6	348	6	1955	37
	双龙校区	146	3	140	3	159	3	145	3	132	2	119	2	841	16
	观东校区	133	3	130	3	81	2	43	1	57	1	48	1	492	11
	小计	577	12	575	12	548	11	547	11	526	9	515	9	3288	64
泡小天府		237	6	166	5	103	3							506	14
锦晖小学		128	4	89	3	61	2							278	9
益州小学		128	4	53	2									181	6
七中附小		96	3	1	29									97	32
西芯小学		68	2											68	2
和平学校		208	5	223	5	273	6	226	5	237	5	274	5	1441	31
顺江学校		294	6	255	5	247	5	216	4	244	4	240	4	1496	28

续表

学校		小一		小二		小三		小四		小五		小六		小学小计	
		人数	班数	人数	班数	人数	班数	人数	班数	人数	班数	人数	班数	人数	班数
大源学校		230	6	256	6	319	7	256	5	194	4	210	4	1465	32
滨河学校		210	4	205	4	191	3	166	3	159	3	169	3	1100	20
新源学校		275	6	296	6	280	6	185	4	198	4	151	4	1385	30
城南学校		289	7	311	8	170	4	90	2	128	3	97	2	1085	26
新科学校		233	5	219	4	215	4	194	4	137	3	117	2	1115	22
华兴学校		68	2	68	2	114	3	117	4	176	4	193	4	736	19
利民学校		61	2	26	1	57	1	61	2	55	2	53	1	313	9
益民学校		121	3	100	3	83	2	66	2	61	2	90	2	521	14
育才学校		91	2	69	2	65	3	66	2	51	1	97	2	439	12
美视国际学校		192	5	185	5	197	5	162	4	202	5	200	5	1138	28
成师银小	紫荆校区	112	4	119	4	119	4	117	4	148	5	111	4	726	25
	紫薇校区	114	4	140	5	116	4	119	4	147	5	157	6	793	28
	小计	226	8	259	9	235	8	236	8	295	10	268	10	1519	53
金苹果公学		216	6	263	8	215	6							694	20
合计		5335	128	4969	150	4636	108	3820	86	3931	86	4043	86	26734	643

2012年成都高新区秋季初中基本情况统计表

类别	学校	初七		初八		初九		初中小计		全校合计	
		人数	班数	人数	班数	人数	班数	人数	班数	人数	班数
公办高完中	玉林中学玉林校区	360	8	395	8	384	8	1139	24	1139	24
	玉林中学芳草校区									1944	39
	玉林中学肖家校区	413	9	204	5	249	6	866	20	866	20
	玉林小计	773	17	599	13	633	14	2005	44	3949	83
	玉林石羊校区	161	4	157	4			318	8	746	16
	中和中学	606	14	735	14	424	8	1765	36	4391	86
	石室天府中学	516	10	415	9	66	2	997	21	1910	40
	实验中学紫荆校区	163	4	131	4	170	4	464	12	1611	35
	实验中学新北校区	195	5	134	4	131	4	460	13	460	13
	实验中学小计	358	9	265	8	301	8	924	25	2071	48
	科大实中	249	5	204	4	146	3	599	12	1190	25
	顺江学校									116	4
	七中初中	533	11	457	10	515	11	1505	32	1505	32
	公办高完中小计	3196	70	2832	62	2085	46	8113	178	15878	334
民办十二年一贯制	美视国际学校	245	7	242	7	213	6	700	20	1030	34

续表

类别	学校	初七		初八		初九		初中小计		全校合计	
		人数	班数	人数	班数	人数	班数	人数	班数	人数	班数
	全区高完中总计	3441	77	3074	69	2298	52	8813	198	16908	368
公办职中	中和职中	264	6	224	5	252	5	740	16	4046	82
完中初中合计		3705	83	3298	74	2550	57	9553	214	20954	450
公办九年制	和平学校	310	6	270	6	274	6	854	18	2295	49
	顺江学校	239	6	248	5	363	8	850	19	2346	47
	大源学校	261	6	246	6	242	6	749	18	2214	50
	滨河学校	148	3	151	4	142	3	441	10	1541	30
	新源学校	170	4	163	4	179	4	512	12	1897	42
	城南学校	139	4	227	6			366	10	1451	36
	新科学校	147	4	106	3			253	7	1368	29
	公办小计	1414	33	1411	34	1200	27	4025	94	13112	283
民办九年制	华兴学校	164	4	195	4	193	4	552	12	1288	31
	利民学校	63	2	48	1	72	2	183	5	496	14
	益民学校	45	1	63	2	38	1	146	4	667	18
	育才学校	53	1	74	2	85	2	212	5	651	17
	民办小计	325	8	380	9	388	9	1093	26	3102	80
九年制合计		1739	41	1791	43	1588	36	5118	120	16214	363
公办初中小计		4874	109	4467	101	3537	78	12878	288	33036	699
全区初中合计		5444	124	5089	117	4138	93	14671	334	37168	813

2012年成都高新区秋季高中基本情况统计表

学校			高一		高二						高三						高中小计	
					文科		理科		小计		文科		理科		小计			
类别	名称		人数	班数	人数	班数	人数	班数	人数	班数	人数	班数	人数	班数	人数	班数	人数	班数
高完中	玉林中学	玉林校区 芳草校区 肖家校区	724	15	251	5	369	7	620	12	264	5	336	7	600	12	1944	39
		玉林小计	724	15	251	5	369	7	620	12	264	5	336	7	600	12	1944	39
	玉林石羊校区		228	4	142	3	58	1	200	4							428	8
	中和中学		705	13	316	6	380	7	696	13	582	12	643	12	1225	24	2626	50
	石室天府中学		279	6	88	2	139	3	227	5	216	3	191	5	407	8	913	19
	高新实验	紫荆校区	473	9	196	4	144	3	340	7	161	3	173	4	334	7	1147	23

续表

学校			高一		高二						高三						高中小计	
					文科		理科		小计		文科		理科		小计			
类别	名称		人数	班数	人数	班数	人数	班数	人数	班数	人数	班数	人数	班数	人数	班数	人数	班数
高完中		新北校区																
		实中小计	473	9	196	4	144	3	340	7	161	3	173	4	334	7	1147	23
	科大实中		176	4	70	2	137	3	207	5	59	1	149	3	208	4	591	13
	顺江学校				24	1	34	1	58	2	22	1	36	1	58	2	116	4
初中	七中初中																	
公办高完中小计			2585	51	1087	23	1261	25	2348	48	1304	25	1528	32	2832	57	7765	156
美视国际学校			102	3	55	2	71	4	126	6	31	1	71	4	102	5	330	14
全区高完中总计			2687	54	1142	25	1332	29	2474	54	1335	26	1599	36	2934	62	8095	170
中和职中			1151	21					1115	23					1040	22	3306	66
金海洋职业学校			22	1					35	1							57	

合计

小学		初中		高中		职业中学		合 计	
人数	班数	人数	班数	人数	班数	人数	班数	人数	班数
26734	643	37168	813	8095	170	3363	68	52863	682

【招生考试】 按照“平安和谐”高考年的要求做好各类招生考试工作。2012 年高新区共有 3574 名考生参加高考，考点设在石室天府中学（文科考点 46 个考场）、高新实验中学（理科考点 26 个考场）、中和中学（理科考场 37 个和对口职教高职考点 5 个）、西藏中学（文科 3 个考场理科 4 个考场）共 121 个考场。按照规范国家教育招生考试标准化考点建设的要求，投入 325 万元，在 4 个考点新建了 214 个标准化考场和区级考务指挥中心。

2012 年，组考发生新变化，全省建设标准化考点，高考实行网上巡考；监考督考教师同考生一起接受安检；建立封闭式通道，确保试卷无缝对接；中高考实行网上评卷。

【教育民生工程】 2012 年，高新区各级相关部门积极开展教育民生工程，做好免费义务教育和高中阶段教育学费补贴工作。确保符合条件的新增流动人口子女 100% 入学，确保低保家庭学生 100% 完成义务教育。按照市政府的有关政策，全面实施了全免费义务教育和中等职业教育的教育资助政策。落实成都高新区管委会的政策，对区域内失地农民和农村居民子女实施了免费普通高中教育政策，补贴标准每人每年 1200 元。对普通高中家庭困难学生按每人每年 1500 元的标准给予生活补助。对中等职业学校涉农专业学生和家庭困难的中等职业学校（含技工学校）学生免除学费；对非成都户籍在我市中等职业学校就读的一、二年级农村学生、县镇非农户口学生和城市家庭困难学生实施每人每年 1500 元生活补助；对成都户籍并在我市中等职业学校就读的一、二年级学生实施每人每年 1500 元生活补助。

从 9 月 1 日开始，公办中小学校和公办幼儿园学生伙食补贴从原来每生每天2元标准提高到每生每天4元标准，公益性幼儿园和保教费收费标准低于公益性幼儿园收费标准的民办幼儿园幼儿每生每天补贴4元，全年共补贴91753人次，划拨学生伙食补贴2999.86万元。

【学前教育】 近年来，高新区全面落实《学前教育三年行动计划》，着力打造“政府建、品牌领、规范管”的平民幼儿教育模式，全区公益性幼儿园达13所，均达到等级园标准，公益性学前教育覆盖率达45.34%，提高了公益性幼儿园的覆盖面。

2012年，高新区依据《成都市幼儿园等级评定办法（试行）》，将所有幼儿园纳入等级评定，评出等级园共37所，占全区幼儿园总数的71%。充分发挥公益性幼儿园与等级园的龙头作用，推进幼儿园组团发展，借助和美实验、金苹果幼儿园等优质园优势，探索幼儿园在教学管理、师资交流、园本研修等方面合作机制。组织完成全区幼儿园园长、骨干教师、保育员轮训。

贯彻落实《成都市防止和纠正幼儿园小学化教育的实施意见》《关于加强成都市幼儿园收费管理的通知》《成都市幼儿园膳食管理办法》等规定，进一步规范幼儿园教学、收费、食堂管理等工作。

【成都七中初中附属小学】 2008年，成都七中和高新区社会事业局首次合作，成功领办“成都七中初中学校”，将自己的教育周期从三年拓展到了六年。2012年7月，成都七中再次将教育向下延伸，创办自己的小学，将教育的周期拓展到整个基础教育的十二年，恢复举办了“成都高等小学堂”——成都七中初中附属小学。小学的恢复，使更多的孩子可以在基础教育阶段享受完整的七中教育，从而为创新型拔尖人才的培养奠定更加深厚的素质基础。学校坐落在天府新城南区三环路内东苑小区锦江河畔，占地35亩，建筑面积18841㎡。学校建筑设计独特、现代，环境十分优雅，设施设备全国一流。

成都七中初中学校

【成都高新区益州小学】 成都高新区益州小学建校于天府新区发轫之时(2011年8月)，地处成都市的重要城市新区——“天府新城”的中心地带，拥有优越的人文环境、专业的师资团队、先进的教育理念，开放的办学策略，精细的现代管理。学校按照省级示范学校高标准进行规划与配置，用地面积14681.27㎡，建筑面积为11213㎡。现代化建筑与茂盛的绿化和谐共生，尽显校园环境的“现代 舒适 雅趣”。办学规模为1-6年级共24个教学班。学校秉持“精益求精”的益小精神，以创新精神和实践能力为培养重点，围绕“每个孩子不可能都是第一，但每个孩子却是我们的唯一”的育人理念，构建“关照每个儿童发展”的多元化课程体系，实施以“多一把评价的尺子 多一位成功的学生”为核心价值观的德育评价体系。

成都高新区益州小学

【成都高新区西芯小学】 成立于2012年8月，位处高新西区智能化高科技园区。依托中海国际社区，紧邻高新西区的交通要道——西芯大道。拥有由“省特级教师”引航的校长和一支雄姿英发、迸发活力的教师团队。校名之“西”为地域标识，“芯”则蕴含了科技之魂。西芯小学挖掘“芯”之特质，以“聚芯育心，融和日新”的精神力量，开发生命成长的“原动力、创生力、融通力”，培养“自主自信、自创自新”的小精灵是学校坚贞不渝的教育追求。

成都高新区西芯小学

【成都高新区锦晖小学】 学校诞生于2010年8月，校园占地20042平方米，办学规模为36个教学班级。拥有艺术、科技、电视台、体育馆、图书室等功能室30间，为学生提供丰富多元的

成都高新区锦晖小学

优雅环境与成长时空。学校现有中学高级教师3人，全国模范教师1人，省特级教师及骨干教师3人，成都市优秀青年教师及骨干教师3人。

学校以“追寻自我教育的和谐境界”为核心理念，是推行“海量阅读”的书香校园，通过“自主性课程、习得式活动、小主人学堂、自觉化管理”路径，成就学生“会选择、能自省、有责任、敢超越”的特质。

职业教育和成人教育

【概况】 2012年，成都高新区教育部门努力做好区内初中毕业生就读职业中学工作。按照成都市初升高招生政策，加强对初中毕业工作的政策宣传，引导学生改变观念，积极填报就读职业中学，成为实用型技术人才。

努力做好中职学校教育资助工作。本年度中等职业学校资助变化大，教育券资助工作不再

教育部民族教育司司长阿布都（右二）、教育部职成司副巡视员张昭文（右一）参观中和职中

开展，全面实施中职学生免学费工作。对中等职业学校学生学籍管理系统和中职国家助学金信息管理系统进行了两次升级，保障了学助工作的顺利开展。

【中和职中】 2012年，作为全国国家级示范性中职校之一，中和职中在继续深化创业教育，

推进学校转型与高新区园区、产业互动发展等方面取得新进展。校内机械加工技术、酒店服务与管理、计算机应用等3个专业被评为省级重点专业，其“9+3”办学经验先后被中央电视台新闻频道、教育部官方网站报道。在创先争优活动被中组部授予全国创先争优先进基层党组织称号；被省委、省政府评为四川省藏区免费职业教育先进集体；通过了四川省教育厅省级内务示范学校评估验收。

【社区教育】 2012年，高新区各社区联合辖区学校、派出所、交通等部门，积极开展了丰富多彩的社区教育活。社区居委会与高新区市民学校教学点与之比为1：1。市民学校在街道办事处统一领导下加强管理，聘请学校、医院、法院等相关专家作为教师，教学面向社区居民、流动人口及未成年人，教学内容涉及科学发展观、社会主义荣辱观、文明知识、科普、法律、卫生知识、下岗再就业技能、家教知识及文体指导等。市民学校建设规范，有计划、有教材、有师资，教学形式灵活多样，教学内容丰富多彩，教学坚持经常化、生活化、大众化，紧密与当前实际和市民生活实际相结合，深受广大市民欢迎。

（成都高新区社会事业局）

文化·体育

文化体育设施

【概况】 2012年，高新区积极推进成都市创建国家公共文化服务体系示范区建设，文化体育设施进一步完善。积极建立和完善公共文化服务标准化体系，通过推进文化载体建设及文化骨干的强化培训等措施，不断提升基层文化体育服务的水平，全区文体工作的辐射力和影响力有明显提升。

【文体设施建设管理】 2012年，成都高新区文化体育设施建设和管理继续向前推进并取得实效。一是建设和完善文体设施配套。新建20公里健康绿道、16条健身路径、芳草文化中心篮球馆（兼羽毛球馆），加快合作体育公园、大源中央公园体育设施建设。二是推进文化载体建设，建立图书馆南区分馆、孵化园分馆及天府软件园分馆，进一步提升图书通借通还能力。三是努力提升文体队伍水平，组织各类文体骨干专业培训，提升文化管理和文化服务水平。

【文化站点】 成都高新区不断完善基层公共文化设施建设，截至2012年，全区已建成街道综合文化活动中心6个、社区文化活动室42个、文化共享工程基层服务点42个，文体活动广场29个，形成基层文化设施100%全覆盖。多个文化站点被成都市推荐为优秀基层文化示范点位，接受各级领导视察。

2012年1月，市委书记黄新初、市长葛红林及市民代表视察桂溪街道综合文化活动中心，该中心为成都市唯一的基层文化设施建设项目民生工程示范点。2012年4月，由国家图书馆研究院副院长申晓娟带队的国家公共文化服务体系示范区创建督导组考察芳草街街道综合文化活动中心，该中心被列为成都市创建国家公共文化服务体系示范区文化设施示范点。2012年5月，国务院参事郭瑞、袁隐等领导到

2012年1月13日，成都市委书记黄新初（前排中）、市长葛红林（前排右）到成都高新区桂溪街道文化中心调研

高新区文化指导服务中心（文化馆、图书馆）

高新区调研基层文化服务体系建设工作，对高新区在基层文化建设中创新运行机制、拓展服务内涵等方面予以肯定。2012 年 8 月，市人大常委会党组书记、主任王东洲率市人大常委会党组领导、专委会成员视察芳草街道综合文化活动中心。2012 年 9 月，中共中央政治局常委李长春、省委书记刘奇葆、省长蒋巨峰等领导视察芳草街道文化活动中心，肯定了高新区文化设施建设和群众文化活动开展等相关工作。

2012 年 4 月 6 日，高新区举行免费群众文化艺术培训

文化事业

【概况】 2012 年，高新区积极推进成都市创建国家公共文化服务体系示范区建设，申报创建成都市公共文化服务体系免检区、先行区基本成功。探索建立完善的公共文化服务标准化体系，不断提升基层文化服务水平；进一步创新公共文化服务运行机制，努力提高文化产品和服务的供给能力；不断加大文化惠民工作力度，努力使“文化反哺”惠及每一个高新人。

【文化服务工作】 一是创新运行机制，提升文化服务水平。2012 年 5 月，针对成都高新区西部园区没有图书馆的现状，积极探索社会资源共建共享，经与四川大学锦城学院协商，利用该校图书馆的巨大藏书资源，加挂“高新区合作街道市民图书馆”牌子，在全市率先实现了高校图书馆“破墙共享”免费向社会开放，成为成都高新区探索“校地共建”、“社会资源共享”上的一个里程碑。二是进一步提升图书通借通还能力。在全市率先启动区、街道两级图书馆图书通借通还工程后，在已有六个街道分馆的基础上，建立了南区分馆、孵化园分馆及天府软件园分馆三个分馆，提高了馆藏资源利用率，为市民利用图书馆提供便利。

【文化载体建设】 在全市率先打造“青工文化驿站”。挂牌建立高新区市民文化艺术学校和 5 所市民文化艺术学校（辅导站）。高质量、高标准、高效率完成未成年人心理健康辅导站建设工作任务，得到省市文明办及未成年人工作组织的肯定。组织开展高新区文化志愿者培训，全年年发展文化志愿者共 590 名，开展社会体育指导员培训、太极拳教练培训、篮球教练培训等专题培训共计 460 人（次）。依托高新区文化指导服务中心、协会、街道文化活动中心开展舞蹈、书画、讲座、太极拳等免费培训 1493 场、约 36000 人（次）。

【基层文化工作】 全区组织开展了“成都百姓故事会·幸福高新”百姓故事会、成都文化四季风、“我们的节日”、“社区欢乐行”、公益培训讲座、廉政文化进社区等大型系列文体活

2012 年 12 月 4 日，成都市“文化直通车进校园活动”在高新实验小学举行

动。开展文化惠民演出41场，文化直通车进校园20场，公益讲座培训43场，组织开展电影进社区1367场。同时，充分发挥协会作用，深入街道、社区组织开展各类文化活动376次。

【重要文艺演出】 2012年1月，“2012年成都高新区新春团拜会”在新会展娇子国际会议中心隆重举行。团拜会上，演出了《舞动高新》《高新新颜》《激情飞扬》等8个由群众自演的原创类节目。这些节目来源于辖区企业、学校、社区等，内容健康，形式多样，生动活泼，充分展现了高新区蓬勃向上、和谐幸福的风貌。高新区党工委管委会领导班子成员，机关离退休老干部代表，高新区各部门领导和社会各界代表共350余人观看了节目。

【文化活动比赛】 2012年5月，高新区组队参加第三届中国老年文化艺术节舞蹈比赛，获得银奖。2012年10月，组队参加由文化部、福建省人民政府主办的第十四届中国老年合唱节比赛，从来自全国的63支队伍中脱颖而出，荣获了金奖，并取得参加2013年中国艺术节群星奖（文化部最高级别赛事）参赛资格，是高新区群众文化队伍在全国顶级赛事中获得的最高荣誉。

12月21日，高新区举办“贯彻十八大精神，深化党风廉政建设”专题文艺演出

【文化公益活动】 2012年开展公益电影进社区放映活动，为社区老百姓放映“坝坝电影”1430场（次）。

文化市场监管

【概况】 2012年，成都高新区结合实际，深入做好文化市场日常监管工作，组织开展各类文化市场专项治理。全年通过迎接文明城市复查工作、“扫黄打非”专项行动、推动网吧连锁和专项整治行动、歌舞娱乐及公众聚集文化经营场所专项治理、复印打印、音像制品、新闻出版等文化市场的专项治理和整顿工作，规范高新区文化市场秩序，打击文化市场违法违规经营行为，辖区文化市场经营秩序明显改观。

【文化市场专项整治】 网吧整治。为加强行业自律，使网吧行业经营行为健康有序，高新区社会事业局在区内网吧全面安装“网吧电子监管服务系统”，有效解决了网吧经营者在网吧经营活动中对上网人员实名登记不规范、管理方式落后、信息资料保存不齐全等现象；切实解决了高新区文化稽查执法人员少，查处违规经营行为难度大，调查取证难等矛盾。通过定期组织公安、消防、工商、卫生、街道等部门开展联合执法检查，加强网吧日常监管。全年共检查网吧1387家（次），出动执法人员662人（次），责令停业整改15家，文化行政处罚1家。通过科学合理的管理和强有力的执法监督手段，确保了高新区网吧行业规范有序经营。

文化市场无证无照经营场所集中整治。高新区社会事业局加强对文化市场经营场所无证无照查处取缔工作的领导，安排多项整治行动。为确保文化市场经营场所无证无照经营集中整治工作取得实效，社会事业局召集相关部

2012 年 6 月 7 日，文化市场工作人员在辖区街道开展游艺场所专项整治

门对辖区内文化市场无证无照经营场所进行全面摸底调查，对场所名称、地址、经营项目、面积、设施设备、经营者姓名等情况逐户登记造册；向无证无照的歌舞娱乐场所印发《歌舞娱乐场所文化经营许可申报告知书》《高新区文化市场无证无照经营单位告知书》，宣传国家有关政策、法规，规劝经营者自觉遵守法律、法规，停止违法经营行为。要求歌舞娱乐场所经营者按照国家相关政策、法规进行自查整改，经整改符合设立条件的，按程序依法为其办理《娱乐经营许可证》，对无证网吧、电子游戏经营场所和无法整改或整改后仍不能达到设立条件的无证歌舞娱乐场所，责令停止经营活动，同时联合相关部门予以取缔。

歌舞娱乐及公众聚集文化经营场所安全专项治理。2012 年，高新区社会事业局、公安、消防、工商等部门联合对高新区内所有网吧、歌舞娱乐、电子游戏等公众聚集文化经营场所进行多次安全大检查。同时加强安全经营生产法律、法规和知识宣传，并对存在安全隐患的经营单位督促整改。全年共检查网吧 201 家（次）、歌舞娱乐 55 家（次）、电玩 29 家（次）、宾旅馆 50 家（次）、游泳场馆 17 家（次）。为防止群死群伤和恶性安全事故的发生，对公众聚集文化经营场所进行消防安全纪律、法规和知识的再宣传、再教育，督促各网吧、歌舞娱乐、电子游戏等公众聚集文化经营单位自觉对照消防法律法规和技术标准，切实落实《安全生产责任书》的有关要求，开展自查自纠，防止火灾等安全隐患发生。区内公众聚集文化经营场所安全形势持续稳定。

校园周边专项治理。为维护好高新区校园周边环境，做好中、高考保障工作，成都高新区社会事业局文化稽查人员参加高新区中小学校园周边环境专项检查整治工作。在专项检查整治中共出动文化稽查人员 87 人（次），执法车辆 24 辆（次），共清缴校园周边非法少儿文具（玩具）124 件，盗版书籍（口袋书）66 本，责令限期整改经营户 7 家。顺利完成校园周边整治和中、高考保障工作，使校园周边文化经营市场秩序得到规范。

2012 年 5 月 11 日，文化市场工作人员在辖区街道开展校园周边环境专项整治

【扫黄打非】 2012 年，成都高新区坚持把“扫黄打非”工作作为加强高新区文化市场管理，构建和谐社会的重要工作来抓。针对区内实际情况，制定具体实施措施，调动区、街道、社区三级文化稽查执法力量，联合公安、工商、卫生、城管等相关部门集中开展多次“扫黄打非”联合专项执法行动。全年共出动执法人员 200 余人（次），出动执法车辆 50 余台（次），查处贩卖盗版碟片、非法书刊摊点 87 个、非法书刊 2600 余本，依法收缴非法光碟 1000 余盘，发放整改通知书 27 份。

社会体育

【概况】 2012年，成都高新区继续以“运动成都 活力高新”为主题，深入开展全民健身活动。同时加大全民健身场地和设施建设，进一步做好全民健身活动的引导和组织，在高新区营造健康生活的社会氛围和愉快创新的工作环境；组织丰富多彩的文体服务进园区活动，为产业发展营造良好的文化氛围。2012年，成立成都市第十二届运动会高新区代表团，参加了“2012年成都市第十二届运动会”。

【重大体育活动】 2012年6月，成都高新区被授予“全国软式垒球实验基地”并于8月成功主办2012年全国软式垒球锦标赛暨全国软式垒球嘉年华活动。在比赛中，高新区代表队取得历史最佳成绩，同时，成都高新区社会事业局软式垒球实验基地获得“2012年全国软式垒球锦标赛最佳实验基地”称号。高新区主办的此次全国软式垒球锦标赛暨全国软式垒球嘉年华活动，受到了国家体育总局手曲棒垒球运动管理中心、中国垒球协会以及参赛师生的高度评价。此外，高新区女子垒球队参加2012年全国青少年垒球比赛获得季军；参加2012年四川省青少年垒球锦标赛继续蝉联冠军。

在2012年全国软式垒球锦标赛中，高新区四支代表队的队员们奋勇拼搏，发挥主场优势，中学、小学“全面开花”，取得历史最佳成绩。

2012年7月，成功举办高新区企业首届五人制足球比赛

2012年6月，健美操队参加成都市第十二届运动会（成年组）比赛取得优异成绩

组队参加成都市第十二届运动会。代表队在无任何外援、无任何专业队伍参与的情况下，夺得了成年组男子篮球、乒乓球女子团体、网球团体、网球女双、集体健美操5个冠军，男子足球、象棋团体、网球成人单打3个亚军，羽毛球男女团体、乒乓球男子团体、乒乓球混双、集体健身秧歌、太极个人全能6个季军，创历史

最好赛绩，充分展现了高新区的竞技实力。参赛规模、参赛项目、参赛成绩均超过往届。

【群众体育】 2012年，成都高新区开展社会体育指导员培训、太极拳教练培训、篮球教练培训、门球项目骨干等专题培训共计460人（次）。培训采取理论讲授和实践锻炼相结合的方式，提高了社会体育指导员的业务素质和指导水平，进一步加强了全区体育骨干队伍建设。全区建立了太极拳（剑）社区辅导站和习练点43个。

组织开展了“成都高新区全民健身月”启动仪式暨第六届“英特尔慈善健康跑”、高新区棋类比赛暨第三届“国手”桂溪行系列活动、首届企业五人制足球赛、高新区门球系列赛、社区篮球公开赛、篮球进社区进企业、高新区羽毛球团体赛、太极拳培训等全民健身系列活动120余次。

2012年7月，成都高新区举行业余篮球公开赛

【学校体育】 在成都市第十二届运动会比赛中，由高新区10所学校组成的青少年代表队参加了射击、足球、田径、跆拳道等项目的比赛，共获得26枚金牌、18枚银牌、铜牌30.5枚。

【体育设施建设】 2012年，高新区加快合作体育公园与大源中央公园体育设施建设，完成约20公里健康绿道的建设；芳草文化中心篮球馆（兼羽毛球馆）投入使用。同时，完成了8条市级健身路径的安装工作，建设8条区级健身路径。

新闻出版

【概况】 2012年，成都高新区以努力实现文化事业大发展大繁荣为总体目标，完善新闻出版服务体系。引入大型购书中心，全面推进全民读书活动；加强文化市场管理，形成了区级行政监管、街道日常监管、相关部门联动的管理体系。争创世界知识产权组织版权保护优秀案例示范点。

【版权服务】 2012年，成都高新区切实深化全国版权示范园区工作，进一步加大版权保护力度，提高版权服务水平。积极推进高新区版权工作和软件产业经济转型升级，促进区域科技技术创新和完善产业发展环境。版权保护工作取得积极成果，完善软件著作权和著作权合同登记、备案等版权服务工作，高新区软件著作权登记量继续居全市前列。2012年，成都高新区企业软件著作权资助工作顺利完成，高新区获得软件著作权资助971件，资助金额达29余万元。

2012年12月，成都高新区社会事业局举行版权知识进社区活动

2012 年 11 月，高新区开展版权知识宣讲活动

【正版软件】 2012 年，在成都市推进政府机关使用正版软件的工作中，成都高新区顺利完成了区、街道两级机关（包括党委、人大、政协、公安、法院、检察院）计算机操作系统软件和通用办公软件正版工作的目标。

广播电视

【概况】 2012 年，成都高新区南区和西区共有 15 多万户有线电视用户。其中，数字电视用户约 9.5 万户，模拟电视用户约 5.5 万户，双向互动电视约 1.6 万户，宽带用户约 1.1 万户。网改干线、小区总平及部分户线涉及 7 万多用户，其中中和营业部约 5.5 万户、九兴（肖家河、芳草）营业部约 1.1 万户、其它营业部约 0.5 万户。2012 年广电高新公司设立九兴、锦城、世纪城、中和、顺江五个营业部，为群众提供方便快捷服务。

【广电专项整治】 按照《关于开展整治韩星五号等卫星转播非法电视节目专项行动的通知》（成文综执法 [2012]2 号文件）精神和有关部署要求，高新区社会事业局会同四川有线广播电视网络股份有限公司成都（高新）公司、街道办事处相关部门，重点对城乡结合地区进行非法销售、安装、使用卫星地面接收设施的行为进行检查和整治，防止卫星转播非法电视节目。

【安全播出】 按照成都市政府 2012 年 11 月 5 日召开的全市确保党的十八大广播电视安全播出工作会议精神，为确保 11 月 7 日至 11 月 18 日 24 时“十八大”重要保障期高新辖区广播电视安全播出，高新区社会事业局签署《安全播出责任书》，领导靠前指挥，进一步加强值班力量，加强对信号源严密监听、监看，加强巡查，完善措施，确保各项工作落实。坚持安全播出信息通报制度，确保十八大广播电视安全播出。

（成都高新区社会事业局）

医疗·卫生

医政管理

【概况】 成都高新区的医政管理工作由区社会事业局卫生与计生处承担。截至2012年底，全区共有各级各类医疗机构209家。其中，医院23家（三甲医院2家）;社区卫生服务中心6家，社区卫生服务站9家；专业检验体检机构4家；门诊部、诊所、卫生所、医务室合计167家。全区共有床位数2852张、医生1804人，护士2474人。辖区内的2家三甲医院分别为：四川大学华西医院上锦南府分院、成都市第一人民医院。此外，辖区内还有全省第一家专业健康体检机构——成都高新安生美体检医院，全省第一、第二家医学检验机构——四川大家医学检测中心和四川高新达安检验所。

【医疗卫生服务】 经省、市、区各级部门多方协调和支持，2012年4月28日，四川大学华西医院上锦南府分院在高新区西部园区正式开业。四川大学华西医院上锦南府分院占地约36亩，总建筑面积10多万平方米，一期开放600床，是高新西区重要的医疗机构，为该区域内30万人健康保驾护航，为所在区域的英特尔、富士康、华为等产业化项目提供高品质医疗服务。

为促进医疗卫生服务良性有序发展，高新区制定优惠政策和保障措施，逐步形成南部园区以四川省人民医院高新分院（筹建）、高新国际医院（筹建）、成都市第一人民医院等服务中高端人群的医疗体系；西部园区以四川大学华西医院上锦南府分院、电子科技大学医院（清水河校区）、四川大家医学检验中心、四川达安医学检验所为代表的服务产业化项目和健康产业服务支持体系。

以“健康城市”为契机，打造“健康高新”，逐步形成了以社区卫生服务中心（站）为基础，以大中型综合医院和区域医疗中心为骨干，以特色专科医院为补充的区域新型医疗服务体系。积极引入四川省人民医院、高新国际医院、成都市第一人民医院、四川大学华西医院上锦南府分院等优质医疗资源，形成中高端医疗服务体系。政府举办社区卫生服务机构，解决辖区群众基本医疗问题。鼓励民营资本参与健康产业发展，引导社会力量打造专业体检检验机构、各类特色专科医院和二级医疗机构。该体系职能清晰、分工明确、特色明显，能满足不同层次需求，较好的解决了居民看病难的问题。

在基层医疗卫生服务方面，截至2012年底，全区共建成社区卫生服务中心6个，社区卫生服务站9个，在建社区卫生服务机构3个。各社区卫生服务机构硬件建设全面达标并达到中

西部一流，所有社区卫生服务中心均建成了集“社区卫生、计划生育、残疾人康复、社区精神卫生”于一体，兼容基本公共卫生服务和基本医疗卫生服务的多元化服务平台，真正实现了辖区居民“进一扇门享受所有医疗卫生服务”的综合、便捷、及时与高效的社区公共卫生服务，“15分钟健康圈”逐步成形，基本满足辖区居民基本医疗和公共卫生服务需求。

积极构建区域卫生信息化平台，在全省率先推行政府购买服务，并采用BOO（Building-Owning-Operation建设、拥有、运营）建设模式，于2012年年底前投入试运行。

【无证经营整治】 继续依法打击非法行医。高新区将卫生监督力量向医疗卫生方面倾斜，制订了《成都高新区社会事业局2012年关于“打非”工作行动方案》等工作文件，并在市卫生执法监督支队的支持下，加强对辖区、城郊结合部的无证行医活动、药店非法坐堂行医活动、非法医疗广告宣传等非法行医的监管力度。全年召开有工商局、城管局、公安分局、检察院、市食药监局高新处和各街道办事处参加的联席工作会2次，组织专项监督检查9余次，出动卫生监督人员117人次，车辆25台次，下达卫生监督意见书139余份，取缔非法行医11户。

疾病预防

【概况】 2012年，高新区社会事业局结合区内实际情况，以成都市疾病预防控制中心高新分中心为技术依托，制定了疾病预防工作方案和目标。组织各相关单位和力量，严格监控疫情，开展各类传染病防治知识的宣传教育，扎实做好计划免疫、突发公共卫生事件处置等方面的工作，圆满完成了全年目标任务。

【医疗防疫保障网络】 根据《高新区突发公共卫生事件应急工作评估方案》，保持通畅的突发公共卫生事件信息网络，严格执行疫情通报和信息发布制度，对全区的疾病防疫工作起到积极的作用。2012年全年无突发公共卫生事件发生。

【传染病防治工作】 在2012年4月27日和8月10日，高新区先后两次举办“2012年高新区传染病报告管理、手足口病、霍乱等肠道传染病、流感等呼吸道传染病防制技术培训会”。共培训中小学、幼儿园校长及校医，社区卫生服务中心、综合医疗单位的医生190余人（次），会后进行了手足口病防制知识、霍乱等肠道传染病的问卷考核，合格率达90%以上。认真做好流感哨点监测、发热症状监测工作，全年各医疗单位及个体诊所均无聚集性发热病例报告。4月15日，举办了街道办事处分管卫生干部和食品从业人员肠道传染病防治知识培训会，会后进行了霍乱等肠道传染病的问卷考核，合格率达90%以上。抓好狂犬病防制工作，对全区6家社区卫生服务中心进行犬伤门诊督查。每月及时收集并上报6个接种门诊犬伤病人处置报表，全面开展犬伤处置门诊费用报销，全年犬伤报销人数128人，报销成功率100%。落实结核病防治工作，对所有辖区内结核病人进行建档追踪，定期上门访视和电话督导，指导病人正规服药，定期痰检。积极开展涂阳密切接触者筛查工作，筛查率100%，对重点人群推荐到结核病防治院免费检查。

【献血管理】 加强无偿献血工作管理，完善无偿献血工作组织保障体系。把无偿献血工作与精神文明建设、文化建设有机结合，探索无偿献血工作的长效机制，推动无偿献血工作向前发展。通过世界献血日“每位献血者都是英雄”及国际红十字日等主题宣传活动，共发放献血宣传资料4000余份，辖区内城市居民无偿献血知晓率达到96%。认真组织开展2012年应急献血工作，全年完成应急献血1007人次，献血量达到361480ml，较去年同期增长134.7%。

【防疫工作】 据国家疾病预防控制信息系统报告数据，2012年高新区无甲类传染病报告，报告乙类传染病15种、946例，发病率169.49/10万，与去年同期相比下降1.78%。报告发病数居前五位的病种依次为细菌性痢疾、肺结核、梅毒、乙肝、猩红热，占总发病数的87.95%。报告丙类传染病1927例，发病率345.25/10万，与去年同期相比上升14.48%。报告发病数居前五位的病种依次为手足口病、其它感染性腹泻、流行性腮腺炎、风疹和流行性感冒，占总发病数的99.48%。

在2012年的防疫工作中，高新区共处理学校、幼儿园散在流行性腮腺炎、水痘、猩红热、手足口病等病例465例。对16家医疗单位的7项内容18个指标进行了督查。

基层卫生与妇幼保健

【概况】 高新区的基层卫生工作主要依托各街道办事处下属的社区卫生服务机构进行，重点开展"预防、保健、康复、健康教育、计划生育、基本医疗"六位一体的社区卫生服务。根据《中华人民共和国母婴保健法》《中国妇女发展纲要》《中国儿童发展纲要》及市、区母子系统保健管理办法要求，负责开展区内孕产妇和0–7岁儿童的医疗保健管理。

【社区医疗卫生建设】 2012年，高新区继续积极开展"示范社区卫生服务中心"创建活动。肖家河、芳草社区卫生服务中心成功创建为"省级社区卫生示范中心"，高新区在全省率先实现省级社区卫生示范中心全覆盖。同时，经国家卫生部专家组考核通过，芳草、中和社区卫生服务中心成功创建为"全国示范社区卫生服务中心"。截至2012年底，高新区"全国示范社区卫生服务中心"达到三家，覆盖率达到50%，这一成绩在全省、全市首屈一指。

2012年4月、12月，分别完成了社区卫生服务中心半年、全年绩效考核工作，各中心的年度总分均达到"优秀"。5月启动了2012年度社区卫生服务中心医技人员招聘工作，经过初审、复审、笔试、面试公开招聘了79名医技人员。积极配合人事部门完成了基层医疗事业单位绩效工资改革工作。

继续全面实施国家基本药物制度，解决群众"看病贵"的问题。全区所有社区卫生服务机构均严格执行卫生部及四川省卫生厅公布的基本药物目录，全部实行网上采购，所有社区卫生服务中心阳光采购积分均达到100分。2012年，社区门急诊人次89.11万，门诊次均处方费用为30.84元，明显低于二、三级医院的费用。群众满意度和知晓率逐步提升。据第三方调查，社区居民满意度90.12%，重点人群满意度100%。

积极开展社区卫生公共服务，满足辖区居民基本医疗服务需求。全面推行家庭医生服务模式，积极开展全民健康体检工作，已签订家庭医生服务合同20555户，40141人，覆盖率11.14%；已完成体检249428人，检查率达84.1%。7月，高新区的家庭医生服务模式试点工作接受了国务院医改办的现场调研。

【妇幼保健】 2012年，高新区妇幼保健工作继续贯彻实施《母婴保健法》。以保障生殖健康，提高出生人口素质为重点，保障母亲健康儿童优先为宗旨，优化服务模式拓展服务领域，提高了全区妇幼保健服务能力和科学管理水平，降低了孕产妇死亡率，婴幼儿死亡率和出生缺陷率，使全区妇幼保健工作全面完成了年初制定的各项目标。妇幼工作开展顺利，各项工作指标全面完成。

制定实施《高新区儿童保健系统管理规范（试行）》，举办了基层妇幼卫生工作孕产期、儿童保健管理培训班。加强业务培训，提供优质服务。医政管理部门每月定期开展妇幼工作例会，每季度定期下社区，对各社区卫生服务中心进行现场督导，对较为突出的问题进行重点督导工作。10月，邀请成都市妇女儿童中心医院冉隆蓉主任医师等三位专家，召开了基层妇幼卫生工作孕产期、儿童保健管理培训班。11月，邀请成都市中西医结合医院妇产科叶宏副主任，开展母婴保健技术、计划生育手术操作规范培训。

积极开展健康教育。各中心每月进行1期孕期培训、1期儿童健康教育培训，全年共计举办孕期培训144期，参加人数达8210人（次）。

爱国卫生运动

【爱国卫生活动】 高新区爱国卫生运动委员会办公室设在社会事业局，具体工作一直由卫生与计生处承担。2012年，根据成都市城乡环境综合治理工作的要求，高新区积极开展爱国卫生——院落环境卫生综合治理工作，及时制定工作方案，落实部门责任。在组织、发动各部门和街道办事处开展爱国卫生院落整治大活动的同时，还积极组织各街道办事处切实推进星级院落评定工作，对院落环境卫生相关工作进行了安排部署。各职能部门联合行动对“五小”行业进行整治；展开病媒生物防治；组织志愿者倡导公共场所控烟；协调相关部门加强城市环卫设施更新防护；清除三环路以内活禽宰杀；进一步加强健康教育宣传。在各部门和街道办事处的共同推动下，高新区爱国卫生取得实效。

【除“四害”活动】 继续推进病媒生物防制工作，促进卫生防病工作协调发展。以降低“四害”密度为重点，不断加强综合防治措施，广泛发动各机关企事业单位、社区和商家店铺开展以环境卫生整治和药物消杀为主要手段的病媒生物防制工作。对城区公共绿地、下水道进行综合灭鼠；对集贸市场、居民院落等重点区域开展了大面积、高强度的药物消杀工作，及时控制鼠、蚊、蝇、蟑的密度；在重点区域积极开展灭鼠、灭蟑活动。联合各成员部门对餐馆、集贸市场、建筑工地、物管小区、垃圾中转站、公共绿地等场所进行环境治理和药物消杀，严控“四害”密度，确保公共卫生达标。

【健康宣教】 以街道社区、学校、医疗单位、工矿企业等为健康宣传教育阵地，开展形式多样的健康宣传教育活动。全年共发放《健康时代报》8500份，举办《健康教育壁报》2700期，发放各类健康宣传资料24.3万份。

重点围绕肠道传染病、呼吸道传染病、手足口病、艾滋病等开展健康教育。同时，抓好慢性病防治健康教育，组织各社区卫生服务中心开展了糖尿病防治、高血压防治、走出亚健康、生活方式与健康、均衡营养膳食、心脑血管疾病防治等知识宣传。指导和参与各社区卫生服务中心主题卫生日宣传活动10余次。认真落实“全国农民工预防艾滋病宣传教育工程”，在建筑工地、劳务市场、车站等开展健康教育，在石羊汽车站大屏幕滚动播出艾滋病防治宣传标语，覆盖建筑工地40个，农民工6000余人，发放宣传资料9000余份，安全套7000余只。此外，会同6个社区卫生服务中心开展了形式多样、声势浩大的防治狂犬病知识宣传活动。发放宣传画2000张、健康壁报300份、健康时代报300份，覆盖人数2.5万余人。

（成都高新区社会事业局）

社会生活

人口与计划生育

【概况】 2012年1月1日至2012年12月31日，成都高新区统计年度内共出生3048人，人口出生率为8.49‰。在年内出生人口中符合政策生育的3015人，符合政策生育率98.92%；死亡人数1833人，死亡率5.11‰，自增率3.38‰。

【流动人口计划生育】 2012年，成都高新区大力推进流动人口计划生育基本公共服务均等化。其主要做法是：

一、探索药具发放新模式。采取基层登记发放与开放式发放相结合的方法，更方便、快捷地为流动人口提供国家免费药具。在富士康安装刷卡式药具发放机，并在6月追加了30万只避孕套，方便富士康员工使用，大大提高了流动人口药具获得率。

二、实施“新市民”优生幸福计划，推进优生健康服务均等化。根据《成都高新区社会事业局关于加强免费孕前优生健康检查工作的实施意见（试行）》要求，在高新区辖区内的流动人口享受与户籍人口相同的免费孕前优生健康检查。

三、实施“新市民”健康培增计划。为流动人口已婚育龄妇女提供与户籍人口同等的生殖健康服务及免费技术服务，并建立相关档案，公开流动人口计划生育技术服务程序及免费服务内容。2012年，全区共为410名流动人口已婚育龄妇女按照每人205元的标准提供了免费健康体检。流动人口免费技术服务落实率达96%；流动人口已婚育龄妇女三查率达90%以上，免费药具获得率90%以上。

2012年，按照市计生委年初目标要求，对50户流动人口困难家庭实施了每户400元的帮扶。

认真落实流动人口登记、信息采集、信息交换。截至2012年9月30日，全区共有流入人口36174人，其中流入育龄妇女为18682人，已持证17267人，流入已婚育龄妇女9527人，双查3166人，落实措施147人；流出人口1362人，其中流出育龄妇女为933人，已持证885人，流出已婚育龄妇女795人，落实节育措施的710人。流动人口登记率达85%以上，综合服务率达90%以上。

完成了2012年度流动人口动态监测的抽样、问卷调查及问卷网上录入上报工作，共抽取40名流动人口进行调查。

【计划生育服务】 加强出生缺陷干预工作。积极开展出生缺陷干预宣传教育工作，提高群众预防出生缺陷意识，全面推行免费孕前优生健康检查，覆盖率达65%以上。在市计生委的统一安排下，为23个病残儿家庭进行病残儿医学鉴定，对符合再生育指导原则的夫妇进行了“一对一”优生咨询。全面落实居住地已婚育龄夫妇的免费技术服务，全年共提供免费技术服务909例，提供“三查”服务33297人次，无手术并发症和技术服务事故发生。

积极开展各类社会宣传活动，营造人口计生氛围。充分利用元旦、春节、“三八”妇女节、母亲节等节假日和“5.29”会员日、“7.11”人口宣传日、“9.12”出生缺陷干预等活动日，大力开展主题宣传活动，弘扬以“婚育文明、性别平等；计划生育、优生优育；生殖健康、家庭幸福”为主要内容的新型家庭人口文化。根据全年宣传工作的需要，印制《四川省人口计生条例》《流动人口管理条例》《社会抚养费征收管理办法》《出生缺陷干预知识》《关爱女孩》等宣传折页10.5万张，办事指南手册1.5万册，印制台历6530份、年画65500张，分发到各街道和社区，用于计生宣传活动。

结合流动人口公共服务均等化工作，在富

士康员工公寓内打造了一个人口计生文化园。通过各个生动的雕塑、醒目的指示牌，向富士康青年员工提供良好的休息和了解计生的环境，从而提高他们参与计生的意识。

继续深化“关爱女孩”行动，助推和谐社会建设。为切实保障计生女儿户、女童和妇女的合法权益，全区加大了“关爱女孩”的工作力度，将关爱女孩、综合治理出生人口性别比升高问题的宣传同人口计生宣传活动有机结合起来，广泛宣传“关爱女孩”、“男女平等”、“生男生女都一样”、“女孩也是传后人”等新型婚育理念。扩大帮扶人群、增加帮扶资金，全年共计帮扶276名女孩，帮扶资金22.08万元。

充分发挥计生协会宣传群众服务群众的优势，进一步提高基层计生协会的活动能力。根据不同层次、不同人群的特点，认真分析辖区内群众的需求，广泛开展形式多样、内容丰富的宣传、服务活动。推选6户幸福工程帮扶户、12户生育关怀帮扶户，建立起一个“五星”级流动人口均等化示范协会，服务群众能力进一步增强。

【计划生育家庭奖励】 继续开展计划生育利益导向工作。2012年，全区农村部分计划生育家庭奖励扶助、特别扶助、独生子女父母奖励金发放等工作，已顺利完成了调查、申报、审核、公示、网上录入和奖扶、特扶质量评估。最终确定为：奖励扶助对象494人，其中符合国家奖励扶助标准379人，符合四川省奖励扶助标准的96人，符合成都市奖励扶助标准19人；特别扶助对象235人，其中符合独生子女死亡家庭扶助标准161人，符合独生子女伤残家庭扶助标准74人；独生子女父母37503人。区级财政共计发放金额238万元。

积极开展“三结合”家庭帮扶工作。2012年，全区“三结合”家庭新增40户，联系户、帮带户150户。年初，各街道办事处对辖区内计划生育困难家庭进行摸底调查，确定帮扶对象名单，并协助各帮扶单位与“三结合”家庭签订帮扶协议。各单位分别在“母亲节”、“儿童节”等节日期间为“三结合”户发放了慰问金及慰问品。2012年，高新区社会事业局为“三结合”家庭投入帮扶经费12.32万元。

（成都高新区社会事业局）

人才交流

【概况】 2012年，成都高新区人事部门为各类人才办理户口2533人，其中应届生上户1389人；接收并录入人事档案6443份。新增人事代理企业267家。高级职称申报32人，中级职称申报226人，工程类初级职称申报373人。组织了9场大型高新技术人才交流会，参会单位528家，提供9500余个岗位。

【人力资源开发中心建设】 为搭建全市统一、便民利民的社会档案公共查询平台，高新区人才中心进一步深化人事档案电子化、标准化管理，人才服务工作水平提高。

一是按照标准化、规范化要求对库存档案进行统一清理、重新录入，对“成都市社会人才人事档案管理服务系统”（以下简称“系统”）使用中发现的情况及档案信息导入存在的问题及时与成都市人才流动服务中心沟通。实施档案入库、出库双轨并行管理，确保“系统”数据与实际在库档案数据完全一致，保证“系统”变更的同时中心业务运行良好。

二是严格日常管理，在档案管理中不断健全档案查（借）阅制度、转递制度、检查核对制度、保管保密制度，严格窗口工作人员工作流程，确保每一项业务都有迹可循，每一份档案经办哪几项业务都有据可依，有效地提高了档案使用的准确性、实用性和效率性。

三是积极推行政务公开服务、微笑服务、延时服务，对人才大厅进行人性化改造，增设排号机、查询电脑，方便群众录入报到信息、查询档案和户口办理情况。

【重要招聘活动】 2012年，成都高新区组织举办了多场综合人才交流会，为各类人才求职和企业招贤纳士搭建起双向选择的平台。

组织英特尔、国腾集团、敦豪全球货运、新蛋科技、莫仕连接器等300余家（次）企业提供6000多个中、高端岗位，吸引4000余人（次）到场洽谈。针对国家“千人计划”、省“百人计划”、“成都人才计划”专家创业企业需求，在交流会上创新性地开辟“千百人计划、成都人才计划入选专家企业专区”。

组织召开移动互联网产业、生物医药产业专场人才交流会。为助推园区内移动互联网、生物医药产业的蓬勃发展，为相关企业提供人力保障和智力支持，促进产业链的健全和完善，分别于2012年9月和11月组织国腾电子、地奥制药等110家企业人事部门负责人参加高新区移动互联网产业、生物医药产业专场人才交流会，吸引1200余名求职者到现场洽谈交流。

为主导产业和高校毕业生搭建交流平台。2012年11月举办“成都高新区企业专场招聘会——四川大学锦城学院2012届毕业生双选会”。高新区电子信息、生物医药、机械制造等十多个行业60家企业参加，提供各类岗位1500余个。锦城学院近3000名学生参加招聘活动。

多形式为区内企业搭建区外招聘平台。先后3次共组织34家企业参加成都市举办的特大型人才招聘会；组织区内2家企业参加成都市人社局赴北京引进急需紧缺人才活动；通过“政府搭台，企业联盟”的模式，开展“天府人才行动”，分别赴北京、上海和深圳等地开展中高端人才招聘会，为区内企业引进近千名人才。

高层次人才

【概况】 2012年，成都高新区深入实施“125”引才计划，鼓励高层次人才创新创业。全年引进168名海外留学人员和博士进区创办90家企业。新增国家“千人计划”入选者1名、四川省“百人计划”17人，“成都人才计划”36人，高新区“125”人才计划106人；四川省“顶尖团队支持计划”入选团队2个，成都市顶尖创新创业团队4个。新招收博士后4名，7名博士后通过中期考核，7名博士后顺利出站。

【高级人才工作】 制定人才发展中长期规划，强化人才工作顶层设计。2012年，在形成《关于“千人计划”、“百人计划”专家反映问题调研报告》、《高新区急需紧缺人才需求情况》等调研报告的基础上，制定了首个《成都高新区人才发展中长期规划纲要（2011–2020年）》，明确了高新区中长期人才工作的指导思想、发展方向、发展目标、主要任务、工作措施等，强化了高新区人才工作的顶层设计。

深入实施“125”引才计划，打造西部人才核心聚集区。2012年，成都高新区制定《成都高新区引进高层次人才创业实施细则》，深入实施“125”引才计划。依托“海外高层次人才创新创业基地”，通过完善“海外高层次人才工作站”工作体系，鼓励海外高层次人才来高新区创新创业，共引进168名高层次人才来高新区创办90家企业。同时，积极协助区内高层次创新创业人才申报各类创新创业扶持计划。2012年，高新区新增国家“千人计划”1人，四川省“百人计划”17人，“成都人才计划”36人，高新区“125”人才计划106人，四川省“顶尖团队支持计划”入选团队2个，成都市顶尖创新创业团队4个。

完善人才工作服务机制，提升人才工作服务水平。建立高层次人才服务专员制度。开展高层次人才“大走访”活动，调研形成《关于“千人计划”、“百人计划”专家反映问题调研报告》，并就相关问题与省、市进行了沟通。搭建“高端人才沙龙”交流平台。于1月6日、1月24日和7月31日举办千人计划专家联谊会第一次会员代表大会、“成都高新区高层次人才联谊会”、“成都高新区生物医药高层次人才沙龙”等3场大型高层次人才交流活动。参会高层次人才就创新创业经验、产业热点等问题进行互动讨论，同时成都高新区也从高层次人才引进、孵化体系建设、公共技术服务平台、科技金融服务等方面对高新区人才发展环境进行推介。与会高端人才纷纷表示，此类人才沙龙为高新区企业和人才搭建一个合作交流平台，有助于加强交流合作、促进企业发展壮大。

加大人才工作宣传力度，树立高新区“西部人才特区”品牌。2012年，成都高新区人才工作实施“走出去”战略，在国家千人计划官方网站首次开辟高新区“海外高层次人才创新创业基地”宣传专栏。成功获批为四川省首批省级“人才优先发展试验区”。高新区作为特邀代表，先后在中央部委举办的第五届海外高层次人才创新创业基地发展论坛、第二届中国人才发展论坛上作主题发言，高新区“西部人才特区”的品牌得到了推广。

【博士后工作】 拓宽招收渠道。依托校企平台，采取“走出去”方式，积极主动与国内高校联系，对接人才需求，引导优秀博士进站开展研究。全年组织区内16家企业分站在北京大学、清华大学等40所全国重点院校网站上发布需求信息，提供岗位近20个，成功招收4名博士进站开展研究工作。

指导企业分站做好博士后培养工作。通过“严把三关”，即严把博士进站审批关，严把中期考核关，严把出站考核关，使进站博士在分站企业项目上取得重大成果。2012年，围绕产学研项目，在站12名博士共撰写27篇技术报告，发表论文32篇，申请专项20项。

提升服务质量。采取“一坚持两结合”的原则，即坚持以分站企业为主体，结合项目实际，结合在站博士本人实际，做好在站博士的服务工作，促使安心开展产学研合作。2012年，及时为通过中期考核和出站考核的14名博士发放70万元补助经费，并通过宣传专家公寓政策，为有需求的博士解决住宿问题。

劳动保障

【概况】 2012年，成都高新区人事劳动和社会保障局紧紧围绕党工委管委会中心工作，做实重点企业劳动保障服务，探索劳动争议“四调一裁”处理机制，强化劳动保障监察两网化管理，全力做好劳动保障行政等各项工作中。较真逗硬抓落实，扎扎实实求实效，全力构建和谐劳动关系，圆满完成了目标任务，取得了新的成绩和进步。

【劳动保障服务】 组建专业服务工作组，走访富士康、华为成研所和联想电子等65户重点企业，通过座谈、法制培训和个案指导等方式开展上门服务。持续推进“劳动关系协调机制进企业”活动，成功召开2次劳动关系协调工作站联系会，搭建63个劳动关系协调工作站，覆盖18万劳动者，成功地调处580起劳动争议；指导鸿富锦、怡和集团和索尔思等112户企业签订集体合同（工资专项协议），全面完成和谐劳动关系创建工作，企业劳动合同签订率达99%。

【劳动争议“四调一裁”处理机制】 充分发挥

劳动关系协调工作站、社区劳动保障服务点、街道劳动争议调解组织的劳动争议调解作用，在“三调一裁”基础上，将矛盾处置平台前移，积极探索劳动争议“四调一裁”机制。2012年共受理各类劳动争议案件543件，调解结案421起。打造高新区西区审理庭，快审快决群体性劳动争议案。高新区仲裁庭受理案件201件，涉案金额851万元，案件当期结案率超过95%。

【劳动保障监察两网化管理】 组织开展2场专题培训，提升劳动保障监察队伍业务水平。参加市人社局行政执法培训、考试，实现行政执法人员全体持证（8人）。依法处理（罚）盛博嘉拖欠工资、中药饮片厂超时加班等72起用人单位违法违规案件。制定年度考核目标，落实按季检查、督查工作，落实两网管理各项工作要求。纳入两网管理用人单位4418家，劳动者35.2万人。受理投诉举报825起、追发劳动者工资等待遇7000余万元，调解结案508起，调解成功率达78%。有效处置118起群体性事件，切实维护用工双方的合法权益，确保辖区劳动关系稳定。

【劳动保障行政】 完成社会保险基金监督。调查处理130起信访案件。审查备案122户企业特殊工时制度。批复37人提前退休申请，认定企业职工工伤（亡）661起（其中富士康286起），核准13户医疗机构纳入定点管理。依法答复6起工伤认定行政复议，应诉9起行政诉讼。指导街道开展劳动保障法律知识培训31期，培训企业管理人员2235人（次）。

充分就业

【概况】 2012年，成都高新区深入实施就业优先战略，认真贯彻落实全区就业工作会议精神和相关部署，努力克服宏观经济增速放缓给就业工作带来的不利影响。全区就业形势总体稳定，就业质量得到进一步提升。全年共帮扶10078名失业人员和新成长劳动力实现就业，完成目标的149.9%；城镇登记失业率控制在3%以内；应届高校毕业生就业率达90%，往届高校毕业生就业率达到97.2%。同时，桂溪街道双源社区被省人社厅评为“省级充分就业示范社区”；中和街道创业者李莉被省委农工委、省人社厅等部门评为“四川省第八届创业之星”；区内企业四川四威高科技产业园有限公司何波数控工作室获评成都市首批“技能大师工作室”。第三方调查结果显示，受访群众对高新区就业服务满意度达到89.9%，并有59%的受访者认为其家庭人均就业收入比上年有一定程度增长。

【困难家庭就业托底援助】 印发《关于完善困难家庭就业托底援助长效机制的通知》，从援助对象范围、认定程序及退出机制、分层次就业援助、多渠道开发援助岗位、加强资金和政策保障等方面对“双困”托底援助工作进行了详细的规定。各街道按照“分层援助、一人一策，因人设岗、按劳取酬”的原则，建立“双困”托底援助工作常态化、长效化工作机制。2012年，全区新增援助107人（其中，社区托底就业81人），街道投入资金199.1万元，比上年增长116%。该项工作自2011开展以来，累计援助成功560人（其中，社区托底就业304人），“双困”人员就业率达99%。

【高校毕业生就业帮扶】 在学生毕业之前即通过就业实名制网格服务责任人逐户登记、全面摸底调查，全区共建立了513名应届生和2190名毕业5年内的往届生就业信息台帐。加强优质岗位收集，对未就业的高校毕业生，安排专人实行“一对一”跟踪指导帮扶，及时为其送上量身挑选的岗位。认定高校毕业生就业见习基地16家，为221名区内外毕业生提供见习岗位。开展机关部门对口社区就业帮扶工作，相关部门利用优势资源共帮助20余名对口社区高校毕业生实现就业。开展藏区“9+3”学生就业促进工作，向中和职中117名“9+3”毕业生发放《藏区“9+3”毕业生就业优惠证》，藏区“9+3”学生初次就业率达95.72%，并做好在高新区内就业的全省藏区“9+3”学生的后续跟踪服务，确保学生就业稳定。

【就业政策及资金使用】 开展就业优惠政策专题调研，形成《关于进一步优化促进就业优惠政策体系的调研报告》。为适应新形势就业工作需要，经多次听取各街道主要领导、分管领导及基层一线工作人员的意见和建议，历经近10次修改，形成了《成都高新区关于促进稳定就业和鼓励创业的办法》政策建议稿。该建议稿从扩大就业总量、提升就业质量、加强创业促进等方面提出了更加积极的政策导向。

实施更加积极的就业政策，加大财政投入，扩大就业优惠政策覆盖面，不断提高就业专项资金使用和管理能力。扩大就业优惠政策覆盖面，全年落实就业优惠政策2463.5万元，比上年增长24%。覆盖用人单位109家，比上年增长19.8%。惠及就业困难人员13140人，比上年增长20%。在全市率先对灵活就业社保补贴按季审核发放改进为按月审核发放，惠及灵活就业人员2922人（中和街道占90%左右），有效缓解了灵活就业人员社保缴费压力，一定程度上促进了中和街道拆迁和转非工作的顺利推进。

【失地农民就业】 2012年，围绕失地农民就业工作，高新区主要采取了以下几项重点措施并收到实效：

一是稳妥推进征地农转非人员就业奖励金政策。各街道初步建立了年审及退出制度，全年发放奖励金3.34亿元，惠及74788名征地农转非人员。

二是实施积极的就业政策。用人单位吸纳失地农民等就业困难人员，除享受上级政策外，高新区另外按照每人每年500–1500元的标准给予用人单位就业奖励。

三是继续打造吸纳就业困难人员能力强的就业援助基地。协助申报认定了递梦保洁、俊杰速递等两家成都市就业援助基地。高新区范围内的就业援助基地达5家。

四是在失地农民和普通劳动者中实施“创业富民计划”。开展创业培训221人，将农转非安置社区的配套经营用房优惠租赁给失地农民创业。协调担保机构对高新区小贷项目实行“会签”制，简化了担保流程，共发放个人小额担保贷款102笔、484万元。加强创业政策宣传落实，认定14家劳动密集型小企业，协助落实2670万元贴息贷款。为77名高校毕业生和就业困难人员落实一次性创业补贴38.5万元。

五是围绕高新区各集中居住区打造“15分钟政企用工合作圈”，建立就业服务手拉手QQ群，及时发布岗位信息。建立实施城乡统一的就业失业登记和就业援助制度，深化网格化就业实名制服务工作，以农迁社区600–1000名劳动力、城市社区1000–1500名劳动力为标准划分就业服务网格。

六是加强基层就业服务指导和考核工作。就业服务处建立处室干部对口联系街道制度，加强基层调研和日常指导，在全区就业服务队伍中开展“我为就业做什么”知识竞赛。年度目标考核中，在对所有街道数据进行全面核查基础上，对50%的社区进行了现场重点抽查，并引入第三方调查机构对基层工作予以评价。

七是深入实施就业援助计划和就业巡回服务制度。在基层开展“三进四送”就业巡回服务活动42场，筹集岗位17674个，现场达成求职意向3012余人。高新区通过多措并举，有效的推进了失地农民就业工作，2012年，22个农转非社区入住居民11.48万人，其中劳动力5.59人，就业率97%。

社会保险

【概况】 截至2012年12月底，高新区共有参保企业10541户，参保人数72.4万人。其中，城镇职工参保人数47.7万人，城乡居民医疗保险参保人数15.6万人，建筑行业综保参保人数9.1万人。2012年，征收各项社会保险基金63亿元，按时足额发放各项社会保险待遇7亿元，累计结余24.1亿元。各项社会保险目标任务均圆满完成，荣获“2012年全市社会保险经办工作目标任务先进单位”“成都市巾帼文明岗”“成都市青年文明号”“成都市行政效能先进集体”等荣誉称号。

【城镇职工社会保险】 2012年，成都高新区城镇职工社会保险（基本养老保险、基本医疗保险、工伤保险、失业保险、生育保险）的参保人数、基金征收和资金发放情况如下：

基本养老保险。截至2012年12月底，城镇职工基本养老保险参保人数42.2万人。其中新增扩面9.8万人，征收基金35.2亿元，为39.4万人次退休职工发放养老金4.5亿元。

基本医疗保险。截至2012年12月底，城镇职工基本医疗保险参保人数47.7万人。其中新增扩面10.1万人，征收基金11.1亿元，为2.1万人次住院人员拨付城镇职工医疗保险待遇1.1亿元。

工伤保险。截至2012年12月底，工伤保险参保人数38.2万人。其中新增扩面9.7万人，征收基金0.7亿元，为518人次伤残人员拨付工伤保险0.2亿元。

失业保险。截至2012年12月底，失业保险参保人数38万人。其中新增扩面9万人，征收基金4.7亿元，为1.3万人（次）失业人员按时足额发放失业救济金0.1亿元。

生育保险。截至2012年12月底，生育保险参保人数44.2万人。其中新增扩面10.2万人，征收基金0.6亿元，为5972名职工拨付生育保险金0.5亿元。

【被征地农民社会保险】 截至2012年12月底，高新区共有9万名农转非人员参加社会保险。其中，按照19号文参保4.1万人；按照31号文参保4.9万名。

【城乡居民社会保险】 2012年，成都高新区城乡居民社会保险（城乡居民养老保险、城乡居民基本医疗保险）的参保人数、征收基金和资金拨付情况如下：

城乡居民养老保险。截至2012年12月底，城乡居民养老保险参保人数2062人，征收基金115万元，为1.3万人（次）城乡居民拨付养老金487万元。

城乡居民基本医疗保险。截至2012年12月底，城乡居民基本医疗保险参保人数达15.6万人，为0.5万人次城乡居民拨付住院医疗待遇1697.59万元。

【企业退休人员社会化管理服务】 截至2012年12月底，成都高新区共有标准化社区41个，信息库已录入0.35万名退休人员基本信息。全年共接收人事档案121份。退休人员养老金社会化发放率达100%。街道、社区设有养老待遇核查点44个，全年累计核查退休人员4.2万人，养老待遇核查验证率达99%。同时，高新区及下属六个街道两级财政分别加大财政投入力度，开展了免费义诊、健康讲座、百姓故事会、棋类比赛等形式多样的老龄活动，极大丰富了退休人员的文化生活。

【定点医疗机构管理】 一是完善医保服务协议，明确双方权力、义务和违约责任。二是加强费用审核和指标考核，控制费用不合理增长。三是通过日常检查、专项检查、交叉检查等多种方式，对辖区所有定点医疗机构进行检查共计33次，覆盖辖区全部定点医疗机构。截至2012年12月底，高新区共有定点医疗机构43家。其中，医院17家、社区卫生服务中心6家、门诊部及诊所20家。

【社会保险稽核】 为了规范社会保险稽核工作，强化社会保险费征缴，确保社会保险费应收尽收，2012年，高新区委托2家会计师事务所对区内400家企业开展实地稽核工作。通过稽核，高新区出具《社会保险稽核意见书》及《社会保险稽核情况告知书》400份，补缴社会保险费15.8万人、51.38万元，有效促进了企业的规范参保，切实维护了参保人员的合法权益。

【社会保险经办服务】 2012年，成都高新区各级社保机构结合实际，采取切实有效措施，努力为群众提供优质、便捷、高效的社会保险经办服务。

一是持续推广社保网上服务平台，实现经办服务数字化。制定《关于改进社会保险经办方式有关事宜的通知》，将网上经办工作纳入年度重点工作目标考核，分级负责，责任到人。大力推行社保网上经办服务，制作和印发社保网上经办操作手册和操作电子视频，方便参保企业有效使用社保网上经办系统。加大培训力度，区、街道、社区三级经办机构定期走访重点企业，积极开展定期上门培训服务。截至2012年12月底，全区已有2088户企业申请了网上经办，社保网上经办业务受理量累计已达211万件。

二是夯实基层社保服务平台，实现经办服务均等化。按照“把零距离服务送到门、把方便带回家”的理念，在全市率先构建起“高新区政务中心—街道—社区”三级社保服务体系，落实了全区17个基层社保经办服务网点的机构、人员、场地、设备、制度等软硬件，实现了高新区社保经办服务网点全覆盖。按照“能简化的应简化、能合并的应合并”原则，将涉及社保公共服务项目的73项业务中的60项下沉至17个基层社保经办服务网点，基层社保服务平台逐步夯实，助推了社保经办服务均等化目标实现，让辖区群众在“家门口”即可办社保。

三是加强档案管理，确保基础资料规范完整。严格按照国家人力资源和社会保障部和国家档案局第3号令《社会保险业务档案管理规定（试行）》要求，做到组织管理三到位、设施建设三达标、专业建设三统一、利用服务三环节。即：管理机构到位、措施落实到位、经费预算到位；库房建设达标、档案用具达标、设施设备达标；规章制度统一、整理规程统一、日常管理统一；目录建设环节、查询建设环节、效果建设环节。完善社保业务档案计算机信息存档平台和文本纸质存档平台，社保业务档案管理更加规范、完整、安全。截至2012年12月底，共整理完1992年—2010年的社会保险历史档案16703件，有效提升了档案管理水平。

四是强化社保业务培训，提高队伍综合素质。大力开展业务培训，不断提高社保经办人员的业务素质。2012年，共举办业务培训20期，业务测试8次，参与劳动就业社保综合知识竞赛1次。加强队伍素质建设，开展政务礼仪专题培训会，提高社保服务水平和干部综合素质，实现社保服务的优质化。完善多种考核机制，以政务大冲关考核、季度考核、年度考核三种考核方式为抓手，大力选树先进典型，充分发挥考核机制的激励作用，形成了社保干部之间你追我赶、互帮互助的良好氛围。

（成都高新区人事劳动和社会保障局）

老年人权益保护

【老年人社会保障】 2012年，成都高新区为户

2012 年 1 月 12 日党工委委员、管委会副主任杨东陪同成都市副市长苟正礼慰问高新区百岁老人代表

2012 年 6 月 12 日，高新区举办第二届老年艺术节器乐比赛

籍在高新区，年满 80 周岁以上的 6094 名老年人发放长寿补贴金，全年共发放长寿补贴金 371 余万元。在春节、重阳节等重大节日期间，高新区、各街道相关负责人及社区干部率队分组看望慰问敬老院五保老人，散居五保老人、百岁老人、高龄老人、贫困老人、残疾老人、空巢老人共 1000 余人，发放 20 元至 1000 元不等的慰问金和慰问品。

通过老年人法律服务工作站和调解室，为老年人提供了家庭纠纷、财产纠纷、老年维权等法律咨询和法律援助服务，增强了老年人的法制观念和法律意识，提高了老年人保护自身合法权益的能力。全区共受理涉及老年人家庭纠纷 33 起，通过维权工作站工作人员的调解，都圆满得到了解决，调解率 100%。

【老年人文化生活】 2012 年，成都高新区举办高新区第二届老年人艺术节并取得了圆满成功。比赛项目有舞蹈、器乐、声乐、时装表演、书画比赛等，参演节目达 60 余个，参加老年人 600 余人。在重阳节、“敬老月”期间，各街道办事处也举办了多种形式的文体活动，共吸引 2 万余名老年人参加。组队参加了市老龄办组织的成都市第十一届老年艺术节，取得了优异成绩，选送的 7 个节目分别获得一等奖 2 个，二等奖 1 个，三等奖 3 个，优秀奖 1 个。2012 年高新区老年文体队伍参加文化部、福建省人民政府主办的第十四届中国老年合唱节比赛获得金奖；参加第三届中国老年文化艺术节舞蹈大赛获得银奖。

老年教育向纵深发展。全区共有老年大学 6 所，3000 余人进入老年大学进行学习。桂溪老年大学被评为省 A 级老年大学。

【为老年人办实事项目】 2012 年，高新区 6 个街道办事处均开展开展了居家养老服务工作，238 名老人享受政府购买服务，合计金额 36.54 万元。开展 60 岁以上老年人免费体检以及 90 岁以上老年人免费上门体检服务，全年共为 3.3 万余名 60 岁以上老年人进行免费健康体检，投入经费 66 万余元。

2012 年成都高新区 100 岁以上老年人名册

序号	姓名	性别	民族	出生日期	所属街道
1	刘清荣	女	汉	1909.02.03	肖家河街道
2	吴崇明	男	汉	1911.12.04	肖家河街道
3	贺春秀	女	汉	1912.10.01	芳草街街道

续表

序号	姓名	性别	民族	出生日期	所属街道
4	曾光禄	男	汉	1910.11.11	芳草街街道
5	杨均衡	男	汉	1912.11.17	芳草街街道
6	李荣彦	女	汉	1912.12.11	芳草街街道
7	王葆和	女	汉	1912.04.23	芳草街街道
8	万桂莲	女	汉	1910.03.12	芳草街街道
9	高兴让	男	汉	1912.07.26	芳草街街道
10	漆素芳	女	汉	1911.9.4	桂溪街道
11	汤家华	男	汉	1906.6.5	桂溪街道
12	胡清和	男	汉	1908.5.5	桂溪街道
13	马久芬	女	汉	1912.04.18	桂溪街道
14	张黄氏	女	汉	1912.05.19	桂溪街道
15	郑素芳	女	汉	1911.06.06	桂溪街道
16	陈素清	女	汉	1911.11.20	石羊街道
17	方素清	女	汉	1908.12.3	石羊街道
18	王星跃	男	汉	1911.11.17	石羊街道
19	巫锡章	男	汉	1906.3.26	中和街道
20	王宗玉	女	汉	1908.6.6	中和街道
21	唐玉清	女	汉	1911.6.9	中和街道
22	程伍氏	女	汉	1910.06.04	中和街道
23	陈光琼	女	汉	1911.12.1	中和街道

【养老服务机构建设】 2012年，成都高新区采取积极有效措施加快推进社区养老服务机构建设。以管委会名义出台了《成都高新区关于加快推进助老助残服务工作的意见》（成高管发〔2012〕21号，同时将街道及社区助老服务中心（站）的建设任务以高新区民生工作目标的形式下达到各街道办事处。共建成14个助老助残服务中心（站），其中芳草助老服务中心被确定为成都市城乡养老服务试点机构。

残疾人保护

【概况】 2012年，成都高新区共有残疾人4469人。其中，肢体残疾2616人，听力残疾285人，言语残疾人79人，视力残疾519人，智力残疾443人，精神残疾472人，多重残疾人55人。2012年高新区大力开展残疾人“两个体系”建设，推进“量体裁衣”式的个性化服务工作，以残疾人事业“标准化、公平化、个性化、社

合作街道助老助残中心

会化”为目标，突出建设残疾人基本生活保障体系和服务体系，确保残疾人生活保障水平和为残疾人服务的能力大幅度提高。

【扶残助残项目】 2012年，成都高新区残联在高新区党工委、管委会的领导下，在市残联的关心指导下，紧扣推进残疾人“两个体系”建设，深入开展为残疾人提供“量体裁衣”式个性化服务。做到速度和质量同步提升，内力与外力双轮驱动，发展与民生协调并进，实现了残疾人基本生活保障全覆盖。残疾人幸福指数大幅提升，有力的促进了高新区残疾人事业更好更快发展。

大力推进“量体裁衣”式的个性化服务。2012年高新区建立健全了社区残疾人协会和残疾人服务工作网络，建设和培育了街道及社区两级“量服”工作示范点。在全面掌握残疾人及其家庭生活状况的同时，制定“量体裁衣”式个性化服务方案。全年共为全区残疾人及其家庭成员提供了63762次“量体裁衣”式个性化服务，个性化服务率达100%。

构建具有高新特色的新型助残模式。制定实施《成都高新区关于加快推进助老助残服务工作的意见》。全面启动助老助残体系建设，依托专业服务机构完成了助老助残服务机构规划设计，努力搭建街道、社区助老助残服务中心（站）载体。全区所有街道均建立了助老助残服务中心，完善配套了生活照料和文体活动功能用房，并配备了不少于10张的托老床位，12个社区建立了助老助残服务站。引进专业助老助残服务社会组织，开展了生活照料、精神慰藉、医疗护理、康复辅助、老年教育、文体活动、家政服务、咨询服务等8个大项、100余个小项的助老助残服务。

创新建立精神残疾人救治体系。依托市第四人民医院、高新区精神疾病管理办公室和各社区卫生服务中心，为精神残疾人提供就近购药，免费定期上门送医、送药服务，并为住院精神残疾人开通双向转诊绿色通道。全年共为64名精神残疾人提供了全免费住院救助，救助金额达61万余元，加上购买城乡居民医疗保险和门诊用药救助，全年直接投入精神残疾人的救助金额已达120万元。

进一步完善全覆盖、保重点的残疾人保障体系。按照重点保障和特殊扶助的要求，将特困残疾人纳入最低生活保障和专项生活救助，给予重点扶助，全年共为485名特困残疾人提供了51万元的特困残疾人家庭专项补助。将访贫问苦、结对帮扶有机结合，在全区广泛开展“送温暖”活动，将全区残疾人统一纳入“送温暖”范围，把温暖送到每一个残疾人家庭。进一步完善高起点、高水平、全覆盖的残疾人基本生活保障体系，全年共投入“送温暖”经费142万元。继续将全区未享受医疗保险的残疾人和18岁以下的残疾人家庭子女纳入城乡居民基本医疗保险范围，全年共为1083人购买了城乡居民医疗保险，投入经费19万余元。继续开展门诊用药救助，为全区5412人次发放医疗100–800元的“爱心卡”、医疗“救助卡”，投入经费107.76万余元。继续加大残疾人住院救助，全年共为118名残疾人提供了88万元的住院医疗救助，保障了其大病住院不致贫。继续开展复明工程，在全区开展了13场“社区防盲筛查活动”，为26名白内障患者提供了免费复明手术，做到了应术尽术。2012年高新区在全市范围率先实施脑瘫患儿童康复救助工程，全年为11名符合四川省贫困家庭脑瘫儿童康复救助条件的脑瘫患儿提供康复训练和辅助用具救助，共投入救助资金8万余元。

全力拓展残疾人就业渠道。全年共推荐安置471名残疾人就业，其中新增就业71人。同时，由残联、街道、社区大力开展和扶持绿色食品销售、房屋中介、社区便民服务、社区公益性岗位等适合残疾人就业的项目，兴办残疾人就业实体，全年共有30名残疾人在社区就业，114人从事灵活就业，在23个残疾人就业

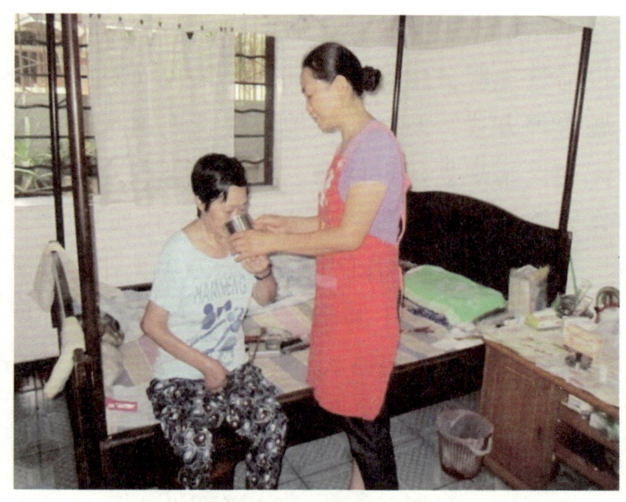
小兰服务社工作人员为残疾人提供居家安养服务

点共安置 27 名残疾人。

截至 2012 年，高新区残疾人就业已形成以企业按比例和集中安置为主，街道、社区残疾人就业点，残疾人自主创业为辅，残疾人社区从事灵活就业、公益性岗位为补充的残疾人就业格局。通过多渠道就业安置，丰富和拓展了残疾人就业，有力地提高了残疾人就业率，改善了残疾人生活现状。

多渠道提供残疾人托养和居家安养服务。通过以专业机构为骨干，以社区、家庭为依托，以政府购买服务的方式为手段，以阳光助残和“小兰”志愿者服务为补充的居家安养服务工作，全年共为 51 人次提供了居家安养服务，发放居家安养服务补贴 17 万元；出资 2.8 万余元资助 1 家残疾人居家安养服务机构。

高新区选手杜浩月获得市七届残运会 100 米金牌

残疾人运动竞技取得历史最好成绩。积极开展残疾人文体活动，残疾人体育竞技水平得到不断提升。在四年一届的全市第七届残疾人运动会上，高新区残疾人运动员在田径、乒乓球、羽毛球 3 个项目上斩获 13 金 10 银 3 铜，金牌数与奖牌数都比上届翻了近一番，取得了历史性突破。同时，高新区代表团及 7 名运动员分别荣获团体及个人体育道德风尚奖，实现了运动成绩和精神文明双丰收。

【残疾人法律援助】 2012 年，成都高新区将残疾人权益维护、法律援助和法律服务纳入了全区司法工作目标体系。区法律援助中心派专职律师解答残疾人提出的有关法律、法规方面的问题，为寻求法律援助的残疾人提供免费服务。同时，建立了区、街道、社区三位一体的残疾人维稳工作网络体系，了解残疾人的具体情况，掌握他们的生活状况和思想动态，及时解决残疾人实际问题，化解矛盾。采取多种措施保障残疾人合法权益不受侵犯，维护社会稳定，为建设“幸福高新”做出了应有的贡献。

社区建设

【概况】 截至 2012 年，成都高新区共有社区 50 个，其中有 8 个社区正在筹备建设。全区共有社区工作者 663 名。2012 年，成都高新区积极推进社区组织建设，加强队伍学习培训，进一步完善社区管理规章制度，使社区服务居民的只能得到了较好发挥。通过环境综合整治，完善民生救助，建立健全保障措施等工作，社区服务居民生活、服务民生的水平不断提升，为“和谐高新”建设作出了积极贡献。

【社区组织建设】 2012 年，成都高新区深入推

社区组织辖区志愿者开展院落环境治

进社区基层治理机制改革工作，制定实施《关于进一步加强社区居民自治工作的实施意见》，强化社区民主自治管理，指导街道和社区建立健全社区及院落居民自治组织，动员社区自治组织队伍参与社区服务和公益活动，社区成员参与社区事务的参与度逐步得到提高。全区所有社区及院落均成立了居委会、居民议事会、院落管委会、院落议事会等居民自治组织，建立率达到100%。各社区和居民院落议事会选举成立后，按照居民需求，通过民主管理方式定期召开议事会。

【环境综合整治】 2012年，成都高新区继续深入开展城乡环境综合治理进社区工作。印发了《关于深化城乡环境综合治理进社区工作的通知》，加大环境综合治理进社区宣传力度，进一步完善社区的办公服务设施及周边环境建设，使社区管理服务设施得到全面提升。街道、社区通过开展系列主题活动，进一步加强社区院落环境卫生整治，对社区等院落乱搭乱建、违章占道等脏、乱、差进行彻底整治，逐步改善周边环境，美化、亮化社区环境，社区品质和形象有了新提高。

【社区管理】 2012年，成都高新区继续推进社区建设和管理服务工作。通过社区建设暨街道工作联席会议专题制度，研究社区治理结构与工作机制、完善社区居民自治机制等社区建设与管理服务中存在的问题。采取面对面的问题管理方式，及时有效地解决长期困扰社区的配套设施规划建设问题，以及社区服务管理工作等相关问题，进一步提高联席会议质量。

积极推进调整社区设置规模专项工作。桂溪街道双祥社区、中和街道府河社区已启动开展设置规模调整的相关工作。

继续加强社区工作者专业化、职业化建设试点工作。举办了高新区加强社会建设工作专题培训会、开展了社会工作者职业水平考试考前培训，全区有10名社区工作者获得全国（助理）社会工作师资质证书。强化社区工作者业务技能培训，组织开展社区社会组织培育发展、社区居民自治、助老助残服务管理、贫困群众救助管理等专业技能的培训，社区工作者的业务技能和服务管理水平逐步提高。

2012年4月27日，高新区召开社区建设暨街道工作联席会议

【新社区建设】 2012年，成都高新区筹备建设的新社区有桂溪街道双吉社区、双桂社区，中和街道仁和社区等。社区筹备组工作人员不等不靠，在推进筹建工作的同时，提前进入角色，积极为辖区居民群众提供服务。

【社会管理创新】 2012年，成都高新区进一步加大社会组织培育发展工作力度，通过“外引内培”，成立高新区福怡助老助残中心、培力社会工作服务发展中心、动力公益发展中心、移动互联网协会、欣欣川剧团等助老助残类、社会救助类公益社会组织及互联网社会组织、文化类社会组织，为高新区社会建设和产业发展提供社会化专业服务。全年新增注册登记社会组织 43 家。高新区推动力公益发展中心、益多公益服务中心、萤火公益事业发展中心 3 家社会组织入围全市首批入园孵化的 15 家公益性社会组织名列，入围数量位居各区（市、县）第一。

2012 年 12 月 16 日，召开高新区社会组织评估综合评审会

依托第三方社会组织创新开展了社会组织等级评估工作。通过“以评促建”方式加强社会组织规范化管理，不断提升其管理水平和服务能力。全区 10 家社会组织参加了评估。

不断促进政府职能部门转变职能，优化社区工作运行机制。制定实施了《关于政府购买公共服务的实施意见（试行）》《关于建立社区工作准入制度的实施意见》等制度措施，建立了政府购买公共服务项目指导目录和社区共公共服务目录。

2012 年，成都高新区民生服务呼叫平台“962000”坚持以“听民声，顺民意，通万家”为宗旨，真情服务民生。整合高新区网上政务服务中心、市文明服务热线“96110”和市“12356”阳光计生服务热线，全方位开展各类民生服务。建立了“双回访”制度，大大提升了服务质量和满意度。不断补充和细化高新区民生服务规范答案，进一步提高平台工作效率和准确度。2012 年高新区民生服务呼叫平台受理民生问题共计 4419 个，服务满意率达 100%，受到市民来电、来信表扬共计 8 次。

民政事业

【概况】 2012 年，高新区社会救助和民生服务水平实现新提升。制定实施了《关于建立健全城乡困难群众临时救助制度的意见》，全区社会救助体系进一步完善。社会组织建设涌现新亮点，制定实施了《关于进一步加强高新区社会组织能力建设的指导意见》，健全培育发展社会组织制度体系，开展社会组织规范评估工作。社区建设和民主自治取得新进展。社会福利事业实现新突破。

【社会救助】 2012 年，成都高新区率先在全市推进民生救助保障无缝化，创新建立“低保家庭享受全部救助制度，低收入家庭享受部分专项救助”的梯形结构，救助政策体系结构科学合理，民生救助实现全方位、多层次、广覆盖。全年为 802 户、1233 名低保人员发放低保金 502.2 万元，着力提高低保补差水平，月人均补差达到 273.9 元。桂溪街道办事处和中和街道办事处加强敬老院规范化管理，进一步健全管理制度，制定并完善《敬老院安全防范预案》，不断提高为老年人服务的水平。

【防灾减灾】 2012 年，成都高新区继续强化防灾减灾制度措施，进一步健全和完善区、街道、社区三级灾害信息员制度、应急救援队制度、汛期 24 小时值班制度等防灾减灾制度。按照防灾减灾要求，全年全区安排落实 980 余万元自然灾害应急救援资金，有力地保障了防灾减灾各项工作的有序开展。防灾减灾宣传周期间，高新区开展形式多样的防灾减灾宣动活动，开展防灾减灾宣传及演练，提高群众应对灾害处置能力。2012 年高新区无重大自然灾害发生。

【婚姻登记】 2012年，成都高新区继续强化婚姻登记服务管理工作。开展婚姻登记服务规范化建设，积极改进服务手段，提升服务质量，为群众提供高品质的服务。继续实行婚姻登记咨询热线并开展节假日预约服务和工作日延时服务，圆满完成了婚姻登记的各项工作。为满足新人在2012年12月12日和2013年1月4日这两个特殊日子登记结婚的愿望，及时启动婚姻登记高峰应急预案，共为420对新人办理结婚登记服务，创造了高新区当年单日登记人数最高峰记录。2012年，全区共办理结婚登记5084对，离婚登记1533对，补领婚姻登记证1189对，出具婚姻登记记录证明4102人次 。确保54408卷婚姻档案完整无损，档案查询1267次，工作总量13699件，全年44个节假日中，共受理285件档案查询。登记合格率和出具证明准确率达到100%，无一例违法登记事件发生。

【慈善事业】 2012年，成都高新区大力发展慈善事业，开展各项不同主题的慈善活动，广泛募集善款，为急需救助者提供帮助。其中，“慈善爱心，幸福高新”慈善募捐活动募集资金141.91万元。全区在开展慈善活动的同时，还实施了一系列爱心工程，其中，“阳光园梦工程”为57名贫困大学生提供13.6万元的学习和生活资助，“阳光育苗工程”为324名在校中小学生和幼儿园学生提供了27.43万元的学习生活资助。

2012年10月11日，开展“共享蓝天·书传友谊”慈善宣传募捐活动

成都市城市居民最低生活保障工作统计月报表

（2012年12月）

单位	保障对象		保障资金			社会救助					
	低保家庭户数(户)	当月低保对象人数	累计保障人数（人次）	累计人均补差（元）	累计支出总额（万元）	医疗救人数助（人次）	医疗救助金额（万元）	应急救助人数（人次）	应急救助金额（万元）	临时救助人数（人次 ）	临时救助金额（万元）
栏目	1	2	3	4	5	6	7	8	9	10	11
肖家河	185	301	4232	261	115.9	448	25.7	59	11.8	2	1.2
芳草街	150	227	3173	297.4	100.3	349	25.9	19	2.5	15	4.3
石羊	114	164	2405	265.5	67.3	240	13.9	494	166..2	249	32.5
桂溪	45	59	824	273.3	23.7	156	21.5	130	62.0	22	2.5
合作	98	119	1579	255.5	41.5	198	29.6	55	16.4	2	1.2
中和	210	363	6119	236.2	153.5	709	45.5	58	5.9	9	2.5
合计	802	1233	18332	259.1	502.2	2100	162.1	815	264.8	299	44.2

【区划地名】 2012年，成都高新区完成了对13条新道路的命名和2条原有道路名称的更名工作（详见列表）。

2012 年成都高新区新命名道路一览表

道路名称	（英文）	长度（米）	宽度（米）	道路位置
康乐大道	(KANGLE DADAO)	3000	45	西起蜀新大道，东止天欣路
康惠路	（KANGHUI LU）	3000	30	西起蜀新大道，东止天欣路
康隆路	（KANGLONG LU）	2900	20	西起蜀新大道，东止天欣路
康平路	（KANGPINF LU）	1100	20	西起蜀新大道，东止安和一路路
康胜路	（KANGSHENG LU）	2850	30	西起蜀新大道，东止天欣路
安瑞一路	（ANRUI YI LU）	900	16	北起康乐大道，南止康胜路
安瑞二路	（ANRUI ER LU）	750	30	北起康乐大道，南止康胜路
安瑞三路	（ANRUI SAN LU）	750	16	北起康乐大道，南止康胜路
安和一路	（ANHE YI LU）	800	16	北起康乐大道，南止康胜路
安和二路	（ANHE ER LU）	1050	20	北起康乐大道，南止康胜路
安和三路	（ANHE SAN LU）	900	20	北起康乐大道，南止康平路
仁和路	（RENHE LU）	1600	30	由原仁和路向东南延伸命名
科园巷	（KEYUAN XIANG）	500	6	北起二环路南四段，东止科园一路

2012 年成都高新区道路更名一览表

道路名称	宽（米）	长（米）	起止点	原名称	注销名称
金融城北路	12	280	北起府城大道中段，南止锦晖西一街	星耀路	星耀路
金融城南路	12	330	北起锦尚西一路，南上锦城大道	星灿路	星灿路

民族宗教

【概况】 截至 2012 年，成都高新区共有宗教场所 4 个。这四个宗教场所分别是：位于石羊街道办事处辖区的铁像寺和近慈精舍，南部园区外国人集中居住区、西部园区尚丰路建设中的基督教堂。有宗教院校 1 所，即位于铁像寺内的四川尼众佛学院。

【铁像寺】 铁像寺是一所极具影响的尼众寺院，建于明代，历史悠久，是四十年代的爱国高僧能海法师进藏学法回到汉地后开创的七个金赐道场中唯一的尼众道场。铁像寺道场清净，管理规范，到寺朝拜闻法修慧的信众甚多，赢得社会各界赞誉。寺内有尼众 21 名，主持为释果芳法师。

四川尼众佛学院是省宗教局直属的宗教院校。位于高新区元华路以东，与铁像寺共处一处。设有本科班、律学班、预科班。学院在彭州祈福寺设立四川省尼众佛学院本部，大部分学员及老师已迁回彭州祈福寺本部。（经四川省宗教局、成都市民宗局、成都高新区社会事业局，省、市佛协、铁像寺及四川尼众学院共同商议，四川尼众佛学院定于 2013 年全部搬迁到彭州祈福寺）

【近慈精舍】 近慈精舍（原近慈寺），位于高新区石羊街道，始建于 1600 年，占地 4 亩。建寺以来与文殊院、昭觉寺、宝光寺成为成都地区四大丛林之一。殿宇辉煌、高僧辈出、佛教文化源远流长。原近慈寺是近代高僧能海法师（原中国佛教协会副会长，全国第一届、第二届、第三届人大代表、政协委员）从藏区归来后创建的第一个密宗道场。能海法师开讲佛学，严治律幢，或戒定慧三学培养僧才，以爱国言行垂范后学，蜚声中外。近慈寺一时僧众云集，成为汉地密宗祖庭。能海法师相继在上海、重庆、山西、绵竹、武汉等地建立密宗道场。近兹精舍现有僧侣7名，主持为释演法，当家为释悟通。

竣工的近慈精舍藏经楼与僧寮房

【民族事务】 2012年，高新区民族工作平稳运行。区内各街道办事处高度重视民族领域的维稳工作，妥善处理民族纠纷，全面开展大排查工作，积极引导少数民族群众通过法律途径解决民事纠纷，全年无一例因少数民族纠纷而发生的上访事件。

（成都高新区社会事业局）

政法·军事

成都高新 CDHT
CHENGDU HI-TECH DEVELOPMENT ZONE
成都高新区 | 年鉴 | YEARBOOK 2013

政 法

【创新社会管理】 2012年，成都高新区继续加强和创新社会管理，积极推动社会管理和公共服务重心下移，深入开展社会矛盾化解，多策并举维护社会和谐稳定。各街道进一步健全社区综合管理服务、社区网格化管理服务、社区居民自治、社会力量参与、社区管理工作考评和社区管理保障等六大体系。社会管理重点工作在社区落实，全区所有建成社区均建立了社区综合服务站，采取"居站结合"、"分片包干"的方式整合社区资源，推动社区管理服务重心下沉院落，直接面向院落群众提供政务服务、前置审核服务和便民利民服务。

2012年，成都高新区已实现党组织、综治和群团组织及工作对辖区非公有制经济组织、社会组织基本覆盖。全区4151家非公有制经济组织，党组织覆盖率75.02%；92家社会组织，党组织覆盖率67.39%。综治部门全方位延伸综治工作网络，积极推进辖区企事业单位和新经济组织、新社会组织综治工作站（室）建设。各街道、社区加强与"两新组织"的综治工作联系，层层落实责任制，与建筑工地、餐饮娱乐企业等重点单位签订综治目标责任书，促使其更好地履行社会责任。劳动部门、建设部门全力做好劳动关系协调、民工工资清欠工作，及时处理矛盾纠纷和突发事件，基本形成了一套规范有效的工作机制。

加强流动人口及相关人员的监测管理。全区已累计采集录入各类基础信息60万余条，其中流动人口信息32.5万余条、房屋地址信息33万条、出租房屋信息6.5万余条、用工单位信息2千余条，房屋信息采集率基本实现100%全覆盖，流动人口信息采集、维护率达到80%以上。通过清理排查，落实管控帮扶，开展心理培训等工作，社区矫正、社区戒毒（社区康复）取得良好效果。对刑释解教、监外服刑、容易肇事肇祸精神病人、吸毒人员等高危人群按月排查，逐一建档，实行风险评估和分类分级管理，管控率达100%。全年未发生在全省、全国有影响的个人极端事件。

【维护社会稳定】 2012年，成都高新区努力夯实维护社会稳定基础，进一步完善矛盾排查、信息报告、应急处突、风险评估"四大"维稳机制建设，积极探索新时期做好维稳的方式和途径。各街道、各部门强化维稳主体责任意识，履职到位，密切协作，形成齐抓共管、整体作战的大维稳工作格局。各项维稳措施落到实处，切实承担起保一方平安、维护一方稳定的责任。通过不懈努力，全区各项维稳任务圆满完成。

加强矛盾隐患排查调处，提升群众工作和维护社会稳定能力。缩短排查工作的周期性，将"月排查、半月分析"调整为"一周一排查，一周一研判"，每周进行信息收集、整理，对重点舆情进行分析研判，预测下周维稳形势，形成了长效的维稳工作机制。对影响稳定的苗头性、预警性问题及时予以疏导、化解和处理，使之消除在初始萌芽状态。2012年，高新区没有发生一起规模性群体性事件，对于发生人员聚集的情况，高新区相关领导及相关部门都在第一时间赶赴现场指挥和参与处置，协同配合，采取有效措施，积极开展工作，使问题影响降至最低范围。

完善应急处置，提升社会掌控能力。为不断提高应对和处理突发事件的能力，高新区公安分局加大各种力量的投入，增加警力和巡逻队队员，强化社会面的管控，加强巡逻守护，确保重点部位和区域的治安秩序。为进一步提高新时期舆论引导的能力，建立完善舆情监控机制和舆情处理机制，涉及民生和有影响的舆情信息都迅速、及时得到处理。

夯实维稳工作基础，提升维稳工作执行能力。2012年，高新区维稳办在各街道办事处推行建立《重点人头信息库》制度。对辖区内维稳、信访、防邪等所有涉稳重点人员进行全面排查梳理汇总，逐一建立工作台账，形成重点人员信息库。按照“五包一”的工作措施，落实稳控责任，有力地维护了辖区的社会稳定。十八大期间，成都高新区无一件重大维稳事件和无一件有影响的刑事治安案件发生。

【“大调解”深化工作】 2012年，成都高新区继续深入推进“大调解”工作，化解矛盾纠纷，维护社会稳定取得新进展、新成效。

一是按照“大调解组织五进工程覆盖率达100%”的工作目标，提早谋划，积极推进，规划内（54个）人民调解委员会（调解室）实现全覆盖。各街道办事处还结合实际拓展工作领域，如肖家河街道已将调解机构建立到辖区全部123个院落，将调解工作做到群众“家门口”。

二是推动矛盾纠纷“攻坚破难”。深入开展各种矛盾纠纷和不稳定因素的排查调处，重点围绕征地拆迁、民工工资、房产（物管）纠纷、医患纠纷、企业改制、涉法涉诉等突出矛盾纠纷，建立健全专业性、行业性、区域性调解组织，引入社会组织和律师等社会工作者参与“大调解”工作。例如，高新区综治办会同社会事业局（司法部门）以“六五”普法和创建全国法治城市为抓手，结合企业和群众的需要开展法制宣传、法律咨询和矛盾纠纷调解，引导群众依法、理性表达诉求。同时，创新调解方式，挖掘基层调解潜力，选择典型案件，派出专业人员深入社区现场调解，邀请社区工作人员、群众观摩旁听。针对薄弱环节加强指导，一方面扩大了“大调解”工作宣传面，拉近了与群众的距离；另一方面通过以案代训，提升了调解队伍工作水平，提高了社区调解人员化解矛盾纠纷的能力。

三是继续落实领导对口联系街道、机关部门对口联系社区的工作制度。各级领导定期深入社区了解社情民意，及时发现、就地解决群众关心的突出问题。同时，进一步强化领导包案、联席会议、督察督办、责任追究等制度，狠抓责任落实，努力将矛盾纠纷化解在基层。截至2012年11月底，高新区各级大调解工作机构共排查矛盾纠纷883件，调解868件，调解成功808件，成功率93%。全区在年度内未发生重大群体性事件。

【社会治安综合治理】 2012年，成都高新区社会治安综合治理以控制发案为目标，完善治安形势研判预警机制，根据治安重点开展针对性综合治理。坚持综治工作每月通报制度，组织各街道和公安机关及时分析查找原因，不断完善落实各项治安防控措施，社会治安综合治理取得实效。

“打防结合、以打促防”。2012年，高新区始终保持对黑恶势力犯罪、严重暴力犯罪的严打高压态势。严厉打击抢劫、抢夺、盗窃等多发性侵财犯罪；严厉打击制贩毒品犯罪，加强重点场所管理。截至11月，共立各类刑事案件2778件，比去年同期的2833件下降1.9%；共破案1058件，比去年同期的1014件上升4.3%。其中，破获“两盗”案件159件，同比上升26.8 %，有力震慑了犯罪分子。同时，加大反拐宣传培训和维护妇女儿童合法权益的力度；建立健全“扫黄打非”成员单位联席会议制度、联络员制度，强化文化、出版物市场监管。按照“不丢失、不被盗、不炸响”的工作目标，严格落实枪、爆、危化物品层级监管责任，强化其日常生产、销售、运输、使用中的安全管理措施，杜绝安全隐患。

社会治安重点整治。2012年，高新区综治办和公安分局组织力量对辖区治安重点地区、突出问题和复杂场所进行全面排查，根据排查情况加强集中整治。一是全时段、无缝隙地加强对关系国计民生和公共安全重点要害部位的巡逻守护，确保“绝对安全、万无一失”。二是深入开展治安热点整治行动，重点加强中和、大源两大组团，富士康超大企业园区、石羊大型客运场站等重点区域的治安整治，维护辖区良好治安秩序。三是加大对纳入治安管理行业场所的日常管理，适时开展临时集中清查，严厉打击“黄赌毒”等社会丑恶现象，着力净化治安环境。四是开展辖区内105所大中小学校、幼儿园及校园周边的检查整治和安全保卫。五是圆满完成了“省第十次党代会”、“市第十二次党代会”、“西博会”、“第86届全国糖酒商品交易会”等大型活动安保任务44次，各类警卫任务60次。人民群众对社会治安满意率达到90%以上。

社会治安防控体系建设。2012年，高新公安分局以警情研判为导向，以公安力量为主导，以综治巡逻队和辅警为依托，积极构建具有高新特色的群防群治警务模式。统筹分局直管的420名协警和街办招聘的800余名综治巡逻队员，与巡逻民警共同开展“点线结合、动静结合”24小时“网格化”街面巡防。同时，建立“物业联勤”、“商圈联勤”、“十铺联勤”等群防工作模式，做大做强“红袖套”群防队伍，加上全区1320个“天网”监控点位，形成了立体化社会面防控体系。辖区治安防范能力明显提高。

公　安

【概况】 2012年，成都市公安局高新区分局在成都市公安局党委和成都高新区党工委、管委会的坚强领导下，秉承“忠诚、责任、公正、民生”的成都公安核心价值理念，以能力建设为核心，以建设现代化一流警队为根本保障，全面推进公安业务和公安队伍建设，多项业务工作进入全市前列，为成都高新区建设“世界生态田园城市”高端区域，促进高端产业、产业高端发展和“天府新城”建设提供了有力保障。

2012年，成都市公安局高新区分局破获各类刑事案件1141起，打掉各类犯罪团伙23个，打击处理679人，抓获网上在逃人员76人。其中，命案发14破13，破案率为92.9%；破获经济犯罪案件217件，为企业挽回经济损3千余万元；破获各类毒品案件64件（重特大案件7件），缴获各类毒品1.72千克。共查处治安案件1224起，行政拘留1182人。2012年，在成都市公安局“社会治安满意度、群众安全感及公安公众服务质量满意度调查”中，成都市公安局高新区分局以综合满意率86.84分，位列一圈层第一。

【维护稳定】 成都市公安局高新区分局坚持“稳定是第一责任”，完善国保情报信息网络，落实维稳工作措施，不断提升维稳处突水平，确保了党的“十八大”、全国“两会”期间及各个敏感节点成都高新区社会稳定。全年共收集维稳情报信息1692条，整理上报1056条，被四川省公安厅、成都市公安局采用195条。坚持“处早处小”，强化信访源头治理，完善矛盾纠纷滚动排查机制和矛盾纠纷多元化调处机制，预防群体性事件发生。全年共接待群众来信来访123（批）次，其中重访36件，上级部门交办信访件74件，办结率100%。深化反恐工作基础调查和涉恐重点人员摸排管控长效工作机制，及时维护更新国保工作对象数据库，完善对重点人员的侦察、控制、教育、转化“四位一体”工作模式。

【打击犯罪】 成都市公安局高新区分局围绕“做强打击”工作目标，以冬季“平安高新”行动、“破案会战”等专项行动为载体，夯实刑侦基础工作，做到“以打促防”和“以打促安”。先后成功侦破“曹予薪特大合同诈骗案”、“蓝李奎系列奸淫幼女案”、“6·27故意杀人案”等大要案件。深化经侦工作“两个延伸”，完善重点企业联系制度，拓宽经侦情报信息来源，严厉打击、有效防范各类经济犯罪。

在2012年全国经侦“破案会战”中，成都市公安局高新区分局全面超额完成目标任务，工作成绩在全市名列前茅。着力铲除制毒和吸贩毒窝点，继续巩固成都高新区禁毒工作成果，开展禁毒宣传教育，推进社区戒毒（康复）工作和戒毒康复人员“阳光就业”工程，争创“全国禁毒示范区”。

【典型案列】

案例一。2012年1月9日，成都市公安局高新区分局接到成都七虎商务服务有限公司报案：一名叫曹予薪的女子诈骗其公司20辆高档汽车。接报后，成都市公安局高新区分局立即组织民警开展侦查，在云南省将涉嫌特大合同诈骗的犯罪嫌疑人曹予薪抓获。经审，曹予薪交代了与成都七虎商务服务有限公司签订租车合同，并先后多次将租得的高级汽车低价转卖的犯罪事实。

案例二。2012年7月，“成都梦工厂”公司向成都市公安局高新区分局报案，称该公司推出的一款网络游戏客户端被人破解，造成公司巨大经济损失。接报后，成都市公安局高新区分局在成都市公安局网安支队的配合下，于2012年8月14日、17日、19日，分别在新疆乌鲁木齐市、河南省南阳市抓获犯罪嫌疑人尹同海、高松生、何东波。经审，三人对破坏计算机信息系统，制作网游外挂程序出售，从中获利30余万元的犯罪事实供认不讳。

案例三。2012年8月4日，成都市公安局高新区分局在成都高新区新乐北街3号打掉一个制售假证件、假印章犯罪团伙，抓获张明伟、黄道和、陈国贤等7名犯罪嫌疑人。现场查获各类制假设备24台（套），各类制假原材料上万件。收缴各类假证件（照）244类、13212份，各类假印章（模）11421枚，虚假办证信息“小卡片”10万张。经审，张明伟等7名犯罪嫌疑人对制售假证件、假印章的犯罪事实供认不讳。

【治安行政管理】 成都市公安局高新区分局坚持“每周两次临检，每月一次集中清查”工作制度，推进娱乐场所“等级化”管理。完善治安热点发现、报告、整治、巩固的工作机制和责任倒查追究制，对黄、赌、毒社会丑恶现象坚持“零容忍”，有效净化辖区社会风气。

着力提高用警的科学性和实效性，做精高新“会展警务”品牌。全年圆满完成了“第十五届成都国际汽车展”、“第86届全国糖酒商品交易会”、第十三届“西博会”等大型活动安保任务99起，未发生一起等级安全事故。

深化“4S”服务理念，优化公安行政效能，推行“全流程、一站式”的网上治安行政管理服务模式。全年办证中心接待办事群众12.5万人（次），办理户政事项8.4万余件；治安部门办理治安审批事项3000余件，消防部门办理消防行政许可审批事项800余件，禁毒部门办理易制毒品化学购买许可审批1535余件、运输许可审批145余件。各项行政许可办理时限比法定时限提高了80%。

推进社会管理创新，提高工作质量和服务水平。针对身份证领取手工操作中“分检—核验—查找”过程耗时多、效率低的实际，分局研发出“高新区公安分局身份证智能存取管理系统”，实现了身份证“分检—核验—查找”过程的计算机自动化管理，使群众领取身份证的时间从3分钟左右缩短至30秒之内，为民办事的效率明显提高。

【治安防控】 成都市公安局高新区分局完善无缝衔接的治安防控网络，加强市级机关集中办公区及周边的安全保卫和治安防控工作。2012年9月5日，成功处置了一名非正常上访的妇女准备在成都市政府门口自焚的案件。

构建“主动型、立体化防范警务模式”，开展“网格化”街面巡防工作。全年共挡获各类违法犯罪嫌疑人476名，打击处理194人，查获枪支11支、子弹30发，追回被盗车19台。建立“物业联勤”、“商圈联勤”、“十铺联勤”等群防工作模式，做大做强“红袖套”群防队伍。全年各类群防力量共协助公安机关挡获违法犯罪嫌疑人290名，协助破获刑事案件100余起。

加强对小区院落物业的监督指导，及时发现和督促整改安防漏洞，落实流动人口、出租房屋管理举措。共录入流动人口服务管理系统新增房屋信息33224条、出租房屋信息5414条、流动人口信息103176条、用工单位信息1082条。房屋信息采集率基本实现100%全覆盖，流动人口信息采集、维护率达到80%以上。

开展“护校安园”专项行动，建立涉校案件专案专办工作机制，成立了“校园法律援助中心”，做好成都高新区内105所大中小学校、幼儿园的安全保卫工作。

【公安队伍建设】 成都市公安局高新区分局坚持“抓班子、带队伍、促工作”，加强领导班子建设和党风廉政建设，不断提高干部、民警的政治觉悟和廉洁自律意识。全年共拒礼拒贿8人（次）。将警务督察工作贯穿于整个公安业务工作，做好执法监督和民警维权工作。2012年，成都市公安局高新区分局督察部门核查处理群众投诉148件，办结民警维权案件4起，依法处理侵害民警正当执法权益的违法人员7名。

狠抓干警队伍教育培训，完善“两横五纵”的教育培训框架，将信息化应用技能、规范执法、群众工作方法、突发事件处置等内容纳入民警的专项培训。按照“服务实战、贴近实际、讲究实效”的原则，充实调整了分局战训教官队伍，优化更新了培训课程，并通过“送教上门”等形式开展有针对性的培训。全年完成了400余名民警、300余名协警的培训工作，提升了民警的实战技能。

开展“三访三评”、“大走访”活动和“警民亲”活动，依托“网上派出所”和“网上社区警务室”等网络警务平台，进一步拓宽联系群众、服务群众渠道，打牢群众工作基础。全年共与贫困群众家庭结成帮扶对子388对，帮助解决实际困难200余件，收到锦旗80余面，表扬信31封。

加强宣扬表彰，注重挖掘和选树典型，开展“优秀团队”、“高新卫士”评选活动，增强民警的荣誉感和工作成就感。2012年，成都市公安局高新区分局共荣获35项集体表彰，有8个先进集体、277名优秀民警和73名工作突出的协警受到了表彰奖励。

（成都市公安局高新区分局）

检　察

【概况】 2012年，成都高新区人民检察院在成都高新区党工委和成都市人民检察院的领导下，在社会各界的监督支持下，以维护区域社会稳定、保障社会经济发展、促进公平正义为己任，全面履行检察职能，圆满完成各项工作目标，实现了检察业务与队伍建设的整体推进、均衡发展。在全市检察机关19个单项工作考核中，14个单项进入先进，其中反贪、纪检监察、政治工作、法律政策研究和办公室等7项单项工作进入前3名，综合目标工作位列全市基层检察院第2名。院党支部在“创先争优”活动中被市委评为成都市先进基层党组织。在全市检察系统“创新发展、勇争一流”中荣获“十佳集体”、“十佳精品案例”、“十佳办案能手”等多项荣誉，全年获得各类集体荣誉20项次，个人荣誉13人（次）。

2012年，成都高新区人民检察院有工作机构11个，共有工作人员69人，其中61名专项编制人员、1名工勤人员、7名聘用人员。全院有博士研究生2人，硕士研究生17人（不含在读），大学本科39人（获得硕士学位4人），工作人员的学历层次在全省基层检察院中位居前列。

【刑事检察】 2012年，成都高新区检察院共受理公安机关提请批捕的刑事案件448件648人，经审查批准逮捕422件598人，不批准逮捕26件50人。共受理审查起诉案件518件750人，审结503件707人，其中，提起公诉494件691人，不起诉9件16人。办理的杨博毒驾案通过网络直播受到社会各界关注，被评为成都市检察机关十佳精品案例。在办理影响巨大的酒托诈骗案中，及时将办案信息转化为法制宣传教材向社会传播，收到良好的宣传和警示效果。在服务产业发展方面，成功地办理了“英特尔”芯片被盗特大案、“富士康”ipad电脑后盖被盗特大案等辖区内有重大影响的刑事案件。通过办案为区内涉案企业挽回经济损失600余万元，在维护企业权益、促进经济社会发展等方面发挥了积极作用。

【职务犯罪查办与预防】 2012年，共立案查办职务犯罪案件7件14人，其中，查办拆迁安置领域贪污受贿窝串案4件11人，渎职犯罪案件2件2人，为国家和集体挽回经济损失近200万元。在办案中，强化组织领导，统一指挥、统一调配、统筹协调，逐渐形成全院一盘棋的“大自侦”格局。法警队、监察处与自侦部门紧密配合，严格落实办案安全责任制，确保了办案安全，其做法得到高检院办案安全检查组的肯定。与此同时，坚持“侦防一体化”，召开了区预防职务犯罪领导小组工作会议，从推动成员单位深化预防工作出发，走访了国土局、规建局、高投集团等多家单位进行调研，确保领导小组关于预防职务犯罪工作部署的贯彻落实。围绕高新区产业发展大局，开展服务天府新区建设和“涉农、惠民”2个专项预防，先后走访了国土局、规建局、高投集团、经发局、社会事业局、财政局、人事局、各街道等相关部门。向发案单位及其上级主管部门发出2份检察建议，开展了天化院销售科三人受贿案的案件预防并拓展为行业预防，在四川化工行业产生较大影响。到四川石油天然气建设工程有限责任公司、太平洋保险集团、成都纺织高等专科学校开展预防教育10次。为四川石油天然气建设工程有限责任公司、国土局、石羊卫生服务中心等单位提供法律咨询7次，提供有针对性的预防建议100余条。为全区企业提供行贿犯罪档案查询服务，全年共查询行贿犯罪档案183次。

【诉讼监督】 2012年，共受理民事行政案件线索18件，办理违法行为调查案件1件，办理支持起诉案件4件，促成民事和解2件，提起刑事附带民事诉讼1件，发现并移送民事行政审判人员和执行职务犯罪案件线索2件。提请民事抗诉3件，再审检察建议2件，提抗案件采纳率达100%。工作中，注意维护裁判权威，通过释法说理息诉服判3件。依法纠正有案不立、不当立案和违法侦查等情况，实施监督9件，发出纠正违法通知书5份，纠正漏捕19人，纠正漏罪漏犯39起。对确有错误的刑事判决提起抗诉1件，纠正审判活动违法案件2件，向法院发出检察意见书14份，检察长列席审委会4次。

【控告申诉】 2012年，共受理各类线索78件，其中来访51件，来信24件，来电2件，纪委移送1件。受理的线索中包括控告案件线索9件，举报案件线索20件，申诉案件线索49件，所有线索均在法定时限内分流完毕。工作中，深入排查化解涉检矛盾纠纷，协助区政法委维护“十八大”期间高新区的稳定发展大局，详细制定各种维稳预案，并成功处理了多起影响重大的信访事项。采取邀请人民监督员参与公开答复、全程录音录像的方式，慎重处理一起涉及少数民族申诉案件，取得了申诉人的信任和肯定。高度重视刑事被害人救助案件办理，成功办理2起刑事被害人救助案件，其中一起因被害人身体残疾无法到场，控申干警长途跋涉为其送去1万元的救助金，受到了被害人及其家属、邻居的高度赞扬。积极开展不立案审查工作，加大对举报线索的管理与监督，促进公正廉洁执法，全年共办理不立案审查案件2起，均已妥善答复举报人，获得了举报人的理解和支持。依托检察工作点坚持不懈地推进"法律四进"活动，先后派出检察干警下点工作400余人次，接待来访群众200余人。在作风教育实践活动中，控申处以优异成绩荣获成都市检察机关"十佳示范窗口"称号，一位控申干警获得2012年度"我最喜爱的普法员"荣誉称号。

【监所检察】 2012年度，辖区共有监外执行罪犯110人，其中，缓刑81人，假释12人，剥夺政治权利12人，暂予监外执行5人。监所检察工作重点是监外执行和社区矫正检察工作，全年认真开展刑罚执行监督，协助市院、市看守所核查羁押期限2800人（次）。对96人进行社区矫正法律监督，矫正监督率100%。依法追诉7人缓刑考验期内和管制期内再犯罪案件，均获有罪判决。社区矫正人员薛某再就业过程中遇到困难，检察干警主动与区工商局、芳草街办等单位协调，帮助其顺利取得工商营业执照和银行贷款，因效果突出，受到党工委主要领导的充分肯定。

（成都高新区人民检察院）

审　判

【概况】 2012年，成都高新区人民法院围绕深入推进社会矛盾化解、社会管理创新、公正廉洁执法三项重点工作，以省高院"打造一流队伍、争创一流业绩"为目标，以市中院"司法形象提升年"为主旨，以开展保持党的先进性纯洁性主题教育实践活动为抓手，努力实践"为大局服务，为人民司法"，为高新区经济社会发展提供强有力的司法保障。2012年，高新法院收案数量与2011年相比大幅上升。共受理各类案件6244件，增幅37.9%；审结5930件，结案率达95%。法院人少案多矛盾继续加剧，法官人均办案数280余件，最多高达576件。全院干警加班加点完成了全年刑事、民事、行政和执行等各项工作任务，审判质量、效率、效果指标连续三年位居全市基层法院前列。

【刑事审判】 严厉打击刑事犯罪，保障社会安全秩序。2012年，高新法院依法审理刑事案件502件，惩处犯罪分子725人，打击了盗窃罪、抢劫罪等侵犯财产罪，以及交通肇事罪、危险驾驶罪等危害公共安全罪。坚持宽严相济刑事政策，严把案件事实关、证据关、程序关和适用法律关。坚持重罪重罚，轻罪轻罚，无罪不罚。从重从快审理了区内一小学校长贪污案，一审判处有期徒刑十三年。从重判处全省最大金额拒不支付劳动报酬案，一审判处被告人有期徒刑六年。与此同时，对罪行较轻，确实不致再危害社会的初犯、偶犯和过失犯等判处缓刑，共计71人。对于构成犯罪的未成年人，实行教育感化挽救的方针，依法尽量适用非监禁刑，促进未成年人及时得到矫治。坚持不枉不纵、审慎细致的办案作风。成功防止一起无刑事责任能力被告人被追究刑事责任事件的发生。

【民商事审判】 奋力调判民商案件，构建区域和谐环境。2012年，高新法院依法受理民商事案件4618件，同比上升38.9%；审结4322件，结案率达94%。继续加强对离婚、抚养、赡养、扶养以及家庭财产分割等婚姻家庭传统民事案件审理。高度重视劳动争议和劳务合同纠纷审理，建立涉民生案件绿色审理通道，充分关注劳动者期盼和诉求，快审快结快执劳动纠纷案件489件，直接给付劳务工资报酬2350万元，切实有效地维护了劳动者合法权益。密切关注国家宏观调控房地产市场政策的变化，稳妥处理商品房预售合同纠纷、商品房销售合同纠纷、房屋买卖合同纠纷以及房屋拆迁安置补偿合同纠纷。针对区内房地产开发公司较为集中的实际情况，及时有针对性地发出行之有效的司法建议，受到企业欢迎。鼓励科技创新和技术进步，坚持对知识产权的司法保护，加强著作权合同纠纷、著作权权属、侵权纠纷等知识产权案件审理，受理知识产权案件244件，成功审结229件，为高新区成功升级为国家级知识产权示范园区提供了坚实的司法保障。充分考虑民事纠纷性质的特殊性，坚持司法调解，始终将调解工作贯穿于诉讼的全过程，促使破裂的亲情、友情和商业合作关系得以修复弥合，全年民商事案件的调解和撤诉率高达69.1 %，真正实现案结事了人和。

【行政审判】 有力促进依法行政，积极推动依法治区。2012年，高新法院依法审理土地、劳动、社会保障和拆迁、交通治安等行政案件71件，同比增长184%；审查非诉行政执行案件28件，结案率均为100%，且无一件被上一级法院改判或者发回重审，有效维护行政诉讼当事人合法权益。坚持行政诉讼“一案三建议”长效机制，对涉诉案件反映出存在执法问题的行政机关提出口头或书面司法建议，获得有关行政机关普遍好评。坚持司法与行政良性互动机制，定期、不定期与行政机关召开联系会，协助行政机关完善行政执法程序及工作环节。深化行政争议实质性纠纷解决的审判机制，辅助和提升行政诉讼当事人诉讼能力，促进行政机关协调处理行政争议的积极性，力争行政争议合法有效地实质性解决。

【执行工作】 着力破解执行难题，强化树立法律权威。2012年高新法院受理执行案件993件，同比增加14.9%；执结980件，实际结案率98.7%，执行标的到位率97.98%，执行到位金额约两亿三千七百万元。建立健全执行威慑机制，全力开展集中执行和专项执行活动，积极破解规避执行的突出问题，通过限制被执行人高消费，曝光拒不履行“老赖”名单等措施确保执行效果，最大限度实现胜诉当事人权益。完善个案把关机制，对涉及群体性、存在涉稳隐患的案件，由院领导带头研究部署执行措施，亲自到现场敦促执行，切实做到措施具体，保障有力。

【审判公开】 高新法院坚持“公开促公正，公正立公信”的治院理念，将审判活动和法院工作公开的范围在空间上拓展，在层次上提升。自2009年以来，肩负最高人民法院赋予司法公开示范法院的使命，高新法院积极探索完善以网络公开为核心的“6+1”审判公开模式，构建以程序公开和实体公开并重，更加强调裁判文书论证说理，更加完善执行信息实体公开和审务信息公开的司法公开机制。2012年，全院着眼于全程全域审判公开，探索吸纳外部监督力量，建立邀请人民陪审员参与案件季度评查工作机制。力图通过人民陪审员参与案件质量评查这一尝试，为社会公众监督法院工作提供新的窗口和视角，期待能够促进案件质量进一步提升。立足充分保障当事人和人民群众的知情权、表达权和监督权，探索建立覆盖全面、信息及时、机制规范、服务到位、监督有力的司法公开长效机制并取得了阶段性成果。截至12月底，公众对高新法院裁判文书公开、庭审现场公开的满意率均在90%以上。

【诉讼服务中心建设】 坚决破解“门难进、脸难看、话难听、事难办”等问题，实现司法便民利民。2012年，高新法院在深度调研的基础上，明确“以人为本，服务为先”理念，将“诉讼引导、立案审查、立案调解、救助服务、查询咨询、材料收转、判后答疑、信访接待、审判辅助、执行辅助”共“十大功能”服务、七十九项职能优化整合在诉讼服务中心、立案大厅以及信访大厅，三大场所“一窗式”实现。“一窗式”诉讼服务中心在传统司法服务模式基础上，更加突出了“功能完善、制度健全、职能明晰、设施齐备、服务到位”的全新服务亮点。同时，高新法院还将“大调解”力量与审判力量进行整合，构建委托调解和邀请调解工作机制，截至2012年11月，在立案期间委托邀请人民调解员、行政调解员调解案件538件。

【司法队伍建设】 2012年，高新法院继续抓好队伍建设。把党风廉政与反腐败工作作为重点，以社会主义法治理念教育法官和其他工作人员，解决政治方向、思想意识上的潜在问题。结合司法工作特点开展岗位廉政教育，确保经常性廉政教育制度落到实处。通过这些工作，避免司法理念不正、司法不公不廉、司法作风不端的现象，努力实现队伍“零违纪”。开展司法技能争先创优评比活动，培养树立审判人员的审判品牌意识，开展“精品文书、精品案例、精品庭审”等“三项精品”评选活动，进一步树立和强化审判质量和效率意识，构建高新法院精品审判整体格局。

（成都高新区人民法院）

司法行政

【概况】 2012年，成都高新区司法行政工作以科学发展观为统领，认真贯彻全市司法行政工作会议精神。积极落实党工委管委会决策部署，紧紧围绕党工委管委会中心工作，紧密结合市司法局“法律服务促发展·法治文化润民心”工作主题和高新区“现代商务中心、高端产业新城”建设，充分发挥司法行政的职能作用。积极开展“人人讲法·共建和谐”的“法治大讲堂”、法律援助、人民调解、安置帮教、社区矫正等工作，为高新区的产业大发展和居民群众的幸福生活提供有力的法律保障。

【人民调解】 2012年，高新区司法行政系统组织开展了“走基层进万家·法治成都惠民行”、“综合治理·共创平安”“创平安春节、创平安五会”“矛盾纠纷攻坚破难”“四无社区创建”“人民调解能手争创”“社会矛盾的大走访排查”等活动。巩固“四无社区”创建活动成果，扩大“四无社区”覆盖范围，有力地化解了各类矛盾纠纷。2012年4月，协助当事人在成都高新区人民法院对《调解协议书》进行了司法确认，成为高新区首例非诉讼调解协议进行司法确认的案件。

2012年，全区共有各类调解组织58个，人民调解员235人。在各级调解组织的共同努力下，全年各类调解组织共受理民调纠纷446件，调解成功445件，调解率达100%，调解成功率达99.78%。

【律师服务和公证服务】 建立法律服务新模式，助推产业发展。一是大力引导能够提供金融证券、涉外法律服务等高精尖业务的复合型法律服务机构聚集高新区。新设立4家律师事务所，高新区律师事务所累计达到18家。律师事务所完成指派法律援助案件50件。二是为产业发展提供个性化法律服务。依托高新区法律服务协会专业服务队伍，在充分了解企业需求的基础上，先后启动了应对金融创新、法律风险防范、劳动保障等系列专题法律宣讲活动。2012年，为园区企业举办高端法律服务培训数10余次，吸引了区内1000余家中外企业参加，受到与会企业的一致好评，开创了高新区工业园区法律服务工作的新局面。

高新区法律服务助推产业大发展的良好格

局和成效初步显现，《人民日报内参》、新华网、法制网、《成都日报》等进行了宣传报道和肯定，并获得成都市司法行政十大优秀成果第三名。

高新区公证处配合高新国土统征办对高新区大源、新北等社区的农迁房产权办理，共计办理700余户，及时稳妥解决农迁户产权办理，无一例争议和投诉，圆满完成农迁房安置工作。2012年高新区公证处被四川省司法厅评选为“2010年度四川省群众喜爱的法律服务单位”。2012年共办理各类公证业务11417件，其中民事业务办理6210件，经济业务4249件，涉外业务958件，减免公证费54万元。

高新区荣获2012年全市司法行政工作优秀成果奖第三名

【普法教育】 深化法治城市创建工作。一是制定出台《成都高新区法制宣传教育第六个五年规划（2011-2015年）》《关于深化法治城市创建工作实施意见》和《成都高新区2012年法治城市创建工作专项目标及考核办法》，将该项工作纳入对各街道、各部门的目标考核。在全区范围内广泛动员，积极开展创建工作，组织社区群众召开法治城市测评体系征求意见座谈会18场，收集群众法治城市建设测评体系意见建议5条。召开全区部门、街道主要负责人动员会、培训会、推进会，明确创建工作要求，细化创建工作指标，进一步落实责任。各部门、各街道整体联动、密切配合，高新区法治县（市、区）创建工作在“材料审核”、“专家评估”等方面取得优异成绩。

深入开展法治大讲堂活动。紧紧围绕“服务产业，建设世界一流园区”和“服务民生，构建和谐幸福高新”两条工作主线，将法治大讲堂活动融入“法律六进”专项活动中。全年共开展各类法制讲座120余场，法制宣传活动200余次，发放各类法制宣传资料20余万份，创作法治故事、情景短剧、快板等法治文艺节目20余个。制作了笔记本、笔、鼠标垫等十余种法治文化用品，进一步营造全民齐参与的大普法氛围。一是夯实保障基础。下发了《深入开展法治大讲堂工作的实施方案》和《成都高新区2012年法治城市创建工作专项目标及考核办法的通知》，将领导干部学法用法情况列为年度述职和考核评价的重要内容。二是强化督查推进。组织各街道、部门召开动员会、培训会和推进会，明确要求。建立法治大讲堂工作台账，落实按月督查推进机制，强力推进。三是强化宣

2012年8月27日，高新区党工委委员、管委会副主任杨东出席出席法治城市创建及“法治大讲堂”工作推进会

2012年9月25日，高新区举办“喜迎十八大法治大讲堂大型文艺晚会”

传造势。在高新区门户网站、官方认证微博“微说高新”分别开辟了“法治大讲堂”专栏和“学法讲法”专栏，创办了《法治城市创建专刊》(月刊)。利用报刊、电视、户外广告及政务服务中心LED等载体登载和播放法治公益广告，持续在网络、户外广告及政务服务中心LED开展法制宣传活动。

【法律援助】 2012年，开展法律援助“双延伸”服务，即向上摸排、收集、梳理高新区在土地征用、房屋拆迁、工伤处置、项目建设过程中的法律援助需求，向下开展判后释疑等后续服务。全年共收到当事人反馈意见23条，满意度为100%。开展法律援助志愿活动11次，共为受援人提供免费法律咨询500余人次，办理法律援助案件50件，其中为农民工提供法律援助16件，对农民工援助率达100%。对符合法律援助条件的群众实现了应援尽援，援助率达100%。

2012年3月1日，高新区开展《成都市法律援助条例》颁布主题宣传活动

【社区矫正】 严格按照《刑事诉讼诉法》规定，全区94名社区矫正对象于2012年12月31日正式由公安机关移交给司法行政机关。

一是强化社区矫正培训工作。《社区矫正实施办法》颁布施行后，高新区司法行政部门迅速掀起学习热潮。自2012年3月1日起，先后组织《社区矫正法律监督等问题》《<社区矫正实

2012年12月14日，高新区社区矫正移交专题工作会现场

施办法>有关问题》、社区矫正工作流程、社区矫正档案管理等各类培训10余次，为规范有序开展社区矫正工作奠定法律基础。二是加大监控力度。在区本级、各街道司法所全面启动社区矫正GPS信息定位管理系统，对在册的矫正人员建立矫正电子档案，每天核查人员活动轨迹，对超范围活动人员及时给予警告，有效地对矫正人员实施动态管理，防止脱管现象发生。三是强化各项管理制度。严格落实各社区服刑人员报到管理制度、书面汇报制度、外出请销假制度等，要求矫正对象每周电话汇报动态、每月汇报思想到各街道司法所，每月组织矫正人员参加教育学习、社区公益劳动，对于重点对象随时电话抽查。四是规范档案管理。加强社区矫正文书档案工作的规范化和制度化，统一制作了《社区矫正对象卷宗》封皮，统一了社区矫正档案和卷宗格式，完善了归档卷宗资料，明确了街道司法所社区矫正工作任务和流程，确保社区矫正对象做到“一人一档”，规范有序。

优军优属·拥政爱民

【概况】 2012年，成都高新区共有优抚对象、无军籍职工、军队离退休干部共1160余人。高新区扎实开展双拥工作，区财政累积拨付双拥工作经费35余万元，为开展双拥工作提供了有力保证。在高新区双拥工作领导小组的领导下，

2012 年 4 月 19 日，高新区在西藏军区驻川办事处举办军地共建法制课堂启动仪式

全区各部门、机关、街道、企事业单位、社区（村）都建全了拥军优属工作小组，完善了拥军优属工作网络。

【双拥工作】 2012 年，成都高新区为丰富双拥内容，先后开展了“慰问驻区部队”、“法律讲堂进军营”、“道德模范进军营”、“全民阅读进军营”和“双拥特色社区创建”等活动，并向驻区部队赠送慰问品和慰问金。按照“有组织、有声势、讲实效”要求，区、街道领导深入部队了解部队在建设过程中遇到的困难，协调各职能部门积极发挥优势，加强联系沟通，齐抓共管，形成整体工作合力，提高了高新区双拥工作整体水平。

【优抚安置】 2012 年，成都高新区全面落实中央优抚对象调标政策和兑现地方优抚对象生活补助，优抚对象生活补助比 2011 年增长 13%。切实解决重点优抚对象医疗困难，全面执行《高新区优抚对象医疗保障办法》和《高新区一至六级伤残军人医疗保障办法》，补助比例高于成都市规定标准。全年为重点优抚对象 212 人（次）核报医疗补助及实施应急救助 22 万元。进一步完善涉军人员突发事件应急处置机制和联动工作体系。全面完成年度退役士兵安置任务和征兵任务，安置退役士兵 156 人，安置率 100%，发放自谋职业补助 680.16 万元。在做好退役士兵货币化安置的同时，精心组织，积极引导退役士兵参加职业技能培训，提高就业技能水平，增强就业能力，促进退役士兵就业。积极协调公安、交通、城管、物业管理等部门，推荐退役士兵就业，全年协助解决就业 25 人。全面落实军休干部政治生活两个待遇，进一步完善高新区军队离退休干部活动中心建设，为 182 名军休老干部发放工资福共计 1700 余万元，并定期组织体检、疗养和联谊活动。完成省、市下达的 2012 年军队退休干部、无军籍职工的接收安置计划，全年新接收军队移交地方退休干部 43 名。

（成都高新区社会事业局）

武装·兵役

【概况】 2012 年，成都高新区武装工作坚持以邓小平理论、“三个代表”重要思想和科学发展观为指导，以迎接党的十八大召开、学习贯彻党的十八大精神为主线，按照“突出首位抓根本，着眼打赢谋发展，夯实基础保稳定，建好窗口创一流”的思路和目标，大力加强思想政治建设，扎实搞好军事训练，严格部队行政管理，积极开展参建参治，圆满完成了年度的各项工作任务，人武部全面建设有了新提升。

【党管武装】 高新区党工委、管委会认真落实党管武装各项制度，积极解决武装工作中的实际问题，有效地推动了全区武装工作顺利开展。3 月份，组织召开了 2012 年武装工作会，会议传达学习了成都警备区党委全体（扩大）会议精神，总结部署了年度武装工作，表彰了武装工作先进单位及个人，对新年度武装工作进行了部署，为年度武装工作的有效落实打下了坚实的基础。同时，深入学习贯彻成都警备区“两个经常性”工作培训精神，采取业务培训、蹲点帮带、以会代训等形式，充分利用外出学习考察、战备执勤等时机，着力加强专武干部业务素质的培养和能力的提高。9月份，组织专武干部进行了为期15天的集训，集训紧紧围绕当前军事斗争准备工作任务的新特点，突出“狠抓‘结合’创造性地开展武装工作”，深入探讨城市化进程中城市民兵组织建设、民兵预备役和征兵工作中遇到的新问题和解决问题的新思路，创造性的搞好“参建”、“参治”等各项工作，较好地提高了基层专武干部工作能力。

【思想政治建设】 紧紧围绕深入学习实践科学发展观等党的创新理论为根本，在深入学习、营造氛围、专题教育、推动工作上下功夫。深入开展了“赞颂科学发展成就，忠实履行历史使命”教育和“讲政治、顾大局、守纪律”教育、“知职责、感党恩、比贡献”专题教育，广泛开展了“三互”和谈心交心活动，用心把教育做深做细做实。按照覆盖全员抓普及、区分层次抓重点、破解疑难求深入的思路，扎实推进对十八大精神的学习理解。同时，利用专武干部会议、民兵骨干集训，认真抓了《民兵政治工作规定》的学习贯彻；结合战备执勤对专武干部、应急民兵进行使命任务、战斗精神教育；结合地方精神文明建设，组织民兵预备役人员参与社区文化活动，参观先进文化文明成果，净化思想道德品质，有效纯洁了民兵队伍的思想。

【全民国防教育】 为有效激发广大群众的爱国之心、报国之志，以《国防教育法》颁布11周年纪念日、“八一”建军节和国防教育日为契机，依托报刊、地方网络、媒体和社区文化载体，组织各街道进行多种形式的爱国拥军宣传。在宣传活动中，坚持以党政干部、企事业领导、在校学生、民兵预备役人员为重点，以普通市民群众为展开面，有重点、分层次、有步骤地推动全民国防教育深入开展。在督促各级各部门抓好宣传教育落实的同时，还组织开展了习武日活动，有效增强了学习宣传效果，民兵职能意识进一步增强，民众国防意识进一步浓厚。

【征兵工作】 积极抓好宣传动员工作，任务分解到社区，发动街道武装部和社区人员主动上门做工作，有效激发了应征适龄青年报名热情。对征兵工作人员进行法规政策学习和政审、体检等业务培训。严格落实廉洁征兵规定要求，扎实开展了廉洁征兵、依法征兵教育整顿，人人签订《征兵责任书》和《廉洁征接兵保证书》，严把征兵体检、政审、定兵关，有效提高了群众对征兵工作的公信度。11月1日在成都体育学院开展了2012年冬季征兵首日宣传报名活动，为有效开展征兵工作奠定了基础。2012年共完成了119名报考军队院校、国防生的普通高中毕业生的政审面试工作。圆满完成了159名（含女兵11名）新兵征集任务。

【民兵组织建设】 围绕应急动员、应急维稳、应急救援、应急作战等需求，以大中型企业、大中专院校、科研机构和新经济体为依托，采取以条为主、条块结合、整合队伍、联建合建的办法，将民兵组织积极向企事业单位拓展，新建扩建改建了27支应急分队，8支专业救援分队，7支支援分队，较好地解决了民兵分队编兵不实、分布不合理、科技含量不高、结构单一的问题，民兵结构进一步优化。同时，对街道、企事业武装部基本建设、民兵装备器材作了统一规范，在红牌楼进行了试点示范，各街道武装部自身建设和民兵装备器材落实到位。

【民兵战备训练】 狠抓战备值班、战备执勤、战备教育等制度的落实，对战备秩序进行了规范，对各类应急预案进行了修订完善，对各种应急物资进行了充分准备，战备水平不断提高。采取“基层武装部具体组织实施、人武部抓好指导检查考核”的方式，认真抓好新入队民兵基础训练；采取“集中组织、分批实施”的方式，组织新任专武干部集训和以民兵防空分队、应急分队为重点的集中训练和轮训；采取“走出去、请进来”的办法，扎实抓好专业分队的补差训练和预编兵员的回营训练。同时，结合敏感期应急维稳，组织民兵进行拉动训练、执勤训练；结合防汛救灾准备、情报信息侦知，组织民兵防疫分队、防汛分队、网络分队的专业训练和应用训练等，训练质量不断提高。4月份，在警备区组织的民兵军事三项比武竞赛中获得团体第二名；高标准完成了全省“5.11”防灾救灾大演练警戒执勤任务。

【武器装备管理】 贯彻落实《民兵武器装备管理条例》和《民兵武器装备安全管理规定》，加强区民兵武器装备仓库和武器存放点的安全管理工作。积极开展武器装备管理“四无”活动，重点抓好民兵装备的技术管理，不断提高武器装备的完好率和配套率。注重加强武器装备经常性的安全检查，区人武部坚持做到部领导每月、科长和分管参谋每周检查一次仓库，节假日和战备时间重点检查。落实“三铁一器”（铁窗、铁门、铁锁、警报器）、“双人双锁”、“人员、物资出入库登记”和擦拭保养等制度，确保了武器弹药安全和装备性能完好率达到规定标准。

【民兵参建参治】 针对辖区涉藏维稳、涉外警卫、涉访稳定、涉军稳控以及“两会”、“糖酒会”和扼制非法聚集活动等需要，积极配合地方开展维护社会稳定的各项工作。采取的工作措施包括：健全应急指挥机构，完善应急处突方案，组织民兵集结出动维稳防暴应急预案演练，主动融入辖区应急体系，积极搞好战备物资器材准备，加强重点区域执勤巡逻，落实情报信息通报共享机制，强化情报信息搜集和研判等。通过不断强化应急处突能力，较好地适应了涉藏维稳、涉外警卫、涉访稳定、涉军稳控和扼制非法聚集活动等工作的要求。

积极参与地方经济社会建设，先后组织了2万余人次参与城乡环境综合整治和文明城市创建，积极协调部队和民兵参与地方安保执勤、涉访稳控、治安管理等工作，进一步巩固密切了军政军民关系，赢得地方政府、群众的支持和拥护，为武装工作推进和落实营造了良好的外部环境。

（成都市武侯区人武部）

人民防空·人防事务

【概况】 成都高新区人防办日常工作由区规划建设局城建处承担，岗位设置一人，分管领导为规划建设局副局长和城建处副处长。2012年，区人防办按照“准军事化”建设标准和下达的年度目标任务，积极与各相关部门协作，落实人防工作规章制度，加强人防工程建设管理，认真开展国防教育，实现了人防工作与天府新区建设紧密结合、同步发展。

【人防工程建设与管理】 2012年，成都高新区人防办在建设单位人防工程报建、人防异地建设费的核取、人防工程的管理等方面认真贯彻执行《人防法》及相关法规，促进了人防工作规范化、程序化管理。

防空地下室建设管理。依据《四川省＜中华人民共和国人民防空法＞实施办法》，成都市人民政府第80号令《成都市人民防空工程管理规定》和《关于规范和调整防空地下室易地建设费收费的通知》，凡新建民用建筑达到规定要求的，区人防部门在项目总平方案会审、初设评审和施工图审查阶段严格把关，明确提出人防工程建设要求，依法加强了人防工程建设的管理。2012年，全区完成竣工验收的人防工程有上锦南府医院、卡斯摩广场等10项，总建筑面积为12万平方米，达到了人防工程以建为主，以收促建的效果。

在人防异地建设费的收取上，严格按照收费标准核取收费，由区财政局统一集中管理，专款专用。

规范行政审查审批工作。全面落实规范化服务型政府的相关要求，规范高效的办理人防方案设计审查、施工图审查、防空地下室竣工验收等事项。

大源核心区防护防灾工程建设。区人防办全程参与大源核心区防护防灾工程建设的相关协调工作，确保项目建设顺利推进。至年底，兼顾人防防护功能的核心区环廊工程已基本完工。

建立和完善人防工程档案。区办人防工程资料均按照人防工程及建筑工程档案管理有关规定进行管理。

同时，高新区人防办完成了10处已建人防工程（避难场所）标志标牌安装，与消防、街办等部门建立日常联络制度，强化人防工程防火、防汛工作。

【人防事务】 2012年，在市人防办的支持和帮助下，高新区对全区对防空袭基本预案和保障计划，以及重要经济目标防护方案作了进一步的完善。按照目标任务要求，开展了100人的专业队伍的组训工作和应急抢险队伍训练。5月11日和9月18日，由区防办管理的所有警报器均按照要求完成了演练任务，鸣响率100%。完成了新增4台警报器的选址、安装和调试。在人防教育宣传上，区人防办与区社会事业局联合，在玉林中学对中学生开展人防知识教育，在街道和社区开展人防知识宣传。

（成都高新区规划建设局）

街　道

肖家河街道

【概况】 肖家河街道位于成都平原西南部、市中心城区南郊、武侯区东南面、高新区南部园区、沿永丰路西侧，成都高新技术产业开发区南部园区，北起一环路南四段，南至132厂专用铁路线，东起高新大道，西止高升桥东路，东临芳草街道辖区，西靠武侯区政府机关第一、二办公区，南连石羊街道辖区，北接武侯区浆洗街道辖区。区域面积2.75平方公里，按功能分为住宅小区和工业园区。二环路以内为住宅小区，面积约0.98平方公里，设4个社区，人口41,267人；二环路以外为工业园区，占地面积约1.77平方公里，设工业园区社区管理服务站一个，在园区上班的员工约2.3万人。

2012年辖区总人口55304人。其中，常住人口29489人，暂住人口25815人。

2012年，肖家河街道按照高新区党工委、管委会要求，着力保障和改善民生，创新社会管理和服务，不断提升城乡群众满意和社会文明程度，全力维护社会稳定，努力构建“和谐肖家河、文明肖家河、幸福肖家河”，把加强群众工作作为实现目标的重要措施，提升群众满意度、社区文明度和社会稳定度。

【民主政治建设】 基层自治管理工作深入推进。构建了以院落党支部为龙头的“三驾马车”自治管理体系，辖区共成立院落党支部68个，配备党务工作者91名，建立院委会87个，院落议事会101个。建立了“三大平台”（院落问题分析会，社区论坛，民主问政系统）与“四有”（有组织、有制度、有授权、有场地）保障体系，赋予“三驾马车”自治权力，落实居民的知情权、参与权、表达权和监督权，充分发挥出基层党组织的战斗堡垒作用，激发群众参与社会管理的积极性，为和谐社区建设打下良好基础。2012年，三大平台共解决各类民生问题97个。

【经济工作】 2012年，街道继续强化经济工作。全年共引进企业774户（其中，“火炬时代”引进企业11家，西区融智园引进企业16家），并理顺了园区企业的税收关系。与辖区物管建立联动机制，大力发展楼宇经济，确保新入驻辖区的企业税源留在高新区。建立“银企交流QQ群联系平台”，为解决中小企业资金困难提供融资平台。筛选推荐31家优质企业备选高新区培育孵化，为经济增长提供新助力。2012年，街道共实现全口径财政收入9.06亿元、一般预算收入1.37亿元，引进省外资金10.98亿元，顺利完成了经济工作目标任务。

【民生与稳定】 群众工作机制深入落实。在全辖区深入开展干部联系群众工作，建立民生问题的快速反应和长效机制。2012年，共走访联系群众3648户，建立民生档案1874份，受理咨询2085人次，解决群众诉求392件，群众满意度指数较去年上升了7.77%。

“大调解”进院落，稳定工作保持良好势头。构建街道矛盾纠纷调解中心、社区调解工作站、物管小区和居民院落调解室三级调解组织，全面开展“大调解”矛盾纠纷排查机制。2012年，全辖区共设置院落调解室127个，配备院落调解员150人，达到“一院一人”的工作目标，院落调解室设置率达到100%。成功调处矛盾纠纷168件，调处成功率达100%。该项工作得到市委常委、高新区党工委书记敬刚，成都市副市长、公安局局长左正的充分肯定，作为经验在全市推广。街道被市委市政府授予“综治维稳工作先进街道”称号。

【基层党建】 依据“三分两化”工作措施，对辖区143个党组织进行了分类定级，评定了13个先进党组织，124个一般党组织，6个后进党组织。通过晋位升级，1个先进党组织晋级为市级先进，5个先进党组织晋级为区级以上先进，21个一般党组织晋级为先进，6个后进党组织全部完成转化目标。建立以社区党总支为核心、驻区单位党组织积极发挥作用的“区域党总支”，共有29家企、事业党委和两新组织加入到社区区域党总支，形成了共驻共建的区域化大党建工作新格局。加强“双区化”党员管理，辖区共有586名双区化党员，720名院落党员，其中893名院落党员（包括241名“双区化”党员）认领了公益岗位，党员参加公益主题实践活动2700余次，为群众办实事892件。2012年兴蓉社区兴蓉南三巷片区联合党支部被中共成都市委评为先进基层党组织。

【纪检监察】 街道党工委、办事处建立和完善了党政领导班子成员和社区党组织的党风廉政建设责任制和责任追究制。健全学习制度，创新教育活动，建立服务群众机制等措施，切实转变党员干部的工作作风。完善制度、规范运作，全面健全权力运行制约体系。健全了《党员干部联系群众制度》《党员领导干部廉政建设制度》《责任追究制度》《考核奖励规定》等规章制度。建立了《党员干部“三卡”预警监督制度》（提醒卡、函询卡、警诫卡），建立健全党务公开工作的责任、审核、反馈、备案等工作制度。

开展24个小型基建工程项目和31个民生工程施工项目招标监督，监督使用资金4245.1万元。完成政府投资结（决）算审计48项，审计减少财政支出78.9万元，平均审减率为6.42%。科室、社区建立廉政风险防控工作联系点9个；共梳理出113项权力清单，并逐一拟制了职权目录，实行权力台帐管理，并对重点防控环节编制了工作流程图。

【环境整治】 2012年，街道共投入4300余万元用于基础设施和民生工程，人居环境不断改善。完成了兴蓉街、维信街、肖家河东三巷的道路整治工程；维信街文化活动广场、永丰立交桥小游园、二环路外侧河道景观工程改造完工。辖区电力户表改造1353户。完成了肖家河街、兴蓉街、肖家河中街、高升桥东路、超阳路等500余家商铺的店招整治。对10个居民院落的景观进行升级改造、完成18个文明示范院落扶梯及楼道的粉刷翻新。东一巷居民住宅楼，南三巷1、2、4号院，西藏中学家属楼，玉林中学附属小学教学楼以及沿巷1号院1、2栋的立面改造完工。完成了高新之心、东方希望、高新市政围墙改造及齐力新峰、东二巷新建围墙工程。高升桥东路19号、二环路南四段16号院雨水管道修复改造工程完工。“通威集团”等5家单位的排污口整治完成。完成了辖区80个直管院落1774个水篾子、散水沟以及肖家河“广福桥段”至“永丰立交桥段”河道的清掏。对4座公厕进行了升级改造。生活垃圾分类收运工作深入推进，在辖区内3个单位试运转，涉及住户1000余户，在永丰社区7个试点院落新增7个生活垃圾集中分类收集点，在川办干休所新修生活垃圾分类分拣房2座，配备分类果屑箱共计100个，群众居住环境不断优化。

【文化活动】 有序开展百姓故事会，全面推广“太极拳城”活动。2012年，街道开展“百姓故事会”50场次，近6万人次参加。成功举办、组队参加文体活动166场次。印制《社区家居生活安全指南》2万册并发放到各社区、各科室及对口扶贫单位。对有安全隐患的18组（套）健身器材进行了撤除报废处置，新安装了30套（组）健身器材。播放影片50部。进行文化执法巡查125次。打造高质量的文化活动，在文化部办公厅举办的海峡杯“永远的辉煌”——第十四届中老年合唱节中获得金奖，名列全国第四，取得四川省参加该项赛事以来最好成绩。在省文化厅举办的“中国四川群星奖合唱节”中获得中老年组银奖。肖家河社区文化建设工作举措作为经验在全市推介。

【医疗卫生】 进一步打造“肖家河中医特色一条街”。引入“鸿济藏生堂”，增购中医设备，增加治疗项目，满足居民的医疗服务需求。邀请省内知名专家为居民进行诊疗，开展大型义诊活动。为社区居民建立个人健康档案，进行系统管理。深入院落，开展“家庭医生服务”，共有1594个家庭签订了家庭医疗服务合同，为辖区9679名社区居民进行了免费的健康体检。2012年，社区卫生服务中心顺利通过“省示范社区卫生服务中心”评审。

【弱势群体帮扶】 引进“爱有戏”和“晚霞”两个社会的组织，开展“义仓”、“义集”和孤寡、困难老人帮扶服务活动，并培育了自己的社会组织——“肖家河邻里互助中心”、“肖家河邻里文化站”和“肖家河养老助残中心”。2012年，共举办“义集”8次，参与达3万余人(次)，“义仓”募集物资3007件，由第三方组织按需求分配到困难家庭，并进行跟踪，已累计帮扶121户。累计为1160人次发放优抚对象各类补贴230万元。为260位优抚对象发放门诊医药费13.9万元。累计保障低保救济及低保边缘户116万元。解决残疾人就医看病难问题，发放“医疗救助卡”和“医疗爱心卡”，共计9.42万元。对社区矫正对象管理采取人性化保护措施，定期排查，预防再次犯罪。为辖区95位困难老人、残疾人和90岁以上老人开展服务1953次。受理租金补贴申请81户。79个院落和12777户家庭报名参加了“和谐院落”、“和谐家庭”评选活动，评选出20个“和谐院落”和12638户“和谐家庭”。

【劳动就业】 创新就业援助方式，开展家庭就业援助员工作及“义坊”创业就业扶持计划。2012年，家庭就业援助员共调查重点援助对象家庭667户、927人，成功援助上岗67人。8月份启动“义坊”，筹集社会爱心资金，带动“双困”人员、应届大学生以格子铺的形式“微创业”，7名创业人员在家庭增收的同时，经营能力不同程度得到提高。关注重点群体(“双困”家庭和大中专毕业生)，增强技能培训和岗位挖掘力度相结合，提高岗位容量和就业能力。2012年，辖区城镇下岗失业人员再就业264人，其中就业困难人员就业133人，动态消除“零就业”家庭。高校毕业生58人全部成功就业。召开招聘会7场。完成小额贷款申报485万元，“双困”家庭劳动力352人，就业率100%。向3508人发放农转非就业奖励金1699.68万元。签订劳动合同2.5万余人，劳动合同签订率99.6%。

【城市综合管理】 建立交警、城管、治安联合执法平台，形成合力一体化办公，有效提高城市管理效率。建立健全城乡环境综合治理工作长效管理机制，实行网格责任管理模式，全员参与、分片分段包干，防止出现管理盲区。培育房屋中介行业协会，探索流动人口社会管理新机制，全面、准确采集流动人口信息，优化流动人口服务，有效维护辖区稳定，创新流动人口管理模式在全市推介。2012年8月，肖家河街道被评为成都市履行“门前三包”最好的十个街道之一。9月圆满完成中央精神文明委“文明程度指数测评”的入户调查工作。辖区全年共发案223件，比2011年下降了18.9%。

【机关效能建设】 先后4次邀请专家、教授向全体干部解读十八大精神。先后5次向干部传达四川省第十次党代会、成都市第十二次党代会精神。6-8月集中开展作风整顿工作。持续开展党风廉政教育，正街社区获得市纪委、市委组织部，宣传部及市民政局联合授予的“成都市廉政文化进社区(农村)示范点”光荣称号。建立健全人才激励机制，进行干部轮岗交流。打破身份界限，两位执法队员通过竞聘走上中层领导岗位。街道通过纵横对比，先后几次提升了聘用干部待遇。规范政务服务，提升机关行政效能，形成了“上下联动网格化、虚实结合信息化、四类服务一体化（政务服务、专业服务、公益服务、自我服务）”的社区综合服务体系，构建起政务服务的快速反应机制。

【工青妇工作】 街道党政领导关心关注群团工作发展，配齐群团专干，街道群团工作人员8人，其中街道3人，社区5人。工青妇工作经费及重大活动的专项经费纳入街道财政预算。2012年，工青妇工作预算制定36.7万元，实际支出34.4万元。

推进工会组建和发展会员工作，新增35家以上非公企业建会。坚持“党建带团建”、“工建促进团建”，新建团组织15家。建成正街社区“标准化团支部”并通过验收。积极开展“下基层、访妇情、办实事”活动，开展“依法维权，关爱女性”维权宣传活动。

坚持工青妇工作街道定期例会制度，开展各类业务培训及讲座、工作会等9次，推动群团工作进度。编印《群团动态》65期，及时上报，全面反映街道工青妇工作动态。完成《关于进城务工人员未成年子女受教育和思想生活情况调研报告》1篇。建立健全工青妇统计报表，数据翔实，更新及时，定期报送。

（肖家河街道办事处）

芳草街街道

【概况】 芳草街街道位于成都高新区南部园区北部，行政管理区域东起玉林北路、玉林中路、玉林南路、新光大道，西止高新大道；北起一环路南三段，南止成双机场路接成昆铁路线转接永丰大道延伸线，面积3.86平方公里，有大中小街道66条，居民院落和单位宿舍202个。2012年底，辖区总人口115165人，其中常住人口76646人，占总人口数67%；流动人口338519人，占总人口数33%；人口密度每平方公里2.98万人。

街道办事处办公驻地神仙树西路4号，下辖新能巷、蓓蕾街、芳华、元通、神仙树、紫荆北路、紫竹北街、紫薇8个社区。辖区内有包括皇城老妈、满庭芳、红杏、大蓉和、巴国布衣、私房菜、紫荆电影城以及新东方千禧、长胜帝都、明悦等以餐饮娱乐为主的各类新老大小企业1800余户。有中国核动力设计院等中央、省、市、区属驻辖区单位240多个，中、小学校6所，幼儿园13家，大型卖场、农贸市场各2座，休闲绿地、游园13处，开放式公园、体育公园各1座。基本成为经济繁荣、配套完善、生活便利、人民安居乐业的新型城市商贸、餐饮、居住区。

2012年，芳草街道党工委、办事处围绕“加强民生基础工作、创新社会管理和加强队伍建设”三条主线，进一步增强政治意识、大局意识、责任意识和服务意识，顺利通过全国城市文明程度指数测评复查迎检。以创建“全国和谐社区”为中心，8个社区结合自身特点，搭建工作平台，突出重点，营造亮点，注重实效，提高办事效率，辖区各个方面的服务水平得到明显提升。

2012年，芳草辖区居住着中国核动力设计院等单位的多名卓有成果的科学家，联合国“世界和平”书画展金奖获得者汪木即、前四川省文联主席李致、四川省作家协会主席阿来、意大利国际文学奖获得者翟永明、著名演员唐佐辉、画家周春芽、何多苓和微书大师邓禄鑫等文艺界知名人士以及四川省优秀共产党员杨俊儒和2012年7月新当选的“中国好人”余万琼等社会知名人士。

【经济管理】 根据《成都高新区综合治税实施方案（试行）》要求，2012 年，芳草街道在招商引资、企业扶持奖励、企业服务、税源排查过程中，制定专人对相关企业的税收关系归属地进行审查。保障辖区企业税源，实现财政收入与经济发展协调同步增长。同时，强化国有资产专人负责制度，完善国有资产台账登记，强化对国有资产内部管理、核算、监督机制，使资产管理规范化、制度化。在已清理好的资产基础上，对新购进资产和转出、调出及报废资产严格按照上级部门规定程序进行管理，对新采购及报废固定资产及时录入成都高新区政府采购电子化平台系统。结合“综合治税”工作，大力发展楼宇经济。与辖区物管建立健全联动机制，确保新入驻辖区企业税源。为将企业服务做实，专门建立起“芳草企业服务 QQ 群”，积极邀请企业加入，实现政企信息化对接。按照四川省统计局的要求，成立“芳草街街道办事处 2012 年基本单位清查领导小组”，按社区分为 8 个清查工作组，对辖区基本单位进行地毯式清查，清查登记法人单位 617 家，产业活动单位 166 家，完成清查汇总表填报任务。积极与工商、国、地税、投服相关职能部门协调，解决企业发展中存在困难及问题，促进企业发展壮大。

2012 年，芳草街街道办事处引进企业 19 家（商贸企业 2 家、服务型企业 12 家、投资型企业 4 家、房地产企业 1 家）。新进注册资金在百万元以上企业 7 家，五百万元上的 2 家，千万以上的 8 家。辖区经济持续发展，全年完成全口径财政收入 74671 万元，同比增长 16.46%；完成一般预算收入 12681 万元，同比增长 5.06%。

【党建工作】 2012 年，芳草街道党工委成立街道基层组织建设年活动领导小组，制定《关于在创先争优活动中开展基层组织建设年的实施意见》，深入动员、广泛宣传、及时部署。认真调研、摸清底数，对辖区基层党组织运行状况、存在问题进一步了解，形成《关于基层党组织现状调研情况报告》。从严要求、分类定级，完成 90 个基层党组织的分类定级工作。面向社会、群众进行公开承诺，签订《‘三分类三升级’活动基层党组织目标责任书》90 份。

以院落为单位，采取“条件成熟的单独建，条件不成熟的联合建”的方式新建和整合院落党支部 22 个。根据非公企业的特点，采取“规模以上企业街道促建，规模以下企业社区促建”的方式，以企业相对集中地写字楼、商圈为单位，推进非公领域党组织建设，成立非公党组织 5 个。

加强阵地建设，落实院落支部活动室 29 个。围绕群众关心的热点难点等方面的内容，共有 80 个党（总）支部、2100 余名党员，面向社会、群众进行公开承诺、务实践行。开展“党员认岗定责”活动，190 名党员在环境卫生、民事调解、计生宣传、院落管理、关心下一代、政策宣传、文明新风、社会治安、扶老助困等 129 个公益岗位发挥作用。结合窗口服务，继续开展“党员示范岗”、“三优一满意”、“三亮三比三评”等活动。继续开展“街道领导两进”活动，班子成员每周到街道社会事务服务中心大厅接待群众，每月一次到社区综合服务站接待群众。机关党组织和党员到联系社区“双报到”活动，79 名党员分别到社区报到，认领公益性岗位 79 个。

围绕“创先争优”开展评选表彰活动，推荐表彰省、市、区、街道先进基层党组织 38 个，优秀共产党员 175 人。2012 年，芳草街道党工委组织党员进行专题学习培训 16 次，党组织负责人外出交流学习 6 次，发放学习书籍千余册，搭建远程教育学习网络平台 17 个。创新基层党员的教育管理方式，制订《党组织、党员双积分制管理办法》，实现党组织与党员日常管理的精细化、科学化、规范化。

【民生工程】 2012 年，芳草街街道办事处不断完善民生服务工作机制，加大民生工程投入，努力提高民生服务水平。制定实施《对辖区困难群众帮扶的实施意见》，以助困、助医、助学、助业为重点，进一步加大对辖区困难群众的帮扶救助力度，拓宽救助覆盖面。全年累计救助困难群众3173人次，发放低保金100万元，发放特困残疾人专项补助金8.9万元。实行《双困家庭就业托底援助长效机制》，双困就业托底工作做到应助尽助，共发放“双困家庭就业托底补贴”14万元。积极推进街道助老服务，完善老年人帮扶、关爱措施，与176户“空巢老人”建立一对一帮扶对子，发放长寿补贴金12840人次、共计73万元。开展“下基层、大走访、接地气”活动，街道领导班子成员共计结对帮扶困难党员14户，困难群众7户；部门领导干部结对帮扶困难党员8户，困难群众8户；入户收集群众主要访求77件，解决77件。办事处机关和社区工作人员共走访22015人次。

街道继续加强民生建设公共财政投入。精心组织，积极推进农转非安置住房自来水一户一表改造。完成紫荆、紫竹和紫薇三个社区2855户的改造工作，下拔专项补贴经费663万元。结合文明示范院落打造和深入推进环境综合治理工作，继续做好辖区老旧院落的改造和维护。其中投入352万元打造15个文明示范院落，投入75万元完成芳草东街39号等院落雨污管网改造，投入14万元完成新光路60号院围墙及拓宽工程，投入16万元完成紫竹、紫薇社区屋面防水工程。同时积极加强公共服务硬件建设。投入120万元完成街道助老服务中心和元通社区助老服务站建设，建立3个社区健康自助小屋，投入48万元完成公益性幼儿园改建工程。全年投入民生建设的经费达2000余元万元。

以创业促就业，深化大中专毕业生职业生涯规划，巩固辖区充分就业成果。辖区共登记城镇失业人员422人，实现再就业420人，就业率达99.5%，其中就业困难人员登记223人，均已就业，困难人员就业率100%，“零就业家庭”动态消除率100%。

以创建促带动，提高基层公共医疗卫生建设水平。芳草街道卫生服务中心以全省第一名的成绩通过省级示范评估验收和国家级示范评估验收。继续完善“一中心两站”服务网络体系建设，深入开展家庭医生服务工作，传统中医药优势与全民健康相结合成为特色。

在食品安全管理方面，坚持日常性强化宣传，促进经营者和居民的食品安全意识。推进肉类蔬菜追溯体系建设工作，不断加强食品安全溯源监督管理工作；强化餐饮单位食品安全公示制度，保障群众切身利益；开展食品安全知识进行社区大型巡展宣传活动，发放食品安全宣传册700余份。

芳草街街道安办同辖区251家企业签订《2012年度安全责任书》，将安全工作责任层层落实，到人到点。制定并印发《安全院落管理考核办法》，通过建立起相应的岗位责任及奖励机制，加强各院落自主管理的能力，建立起院落安全管理的长效机制，有效预防各类安全事故的发生。积极推进安全院落评选，增强辖区居民的安全感和幸福感。全年辖区未发生任何重特大安全生产事故，无人员伤亡，一般事故处理完成率达到100%，落实事故行政责任追究率100%。

【群众文化】2012年，芳草街道各场馆、厅、室开展群众性文化活动3万多人次，展览区举办大型展览2次，取得良好社会效果。活动中心全年接待国家公共文化服务体系示范区创建督导组、国家公共文化服务体系建设专家委员会等各级各类考察12次。9月，中共中央政治局常委李长春到芳草街道活动中心视察，参观综合文化活动中心活动馆、器乐排练厅及电子阅览室，详细询问芳草街道群众文化建设、运行方式与活动开展情况，对综合文化活动中心的建设与推进工作给予充分肯定。

2012年，芳草辖区8个社区共有文体队伍

82支，直接参与群众达到2400余人。办事处组织、策划、开展各类文艺演出22场，指导各社区开展各类文体活动82场，参与群众达到3万余人。各文体协会组织参加区、市、省、国家级各类比赛，都取得良好成绩。开展“文化大发展·市民论坛”活动，通过理论联系实际的宣讲带动辖区文化发展。街道新综合文化活动中心设立市民学校中心校，针对不同的文艺团体，进行民族舞、合唱、交谊舞、手工编织、养生舞蹈等培训，满足市民提高文化生活的需要。

2012年，芳草辖区新增书店13家，复打印门店8家，街办全年监管文化市场商家达到147家。其中书店27家，音像店8家，印刷企业和复打印门店23家，网吧13家，游艺及歌舞娱乐场所15家，宾馆和招待所29家，游泳池11家，体彩站点11家，玩具文具饰品店10家。全部通过经营许可证年审工作。

【百姓故事会】 2012年，芳草街道结合实际在辖区开展“幸福高新·百姓故事会”。故事会包括“少儿故事大王比赛”、“听老红军讲革命故事”、“道德讲堂”等，受到广大群众一致好评。

年初，成立辖区故事创作队伍和故事宣讲员队伍，共组织培训会9次，培训故事创作员及故事宣讲员200余人次。建立综合文化活动中心“百姓故事会活动站”，每个社区建立3个故事会活动点。将翠园广场定为百姓故事会示范点，每场故事会以乐队演奏同百姓讲故事相结合的形式开展，扩大故事会的影响力和趣味性，让老百姓喜闻乐听。同时，街道建立道德故事讲堂，积极开展道德讲堂活动。

利用暑期开展“百姓故事会·道德讲堂”三部曲活动。活动以“关心孩子、传承美德、传播主流价值、丰富文化生活、提升文明素养、展示成都精神”为基本定位，以继承优秀传统、传播历史文化、品味百姓生活、讴歌人间真情、倡导城市文明、颂扬时代精神为活动主题，组织辖区少儿编故事、选故事、讲故事以展示才艺，参与到百姓故事会中。

为提高百姓故事会的影响力，自2012年7月起，百姓故事会走进院落。各社区开展每周一次的院落故事会，让故事会走进居民家中，让更多的居民参与到故事会中来。

精心打造芳草道德讲堂，按“五个一”流程开展活动。重点突出社会公德、职业道德、家庭美德和个人品德“四德”内容，通过身边人讲身边事，身边人讲自己事，身边事教身边人形式，广泛宣讲历史上以及身边涌现的体现助人为乐、见义勇为、诚实守信、敬业奉献、孝老爱亲等“五类”优秀品德的事迹。街道还认真组织故事员参加成都高新区故事PK赛，参赛故事中2篇获得20佳“感动高新故事奖”，5名参赛选手中敬欣怡和张尹分别荣获10强“高新故事王”称号和10强“高新故事王”亚军。

从2012年6月起，芳草街街道办事处每月印制《芳草百姓故事》1期，全年印制7期，共2.1万册。以优秀短篇故事和反映辖区内热点新故事为主。内容涉及道德模范、尊老爱幼、邻里和谐、自强自立、助人为乐、爱国爱家等群众身边感人的故事，免费发送到辖区群众手中，健康积极的正能量得到广泛传播。

【综治维稳】 2012年，芳草辖区社会治安综合治理工作以确保社会稳定和治安大局平稳为目标，以深化平安成都建设为主线，相关人员紧密联系群众认真排查化解矛盾纠纷，加强薄弱环节管理，有针对性地开展专项行动，加强社会服务，为“宜人成都”营造良好社会治安环境。

开展矛盾纠纷“大调解”、“五进”专项工作。街道调整充实了8个社区、4个企业和1个农贸市场大调解工作组织网络，使调解组织基本覆盖人口密集、矛盾纠纷易发的地方，实现了“哪里有群众，哪里就有调解组织；哪里有矛盾，哪里就有调解工作”。依托和整合基层调解室、警务室、保安门卫室等相关“窗口”，完善“大调解”阵地建设，确保网络健全、渠道畅通和工作规范。街道、社区共排查矛盾纠纷16类，共受理人民调解11件，调解成功11件。街道“矛盾纠纷调解中心”排查矛盾纠纷90起，调处90起。街道主要领导坚持每月接待群众来访一次，每月约访群众一次、带案下访一次；实行党工委领导每天轮流接访群众及不定期带案下访。同时实施专门机构综合协调、科室按职能调处、街道分管领导及科室对口联系社区、社区包单位（企业、院落）等工作举措，做到事事有人处理、件件有回复。

街道每季度组织“大调解”暨信访工作培训会，提高信访接待和大调解工作人员思想觉悟和业务素质，提高工作队伍整体素质。全年受理并完成信访件79件，100%实行领导包案制，其中上级交办63件，受理群众来信来访16件。较好地化解了矛盾纠纷。

2012年，芳草辖区共采集流动人口信息22305条，同比增加33.8%；更新房屋信息5603条，同比增加49.7%；采集更新用工单位信息282条，实现“底数清、情况明、信息灵”的信息采集工作目标。同时，通过全面深化常态化服务管理，推进基础信息的分析应用，打造街道、社区无缝对接两级服务管理平台，发布基础信息分析报告10份，流转基础信息13大类共计492条，同比增加23%。

综治工作坚持每月定期分析、评估辖区社会治安形势，强化重点地区的排查整治，着力解决治安突出问题，防止发生各类安全责任事故和群死群伤等重大伤亡事件。加强对全国“两会”和党的十八大等重要活动期间的辖区矛盾纠纷排查和维稳工作。2012年辖区刑事案件发案与去年相比下降4%，实现辖区刑事案件发案率保持下降的态势。对辖区13个院落进行物防整改，加装防盗铁丝网刺3300米，新增消防指示牌97个，17个文明院落安装安防设施，新增35个院落26438米防盗刺，提高四防建设能力，为创造辖区良好治安环境打下了基础。

芳草街街道办事处与辖区各成员单位签订《2012年芳草辖区维护社会稳定工作目标责任书》69份。辖区8个社区组建8支24人的治保会，形成社会管理合力。开展“芳草街街道法治大讲堂”活动，全年举办讲堂16次，普法、学法、用法效果明显。成都电视台、成都商报等媒体对道芳草街街道法治大讲堂作了新闻报道。

（芳草街街道办事处）

石羊街道

【概况】 石羊街道辖区地处成都市南郊，位于成都高新区南部园区腹心地带，东、南与桂溪街道办事处相邻，西与双流县的白家镇和武侯区的华兴街道办事处接壤，北与芳草、肖家河街道办事处相连。辖区总面积21.83平方公里，东西最宽4.7公里，南北最长7.6公里。地形北高南低，岷江水系之龙爪、栏杆支渠自北向南穿越全境，沿龙爪支渠侧的剑南大道为龙背，两边地势低下，相对高低差较大，海拔最高点——丰收村境内铁路处（成昆线）海拔498米，最低点——栏杆支渠双河村段海拔486米。

石羊街道办事处驻成都市万象北路388号，辖新北、新光、庆安、新街、三元、新园、新盛、新南8个社区；殷家林、新光、丰收、庆云、三元、石桥、双河、花荫、灯塔、裕民、清河、仁和12个自治村。其中庆云、殷家林、新光、丰收、仁和5个村集体资产已处置完毕，但村建制尚未撤销。其余村除灯塔、花荫、三元各有一个中心村以及极少数零星农户尚未拆除外，土地已全部征用，村、组、个体企业已绝大部分拆迁，村民的住房已绝大部分安置，其户口也随之农转非，但村、组建制尚存在。

2012年末，石羊辖区常住户24683户，常住人口56949人，流动人口52880人，人口总计109829人。全年符合政策生育率达99.64%，人口出生率9.62‰，自然增长率6‰。全年引进企业400家，引进资金23.5亿元；完成省外招商引资任务13.9亿元，完成目标任务120%；全口径财政收入实现11.84亿元，同比增长29.7%；实现一般预算收入1.75亿元，同比增长26.8%。

辖区各项市政公共设施配套完善。市石羊公交总站、市石羊长途汽车站位于境内，市第一人民医院、市急救指挥中心（120）位于辖区府城大道，高新区两馆两中心（图书馆、文化馆、养老中心、残疾人康复中心）位于辖区新北社区；街道办事处在新南社区建有社区卫生服务中心，在庆安、新北设有社区卫生服务站，辖区现有中等专业学校1所、中学5所、小学5所、幼稚园9所。近年来，随着成都高新区的整体规划和快速发展，特别是天府新城、天府新区建设的推进，在辖区逐步形成了以硅宝科技、九州迪飞等一批高科技企业为重点，以机场路沿线的汽车4S店汽车销售服务产业带为支撑，以天府新谷创业园区、石羊工业园区为依托的各类经济体共同发展的经济新格局。辖区有中国石化集团胜利石油管理局西南石油管理中心、成都硅宝科技股份有限公司等各类企业1500余家。

2012年石羊街道办事处所获荣誉

颁奖单位	获奖项目	获奖单位
中共四川省委	全省创先争优先进基层党组织	新北社区
中共四川省委	全省创先争优先进基层党组织	硅宝科技公司
中共成都市委	全市创先争优基层党组织	庆安社区
成都市打击防治非法张贴书写广告领导小组办公室、成都市城市管理局、成都市公安局、成都市工商行政管理局	2012年度打击非法张贴书写广告工作先进单位	街道办事处
成都高新区管委会、武侯区人民武装部	2011年度征兵工作先进单位	街道办事处
中共成都高新区工委、中共成都市武侯区人民武装部委员会	2011年度武装工作先进单位	街道办事处
成都市人民防空办公室	成都市人防警报先进设台单位	街道办事处
成都市高新质量技术监督局	诚信计量管理先进街道办事处和诚信计量管理优胜街道办事处	街道办事处
四川省卫生厅	四川省示范社区卫生服务中心称号	石羊社区卫生服务中心
高新区党工委	成都高新区创先争优先进基层党组织	新南社区总支部委员会
高新区党工委	成都高新区创先争优先进基层党组织	新光社区总支部委员会
高新区党工委	成都高新区创先争优先进基层党组织	新园社区总支部委员会
高新区党工委	成都高新区创先争优先进基层党组织	新盛社区总支部委员会
高新区党工委	成都高新区创先争优先进基层党组织	新街社区党总支委员会
高新区党工委	成都高新区创先争优先进基层党组织	庆安社区第二支部委员会
高新区党工委	成都高新区创先争优先进基层党组织	三元社区第一支部委员会
中国老年文化艺术组委会	第三届中国老年文化艺术节银奖	三元社区
四川省舞蹈家协会	全省首届文化惠民艺术暨第三届“金秋乐”舞蹈大赛“文化惠民展演奖”	三元社区
四川省舞蹈家协会	全省首届文化惠民艺术暨第三届“金秋乐”舞蹈大赛“金奖”	三元社区
成都市老龄工作志愿者协会	2012年春节汇演一等奖	庆安社区

【基层党建"两双模式"】 石羊街道坚持以创先争优和基层组织建设年为统揽，以实现基层党建组织覆盖、服务覆盖为目标，在党建工作实践中，成功探索出"双覆盖"社区党建模式和"双孵化"非公党建模式。

2012年，石羊辖区有社区党组织8个，机关单位1个，学校8个，医疗卫生单位3个；非公企业以单建、联建、派建、挂靠等形式，规范建立党组织80个，其中3个党委、2个党总支、71个党支部、4个联合党支部，组建率达81.2%。

在社区党建工作中，街道继续坚持"党小组建在楼栋、支部建在院落、总支建在社区"的原则，实现组织全覆盖。发挥阳光家园区域平台的辐射作用，覆盖所有党组织和所有党员。推进社区党组织细化工作，抓三有、强保障，抓服务、强凝聚，抓活动、强活力，抓民主、强队伍，抓践诺、强责任，抓整改、强组织。通过"六抓六强"工作措施，做到党组织、党员作用无处不在，服务得到扩展与延伸，党的先进性、战斗力在各项重要工作、艰巨任务和为民服务中得到体现，党组织的核心领导作月和党员的先锋模范作用得到了有效发挥。

在非公企业党建工作中，全面开展"重大产业项目建党行动"、"工业园区建党行动"、规模以下非公企业和"两新"组织的服务覆盖和组织覆盖。安排各社区党总支副书记作为本辖区非公企业党建工作指导员，对已建立党组织的非公企业党建工作进行指导，对未建立党组织的非公企业进行建党工作孵化。

地处石羊街道的成都硅宝科技股份公司是中国唯一一家集硅酮密封胶研发、生产及专用胶设备制造于一体的优秀高新技术企业。职工368人、年产值3.4亿元，为四川首家创业板上市公司。设党支部1个、党小组4个，党员25人。硅宝公司支部在壮大发展企业的同时，以"双交叉"、"双责任"、"双进入"三项措施，不断加强支部班子建设，建好"火车头"；以"双优先"、"双平台"、"双培养"三项措施，不断加强队伍建设，构建牢固的"火车身"；以"双促进"、"双队伍"、"双回馈"三项措施，建立"动力"机制，不断提升企业和支部的作用。探索总结出"双孵化"的党建工作模式，实现了党建工作与企业发展的同步孵化，走出了一条党组织、企业共建、相互促进、协调双赢的新路子。先后被中共成都市委评为"党工共建创先争优示范点"、"非公有制经济组织示范党组织"。被中共成都高新区工委、管委会授予"优秀慈善企业"、"最具社会责任感企业"等荣誉称号。

石羊阳光家园党建工作平台建设、优化细分社区党组织以及"六抓六强"社区党建工作模式、硅宝科技"双孵化"非公党建工作模式，成为2012年7月份中组部在成都召开的西南五省组织部长会议的考察观摩点，受到中组部部务委员、组织二局局长陈向群以及省委组织部常务副部长蒲波，成都市委常委、组织部长朱志宏和与会领导的高度赞赏。非公党建工作纪实片《腾飞的翅膀》荣获全市党建工作纪实片一等奖，街道党建实践与创新被《成都日报》以《和谐石羊党旗红》为题进行了大篇幅报道。

【救助帮扶】 2012年，石羊街道落实财政资金，采取多种措施，进一步加大对困难群众的帮扶救助力度。将低保户、低保边缘户、贫困

2012年7月12日，中组部领导及西南五省组织部长考察观摩石羊阳光家园

优抚对象、残疾人、特殊独生子女家庭、70岁以上老人等全部纳入救助帮扶对象，切实解决贫困群众基本生活、就医、就学等困难问题，全年共发放民政救助资金457.7万元。其中，最低生活保障金115户、166人，累计发放低保金56.5万元；医疗救助239人、12.8万元；应急救助406人、137.6万元；临时救助537人、63.5万元；发放爱心卡319人、14.4万元；发放惠民医疗卡298人、20万元；救济特殊独生子女家庭8户、4万元。

为拓宽救助覆盖面，石羊街道先后出台了《石羊街道办事处关于对辖区农转非人员及其子女考取大学的学生实施奖励的意见》《石羊街道办事处关于发放学前教育“保教费补贴”的实施意见》《石羊街道办事处关于低保户子女伙食补贴的实施意见》三项惠民政策，投入资金170余万元，对农转非人员子女考取大学的实施奖励、学前教育“保教费补贴”、低保户子女伙食补贴，共998人次受惠。加快推进助老助残平台建设，在石羊南片区建设了街道助老助残服务中心。开展全民健康体检，检查人数达18288人，其中，在校学生7700人，幼儿园2628人，社区群众7960人。

【劳动就业】 2012年，石羊街道以创业带动就业为主线，以提高就业总量，提升就业质量为目标，不断拓宽劳动和就业保障途径，探索创新劳动和就业保障模式。

完善就业托底援助长效机制，率先制定出台了《石羊街道困难家庭就业托底援助宣传操作手册（试行）》。手册从政策出台的目的意义、工作原则、援助对象、援助方式、申报流程等方面进行详细阐述，图文并茂、浅显易懂，即能帮助居民群众了解政策，又能规范工作人员实际操作。各社区还结合自身实际，制定了就业托底安置人员日常管理办法，严把入口关，畅通出口关，确保了就业托底援助工作深入扎实地开展。截至10月31日，辖区共有“双困”家庭244户、585人，劳动力年龄段共416人。“双困”人员就业率为100%。

突出大学生就业帮扶，制定实施了《石羊街道大学生社会实践、就业实习基地实施方案》。通过加强协调衔接，把有合作意愿的企事业单位纳入实践、实习基地范围，无偿向辖区大学生提供实践、实习机会。2012年7月1日，高新区文化指导服务中心、成都高新新源学校、中达宝马4S店、石羊社区卫生服务中心等12个企事业单位和街道8个社区居委会共20个单位正式挂牌成为辖区首批大学生社会实践、就业实习基地。各社区累计推荐8名大学生在基地开展社会实践和就业实习。首次把在校大学生纳入就业服务范围，与大学毕业生一样“同登记、同管理、同服务”。截至2012年11月30日，辖区共有在校大学生260人；大学毕业生399人，其中，往届生304人，就业290人，就业率为95.4%；应届生共95人，落实就业单位86人，就业率为90.5%；贫困家庭大学毕业生12人，就业率为100%。

搭建“三方”促就业在线交流平台，实现政府服务信息、企业用工信息、个人求职信息的无缝对接和互动交流。2012年3月1日，街道率先开通“政府、企业、个人三方促就业在线交流平台”，面向企业、个人提供免费服务。为确保平台的正常使用和高效运转，建立了平台准入制度和平台月报表制度，指定专人负责平台的日常维护，并安排就业、社保、劳动监察业务骨干担任平台管理员，接受企业、个人在线政策信息咨询。用人单位、求职人员在平台内发布、查询招聘、应聘信息的同时，也可在线向平台管理员咨询政策服务信息，极大地方便了用人单位招聘员工和求职人员应聘岗位。截至2012年10月31日，平台内共累计加入成员738人次（其中用人单位153家），累计发布招聘信息424条、岗位1204个；达成求职意向335人（其中“4050”人员69人，大学生26人），实际求职成功94人（其中“4050”人员40人，大学生9人）。

截至2012年末，辖区有就业能力和就业愿望劳动力的就业率达到97.1%，动态消除了“零就业家庭”，8个农迁安置社区均保持充分就业标准。有效调解处理劳动监察信访案件143起，涉及劳动者1728人，金额2581.2万元，较好地维护了劳动者的合法权益。辖区劳动就业多项亮点工作被四川电视台、华西都市报等媒体9次报道。

3月20日，石羊街道举办2012年度第二场“三进四送”新南片区招聘会

【综治维稳】 石羊街道坚持对不稳定因素和社会矛盾的“全方位”排查疏导，认真落实领导包案、领导下访、领导直接接防制度，积极发挥党员、群众以及驻区企事业单位作用，共同做好矛盾化解和实际问题解决工作。充分发挥综治维稳成员单位作用，广泛听取群众意见，解决老百姓合理诉求，积极开展社会治安综合治理工作。2012年3月21日，街道治安巡逻大队按照党工委、办事处和派出所的工作安排部署，加强巡逻防控、蹲点守候、排查布控，成功挡获“3.07”特大系列奸淫幼女案犯罪嫌疑人，协助公安机关破案8起，有力打击了犯罪分子的嚣张气焰，确保了辖区的和谐稳定。全年刑事案件立案421件，同比下降1%。

认真落实一岗双责安全生产责任制，加强对企事业单位特别是生产企业以及学校、幼儿园安全工作的检查指导，避免了重特大生产安全责任事故和食品安全事故发生。规范、完善了以社区为依托的流动人口服务管理平台和流动人口综合服务管理体系，补足配齐协管员和采集员。进一步加强交流协作，推进流动人口流出地与流入地的信息核对，建立落实了流动人口服务管理双向协作工作机制，进一步加强流动人口服务管理双向协作。按照“一般流动人口常规管，重点流动人口重点管，高危流动人口跟踪管”的分类管理模式，及时采集、录入、维护和更新流动人口、出租房屋、用工单位的信息。2012年1月-10月，辖区共录入出租房屋7324套、流动人口15555人、用工单位信息145条。2012年一季度全市目标检查中，街道流管工作荣获全市第一名。

【基层文化活动】 2012年，石羊街道成功举办历时10个月的首届石羊街道文化艺术节。艺术节期间举办了迎春民俗表演、庆祝建党91周年红歌合唱比赛、庆祝建军85周年双拥文艺晚会、社区篮球争霸赛、太极拳比赛、老年才艺大赛等24场较大规模的活动，直接参加的群众有5000余人。活跃在社区的76支文体队伍还举办各类小型群众文体活动80余次，参与活动的群众达1万余人。群众自发开展的广场文化活动天天有，吸引了众多的社区居民参加。从3月起，街道还广泛开展百姓故事会编演活动，为各社区培训优秀故事员4-5名，打造百姓故事会道德讲堂2个，组织演讲“幸福高新·百

6月27日，首届石羊文化艺术节系列活动之八——红歌演唱会

姓故事会”80余场，创作精品故事20余个，在参加成都市百姓故事会PK赛中获得3个优秀故事奖。街道成立了太极拳协会，下设8个分会，多次组队参加区、市举办的太极拳比赛。街道数字电影放映队为社区、学校放映电影52场，观众2万余人。各社区为群众放映小电影184场，观众约2万人。

【城乡环境综合治理】 石羊街道结合城市文明程度指数测评，坚持整体联动，建立网格责任长效机制，组织动员居民群众、在校学生、驻区单位、商家店铺参与城乡环境综合治理工作。加强对市容市貌、街面秩序、环境卫生和不文明行为的监管和整治，及时处理各类整改督办件，受理高新数字化平台案件9700余件。认真落实“门前三包”责任，印发4万余封公开信，先后动员发动28000余人（次）党员、居民、学生以及各类志愿者，坚持经常开展环境监管、整治和文明劝导活动，还有80余家各类企事业单位整体参与城乡环境综合治理、城市文明程度指数测评迎检工作。创新工作方式，疏堵结合，在新北片区建立烧烤广场，对夜市进行规范引导；在天府三街、娇子大道西侧建立民工夜市，受到市、区相关领导的肯定。在辖区整体环境建设中，街道投入资金1500余万元，搞好环境卫生秩序维护、违章搭建拆除、机场路沿线治理、扬尘治理、水环境治理、雨污分流治理、夏季防汛等各项工作，辖区市容环境秩序保持良好，文明程度指数不断提升。

（石羊街道办事处）

桂溪街道

【概况】 成都高新区桂溪街道地处成都市南大门，位于成都高新技术产业开发区南部园区东部、南部和西南部，北纬30° 31′ 40″ -30° 36′ 8″，东经104° 00′ 45″ -104° 01′ 43″。北起火车南站，南与双流县接壤，东依府河，与成都市锦江区隔河相望，西接成都高新区石羊街道和双流县白家镇，面积23.06平方公里。是规划的成都天府新区的核心区域，城市行政中心所在地，主要发展总部经济、金融中心及金融后台服务中心、软件开发及外包服务、行政办公、商贸、商务、生态居住及高新技术产业。辖和平、三瓦窑、双源、双祥、双和、益州、南新、永安8个社区及临江村，辖区常住人口约3.9万元，流动人口约5万人。

辖区内已建成有天府大道、红星路南沿线科华南路、益州大道、剑南大道、武侯大道东段府城大道、南三环路、绕城高速公路等多条纵横交错的城市主干道，成都地铁一号线贯穿整个辖区。有天府软件园、国家级软件产业开发基地（成都）等高科技园区，入驻了英特尔、腾讯等国际国内IT高尖端龙头企业，是成都乃至西南地区的高科技产业集中区。西部最大、设施最完备的世纪城成都新国际会展中心坐落辖区，成为西部会展经济的“发动机”，全球最大单体建筑—环球中心即将落成并将成为全球财富论坛的主会场。

辖区是成都市的行政副中心和成都市总部经济集中区。有中共成都市市委、成都市人大、成都市人民政府、成都市政协四大班子及所属办事机构、成都高新区管委会、成都高新区人民法院、成都高新区人民检察院、国家审计署成都特派员办事处、成都海关、四川广电中心、中国人民武装警察部队四川省森林武警总队、成都公安局消防支队等省和市、区级机关单位。成都天府国际金融中心坐落辖区核心位置，现已入驻中国民生银行、中国人寿保险公司等区域总部。中国工商银行、中国建设银行、中国农业银行、中国银行、中国交通银行、成都银行、成都农商银行等金融机构网点遍布辖区。还有成都七中初中部、成都和平学校、成都世纪城南路学校、成都职业技术学院（总部）等优质教育资源。

辖区城市绿化率达40%以上，有“森林中的开发区”之美誉。有御府花都、天府长城、天府名居、五洲花园等现代居民小区。有世纪城假日酒店等星级酒店。有狮子楼、蜀国飘香、新军谭家菜等餐饮企业；宜家家居、欧尚超市、富森美家居、迪卡侬、苏宁广场、凯丹购物广场组成的百亿级新南天地商圈，落成和在建的高端写字楼达数十座。辖区已具备优越的投资、贸易、创业、人居、工作、生活环境。

【党风廉政建设】 2012年，桂溪街道党工委完善了组织领导机构，对党风廉政建设和反腐败工作责任进行了分工，每季度对“一岗双责”落实情况进行检查汇总。各社区选举产生了社区监事会、院落议事会，各支部组建了纪检小组。街道、社区的“三务公开”及时、规范。按照“三项建设”要求开展了纪工委书记下基层、桂溪清风大讲坛等活动，纪检机构做到了“九有一落实”。10月，市纪委副书记、监察局长景明到街道检查工作并给予了肯定。

通过街道党工委书记主讲廉政党课、机关集中学习、开展警示性教育、廉政谈话、社区书记和部门负责人述职述廉、一级风险岗位人员恳谈会等方式，强化党风廉政建设教育，做到了警钟长鸣。加强了临江村拆迁、农村集体资产处置、工程项目建设等重点岗位的风险防控措施。制定了《小型工程项目管理办法》《小型工程项目承包商预选库管理办法》等。对重点岗位人员进行了调整。开展了对各社区和卫生中心的审计工作。完成了双祥社区廉政街景的打造。

以干部作风教育实践活动为契机，开展了主要领导进大厅、分管领导进服务站、机关人员志愿服务等特色活动。召开中心组专题学习1次，专题会议4次，集中学习大会10次，各单位分别开展集中学习40余次。及时处理了群众反映的问题。接收市级部门、高新区机关部门“双报到”1000余人，成都市委常委、高新区党工委书记敬刚，高新区党工委副书记、管委会副主任冯亚曦分别到三瓦窑、和平社区开展了“双报到”对接工作。

【基层党组织建设】 2012年，桂溪街道党工委完成细分基层党组织和组建院落自治组织（党支部、院委会、议事会）工作，在改善院落环境、提升居民素质、树立群众参与意识方面起到了积极的作用。街道组织开展了社区两委培训、院落自治组织培训、不同年龄段的党员轮训、入党积极分子培训等。通过集中宣讲、院落坝坝会、百姓故事会、文艺演出等方式，开展十八大精神宣讲活动22次，《成都日报》、四川新闻网等进行了报道。认真组织开展了“三分类三升级”活动，制定了班子成员联系5家后进党组织帮扶机制，顺利完成了转化升级目标。极探索难点区域的组织建设工作，在三瓦窑社区202号院、东苑片区公务员宿舍、泰和佳园退役转业军人集中居住区组建了党支部，推进了楼宇管理和服务工作。深化了“两园一圈”两新组织党建模式，并正在推进市级“党建联盟”试点工作。2012年，1个社区党组织、1名党员受到中共成都市委表彰，15个党组织、13名党员受到高新区党工委表彰。

2012年，桂溪街道党工委运行“两园一圈”两新组织党建模式取得较好成绩，党组织覆盖率达到75.9%，独建党组织119个（其中,2012年新建17个），建立联合党支部24个。2012年，两新组织预备党员转正8人，新发展党员10人。百施特金刚石钻头公司党支部被成都市委组织部授予“成都市非公有制经济组织示范党组织”称号，成都世龙实业有限公司被成都市委组织部、成都市总工会确定为“非公有制经济组织党工共建创先争优示范点”。3月，贵州省遵义市委组织部相关领导到桂溪街道调研“两园一圈”两新党建工作。

根据成都市委组织部统一安排，桂溪街道被确定为“党建联盟”试点单位。街道党工委再次走访调查930余家两新组织，并初步形成党建联盟“114”组织架构，即1个联盟大会、1个联盟理事会、4个行业分会。制定了规章制度。园区分会会员277家、商业分会会员532家、新社会组织分会会员32家、物管分会会员49家。

【“结对共建”活动】 2012年3月，为深化联系帮扶群众工作、引导两新党组织反哺社会，桂溪街道党工委组织开展了非公企业与社区“结对共建”活动。四川华通投资控股有限公司党委等分别与3个社区签定了结对共建协议书，并向20名困难党员发放慰问金4000元。

在此基础上，桂溪街道双源社区成立了“幸福驿站”，用非公企业、对口联系单位捐赠的2.50万元设立了“幸福基金”，由社区“幸福使者”通过各种救助措施帮扶困难党员群众40余名。开展多种形式的谈心关爱、环境治理、纠纷调解、文明创建等志愿服务活动，吸引了越来越多的人志愿加入，“幸福使者”从最初的104人增加到210人。部分居民也不断转变观念、要求进步，或递交入党申请书，或被吸收为预备党员。此项活动切实增强了基层组织的凝聚力。CDTV-5、成都日报等对启动仪式进行了采访报道。

【经济发展】 2012年，桂溪街道办事处完成全口径财政收入15.64亿，完成年度工作目标的113.16%，同比增长30.61%。新注册企业1000余家，注册资本1亿及以上的企业有4家、1000-5000万元的企业有21家。完成了引进省外资金11.8亿元的任务。从2012年1-12月份50万元以上的重点企业的税收收入情况来看，房地产及相关企业税收总额达到5.21亿元，占重点企业税收总额的42%。

近年来，随着天府新区建设的启动，桂溪街道辖区的房地产行业税收飞速增长。随着保利房产、鸿业置业、天合置业、谊兴房屋等多个商务写字楼及房产住宅小区开工或销售，该类税收成为2012年街道全口径财政收入主要的增长点。其中，保利地产、谊兴房屋截至9月的税收分别为1.29亿、3628万，较2011年全年的纳税额增加了5500万、3250万元。房地产业成为了桂溪街道全口径财政收入的主导产业。其次，随着桂溪各种商业综合地产的正式运营，辖区楼宇经济逐步进入发展轨道，如苏宁广场、富森美、宜家家居、凯丹广场、迪卡侬等商业地产的税收稳步增加，逐步成为支撑桂溪街道税收增长的又一极。

【城乡环境综合治理】 2012年，桂溪街道办事处全年共整治占道经营3.6万次，规劝占道行为1.9万次，清理流动摊贩1.7万次；清运垃圾4.5万吨；拆除了违规广告1万平方米；拆除违法建筑及各类窝棚110处、3200平米；挡获13起乱倒渣土车辆；整治沟渠河道1.2万米，清运淤泥近2.5万方。开展了ISO14001环境管理体系的内审和外审工作，完成了大小春秸秆禁烧工作任务；在和平社区启动了垃圾分类试点工作；完成了广和一街雨污分流、铜牌村保利用地乱搭建等难点整治；通过院落自治组织广泛发动群众进行环境整治、秩序维护，解决了院落的老大难问题。12月，街道代表高新区迎接成都市街面城市管理测评获得全市第一名。

2月，街道办事处做好了省、市领导义务植树的具体保障工作。7月，广西住房和城乡建设厅副厅长韦力平参观考察了桂溪街道铁路沿线城乡环境综合治理工作情况。11月，双源综合农贸市场作为成都市城乡环境综合治理成果展示项目被各新闻媒体采访报道，12月《人民日报》记者到和平综合农贸市场进行了采访。此外，街道办事处还完成了西博会、党代会、糖酒会、车展等重大会议活动的市容、治安、卫生等保障任务。

【就业托底工作】 2011年，桂溪街道办事处针对辖区低保户、低保边缘户率先开展了就业托底工作。2012年，办事处进一步完善就业托底准入、退出长效机制，对实现稳定就业或灵活就业脱贫的，给予一次性1000－5000元不等的奖励；对自主创业实现脱贫的，给予1000－10000元的租金补贴，有7人通过不同形式的就业退出了双困家庭。通过街道就业援助，有58户、182人实现了脱贫。全国“两会”期间，中国经济时报以《破解“双困”家庭就业难题的“成都高新模式”》为题进行了报道；6月30日，成都晚报以《高新区桂溪街道办事处“双困人员温馨服务站”给力幸福》为题进行了报道；12月28日，成都日报以《“民生桂溪 五民五好‘数’说变化”系列深度报道.就业篇——“乐业桂溪”的民生创新》为题进行了报道。

【农迁社区院落自治】 桂溪街道办事处自2010年6月率先在成都高新区开展“领导挂点、部门包院、干部帮户”活动以来，通过多种措施走访、联系、帮扶群众，进一步缓解部分农转非人员对拆迁安置的不满情绪，让社区居民体会到了作为高新人的自豪感和幸福感，真正落实了高新区党工委管委会领导提出的深入联系群众的要求。

2012年，街道办事处又完成了细分基层党组织和组建院落自治组织（党支部、院委会、议事会）工作，在4个农迁社区的16个院落组建了217人参加的自治组织，并出台了指导性文件和3个配套政策文件。共举办民主议事会82次，举行院落活动537次、慰问活动126次，解决纠纷27起。结合农迁社区居民广泛参与的“文明和谐家庭”评选活动，进一步助推了城乡环境综合治理、百姓故事会、文明程度指数测评等重点工作的开展，创新社会管理服务，在引导群众广泛参与方面起到了积极的作用。第三方测评结果显示，群众满意度指数为93.11%，较2011年提高了14.60%。

【文化建设】 2012年，桂溪街道办事处举办了“百姓故事会·桂溪大讲堂”系列活动110次，群众参与达1万人次，征集文章400篇，创作微电影2部。举办了成都高新区首场百姓故事会活动（奥运火炬手讲故事），开展了成都好人杜淑云讲故事、陈岳叔叔培训小故事员等特色活动。有两次百姓故事会活动被《成都日报》评为百姓故事会五星。全年群众性文体活动达160余次，参与约10万人次。承办了两次成都市“太极蓉城”专场展示活动，举办了第三届国手桂溪行、桂溪杯篮球赛等活动。通过各类文体活动，教育了广大居民，提高居民思想道德水品和文明素养。全年共成立17家社会组织、51个兴趣小组。形成了街道、社区、院落、企业、单位共同丰富文化建设的良好局面。

作为成都市首批综合文化活动中心一级站、首批基层文化活动示范基地的街道综合文化活动中心广受关注，2012年1月13日，黄新初书记、葛红林市长率市民代表视察了“文化设施建设项目”的实施情况，并给与了肯定。5月29日，国务院参事郭瑞、袁隐调研了公共文化服务体系建设情况。2月29日，长春市政府副秘书长赵国华考察了文化惠民工作。

街道办事处结合文明城市程度指数测评迎检工作，举办道德讲堂讲座19次。在辖区广泛开展了文明交通劝导等各类志愿服务活动100余次，顺利完成了文明城市程度指数测评迎检工

2012年5月31日，“怀感动之心·作有为少年”百姓故事会活动现场

作，街道成功推荐和平社区居民严达刚入选助人为乐类“中国好人”。

【创建“省A级老年大学”】 桂溪老年大学以服务于辖区失地农民为办学特色，进一步完善了办学场地和设施设备，努力创建“四川省A级老年大学”。2012年10月，学校一次性通过了评估定级小组的验收，11月获得授牌。四川省老龄办领导认为桂溪老年大学办学起点高，建校短短两年多就取得了这样可喜的成绩十分不易。11月29日、12月31日成都老年大学协会在桂溪街道办事处召开两次现场会。截至2012年，桂溪老年大学设置13个专业、40个班，学员980人次，失地农民学员占44%（若加上8个社区辅导站，学员人数达到2816人（次），失地农民学员占78.37%），且享受失地农民学费补贴。

【市场标准化管理】 2012年，桂溪街道办事处在全国率先开展猪肉溯源试点工作基础上，又开展了蔬菜准入溯源试点等工作，成为全国推广的典型。6月20日，国家商务部副部长姜增伟、商务部部长助理房爱卿及相关人员约260人，在桂溪街道和平综合农贸市场召开了“全国肉菜流通追溯体系建设试点工作现场会”。到辖区农贸市场视察工作的有成都市委常委黄建发、成都市政协副主席李铀、绍兴市政府考察团、资阳市政府考察团、成都市食品药品监督管理局局长等。4月28日，成都市副市长谢瑞武出席了在桂溪街道和平广场举行的“新品川鲜活农产品直通车进社区暨产销对接签约仪式”。11月，双源综合农贸市场作为成都市城乡环境综合治理成果展示项目，被各新闻媒体采访报道。

【2012年表彰奖励情况】 2012年，桂溪街道党工委被中共成都高新区工作委员会授予“先进基层党组织”称号、被中共成都高新区工作委员会授予“2011年度武装工作先进单位”称号、被中共成都高新区工作委员会授予“2011年度征兵工作先进单位”。桂溪街道办事处被成都市统计局授予“成都市第六次全国人口普查先进集体”称号、被成都市体育局授予“成都市群众体育工作先进单位（2008–2011年）”称号、被成都市打击非法张贴书写广告领导小组办公室、成都市城市管理局授予“2011年度打击非法张贴书写小广告工作先进单位”称号、被成都市城市管理局授予“2011年度城市生活垃圾处理收费先进单位”称号、被成都市人民防空办公室授予“人防警报工作先进设台单位”。桂溪街道老年大学被四川省老龄工作委员会办公室、中共四川省委老干部局授予“四川省A级老年大学”称号。

2012年4月28日，新品川鲜活农产品直通车进社区暨产销对接签约仪式现场

（桂溪街道办事处）

合作街道

【概况】 合作街道位于成都市中心城区西北部，东邻金牛区、青羊区，南隔清水河与郫县德源镇、温江区永宁镇相望，西与郫县郫筒镇相接，北与国道317线和郫县红光镇、犀浦镇紧连。地理坐标界于北纬30° 43′ 17″ –30° 48′ 28″，东经103° 52′ 591″ –103° 58′ 57″

之间。成灌高速公路呈东西走向贯穿辖区，绕城高速公路呈南北走势穿越其境。这两条交通动脉与辖区内纵横交错的公路相接相连，使辖区内形成了四通发达的交通网络。辖区中心距市中心约20公里。

合作街道设立于2004年3月，是由成都高新区接收成都高新西区以及相邻的郫县合作、犀浦、红光、郫筒、德源五镇的村及部分村民小组后，进行整合归并而成的。辖区面积35.5平方公里，辖顺江、清江、檬梓、独柏、西源5个社区和红光、西华、杨柳、八圣、玉泉、晨风、金凤等19个村、169个村民小组。辖区内常住、流动人口总计30余万人，户籍人口6.2余万人。

合作街道辖区为成都高新区西部园区，是全市高新技术产业聚集的重要载体。区域内主要发展电子信息、生物医药、精密机械制造三大高新产业。“英特尔”、“友尼森”、“成都国腾”、“迈普”、“京东方”、“成都中光电科技”等著名高新企业云集此地。2010年，经国务院批准的“成都高新区综合保税区”在合作街道辖区内诞生。整合扩展后的成都高新区综合保税区集保税出口、保税物流、口岸功能于一体，是国内功能最全，政策最优的海关特殊监管区域，不仅有利于海关监管运行，更有利于企业的进一步发展。在成都高新区综合保税区范围内，已有东方电气、英特尔、富士康、德州仪器、惠普、莫士连接器等多家企业入驻，投资总额达22.3亿美元，区域从业人员超过2万人。此外，辖区内还有电子科技大学清水河校区、电子科技大学成都学院、四川大学锦城学院、成都中医药大学、四川托普信息技术职业学院等多所高校。

合作街道辖区内的近4万农民已全部实现了“农转非”，由农民转变为城市居民。这片过去纯粹的农村也变为了大都市的一部分。除了身份的变化外，辖区群众的生活质量也得到进一步的提高。群众集中居住在辖区内的“顺江小区”、“滨河春天小区”和辖区外的“岷江小区”、“锦苑小区”和“兴苑小区”内。这些小区功能齐全、环境优美，堪比不少商住小区。特别是辖区内的“顺江小区”和“滨河小区”更是气势恢宏，总占地108.8公顷，建筑面积达150多万平方米，拥有各类套型的住房1.6万多套。两小区均是按照星级社区标准进行设计和建造，配套齐全，功能完善，具有社区服务中心、社区就业服务中心、社区综合文化活动中心、中小学、幼儿园、农贸市场、园林、公园、健身广场等设施。

合作街道人文底蕴厚重，辖区中曾有双柏树、檬梓树、美女坟等不少历史遗存和美好传说。街道辖区内的红光村，是毛泽东主席在1958年3月16日“成都会议”期间视察过的地方。该村境内川西民居风格式的“毛泽东视察红光社纪念馆”馆舍犹存。

2012年度合作街道办事处获奖一览表

颁奖单位	获奖单位	获奖项目
成都高新区社会事业局	合作街道	高新区卫生监督工作先进单位
成都高新区社会事业局	合作街道	高新区重大产业项目食品安全保障先进单位
成都市统计局、成都市第六次全国人口普查领导小组办公室	合作街道	成都市第六次全国人口普查先进集体
成都市高新区管委会	合作街道	2011年度征兵工作先进单位
成都市打击防治非法乱张贴书写广告领导小组办公室、成都市城市管理局、公安局、工商行政管理局	合作街道	2012年成都市治理非法乱张贴书写广告工作优秀单位
成都市劳务开发暨农民工工作领导小组	合作街道	关爱农民工先进集体
成都市城市管理局	合作街道	2011年度城市生活垃圾处理收费先进单位

【经济发展】 2012年，合作街道办事处完成全口径财政收入24253.95万元，超目标任务38.07%；完成一般预算收入4580万元，超目标任务30.97%。引进省以外500万元以上企业12家，引进省外到位内资12.5亿元。

【创先争优】 2012年是创先争优基层组织建设年。合作街道一是紧紧围绕班子成员包片责任分工制的推进，建立了企业党建沟通平台。通过在重大产业项目联想（成都）基地、日立电梯（成都）有限公司建立党组织及成立精密机械制造、电子信息产业、生物制药等行业联合党支部，使辖区非公企业党组织数量达109家，实现企业覆盖率100%。二是稳步推进创先争优，扎实做好基层党组织大调查及三分类三升级。对年初评定的组织关系在辖区的15家先进党组织、34家一般党组织及13家后进党组织，通过成立党建指导员队伍、优化社区党组织构建、完善基层党组织班子、强化党员教育管理、加强志愿者服务队建设等措施，实现先进党组织提升率40%，一般党组织提升率41.18%，后进党组织转化率100%。创先争优活动开展以来，辖区涌现出市级先进党组织2个，区级先进党组织7个、优秀党员15名，街道级先进党组织20个、优秀党员117名。

在以社区党总支为中心、院落党支部建设为抓手的社区基层治理工作中，合作街道始终突出社区党组织的主体地位，突出院落自治，以实现从“代民做主”到“让民做主”、从“直接管理”到“主动服务”的转变。街道进一步夯实了社区基层组织构架，通过23个院落党支部的设置，完善了社区党组织及党员管理服务网络。通过群众代表大会、议事会及监事会的召开，就小区改造、机动车停放、安全及卫生管理等问题收集群众意见，让群众对院落党支部组建、院落改造及居委会工作开展情况等进行全面监督，最广泛地动员党员、群众代表参与社区管理，使社区建设及改造工程得到了群众的认可和支持，确保了各项民生工程的顺利开展。各社区均开展了院落管理居民自治规约试点建设工作。在社区党总支及规约的“号召”下，各社区党总支组织成立了志愿者服务队29支，按月组织社区骨干、居民及志愿者等开展“我爱我家·清洁家园”活动，邀请居民群众参与到院落环境维护中来，提高了居民群众参与社区建设积极性。

【民生改善】 围绕民生促发展是合作街道党工委办事处始终坚持的总体发展思路。2012年，街道紧扣群众生活实际与发展需求，投入近1000万元开展了小区围栏改造、助老助残中心建设、雨污管网清掏、老年大学及博爱家园建设、店招整治等民生工程。严格执行各项惠民利民政策，使辖区社会民生水平稳步提升，居民生活持续改善。

社会保障服务全覆盖。建立了政府牵头主抓，社区、企事业单位、红十字博爱家园、志愿者组织参与的帮贫扶困体系，健全了困难群众救助机制，严格执行帮扶政策，确保实现“应救必救”的目标。全年发放低保、优抚、残疾等民政补助及节日慰问330.7万元；开展阳光助学、临时救助、医疗救助等专项救助325人次45.8万元；发放门诊医疗卡1191张25.2万元；向83名低保人员提供社保援助资金41.5万元。同时，街道积极承接开展高新区博爱家园项目，较好发挥了各类志愿者组织、群众自治组织及社会组织在社区帮贫扶困工作中的作用，全年开展各类慰问帮扶等志愿者活动50余次。

就业渠道不断拓宽。一是建立健全了托底人员评审、管理、退出机制，使有劳动能力和就业意愿的257名双困人员全部实现了就业。二是加强了创业指导和跟踪服务，将小额贷款额度从原有的5万元提高至10万元，累计发放小额贷款225户、970.5万元（其中，2012年发放65户，294万元），累计贴息160户、58.6万元（其中,2012年43户，15.4万元），涌现出由个体工商户发展成为规模公司、高校毕业生创业就业等成功典型。三是有针对性地制定高校毕业生就业援助方案，通过职业指导座谈、专场招聘会等形式，使街道往届高校毕业生就业率达97.81%，应届达85.5%。四是搭建了“三进四送”就业巡回服务活动平台，并结合深入联系群众工作，对在走访过程发现的双困人员、辖区群众等，带岗入户，送岗到人。全年举办各类就业援助招聘会10场，收集各类就业岗位4543个，达成用工意向1178人，实现就业287人。

社区文化繁荣发展。街道在社区文化建设中，坚持面向基层、服务群众，大力开展各类群众性文体活动，注重文化工作的普及性，以增强群众的社区归属感，营造健康和谐的社区氛围。合作街道建成社区文化中心2个、老年活动中心4个，成立群众文体兴趣小组36个、老年协会6个，涉及参与群众两千余人。同时，按照“居民自治”的原则，社区文体小组的成员还自发成立了“社区文体协会志愿者队伍”和“社区老年协会志愿者队伍”，组织参与社会监督、文明宣传、社区治理等公益活动。全年开展各类文体活动百余次，民俗闹春、英特尔慈善健康跑、青少年暑期夏令营、群众才艺大赛、全民读书等文化活动，魅力合作摄影大赛、篮（足）球比赛、棋牌及钓鱼比赛、激情广场大家唱等特色活动以及各类节日文艺汇演的蓬勃开展，使辖区居民多层次多样化文化需求得到满足。

结合“百姓故事会”的推进，收集百姓故事素材200余个，印刷成合作街道百姓故事汇党建篇、道德故事篇等，拍摄成合作街道百姓故事“雁阵”、“本色”、“正扬帆”、“孝子贤母”等影像志。开展故事进院落、故事进校园、道德讲堂等50余次，将这些身边的感人故事深入宣传到群众当中去。通过成都文明网（百姓故事会网站）、腾讯及新浪微博上传优秀故事作品，其中《蚌病成珠》故事主人翁袁俊莉入选8月中国好人榜孝老爱亲类候选人，《年岁不泯寸草心，流连恪守三春晖》故事主人翁吴道兴被评为10月“中国好人”。《蚌病成珠》还入选中央电视台《向幸福出发》节目候选名单，多位合作故事主人翁受到了成都电视台、成都日报、四川工人日报等媒体的采访报道，合作的百姓故事走向全市、全省乃至全国。同时，利用辖区高校及企事业单位的有利资源，建立文化共驻共建、资源共享机制。街道与四川大学锦城学院合作，挂牌成立“高新区合作街道市民图书馆”，为全省首次向社会开放大学图书馆，受到了各地媒体关注。

经四川省青基会大力推荐，由中国青少年发展基金会、四川省青少年基金会联合高新区党群工作局共同打造的社会性网络服务社区试点项目“希望社区”落户合作街道。这是全国首批试点中唯一落户四川省的项目，旨在借助社会公益组织的专业力量，服务社区青少年成长，满足青少年在身体健康、精神发展及社会交往等方面的需求，完善学校、社会、家庭三位一体的教育网络。自9月底成立至年底，“希望社区”已发展大学生志愿者百余名、家长志愿者30余名、社会热心人士10余名，包括地方政府、企事业单位、大专院校在内的合作伙伴12家。

社区管理明显加强。合作街道顺江、滨河小区及西源社区共有组团17个、楼宇260幢、房屋15958套，物业管理面积达135万平方米。为加强社区建设及管理，街道办事处强化了社区居委会、物管处、绿化保洁公司及房屋维修站的联动机制，优化工作流程。一是按月组织上述服务外包公司召开联席会议、进行交叉检查，就社区管理进行协调，就工作经验进行交流，并形成督查通报并把检查情况纳入对责任单位的考核。二是划分督查责任区域，安排专人，不定期开展日常巡查，尤其对进出门登记、公共能耗及公共设备管控情况进行重点检查与督导，做到发现问题及时处置，发现隐患及时排查，着力提高各物管处、保洁绿化公司和维修站在日常工作中的服务管理质量和效率。三是建立了“受理、处置、回访、反馈”的工作机制，畅通信息沟通渠道，公示维修信息，有效的解决了农转居小区存在的房屋维修难问题。截至2012年底，房屋维修站完成各类房屋维修2478件，协调处理小区房屋问题投诉5户，群众满意度达100%。

教育、卫生惠民有新进展。2012年，合作街道党工委、办事处在教育、卫生、计生、动物防疫等社会事务方面做了大量工作。年内建成公益性幼儿园3所，发放辖区公益性幼儿园补贴133万元，发放辖区幼儿伙食补贴105万元，发放失地群众幼儿教育补贴85万元。大力扶持社区医疗事业，推进家庭医生项目，连同社区卫生服务中心开展公益讲座及宣传722次，开展义诊及上门服务2438次，在滨河服务站开通社保报销业务。组织育龄妇女三查共计14481人，开展计生三结合帮扶慰问69人次共21845元。开展动物春、秋防，防疫犬只、禽（畜类）动物共计85471只（头）。教育、卫生服务群众，惠及民生落到实处。

【安全维稳和环境治理】 加强安全管理。2012年，合作街道严格落实安全生产网格化管理及社区安全、企业达标化建设，始终把加强检查健全安全预警机制列为安全生产工作的重点，做到早发现、早控制、早处置。按月开展商家店铺、公共场所及设施设备的安全检查，着重抓好重大节庆日期间安全宣传和防控，随时跟踪隐患部位整改情况。全年共计召开各类安全生产工作会、培训会、宣传活动及演练等20余次，开展各类安全检查30余次。

把流动人口管理及社区治安环境维护列为维稳工作的重点，积极开展矛盾纠纷排查。充分发挥矛盾纠纷调解中心、社区调委会、院落党支部三级组织调解功能，了解社情民意，全年化解各类矛盾纠纷68起。着力完善了企事业单位及工地矛盾纠纷大调解机制，街道综治办、街道劳动和社会保障所、西区派出所、高新区清欠办、高新区维稳办五方联动，全年处理各类劳动纠纷270起、3117万元（其中农民工劳资纠纷117起、3000万元）。在流动人口管理上，针对西区面积大、发展快，特别在是富士康进驻后，大量外来人员涌入的实际情况，紧紧抓住物管这条线，切入流动人口服务管理，及时登记录入流动人口信息，做到了底数清、情况明、管得住、服务好。同时，为深化平安建设，建立了企业联席会制度，形成了企事业单位参与综治工作，企业与企业、企业与政府、企业与公安机关的互动沟通机制，通过联席会议分析企事业单位内部及周边范围内维稳信息，收集意见、排查隐患。组织600余名党员和群众参与社区群防群治义务巡逻，出勤近300次，及时发现各类矛盾纠纷的苗头，减少安全事故，排查治安隐患，达到了提高居民群众治安防范意识、震慑违法犯罪分子的良好效果。

积极推进城乡环境综合治理。把落实问题发现处置机制和社区环境整治列为重点，进一步加强队伍作风建设，提升队伍业务能力和综合素质。实施问题管理及效能问责，形成督查通报23期，发现问题点位549处，做到了巡督查全面覆盖，问题整改及时到位。按照疏堵结合的原则，对小区临时夜市进行规范设置，在社区的背街小巷设置了便民服务点，方便群众生活，按照“716”工作制要求，每月不定期开展5—7天社区市容秩序集中治理活动。以“五十百千”创建为抓手，深化门前三包，建立门前三包自治制度。全面执行环卫管理“4311”作业法，投入953.57万元开展绿化、清扫保洁和垃圾处置；投入33.89万元进行小区人行道维护、广场围栏建设等小区市政设施维护工程。环境秩序持续改善，为高新区连续22次在全市城乡环境综合治理测评中获得第一名做出了贡献。

【干部队伍建设】 按照转变作风、提升行政效能的要求，合作街道结合保持共产党员先进性纯洁性教育实践活动，组织集中学习16次，收集学习心得200余篇，收集意见建议57条、处理57条。坚持开展深入联系群众活动，通过社区工作会等收集社区等基层单位意见332件，处理322件。落实首问负责制、限时办结制等服务型政府建设制度，推进“领导进大厅”活动，不断强化干部职工的服务意识。开展季度考核及绩效点评，认真总结工作，理清工作思路，不断强化干部职工的业务水平和执行能力。通过对干部队伍建设的常抓不懈，机关作风明显好转，营造了有利于干事创业的良好氛围。

【社区服务】 2012年是细化基层构架、夯实社区基础工作的建设年。合作街道各社区在夯实基础工作的同时，结合各自社区的实际和需求，在工作中突出重点、抓住热点，做出了特色和亮点。顺江社区创新建立了院落党支部、楼栋长的“六必访”和“六必报”制度，建立了覆盖就业、民政、文化及物业管理等的民生服务网络，大力开展服务型、民生型社区创建。清江社区根据社区群众就业需求，建立了“八个一”的就业服务模式，开展了效能社区建设，通过“校社合作”等公益性活动的开展深化了社区管理与服务。独柏社区与托普大学、西华大学等高校合作，策划和开展了各种大型文体活动及志愿者活动，广泛开展共驻共建，积极动员社区居民参与城乡环境综合整治及平安创建工作，在建设环境优美、人居和谐的新型文明社区上做出了不懈努力。檬梓社区根据社区实际，狠抓社区环境治理，开展违章搭建拆除、“鬼饮食”整治、临时夜市规范等专项治理活动，并在小区内率先设置限高设置，解决了大车扰民的难题。在街道各部门、各社区的共同努力下，2012年，合作街道辖区各社区管理服务取得了新成绩，小区建设得到了新发展。

（合作街道办事处）

中和街道

【概况】 成都高新技术产业开发区中和街道位于成都高新区南部园区，东经104° 05′，北纬30° 33′。该区气候温和、雨量充沛、冬无严寒、夏无酷暑，属亚热带湿润季风气候区。中和街道北与锦江区柳江街道相接，南及东之偏南毗邻双流县万安镇，东之偏北与锦江区三圣街道接壤、中部与双流县新兴镇相邻，西邻府河、傍天府大道，与成都高新区桂溪街道和双流县华阳街道毗连。东西向宽5.41公里，南北向长8.78公里。

中和街道幅员面积35.2平方公里，其中，中和城市建成区约10平方公里。辖域多为平坝，仅东部有少量浅丘。最高点海拔516.2米，最低点海拔473.2米，相对高差43米；平均海拔高度477米。辖有府河、新民、朝阳、化龙、双龙、应龙、新华、姐儿堰、会龙、观东、劲松、东寺、龙灯山、蒲草、仁和等15个社区居民委员会（仁和社区正筹备中），其中3个城市社区，12个涉农社区。

中和街道办事处驻地位于仁和社区中柏路23号，以其址为起点计，距成都市天府广场13公里，成都火车南站7.5公里，成都高新区管委会所在地6.5公里。截至2012年末，辖区有总户数3.16万户，户籍人口7.31万人，常住人口6.7万人，居住人口总计14余万人，人口出生率8.5‰，人口自然增长率3.5‰，人口密度3983人/平方公里。

街道党工委下辖35个党组织，共有党员2217名。有中和小学、中和中学、中和职业中学3所公办学校，有幼儿园14所，其中公益性幼儿园3所，中和组团包含5个幼儿园、3所小学、2所中学在内的10个教育建设项目已进行

了系统规划，部分项目已启动建设，此外，世界著名的英国哈罗公学已落户中和组团。建成了全国示范社区卫生服务中心1个，正新建另一处社区卫生服务中心，四川省人民医院分院也落户中和。建成了省A级老年大学1所，街道文体活动中心1个，社区文化活动室7个，文化活动广场6个，中和文化广场正加快建设，规划的新文体活动中心建成后将成为成都市面积最大的街道文体活动中心。

中和街道是天府新区成都高新片区的两大组团之一，定位为以国际交往、区域总部、创新研发、服务外包、居住配套为主的城市发展区，将发展成为集聚发展中央商务、总部办公、文化行政等高端服务业的区域生产组织和生活服务的中心。是成都最受投资、市场、市民期待的板块之一，也是天府新区建设中进展最快的区域之一。新川创新科技园、成都高新国际低碳环保产业孵化器、成都天河生物医药科技园等重大产业化项目以及包含新成仁路、成仁快速路、红星路南延线、中和1线、中和2线、和迎大道等6条道路的“三横三纵”道路等重大基础设施项目正加快建设。

自2010年5月区划调整以来，中和街道按照“融入最美高新、建设天府新城”的定位，按照“抓发展、促民生、强服务、保稳定”的工作思路，主动适应高新区体制要求和转型期发展要求，实现了街道办职能、工作重心和干部工作方式“三个转变”。加快推进中和由城郊结合部向现代中心城区、农民向现代市民、城郊经济向现代城市经济“三个转型”，随着天府新区建设进程的加快，中和组团正在呈现崭新的形态。

【经济发展】 2012年，中和街道党工委办事处认真贯彻落实市第十二次党代会精神以及高新区党工委管委会决策部署，紧紧围绕高新区“三最”奋斗目标，加快了城郊结合部向现代中心城区转型步伐，综合经济实力进一步增强。2012年，中和街道完成全口径财政收入5.46亿元，实现街道地方财政收入1.21亿元，完成规模以上工业增加值3.3亿元，完成固定资产投资25亿元，招商引资总到位资金7.86亿元。辖区共有规模以上工业企业9户。

【重大项目服务】 2012年，中和街道全力以赴服务天府新区高新片区建设，完成了新川创新科技园、高新低碳环保园、天河生物医药科技园、省文化中心、地铁一号线、污水干管、天然气管道、“198”区域、农迁小区等项目所涉6个社区3616户9041人，企业（含家带店）397家的拆迁。完成了15315亩土地的征收补偿工作，基本保证了重大项目用地需求。

自2011年5月上述重大产业化项目及基础设施项目启动实施以来，中和街道办事处征地拆迁等项目服务工作稳步跟进。截至2012年年底，共计完成农户拆迁9840户、25271人，企业715家，完成了3万亩土地的征收补偿，基本保证了各个重大项目的用地需求。在大规模的征地拆迁中未发生一起非正常集体上访。街道办负责实施的龙祥佳苑二期（高层）7#、8#、9#、12# 工程全面竣工，朝阳三期 A 区主体工程竣工，多层外墙装饰已完成，高层外墙装饰已完成 70%。在街道办积极配合支持下，“三纵三横”道路、“三大园区”、农迁小区、文化广场等重点项目建设顺利推进。

【社会管理】 截至 2012 年，中和辖区已注册登记的公益性社会组织达 22 家。建成了 6 个社区标准化志愿服务工作站，志愿者人数达 5700 余人。调整社区规模，分设府河社区和仁和社区。开展了成都综合文明指数测评。加强城市管理，统筹实施了 11 项专项整治行动，完成了五岔子大桥光彩工程和府滨中路整治打造，加强了高速路沿线和河道治理，规范商招店招 230 余家。加强对社会面控制，共立现案 472 件，破获刑事案件 156 件。化解矛盾纠纷 350 件。办理群众来信 388 件，民生热线 96 件。征兵送检 103 人。安全监管力度加大。开展了成都市民族团结进步示范点创建，加强了宗教场所监管。依法取缔无证无照生产经营活动厂家 15 家，清理无证餐饮单位 19 家，110 户猪肉经营户实行了生猪溯源管理。开展了小额经营备案管理试点。加强了闲置土地管理。“和谐劳动关系示范街道”创建成效明显。

【民生和社会事业】 2012 年，中和街道新增城镇就业 1990 人，下岗失业人员再就业 1985 人，就业困难人员再就业 1322 人，城镇登记失业率 0.79%。举办大中型招聘会 4 场。办理 7977 人征地农转非社保。办理城乡居民医疗保险 33567 人，办理退休人员生存资格认证 9000 余人。登记审核外来务工子女入学 391 名。高中免费教育补贴 57 万元。发放低保金 29.93 万元，实施医疗救助 11.51 万元。实施公共服务项目 189 项，使用资金 650 万元。中和社区卫生服务中心通过了国家级示范社区卫生服务中心检查验收。中和职中国家级中等职业教育改革发展示范校项目通过教育部立项。新建公益性幼儿园 1 家。

【基层党组织建设】 中和街道党工委以基层组织建设年为契机，围绕高新区“三最”奋斗目标，按照“抓基层、强基础、抓落实、全覆盖、求实效、受欢迎”工作要求，全面实施党员先锋工程、载体创新工程、强基固本工程、素质提升工程、基础保障工程等党建五大工程，着力解决基层党组织建设中的突出问题，努力把基层组织建设年办成群众满意工程。街道党工委在创先争优活动中，注重创新活动载体，引导各级党组织结合实际，开展党建示范活动。

深入开展创先争优活动，共评定10个先进党组织，24个一般党组织。中和职中党支部被推荐争创全国先进党组织。各级党组织和党员公开承诺事项2190条。新成立党总支2个、“两新”组织党组织1个。认真落实党风廉政建设责任制，深入开展“三项建设活动”，扎实推进惩防体系建设，组建了社区纪检小组，协助区纪工委办理案件3件。实施零星工程招投标项目15个，审计项目24个。加强机关效能建设，共受理各类行政审批事项和服务事项51912件，完善了机关ISO14001体系建设。

【教育事业】 中和小学。2012年，中和小学继续以“丰润和美教育内涵 提升和美教育品牌”为己任，扎实推进和美教育发展。于10月成功举办“首届全国和美教育论坛”、成立了全国和美教育联盟筹委会、秘书处永久设在中和小学，刘明建校长被公选为秘书长、联络20余省近200所和美教育实验学校。教师有80人（次）的专业论文获奖或公开发表，有1000多人（次）学生在各级各类的比赛中获奖，小龙、莲箫、中国鼓得到了传承和发展。参加高新区第八届中小学第八届田径运动会取得小学全部组别的一等奖。学校市级德育课题在市教科院年度考核中囊括“优秀课题、教育科研先进个人、先进教科室”全部奖项;刘明建校长荣获“高新区优秀校长”称号。

中和职中。2012年，中和职中在办学特色和“9+3”教育上出创新、出成效。近三年学生就业率稳居100%。在“9+3”教育上重点加强家校沟通，学校党支部在重要节假日给学生家长写一封信，并电话回访；组织党员和教师代表先后走访了泸定县、康定县的14个乡镇的65个学生家庭。制定实施《“9+3”学生顶岗实习阶段党员管理办法》。中和职中国家级中等职业教育改革发展示范校项目通过教育部立项，中和职中党支部荣获全国先进党组织称号。

中和街道老年大学。该校成立于1998年，为四川省乡镇一级首个规范化老年大学。2009年11月，经四川省老龄委等厅（局）评估，被定为“四川省A级老年大学”。2010年5月划入成都高新区后，中和街道党工委、办事处加强指导并予以必要的扶持，助推中和街道老年大学通过体制创新，完善自我教育、自我管理、自我服务机制，办学规模进一步扩大，校政管理进一步完善。至2012年，中和街道老年大学以校本部为主体，以15个社区教学班（社区分校）为基础，实现了老年教育体系在街道辖区范围的全覆盖。有学员1800名，700多人常年参加学习活动。学校开设课程主要分为两类，一类是公共课，如时事政治、法律、医学、社会学等；另一类是专业课，如声乐、器乐、文学理论、文学欣赏等。设有声乐、器乐、武术、棋艺、柔力球、威风锣鼓等16个专业方向的教学班15个，学员可根据自己的兴趣爱好选择相应课程。学校办有校刊《中和老年》，定期举办各种文化体育活动，丰富了老年人及社区居民的文化生活。

【社区卫生服务中心】 为深入贯彻国家、省、市深化医药卫生体制改革的精神，为群众提供更好的医疗卫生服务，中和街道不断推进社区卫生服务体制机制创新和改革。作为城乡结合部的社区卫生服务机构，中和社区卫生服务中心紧密结合当地实际，致力于不断加强机构内涵建设，努力提升服务能力和水平。2011年成功创建为“四川省示范社区卫生服务中心”，2012年再接再厉，通过不懈努力，成功创建为“全国示范社区卫生服务中心”。

【个体小额经营备案试点】 2012年，中和街道被列为个体小额经营备案试点街道（全区共有三个街道进行试点）。由此，街道新民社区成为第一批试点办理个体小额经营备案的社区。个体小额经营备案管理对鼓励公民劳动创业、自主就业，维护正常市场交易秩序等具有重要意义。在试点过程中，中和街道各相关单位严格按照工商管理部门的部署要求，扎实开展工作，试点取得明显成效。2012 年 10 月 11 日，四川电视台经济频道对新民社区小额经营试点工作进行了采访报道。

【农村群宴管理】 成都周边农村遇红白喜事有举办群宴的习俗。为了加强农村群宴管理，预防控制传染性疾病暴发和食物中毒，确保老百姓的身体健康和生命安全，中和街道党工委、办事处站在贯彻落实城乡统筹和科学发展观的高度，在农村群宴管理工作中作了一些有益的探索，取得了良好的效果。一是街道党工委、办事处高度重视，加大经费投入，彻底扭转了农村群宴管理的不利局面。二是抓住重点，寻找管理的突破口，采取改革农村群宴的申报制度和成立流动厨师协会，使农村群宴管理步入正轨。三是建章立制，宣传培训，提高各方对农村群宴及食品安全相关法规的认知水平。四是规范申报，疏堵结合，加强农村群宴的现场监管。五是现场督导，强化考核，确保农村群宴管理的各项措施落到实处。

【文化建设】 中和街道大力加强文化建设。启动了文化活动中心建设，兴建了专门的文化活动广场，增加了街道文化活动中心图书室藏书量。同时，各社区也开始按标准启动社区文化活动室的建设。截至 2012 年，辖区内已注册的群众文化体育团体达 7 个，包括中和女子莲萧艺术团、双龙龙腾龙狮艺术团、吉庆威风锣鼓艺术团、中和艺术团、中和老年大学、中和足球联队俱乐部和中和影协等，此外还培育了数十支群众文艺队伍。乡土刊物《溪流》已出刊 69 期，《中和吟草》已出刊 31 期，《中和老年》坚持每季度出刊，而新成立的“天府新城摄影之家”则邀请了省内外摄影爱好者聚焦中和，记录天府新城开发前的中和面貌。中和传统的“全民健身运动会”再次恢复，并继续开展了两年一届的“五一”劳动杯棋艺赛。迎春文艺汇演已连续举办十八届，被誉为中和场的春晚。

编辑出版《在历史的边缘行走中和场》。2012 年，由街道办事处牵头，在四川大学以及高新区发展策划局、社会事业局的指导帮助下，邀集相关人士对中和场的历史文化进行抢救性的保护挖掘，收集整理并编辑出版了《在历史的边缘行走中和场》一书。该书共 22.5 万字，分十个部分，收录文稿 90 余篇，老照片 27 幅，由中国文史出版社出版发行。全面反映了民国时期至解放初期成都高新区中和街道的社会概

况、民风民俗和风土人情。该书语言朴实，文字流畅生动，表述通俗自然，既具学术价值又有史料价值，为中和新城留下了城市的记忆。该书代表高新区参加了成都市“五个一”工程推荐评选。

百姓故事会PK赛成绩显著。2012年，中和街道选送的《背起婆婆出嫁》和《用生命书写师德的颂歌》进入高新区故事王十强,《背起婆婆出嫁》和《我的爸爸》进入高新区20强好故事。选送的田海龙《张献忠败走中和场》代表高新区参加成都市故事王PK赛，进入30强。

【荣誉称号】 2012年，中和街道办事处获得如下荣誉称号：

1、被省人力资源和社会保障厅、省统计局、省第六次全国人口普查领导小组办公室评为“四川省第六次全国人口普查先进集体”。

2、中和社区卫生服务中心被成都市政府评为“成都市2008–2010年度爱国卫生工作先进集体”。

3、中和街道老委支部、中和职业中学支部、新民社区支部、劲松社区支部、中和中学支部被高新区党工委评为“先进基层党组织”。

4、中和街道办被成都市质量技术监督局评为“特种设备安全工作成绩突出先进街办”。

5、中和小学被成都市综治委评为“无刑事案件活动”优秀单位。

6、中和街道被市委宣传部确定为基层宣传示范点。

（中和街道办事处）

人　物

2012年成都高新区人大代表名单

成都市第十五届人民代表大会代表：（按姓氏笔画排序）

王有治　王建军　冯亚曦（女）池　红（女）何　琼（女）李　莉（女）李　飚
李伯刚　贺　晞　郭来宝　郭茵月（女）黄元芬（女）敬　刚　葛永红
韩春林

成都市武侯区第六届人民代表大会代表：（按姓氏笔画排序）

王　平　王　军　王正东　王若洋　王尚军　王明新　田　勇
付万洪　成　建　吕　勇　吕　毅　刘　侠（女）闫玉松　汤继强
孙　波　杜利民　李国涛（女）李桂华（女）杨　东　杨中亚（女）杨振宁
邱仁忠　何玉兰（女）张学文　张朝忠　张融西　林　海　易仕礼
罗　娟（女）胡华英（女）桂海波　徐传峰　徐应良　郭　斌（女）郭家英（女）
席盘林　唐方剑　曾大蓉（女）解登高　熊　伟　樊晓峰

郫县第十七届人民代表大会代表：（按姓氏笔画排序）

文　艳（女）孙云卿　张　蓉（女）范先富　郭开明　陶发根　游忠礼
廖　勇

双流县第十七届人民代表大会代表：（按姓氏笔画排序）

白秀芳（女）成立忠　刘文华　李　莉（女）张勇军　高远成　黄宗良
曹光华　梁　平　蒋德席　喻光利

2012年成都高新区政协委员名单

中国人民政治协商会议第十一届全国委员会（2008.3.3）

常　委：刘汉元
委　员：刘永好　陈炳德

中国人民政治协商会议第十届四川省委员会（2008.1.20）

常　委：苏重光　登巴大吉　谭汉锦
委　员：肖明华　刘光基　刘茂辉　胡　武　孙　云　花　欣
陈　文　吴家碚　王　琳　杨惠恒　陈国良

中国人民政治协商会议第十三届成都市委员会（2008.1.13）

常　委：许晓舟　蒋　励　王　琳
委　员：王大平　吴正畦　李爱东　林永宏　尤祖刚　解慧琪　梁　刚
黄　永　花　欣　李　浪　游小明　林　明　赖咏梅　米瑞蓉
高利军　罗天文　王新扬　代晓桦　王　丽　陈阳寿　郭成辉
唐俊峰　钟娅玲　何晓婉　何新全　田　麒
刘国光（已退休，于2011年3月21日市政协第十三届常委会第十四次会议通过）

中国人民政治协商会议第六届成都市武侯区委员会（2012.2）

常　委：杜国林　张海涛

委　员：卢哲平　李　伟　姜　斌　陆　军　巫全根　彭　涌　张　玮
付玉忠　王天祥　陈晓进　肖　军　释果芳　袁　旭　陈冠夫
罗旭斌　林　山　孔　艺　吴复瑶　孙党莉　李群英　王　越

中国人民政治协商会议第九届成都市郫县委员会（2012.2）

常　委：杨　涛

委　员：施学军　徐　东　敬仕勇　黄崇伟　王建林　陈博文　陈　强
张宇行　沈　山

中国人民政治协商会议第十届成都市双流县委员会（2012.2）

常　委：杨茂兰

委　员：周家龙　邓雨佳　付莉群　王加根

省级以上表彰人物

2012 年成都高新区省级以上表彰人物表

姓　名	工作单位	授予称号	授予部门
黄德萍	中和街道	创先争优先进个人	四川省妇联
张绍文	公安分局	“清网行动”先进个人、记二等功	四川省公安厅
陈　志	西区派出所	全国优秀人民警察	公安部
陈　志	西区派出所	全省优秀人民警察	四川省公安厅
贾树强	规建局	全省创先争优优秀共产党员	中共四川省委
曾　军	规建局	2012 年质量安全管理先进个人	四川省住房建设厅
白连军	规建局	2012 年质量安全管理先进个人	四川省住房建设厅
冉启平	党群工作局	四川省优秀团干部	共青团四川省委
刘　端	党群工作局	四川省优秀共青团员	共青团四川省委
张媛媛	高新法院	全省法院办案标兵	四川省高级人民法院
吴　畏	高新检察院	2012 年度四川省政法系统先进个人	四川省政法委

市级表彰人物

2012 年成都高新区市级表彰人物表

姓　名	工作单位	授予称号	授予部门
熊德金	中和街道	成都市优秀共产党员	中共成都市委
周文华	中和街道	特种设备安全工作先进个人	市质量技术监督局
陈　志	西区派出所	全市创先争优优秀共产党员	中共成都市委
赖　维	规建局	“十五”期间人民防空工作先进个人	市人民政府、成都警备区
王丽萍		成都市档案工作先进个人	市档案局
李　锐 赖　维	规建局	建设工程招标监督和造价管理工作先进个人	市造价站、市招投标监督办

续表

姓 名	工作单位	授予称号	授予部门
王用远	规建局	住房保障工作突出成绩先进个人 信访工作突出成绩先进个人	市房管局
吕 欣	规建局	房屋专项维修资金监管工作优秀工作人员 房产监察执法先进个人	市房管局
邱 波	规建局	住房保障工作突出成绩先进个人	市房管局
贾树强 徐兴国 刘勇刚	规建局	建设工程质量安全管理先进个人	市房管局
唐红英 祝 慧	规建局	2011 年度优秀协会工作者	市房管局
张德惠	高投集团	成都市档案工作先进个人	市档案局
官 旭	国土分局	国土资源系统 2012 年度优秀领导干部	市国土资源局
何朝阳	党群工作局	成都市“巾国建功”先进个人	市妇联
刘 雪	党群工作局	成都市妇联 2012 创先争优先进个人	市妇联
张 薇	高新法院	记个人三等功	市中级人民法院
张媛媛	高新法院	记个人三等功	市中级人民法院
崔 勇	石羊庆安社区	2012 年度成都市人防警报维护管理工作先进个人	市人防办
张 敏	石羊新北社区	2012 年成都市第六次全国人口普查先进个人	市统计局
吴 畏	高新检察院	十佳办案能手	市检察院
王 玲	高新检察院	2012 年我最喜爱的普法员	市法建办
罗 洁	高新检察院	记个人三等功	市检察院

四川好人榜

【四川好人】 2012 年，在“我推荐、我评议身边好人”活动中，成都高新区王连彬、钟德洪、涂军、余万琼、吴道兴、袁俊莉、林世江、严达刚、陈晓霞 9 位同志获“四川好人”称号。2012 年 12 月 30 日，四川省精神文明建设办公室给予表彰。

成都好人

【余万琼】 成都高新区芳草街道元通社区居民，57 岁。她关心邻里，助人为乐，积极参加各种社会公益活动，助老、爱老，帮助残疾人、空巢老人，资助贫困学生，从事养老院爱心服务，无偿献血，不计较回报。2012 年 7 月，被评为“中国好人榜”助人为乐类好人。

【吴道兴】 成都高新区清江社区居民，63 岁。父亲早逝，吴道兴由母亲一手带大。母亲 90 岁高龄，患脑淤血，生活变得不能自理。吴道兴悉心照料母亲，乐观积极，无怨无悔。2012 年 10 月，被评为“中国好人榜”孝老爱亲类好人。

统计资料

2012 年成都高新区统计资料

2012 年成都高新区人口、劳动力及土地面积统计表

指标名称	计量单位	序 号	本 年	全增减%
人口、劳动力	–			
年末总人口	万人	001	36.8	–
常住人口	万人	004	57.93	–
年末单位从业人数	万人	009	48.58	–

2012 年成都高新区地区生产总值（当年价格）统计表

指标名称	计量单位	序 号	本 年	全增减%
综合经济	–			
地区生产总值（当年价格）	万元	041	8788645	24.4
第二产业增加值	万元	043	6650174	25.8
其中：工业增加值	万元	044	6183554	26.1
第三产业增加值	万元	045	2135873	20.4
其中：交通运输仓储及邮政业	万元	046	146338	13.6
信息传输、计算机服务和软件业	万元	047	373451	17.5
金融业	万元	048	67056	28.1
房地产业	万元	049	386957	27.5
科学研究、综合技术服务和地质勘查	万元	050	120823	26.4
地区生产总值(2005 年价格）	万元	051	8306438	23.2
地区生产总值增长率	%	053	23.2	

2012 年成都高新区工业统计表

指标名称	计量单位	序号	本年	全增减%
工业	–			
规模以上工业企业数	个	084	250	-3.5%
规模以上工业企业工业总产值（当年价）	万元	092	20300317	31.3%
规模以上工业企业流动资产年平均余额	万元	101	8398876	31.26%
规模以上工业企业主营业务收入	万元	103	18088316	35.23%
规模以上工业企业主营业务税金及附加	万元	104	73522	15.24%
规模以上工业企业本年应交增值税	万元	105	1058879	40.55%
规模以上工业企业利润总额	万元	106	1693004	56.10%

2012 年成都高新区内外贸易统计表

指标名称	计量单位	序号	本年	全增减%
内外贸易	-		0	0
限额以上批发和零售业商品销售总额	万元	132	6038289	19.4
社会消费品零售总额	万元	133	2003622	17.7
限额以上批发和零售企业数（法人数）	个	134	148	
其中：零售业	个	135	55	

2012 年成都高新区固定资产投资统计表

指标名称	计量单位	序号	本年	全增减%
固定资产投资	-			
全社会固定资产投资总额	万元	146	5684722	16.10
其中：城镇固定资产投资额	万元	147	5684722	16.10
房地产开发投资额	万元	148	1915470	77.12
住宅	万元	149	1225618	51.75
全年新增固定资产	万元	150	946385	21.61
商品房屋销售面积	万平方米	151	272.31	41.53
其中：住宅	万平方米	152	217.06	50.01
别墅、高档公寓	万平方米	153	22.03	63.19
商品房屋销售额	万元	154	2468050	30.01
其中：住宅	万元	155	1892210	35.47
别墅、高档公寓	万元	156	337023	63.32

2012 年成都高新区人民生活、社会保障统计表

指标名称	计量单位	序号	本年	全增减%
人民生活、社会保障	-			
城镇居民人均可支配收入	元	191	30983	13.4
城镇居民人均消费支出	元	192	19645	
其中：（1）食品	元	193	7892	
（2）衣着用品	元	194	2312	
（3）家庭设备、用品及服务	元	195	1339	
（4）医疗保健	元	196	820	
（5）交通和通讯	元	197	2728	
（6）娱乐、教育、文化服务	元	198	2275	
每百户居民家庭拥有：	-			
（1）家用汽车	辆	200	52	
（2）家用电脑	台	201	76	
人均住房使用面积	平方米	202	27.2	

2012 年成都高新区限额以上批发企业名录

序号	项目(法人)码	项目(单位)名称	主要业务活动
1	716010941	成都市互利达实业有限公司	大米批发
2	765375664	成都干锦酒业有限责任公司	批发预包装酒销售
3	797891954	四川省新天丰商贸有限公司	批发食品
4	780141030	四川士达贸易有限公司	炭素制品批发
5	788124729	成都雪中飞贸易有限公司	批发服装
6	794932845	四川美嘉森名品百货有限公司	服装批发零售
7	201827047	四川恒泰医药有限公司	批发药品
8	582164282	四川圣诺华药业有限责任公司	药品批发
9	716009721	成都市康来兴药业有限公司	批发西药类
10	732380950	成都德坤医药有限公司	药品批发
11	755991930	四川天恩药业有限公司	医用药品批发
12	792163456	成都中海医药有限公司	药品批发
13	70922858X	四川天麒医药有限公司	批发零售药品
14	744685436	四川天药医药保健品有限公司	销售中成药
15	756638602	四川省维特药业有限责任公司	批发
16	788106563	四川邦源医药有限责任公司	药品批发
17	797802800	四川顺天生物医药有限公司	药品销售
18	74034217X	成都沸亚科技有限公司	医疗器械销售
19	779820343	四川省迈克实业有限公司	医疗器械销售
20	792173822	成都市勤丰科技有限公司	软件开发、销售
21	768609403	成都汇力兴业能源技术发展有限公司	煤炭
22	769957899	四川国力达燃料油有限公司	沥清批发
23	63314934X	四川天齐实业有限责任公司	硼矿销售
24	681835950	成都天益远洋国际贸易有限公司	金属矿批发
25	734795404	成都市圣信贸易有限公司	冶金炉料批发
26	633124548	成都宝钢西部贸易有限公司	钢铁销售
27	727433501	四川石达油气发展有限公司	石油制品
28	737724257	四川省国茂科技有限责任公司	化工销售
29	633133145	成都红岩重型汽车物资有限公司	汽车销售
30	752802436	四川先峰汽车维修有限公司	汽车维修
31	727435398	成都市亿光科技有限公司	批发电子器件
32	709279707	成都天齐机械五矿进出口有限责任公司	批发机械设备
33	725359993	成都中晓龙电子有限公司	批发电子元件
34	737742148	成都杰城实业有限公司	批发机电设备
35	762294420	四川省成都市普天龙泰通信设备有限公司	电子产品批发
36	633149024	成都新亚通讯技术有限公司	电子数码产品批发

续表

序号	项目(法人)码	项目(单位)名称	主要业务活动
37	716067665	成都华为通信技术有限公司	通信产品销售
38	765083653	四川优的科技有限公司	批发通讯产品
39	732386818	四川优机实业股份有限公司	机电产品出口
40	734802686	成都上通机械设备有限责任公司	批发阀门
41	730221243	成都柯迈克机械设备有限公司	销售机电产品

2012 年成都高新区限额以上零售企业名录

序号	项目(法人)码	项目(单位)名称	主要业务活动
1	755983359	四川省老邻居商贸连锁有限责任公司	商品零售
2	665348773	成都欧尚超市有限公司高新店	商业零售
3	720396648	成都红旗连锁股份有限公司	食品零售
4	737745699	成都家乐福超市有限公司	零售粮油
5	780129998	四川哦哦超市连锁管理有限公司	零售普通食品
6	558998025	四川壹玖壹玖企业管理连锁有限公司	烟酒零售
7	201838627	中国烟草四川进出口有限责任公司	进口卷烟
8	201908197	成都维特大药房有限公司	西药零售
9	201871347	四川先锋汽车有限责任公司	汽车销售
10	201879226	四川港宏汽车销售有限责任公司	汽车销售
11	201885116	四川三和汽车贸易有限公司	汽车销售
12	201897782	四川省城市车辆置业有限责任公司	汽车销售
13	209453094	四川中达成宝汽车销售有限公司	汽车零售
14	56448766X	四川新双立汽车销售服务有限责任公司	汽车销售
15	621611090	四川兴三和汽车贸易有限公司	汽车销售
16	621713134	安利捷成都汽车技术有限公司	汽车售后服务
17	633164523	成都怡安汽车贸易有限公司	汽车销售
18	660290525	四川新元素汽车服务有限公司	汽车销售
19	667578548	四川中达英宝汽车有限公司	品牌汽车销售
20	669691528	成都建业车业有限公司	汽车零售
21	669693005	成都万友经济科技开发总公司高新二分公司	汽车及汽车零配件销售
22	669693064	成都万友经济技术开发总公司高新一分公司	汽车销售
23	687903715	四川宏羽新迪汽车销售服务有限公司	汽车销售
24	69367316X	成都兴三和汽车服务有限公司	销售一汽大众奥迪
25	711880534	四川渝蓉庆玲汽车销售有限公司	汽车销售
26	720308177	成都三和汽车技术有限公司	汽车销售
27	720367388	成都捷龙贸易有限责任公司	汽车销售
28	720862936	四川省先锋车辆销售服务有限公司	销售汽车及汽车配件

续表

序号	项目(法人)码	项目(单位)名称	主要业务活动
29	720863875	四川港宏风神汽车销售有限公司	汽车销售
30	725399469	成都安利捷丰田汽车销售服务有限公司	销售汽车
31	728088578	成都仁孚汽车销售服务有限公司	销售奔驰轿车
32	731598106	四川三和汽车服务有限公司	汽车销售
33	732348459	成都三和运通达商贸有限公司	汽车销售
34	733398810	四川明友汽车服务有限公司	汽车销售
35	737701389	四川索尔石油科技有限公司	汽车销售
36	740304579	成都贤成汽车贸易有限公司	汽车销售
37	743617845	四川中达成宝汽车有限公司	汽车维修
38	743617853	成都建国弘丰汽车销售服务有限公司	哈飞品牌轿车销售
39	746420829	成都国跃车业有限公司	销售和维修斯科达轿车
40	746420837	成都天帅车业有限公司	汽车零售
41	746429890	成都集大成汽车销售服务有限公司	汽车销售
42	749747659	四川港宏西物时代汽车销售有限公司	汽车销售
43	752817769	东创建国汽车集团成都天弘车业有限公司	汽车销售
44	75282562X	四川华星鑫瑞汽车销售服务有限公司	汽车零售
45	76507188X	四川广博汽车有限公司	销售汽车
46	765379892	四川中达凌志汽车有限公司	汽车零售
47	780105582	四川通安汽车有限公司	销售汽车
48	782663158	成都三和新元素汽车服务有限公司	汽车销售
49	202167562	成都高新区兴达加油站	成品油销售
50	713041814	成都市第六建筑工程公司永丰加油站	成品油零售
51	740026046	四川新兴格力电器销售有限责任公司	电器销售
52	768637447	成都宜家家居有限公司	零售家居
53	779814824	四川百利文化办公家具有限公司	销售办公家具
54	564476549	成都美美臣科技有限公司	互联网零售
55	665335948	四川广电星空电视购物有限公司	销售产品

2012 年成都高新区限额以上住宿餐饮企业名录

序号	项目(法人)码	项目(单位)名称	主要业务活动
1	202389616	成都十八步岛酒店有限公司	住宿
2	660470606	成都紫荆布衣酒店有限公司	旅游饭店
3	665346436	成都好逸商务酒店有限公司	住宿服务
4	669686032	成都世纪城新国际会展中心有限公司世纪天堂洲际大饭店	酒店住宿
5	672182310	成都新东方大酒店	酒店住宿
6	681830834	成都如家酒店管理有限公司高升桥罗马广场店	住宿

续表

序号	项目(法人)码	项目(单位)名称	主要业务活动
7	681846780	四川正熙长盛酒店管理有限公司	酒店住宿
8	72036753X	成都菱彩酒店有限公司	住宿
9	79218867X	成都世纪城新国际会展中心有限公司假日酒店	酒店服务
10	202181786	四川巨洋雅乐大酒店有限公司	住宿餐饮服务
11	633110808	成都利讯商务有限公司	住宿
12	677196383	成都假日阳光商务酒店管理有限公司	酒店住宿
13	74360178X	成都宜必思酒店有限公司	酒店管理客房住宿经
14	791822026	四川华城雪山阳光大酒店有限公司	住宿
15	68237595X	四川岷山拉萨大酒店管理分公司	食宿餐饮
16	551098614	成都顺峰餐饮管理有限公司	餐饮服务
17	556401520	成都兰桂餐饮管理有限公司	正餐服务
18	562016012	成都圣大摩尼卡餐饮管理有限公司	餐饮
19	567174423	成都尚珍阁餐饮有限公司	正餐服务
20	567193835	成都首善海鲜食府有限公司	中餐
21	587566918	成都俏江南酒店管理有限公司	餐饮服务
22	592097845	成都映象莲花坊餐饮有限公司	餐饮服务
23	621729873	成都市皇城老妈酒店管理有限公司	餐饮
24	660461523	成都新蜀九香餐饮有限公司	中餐制售
25	660470614	成都紫荆巴国布衣餐饮管理有限公司	正餐服务
26	663039838	成都醉美餐饮有限公司	正餐服务
27	667558504	成都荆卅青莲酒楼	中餐服务
28	667574758	四川门里餐饮娱乐有限公司	中餐服务
29	667576884	成都世纪文华酒店投资管理有限公司	餐饮
30	667597036	成都迦尚投资管理有限公司凯得餐饮娱乐分公司	中餐
31	669675958	成都柴门头啖汤餐饮有限责任公司	中餐制售
32	713035342	成都荣辉天天渔港餐饮有限公司	餐饮服务
33	733439758	四川蜀府宴语餐饮有限公司	中餐制售
34	734797047	四川卞氏菜根香泡菜酒楼有限公司	餐饮服务
35	737713582	四川满庭芳酒楼有限公司	餐饮制售
36	737746878	成都合道实业有限公司	餐饮服务
37	740321133	成都紫荆大蓉和餐饮有限公司	中餐服务
38	746429954	成都市南草坪园林休闲有限责任公司	餐饮业
39	749708828	成都高新区私房菜餐饮有限公司	餐饮
40	752805506	四川喜利鑫食品有限公司	餐饮服务
41	762270920	成都上座餐饮管理有限公司	中餐
42	765355006	成都俏江南餐饮有限公司	餐饮

续表

序号	项目(法人)码	项目(单位)名称	主要业务活动
43	76538224X	成都映象餐饮有限公司	正餐
44	774529792	成都市怡都实业有限责任公司	中西式快餐制售
45	78268408X	成都春夏秋冬餐饮服务有限公司	火锅
46	78813066X	成都市锦府餐饮有限公司	中餐
47	790009682	成都四季御庭餐饮有限公司	餐饮
48	663026412	成都本物文味餐饮有限公司	职工膳食
49	716018863	成都九远饮食有限责任公司韩包子高升桥店	面食
50	737743183	宾诺咖啡（成都）有限公司	提供咖啡、茶水服务
51	67432591X	成都奇哥酒吧有限责任公司	酒水零售
52	782673532	成都市东颖龙有限公司玉林肥牛店	火锅制售

规模以上电子信息企业

按国民经济行业分类，2012 年成都高新区内规模以上通信设备、计算机及其他电子设备制造业 111 家，较上年减少 5 家，主营业务收入 1499.46 亿元、利润 108.4 亿元，分别较上年增加 47.05% 和 83.21%。

2012 年成都高新区规模以上电子信息企业名录

序号	单位名称	主营业务
1	四川汇源光通信股份有限公司	通信产品研究、生产、销售
2	四川省视频电子有限责任公司	卫星天线
3	四川汇友电气有限公司	生产箱式分区所
4	成都普天电缆股份有限公司	金塑市话电缆
5	成都新光微波工程有限责任公司	广电设备
6	成都四方信息技术有限公司	人井管道集中管理监控系统
7	成都科普尔电缆有限公司	生产销售电线电缆
8	成都银河磁体股份有限公司	电子元件
9	成都顺康电子有限公司	电子元件及组件
10	成都科星电力电器有限公司	配电柜生产
11	四川希望深蓝空调制造有限公司	空调制造
12	成都天奥软件工程有限公司	生产铷钟等电子元件
13	中国电子科技集团公司第三十研究所	信息安全保密网络和保密通信系统及产品研究
14	鸿富锦精密电子（成都）有限公司	通信系统手机
15	德州仪器半导体制造（成都）有限公司	半导体元器件
16	达迩科技（成都）有限公司	集成电路
17	成都联想电子科技有限公司	分体式台式机
18	成都八达接插件有限公司	生产电线电缆

续表

序号	单位名称	主营业务
19	成都康宁光缆有限公司	制造各种光缆
20	成都中住光纤有限公司	光纤制造
21	四川通安实业有限公司	智能交通产品生产
22	成都天奥实业有限公司	电子产品
23	成都市广达电子电讯技术开发有限公司	制造销售广电设备
24	四川赛狄信息技术有限公司	研制生产电子产品
25	成都市华为赛门铁克科技有限公司	网络安全
26	成都京东方光电科技有限公司	液晶显示面板
27	成都汇能高科技电器有限公司	高频开关电源制造
28	成都乐创自动化技术有限公司	工业自动控制系统
29	成都前锋电热器具有限责任公司	生产、销售各类电热器具及其零配件
30	成都阜特科技有限公司	风电电控系统的研发、生产和销售
31	成都新易盛通信技术有限公司	光模块
32	成都天马微电子有限公司	中小尺寸 TFT–LCD
33	富通住电光缆（成都）有限公司	制造光缆
34	成都维顺柔性电路板有限公司	柔性电路板制造
35	成都先进功率半导体股份有限公司	半导体分立器件
36	成都交大光芒实业有限公司	电子控制设备制造
37	成都前锋电子仪器有限责任公司	信号发生器
38	成都索贝数码科技股份有限公司	电视设备软件开发
39	成都卫士通信息产业股份有限公司	金融数据加密机
40	成都星宇节能技术股份有限公司	电子元器件
41	成都五牛科技有限公司	空调设备制造
42	成都中菱无线通信电缆有限公司	生产信息、通信系统网络永各类电缆
43	成都德源线缆有限公司	电线电缆生产
44	成都贝尔通讯实业有限公司	光缆电信传输线
45	成都华西公用医疗信息服务有限公司	医用电脑服务器
46	中芯国际集成电路制造（成都）有限公司	半导体集成电路芯片制造
47	成都菲斯特科技有限公司	背投屏幕销售
48	四川电器集团有限公司	配电开关柜
49	成都华微电子系统有限公司	集成电路设计开发
50	成都东方闻道科技发展有限公司	通信终端设备制造
51	四川汇源科技发展股份有限公司	光放大器
52	成都任我行软件股份有限公司	软件研发
53	成都国腾实业集团有限公司	通信终端设备
54	四川汇源钢建科技股份有限公司	钢架结构的生产

续表

序号	单位名称	主营业务
55	成都吉锐触摸技术股份有限公司	生产触摸屏
56	成都前锋电子有限责任公司	燃气热水器生产
57	索尔思光电科技有限公司	光明模块
58	成都思摩纳米技术有限公司	真空隔热板生产
59	四川卫士通信息安全平台技术有限公司	计算机安全模块
60	成都航利电气有限公司	输配电成套设备生产开发
61	成都三零凯天通信实业有限公司	网络视频监控系统
62	成都大东网络安全技术有限责任公司	计算机网络设备制造
63	四川东方能源科技股份有限公司	电站设备成套供应
64	成都四威高科技产业园有限公司	微波件加工
65	四川光恒通信技术有限公司	单行双向软件
66	成都普天联创通信设备有限公司	其他电子设备制造
67	成都三零盛安信息系统有限公司	系统集成
68	成都网动光电子技术有限公司	光模块生产
69	成都锐达自动控制有限公司	电力工业计算机监控系统
70	四川九立微波有限公司	微波组件
71	成都市雨田俊科技发展有限公司	高频开关电源制造
72	四川汇源光通信有限公司	电力定制产品
73	迈普（四川）通信技术有限公司	路由器
74	成都精英设计制作有限公司	电子元件生产
75	四川擎烽通信有限责任公司	通信铁塔生产
76	成都卓信科技有限公司	通讯产品销售
77	成都骏元科技发展公司	开发生产制造销售电子设备以及相关配套产品
78	四川天翼网络服务有限公司	计算机软件硬件开发
79	四川慧龙科技有限公司	生产及销售机顶盒
80	英特尔产品(成都)有限公司	集成电路封装
81	四川华雁信息产业股份有限公司	光传输系统
82	成都奔月科技有限公司	石英晶体谐振器
83	成都天奥电子有限公司	频率器件产品
84	四川中光防雷科技股份有限公司	生产避雷器
85	成都海玉电缆有限责任公司	制造半成品电缆
86	四川新力光源有限公司	LED 工具
87	芯通科技（成都）有限公司	通信产品制造
88	成都芯源系统有限公司	生产半导体集成电路
89	TCL 王牌电器（成都）有限公司	生产彩色电视机
90	四川亚连科技有限责任公司	其他专业技术服务

续表

序号	单位名称	主营业务
91	宇芯（成都）集成电路封装测试有限公司	生产 SLP
92	成都九州迪飞科技有限责任公司	接收机放大器像波器制造
93	四川金网通电子科技有限公司	数字电视机顶盒
94	四川卓越科技工程有限公司	水电站自动化产品
95	成都航利阀门成套设备有限公司	石油天然气专用阀门制造
96	成都天箭科技有限公司	光电子器件及其他电子器件制造
97	莫仕连接器(成都)有限公司	连接器
98	成都爱斯顿科技有限公司	计算机硬件
99	成都天奥信息科技有限公司	电子产品
100	成都大唐电缆有限公司	同轴电缆
101	成都阿波罗电器有限公司	家用电器生产
102	安费诺商商用电子产品(成都)有限公司	生产及经营新型电子器件
103	成都泰格微波技术股份有限公司	功分器
104	四川创立信息科技有限责任公司	计算机网络终端设备
105	成都华冠精密电子机械有限公司	半导体分立器件制造
106	成都中衡网络有限公司	生产网络产品
107	优利·科技(成都)有限公司	数字存储木波器
108	富通集团（成都）科技有限公司	光纤预制棒
109	四川贝尔通信系统有限公司	移动通信终端设备制造
110	四川浩特通信有限公司	通信终端设备制造
111	成都九州电子信息系统有限责任公司	其他电子设备制造

规模以上生物医药企业

2012 年，成都高新区规模以上医药制造业 26 家，较上年数量持平，主营业务收入 51.59 亿元、利润 8 亿元，分别较上年增加 4.52% 和 -11.4%。

2012 年成都高新区规模以上生物医药企业名录

序号	单位名称	主营业务
1	成都地奥制药集团有限公司	生产制造
2	四川远大蜀阳药业股份有限公司	血液制品
3	四川沱牌药业有限责任公司	医药创造销售
4	四川南格尔生物医学股份有限公司	生物药品
5	四川杨天生物药业有限公司	复方咖伪麻胶囊
6	吉泰安（四川）药业有限公司	心元胶囊
7	四川升和药业股份有限公司	生产中成药
8	成都华宇制药有限公司	成品原药

续表

序号	单位名称	主营业务
9	成都倍特药业有限公司	生产西药
10	成都蓉生药业有限责任公司	人血白蛋白
11	成都菊乐制药有限公司	中成药生产
12	四川迪康科技药业股份有限公司	生产安斯菲
13	成都瑞琦科技实业有限责任公司	真空采血系统
14	成都中医药大学华神药业有限责任公司	三七通舒胶囊
15	成都恒瑞制药有限公司	罗格列酮片生产
16	四川奥邦药业有限公司	甲磺酸帕珠泌星注射液生产
17	成都摩尔生物医药有限公司	生物药品
18	四川美大康佳乐药业有限公司	化学药品大容量注射剂
19	成都青山利康药业有限公司	化学药品制造
20	四川新荷花中药饮片股份有限公司	中药饮片
21	成都正和药用胶囊有限公司	药用胶囊
22	四川制药制剂有限公司	阿莫西林胶囊
23	成都睿智化学研究有限公司	化学药品制剂制
24	四川阳光润禾药业有限公司	医药饮片加工
25	四川新成生物科技有限责任公司	生化试剂
26	四川汇利实业有限公司	生产销售 PVC 医药包装硬片

规模以上精密机械制造企业

2012 年，成都高新区规模以上精密机械制造业 42 家，较上年增加 10 家，主营业务收入 34.54 亿元、利润 4.48 亿元，分别较上年增加 3.8 %和 24.77 %。

2012 年成都高新区规模以上精密机械企业名录

序号	单位名称	主营业务
1	四川海特高新技术服务有限公司	飞机维修
2	成都市双流县华川汽车配件有限公司	汽车配件生产
3	四川川石克锐达金刚石钻尖有限公司	金刚石钻头
4	成都维信电子科大新技术有限公司	研发生产销售医疗器械
5	赫比（成都）精密塑胶制品有限公司	开发生产精密模具及其软件
6	成都凯泉铁路配件有限责任公司	铁路配件
7	成都岩锋科技发展有限公司	生产湿硼机
8	四川奥特附件维修有限公司	航空设备维修
9	四川华盛强制冷设备有限责任公司	制冷设备制造
10	成都新和特门业有限公司	钢制门生产销售

续表

序号	单位名称	主营业务
11	成都住矿电子有限公司	引线框架
12	成都市天府垫片有限责任公司	无石棉密封制品
13	成都百施特金刚石钻头有限公司	生产 POC 金刚石钻头
14	成都市双陆医疗器械有限公司	销售医疗器械
15	东方日立（成都）电控设备有限公司	高压变频器生产
16	宝利根（成都）精密模塑有限公司	模具加工
17	成都鼎胜科技发展有限责任公司	地下高压储备
18	四川威龙消防设备有限公司	低压 C02 灭火系统
19	成都宇都密封制品有限公司	橡胶复合材料
20	成都富凯飞机工程服务有限公司	飞机维修
21	爱发科东方真空（成都）有限公司	氦检充注设备制造
22	成都圣玛特科技有限公司	全智能侵入式电动阀门执行器
23	成都前锋机械设备有限责任公司	机械加工
24	成都润兴消毒药业有限公司	生产销售消毒药品
25	成都天元模具技术有限责任公司	模具
26	四川依米康制冷设备有限公司	生产空调机
27	成都赛来控制工程有限公司	生产阀门
28	成都华太航空科技有限公司	航空机载电子部件维修
29	成都府河电力自动化成套设备有限责任公司	故障录波器制造
30	成都威特电喷有限责任公司	柴油机电控燃油喷射
31	四川亚美动力技术有限公司	航空发动机维修
32	四川安好精工机械有限责任公司	汽车零部件及配件制造
33	成都飞机工业集团电子科技有限公司	电子电气产品和附件生产加工
34	四川新通瑞工程技术有限责任公司	化工设备制造
35	四川四为电子信息有限公司	电子工业专用设备制造
36	四川中自尾气净化有限公司	汽车零部件及配件制造
37	成都微深科技有限公司	消防玻璃球
38	成都久保安全产品有限公司	生产消防用密封垫
39	铁姆肯(成都)航空及精密产品有限公司	航空轴承
40	成都福立盟钻采设备有限公司	采矿、采石设备制造
41	四川索牌机电制造有限公司	造纸专用机械

规模以上农副食品加工企业

2012 年，成都高新区规模以上农副食品加工业 11 家，主营业务收入 11.66 亿元，利润总额 1.7 亿元，分别较上年增加 22.48 %和 32.3 %。

2012 年成都高新区规模以上农副食品加工企业名录

序号	单位名称	主营业务
1	四川东亿食品有限公司	罐头生产
2	成都新成食品工业有限公司	康元系列饼干
3	成都旺旺食品有限公司	旺旺雪饼
4	成都世纪投资有限公司	微量元素预混料
5	德农正成种业有限公司	生产销售农作物种子
6	成都好主人宠物食品有限公司	宠物饲料
7	成都枫澜科技有限公司	饲料添加剂
8	成都安德鲁森食品有限公司	西式糕点
9	成都市丽云食品有限公司	生产沙琪玛
10	金威啤酒集团（成都）有限公司	啤酒制造
11	四川元祖食品有限公司	中 . 西式糕点

规模以上纸制品企业

成都高新区纸制品企业多以纸为原料，主要生产各类纸质包装材料和生活、卫生用品。2011 年，规模以上纸制品企业 5 家，主营业务收入 8.3 亿元、利润总额 2.9 亿元，分别较上年增加 54 %和 126.5%。

2012 年成都高新区纸制品企业名录

序号	单位名称	主营业务
1	四川金冠胶粘制品有限公司	加工胶粘制品
2	成都岸宝纸制品有限公司	纸碗生产
3	恒安家庭用品有限公司	加工生活用纸
4	成都万安彩印有限公司	包装装横设计印刷
5	恒安（四川）生活用品有限公司	卫生生活用纸

规模以上其它制品企业

成都高新区其他制品制造企业生产品种较多，主要有油漆、涂料、隔热材料、橡胶制品、化学试剂、催化剂、吸附剂、卷烟滤嘴、水力发电、火力发电、模具、塑料制品等，广泛用于化工、石油、冶金、环保、水电、新材料等领域。2012 年，规模以上其他制品制造企业 56 家，主营业务收入 203.26 亿元、利润总额 44.41 亿元，分别较上年增加 –7.2 %和 26.42%。

2012 年成都高新区规模以上其他制品制造企业名录

序号	单位名称	主营业务
1	国电四川电力股份有限公司	水力发电
2	四川省迈克科技有限责任公司	体外诊断试剂的生产销售
3	国电四川南桠河流域水电开发有限公司	水力发电

续表

序号	单位名称	主营业务
4	成都百隆家纺有限公司	床上用品
5	成都正达制革有限公司	皮革鞣制加工
6	四川梅塞尔气体产品有限公司	工业及医用气体生产
7	四川启明星蜀达电气有限公司	电表生产
8	四川三联卷烟材料有限公司	生产卷烟材料
9	成都住矿精密制造有限公司	引线框架设备
10	四川西南油大石油工程有限公司	包被剂制造
11	成都彩星科技实业有限公司	油漆
12	成都安可信电子有限公司	探测器
13	弥荣（成都）实业有限公司	生产开发汽车检测设备
14	成都得道实业有限公司	加工防水聚合物
15	成都硅宝科技股份有限公司	998 硅酮密封胶
16	四川天亿电力自动化技术有限责任公司	研究、开发、生产、销售电力自动化设备
17	成都锐思环保技术有限责任公司	环保成套设备
18	成都福兰特电子技术有限公司	基站信号智能优化系统
19	四川天一科技股份有限公司	化学试剂和助剂制造
20	四川省兰月农业科技开发有限公司	有机肥料制造
21	成都市双流新达实业有限责任公司	制造销售粘合剂乳胶漆
22	国电大渡河流域水电开发有限公司	电力生产
23	四川华新改性沥青有限公司	改性沥青
24	四川远见实业有限公司	生产销售化工胶水
25	成都市排水有限责任公司	城市污水处理
26	成都永亮化工有限责任公司	生产苯丙乳液
27	四川千业环保产业发展有限公司	生产化工产品
28	成都普瑞逊电子有限公司	电子秤
29	成都市蜀阳硼业化工有限公司	硼酸生产
30	四川卓越新材料科技有限责任公司	其他合成材料制造
31	成都凯翼漆业有限公司	生产销售油漆
32	四川圣达集团有限公司	焦炭
33	成都爱乐达航空设备制造有限公司	飞机零件制造
34	四川海盾石油新技术开发有限公司	油田技术服务相关产品生产销售
35	成都欧美科石油科技股份有限公司	专项化学用品制造
36	成都金自天正智能控制有限公司	工业自动化工程
37	安捷伦科技（成都）有限公司	频谱分析仪
38	联华精密气体（成都）有限公司	氧气
39	成都露澄化工试剂厂	化学试剂生产

续表

序号	单位名称	主营业务
40	成都奥格光学玻璃有限公司	光学玻璃
41	麦克奥迪（成都）仪器有限公司	生产显微镜
42	成都金阳光建材有限公司	塑钢门窗
43	成都建工混凝土工程有限公司	生产商品混凝土
44	成都宏基商品混凝土有限公司高新分公司	生产销售商品混凝土
45	亚化科技（成都）有限公司	胶带制造
46	成都东盛包装材料有限公司	BOPP 薄膜
47	四川威之国际新材料有限公司	无菌砖
48	成都普什医药塑料包装有限公司	组合盖生产
49	成都凯撒铝业有限公司	其他铝制品
50	四川华神钢构有限责任公司	钢结构产品生产
51	四川金通交通设施制造有限责任公司	钢板网
52	成都新大洋焊接材料有限责任公司	CO2 气体保护焊丝
53	成都恒成工具制造有限公司	木工铣刀
54	成都邦普合金材料有限公司	合金产品制造
55	成都航威精密刃具有限公司	金属切削工具制造
56	成都普瑞斯数控机床有限公司	金属切削机床

（以上统计资料由成都高新区经贸发展局提供）

文件存目

2012 年成都高新区党工委、管委会及两委办文件（部分）存目

日期	文 号	文件标题
1.08	成高委发【2012】1 号	中共成都高新区工委关于成立成都市武侯区第六届、成都市双流县和郫县第十七届人大代表选举工作高新区领导小组的通知
1.20	成高委发【2012】2 号	中共成都高新区工委成都高新区管委会关于印发敬刚、韩春林同志在成都高新区党工委管委会工作会议讲话的通知
2.29	成高委发【2012】4 号	中共成都高新区工委成都高新区管委会关于印发成都高新区 2012 年 党风廉政建设和反腐败工作责任制任务分工的通知
2.29	成高委发【2012】5 号	中共成都高新区工委、中共成都武侯区人民武装部委员会关于表彰 2011 年度武装工作先进单位及个人的决定
3.05	成高委发【2012】6 号	中共成都高新区工委成都高新区管委会关于表彰 2011 年度十强企业、纳税大户、工业企业纳税百强、优秀高新技术企业、优秀创业企业、促进就业优秀企业的决定
3.13	成高委发【2012】7 号	中共成都高新区工委成都高新区管委会关于印发敬刚同志在成都高新区 2012 年党风廉政建设和反腐败工作会议上讲话的通知
3.31	成高委发【2012】8 号	中共成都高新区工委成都高新区管委会关于印发成都高新区法治宣传教育第六个五年规划（2011—2015 年）的通知
5.12	成高委发【2012】12 号	中共成都高新区工委成都高新区管委会关于印发敬刚、韩春林同志在传达贯彻市第十二次党代会精神会议上的讲话的通知
5.16	成高委发【2012】13 号	中共成都高新区工委成都高新区管委会关于印发成都高新区各街道党工委、办事处 2012 年度主要工作目标及考核办法的通知
5.25	成高委发【2012】14 号	中共成都高新区工委关于加快文化建设的实施意见
6.01	成高委发【2012】15 号	中共成都高新区工委成都高新区管委会关于进一步深化城乡环境综合治理工作的意见
6.29	成高委发【2012】18 号	中共成都高新区工委关于印发成都高新区扩展深化党的先进性纯洁性为主题的干部作风教育实践活动的实施方案的通知
7.11	成高委发【2012】21 号	中共成都高新区工委成都高新区管委会关于印发成都高新区各部门、直属单位 2012 年度主要工作目标及考核评价体系的通知
9.05	成高委发【2012】23 号	中共成都高新区工委成都高新区管委会关于印发成都高新区中长期人才发展规划纲要（2011—2020）的通知
10.23	成高委发【2012】25 号	中共成都高新区工委成都高新区管委会关于表彰成都高新区创先争优先进基层党组织和优秀共产党员的决定
11.13	成高委发【2012】26 号	中共成都高新区工委成都高新区管委会关于调整党工委管委会领导同志工作分工的通知
3.02	成高委办【2012】2 号	中共成都高新区工委办公室关于开展加快国际化进程思想再解放大讨论活动的通知
3.05	成高委办【2012】6 号	中共成都高新区工委办公室关于进一步加强网络舆论引导工作的通知

续表

日期	文号	文件标题
5.04	成高委办【2012】8号	中共成都高新区工委办公室成都高新区管委会办公室关于印发成都高新区2012年城乡环境综合治理社会氛围营造工作方案的通知
6.07	成高委办【2012】9号	中共成都高新区工委办公室成都高新区管委会办公室关于成立高新区天府新区建设领导小组的通知
7.23	成高委办【2012】13号	中共成都高新区工委办公室成都高新区管委会办公室关于开展领导挂点、干部帮户及机关党组织和党员到社区双报到活动的实施意见
9.21	成高委办【2012】17号	中共成都高新区工委办公室成都高新区管委会办公室关于成立高新区三圈一体、圈层融合发展领导小组的通知
12.20	成高委办【2012】22号	中共成都高新区工委办公室关于印发高新区党的十八大精神宣讲活动组织工作方案的通知
1.11	成高管发【2012】1号	成都高新区管委会关于印发成都高新区2012—2013年政府集中采购目录及采购限额标准的通知
1.10	成高管发【2012】2号	成都高新区管委会关于做好2012年安全生产工作的通知
2.01	成高管发【2012】4号	成都高新区管委会关于给予四川依米糠环境科技股份有限公司、四川新荷花中药饮片股份有限公司上市奖励的决定
3.05	成高管发【2012】5号	成都高新区管委会关于给予郭勇等154名企业法人代表2011年度企业经营优秀奖的决定
3.12	成高管发【2012】6号	成都高新区管委会关于政府购买公共服务的实施意见（试行）
3.19	成高管发【2012】9号	成都高新区管委会关于核准通过2011年财政综合预算执行情况和2012年财政综合预算方案的批复
4.25	成高管发【2012】13号	成都高新区管委会关于授予罗帅见义勇为公民称号的决定
5.15	成高管发【2013】17号	成都高新区管委会关于印发成都高新区建设工程项目形成国有资产移交、接收管理办法（试行）的通知
5.16	成高管发【2012】18号	成都高新区管委会关于印发2012年防汛抢险预案的通知
5.28	成高管发【2012】19号	成都高新区管委会关于深化法治城市创建工作实施意见
6.04	成高管发【2012】20号	成都高新区管委会关于印发成都高新区国有土地上房屋征收与补偿实施办法（暂行）的通知
6.06	成高管发【2012】21号	成都高新区管委会关于印发成都高新区关于加快推进助老助残服务工作的意见的通知
6.29	成高管发【2012】23号	成都高新区管委会关于加快推进移动互联网产业发展的意见

续表

日期	文号	文件标题
7.10	成高管发【2012】26号	成都高新区管委会关于印发成都高新区国有独资公司重大事项监督管理办法的通知
7.23	成高管发【2012】28号	成都高新区管委会关于印发高新区楼宇经济推进工作方案的通知
9.18	成高管发【2012】31号	成都高新区管委会关于印发成都高新区加快移动互联网产业发展的政策的通知
10.15	成高管发【2012】34号	成都高新区管委会关于公布规范性文件清理结果的通知
10.24	成高管发【2012】35号	成都高新区管委会、成都市武侯区人民武装部关于表彰2011年度征兵工作先进单位和个人的决定
10.31	成高管发【2012】36号	关于印发成都高新区行政事业单位国有资产管理办法的通知
11.07	成高管发【2012】38号	成都高新区管委会关于印发成都高新区社会事业第十二个五年规划的通知
11.09	成高管发【2012】39号	成都高新区管委会、成都市商务局关于印发成都高新综合保税区进口食品交易中心建设的若干意见的通知
12.05	成高管发【2012】41号	成都高新区管委会关于印发成都高新区全民健身实施计划（2011—2015）的通知

附　录

2012年成都高新区党工委、管委会领导名录

敬　刚　中共成都市委常委、成都高新区工委书记
韩春林　成都市市长助理、中共成都高新区工委副书记、成都高新区管委会主任
冯亚曦　中共成都高新区工委副书记、成都高新区管委会副主任
宋志斌　中共成都高新区工委委员、成都高新区管委会副主任（2012.04任职）
杜必强　中共成都高新区工委委员、成都高新区管委会副主任
李岷雪　中共成都高新区工委委员、中共成都高新区纪工委书记
傅学坤　中共成都高新区工委委员、成都高新区管委会副主任
唐　华　中共成都高新区工委委员、成都高新区管委会副主任（2012.09离任）
袁宗勇　中共成都高新区工委委员、成都高新区管委会副主任
杨　东　中共成都高新区工委委员、成都高新区管委会副主任
邱旭东　中共成都高新区工委委员、成都高新区管委会副主任（2012.10任职）
张绍文　中共成都高新区工委委员、区政法委书记、成都市公安局高新区分局局长
林明全　中共成都高新区工委委员、成都市武侯区人民武装部部长
林　海　中共成都高新区工委委员、成都高新区工委组织部部长、成都高新区劳动和社会保障局局长
王　琳　成都高新区管委会巡视员
郑洪华　成都高新区管委会巡视员
王晋成　成都高新区管委会巡视员（2012.08任职）
陆　军　成都高新区管委会巡视员（2012.08任职）

2012年成都高新区机构及领导名录

党工委、管委会办公室

主　任　卢哲平

副主任　张　静

　　　　宋大勇

纪工委、监察局

书　记　李岷雪

副书记、局长　吴方（2012.02退休）

副局长　丛艳萍

组织部、人事劳动和社会保障局

组织部部长、局长　林　海

副部长、副局长　杨　俊

人大工作联络处

主　任　陈学云

政协工作联络处

主　任　杜国林

法院

院　长　田　林

副院长　吴　晋

　　　　何　仁

巡视员　杜玉成

　　　　刘　旭

纪检组长　周　蕾

检察院

检察长　杜利民

副检察长　王奇志

　　　　　罗渝湘

　　　　　雷建昌

党群工作局

副局长　张义薇

发展策划局

局　长　汤继强

副局长　彭继咸

　　　　费亚利

地方志办公室

主　任　汤继强（兼）

副主任　彭继咸

经贸发展局

局　长　李　伟

副局长　姜　平

　　　　张　敏

　　　　于　洋

科技局

局　长　林　涛

副局长　苏　昶

　　　　熊　平

　　　　李　岗

投资服务局

局　长　姜　斌

副局长　权进民

规划建设局

局　长　郑小明

副局长　张海涛

　　　　王　锋

　　　　蒋　平

国土分局

局　长　官　旭

副局长　涂昌毅

　　　　洪艳亨

　　　　陶斯祥

财政局

局　长　王晋成（2012.08离任）

副局长　傅亚明

　　　　张　平

社会事业局

局　长　吕　毅（2012.12 离任）
副局长　黄永祥
　　　　唐　亮
　　　　熊　虹

城管环保局

局　长　陆　军（2012.08 离任）
副局长　王普德
　　　　唐天强
　　　　路　旭

综合保税区管理局

局　长　邱旭东（2012.10 离任）
副局长　严　闯

重大项目服务局

局　长　尹　刚
副局长　张宏川
　　　　刘宇彤
　　　　牛　波

国税局

局　长　何波涛
副局长　喻　路
　　　　任　伟
　　　　林　彬（2012.09 任职）
纪检组长　李占平（2012.04 离任）

地税局

局　长　李宏钟
副局长　董　江（2012.09 离任）
　　　　吕　静
纪检组长　谷　鸿

工商局

局　长　李永才
副局长　张玉崇（2012.04 离任）
　　　　吕治军
　　　　孙秀蓬（2012.04 调任）
纪检组长　王怀庆

质量技术监督局

局　长　张建忠
副局长　刘友文
　　　　陈文科

公安分局

分局长　张绍文
政　委　肖　刚
副分局长　白小丁
　　　　　梁鸿测
　　　　　冯志敏
　　　　　蒋　泉

肖家河街道

党工委书记　徐传峰
办事处主任　巫全根

芳草街街道

党工委书记　王　平
办事处主任　彭　涌

桂溪街道

党工委书记　樊晓峰
办事处主任　张学文

石羊街道

党工委书记　孙　波
办事处主任　王正东

合作街道

党工委书记　张　蓉
办事处主任　廖　勇

中和街道

党工委书记　梁　平
办事处主任　张勇军

创新中心

主　任　李　岗
副主任　段志刚
　　　　翁　涛

高投集团

董事长　平　兴
总经理　平　兴

软件及服务外包产业推进办公室

主　任　尹朝银
副主任　周　智
　　　　勒文端

生物医药产业推进办公室

主　任　黄　伟

2012 年国家级高新区名单（105 家）

按国务院批复时间排列

1988 年批复 1 家

1、中关村科技园

1991 年批复 26 家

2、沈阳高新技术产业开发区
3、桂林高新技术产业开发区
4、东湖新技术产业开发区
5、南京高新技术产业开发区
6、哈尔滨高新技术产业开发区
7、长沙高新技术产业开发区
8、南宁高新技术产业开发区
9、杭州高新技术产业开发区
10、合肥高新技术产业开发区
11、济南高新技术产业开发区
12、厦门火炬高新技术产业开发区
13、海口高新技术产业开发区
14、南昌高新技术产业开发区
15、天津滨海高新技术产业开发区
16、西安高新技术产业开发区
17、成都高新技术产业开发区
18、威海火炬高技术产业开发区
19、中山火炬高技术产业开发区
20、长春高新技术产业开发区
21、福州高新技术产业开发区
22、广州高新技术产业开发区
23、重庆高新技术产业开发区
24、郑州高新技术产业开发区
25、石家庄高新技术产业开发区
26、大连高新技术产业开发区
27、太原国家高新技术产业开发区

1992 年批复 26 家

28、潍坊高新技术产业开发区
29、绵阳高新技术产业开发区
30、保定国家高新技术产业开发区
31、鞍山高新技术产业开发区
32、苏州高新技术产业开发区
33、无锡高新技术产业开发区
34、齐齐哈尔高新技术产业开发区
35、大庆高新技术产业开发区
36、辽阳高新技术产业开发区
37、青岛国家高新技术产业开发区
38、株洲高新技术产业开发区
39、上海市张江高科技园区
40、兰州高新技术产业开发区
41、昆明高新技术产业开发区
42、贵阳高新技术产业开发区
43、乌鲁木齐高新技术产业开发区
44、常州高新技术产业开发区
45、惠州高新技术产业开发区
46、淄博高新技术产业开发区
47、包头稀土高新技术产业开发区
48、襄樊高新技术产业开发区
49、洛阳高新技术产业开发区
50、宝鸡高新技术产业开发区
51、吉林市高新技术产业开发区
52、佛山高新技术产业开发区
53、珠海高新技术产业开发区

1997 年批复 1 家

54、杨凌农业高新技术产业示范区

2007 年批复 1 家

55、宁波高新技术产业开发区

2009 年批复 2 家

56、湘潭高新技术产业开发区
57、泰州医药高新技术产业开发区

2010 年批复 26 家

58、烟台高新技术开发区
59、南阳高新技术产业开发区
60、昆山高新技术产业开发区
61、营口高新技术产业开发区
62、吉昌高新技术产业开发区
63、白银高新技术产业开发区
64、渭南国家高新技术产业开发区
65、安阳国家高新技术产业开发区
66、济宁国家高新技术产业开发区
67、松山湖高新技术产业开发区
68、肇庆高新技术产业开发区
69、柳州高新技术产业开发区
70、芜湖高新技术产业开发区
71、蚌埠国家高新技术产业开发区
72、景德镇国家高新技术产业开发区
73、深圳高新技术产业开发区
74、唐山高新技术产业开发区
75、延吉高新技术产业开发区
76、银川高新技术产业开发区
77、青海（国家级）高新技术产业开发区
78、绍兴国家高新技术产业开发区
79、新余高新技术产业开发区
80、江门高新技术产业开发区
81、燕郊国家高新技术产业开发区
82、宜昌高新技术产业开发区
83、泉州高新技术产业开发区

2011 年批复 5 家

84、江阴高新技术产业开发区
85、临沂国家高新技术产业开发区
86、自贡高新技术产业开发区
87、紫竹高新技术产业开发区
88、益阳国家高新技术产业开发区

2012 年批复 17 家

89、吉林长春净月高新区
90、浙江温州高新区
91、湖南衡阳高新区
92、四川乐山高新区
93、福建莆田高新区
94、山东泰安高新区
95、河南新乡高新区
96、云南玉溪高新区
97、陕西榆林高新区
98、辽宁本溪高新区
99、河北承德高新区
100、安徽马鞍山慈湖高新区
101、浙江徐州高新区
102、湖北孝感高新区
103、江西鹰潭高新区
104、江苏常州武进高新区
105、陕西咸阳高新区

按省、自治区、直辖市排列

安　徽

1、合肥高新技术产业开发区
2、芜湖高新技术产业开发区
3、蚌埠国家级高新技术产业开发区
4、安徽马鞍山慈湖高新区

北　京

1、中关村科技园

重　庆

1、重庆高新技术产业开发区

福 建

1、厦门火炬高技术产业开发区

2、福州高新技术产业开发区

3、泉州市高新技术产业开发区

4、福建莆田高新区

甘 肃

1、兰州高新技产业开发区

2、白银高新技术产业开发区

广 东

1、中山火炬高技术产业开发区

2、广州高新技术产业开发区

3、惠州仲恺高新技术产业开发区

4、佛山高新技术产业开发区

5、珠海高新技术产业开发区

6、东莞松山湖高新技术产业园区

7、肇庆高新技术产业开发区

8、深圳高新技术产业开发区

9、江门高新技术产业开发区

广 西

1、桂林高新技术产业开发区

2、南宁高新技术产业开发区

3、柳州高新技术产业开发区

贵 州

1、贵阳高新技术产业开发区

海 南

1、海口高新技术产业开发区

河 北

1、石家庄高新技术产业开发区

2、保定国家高新技术产业开发区

3、唐山高新技术产业开发区

4、燕郊国家高新技术产业开发区

5、河北承德高新区

河 南

1、郑州高新技术产业开发区

2、洛阳高新技术产业开发区

3、南阳高新技术产业开发区

4、安阳国家高新技术产业开发区

5、河南新乡高新区

黑龙江

1、哈尔滨高新技术产业开发区

2、齐齐哈尔高新技术产业开发区

3、大庆高新技术产业开发区

湖 北

1、东湖新技术产业开发区

2、襄樊高新技术产业开发区

3、宜昌高新技术产业开发区

4、湖北孝感高新区

湖 南

1、长沙高新技术产业开发区

2、株洲高新技术产业开发区

3、湘潭高新技术产业开发区

4、益阳国家高新技术产业开发区

5、湖南衡阳高新区

吉 林

1、长春高新技术产业开发区

2、吉林市高新技术开发区

3、延吉高新技术产业开发区

4、吉林长春净月高新区

江 苏

1、南京高新技术产业开发区

2、苏州高新技术产业开发区

3、无锡高新技术产业开发区

4、常州高新技术产业开发区

5、泰州医药高新技术产业开发区

6、昆山高新技术产业开发区

7、江阴高新技术产业开发区
8、江苏徐州高新区
9、江苏常州武进高新区

江　西

1、南昌高新技术产业开发区
2、景德镇国家高新技术产业开发区
3、新余高新技术产业开发区
4、江西鹰潭高新区

辽　宁

1、沈阳高新技术产业开发区
2、大连高新技术产业开发区
3、鞍山高新技术产业开发区
4、辽阳高新技术产业开发区
5、营口高新技术产业开发区
6、辽宁本溪高新区

内蒙古

1、包头稀土高新技术产业开发区

宁　夏

1、银川高新技术产业开发区

青　海

1、青海（国家级）高新技术产业开发区

山　东

1、济南高新技术产业开发区
2、威海火炬高技术产业开发区
3、潍坊高新技术产业开发区
4、青岛国家高新技术产业开发区
5、淄博高新技术产业开发区
6、烟台高新技术开发区
7、济宁国家高新技术产业开发区
8、临沂国家高新技术产业开发区
9、山东泰安高新区

山　西

1、太原国家高新技术产业开发区

陕　西

1、西安高新技术产业开发区
2、宝鸡高新技术产业开发区
3、杨凌农业高新技术产业示范区
4、渭南国家高新技术产业开发区
5、陕西榆林高新区
6、陕西咸阳高新区

上　海

1、上海市张江高科技园区
2、紫竹高新技术产业开发区

四　川

1、成都高新技术产业开发区
2、绵阳高新技术产业开发区
3、自贡高新技术产业开发区
4、四川乐山高新区

天　津

1、天津滨海高新技术产业开发区

新　疆

1、乌鲁木齐高新技术产业开发区
2、吉昌高新技术产业开发区

云　南

1、昆明高新技术产业开发区
2、云南玉溪高新区

浙　江

1、杭州高新技术产业开发区
2、宁波高新技术产业开发区
3、绍兴国家高新技术产业开发区
4、浙江温州高新区

（该资料来源于网络）

索 引

说 明

一、本索引按汉语拼音字母顺序排列。

二、索引款目后的数字表示内容所在的页码，数字后的拉丁字母（a、b）表示栏别（即版面的1、2栏）。

三、以英文字母开头的内容按其对应的汉语拼音顺序排列。

A

B

C

D

E

F

G

H

I

J

K

L

M

N

P

Q

R

S

T

W

X

Y

Z

服务部门

成都高新区党工委、管委会办公室

2012年3月29日，高新区桂溪街道办事处“综合治理，共创平安”专题宣传活动

高新区石羊街道办事处“综合治理，共创平安”专题宣传活动

2012年7月16日，全市政务服务管理标准化培训会

市民服务中心

2012年4月7日，成都高新区机关健步活动

中共成都高新区纪工委成都高新区监察局(审计局)

2012年8月16日，成都高新区党工委委员、纪工委书记李岷雪到石羊街道新北社区，看望慰问对口帮扶社区困难群众

2012年12月27日下午，成都高新区召开2013年度纪检监察工作务虚会

2012年7月16日，成都高新区纪工委下基层检查指导工作

2012年7月19日，在干部教育实践活动和“三项建设”活动中，纪工委广泛征求意见

中共成都高新区工委组织部、成都高新区人事劳动和社会保障局

2012年6月28日至7月7日，成都高新区考核优秀一般干部参观中共一大会址

2012年12月10日，成都高新区人社局社保处工作人员服务群众

2012年7月，成都高新区人事劳动和社会保障局走访富士康科技集团

2012年11月22日，成都高新区举办“我为就业做什么”就业服务知识竞赛活动

2012年11月20日，成都高新区在中高协第十六届人力资源年会上获优秀论文二等奖

成都高新区人大工作联络处

2012年2月9日，出席成都市第十五届人代会第五次会议的成都高新区代表小组在进行分组审议

2012年4月11日，成都高新区人大工作联络处召开市、区两级人大代表专题培训会

2012年7月26日，成都高新区人大工作联络处组织市、区两级人大代表视察高新区大气污染防治和水环境综合治理及中和拆迁安置点、“三横三纵两桥”工程等项目建设

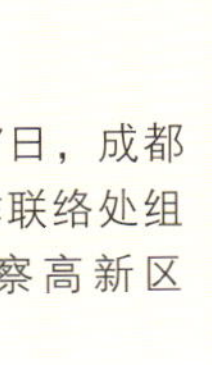

2012年9月17日，成都高新区人大工作联络处组织人大代表视察高新区“停车难”

成都高新区政协工作联络处

2012年7月11日，成都高新区政协工作联络处与高新区关心下一代工作委员会、高新区红十字会联合举办“关爱奖学金”捐款仪式

2012年4月25日，成都高新区政协工作联络处组织政协委员视察高新区法院

2012年11月6日，成都高新区政协工作联络处组织政协委员视察高新区中和片区“三横三纵”建设情况

2012年12月10日，成都高新区政协工作联络处举办政协委员学习贯彻党的十八大精神专题讲座

2012年8月16日，成都高新区政协工作联络处与成都市政协科教文卫体委员会、成都市政协医卫界别联合在高新区石羊街道新街社区为社区群众开展“走基层，送健康”义诊活动

成都高新区法院

2012年8月14日，成都高新区部分人大代表、政协委员视察法院工作会

2012年11月20日，成都高新区法院与担保机构召开担保追偿权相关法律问题座谈会

2012年8月14日，成都高新区部分人大代表、政协委员参观视察法院诉讼服务中心，在公开信息显示屏前听取情况介绍

2012年9月18日，成都高新区法院深入区内重点企业富士康开展普法活动

2012年4月26日，成都高新区法院在世界知识产权保护日当天开展知识产权案件庭审网络直播

成都高新区法院诉讼服务中心当事人办事区

成都高新区检察院

2012年3月2日，成都高新区检察院检察长杜利民在武侯区人大上作工作报告

2012年9月10日，成都高新区检察院案管筹备组正式运行

2012年4月11日，成都高新区检察院与太保（集团）后援办共同启动重大工程建设项目检企共建活动

2012年6月20日，成都高新区检察院到新蓉干休所开展法纪教育课堂

2012年3月19日，市、区人大代表观摩成都高新区检察院提起公诉的全省首例“毒驾”案庭审

2012年6月27日，成都高新区检察院开展“惩防并举、保障民生”举报宣传活动

成都高新区社会事业局

2012年3月，成都高新区开展新市民集中宣传服务月活动

2012年8月,成都高新区开展新市民倍增计划，为流动育龄妇女免费提供健康体检

2012年12月4日，成都高新区社会事业局在玉林中学进行青少年艾滋病及禁毒工作进行宣传

2012年4月，成都高新区各街道、社区响应区爱卫办号召，积极组织自愿者队伍对院落环境进行卫生治理

2012年，成都高新区芳草、中和社区卫生服务中心荣获“全国示范社区卫生服务中心”称号

外籍人士到成都高新区社区卫生服务中心为孩子打预防针

成都高新区城市管理和环境保护局

2012年12月17日，成都高新区城市管理和环境保护局在昆华路检查建工搅拌站

2012年6月5日，成都高新区城市管理和环境保护局积极开展"6·5"世界环境日宣传活动

大源中央公园

2012年12月19日，成都高新区城市管理和环境保护局组织电动三轮车机动保洁和道路维修

成都高新综合保税区管理局

2012年11月7日，中国首家中外合资的航空制造企业惠普艾特航空制造有限公司宣布完成其位于成都市高新区西部园区的新厂房扩建

2012年8月10日，成都高新综合保税区管理局与综保区海关签订《合作备忘录》

2012年4月26日，国内多家媒体到成都高新综合保税区进行采访

2012年8月10日，成都高新综合保税区管理局与综保区海关签订《合作备忘录》

2012年6月30日，成都高新综保区管理局组织区内企业、监管部门举办2012年“和谐杯”乒乓球锦标赛

成都高新区重大项目服务局

2012年11月23日，成都高新区重大项目服务局局长尹刚为全局党员上党课

2012年5月9，成都高新区重大项目服务局组织党员学习

成都高新区重大项目服务局干部职工合影

2012年10月26日，成都高新区重大项目服务局召开工作讨论会

2012年11月，2012年5月9，成都高新区重大项目服务局到企业调研

成都高新区国税局

2012年10月31日，成都高新区国税局邀请特邀廉政监察员评议政风行风

2012年6月27日，成都高新区国税局局长何波涛值守办税服务厅直接为纳税人服务

2012年8月7日，成都高新区国税局副局长喻路到英特尔公司开展“服务大项目 培育大企业”专项服务

2012年8月23日，四川省国税局总经济师李禄平到成都高新区国税局专题调研发票免收工本费政策执行情况

2012年4月，成都高新区国税局荣获2011年度“全国妇女创先争优先进集体”（三八红旗集体）荣誉

成都高新区地税局

2012年7月25日，成都高新区地税局局长李宏钟在“局长进大厅”活动中深入办税服务厅为纳税人服务

2012年3月16日，英特尔公司全球税务及贸易部税务总监Murray Dean先生向成都高新区地税局赠送奖杯

2012年7月16日，成都高新区地税局举行纳税人座谈会，广泛听取群众意见

2012年5月，成都高新区地税局开设双语服务窗口

年度荣誉

成都市高新工商局

2012年7月11日，成都高新区个体小额经营备案管理试点工作动员大会，正式启动《高新区个体小额经营备案管理试点办法》实施工作

2012年6月20日，全国肉菜溯源工作现场会代表一行参观成都高新区和平农贸市场

2012年8月2日，成都高新工商局牵头多部门联合执法查处取缔“黑网吧”

2012年4月8日，成都高新工商局组织全体干部职工开展拓展训练

2012年3月9日，成都高新区消协在家乐福高新店召开顾客圆桌会议

成都市高新质量技术监督局

2012年10月18日，国家标准化管理委员会主任纪正昆（中）为中光防雷公司董事长（右一）颁发中国标准化榜样人物奖（全国仅3人）

2012年11月8日，成都高新区在高新区孵化园举行全国首次"面向创新的标准化与专利管理战略"国际研讨会

2012年6月25日，成都市高新区高分通过"全国知名品牌创建示范区"申述论证答辩会，成为首个"全国微电子技术产业知名品牌创建示范区"

2012年6月8日，成都市高新质监局组织召开"传递信任 服务民生"——100家企业质量主体责任承诺宣誓活动

2012年5月9日，成都高新区组织专家研讨"标准与知识产权融合发展促高新技术产业倍增"课题

成都市公安局高新区分局

2012年6月12日，成都市公安局高新区分局在桂溪街道组织召开“警民话平安”座谈会

2012年1月19日，成都高新区公安消防大队利用LED电子屏滚动播出“119”消防宣传日公益广告

2012年4月9日，成都市公安局高新区分局新会展派出所民警开展流动人口登记工作

2012年3月14日，成都市公安局高新区分局民警在肖家河开展重点部位守护

2012年3月14日，成都市公安局高新区分局民警开展街面治安巡逻工作

2012年5月9日，成都市公安局高新区分局参加成都高新区2012年防灾救灾大演练

解放军成都市武侯区人武部

2012年11月1日，解放军成都市武侯区2012年冬季征兵首日宣传活动现场

2012年2月15日，解放军成都市武侯区人武部民兵军事三项比武竞赛初选现场

2012年2月15日，解放军成都市武侯区人武部民兵军事三项比武竞赛初选现场

2012年2月15日，解放军成都市武侯区人武部组织民兵军事训练

成都高新区肖家河街道

2012年1月18日，成都高新区肖家河街道组织新春团拜会

2012年4月13日，成都高新区肖家河街道组织“三驾马车”培训会

2012年8月7日，成都高新区肖家河街道开展青少年棋艺比赛

2012年3月6日，成都高新区肖家河街道开展青少年学雷锋主题教育活动

肖家河风光

成都高新区芳草街街道

2012年11月9日，成都高新区芳草街街道党工委书记王平（左二）与企业党组织负责人进行亲切交谈

2012年1月19日，成都高新区芳草街街道党工委书记王平（右）参加群众文化活动

2012年11月6日，成都高新区芳草街街道选送舞蹈《盛世鸿姿》获成都高新区“社区文艺汇演”一等奖

2012年11月27日晚，成都高新区芳草街街道选手敬欣逸（中）晋级成都市“我是故事王——百姓故事会PK赛”前10强

2012年7月22日，成都高新区芳草街街道办事处“道德讲堂进机关”活动

成都高新区石羊街道

2012年2月6日，成都高新区石羊街道首届文化艺术节开幕式

2012年10月10日，成都高新区石羊街道党工委书记孙波（左一）、党工委副书记、办事处主任王正东（右一）在新北卫生服务站施工现场督促检查

成都高新区石羊街道区内企业新北、硅宝获四川省创先争优先进基层党组织

成都高新区石羊街道庆安社区文体协会党支部获成都市创先争优先进基层党组织

成都高新区桂溪街道

2012年4月20日，桂溪街道社区青年见习基地授牌仪式暨2012年大学生专场招聘会现场

2012年3月23日，桂溪街道双和社区百姓故事会启动仪式暨文化活动室剪彩仪式现场

2012年4月28日，“新品川鲜活农产品”直通车进社区暨产销对接签约仪式在桂溪街道和平社区广场举行

2012年5月18日，桂溪街道办事处举行“争做有为青年”主题演讲比赛

成都高新区合作街道

2012年5月10日，合作街道与四川大学锦城学院合作，将学校图书馆对社会免费开放，并挂牌为“合作街道市民图书馆”

2012年3月31日，合作街道在清江社区、滨河春天小区举办“三进四送”巡回招聘会

2012年3月，合作街道召开园区经济工作会议

2012年4月27日，电子科大后勤集团劳动法律法规知识培训会

2012年6月26日，合作街道开展国际禁毒日禁毒进社区宣传活动

2012年3月28日，基层组织建设年工作动员大会

成都高新区中和街道

2012年5月8日，新川创新科技园开工仪式在中和街道举行

2012年2月22日，成都高新区中和街道开展元宵民俗文化活动

2012年2月11日，成都高新区中和街道机关拓展训练

美丽中和

成都高新区技术创新服务中心

2012年1月11日，成都高新区高层次人才联谊会活动现场

2012年4月20日，成都高新区创新中心举行千人计划座谈会

2012年2月22日，成都高新区创新中心召开大孵化工作会议

2012年4月17日，北欧商学院直接领导力培训

2012年7月4日，慧拓参加国家二十年成果展

2012年3月16日，游志胜做客天府创业论坛

2012年11月29日，成都高新区“中国创新创业大赛”颁奖仪式现场

成都高新投资集团有限公司

2012年6月12日，天使基金设立新闻发布会现场

2012年12月27日，由成都高新投资集团有限公司发起成立的成都高新区高投小额贷款有限公司正式挂牌成立（开业典礼）

The life science and health industry of China will maintain rapid growth in the next decades, as in 2009 China announced a CNY 850 billion (US$124 billion) stimulus package to fundamentally reshape the nation's healthcare sector, including the expansion of health service to rural areas in Western China and the mobilization of substantial resources to foster growth of the industry. In the midst of these developments, Tianfu Life Science Park can be found nestled in the Chengdu High-Tech Zone. Companies located in the zone benefit from a broad base of support mechanisms designed to promote innovation and growth.

Built 2,300 years ago, Chengdu, the capital city of Sichuan Province, is known as the Land of Heaven owing to the fertile Chengdu plain and favorable growing conditions. Abundant harvests are characteristic of the region and have been for millennia, thanks to a feat of ancient engineering. The irrigation structure known as the Dujiangyan, built in 256 BC, protects Chengdu from extreme conditions such as drought or flooding. Today Dujiangyan dams provide irrigation for over 5,300 km² of land in the region. 'Tianfu' means 'paradise' to the locals, and the Tianfu Life Science Park serves as the city's important innovation and incubation center for biomedical research and development.

A Booming Cluster with Real Substance

Chengdu and its large life science market are characterized by their outstanding level of biomedical research and valuable discoveries within the life sciences. A number of Chengdu companies that took advantage of this strong atmosphere and abundant resources for research and development to create and commercialize products, have truly succeeded in the market.In line with the general increase in support for biotech, Chengdu aims to continue to be the center of a booming cluster of biotechnological innovations, enterprises and collaborations.

Chengdu is the well-connected hub for biopharmaceutical industry in Western China, home to almost 500 enterprises specialized in modern traditional Chinese medicine, chemical drug, biopharmacy, medical appliances, medical packaging materials, pharmaceutical research and development services, etc., including 209 industrial enterprises with an annual main business revenue over CNY 20 million each, and 90 enterprises with an annual sales revenue over CNY 100 million each, and its gross industrial output ranks first in west china. In 2011, biopharmaceutical industry above designated size achieved a sales revenue of CNY 31.091 billion with an added value of CNY 12.543 billion and had complete industrial cooperation and support capability.

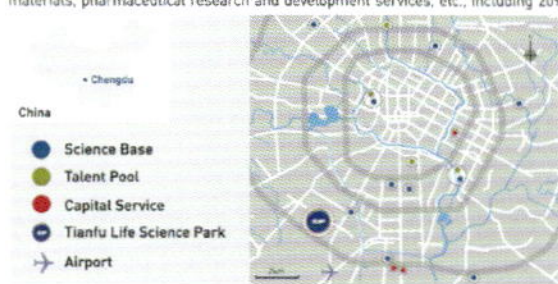

The natural resources located in and around Chengdu are a source of over 2,000 types of Chinese herbal medicines, which account for approximately one-half and one-third of those marketed in Sichuan Province and China, respectively. Not surprisingly, Chengdu is known as the 'hometown of traditional Chinese medicine' or the 'traditional Chinese drug warehouse'. The area dedicated to planting traditional Chinese medicinal materials, such as chuanxiong rhizome, curcuma root, Chinese goldthread and magnolia bark, is maintained at or above 400,000 mu (about 266,660 m²) throughout the year.

Chengdu's global position in other technology sectors means the logistics of travel and export are well established. The city has an excellent domestic sea, railway and road transport and logistics system. Chengdu is one of China's four major international airport hubs, with the largest airport in Midwest China and 34 international airways. The railway-sea combined transport logistics thoroughfare connects European, Middle East and Southeast markets via the Euro-Asian Continental Bridge and the Pan-Asian Railway Line. In 2009, the comprehensive clearance capability of Chengdu customs ranked sixth among China's 41 customs offices and first in Midwest China.

Sichuan University (West China Campus)

Chengdu is regarded as a metropolitan area for bioscience employment. In 2009, the area boasted 42 general colleges and universities, more than 1,000 scientific research institutes, 589,000 university and college students and 146,000 graduates. Ten universities offer a major in pharmaceutical sciences, and 13 offer a major in chemistry. 12 vocational and technical colleges offer secondary technical training in pharmaceuticals. Nearly 10,000 professionals in various fields are trained each year. Chengdu has the world's largest clinical education training center, which is certified by the American College of Surgeons in Asia. Compared with other major cities of China, Chengdu has the additional advantage of being able to provide a talent pool at a lower human resource cost than can cities in coastal areas.

Well Established Life Science Industry Network

Universally, successful biopharmaceutical clusters encompass three elements: universities to drive innovation and train a scientific workforce, financing to support companies founded on innovation and, of course, laboratories and space for businesses to grow. Chengdu possesses all the elements necessary to support a burgeoning biomedical cluster and which all form a well established life science industry network.

Now Chengdu has 64 colleges and universities and scientific research institutes, 8 national and provincial laboratories, 16 national and provincial engineers (technology) research centers and enterprise technology centers, more than 100 research and development-oriented enterprises, etc. And there are 5 national bases for clinical trial of new drugs and 2 national centers for safety evaluation of new drugs. Chengdu has the largest medical laboratory center in China which is the only domestic center that has passed inspection certification of the College of American Pathologists (CAP) as a whole.

The government provides incentive by offering tax advantages, favorable development & investment promotion policies and financial support to life science industry. The government sets up research and development incubation fund for new drugs, business startup investment guidance funds, startup investment compensation funds, innovation and entrepreneurial seed funding and special funds for scientific and technological achievements transformation, supporting biomedical innovation and entrepreneurship and achievements transformation and implements biomedical science and technology industrialization projects to support new drug development and major scientific and technological achievements transformation.

And Chengdu High-Tech Investment Group and other financial institutions are providing capital investment through various financial mechanisms. Regarding space for businesses to grow, Tianfu Life Science Park, served as the city's life scientific and technological center, provides public laboratory space and business incubation facilities for biopharmaceutical SMEs.

Tianfu Life Science Park: Gateway of Life Science Industry in Western China

Set among the sculptured green spaces of Chengdu High-Tech Zone which ranks fourth among the 55 High-Tech Zones in China, the Tianfu Life Science Park occupies 221,553 m² of land. As the gateway of the life science industry in Western China, TLSP is an important innovation and incubation center for biological and medical research and development, and serves as a platform for the cooperation between medical/clinical institutions at home and abroad.

In TLSP, in compliance with the requirements of BioSafety level 2 (P2), the construction of 6 independent public laboratories has been basically completed, namely, analysis lab, molecular lab, cell culture lab, separation & purification lab, natural medicine lab, and general lab, have a total GFA 1731 m² and 63 sets of large, state-of-the-art equipment and can satisfy the R&D needs in the fields of, among others, molecular biology, immunology, genetic engineering, genomics, proteomics, transgenic animal/plant cell culture, microbial culture, natural products extraction and separation, drug synthesis and analysis. More, there is additional space about 1501 m² available for any joint laboratories. In the Park, many a fully-furnished incubator unit has been basically completed, ranging from 135 to 315 m² and totaling 18,746 m² (GFA). Consisting of its own functional area (lab, office space, equipment room, records room, storage room, etc.), each unit will be an independent laboratory with full office and laboratory features.

The leading-edge offices, laboratories and facilities in TLSP enable scientists, technologists and enterprises to save development costs and time to market. They can nurture ideas, innovate and develop through the dynamic innovation environment provided by TLSP and also expand their business opportunities by strengthening collaboration with the growing network of partners.

We Choose TLSP

TLSP is home of more than 70 well-known companies and institutions engaging in biotechnology and ranging from start-up, SME to conglomerate.

West China Hospital, Sichuan University: West China Hospital has been ranked among the top hospitals in China since 1990 and is the medical center of sophisticated and severe cases, the center of medical education and the scientific research in Southwest China arranged by MOH and MOE.

HitGen: HitGen aims to establish a unique platform and associated capabilities for drug discovery research. HitGen will build a core platform for progressing targets to the leads stage, including high quality and large compound libraries (encoded and discrete), screening and selection, and informatics analysis and design.

Genekey Biotech: Genekey Biotech focuses on biotechnology in drug research and development. One researching new drug is a B7.1 fusion protein consisting of the extracellular domains of human B7.1 and the Fc portion of human IgG1, called B7.1-Fc.

ChemPartner: ChemPartner is a wholly owned subsidiary of ShangPharma Group, a leading China-based pharmaceutical and biotech R&D outsourcing company listed on NYSE with symbol SHP. ChemPartner has established a state-of-the-art drug discovery service platform including 76,000 sq ft research lab and modern analytic instruments.

Origissay Diagnostics Ltd: Chengdu Origissay Diagnostics, Ltd. specializes in research, development, manufacture and marketing of in-vitro diagnostic products. The company's patented product Rapid Diagnostic Kit for PROM-LEAKECTION™ is being sold on Chinese markets. Its diagnostic accuracy has reached 97% or more. The company has entered into an intent of cooperation with Maastricht University in the Netherlands to sell the product on European markets.

MedGene: MedGene Biopharm(Chengdu) Co., Ltd. collaborating with University of Toronto, is a biotechnology company to develop novel drugs and approaches targeting cancer stem cells(CSCs) which may cure cancers.

BioTianfu:
The Voice of Chengdu's Bioscience Industry

The BioTianfu is a platform where life science industry participants across the entire value chain gather. TLSP is one of the pioneers of the BioTianfu and it is created mainly for integrating innovative resources within the region and pushing the industry forward. The BioTianfu enables experience sharing through customized interactive lectures sessions, panels and roundtable meetings. The BioTianfu has been hold twice successfully since it was initiated in 2011 and is getting a solid reputation.

CONTACT DETAILS
Tianfu Life Science Park,
NO.88, South Keyuan Road, Hi-Tech Zone,
Chengdu, P.R.China
Tel: +86-28-8531 1525
Fax: +86-28-8531 1575
Email: info@tianfulifesciencepark.com
www.tianfulifesciencepark.com

天府生命科技园登上世界著名科学杂志《Science》（2012年12月刊）